骆宾基全集

金文新考

下

骆宾基 著

山西出版传媒集团 山西人民出版社

金文新考（人物集・鯀篇）

——從鯀的誌事金文記載中看中國古代社会

目録

一、前記

中國早在公元前三千年就有了銅制的生产工具，到了公元前兩千五百年左右，在青銅器具上就出現了作為私有权　标誌的一字氏标，以後又有了二字的命氏彝器，或四字以上的誌親礼器。這是金文創始的初期，它的特点大半都是原始性的象形体文字。到了帝顓頊時期，在命氏金文和标族金文之外，才有了誌事的金文。出現在中國古代青銅彝器上的這四種創　始期金文，就形成中國最早的关於古代历史的真实記录了。

為什么命氏和标族的佳？是一字的圖銘，也成了中国的古代的历史記録呢？因為「存在决定意識」。屬於意識形态領域里的文字，必然是客觀实际的物質的反映。如顓頊初命鉏（鋤）氏，金文作，説明在当時就已經出現了青銅制的双刃鋤具，就是的标声誌族的符号。殷周古韻，竹、足、族、畜、叔都在三部，可見鉏、鋤、足、佳、祝、五帝時期都是同声字。説明在帝顓頊幼年時期，当在神农炎帝历山氏的末期，中國不但有了原始性的象形文字，而且农业相当发展，已經進入銅、骨、石三器并用的階段了，而一字标氏的「佳」字，古金文作，当是农业定居生活开始之後，在意識形态領域里的反映，是用两把矩尺和两隻足，説明当時人类已跨入行止有所規制的新的生产方式和生活方式的階段，也是有「路」而不行的反映，是人类社会的「又一次分工」的结果。依据恩格斯的説法，這种畜牧业和农业，手工业的大分工，也就是社会的又一次「大分裂」，是属於奴隶制社会的标誌。自然，這个「住」氏，就是最早在金文初期出現的象形体的氏标了。這不但從兩只「足」的象形中，可以看出是早於□以及□（疛）的原始体文字，而且從鑄制的字跡粗糙上，也可以看出是早期的「住」氏。從声类上推求，「住」就是《左傳》所載：「有列山氏之子，曰柱，為稷，自夏以上祀之」的柱，也就是在「餘尊」中，作為受帝嚳公祭的□祖。「柱」氏為金屬貨币的最早的监制人，因而腰中以半朋（□）古貝作标誌。所有以上這些解释，我們在《貨币集》中已經都作過比較詳細的論証了。

总之，由於在神农炎帝历山氏末期，也就是在农业定居，畜牧定坊，人类的行止已有所規制的新的生产方式开始之後，作為处在奴隶制社會初期的统治者——新興的氏族奴隶主，就已经知道用当時出現的划時代的新事物，為自己家族中的幼儿命名了。并且又因為這个柱氏系的氏族掌握了青銅金属的冶煉手工技艺，所以又用象形体的金文作為氏族私有的标誌，鑄在所頒賜的飲食器上，這样就在命氏彝器或标族的彝器以及后来发展的誌親、记事图銘当中，為我们留下了宝貴的金文的历史记錄。

毛主席曾经說：“馬克思以前的唯物論，离开人的社会性，离开人的历史发展，去观察認识问题，因此不能了解認识对社会实践的依賴关係，即認识对生产和階級斗争的依賴关係。」指出：「首先，馬克思主义者認為人类的生产活动是最基本的实践活动，是决定其他一切活动的东西。」這就是我们認识在金文中所反映出来的中国上古历史面貌　門徑的指导思想。根据這种科学的辨证唯物主义的認识方法，我们不但從金文前期的有关貨币的記載中整理出從神农炎帝時期的□（佳）貝，直到帝摯時期的「类貝」，属於五帝時期的七种貨币，証实了司馬迁《五帝本紀》所載的五帝世序，基本上是确与金文的記載相符，是历史的实録，而且也肯定了「祝融作市」（見《呂氏春秋·勿躬篇》）以及「夏（偽誤字）鲧（鯀）作城」（見《尸子》：「昆吾作陶」下

注）的記載，基本上是实际的历史记录。

金文中帝顓頊的「嗣宗子」「成祝（鑄）」作□，成字為□，（《史記》「楚世家」成作稱）盛字為□，变音讀「盂」。從□的字形所象來說，是有人「撑旂」，以為招徠，是帝顓頊之子的封邑為進行交易坊所的标志。古成、稱兩字相通，都是交易双方物貨相稱而成交的反映，這也就是「城市」的声源和义源所在了。《左傳》有「以成宋乱」，晉杜預注：「平宋乱」（桓公二年），是「成」為平（相称）的例証。实际用今天的話來說，就是「评论」宋乱的是非，以作决策，因而成、稱都是从市場中進行产品交換的概念里产生出來的。「秤」当是後世的字了。而盛就是变称作「盂」，今天称作「升」的量器的專用名称了，說明也是应客观的产物交換需要而产生的用具。這种用旗幟為标志的坊所，不用説，是有武备作保卫的，以后又發展到用土墙圍起来，這就是所謂「鉉作城」的城市了。這种城市一出現，自然又是一种在当時对周圍影响很大的新生事物，因而鲧之諸子（五系）之一就又以「户」（古護字）氏（变音讀「圉」）為命名了。金文有[illegible]，這就是舜的子嗣韋氏了（殷周後世韋氏女系变筆作媯）。今天在膠東廣大农村，称村鎮仍然為「圉子」。作為和在金文初期的命氏彝器图銘中所出現的「成（城）」的记载可以相印证的，就是五帝時期所大量鑄制的六种金属貨币的记载了。如帝顓頊鉏氏所鑄的「[illegible]」（鋤鑄）貝，帝摯時期鲧為宰所鑄的「奚貝」等，都是在《西清古鑑》的「钱録」中有实物可証的。

以上就是《貨幣集》中所論证的，它為我们研究鯀的誌事金文提供了認识的基礎。為了通过鯀的誌事金文看清公元前兩千三四百年的古代社会的比較确切的面貌，自然首先还要從有关鯀的經典记述的研究着手。

二、「梼杌」非鯀論

《左傳》載：「顓頊有不才子，不可教训，不知話言」，又说：「天下之民，謂之梼杌」。在旧史学界影响很大的一个專门研究《春秋左傳》的注釋者——晋杜預，在這里注道：「謂鯀，梼杌，頑凶无儔匹之貌」（見文公十八年）。指魯史官所称的梼杌（梼字讀如儔；杌字讀如兀）為鯀，实际也不是杜預的杜撰，他还是确有根据的。這个根据，就是東漢賈逵注「史記《五帝本紀》」所作的「梼杌、頑凶，无俦匹之貌，謂鯀也」。賈逵是《說文》作者許慎的老師，自然晋杜預循之作解，以爲无失了。但賈侍中却在這个注解上，由於纯屬主观的推測而錯了。在解放初期逝世的吳闓生，在《尚書》注中就已經指出過，說：「舜之流凶族在賓四門時，此四罪在攝位後，明非一事。說者以《左傳》四凶族爲四罪，誤也」，所謂「四罪」是指「流共工」、「放驩兜」、「竄三苗」、「殛鯀」；所謂「遷四凶族於四裔」，是指「昔帝鴻氏有不才子」、「天下之民謂之渾敦」；「少皞氏有不才子」、「天下之民謂之窮奇」；「顓頊氏有不才子」、「天下之民謂之梼杌」；「縉云氏有不才子」、「謂之饕餮」，尽管吳訓「殛」爲「誅」的解釋不確，但「殛鯀」与放逐「梼杌」确是兩碼子事，鬻(殛)鯀在前，堯為帝，而逐「梼杌」在後，是舜嗣王位以后了。其注还是分析得对的。另外，《左傳》所記魯史官克的所谓「不才子」的說法，显然是指子嗣后裔，如楚灵王称魯祖為「禽父」，晉祖為「燮父」(見昭公十二年)，父為父祖之例，可知在這里的「子」称，為子孫之子。不然的話，依据金文所考，帝嚳在位五十五年(《帝王世紀》謂在位「七十五年」為誤)，帝堯在位是三十八年(《堯典》為帝堯在位「七十載」以後才徵舜，是僞筆)，前一數据是根据「庚申角」金文的記載推算出來的(本章还要論到的)，後一數据是在「辛子彝」的新考中得出來的，再加帝摯九年，从帝嚳即位到舜為王「賓四門」的時候，已经是一百零二年了(如依《帝王世紀》則為一百八十二年)。不要說在帝少皞之前的所謂「帝鴻氏」的「不才子」、「渾敦」的年令当在二百以外，就是在帝少皞之後的帝顓頊這个「不才子」「梼杌」是遺腹子的話，依据金文的記載來算，在舜「宾四門」嗣王位時，也是已经年近百岁了，帝少皞之「不才子」「穷奇」至少也在一百五十岁左右。据此可知舜所迁的「四凶族」之一「梼杌」，当是帝顓頊的諸孫之一，就是說為舜的本家弟兄，從族称氏称的声序來說「梼杌」又正是「貯吳」（匽侯，金文作□□）的音律，因為殷周古韻州、丑、竹、蜀在三部，匑、畫兩音在四部，可以推知三代以前古音疇、貯是同部字，而金文□為族称，讀「貯」，而作為兩婿之間的親称就讀「仇（俦）」，這又是俦貯古一音的例証。今称「妯娌」妯讀「州」

声，而《説文》引方言作「築娌」，又是州、築古音相同的旁証了。因而「梼杌」和匽侯「貯吳」都是同輩的弟兄，説明「梼杌」是帝顓頊的「不才子孫」，為舜的兄弟輩，而不是「諸父」之一如鯀可比。這是第二个從人称声类上所得的结論。第三，《淮南書》（泰族訓二十）載有「故舜放弟，周公杀兄」。周公所杀「弟管」，非兄，（「叔」是姐夫妹夫）作者已在《古代典籍親称新解》中，考証过了；但為舜所放逐的「梼杌」是舜的弟弟，在這里確乎是有了旁証了（关於舜為「鯀」的諸子之一，詑在《兵銘集》）。

「梼杌」不是帝顓頊諸子之一，根据以上三点詑据可以肯定下来了。

但這个「梼杌」到底是什么人，在金文記載里是不是有线索可查呢？因為金屬冶煉手工业既然掌握在這个以鑄氏帝顓頊為祖的貯氏氏族的手中，而在生活上的飲食用具尊、觚、爵、角、鼎、鬲都是每一个氏族成員從幼年命名就須賜一份，直到婚時再命，又有王室所賜的命氏礼器，參加政治活动而有「三命」、「四命」等爲封爵命官的标族礼器了。有子命氏、有女爲婚、爲祖、爲父作礼器，都有一份或誌事或誌親的青銅彝器。金文虽短，但总有线索可尋的。

這个「梼杌」，依据声类推求，当是宋薛尚功所釋的「無俦」了。金文（見「父已甗」——《历》集卷五第五九頁），爲什么《左傳》称「梼杌」，而金文却是兩字原字爲：

顛倒過來的音律，爲「無（杌）俦（梼）」了呢？因爲的本声讀「乘」，原是姓氏，是從母系來的声标，帝少皞有女婚於帝顓頊命名

為冉，金文作[illegible]，是以木「撐」帳蓬野居的形象，為「家」的最早的概念，而《楚世家》載「帝顓頊生稱」，「稱」為姓，就是佐証。「無俦」的生身父「羊己」就以「乘」為姓，如帝顓頊的嗣宗子以「咸」為姓，金文作[illegible]，是一样的声标。所不同的是[illegible]為「城市」最早在意识形态领域里的出現的反映；而「乘」却是東方的人类关於开始駕馬的最早的記載；显然這一創举是奴隶们在生产实践的畜牧当中早已出現的事物，而這一看来平常的新生事物，却為新兴的奴隶主帝顓頊用来為諸子之一的「羊己」命名了。這十命氏金文刊在「羊己爵」（旧名「牺形父丁爵」——見《攈》錄卷一之三第二十頁）上，六字图銘為：

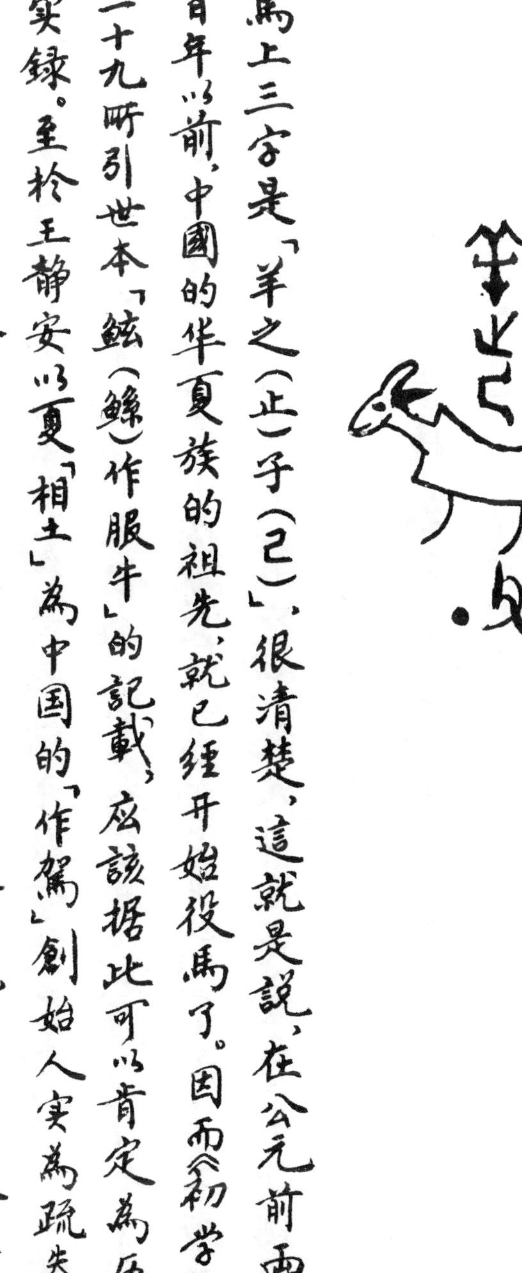

馬上三字是「羊之（止）子（已）」，很清楚，這就是說，在公元前兩千五百年以前，中國的华夏族的祖先，就已經开始役馬了。因而《初学記》卷二十九所引世本「鲧（鯀）作服牛」的記載，应該据此可以肯定為历史的实録。至於王静安以夏「相土」為中国的「作駕」創始人实為疏失的解釋，当另外作專論研究（見《兵銘集》）。在這里就不作節外生枝，枝外又生節的繁瑣論証了。

既然「無俦」的生身父、「己」氏以乘畜（馬）為氏称，到了他本人為什么又变作「无俦」了呢？原来「乘」字，金文就是杵，古午（）在当中，而四人以两人為偶却彼此各自為室而相背，是舜為政推行兄弟不相仇（），而相避（）的新的婚姻制度在意識形态領域里的反映，因而「无俦」就是不相俦的概念，就是説从舜創建新法制开始，在过去母系制所遺留下来的「普奴路亚」式的兄弟同室的家庭形式就正式结束了，因而「俦」字金文作，就是弟兄各自為室而隔离聚居的形态（詳论在《舜》一章）。而「无俦」的声律自然又是和舜以「吴貯」称，金文作是一致，是从吴的古音讀户，最初是「护貯氏族」的概念而演变為「無（勿）俦」的無俦，是姓氏在前，族称在後；梼杌又是族稱在前，姓氏在後，是一人处於兩个王室之間所有的變異。「無」在前（正声為乘），是在帝堯時期以母姓（畀）為貴，所以□字居前，而鯀族稱為次，居末位；不用說，到了舜為帝，貯氏族為貴，所以「梼」為首，而从母族來的姓氏就居次位為末了。「無儔」為舜所放逐時，正是在舜嗣帝位「賓四門」時，因而稱「梼杌」，在声序上正与「客觀」变化相適应。「梼杌」非鯀，根据以上所論，可以作斷了。

三、鯀是帝顓頊非直系血統「諸子」之一

晉皇甫謐《帝王世紀》稱：鯀「字熙」，依据金文看來，這是在旧史籍中一种比較確有所据的記載。因為金文鯀自稱為□（見「乙未敨」銘，以後有

詳論)，「古子、己是一字」，闻一多在解詩「君子好逑」的好字時，曾有這种說法，是对「子」的正确的解釋。 自然是「配」的繇筆，加「火」是族标，炎帝系的子孫，都以「火」音為族称的声标，如金文 (旧誤讀為「車名「車卣」——見《窓》集十九)，讀銔，又借用作「賀」，可知三代以前古音都是「火」声，直到殷周之际召公名奭，一音《說文》称「讀若郝」，就是銔的族称的声标。膠東方音讀郝為「火」，又有讀郝為「好」声的，自是後來的方音了。讀「火」為古音。《堯典》作「和仲」、「和叔」，和也自当讀「火」声，因而配字变隶加「火」，既是族标，自然也就是族称的声标了。「熙」的五帝時期古音，依此為解，正声当讀「火」，变音讀熙(系)，正如召公奭的奭字，正声「讀若郝(火)」，而变音讀如「畢」，都是一字双音，為父母兩系原是屬於是兩个語言根本不同的氏族的反映。因為以「梟」稱的「鳩」族帝嚳、帝摯、帝堯三世為王，共统治了一百零二年之久，所以变音讀熙作為正统的声标了，而「熙」原讀為「火」声，反而失傳了。以上是关於金文□字讀熙為鳩的氏稱之一的鮮釋，說明《帝王世纪》所誌確有根据。

另外，《左傳》記晋国史官蔡墨的說辞，有「少皞氏有四叔：曰重、曰該、曰脩、曰熙」，并說：「脩及熙為玄冥」，注稱：「二人相代，為水正」（見昭公二十九年），叔伯在三代前後都是兩个互為婚姻的氏族之間的亲稱，長為伯，少為叔，和春秋後世以伯為伯父，叔為叔父的概念完全不同。殷周之初在《詩》上还保留着古稱，伯為舅（姑夫），伯父的「伯」

為「諸父」，如：「既有肥羜，以速諸父」；「既有肥牡，以速諸舅」（見「小雅」「伐木」之章），「諸父」是本族的父親一輩的弟兄，「諸舅」就是母族的「伯氏」了（詳論在《春秋批注》「殷周之际叔伯親称考」）根据以上所論，足見三代以前五帝時期的家庭组织形式和唐虞以後的三代時期虽有不同，但在親称上，还是保留着「諸父諸母」的名义，（如胶東莱陽地区，直到解放前还是称父親的弟兄為「大爹、二爹、三爹」，尽管家庭形式已经不是屬於「普奴路亚」式的了）；而在帝少皞時期，不用說，「諸父諸母」的家庭形式，依母系來說，這是姊妹和对方的兄弟共為婚姻，是母系氏族社会群婚制的遺風，因而所謂帝少皞的「四叔」，应是炎帝神农历山氏的四子，帝少皞的四个姐妹夫，重為柱，金文為

[illegible]，在《貨幣集》中已經作過介紹了，這是軒轅黃帝的女兒常仪（史作昌意）的婚偶，帝顓頊的生身父；該，自然是「戈」的記音字，《史记》作「愷」，賈逵注：「八愷」（高陽氏帝顓頊所謂「八子」）讀「愷」為「和」，很对，殷周古韻戈、過、和同在十七部，害、蓋、曷同在十五部，可以推知五帝時期古音戈、該、愷、和都是古音為火的声系。《左傳》原注：「重為木正」、「該為火正」，或為确，這就是說，在神农時期，「柱（重）」原為掌握金屬冶煉手工业的生产和分配大权的，在軒轅黃帝經過「阪泉之野」的三战取代了神农炎帝的王位以後，留在山東帝都曲阜代行奴隶主王朝政权的少皞，就把這个原來的「火正」調到监督林木制材手工业的生产岗位上去了，而以「該」來代替柱（重），监督金屬

冶煉的手工业生产了，這是在「賴貝」一章中，也提到過的了。

現在根据以上所引的這兩种历史记載來看，鯀以巸称，显然是从「水正」熙氏那里來的氏称的声标。另外鯀在尧世担任治水的任务，也說明是承继了父业的遗职，对於水利的导疏原来是积累了不少实践经验的，這是鯀非桂（重）的嫡系孫，而是諸孫之一，是「水正熙」的直系血統的論据之一。自然，就是帝顓頊的從兄弟之男了。从這种親称关係中，我们可以清清楚楚看出這种地地道道的「普奴路亚」式的家庭实質了。

這种关於五帝時期的家庭形式的論斷，是不是在金文中有确鑿的根据呢？是的，确有金文記載作根据。第一个根据是，「乘稚（雛）卣」，（旧名「周亞卣」——見《西》鑑卷十六第三十三頁）。器銘八字，兩字為合体的族标，是：

這是「乘盱」（即為舜所放的「無侉」，《左傳》「檮杌」的嫡系子嗣（注：《呂氏春秋》所稱「乘稚作駕」，稚字誤録為雅，而原注稱「一作持」，就是口傳的稚，為録筆的記音字之証））稱父珠，自然是以帝舜為主父，以族稱為「珠」。這是根据盱（）為族徵，就可以判斷出來，是乘為「祖」（稱死去的父，也為父祖）受祭了，当是夏禹時「乘稚」所作的祭器，

蓋銘五字，是：

首一字為「祭」的原始体，「父己、母癸」当是乘稚的生身父母了。這是三代以前「諸父諸母」的家庭形式所遺留的親称未变的證据之一；另外，还有「俞鼎」（旧名「亞形祖辛鼎」——見《愙》録第三册），图銘是八字标族金文，是：

高辛氏為伯舅，俞氏也是兩父，主父居中為「隩」氏，甬為古鐘字，是「重」的誌音字，以旋稱，自然這个「重」是「俞」的生身父了。《貨幣集》內还作過专題研究，現在又提出来仅是作為五帝時期「諸父諸母」的「普奴路亚」式的家庭形式的佐証之一，是金文記載的第二个确証。

以上就是鯀非帝顓頊直系子嗣的立論基礎。這个基礎肯定以後，就使我们对鯀的直系親屬作出判断了。

鯀字作為氏稱，依據金文一物兩名，一字双音的常例，讀今音為鰥声，当是变音。《說文》解鯀為「系声」，当為正讀，說明就是从「熙」那里来的声源。殷周古韻，稽、继、系同在十五部，迹、奚、斯同在十六部，可知三代以前雞、奚、集、系必同声。鯀為「熙」氏系的子孫，這是在鯀继承祖「业」，負責水利工程之外，從氏稱声标上來的第二个论証了。全文命氏彝器中有「众卣」（旧名「父癸卣」——見《窓》集十八）的一字图銘，這又是鯀的直系親屬為熙氏（少皞時期的「水正」）的第三个论証了。這个命氏彝器共有金文三字，是：

▲是「父癸」為子嗣所命的氏稱，▲為三人所奉戴的族标，說明是▲系的子嗣是很明確的。不是帝顓頊的氏标●（珠），也是明確的。▲字依金文●字作○，字作，字作之例，当為△字。《說文》解△称：「三合也，从人一」，又說：「讀若集」，可見古▲字双音，讀合又讀集，足証，「三人」所奉戴的或為「柱稷」的稷的声标，或為「熙」的氏标，

如果是稷之孫命集，說明是「父癸」的諸子之一的[illegible]虽不是帝顓頊的直系孫，却还是帝顓頊的弟兄之子，而如果是「熙」系，就是帝顓頊的从兄弟之子了。再看[illegible]字的下半部，為三人形；司馬迁在《周本紀》中記「密康公」母的說辞，有解释。他說：「夫嘼三為群，人三為众，」這是從字形的分析上，說明字当讀「众」的根据，前已在《奚貝考》中論及了。另外从众的声律上来看，又是和祖桂（史称「重」）的族称声标相符的。而緐的一体又作繹，如果依族称的声律来說，当正声讀緐為「系」，為「众」系就是声傍，但后世讀如「观」，自然又是帝挚時期的变音，是從緐為「大监」官職而來的尊称了（緐的官称，以後会詑到）。古「监」為喉音讀如「幹」，殷周古韻見、干、冠同在十四部，可以推知，三代以前监、观是同音字，古韵「监（世）」在八部是根据殷周後世的經典分类，自然不知道三代以前观、监应為同声字，如林、兼同在七部，林、兼两声实际是两音，所以相通，就是因為鲧职称「大监」，《左傳》作「大临」（見文公十八年）。《説文》监、临、古為一字，是父母两系語言相殊的反映。可見這个「父癸」就是鲧以母族父系族称（臬）為姓氏的自称，有子以「众」命名，並以▲為族标，而是説明「众」為帝顓頊「三系」的从子，应該肯定的了。另外這个「系」，又是从鲧的氏称又書作「奚」，古音正声讀雖。這又是一个可以作鲧　非帝顓頊直系子嗣的訖证。第五，依据雖、系五帝時期為同音字的声类上推求，还可以提出「兄珠尊」（旧名「兄丁尊」——見《历》集卷二第二八頁）四字圖銘為旁证。盖銘四字，為：

·大

器銘四字，三字相同，只是一字有变筆，作：

宋薛旧釋「兄丁。大下一字作雞形，当是其弟為兄丁作此尊也」。珠字讀変音為丁，並認為是弟為兄作的尊彝，以弟的氏称為「雞」形字，都是对的。弟為雞氏，正是帝少皞特期「以鳥命官」的特征之一，而両个「雞」字的象形体，一有（繫）作声标，如「西宫敔」銘中的「给」（讀如自己的己，旧作錫）作、「益鼎」中的「益」字作是同样用来作声标和族标的。就是今天我们所寫的隶書雞字，仍是奚、鳥両字的合体，説明变野禽為人类馴养的雞是早在帝少皞之前就已経是為以畜牧著称的羊族中客观存在的事实，因而早在神農炎帝历山氏的四子中（帝少皞的四「叔」），就有「異」氏的始祖「熙」氏，有子称「雞」氏為帝顓頊作器，称兄而自称「大雞」，可見就是鯀以異為氏称的声标的來源所出。「大雞」或為鯀的生身父了。為什么雞氏称「大」呢？這在《兵銘集》里关於「唐堯時期三戈兵銘」的考証里（旧称商兵，見《观堂集林》「商三句兵跋」）有解释，就是說，「雞」氏為桂氏四弟兄子一級妾屬所生，因而是「己」為姓，（即子姓），而帝顓頊（日珠）虽為母一級所生，但在帝少皞時期「己」却為桂氏家族中的「主父」，因而戈兵銘称「大祖日（正声古音讀阳為羊）己」，說明「兄珠尊」中以「大雞」称的雞氏，就是戈銘中的「大祖日己」，這和帝堯与帝摯的关係相类，就是說帝堯虽為母一級女性所生，但是在帝嚳逝世以後，子一級的女性所生的「摯」，却倒嗣位称王，是一样的。据此可知「兄珠尊」，或是在帝少皞時期大雛受到册命為桂氏族部落「酋長」以後為鑄氏（顓頊）所作的飲食器之一，以誌自己為「大」的政治身份；也或是帝嚳世作的祭器。如果以上的詮証不誤的話，鯀為熙氏系的孫屬，生身父為雛氏（日己），而直系祖為神农炎帝历山氏之子「水正」熙，应該説是脈絡清楚的，从以上的詮証里，也可以清楚的看出来，根据金文記載的上古時代的家庭組织形式的实質了。

四、鯀是帝摯的幕後支持人

——鯀的誌事金文之一「乙未敔」銘考

「乙未敔」（見《窓》集七）銘十六字，是：

（旧释：「乙未饗事，錫学師貝二百，用作父丁尊敔𤔲𡨦」）

現在我們既然从恩格斯那里（《家庭、私有制和国家的起源》）知道了，在易洛魁氏族社会的部落中，氏族的称呼所具有的重要性，对於《左傳》所记載的中国古代的氏称和族称，就有了新的理解。例如：「秋，宣伯如（入）齐逆女，称族，尊君命也」，這是指《經》称：「秋，叔孫僑如，如（入）齐逆女」，《傳》所作的解释。又《經》称：「九月，僑如以夫人婦姜氏至自齐」，《傳》又称：「舍族，尊夫人也」，可見僑如去齐，加上族称「叔孫」，和回来又去掉「叔孫」只称「僑如」（以上均見成公十四年），就有許多讲究，這比易洛魁氏族社会关於族氏名称的运用，早在兩千年前就又有很大的发展了。因而氏称和族称，就是我们认识古代中国有名人物氏族所屬的重要标志。

人少鄙是鯀的族氏之称

旧释□為「尖」，這從⺌為品字形来看，不是「小」字，是很清楚的，我们在《奚貝篇》已說过，這是「三子」的概念，当讀众。因而不是狀詞，在這里是作為族称「重」而来的声标。□（熙）為氏称，是很显然的。显然，「三子」「三臣」「三人」都是一个「众」字的变体，当然也是骨文□的祖体。這是鲧的族称声标，与帝顓頊鑄氏系的族称是一个音律。作為动物的氏标，生身父為「雝」氏，而鲧為「魚」氏，加上族称，就是「众」氏，在前面已經說过了，這个「众」字又通「中」為「中文」金文作□的一个有力的說证。氏称為「熙」金文作□，前面也已作过分析了，并有《帝王世纪》鲧「字熙」的旁証，是屬於祖「熙」水正系的氏称，因而□□（众熙）是鲧的自称，這是「乙未敔」銘為鲧所自制的誌事金文的关於族氏之称的两个論証。

2、「乙未」是紀年的甲子，為帝嚳的最後的一年

象熙是「鯀」的本称之一，是从氏称和族称的声标上推断出来，加以字形所象和《帝王世紀》的旁証，金文命氏彝器中的「象卣」銘的印証而得出来的结論，但是不是确鑿呢？还要从年代上來看了。

「乙未敲」以「乙未」為首，依例当是紀岁的甲子，如果是紀日，当有「年」「月」，這是第一点。第二，有「庚申角」銘，帝嚳「二十祀」為庚申的例証（詳论在《貨幣集·旅(彝)貝篇》，第三依据「庚申角」銘的紀年甲子為准星來推算，帝嚳五十年誅重黎為「庚寅」，《楚世家》以為「庚寅日」，日字

為後世錄筆之偽，也就像泉水見底一样清楚了。「乙未」正是誅重華聊墟以后的五年，即帝嚳在位的第五十五年。在時序上，也是相符的。又依据皇甫謐《帝王世紀》所稱堯以「甲辰」年為嗣位的初年来对証，這乙未年又正是帝摯就要上台的一年，自然也就是帝嚳臨終的最後一年了。如果皇甫謐的帝嚳「三十而登帝位」也是可靠的話，那么「乙未」帝嚳应是八十五岁的老人了。第四，从鯀在敢銘中以[illegible]的自称的金文字形所象来看，也可以知道，鯀所饗的王使是来自帝嚳，就是說帝嚳还在，是不是已处于弥留状态虽不可考，但王使是奉帝嚳密命而来，从鯀以[illegible]為旌称，謙卑的姿态，狀然如画，說明是以「子婿」之位自居的，也是王室使者是从帝嚳那里来的标志。

最後是第五，還有親稱，鮌受賜金為帝顓頊作器而称「父珠」。

根据以上從氏称、族称、年代以及对王者及所祭者兩种亲称等五方面的对证，得出「乙未敔」為鮌所鑄的祭器，是公元前兩千三百六十六年的产物，也就可以作出科学的鑑定了。

3、「乙未敔」銘新解

「乙未敔」是晚於「大保敔」和「旅鼎」五年的一件重要的誌事彝器，鮌饗王使受賜金，而為帝顓頊作祭器，並把饗使受金的榮譽记載在這个祭器上，以便傳於子孫後代，可見這次饗使，並不是一般的設宴款待王使的应酬公事，而是关係到王室帝位的承嗣問題。而鮌，現在不仅々是在旅氏宰東虎之后的唯一的在鑄氏族中舉足輕重的「元老」（中父）了；而且依黃帝与炎帝兩个帝系的男女世代互為婚姻之例，帝嚳不但是鯀的姐妹夫（司馬迁《五帝本紀》称帝嚳：「娶陳鋒氏女」為正妃，又娶「娵訾氏女」為「次妃」），帝顓頊的女婿（依金文來說，帝顓頊為帝少皞的女兒「鬲」氏的婚偶，因而陈鋒当為「鬲」氏凤姓女的变筆，史筆不称帝顓頊，是因為誤以帝顓頊之母「常仪」——史称「昌意」者為男的原故。因而有諱筆，不知实為姊、弟子女之间的婚姻，并不是弟兄子女之間的婚姻），而依姪為隨姑作嫁之媵妾的風習，鯀的女兒又為帝嚳子一級妾屬，這就是史筆所諱称做「娵訾氏女」的原因了。娵，為聊的变筆，即金文[illegible]字，是帝顓頊的氏称之一，「訾」為「子」的变筆。聊子，即鯀与旅的諱筆。這种婚姻，必有礼器，金文「父癸𣪘」（見《𢟪》集十二。旧名「子作父癸𣪘」）就是例証之一。銘為：

為（王的原始象形体，為帝顓頊的自稱。詳論在《貨幣集・鉏鑄貝》一篇）的变体，有氏徽「高」為标誌，可見「高」是帝嚳的嚳字的本字，「高」在「癸」内為母姓，說明帝嚳是高陽氏姊妹之子，以「高」為姓氏而奉戴於「王」首。是嚳以王自稱，為「父癸」（或鉌或旅）所作的礼器。另外还有帝嚳為這个子一級妾屬所生的女兒鑄制的命氏彝器「厶鯕（𤾊爯）尊」（旧名「父辛尊」——見《窓》集十三）图銘六字，為：

𤾊稱兩字為合体的氏徽，𤾊爯（誠）上面的[glyph]即子一級所生的標誌，為「厶」的嬭（女）体，這是帝嚳以「父辛」名义為子一級妾屬所生的女兒「厶鯕」所作的命氏彝器而以[glyph]氏居首位，[glyph]氏帝顓頊以聊（桂）為命名的声标和族标，特点是有「冠」，而「厶鯕（𤾊爯）尊」銘的以「桂」

為声标和族标的「柱」，自然是「幼柱」的概念了，而背後有手「扶」之，也是年老位尊的标誌，又在帝嚳之上，可見是為「厶鼎(癸爵)」系的外祖，当是鯀的以柱氏称的象形体了。

根据金文所考臬(鴞)、羊(日)兩个帝系的子女世為婚姻的常例，以及「父癸毁」和「厶鼎(癸爵)尊」兩器所刊的金文為証。鯀是在帝嚳五十五年临终之前奉遺命，要支持帝嚳子一級「次妃」所生的「摯」代堯嗣王位，所以饗使的关係重大，因而特别用金文记载在祭祖的彝器上了。這种使命是和鯀為帝摯外公的身份，也是相符的。這又是在鯀所支持的嗣宗子聊墟(依母系制王位傳婿的腐朽勢力)企圖奪取王位，為大保堯(皇儲)所誅，經过五年以後的与大保堯的第二次作政治上的斗争了。

五、关於帝嚳十年鯀陪王祭社的記載

——鯀的誌事金文「豖餘尊」銘的新解

「豖餘尊」（旧名「丁子尊」——見《愙》集十三）銘是鯀所制的早期的誌事金文，共二十六字，前在《貨幣集·桂貝篇》作过専題的考証。原銘為：

「冢餘尊」銘新釋（右讀）：

珠子王享桂祖

王錫（给）众餘桂貝

鷹王来足（祝）人方鷹

王十祀又五五日

旧釋為夔，当為变音，從所謂「夔一足」而来的。正讀应為「足」，足是「桂」的标声誌氏的标誌。头上是羊首双角，這是从「日」字作「」，正声讀「陽」，是王室羊族的族稱，因而有双角，並受奉戴為（金文人字，即「人方」之辞源）首，腰中所繫是半朋古貝（「西宫鼎」繫字的原始象形体作，「益鼎」作，正是半朋古貝的形象），是作為

鑄氏族首先鑄造貨幣的創始人的标誌，所有這些，在《貨幣集》已經作過詳細的分析了。关鍵在於对「●子王」三字的解釋，旧釋或讀「丁己，王享夔祖」，显然是錯了。因爲在帝嚳二十年，才在「庚申角」銘中出現以甲子紀年的金文记載，子、己固然是古爲一字，但在這時，还没有发展到以甲子紀年的進步程度。有「兄癸卣」銘可以爲証，銘称：●子王[illegible]（器銘），却是在「王九祀又五」，显然這是同一時期的鑄制品，「兄癸卣」爲緜的鑄兄宰束（树）虎旅氏所制的誌事彝器，爲帝嚳九年五月的产物，和帝嚳十祀鑄制的「鮽尊」相距仅一年，「●子」不是紀年的甲子，不是非常明確了麽？但是不是「紀日」的甲子呢？更不是了，因爲还不知道用甲子紀年，就更談不上「紀日」了。

晋皇甫謐《帝王世纪》称，「微字上甲，其母以甲日生故也。商家生子，以日為名，蓋自上甲微始」。這个說法，近两千年来，已為旧史学界奉為定讞，如有名的王静安就説过：「商之先人，王亥始以辰名。上甲以降，皆以日名」（見《观堂集林》卷九第九頁），「王亥」竟究是什么人，还要等待後人的証实，但在「上甲微」以前甲子為紀年的干支而不是用以「紀日」的，据此就可以立説了。

「珠子王」当為王称。●字讀珠，在「见癸卣」蓋銘上就有声标作注。為了概念明確，再摹録原銘如下：

[illegible]

和器銘一比較，就可以知道冂為●的标声誌氏的标記，是作為「注解」用的。

〔八〕為鉏，依《說文》段注，就是今天我們所稱的「鋤」字的原始象形体。這是帝顓頊的幼年的初命所受的氏稱，(詳論在「鋤鑄貝」篇)，所謂「珠子王」，据此可知就是帝顓頊鋤(珠)氏的子婿帝嚳在嗣王位初期的稱号。因而不需說，帝嚳所祭的柱祖，当是外祖了。就是說帝嚳為帝少皞之孫，却是「柱」的女兒之子，也就是帝顓頊姊妹之子了。因而又与伯舅家的表姊妹(窜東虎旅氏的姊妹)為婚，在輩次上，也是相符的。据《左傳》載：「有列山氏之子曰柱，為稷，自夏以上祀之」(見昭公二十九年)。根据「众艅尊」金文的記載，這个《左傳》上的說法，在這里就确為历史的記錄实証，也說明帝嚳所祭祀柱祖，是作為帝顓頊「封之以司天」的稷神來祭祀，是進行国祭，而並非「私礼」了。那么陪王作祭而同样稱柱為祖的這个「众餘」，是帝顓頊的諸子之一，為「柱」的諸孫之一，以「众」為族稱；以「餘」為氏，又是别無他解的了。這个「众餘」就是「鯀」，我们不是以作為「三目(臣)」的概念的「众」字里，已经窺出他的本象来了么？

為什么「乙未敔」銘稱「众熙」，而在「众餘尊」銘中，鯀却以「众餘」自称呢？在易洛魁氏族部落中，是有例子可以参考的。「当嬰兒生产以後，其母即选擇一个未曾為同一氏族间用过的名称，经最近親族之同意，作為這个嬰兒的名稱」，這是幼兒的初次命名。又：「不論是誰，一經年令到了十六岁或十八岁的時候，便由他的氏族之酋長，取去最初之名稱，给予第二种名稱」，這是再次命名了；还有「更有一些人因為被选為世襲酋長或普通酋長，每把原有的名称改过，到了就职之際，便換上一个新的名称」，

（以上所引，在摩尔根《古代社会》第十一章「对于同族人員命名的权利」），因而可知在易洛魁的氏族部落中，起碼是每人有兩次命名，头目人就有三个名称。而在東方的古代奴隶社会初期，人的族称、氏称已经有了金文記載的历史記录可考了，一个鑄氏家族的成員，即新兴的奴隶主阶级的集团的核心人物，只帝顓頊一人就有七称，幼年的初命為「鉏」（□）氏，青年参加金属冶煉手工业的监管活动以後再命「鑄（□）」氏，帝少皞氏临政就調桂氏父子到林木手工业的监管岗位上去了（《左傳》有「重」為木正的注解），廢鑄氏而命名初為□（桂的象形体。「桂」為声标和氏标，即更隶作聊的本字）氏，再命為「舟」，金文作□，（旧釋「受」），也就是鯀称□（艅）字从「舟」的来由。而在鑄氏的标族的飲食用具上，却自称「高陽」氏，金文作[金文字形]，嗣帝位以後称「珠」氏，又作•[金文字形]，总共七称，而从這七次的氏称字体变更当中，就留下了各个時期的不同的生产监管的活动范围，和政治上的经受挫折的痕迹。有這样的前例可比，对于鲧在「乙未敢」銘中的自称和「众餘尊」銘中的自称的不同，也就容易理解了。

毛主席向我们指出：「所謂形而上学的或庸俗進化論的宇宙观，就是用孤立的、静止的和片面的观点去看世界。」又説：「和形而上学的宇宙观相反，唯物辩証法的宇宙观主張从事物内部，从一事物对他事物的关係，去研究事物的发展，即把事物的发展看做是事物内部的必然的自己的运动，而每一事物的运动都和它的周围其他事物互相联系着和互相影响着」。

据此，我们再看「众腓尊」鯀以□□自称，和相距四十五年以後在「乙未敲」銘中又以□□為氏称，這当中的变化，究竟是一种什么性質的物質的反映呢？

首先，是族称，□和□虽然都是一个「众」字，但一為「三臣（目）」，一為「三子」，可以看出，在帝嚳十年鯀陪王祭柱的時候，还是帝嚳的妻兄弟，就是說还年少，最多是已和帝嚳的姊妹结為与兄弟同室的妻屬了，但经过四十五年以後，怎么反倒自称「三子」的「众」了呢？這个「三子」的概念，绝不会是从天上掉下来的，它必然是屬於現实物質的反映，就是說，鯀在「乙未敲」銘的金文氏称中，是表示以「子婿」的親位自居，不敢以帝嚳妹夫的併肩平列的資格自称了，這是經过了帝嚳五十年大保堯誅重韓氏聊墟（鯀之男，詳說在《重黎考》）以後所必然产生的反映。不用說，在四十五年以前鯀陪帝嚳祭祖的時候不以「三子」的「众」称，而以「三臣（目）」的「众」為族称，是鯀还没有納帝嚳母一級妻屬所生女兒為子一級的媵妾。因而自然也就不能以「子」位自謙了。（关於鯀和帝嚳双方的婚姻关系，正像舜与帝堯双方的婚姻关係一样，詳說在《舜》篇，可以互相印証）。這是変称的第一个証据。第二，称[illegible]而不称[illegible]，也当為客觀現实发生了变化所决定的。從金文「熙」的字形结构来看，而臣相叠是封邑旗幟的飄动形象，因而应是封邑「奚」的初体字。《左傳》有「薛之皇祖奚仲居薛，以為夏車正。」杜注：「奚仲為夏掌車服大夫」（定公元年），這个奚仲应是鲧的子嗣，因而以「奚」為族称。如果這个「熙」是「奚」的始体，為鲧在魯南沂蒙山区後期封邑的名称，因而也是氏称不為誤的話，那么這个在四十五年以前的[古文字]，也就必然也会作為封邑的名称了。但古地名有「俞」，无「艅」，《説文》解「俞」篆作[古文字]，显然古[古文字][古文字]是古今字，都是鍭与舟的合体。許説俞字：「从亼从舟，象水也。」亼就不加解释了，实际仍是鍭（[古文字]）的形象，显然在這里是像[古文字]字所奉戴的三角氏标一样，作為「集」（熙的誌音字）的氏标了，因而可以推知「俞」為「艅」的子嗣，有「俞鼎」銘，金文俞字作[古文字]，正是艅的翻体就是例証，等到俞氏有子，帝舜以「父辛（姓）」的名义，又以艅為命名，又是俞的翻体，与鲧的氏称的唯一的区别，就是這个「艅」字有貯

（ ）氏的标記了。見「艅觶」（旧名「父辛觶」——《憲》集二十）兩字合体的命氏金文作 旁有「父辛」二字，作 ，父字是翻体，這和「吳（虞）貝爵」銘的父辛，辛字作 是相类的，以与帝嚳高辛氏相区別。吳大徵旧釋：「 」，疑即俞之古文，或釋艅」，是很对的。另外，还有「貯（艅）斝」（旧名「父丁斝」——見《歷》集卷十一第一二三頁）一字命氏金文為 ，而以「父珠」的名义簽署， 為《說文》的「宁」字篆体，显然是用它来代替 ，這又是 的演变体了。显然 是舜未嗣帝位前，以鑄氏族的首領身份，也就是「主父」的身份，為子嗣頒賜的命氏彝器，尊母族有華氏，以「辛」氏（姓）称；而嗣帝位以后，再命俞氏之子為「[illegible]」氏就以「父珠（族称）」自称了。宋薛尚功旧释 字作艅，变隶应為「[illegible]」，貯為正声，余為变音。作為封邑的俞，当是郇字。唐・章怀太子注：《後漢書》趙苞列傳「封鄃侯」称「今貝州县也」，又注「吴漢傳」有「吴漢將会清阳」，称：「县名，屬清河郡今貝州县城，故城在西北」。《説文》解「鄃」為「清河县」。段注：「今山東临清州夏津县東北三十里有故鄃县城」，正是与帝顓頊的封邑称「鉏」的高唐地区的古「著」县相邻的区域。疑這个原為鯀的封邑的「俞」，也就是堯的誌事彝器「大保敔」銘所称的「休，余土」的「余」，這就是說，鯀原來的封邑本由諸子之一的聊墟所承嗣，鯀自己的封土只保留了称作「休」的地方，等到帝嚳五十年聊墟為堯所誅，「鄃」連同鯀的封邑「休」一併由帝嚳賞賜給大保堯了，而鯀就南迁到沂蒙地区去了。《左傳》載「及齐战於奚」（見桓公十七年經），穀梁傳却作「郎」。

《左傳》載：「邾庶其以濫来奔」，從声类上推求，监与临古為一字兩音。《說文》解「监」，許說：「监，临下也」；解「临」，又說：「临，监也」，段注：「各本作监，临也」。可以推知郎、濫都是「奚」的变称。而濫字，為监水的合体，监、斤古同声，因之，疑沂、濫是同属一条水的異称，這是一。第二，《左傳》有：「費伯帥師城郎，不書，非公命也」，可見，「郎」在「費」為边区，所以建城防，不是受魯隐公之命所建，而是私自採取的措施，所以「經」不載，旧以為山東魚台县境的「郎城」為解，当然就不对了。又有穀梁「奚」作「郎」為「郎」字之誤的說法（見《小学述林》、《說文讀若考》所說），郎字《說文》讀「若奚」。地在「汝南」，当然這又不是地在魯的「奚」了，或為後世封邑名称之变迁，但讀「郎」、「若奚」是完全正確。那么這个又称「郎（濫）的奚到底在哪里呢？唐・章怀太子注《汉武帝纪》在「遂攻董憲於昌慮，大破之」下，称：「昌慮县，属東海郡，故城在今徐州滕县東南，故郳国之濫邑也。」可見這个費伯所城的「郎」，是為了防「郳」，因為「三月公及郳仪父盟於蔑」、「夏四月」費伯就「城郎」，是為了防魯隐公与郳结盟之後，郳有所恃而来攻，因而在費所属的封区，就称「郎」，而在郳的地区内的封邑就称濫，都是属於临沂地区的地方，而東北部就是与齐相邻了。《汉書》地理志東海郡，祝其县下有注，説「殛鯀」的羽山在西南，虽然這个羽山并不是「殛鯀」的地方，但為鯀的后期封邑，非古称為「郐」的地方，却是和「異」（古临沂）的地望相符的。

根据以上「众餘尊」铭的王称、祖称、氏称、族称与封邑之考五方面的分析和論証來看，不但爲鲧的誌事彝器可以完全肯定下來，而且王所駐的「人方也就是「旅鼎」所称的：「鷹公大保（指尧）來伐反人年」的「人方」爲「申」（神農氏的神字古体）的变称。説明皐系王室諱「双手奉柱」的申字（金文作 ）。地点在曲阜，与鄒古相邻，也就可以作出肯定的结論了。

六、鲧爲帝摯時期的大宰（又称監）

——鲧的誌事彝器之三「王來狩啟」銘考

關於鲧在帝嚳時期，以「众鮽」称考証如前，在他的后期封邑爲「奚」春秋鲁称郎，郳称濫，应該都是在三代以前統称「监水」（沂）的地區，這在前面已經說过了，而錄在帝摯時期以「奚」氏稱，為帝摯的大宰，又有所监制的铸貝以奚貝命名，在《貨幣集》中也作过較詳细的論証，如前面所提到的「俞鼎」銘的八字标族金文為：

就是有力的論据之一。而奚貝（見《西》鑑錢録第六枚古幣图）的貝文作：

是錄為帝摯時期大宰铸貝以「奚」命名的物証；在标族彝器所載的金文中，也都在《奚貝篇》中作过論证了。而「丙

申角」銘所称的「奚貝」，奚字作 。從「乙未敨」的紀年時序来說，「丙申」正是「乙未」的第二年，就是說帝嚳已告崩，是新王帝挚嗣位後而賜金称「奚」貝，又是奚氏緣為大宰的鉄证了。奚氏以宰所鑄制的金属貝以「奚」命名是論据充足了，但奚氏緣為大宰，是不是也有确实的金文记載可為印証呢？有的。這就是「王来狩敨」（旧名「来嚣敨」）——見《愙集十一）所記載的緣自己作的誌事金文了。全篇二十一字，是：

旧释：王來嚣，自豆，彔在口師，王鄉酒。王口宰甫貝五朋用作宝䵼鼎。

吳氏並有「陝西賈人所拓」的注語，是标明器的出土的意思。古物出土地点，固然可以在考証上提供論据，但這也只能作參考，不能作断定器的所属，就是出土地区所在之国。因為上古時代的青銅彝器在周室就已經作為宝器了，如《左傳》記鄭大夫子产去問晉平公疾，解說病由得体，「晉侯有間，賜子产莒之二方鼎」（見昭公七年）就是一个例証。這两个方鼎明為莒器，却出在晉国的宫内，可見是來自外地所献，又經晉侯手賜給鄭国大夫，如果這两个方鼎以後在鄭出土，就以為出土地方就是莒国的都城所在地，自然就会形成大錯。所以「王來狩敵」的拓本虽來自「陝西賈人」，甚至於就是在「陝西」出土的，也不能据此作為周器。器之所屬，还是要根据金文的记載内容為主來判斷。首先是作器人的氏稱，其次是封邑之地稱。第三，是金屬貝的專稱，現在且從這三方面来研究。

1. 釋[illegible]

這个作器人的自稱，并不生疏，在堯為大保時所鑄制的「大保𣪕」銘中就出現过，銘稱所征討的人是「崇子聊墟」，崇字金文原銘作[illegible]自是「王來狩𣪕」銘中這个[illegible]的简筆，「癸日（羊）」在鯀，是為自己所奉祀的族氏「日癸」之顛倒字，說明羊（陽，即日）族已非当世的王室，因而姓為貴。癸（[illegible]）字头，是作為「母癸」而來的姓氏，是鼻族子嗣為王的标誌。因而有廾以為自己「双手」所奉，自然在大保堯就不以「癸羊」為尊，必作「双手」奉祀的反映了。实為一字，就是变隶当作「宗」字，為帝嚳時期称「众」的固有声律，因為晋皇甫謐《帝王世紀》称堯封鯀為「崇伯」，所以循之释崇。崇、宗、众、中在五帝時期当属同声字。人称為「崇」氏，但是不是就是鯀呢？还要看封邑之称是不是与鯀的氏称相符。

2、釋[illegible]

《說文》没有「禖」字，而「示」字旧讀「歧」，作「祀神」以祈福的解释，疑這是殷周后世的解释，從金文這个古字的形象來看，[illegible]字為「上水」而字的合体，岐為音，就是從「㠱」為声旁来的。「上水」或者是「㠱」水原来的古名，這是一方面，另外㠱字又和「丙申角」的金文㠱字不一樣，角銘㠱字從「大」，也可以說是從「矢（𠆢）」（古称鏃通「杵」，变音讀余通羽），是鏃的旗标。但在這里「矢」換了「父」字。分明這是㠱（系）氏以王「父」自居，但㠱作為封邑的名称，而氏称作「宗」还算是很自謙的。從王（帝摯）的母系来說，鯀是外公，為什么在這里以父之態自居呢？父古通祖，此外，依父系来說，鯀為帝摯的伯舅，也是姑父，所以帝堯称鯀為「伯」，堯与帝摯都是帝嚳之子，是同父弟兄，而鯀在這里以父自居，当然还說明是在帝摯嗣位後，就以子一級媵妾所生的女兒，作為帝摯弟兄的妻属了。因而「丙申角」銘，禹以「父癸」称鯀，得王（帝摯）賜金為鯀作誌視礼器，或者就是納鲧女為婚時的礼器。不用說夏禹鐘葵嚚氏当是「主夫」了。

是的，鲧的子一級媵妾所生的女兒，依父系來說，是帝摯的表姊妹，自然也是堯的表姊妹，但如依母系來說，帝摯為子一級（姪）女性所生，堯為母一級（姑）女性所生，两人又是甥舅关係了；另外，鲧的子一級妾屬所生的女兒，是帝摯的表姊妹，輩次未变，但对堯來說，却也是如甥舅的关係，這是上古時代两級婚姻制姪隨姑作媵妾所必然产生的「奇怪」的、又是兄弟、又是甥舅、而女甥与伯舅又是夫婦的特殊的关係。這种婚姻直到殷周之後，还是在《周礼》上作為合法的婚姻，不过以「姪」隨「姑」作媵（即姪為姑夫妾）的親屬关係，掩盖了甥与舅的关係而已。因為姑夫在世為婚姻的昭穆制度來說，就必是伯舅。這种特殊的关系在古代親屬关系上，在親屬稱呼上，是不是古代典籍有解釋呢？也有一个說法，在《尔雅·釋親》的妻党一章內說：「姑之子為甥，舅之子為甥，妻之昆弟為甥，姊妹之夫為甥。」看，說的很清楚，妻的弟兄，今稱「內弟」或「內兄」，而在秦汉之际是都依古傳統稱作甥的，姐夫妹夫也一樣，有注就叫做「平等相甥。」但這种野蛮的婚姻遺風留下來的关於親稱的解釋，就往往被后代的人所不理解了。段氏在《說文》解「甥」字的注里，就严加駁斥，質問道：「吾姊妹之夫，吾父既已甥之矣，吾又呼之為甥，此豈正名之义乎？」又說：「其文如此者，從其便也，自來不得其解」。显然，段已經疏忽了在《左傳》上所記的「昔宣叔，娶於鑄，生賈及為而死，继室以其侄，穆姜之姨子也，生紇」（見襄公廿三年）。這个魯國有名的臧武仲和臧賈，臧為從父系上來說，是同父兄弟；從母系來說，又是「姑」之子與「姪」之子，是甥舅关係了。「釋親」所解不是由於「行文之便」，是确乎有所根据的，這种婚姻关係在《彝》篇里再詳論，在這里僅是由於「禖」字不從大（矢）而從「父」，可以看出來鯀是确有子一级媵妾所生的女兒納於帝摯弟兄為婚了。

這种婚姻是不是很混亂呢？也不是。因為依父系制來說，鯀的母一级妻室所生的女兒，既然納于帝嚳，又把子一级媵妾所生的女兒納于帝摯弟兄為婚，這不是姊妹兩人却一為婆，一為媳，变成兩輩了么？确实這樣。但依母系制來說，母一级女性所生為「姑」之女，而子一级女性所生為「姪」之女，所以「姑」所生的女兒和姪所生的女兒為兩级，絕不能同婚於对方一级的弟兄，而必分開。「姑」之女婚於对方的「父」，而「姪」之女婚於对方的子男，輩次的界限又是很明確的。這个封邑「巽」的金文為鯀的自称，不是很清楚了么？

3、釋由

由為中氏帝顓頊的封邑，即「畗」的原始体，為祖（鋤）的同声假借。《汉書》地理誌平原郡有「著」縣，從地宜点来說，应是古「鉏」。当是宰東虎瞿氏（有羿父）在帝嚳時期所承嗣的，原為帝顓頊的封邑「鉏」，变筆作由。在這里就作為初步的論定了。說明在帝嚳五十年誅重黎氏聊墟以後，鯀諱称「黎貝」而以由来代替了，也是有它的内在的因素根据的。

综合以上三方面的分析，「王來狩敔」是鲧以金文记載的帝挚在「冀」受饗賜金于宰鲧的事跡，籍此以誌榮譽。這是鲧為帝挚時期大宰的确切的记録。

七、鲧在帝挚時期官称「监」

——鲧制誌事彝器之四「监鼎」銘考

「监鼎」旧名「文父丁鼎」（見《愙》録三），有八字誌事金文，是：

首一字，吴大澂旧释為「攸」字，应該説是很对的。《説文》解「攸」：「行水也」，段注：「按当作為行水攸攸也」，又説：「峄山刻石，作攸，史记会稽石刻作脩」，据此可知攸，脩古為相通字。

在「大保𣪘」銘考中，有「王歸（餽）大保，賜休、余土」，曾经説过，吴以「休」、「余」両塊土地為解，是对的，並提出，休土是鲦的封邑，以姓氏為封邑的名称，因為鲦原有的封邑已经由诸子中的「俞」氏继承过去，因而称「休」以与「俞」氏封邑的「鄃」相区别，並查証出来，鄃的古城在山东临清地区，在德州的西南，而古有「蓨」县（見《后汉書》刘植傳「封观津侯」下章怀太子注：「观津，故城在今德州蓨县西北」），從地点位置来说，古「休」地，或就是這个「蓨」（读脩）县的地称的声源。休、脩、攸古当為同声字，是鲦的母姓，就是说，鯀母為脩姓，当是鯀諸祖之一的「水正」脩，有女以脩為氏，生女又婚於帝顓頊第兄為子一級妾屬，以脩為姓的原故，這是母一級女性所生才有姓「脩」的条件。可以据此推知当是帝少皞之子，与「脩」女為婚而生的鯀母。這是「攸」為鯀的姓氏的第一个証据。第二，是「攸」氏制鼎以[illegible]命名，這个[illegible]字，当是[illegible]的变笔，反映了鯀在帝摯時期，年老位尊，不以「二臣」之「巳（祀）」地為实质的「熙」称，而以「監」為称，由於鯀是掌握了鎮压刑人的大权，所以這个執法人，就以[illegible]的形态出现了，显然這是以物刺犯人或奴隶一目的象形体文字，恰恰也正是鯀以「奚」為氏的另一面（和一个铜板的两面一样），依金文重字人称作僮之例，奚当為僕字，高誘注《淮南書·時則訓》「驱人之牛馬，僕人之子女」称：「僕，縶囚之縶，讀曰鳴」，這正是鲧在帝挚時期的封邑之称。因而□字当讀「监」，這也应是「监獄」的「监」字的字义所出了。显然，在这里是作為掌握刑法大权的执刑人的官称，如帝颛頊称「相」，帝喾称「宰」一样，鲧自以「监」称，当在「王來狩敵」鑄制以後了。這是「监鼎」為鲧的以官职名称為自己作礼器命名以志榮的第二个証据。

親称「父殊」当是說明為帝颛頊所制的祭具。「国之大事，唯祀与戎」（見《左傳》成公十三年）說明鲧為大监以後，自然是视氏族中的首長式的首領人物，取得祭祖作祀器的政治資格了。這是從亲称上來的第三个証据。至於□字，（旧释文）实是□的变体，古成、戚一音，当為「圣」的简体字。是称死去的人為「聖」，即「神」的变称。

自然仅、依据以上三点论据，还是不足的。

如果依鲦初命馀（[glyph]）氏，有子也以「俞」（[glyph]）命名的规例来說，鲦以官称「监」（[glyph]）為氏称，当然也就会以「监」来為自己的子嗣命名了。在金文命氏彝器中有「监敢」（旧名「臤父癸敢」——見《窓》録七）铭，一字命氏，兩字簽署，為：

[glyph]

帝顓頊有諸子可考者六人，四人都以「日癸」称，（詳论在《兵銘集·三兵銘考》一篇），這个以「父癸」名义為子嗣命名的人，即鲦以母系父族的姓氏自称，癸字不作[glyph]，而变体為[glyph]，自然又是為「中父」之後的尊体字了，說明「毋癸」之子，尊王室【為皋（鳩）族】以姓貴的表示。這是作為「鯀」除「奚」之外，又以「监」自称的第四个論据。第五，前面已經說过帝挚為鯀女之子，鯀的毋一級妻屬所生的女兒，為帝嚳子一級的「次妃」之故。司馬《五帝本紀》中称「娵（聊）訾（子）氏」為帝顓頊聊氏之子（正是鯀（輩）的女兒，不过是「姪」隨「姑」（或風氏，即金文，史作陳鋒，班氏父子作陳豐）作嫁的籠统的說法，因為這是史筆有所諱的原故。《殷本紀》中，司馬又以「简狄」作為「帝嚳次妃」的稱号，從金文记載鯀在「厶鼠（癸角）尊」中，為外祖位居帝嚳之上，（「桂」之金文作）以及帝嚳以（王）自称而命「癸」自称「父」的記載來看，這个「简狄」应是「监奚」的諱筆所变寫，古狄、易同声為相通字，王静安已有定論。而殷周古韻，狄、易、奚、繫同在十六部，是為狄、奚相通而可以互假的鉄証。据此又可推知，「简狄」就是鲧的母一级妻属所生的女兒，以父鲧的官称「监奚」為自己的氏称，当然這也就是说，或是帝挚時期，尊鲧而有的「监奚」的命名；或是鲧在帝嚳時期就是掌握司法大权的执法人，就是説监管刑人和刑奴修河、築圍，從事土木工劳动的总管。到了為帝顓頊作祭器的階段，自应是在帝挚嗣位，鲧為宰以後的事了。這是从帝嚳「次妃」為「简狄」的声类推求上所查到的第五个証。

第六、《左传》记鲁史官的高陽氏（帝顓頊）有子八人「世称八愷」的说法，（見文公十八年）。首名「蒼舒」，金文為，当是「成祝（铸）」，成為姓是来自母氏為（爯）。《史记》「楚世家」作「稱」，殷周古韻，家、球一音、倉、長同部，音近可以為比，而推知五帝時期蒼舒必是成祝的誌音字。第二人為「隤敳」，《說文》解「隤」：「下隊(墜)也。從阜貴声」，段注：「徒回切，十五部」，為回韻」，《汉書·苏武傳》有「士众滅兮名已隤」，實為「毀」的同声假借，許說「貴声」是古归、回一音，「隤敳」當讀如「樻和(鉌)」，金文作

正声 字讀樹(貯)，变音当讀樻(癸)， 的正声為鉌，变音當讀鐝(瞿)。「敳」為戈的記音字，賈逵注史之「八愷」說：「愷，和也」，也是循古声戈、和為同部字(十七部)而來的解釋。殷周古韻戈、和、火是同部字，可以据此推知和、鉌、貨在五帝時期都是同声字。如果這个解释不誤，《左傳》記魯史官所称的「隤敳」自然就是以「旅」氏称的宰東虎鑣氏仲的金文氏称「樻(樹)鉌」的变筆了。而第三人的「檮戭」，檮

讀倚声，古与「鑄」是同声，王静安在「鑄公簠跋」中，以古「祝、鑄、州」為相通字，是很正确的，可以為比，而知所謂「梼戭」即「祝（重）犁」，原來是作為「犢和」（隤敳）為重犁氏的注解，却為録筆誤作專人的氏稱，变為帝顓頊的第三子了。《說文》解「戭」為「長枪也。从戈，寅声」。实际已经是失去原来本字的根据了。金文犁（戜）字作，這是「犁」的平面图，以「戜」為声标，字讀犁，变音讀犁，它的立体型為，這就是变隶作寅而加犁（戜）就变成「戭」的字形之源了，自然這是殷周后世的史者録筆的变化，完全脱离了原來古金文所遺留下來的形象了。变作不可解釋的「長槍」了。

如果以上的解释不誤，「倚犁」就是「重犁」，為宰東虎瞿氏旅的「犢和」（隤敳）一称的注解，那么位在第四的「大焰」就正是高陽氏帝顓頊的第三子，爲鲧的「监」氏的变音称「姞」了。《説文》解「姞」爲「监」，解「监」爲「姞」，是一字两音的佐証；金文鲧以众自称，字作或者就是以後「姞」的字形所本。「大姞」就是「大监」，這是第六个論証。

还有在鲧爲帝尧所「囚」以後，鲧之男「监」氏爲父恳情，给帝尧作礼器，以「子婿」之位称帝尧爲「父乙」（实际和帝舜一样，依世次来说，爲帝嚳正式的子婿，而又纳隨姑作嫁的帝尧女儿做了子一级隨姑作嫁的媵妾），自称「堇监㽙」，金文作：

「监」字在命氏彝器中爲，現在就变筆作流泪的形态了，而且「㽙」字也如两目流泪如川的形象。另外还有「堇山监彝」（旧名「堇山卧作父乙彝」（《西》鑑卷二第四十頁），銘有九字，為「堇山监作父乙宝尊彝」，头三字原摹為：

這个监字和命氏的「监」字，「以物刺目」相比，自然不同，說明不是法制的变化（《堯典》載：「金作贖刑」），就是鲧之子「堇山监」已经不掌握司法权了，所以「监」字又变笔為「臣」「人」兩字的合体了。监下没有作双目流泪状的「罥」字，（疑罥為变音，正读当為「泣」，仍属「冀」的声律）是证这是在「鲧」被繫以前的礼器，說明鲧的封邑原以「监山」称的，由於鲧已失去宰位，就改作「堇山」，兩篇金文一对比，就可以看出鲧被繫（殛）前后的氏称变化之大了。鲧為「大监」，《左傳》称為「大临」，据此可以作断了。这是第七个論据。

根据以上所說，「监鼎」是鲧為大宰時所制的誌事祭器，应該肯定下来了。

至於《左傳》所记魯史官克的帝顓頊高陽氏「八子」之說，除了「梼戭」為「重犛」的注筆之外，还有「仲容」一旁注列入正义之误。「仲容」当是「祝融」，為祝氏族的族称，不是个人的氏称。所以实為六子，与「三兵銘」的榜族金文，八祖六父的数字恰相符，就是說以鴅氏「日己」為大祖的帝顓頊（日珠）弟兄是八人，而有子见於古兵銘记载的是六人，史称「八愷」——除兵銘之作者，还有一人古金文所未见。這又是附带須要說明的了。

八、鲧在帝堯嗣位初期受賜金的记载

——鲧的誌事彝器之五「丙午鼎」銘考

「丙午鼎」載金文二十四字（見《叁》錄五），這是帝堯嗣位初期的产物，是鯀所作的重要的誌事彝器之一，為中国的上古时代史留下了一篇珍貴的第一手材料。原銘是：

旧释：丙午天君鄉口酒，在斤。天君賞乃征人斤貝，用作父丁尊彝。子孫。

首先是以甲子纪年的「丙午」兩字，吴的旧释為确。距离「乙未敔」已經是过去十一年了。据晋皇甫谧《帝王世纪》帝摰在位九年，甲辰為帝尧嗣王位的初年的记載来说，丙午，正是帝尧即位的第三年。帝摰是乙未即位次年「丙申」賜「仲葵器（禹）」金，到甲辰帝尧即位，正是九年。和金文的甲子纪年的世序是完全相符的。這是從年代上得出的論证之一。其次，王称，尊之為「天君」，是和五帝時期王為「天」的概念相符的，帝颛頊自以「王」称，金文作□，正是「天」立於「地」（一）的形象，而「王子聊」又以「天子□」自称，都是這一時期以王為「天」的特征。而最為关键的是第三个論据，关於作器人的氏称□字所反映的実質了。变隶作「禝」為《説文》所不見的字，与「王来狩敔」銘地称□的字相比来看，在「吴」字的结构上除「示」為祭祀封邑之称（也就是氏称）的标誌由「上水」（[glyph]）而变為「二小」（祖抱孫以祭）外，就是「奚」不是以父（[glyph]）自称，而是以「九」奉戴「伯系」（[glyph]）為族首了。這个「伯」是「鬼」（[glyph]）」字头的变筆，也是「子」姓（夏墟殷商甲骨文作[glyph]）的氏称，都应是帝嚳的氏称尊体字，鲧以此自遜避的反映，以伯舅為族先。帝嚳原来有毋一級正妃所生之女嫷姑作媵妾婚姻统以「日癸」称的鲧氏兄弟行列為子一級妾屬，因而帝堯以「姑」為準，本称「日癸」弟兄為「伯」，鲧与帝嚳应以「叔」相称，但在這里却尊小舅為「伯」，正像「鯀尊」鲧以帝嚳之「三目」（金文作[glyph]）自称，而「乙未鼎」就变体作「[glyph]」以「三子」作「众」的氏称字是一样的。「伯系」之下的「九」為姓氏，也通「手」而讀「仇」，是親密的伙伴之意。还有「伯擎手」，繫以「待罪」的意味。第四，封邑称「斤」，這个「斤」依古音讀「干」声来說，当是「监」的变筆字，為什么不以原来的「监」称呢？這是客观实际发生了变化，必有的反映。就是說，歸在「丙午」年帝尧即位的第三年就早已失去了作為「大监」的政治身份了，因之，不但「监山」改称「堇山」，「监」水也就变作「斤」水了。沂水的沂，水名从斤，或者就是源於「监」的变「斤」，而讀「沂」声，說明字有两音，也当来自「奠」的声标了。殷周古音狄、奠、易為一音，前面已經說过了。第五，作器人自称之「徙」，旧释「征」為变音，本音當讀「佳」，是有路（彳）而不行，「止」於●（珠），為「佳」的象形会意字，所以通「祝」，住在地区，也就是封邑作祭祖的禱祝所在。古代出征必禱祝先祖求佑，又是一个銀幣的两面。軒轅常武，因而行刀幣，集会禱祝常々是為了出征，而神农族系重农，因而行鋤幣，集会祭祖往々是為了求年。据此可知，本音讀「祝」即居此封邑作祭的人，自称「乃祝人」，如「乃佳户」一样，变音讀「乃征人」，也应是「纳賦服役人」的概念。第六、貝称「介」、不称奚同样是這种客观变化的反映，說明已失去执法繫囚的官位了。第七、親称「父珠」当是鯀得賜金以為帝顓頊作祭器的名义，鋳鼎以誌得王賜金的寵遇。最后是以奉載「天」的「蛙」氏作為「癸」的变称，同样是尊母族貴王室的表示。《說文》釋「鼃」為「蝦蟆屬，从黽，从蛙」，是「蛙」的古之本音讀「圭」，為「癸」的变体的例証，也是以後作黽形為「奄」的族源所本。

綜合以上從七方面所得出的論据，「丙午鼎」銘，為鯀的誌事金文，應已無疑。在帝堯嗣位的第三年到古临沂地区鯀的封邑去巡狩，受饗以後还賜金，可見鯀虽然以待罪人的心情自称「禩」和「乃祝人」，但却並沒有受到岐視，封邑还是原来的封邑，只是名称改变了，而以「鼁」為「癸」的姓氏氏称。如果說是為帝堯所賜命，那也不過是從鳩（皋）族的声标里貶依「癸」的概念，非属鷹類，而実為鷹目之下的「蛙」而已。

如果以上論証不誤，可見鯀在帝堯三年以後，由於在担負的治水工程中确実有失职守，有所陰謀，因而為帝堯所征討，而羈（殛）之於羽山了。

九、小结

通過鏃所自制的誌事金文的記載，從「大监」以物刺臣（奴隶目）為官职的名称，以及以「奚」為目的命名当中，就明确無誤的看出，在五帝時期，中国已经是处於奴隶制社会的初期了，不用說，在帝挚時期鏃，為宰称「大监」的時候，這些在「鼆押」中的奴隶，是金属冶炼手工业的主要劳动力了。战国時就以繫囚和刑人作為金属冶煉手工业的主要生产力來用現在是已經由「郑韓故城」所出土的一批战国銅兵器上的金銘记載而証实，所謂「刑徒、鬼薪、城旦、隶臣等作冶铸工人」（見《文物》一九七二年第十期所載郝本性同志著文内之語）不是從秦漢所創始，而這是世代相承的旧制，遠在公元前两千三、五百年以前，鏃為帝挚時期的大监」的時候，就已經是這样了。《尧典》所载：「金作赎刑」如果确為历史实际的話，那也只能說在綠時本应以物刺一目使為「盲」的刑制，交纳赎金以後，就可以免去肉体的残伤了，至於從事金屬冶煉手工业的生产活动作為在役服刑的手段，恐怕是並沒有废除的。自然從另一方面來說，「私有財产制」這時早已确立，因而「金作赎刑」才得以作為普遍应用的一条法制了。從金文所記載來看，金屬貨幣早在神农炎帝历山氏之子「柱」氏，掌握「金正」的階段，就大批的鑄制，作為普遍流通的手段了，而且世代相替，各世王朝都有各自的「重黎」氏掌握「貨幣」的生产，因而才有以各自的氏稱為鑄幣的命名，據此可知，「金作赎刑」在帝尧時期作為法制上的一項措施，也是和金文記載所表達的历史实际相符的。這就是在《貨幣集》之外的五帝時期中國已經跨入奴隶社会的又一為金文所記載的論据了。

一九七四年十二月第一次稿

一九八三年九月一日最後訂正

金文新考（人物集·唐堯篇）

——「重黎」考

目録

一、前記

据金文所載：發生在公元前兩千三百七十二年的「鷹公大保」堯，誅杀重黎（羲）的事件，是中国自有金文记録的兩个帝系之間的第一次用文字记載下来的武装斗争。這是在帝位承嗣問題上，父系「傳子（男）」制的新興勢力和依母系传姊妹之子（也就是传婿）的腐朽勢力之間的尖銳斗争的反映。是继軒轅黃帝夺取神农炎帝历山氏的王位，以及帝顓頊夺取帝少皞的政权以後的第三次发生在兩个互為婚姻的氏族部落之間的内部政治斗争了。因而《史记》上所載：「帝嚳以庚寅（日）诛重黎」成了在五帝時期著名的仅仅次於「阪泉之野」的「三战」的「氏族部落联盟」在奴隶社会初期的内部武装战争。但重犂究竟是什么人，金文之外就不見记載了。至於是多人通用的族称，还是个人專用的氏称，是帝顓頊之孫，还是三世曾孫，更是史籍上的一筆糊塗賬了。司馬迁《楚世家》載：「高陽（帝顓頊）生称，称生卷章，卷章生重黎（犂）」。

班固《汉書》古今人表載：「顓頊妃女禄生老童，老童妃娇極生重黎。」

依照司馬的史筆所記，重犂是帝顓頊的曾孫，按照班固父子的説法，顓頊之子（男）所生的就是被帝嚳所誅的重犂。而三國時有名的史学者譙周注史记，就又説：「老童即卷章」，又丢掉了「称生卷章」，「称」為帝顓頊之子的這一代。

此外，唐代的儒家孔穎達在《詩經・檜譜序》的注釋中，就引用《楚世家》所記，「重黎」為高辛氏帝嚳的「火正」的記載，又以《国語》楚語中所說的：「顓頊命南正重司天，以屬神；命火正黎司地，以屬民」為論據，說：「那么依司馬的說法，黎為火正，正是帝嚳時期，但《楚語》卻說到高陽（帝顓頊）。因為重黎是高陽所任命的，直到帝嚳時期，还是担任着這个職务，所以兩說不同。而《楚世家》又把重、黎兩个人並稱為重黎，是司馬搞錯啦。」（「高陽者，以重黎是顓頊命之，历及高辛，仍為此職，故二文不同，黎实祝融，重為南正，《楚世家》同以重黎為祝融，馬过謬也」——《詩》「檜譜」孔疏中語）。孔穎達也和譙同一样，不觸及「重黎」是顓頊的二世孫，还是第三代為曾孫的問題，卻依《楚語》的說法，認為重黎是兩个人，司馬作為一人來記載是錯啦！实际上，所謂「命南正重司天以屬神；命火正黎司地以屬民」，在司馬的《历書》上就已經這样作過記載了。說明司馬並不是不知道重黎又有兩字分稱而為兩人的說法。在《楚世家》中稱「重黎」為一人，当然又是另有高辛氏火正稱「重黎」而且还有「重黎」被誅的根据，因而一只史筆，卻保留了兩种說法，這正是司馬史筆的慎重处。經過孔的批注，在被誅的重黎是顓頊的孫还是曾孫的問題以外，又出現了兩个問題：一是「重黎」究竟是一个人，还是兩个人？第二，帝嚳所誅的重黎，是不是顓頊時期「命之以司地」的那个「黎」？

經過《貨幣集》的古金文考据，可以說，以上這些混乱的解釋都澄清了。這就是說，「重」為祖，「柱」的史筆氏稱，「黎」為孫是「成（祝）」的氏稱，（史作「稱」，金文為）就是《左傳》所說：「顓頊有子曰祝融」（昭公二十九年）的祝融氏了。高陽世，不稱「黎」而稱「銔」，金文作，即《說文》解「䵻」作戚（古成、戚兩字相通）也。又說：「此燕昭公名，讀若郝，」郝是注声，是假借字，即銔（貨声）的古体氏稱，是金文的簡体「」（銔）的原始体平面圖。所謂「高陽氏命火正黎（犂）司地以屬民」，是帝嚳世的史筆所記。銔是帝顓頊的嗣宗子，為長，加旋稱就是「重銔」，帝嚳時期稱「重犂」，金文作，是銔的立体形象，而次子「日帝」就命名為「瞿」（鑺）氏。由於青銅銔在農业生产上威力很大，在当時遊牧氏族部落中引起很大反应，变成了最先進的典型性的新生事物，為广大群众所傳播，声威很大，因而鑄氏家族的子嗣又開始以重黎為氏族部落首領的族稱了。在《貨幣集·黎貝》一章中，已經作過考証，這已是父子兩代通用的族稱了。帝顓頊之子（男）可以稱重黎，帝顓頊之孫，也可以册命為「重黎」。如魯之三桓：季孫氏、叔孫氏、孟孫氏。瞿氏束虎稱「重黎」，金文「庚申角」鏊內的册命图銘作。吴（通虞，史稱吴回，為被誅的重黎的兄弟）氏重黎，金文作（見《窓》集七）、或是「鯀」氏諸子之一，氏稱本字為，又是帝嚳的子婿，因而高辛氏的册命自署「父辛」。据此又可以推知，這个史稱「其弟吴回」而被誅的重黎，不但也是顓頊的諸孫，而且依当時兩个帝系間的「普奴路亚」式兄弟同室的婚姻公例來說，还是帝嚳的姊妹之子，為帝嚳的女婿。這樣被誅的「重黎」是在帝位承嗣問題上為「大保」堯的对手，也就可以初步肯定下來了。但這一个人，到底是誰呢？在一般的通用的「酋長」式的族稱以外，確切的氏稱呢？金文也有記載。

二、鷹公大保（唐堯）的誌事金文

「重華」為「鷹公大保」唐堯所誅討，前在瞿氏旅所制的誌事彝器「旅鼎」的金文新考中，記錄確切，已經作过介紹了。而唐堯在誅「重華」以後，自己又特自鑄造了一件誌事紀功的青銅彝器，這是除了帝堯以「父乙」所簽署的一字命氏彝器之外，僅有的兩种誌事彝器之一。旧名「大保敦」（見《愙》集七）全銘三十四字，現摹錄如次：

全銘的关鍵是前六字。旧釋[illegible]為彔，並稱：「王伐彔子。彔国名也。[illegible]不可識，獻亦国名也。」是不是這样解釋呢？首先看[illegible][illegible]兩字，究竟是不是一个人的族称和氏称。作器人是「王」的嗣宗子，不具名，又不以甲子紀年，可見「伐[illegible]子[illegible][illegible]」本身，就不需要用甲子來紀年了。這是和「旅鼎」以「鷹公大保伐反人（夷）年紀歲」是同樣的，是青銅彝器圖銘中，以事紀年的開始。為了解釋清楚這份金文紀錄中的人稱（族稱和氏稱）以及親稱，封邑之稱，以便確定這个青銅彝器的符合历史实际的年代，以及這个自以「大保」稱的帝王系的「皇子」究竟是什么人，特分別考証如下：

八、鮮⿷匚甘

⿷匚甘字在前失，依金文初期的規律，当是族稱，這个字是不是生疏呢？並不陌生，在誌事彝器上見過，這就是「天子⿷匚甘觚」（見《窓》集二十一）七字金文中出現過的一个人稱。銘為：

「天子□作父珠彝」

這是帝顓頊諸子之一爲高陽氏作的彝器是肯定的了。那么再从這个氏称的字形来看，显然是从帝顓頊又称□（聊）氏脱体蜕变出来的。聊爲帝少皞所册命，来代替高陽氏「鑄」（□）字的氏称，当然五帝時期「聊」字和鑄一樣，有兩音，一讀如「户」；一讀如「巨」。讀鄒爲鄒，通聊自然是以後的变通了。因而□字一音讀如「聚」，是聊的异体，就比較明確了。第三，再從□的字体结构上看，是「巨（聚音）持柱」，以保护（《説文》作户）囗的形象。不用説，囗字就是《説文》中的囗（古圍字），是氏族部落所聚居的符号，囗字也和其他名称一样是兩音字，本音讀聚，变音讀圍，「聚」是「巨」（集市）的声源和義源所出，

「圍子」就是膠東所說的村鎮的古称了。「巨」以「柱」保护氏族部落所集居的地方，就是這个[illegible]字讀如「巨」（聚）的概念，因而它的另一音讀如「互」，是保护的「户」字的祖体。

《說文》解「巨」，許說：「規巨也。從工，象手持之」，「字又作[illegible]」；解「互」：「互，笠或省」，解「笠」，又說：「可以收绳者也。從竹，象形，中象人手所推握也」，可見互、巨兩字都是象人手所持的「具」或「物」，因而原本是一个概念，或称為具（巨）或称為物（古互物当是一音），這是由於兩个互為婚姻的氏族部落，語言不同的反应，所以一字双音，讀巨，是聚的声源，有帝顓頊的次子称瞿，是兄弟輩，也是一个声序；变音讀互，就是古「和」的声源了。（古和讀貨声，与物為通用字，見《呂氏春秋·孝行覽》

稱「物」之美者為「和之美者」，是貨、物、和為古同声字的例証）和讀貨声，就是源於「護」的概念。金文象形体和字作[illegible]，就是一个例証。如果以上的論証不致大誤，那么互、巨兩声，殷周古韻同到在五部，実際上並不是由於音韻上的什么理由而相通，恰、是兩音不相干，是父系母系兩个氏族部落对於同（事物的異稱。因為原本屬於一个物質概念产生的，所以作為兩个不同的标声字，却又相通了。兩字的不同，也是同一个字形開始出現而声而後变化的。如互就介於互巨之間。[illegible]字讀巨（聚）是從父系的声标聊（[illegible]）字來的，讀互（「户」的字形所出，「和」的声源所出），是母系女祖為媧（娥）氏而來的族姓的声源。

根据以上所論，[illegible]（卿）氏重犨，為「天子卿」的子嗣，因而以「卿」為族称，該是可以肯定的了。

另外，关於「天子」的概念，既然是帝颛顼子嗣的自称，足見五帝時期关於「天子」的概念就一定和殷周後世不一樣了。金文初期象形体的王字作[illegible]，或作[illegible]，就是例証。王者自以「天」居，人称之作「天君」（見「丙午鼎」銘），又是這一推論的印証了。因而「天子卿」在這里就只能是「王者之子」的意思，到了帝嚳時期，「王子」就不称「天子」而称「大保」了。据此又可以推知，「天子觚」為帝颛顼時期的鑄作物。子与男為一義，还未作男、女的区分。

2、解[illegible]

⿰人虘字，是聊氏重韓的氏称。旧釋「𡿺」，《説文》段注：「用手自高取下也。今俗語讀渣」，疑即今天所説的「摘」字。根据声类来説，也是属於帝顓頊族系「聊」的声序；但從字形所象来看，就看不出有釋「摘」的根据。虘旁有人，虽可以作手来看，但也只能是保「护」的概念，绝不是採摘的姿态。《説文》解「虘」，許説：「『虎』不柔不信也，從虍、且声，讀若䣜（县）」；段注：「古音本在五部」。解「䣜」許説：「沛国县，从邑虘声，今酇县」，段注：「按今三經皆作柤」，是䣜、柤古為一字。《説文》解「柤」，許説：「木閑也。从木（木）且声」，段注：「广雅曰：柤、樘、柱，距也」，仍説：「古音在五部」。般周古韻五部，且（祖）、者（諸）和巨、户、御、許同部。從声类上推求，⿰人虘字而音，本音讀如祖（是「鋳」的古声同音字），变音讀墟，即圩的始体字。為虎（皋）族父祖所居的地方，也就是墟集所在的繁闹的市镇了。古墟、圩是一字，而圩有两音，讀墟又讀「圄」圄是村镇的古称，在前面解「聚」時已說过。

根据以上所論，[illegible][illegible]两字一声讀如「护族（祖）」，一声讀如「聊（后世变州声）墟」，「护族」两音是正讀，「聊（州）墟（吁）」两声是变讀，但究竟以变音為主，还是以本声為主呢？也就要看，是不是处在帝嚳時期的人物了，如果是在帝嚳時期，那么当然是变音為主，讀「聊（州）墟（吁）」。（显然，從声類上推求，这个人物又是春秋後世的「州吁」氏以及风姓的「句湏」氏的始祖了）。

关於州、祝、鑄三字相通，王静安有論，說过：「公羊傳之州吁，穀梁傳作祝吁，《說文解字》嘂从吅从州，声讀若祝，是鑄公即祝公，亦即州公矣」。

又說：「春秋桓公五年州公如曹，左氏傳淳于公。蓋故都淳于」。（「鑄公鐘跋」——見「觀堂集林」卷十五）

王氏所論古祝、鑄、州三字相通，州、祝可以通用，是確有見解的。但从金文來說，鑄、祝、州雖然是一个氏系的祖孫三代，但各代有各代的專稱，鉏、鑄、舟、聊、珠統屬帝顓頊的氏稱，諸子則以「祝」為氏稱，舟鉏之类的字就只能作族稱了。到了第三代，才出現「州」字，因而世序是很清楚的，所以祝、鑄，州，雖可通用，但祝和鑄以及州，卻並不一定是邦族中的同一氏系，州公並不一定就等於鑄公。鑄氏系的子嗣封邑或稱鑄，或稱祝，正如「有的稱顓臾、有的稱淳于，而州公《左傳》稱淳于，也不是由於故都所在的原故，淳于即州吁，淳于公即州公，正如鑄、祝相通一樣。金文初期的誌事

彝器中有「淳于」氏的以族称的「父珠盂」（旧名「父丁盂」見《愙》集十四）六字圖銘，字作「垂于（付）」就是佐証。图如、

变隶当是「垂于（付）作父珠彝」。实為匽侯貯吴族系的後裔。自然這又是題外的話了。

3、鮮

既然「聊墟」是帝顓頊的族系，為帝嚳時期的人称声标（变音），銘中

所称的[图形文字]子，当然就不会是春秋後世所称的「会於柤，会吳子寿夢也」所称的「子」了。应是子嗣的子，[图形文字]為聊墟的大父或主父，就很清楚了。再從字体结构来看，癸（壬）為本人所奉祀的氏族，這又是帝嚳時期，祝氏系弟兄尊母系「癸」而敬王室的标誌，因而是祝字輩行列中的人，就可以根据這个标誌作出初步的推斷了。「癸」下的「日」字，本声讀「陽」（說在《兵銘集》），是羊族之子自命；而卑族讀日為「乙」声，帝堯有女，当為「乙」女，而匽字作「日」女，就是佐証。下部是「小小」的概念，有生身父是出於子一级女性所生的意味。更隶当是宲子，或作[上日下宗]，简化為宗。殷周古韻，宗、崇、众都是同部字。《帝王世纪》称：「帝堯封鯀為崇伯」，据此可知金文[图形文字]就是鯀的氏称，堯依母系称崇（宗）伯。伯為母的弟兄，就是伯舅。

為什么竟不以鯀原來的族称(見「象餘尊」——論在《人物集・鯀篇》)或(見「乙未𣪊」——同上)來称鯀呢?雖然這僅僅是一个字的氏称,却恰恰反映了客觀物質基礎的變化,這种變化就是由称者和对方之間的关係決定的。例如,在鯀陪帝嚳在「人方」祭祖的時候,是帝嚳十年,鯀还正在青少年時期,最大也不過是剛剛和帝嚳的姊妹(從姊妹,或再從姊妹)结婚;而帝嚳(依《帝王世紀》年三十而登位的說法,也不過四十,因而子一級媵妾的女兒当还在幼年時期,因而兩人的关係,在親屬上說是互為郎舅,而嚳為王,這就是鯀以「三目」()自称的物質基礎,但,「乙未」已是帝嚳在位五十五年,是帝嚳临终的一年了,鯀早已与帝嚳的母一級妻屬所生的女兒為婚,就是說,有了子一級的媵妾,年在六

十五岁左右了，面对王使，自然是以「[illegible]」自称，不以帝喾的姐妹夫自居而称「叔」，却以子一级媵妾婚偶的身份，处於子婿之位以自卑，不但反映了四十五年当中，在親属主從关係上的变化，也反映了帝喾五十年誅重黎氏以後的自遜的心理。而現在，是尧為鲧的姊妹之子，和喾与鲧的关係正相反，鲧為舅，並且依两个帝系，即神农系与軒辕系子女之間世代互為婚姻的公例来説，尧又是处於子婿之位，鲧為尊，這是尧不能以「[illegible]」的「众」字称鲧的原因之一。另外，尧為「王儲」，不居帝位，自然鲧在尧前也必不会以「[illegible]」的「众」字自称，因而称為「宗」。再还有鲧子重華氏反，是与唐尧所征討的敌对势力有牵連的人物，所以不能称「伯」，意謂「癸華氏之小小」，本是不敬的称呼，但因為鲧的後世子孫，称鲧為「宗」

与祖一同受祭，积久成習，宗的概念就和祖相連结，成爲一義了。实际上「山」在金文中与「三」是通用字。「師雒夫卣」（《歷》集卷十第一二〇頁）銘稱：「口從師雒夫戍于古阜，蔑歷給貝三埒」三字作「□」，宋薛旧釋「錫貝三埒」是一例証；又「高克尊」（同上所引一一七頁）銘，稱：「惟十有六年十月既生魄。乙未，伯大師錫伯克僕山夫」三字也作□，宋薛同样釋作錫「僕三夫」，是第二个例証。可知「崇」是夏商時鯀的專稱，实际就是「三宗」的概念，即帝顓頊三子「宗」（鯀名）的氏系。説明「宗」爲本稱，「崇」爲後世的尊稱。山字讀三，這又是筆者釋□爲「三子」，□爲「三目」和□字，同音同義，爲帝顓頊三子的一个傍証了。

三、「大保」是尧為「皇儲」的自称

根据以上的分析，𣪘銘中的「大保」，就是帝嚳的嗣宗子（「旅鼎」金文中所称的「鷹保大公」）唐尧的自称。這是從𣪘銘的金文中記載的人称，親称，以及作為紀年的事件，还有作器以誌事人的自称所具有的政治身份等四方面的分析所得出来的論斷。另外，还有「盂」形头的「重華」吴（虞）氏的册命彝器作傍証，被誅的這个「重華」為族称，氏称「聊墟（圩）」是帝顓頊的諸孫之一，為「中父」繇的諸子之一，生身父是聊氏「和吴」即五系，史称吴回氏或「重華」的同室弟兄。疑在帝嚳五十年的時候，在帝位承嗣問題上是屬於旧習慣勢力所矚目的一个王位继承人，為大保尧的对手。自然，如果能在彝器圖銘中，发現「卿壚」本人的金文誌事彝器，不是更理想么？是的，确实這样。

四、「壚（圩）尊」九字金文

金文彝器誌事图銘中，果然有「壚尊」（見《愙》集十三，旧名「䖒尊」）赫赫然的九字金文。這是可以作為检験我們以前所作出的推論，是不是符合历史的实际的「試金石」。不用說，它的價值几乎可以和「旅鼎」銘对于「大保毁」的金文記載所起的互相印証的作用一样大。現将「壚（圩）尊」原銘摹録如下：

冊字重文為「再命」之義。「重䇂」是兩字合体。

短短的九字金文，却説明了三个問題。

第一，稱高辛氏為父辛，説明聊壉確和吳（虞）氏一样，是「同室」弟兄，而且确切都是帝嚳的子婿。

第二，有重䇂的冊名作氏徽，説明為大保所誅的這个聊壉，就是《楚世家》所載為「帝嚳以庚寅(年)」所誅的那个「重犂」。証实以前根据人称、親称、紀年的事件以及制器人的自称四方面的分析所推断的帝嚳誅婿，反映了母系制与父系制在帝位承嗣問題上的尖銳的斗争——的論断，是比較确切的，和历史实际是相符的。這样不僅反証了「旅鼎」在金文彝器中的历史價值，以及「大保毁」确為处在「皇儲」階段的唐堯所自制的誌功彝器，並且也相应的肯定了《貨幣集·吳貝篇》，对于諸如「乙未鼎」為鯀所自制的誌事彝器的论断。

第三、根据「墟尊」的氏徽，重犂的合体金文，是奉「癸」(干)字头為首，如果再和聊墟的兄弟吳(虞)氏的以「盂」形头的「重犂毁」的金文图銘比較来看，那么聊墟為鯀的子一級弟兄聊氏的母一級妻屬所生，尊「中父日癸」為大父，而吳(虞)

氏為五系子一級媵妾所生，以倒「余」（□）為夫，也就相应的可以推断出来了。

五、関于「休、余土」及其他

剩下来的问題，最大的是关於「休、余土」的解釋了。旧釋以為「錫休土（余土）」，作為兩塊土地的名称；而楊樹达教授以「休余土」作「賜」余土來解「休」字（見《小學金石論丛》），实际上是疏忽了。「休余土」前面另有一个□（旧釋錫或易）字作「賜」用，因而「休」為封邑的名称，就可以肯定下來了。既然是封邑，依例又必然是以主人的氏称上來命名的。有「休毁」（見《窓》集七）金文六字，是：

休比氏一寶的

「休」為人稱，是作器者的自稱，在這金銘記載上，是很明显的，不須再作解释了。而「父珠」之珠在帝顓頊為个人嗣帝位後的氏稱；在帝舜就作為來自族祖的族稱字了。這是「休余土」為兩封邑之稱的又一論証。

此外，「休」的氏稱，还見於《左傳》。

傳載：「帝少皞有四叔：曰重、曰該、曰休、曰熙。」（見昭公廿九年）

按筆者《关於古代典籍所載之親稱新解》（七九年載於吉林版《江

城》)所考,「叔」為姐妹夫兼妻室弟兄的古稱,春秋后世,伯(母舅)与叔却都已摆脱了母系制親稱的古義而变為本族父輩的尊稱,只有嫂稱夫弟為「小叔」,妹夫呼妻兄為「大舅」,是為母系制遺留的親稱烙印。準此,可知《左傳》所載帝少皞之「四叔」,是互為婚姻之族的姐妹夫与妻妾的弟兄的稱謂,而重、該、休、熙為神農炎帝厉山氏之諸子(男),而重為大,是以後「自夏以上祀之」為「稷」的「柱」,古金文「艅尊」作「[illegible]」,就很明確了。「熙」為後世飾筆,字当為「雞」,前在《鯀》篇中已經作过詮证了。原是鯀以「奚」氏稱的声源所出,可知「休」在這里,都是源於祖的族稱了。很可能「休土」的主人是鯀的弟兄輩的封邑,為「敉」者「聊墟」所承嗣者,因而為帝嚳所剥夺以賜大保堯者。余,為「艅」之简,《說文》作「郐」讀「塗」，当是後世之变迁，地当在今河北省平山縣地区，即古之中山部族於夏、商、周三代所世々相守之封邑。春秋時期属齐国，古称徐，字误為「徐州」。北鄰燕，西界趙。前已有所考，是為鲧的前期封土，《世纪》稱「塗山氏」的鲧的世代相承的封邑。由於是身居「中父」之位，受到牵連，封土一併与「休」土為帝嚳所剥夺了。

六、其他

其他还有銘中的茍字作[illegible]，是寇的同声假借，「作遺」疑应釋作「誅」（是金文「洼」的同声假借），旧釋書，当也是变音讀譴，為殲的同声假借。[illegible]字，依「王[illegible]大保」循义推求，当是「归」字，在這里作餽賜的餽字讲。字形所象是人遇水而由来路归回的会意体。

根据以上所說，現在通释全銘是：

「王伐宗（史作棠）子聊墟（圩）乃返。王降征命于大保，大保克寇（苟）作誅，（或作讄為殲）。王归（餽）大保，给休、余土，用茲（此）彝对命」。

「大保𣪕」為帝嚳的王儲唐尧誅重黎以後所作的，以金文誌功的彝器，可以据此論定了。当是公元前两千四百三十年的有关上古時代史的金文第一手記録。

一九七四年初稿

一九八三年九月最后訂正

金文新考（人物集・舜篇）

——從金文記載中看「堯舜之世」開始的一次社會大革命

目録

前記

恩格斯在《家庭、私有制和国家的起源》一書里曾經說：「在卢昂地区（在索恩——卢氏尔省）还可以見到巨大的农民住房，中间是公用的很高的，直達屋頂的大厅，四周是卧室，由六級到八級的梯子登入，在這里住着同一家庭的好几代人。」

這就是直到法国革命時期还以 parçonneries 名称保存下来的「家庭公社」，並且还說：「我们对于它在旧大陸各文化民族和其他若干民族中，在從母权制家庭向个体家庭的过渡中所起的重要作用，已不能有所怀疑了」。（馬恩选集の卷五五頁）。

在提到德意志人的民族時，又説：「不久以前柯瓦列夫斯基提出了一种見解，説這些genealogiae都是大家庭公社，土地在他们之間進行分配，農村公社只是後來才從他们当中发展起來的，」而這种「在多脑河以南的被征服的土地上的人们」，就是按血族（genealogiae）分開居住的」，這里所説的征服，是指為古罗馬帝国所征服。（同上一六一頁）此外，还提及俄国的「家庭公社」内部的「家庭生活」在「俄罗斯民歌中的反映」。

在我们中国，這种大家庭公社式的古代建筑遺址，即当中為公用的大厅，周圍有許多作為卧室房间的属仰韶文化的遺址，最有名的就是「半坡村」了。距今据説已经是遠在六七千年以上了。

從這个遺址的出現，就可以說明，世界上的人类，尽管由於民族、髮膚、語言的不同而分成若干人种，但从古代人猿，发展為原始時期的人类的以母权公有制為基礎的原始公社，直到以父系私有制為基礎的「普奴路亚」式家庭公社，並進而完成奴隶制社會，再為封建制社会所取代，更進一步轉入資本主义社会，最后為社会主义社會所取代，在這一条道路上所走過的几个里程碑，是一樣的，只是各个時期或早或晚，因而形成各自不同的独特阶段。所以在上古時期「因為在氏族内部禁止通婚的情况下，每个部落必須至少包括兩个或兩个以上的氏族才能独立存在」，在美洲的易洛魁氏族社会是這样，在中国公元前兩千七百年左右自有象形体的标旗志氏的金文記錄以来，很清楚的說明，也是這样。「塞訥卞部落有一种傳說，「熊」和「鹿」兩个氏族是最初的氏族，其他氏族是這兩个氏族派生的」（同上所引八五頁），而在我們中國的古「华夏」之族，就是「熊」（軒轅黃帝的氏标）和「羊」（神农炎帝历山氏的姓）兩大氏族部落的子女，世代互為婚姻所形成——處於奴隶制社会初期的「普奴路亚」式——的「諸父諸母」的氏族部落所繁殖的派生的后裔子嗣，直到公元前七百年進入「春秋」時期，羊熊兩氏族的后裔，都还是有各自的邦族，為周室姬姓的婚姻之族。如宋、齐、陳、許、郕、燕、邾、費、楚都是，而周、秦实际上也是出於這兩个系的女性系統。這又說明，美洲的易洛魁氏族，虽然和中国古代的有金文記載的奴隶社会初期，不但相隔万里，而且还相距四千年以上，但在氏族以动物為部落的共同族称上，又是相类的。正如從人猿到人，依恩格斯的說法，是由於兩手要勞動而才脫离了爬行狀态，站立起來的一样，這是不管人类的种族多么不同，却由于同一个規律而脫离猿人狀态而進入以母系的公有制為基礎的「普奴路亚」式家庭是一样的。

因之，可以說，公元前兩千七百年左右在中国出現的标族命氏的金文，所反映的虽然是中国的古代社会历史，但却有世界意义的。尤其是虞舜所自制的金文，充分而明確的反映了跨入奴隶制社会以后，這种以私有制為基礎的父系制的「普奴路亚」式的，既是兄弟而同時又是共同妻子的共同丈夫的「諸父諸母」家庭的解体，以及「兄弟相背」各自為室而共鋅的个体的小生产者的出現的開始。实質上，這是為了适应生产力的要求而在生产关係上的調整。在一夫一妻的家庭形式背后，就是小生产者的家庭经济独立，也就是建立不為奴隶主（大父）所剝削的兄弟之間的自己的对於生产品的私人佔有的关係。自然，這种一夫一妻制的家庭，也不排斥拥有供自己剝削的少数的奴隶。恩格斯說：「个体婚姻制是一个伟大的历史的進步，但同時它同奴隶制和私有財富一起，却開闢了一个一直继续到今天的時代」，而虞舜所自制的全文，以及這个時期的有关舜的全文記録，都是這个時代开始的轉折关鍵階段的記録，因之关於舜的全文记录，就构成了中国上古時代史的一个重要的脊骨部分。

這一部分历史，過去為战国時期的以孟子為首的儒者，以及《堯典》

编者的偽筆所歪曲，「尧舜之世」就变成所謂「垂衣裳而天下治」（見《易經繫辞》）以及「禅让」王位的典範了。中国的上古時代史，两千多年来就給這种别有政治图謀的弥天的謊話，以及偏見、誤解，有的更為形而上学的觀点所盘踞着。今天這一部分属於上层意識領域里的上古時代史，必須納入馬克思主义、列寧主义、毛泽东思想的軌道。也就是說，納入辯証唯物主义历史观的軌道。在今天它是属於精神文明建設的組成部分。另外，依据金文的記載，恢复「尧舜之世」的本来的历史面目，自然也就必須遵循毛主席所說的：「要完全地反映整个的事物，反映事物的本質，反映事物的内部規律性，就必須經過思考作用，将丰富的感覺材料加以去粗取精，去偽存真，由此及彼，由表及里的改造制作工夫，造成概念和理論系统，就必須從感性認识跃進到理性認识，」这一方針去進行，而筆者僅是為这一屬於辯証唯物主义历史观的上古時代史的系统的建設，清理清理基地；只是拉拉线，樹立几根标樁而已。宏偉的建設，还有待於未來。

一、從舜的早期兩个册命的氏称上看当時的婚姻关係和家庭的組织形式

1、氏称和族称

《左傳》載：「无駭卒，羽父請謚与族。公问族於众仲。众仲对曰：「天子建德，因生以賜姓，胙之土而命之氏（見隐公八年），及：「胡公不淫，故周

賜之姓，使祀虞帝」（見昭公八年）。

《史記》五帝本紀：「軒轅黃帝有子二十五人，得姓者十四人」。

《国語》周語：「帝（禹）四岳国，賜姓曰姜，氏曰有呂」。

這是中國旧史籍上关於賜姓命氏的記載，根据金文的命氏記録来看，已經不是很確切的解釋了。因為從金文的命氏所反映出来的一命再命的氏稱，总是依据族稱的声标而来的，如帝顓頊初命鉏（鋤）氏再命鑄氏，是他个人的氏稱，但所依据的声标，却是「柱」（《左傳》載：「列山氏之子曰柱，為稷，夏以上祀之」——見昭公二十九年），金文作□，音当讀「重」，在《貨幣集》柱貝一章，已經作過介紹了。金文「鑄」字在神农時期為□是在規範之下，而手奉「柱」以進行鑄冶的「鑄」的象形体，而——就是标声誌族的符号，到了軒轅黄帝取代神农炎帝历山氏的帝位以后，留住河北涿鹿，即今「官厅水庫」以北的宣化地区，留下直系的子嗣帝少皞初在山東神农的帝都曲阜执政的時候，就在一次頒賜的冊名彝器中把帝顓頊的「双手奉柱」（古申字）置於規範之下而為「鋳」的金文氏称，改作了字，变隸就是以後世代子嗣作為族称的「聊」字了。古音卯，丣同声，聊鋳一音，足見「賜姓」之説，是春秋後世，早已失去在奴隶社会初期的氏族社会里原始色彩还很浓厚的那种「命氏」的隆重意义，以及頒賜金屬彝器以為王室冊命証据的那种價值了。显然這是在夏商有了刻在木簡上的書契以后的变化。《周書·多士篇》有「夏迪簡在王庭，有服在百僚」就是佐証。另外，奴隶制社會進入夏世，經過舜所倡导的「兄弟相背而共耕」的一夫一妻制的小农经济的出現，经過几次反复的激烈的斗争，在氏族以「普奴路亚」式的「諸父諸母」的家庭組织形式為核心的奴隶主階层内部，由於両极分化而終於最后崩潰以後，氏族部落的性質已经和母权制原始公社時期，即生产資料和生产品完全公有的時期，就完全不一样了。它只是在上層统治階層，还与世代男女互為婚姻的（同样是属於上層统治階層）氏族，起着連结和巩固统治階级本身利益的纽带作用，而在淪為供奴隶主所奴役的但非奴隶身份的一般的自耕农或半自耕农（即子男類親族）「氏族」成員之間，它除了婚姻上的标誌以外，再也不像原在公有制的以母权為核心的原始公社時期，那种同一氏族，利害也是共同的連结力很强的纽带了。所以到了春秋，关於命氏称族的解釋，就和三代以前的概念不完全一样，以周的「賜姓」制，作為軒轅黃帝二十五子十一子不得姓的根据，就会本末倒置，实际上，如果這个記載是確為历史实録的話，那么，不得姓的十一子只能作為不屬於男女互為婚姻之氏族部落的「非法」的「私生子」來解釋，而這种非法的子女，当是秦汉以後所称的「奴産子」了。因而关於「氏族」之称的作用，以及它的产生，從美洲的易洛魁氏族部落那里，看得就更清楚，更明確，就是說，它在母权制的公有経济為基礎的時期的作用，依据恩格斯的說法就是：「氏族有一定的名称或一套名称，在全部落内只有該氏族才能使用，這些名称，因此，氏族个别成員的名字，也就表明了他是屬於那一氏族，氏族的名称一開始就同氏族的权利密切的联系在一起」。（《选集》八三頁）這种氏族名称不但在美洲易洛魁的氏族社会那里是這样：「用氏族名称的权利。這种权利一直到帝政時代还保持着；被釋放的奴隶，可以採用他们從前的主人的氏族名称，但不能获得名称的权利」。這是恩格斯对罗馬帝国時期的氏族而說的，並且还在舉了很多氏族权利之後說：「罗馬氏族的职能就是這样。除了已經完成向父权制的过渡這一点以外，都完全是易洛魁氏族的权利和义务的再版；在這里也」可以清楚地看到易洛魁人」。後一句話，是恩格斯引用的馬克思的說法，而在這种氏族关於选舉部落首長的权利中，我们从《虞書》上，帝舜委任「垂」（華读「我」）為自己的共工，以及「益」為「虞」（职称）之前，徵詢兩个世代為婚姻的氏族 部落各派系的首脑意見，君臣的对話中，也同样可以清楚的看到易洛魁人的影子，而這却是遠在公元前两千三百年的時候，而那時候的中国，不但早已跨入了奴隶制社会，而且正式的初步完成了這一過渡期。說它是「完成」就是說在東方人类史上，建立了最初的「兄弟相背而共耕」的一夫一妻、奴隶主一夫多妻制的家庭為經濟独立的生产單位（後有詳論）。這样就把从母权制所建立的那种「普奴路亚」式的既是兄弟又是共同妻子的共同丈夫的「諸父諸母」的家庭组织形式彻底打碎了；奴隶主以大父身份占有生产資料和所有生产品的私有制，再也不能依靠過去母权制的原始公社色彩很浓的那种「諸父諸母」的家庭组织形式的掩護下继续存在了。父权制的「普奴路亚」式的家庭的最后的解体，父权一夫一妻制的小农經济的萌芽，就应是奴隶制社会的完成，也就是說，开始孕育着未来的封建社会的胚胎了。当然，历史发展的動力还是以奴隶為革命的主力，而从小农经济的两极分化中淪為「貧农」或「僱农」以及從奴隶主的家庭中所分裂出来的「不得姓」的「奴产子」的子嗣後裔，是奴隶的左右翼的同盟軍。說它是「初步」，就是因為這种新建立的經济基礎还不稳定，还為以後的旧傳统势力所推翻，這在以後，我们從在氏称上關於以「兄弟相背而共鉾」為标誌的金文，如　如　以及坚持复古以「普奴路亚」兄弟同室為氏称标誌的　相互之間的針鋒相对的命名，就可以看出斗争表現得多么明显了。這种在氏称上反映着政治斗争的廣及夏初的金文，标誌着我们祖国在四千年前在文化上所达到的高度，這又是後来的「易洛魁氏族」所遠遠不及的了。

个人的氏称既然是从属於「氏族」的声标，因而「縱令其他氏族又归於灭绝，然而氏族之系譜，还可以上溯到几百年，甚至到几千年」（見《古代社会》——第十四章第二节「轉移之动机為財产之私有」），這从金文記録的氏称中，也看得很清楚，在世代男女互為婚姻的奴隶主统治階層，直到春秋氏族的譜系还是脈络鲜明地保持着。秦汉以後，尤其是出身平民的汉刘邦称帝以後，族姓的譜系在统治階級來說，也已經再不像奴隶社会初期以及与封建社会相交替時期那么重要了，但有的族系，还是世代相傳的继续着，例如《水經注·获水篇》关於汉司徒盛允墓碑，就有這样的记载：「其先奭氏，至汉中葉避孝元皇帝讳，改姓曰盛」，实际仍然是族称為戚，并不是「因生以赐姓」，姓屬母族的概念，正如今天所称的「姓」，实际仍是以父系的族氏為「姓」，不屬母系是一样的。

就是說，戚允的族系可以上溯两千年左右，即帝舜的同父弟兄匽侯戚氏，金文作（詳論在《兵銘集》「癸鑄（戚氏）矛」），周初的召公奭，自然也就是匽侯戚氏的直系后裔，為戚允的远祖了。《說文》解「奭」，許說「讀若郝」，金文奭的原始象形体作：

就是兄弟相背而共鋒的变笔字，宋薛尚功「款識」作：

「戊辰彝」作：

「父己甗」作：

「乘雉卣」（旧名「周亞卣」）——見《西》鑑十六第三三頁）作：

「王宜(移)人方甗」(見《攈》錄卷二之二第八六頁)作：

都是這个鉡的简筆字，标誌了各自的以族稱的声标和政治概念，為自己的氏稱的声标和政治概念，同屬於捆护「兄弟相背而共耕」的革命派。而「奭」字，尽管还是「都声」，但已經和夏世前後期的「兩条政治路线」的斗争无关，而是大規模的使用奴隶耕作的反映了。旧释　　諸字為「無」，般周古韻吳、巫、無、橆、霍、华同在五部，可以推知三代以前鉡為貨声如無、吳、巫是同音字。《左傳》稱「陽虎」，《論語》作「陽貨」，就是虎、貨同声的例証。本字為古「鉡」字，方音讀「無」，或作「巫」。匽侯自稱貯吳(鑄鍈)、《堯典》既說流共工於幽州，又說：「申命和叔居朔方曰幽都」，實際都是

氏一个人的两种說法。匽侯子嗣於舜世称

变隶為雁，不用說召公奭在周武王分封時称燕，只是「更命」，就是說把原為有組織能力的守秩序的大雁的概念，換作小鳥的名称而已。這就是氏族之称在古代可以往上追溯到一二千年的实例。現在我們該說，帝舜的初命氏称了。

2、舜的初命金文為圜氏

在《兵銘集》「癸鑄（或氏）矛」一章，已經提出帝舜為五父「日辛」聊（　）氏之子，是帝顓頊諸孫之一的世序問題了。就是說，帝舜是自神农炎帝历山氏始，為神农系的第五代裔孫。也提到過帝舜的幼年初命的氏称，載於「圖卣」（旧名「举册父癸卣」——見《历》集卷三第四二頁）共三字金文，一字命氏，两字簽署，是：

從氏称的字形来看，当是保護田中的农作物，是巡狩的形象，正声当讀「户」。「户」依《說文》所解就是古護字，直到現在魯南沂蒙山区，称「下田」為「下户」，是古称田為「户」的實証，变音当讀囲。《左傳》「齐侯田於沛」，田就是囲，田猎就是打囲，這又是田的正声古音讀「户」的反証。因為帝嚳、帝堯的皐（在禽為鳩，在獸為虎）族系為王，変音是正統，因而取本声的「户」而代之，直到夏世称「鄠」（衞的异体），都以変音為主，又世世代循之為族称，到了西周初年武王分封的時候，所謂「胡公不淫，故周賜之姓」，晉杜預注：「賜姓曰嬀」（見《左傳》昭公二十九年），実际上胡就是「户」的諧音字，可見帝舜后裔仍然是以本族的正声為族称，所謂「周賜之姓」，実际是以「胡」（户）的変音嬀（囲，旋姓為「癸」，因而两声相通）為族称，「胡」（户），「嬀」（囲，癸）源於「田」，司馬著《史記》「齐田仲完世家」的田氏，就是陳、胡、胡公滿的后裔，可見「胡」又通「田」，所以陳敬仲去齐称田敬仲，就是這个道理。

以上是字，正声讀「户」，変音讀囲，是舜的初命氏称的例証。

3、帝舜後期的氏稱——貯巨氏

——帝舜与宰束虎、帝嚳、帝堯的双層親屬关係

「囲自」既然是命氏的彝器，当然也就是為「父癸」以「大父」身份所須賜的了。這个「父癸」，不用說，就是三戈兵銘中的四「父日癸」之一了。從「户」的声律上來看，是从「虎」的声标，因而可以据此初步推断出来，這个以大父的身份為帝舜命名的「父癸」就是帝顓頊的次子，也就是帝嚳的大宰（兩人互為姐妹夫）的旅氏宰束虎日癸了。帝舜後期的氏稱作為氏标的簽署字是[illegible]，載於「舜尊」（見《愙》録十三），九字全銘是：

[illegible]

首字為彝的本字，古音當讀沉重的沉（通沈通陳，變音讀担），可見這个[illegible]字，為[illegible]的簡筆，是[illegible]的同音字。[illegible]字見「貯巨尊」（《窓》錄同上十六頁），全銘作：

[illegible]

「貯巨」自然是舜為帝堯的第三任共工以後，作為本氏族的首脑有了作祭器祭祖的政治條件以后，所作的礼器之一，不用說這个「祖珠」就是帝顓頊了。[illegible]為榭的形象，讀貯，[illegible]字是「取」的声源，叓音讀巨，本声讀尸。字又作[illegible]，「父癸尊彝」（見《攈》録卷二之一第二三頁）全銘八字為：

[illegible] 宗

当是舜為鯀所作的祭器，「宗」為㝉（[illegible]）的简筆，顓項称祖，為親称；鯀称宗本為氏称，但後世祭祖祭宗併称而成了「祖宗」一詞的辞源了。

是「吳」的始体字之一，清王念孫在《廣雅疏証》中讀「吳」為護声，稱：「虞护声相近」，可知吳一声。更音讀巨，自然也是循宰東虎旅氏又稱瞿氏，金文作而來的声标，（詳論在《兵銘集》「東虎瞿」）舜所作的三器，自署氏稱金文為、為、為，就是旁証。

如果以上的論証不誤，那么帝舜的氏稱貯氏從父族為祝、鑄、柱的声系，而户氏從鑵，更音為巨（從瞿即今之钁）氏，就是從母族母系來的声標。簡捷的說，就是舜的生身母，為禹氏，就是宰東虎日禹的姊妹所生的女兒，也就是婚於帝嚳為母一級妻屬的「重龢」（金文作）所生的女兒，因為是母一級的女性所生，自然就可以有承襲母氏姓的資格，而為有禹氏，禹氏也就是瞿氏，在《兵銘集》我們已引証過「眀南卣」兩字圖銘作過例証，卣蓋一字金文作 ；卣器一字為 （旧名「商瞿卣」見《西》鑑卷十五第七頁），這就应是舜的後期氏称從「巨」的声源所出了。

舜的生身父「日辛」卿氏与「日癸」牢束虎旅氏為兩級弟兄，即后者為顓頊八弟兄的子一級媵妾所生，而四「父日癸」是一級，為帝顓頊母一級妻屬所生，前在《兵銘集》也都論及，因而舜母為牢束虎的姊妹之女，是帝嚳母一級妻屬所生的女兒。為帝堯的親姊妹，即同父同母的姊妹，就可以明確的作為詑斷了，而舜為帝堯的姊妹之子，也就很明確了。這是一方面，是依母系來說的，如果依父系來說呢？帝堯是軒轅黃帝的第五代裔孫，為帝顓頊的外孫；因而和舜是世代互為婚姻的姑舅弟兄。另外，舜又是帝嚳的正式子婿，当為帝堯的姐妹夫之一。就是說，舜為帝嚳的母一級妻屬所生的女兒番氏瞿之子，是帝堯的姊妹之子，同時又是帝嚳的子一級媵妾所生的女兒的婚偶之一，自然又是帝堯的姐妹夫了。正如舜父日辛聊氏，為帝嚳姊妹之子，因而從母以辛為姓氏，以与六父「日己」相区别，（实际都是子姓）而又与帝嚳的母一級妻屬所生的女兒為婚是相类的。舜的子一級媵妾就是帝堯的母一級妻屬所生的女兒隨姑作嫁的「女鷹（英）」了。

4、甥舅的关係今古概念不同

帝舜之父「日辛」，既是帝嚳的姊妹之子，又是帝嚳母一級妻屬（姑）

所生之女「日禺」氏的婚偶，那么帝嚳又以子一級媵妾（姪）所生的女兒婚於青年期的帝舜，這不是親屬关係很乱么？這种由於兩級婚姻制所产生的親屬之間的关係，确实复杂，但却不乱，而是自有它的一定的規律的。

在前面已經說過，如果依父系來說，同是帝嚳的女兒，而應為姊妹，但却婚於父子兩人；一為婆，一為媳，很不合理；但依母系來說，「日禺」為宰東虎姊妹的女兒，也就是帝嚳的母一級妻屬所生的女兒，是帝顓頊的女兒之女，是「姑之女」；而「娥皇」是帝嚳子一級媵妾所生的女兒，是「姪之女」，即鯀的女兒所生之女（詳說在《地理集》「嬀汭考」），舜為「姑之女」所生的兒子；「娥皇」是「姑之姪」所生的女兒，因而輩份正是相等，对「姑之女」日甬來說，「娥皇」是「姪之女」，也正是兩級关係，一為婆一為媳正相適。从這种双層親屬关係上來說，可以明显的看出來，在奴隶制社会整个時期，甚至於一直到封建社会初期，在婚姻生活上，那种蓋有母权制原始氏族公社的烙印的風習，在意識形态領域里还占着绝对的优势，自然這也就是夏、商、周三代以前，在帝位承嗣問題上，所以一直存在着依母权制傳姊妹之子——也就是傳婿与傳男之间的斗争的历史根源所在了。直到舜倡导「兄弟相背而共耕」的各自為家的新的社会制度，和兄弟群居，既是兄弟又是共同妻子的共同丈夫的旧傳统展开激烈的政治斗争以后，帝位傳子（男）傳婿之间的矛盾，才由「兄弟分居而共耕」和「兄弟共居而同室」的矛盾所代替。虽然旧的矛盾还時時出現，但已經不是氏族聯盟內部之間的主要矛盾了。這且不去說它，總之，這种原始色彩很濃的兩級婚姻制，到了春秋時期，雖然还一直保留着，但已經由於奴隶主們一夫多妻的关係，這种姪隨姑為媵的昭穆婚姻的实質，已經不是当時史者所理解的了。例如：

《左傳》載：「丙子，晨，鄭文夫人芈氏、姜氏，勞楚子，入饗於鄭，

「饗畢，夜出，女芈送於軍。取鄭二姬以归」。

晉杜預注：「二姬文芈女也」，鄭大夫叔詹評論道：「楚王其不沒乎，為礼，卒与無別……」（見僖公二十二年）

足見当時的士大夫已經完全從父权制的家庭观点來看待這个蓋有母权制烙印的婚媾问題，以為這是女甥与舅為婚，是野蛮的化外之

風了。实际上，這种两級制的婚姻，不僅在楚，就是在晋，在鲁，在齐都存在。

例如：

《左傳》有「狄人伐廧咎如，获其二女，叔隗、季隗，纳諸公子（晋文公未嗣位以前的尊称）。公子取季隗，生伯儵、叔刘。以叔隗妻趙衰生盾」（見僖公二十三年）。

又：「文公妻趙衰，生原同、屛括、樓嬰。趙姬請逆盾与其母」。晋杜預注：「趙姬文公女也」（見僖公二十四年）。

這就是說，晋文公未嗣位以前，不但和趙衰是「連襟」，而且又是「翁婿关係」。趙姬為晋文公的女兒，趙衰為趙姬的姨父。可見两級婚姻制在当時还是比較普遍流行於奴隶主貴族之间的一种旧傳统。如果以為这是外甥与姨父為婚，还不同於甥、舅，实际上依周室昭穆的婚姻制來說，晉文公与趙衰之間自然也是互為婚姻的，這就是說，如果趙衰沒有女兒納於晉文，也必有姊妹与之為媵妾，因而趙姬与趙衰，在甥与姨父之外，必然也同样為甥舅关係，只是由於晉為「姬姓」，史筆就諱而不提。正如鄭文与楚王，也当是互為姊妹之婚，從父系上來說，楚王当也是鄭二姬的姑父，她们依《周礼》來說，同样是隨姑作媵，因而楚王「取鄭二姬以归」，鄭文与羋氏并沒有什么以為楚王無礼的怨言，只是這一方面的親屬关係為史筆所遺，因而只剩下甥舅這一面，証在《說文》解「甥」：

許說：「謂我舅者，謂之甥」。

段注：引「釋親」妻党章有「妻之昆弟為甥，姊妹之夫為甥」，及注：「平等相甥」，而憤然指問：「吾姊妹之夫，吾父既甥之矣，吾又呼之為甥，此豈正名之义乎」？又說：「《尔雅》釋親，衍文如此，自來不得甚解，」实际上，如果以今天的家庭关係來解释，殷周昭穆之制的两級婚姻親屬关係，自然就很难接受了。而甥，說明白了，就是姐妹所生的兒子，但這个甥，又是自己的姐妹夫。正是和舜為堯的姊妹之子，又是堯的姐妹夫一样，前一姊妹是指帝嚳母一級妻屬所生的女兒，因而是堯的親姊妹；後一「姊妹」是帝嚳子一級媵妾所生的女兒。甥与姐妹夫的概念括此為準是統一的親屬名称，可見《尔雅》所释确為我们保留了古代两級婚姻所产生的双層的親屬关係的名称，也由此可以推知在秦汉以前，世為婚姻的昭穆之制，「平等相甥」即甥与舅視作同級的輩次，也是很普遍的一种观念。「若我一二兄弟甥舅」（見《左傳》昭公二十六年），是兄弟与甥舅併称，又是一个例証。如果說段氏由於历史的局限性无從对於夏、商、周三代以前的益有母权制格印的两级「普那路亚」式婚姻制的親屬关係作出解釋，那么至少段氏是忽畧了《左傳》上有关這种两级婚姻制的記載了。例如：

「初，宣叔取於鑄，生賈及爲而死，继室以其姪，……生纥。」（見襄公二十三年）

這是关於鲁国有名的臧武仲（纥）的出身，也就是普通所謂「子姓」，即姪与姑夫爲婚屬於子一級媵妾所生之子，因而爲「子姓」。在世代互爲婚姻的昭穆制來說，這种姪与姑夫的翻面，也就必然是甥与舅的关係，而旧称丈夫的母親爲姑；称丈夫的父親爲舅，就是古代相沿的親称，最清楚而明確的說明姑与舅是來自昭穆之制的婚姻关係所有的親屬名称了。只是由於史有諱筆，对於宣叔於鑄婚姻关係的另一面，即宣叔有姊妹婚於鑄，為舅氏的那一面，畧而不記而已。但就是這樣，「平等相甥」的实質，甥与舅為弟兄的实質，也是清楚如画。因為「舍」与「為」兩弟兄是「姑之子」；而臧武仲為「姪之子」，從父系來說，三人都是宣叔的兒子；但从母系來說，「舍」与「為」是舅，而臧武仲是「女侄之子」，当然是甥了。這种兄弟关係，与帝堯与帝舜為姑舅兄弟之间的关係，有相似处。即帝堯与舜依父系來說，一為帝嚳之子，一為帝嚳之婿，是相平的輩次，互為姐妹夫；但從母系來說，堯為「姑之子」，舜為「姑之女之子」，堯又為舅而舜為甥。不用說，仅從這一点來說，《堯典》中的「禅让」之說為僞筆所虚构，也是肯定無疑的。《兵銘集》已經作過說证，在這里就不重复了。以上就充分說明，甥舅的概念，今古不同，原因就是由於婚姻制度今古不同，秦汉以後不但互為婚姻的昭穆之制早已废除了，而且两级制的姑姪同夫的野蛮遺風，也逐渐绝迹，自然对於古代的舅甥相等的那种特殊的親屬关係，也就不理解了。

5、舜的族称「日辛」

——「虞貝爵」銘考

舜自称「日辛」，既如上說，是帝嚳姊妹之子，父為帝顓頊弟兄的母一級妻屬之姪所生，可知這个「日辛」的「辛」，為母之氏称，从高辛氏帝嚳，舜循之以為自己的族姓，当然這是從「父日辛」（見「三戈兵銘考」）而來的声标，也是尊王室貴母系的表示。「囲辛」之稱，命氏金文見於「虞（吴）貝爵」（載《攈録卷一之二第六七頁），銘中也是舜的自稱，金文四字，是：

当是帝舜為自己的子嗣（婿）所須賜的册命金文。旧釋「虞貝，父辛」，基本上是对的。

A、釋「父」的翻体字

「父辛」的父，字作翻体，当是「父」的翻面，即「子」，這是只有在兩級制的男女世為相互婚姻氏族之间才有的一种特殊的親属关係，即各以自己的母一級妻属所生的女兒納于对方為子一級的媵妾，不用說，兩人又都是自己姊妹的婚偶。

B、帝舜以「辛」称有圍字作标誌

辛字作，自然是因為金文前有「父辛」是高辛氏帝嚳的専用氏称，所以為了和高辛氏区别，加上口字，作為是自己所奉戴的旗标，即「鏃」的形象，由於辛字斜体，可知口的本体為口。《説文》解作囲字，那么鏃（足的同音字）旗中的「囲氏辛」，只有帝舜一人，除了帝舜是别无二家的。

C、釋

旧释「虞」是变音，而在這里正释当讀吴（户），因為這是舜嗣帝位以後，為自己女兒成婚時，所頒賜的册命金文，自然就以本音為正统的語言了。所以知道是帝舜嗣位以后的自制金文，主要的論斷根据就是因為字的結构，是「囲」為主，在首位而「辛」為下，居卑位。因而字讀吴（户），变音讀「虞」。吴〓就是衛護〓的概念。可見〓字為帝舜的封邑之称，也就是自己的氏称之一了。

D、〓為田的始体字

〓是田的始体字，古音〓字当也讀「户」，前所舉「父癸尊彝」銘中的「户」字作〓可以為比，直到今天魯南沂蒙山区称「下田」為「下户」，又是古音田称「户」的第二个例証。字通貝，貝是帝舜早期的氏称之一，（以後有專題介紹）因而「田」「貝」相通，貝又成了舜在河北的封田的專门名称了。

E、「護田（户）」就是衛護田（貝）氏封土的概念

「吴田（虞貝）」兩字通讀，就是「護田（户）」或「護貝」的概念，可見就是户

氏舜的初命一字金文的翻版，变成西字的概念了。

作為以上的一个反証，就是命氏金文中有「囲尊」（旧名「商父丁尊」——見《西》鑑卷八第五頁）銘，三字作：

這是帝舜以族称「父珠」所作的簽署，父字正如「虞貝爵」銘的簽署的翻体父字一样，不同的，在這里是以父的正体簽署，不用說，這是帝舜以自己的「户」氏為男系子嗣所作的册命了。此外还有「韋作父珠鼎」（旧名「周韋鼎」——見《西》鑑卷三第三一頁）六字金文作：

當是夏禹復古以後所作的祭器，尾一字疑即祭字的象形体，所以推斷為夏禹復古以後帝舜的女系子嗣之一韋氏所作的祭器，主要的标誌，就是「韋」字雖然也可以作違逆之違解，但鼎中图案却又是兩相向如仇（儔），而不是「相背」，如（第四章有專論），這就是一个斷代的根據。從舜的初命氏稱，到帝舜為婿命名又命名氏，而後到子嗣為舜作祭器稱，可以看出從帝嚳初命到夏禹復辟約六十年當中的中國文字的變遷和進化的程度，雖然仍有（足）的形态，但已經是近於「韋」了，而帝嚳時期却是保留着原始的形态。

以上所作的关於「虞貝爵」的考証，以及引帝舜為女系子嗣命名的「囲尊」图銘作旁証，都是：一、為了与帝舜的初命「户」氏作印証；二、是為了說明帝舜又以「辛」為氏姓，又可以和「三戈兵」銘中的五「父日辛」相印証。

二、帝舜生於魯西古雷泽地区

《帝王世紀》載：舜「耕於历山之陽，耕者让畔，漁於雷泽，漁者让淵，陶於河濱，陶者不窳（音庾，邪歪不周的概念）」。《水經注》河水篇（卷上六十頁）有「舜陶河濱，皇甫士安以為定陶。不在此（今山西永济县東南之蒲阪）」，关於「舜陶河濱」及「虞都」，旧有兩說，正如帝堯所都及葬地有兩說是一样的，一偽一真，現在根据金文舜以「辛」氏自称，当在作為誌族尊母系（帝嚳高辛氏）之外，还有「因生以賜姓」的含意，就是說，标志母族所在的地区。如果這个根据不誤，那么舜是生於魯西古鄄城地区，皇甫謐所记為確。而「虞都蒲阪」、「陶於孟津」之説，爲西周入主中原以後「尊西抑東」的僞造。关於舜的帝都，另有專題考証，這且不説，現在只從舜的母族所居的「辛」地來提论証：

八、辛、莘古爲一字

「集韻」、「細莘」爲藥材，今作「細辛」，是辛、莘爲古今字的一个例証。

晋·皇甫《帝王世紀》載：「顓頊生鯀，堯封爲崇伯，纳有莘氏女曰志」。

依据金文记載，西帝系子女世代互爲「普奴路亚」式婚姻的規律來推算，帝嚳高辛氏「母一級」的姊妹爲帝顓頊弟兄子一級媵妾屬；而「子一級」的姊妹当爲鯀弟兄母一級妻属，至於帝嚳自己母一級妻属所生的女兒，当是「从姑作媵」的鯀弟兄的子一級的媵妾了。另外，「志」就是「子」姓的变筆，如帝少皞称「挚」是一样的，説明是有莘氏「子一级」的女兒，「有莘氏」当是高辛氏帝嚳氏称，后世而為族称，如魯之三桓，就可以断言了。這是辛、莘一族，古為同字的第二个例証。

第三、《説文》解「亲」，許説：「实如小栗。从木，辛声。春秋傳曰：女挚不過亲栗」。

今本《春秋左傳》：「女摯不過榛栗」（見莊公廿四年）。

這个古以「從木，辛声」為解的亲，就是今天的「榛子」，確如小栗，但是圓形。最重要的一点，是草本，并非木本，因而字從草，作「莘」為確，从木作「亲」，实际上已經説明文字長久地掌握在奴隶主的史官手里，逐漸和生活实际脱節了，而由亲变榛，又可以看出变「辛木」為「秦木」，是秦程遞變「隶」的痕跡了。而原來的「莘」字，反而失去解釋了。金文的「辛」字的象形体，爲[illegible]，是以武器弓矢搜索「榛」子丛的形象，[illegible]如棘形，棘是野生棗所生的灌木林，与榛子同屬古代氏族賴以采集爲食的野果，但榛爲草本，丛生如林，高可齐腰，[illegible]正是象榛子在草林之中重掛而旁的形象，加[illegible]，自然是在作偵察搜索以免有野獸隐藏其中的动态。字讀辛，也就是莘的本字了。（詳說在本篇第五章）同時也是「偵」察的偵字的声源和义源所出。爲舜的「辛」氏的本字。這又是「从木，辛声」的辛讀如莘（榛），原爲一字的第三个例証。

第四，殷周古韻，秦、辛、陳、申、新、田、天同在十二部。前五字古声同韻，以今音衡量，原是一个声律，没有什么可讲的，但田、天和陳、新根本不屬於一个声系，為什么是「同韻」呢？显然，這並不是什么音韻學上的問題，脫離了物質的实际基礎，单從音韻上來解釋，自然是解釋不清的。实質上就是源於辭為「辛」氏封邑称□（古陳字為沉重的沉），幼年的命名為「户」（□），嗣帝位而称天，因而后世称「田」，天、田、陳、辛都相通了，关於「田」字，以後还会論到，在這里僅说明辛、莘、新、申、陳古韻同部，作為辛莘古字同义同声的第四个例証就可以了。

根据以上四点論証，辛、莘古為一字，就可以据而作断，定為结論了。

2、定陶以北当是「有莘之墟」

《左傳》載：「晋侯登有莘之墟以观（楚）師」，又：「晋師陳于莘北」，旧注：

「華北即城濮」(見僖公二十四年)，《方輿紀要》山東濮州有「临濮城」。注称：「州南七十里。或曰即古城濮地」(卷三十四第六頁)，又：「曹县」下有「華城」。注称：「县北十八里。九和志，古華仲国也。在济阴县東南三十里。夏本纪緜納有華氏女生禹」。及「晋侯次於城濮，登有華氏之墟以观师。杜預曰古華国城是也」。

另外，「济阴城」下注：「县(曹縣)西北六十里，本定陶县」。

如果依「济阴县東南三十里」，為「古華仲国」是晋文所登的有華氏之墟的所在地，那么「济阴城」在今山東曹县西北六十里，「十八里」為誤了。

根据今天的版图来看，在定陶北有「辛集」，如果鄄城西南的临濮集果為春秋時晋文所曾住留的那个「城濮」的話，那么与楚开战之前晋丈就离开城濮，来到「有莘之墟」，登高以观楚师，必然距离晋师前锋所在的城濮不会过远，因而這个「有莘之墟」绝不会在定陶以南，离开城濮百里之外的今曹县地区去观楚师，而必然是在定陶以北，那么地处城濮（今临濮集）之南定陶之北的地方，从声类上推求，只有這个「辛集」，或是春秋時称作「有莘之墟」的所在地了。自然這是殷商時期，世代与王室互為婚姻之族的屬於帝嚳族系后裔的封邑。而舜所生的「莘」又古於「有莘之墟」，根据金文的氏称线索以及《尧典》所記載的「分命和仲，宅西曰昧谷」来說，必是古鄄城地区。

3、今山东鄄城為虞舜的早期封邑之一

「鄆」地屢見於《春秋左傳》，是很古老的地名。《說文》解「鄆」稱：「衛地，今济陰鄆城」，段注：「古音在十二部。《左傳》杜注作鄆城，音真可証也。」今本《左傳》依唐、陸德明音韻（見莊公十四年鄆字注），段讀為虞音，為古；陸讀当是周音，是後世的変称，而鄆的篆文《說文》作　可以為証。字形所標，是弧（弓）氏的西土，而弧字金文作　、「叔弓敔」弓字作　（詳說在《兵銘集》第三章第五節）是門上作自动裝置的「弓子」的圖形，這就是「户」的声源和义源所出了。户、弧（弓）是相通的。舜嗣帝位以后，「辛子彝」稱王　，就是顓頊（　）之己（子孫）的概念，而己如弓，又是舜的动物氏標為狐，物標為弧的原故。　為倒「弓」，這是舜為弧氏的第二十帝証了。鄆字既然以「弧」（弓）為氏標，当是舜的子孫台裔所承袭的封土，循舜称辛，称[illegible]（舜的本字，古音读沉重的「沉」声），称[illegible]而為声标。莘、鄄、辛字相通，就是晋杜预所读的甄声的声源所在了。殷商古韻与陳、申同属十二部字，段注鄄字读真声，应為古音的確读。如果以上的解釋不误，那么「鄄」為舜的封邑之一，据此可以作出初步的論断了。

另外，《堯典》尽管夹杂了大量的偽筆所虚构的別有政治目的的偽説，但从气象上既然依岁差的公例由自然科学工作者作出「公元前两千四百年以前」的气象「確如此」（詳論見《典籍集》）的論断，那么自然还有一些真实的史筆的記載。「金作贖刑」就是气象之外的另一真实記録。第三就是「申命和叔，宅朔方曰幽都」之类的記載了。這个「幽都」依据古唐虞金文的記載來說，舜的同室弟兄「肸吳」北迁称「匽」，周室作「燕」侯來看，当与「流共工于幽州」的記載，是同一人同一地而為异筆分作兩人兩事又一併為《尧典》的編纂者所采取，這样一來，朔方的幽都就变成不可解的地名了。关於匽侯流幽州，本篇第三章还有專論，在這里只是用来說明《尧典》所称的「和仲」「和叔」兩弟兄一封北方的幽州，一封西方的「昧谷」，從「郵」的字形结构来看，正是弧氏西方封土的概念，古弧、貨、吳、和户当是同声字，有「和伯辛卣」，金銘七字，是：

就是帝舜户氏字又作「和」的鉄証。□為和的象形体，就是保䕸的「䕸」，後世变𣎵為「禾」，以誌声标族，口仍然是古「聚落」的符号。今称聚為「墟」，变音為「囲」，仍然是「穫(禾)墟」的概念。《淮南书·説山訓》：「咼氏之璧」注：「咼古和字，是和古讀户音的可以為比的旁証。伯辛，旧释祖，金文伯，祖相通，自然是对(依母系来説)外公帝嚳高辛氏的尊称了。不称文，説明还是舜与帝嚳子一级媵妾所生的女儿(史称「娥皇」么甚氏还未成婚時所作的礼器。因而是证《尧典》称「和仲」，在氏称上是確有根据的记载，而所封的西方封土，称鄂，不但从字义上説，以山東曲阜(為帝都，是当時華、熊(鳩)两大氏族部落所组成的奴隶王朝所统治的封疆的中心)為中央而以鄂為西方，在地理位置上是完全相符的；從郢字古音讀如甄（亲）声来說，也和帝舜的從母族來的氏称「辛」（莘）的声标是一致的。再加以舜的早期自誌金文称「和氏」作證，古「郢」是帝舜的封土，也就可以作最後的論斷了。

汉应劭著《風俗通》称：「謹案尚書舜生姚墟，傳曰郭氏之墟……姚墟在济阴城陽县」、《方輿紀要》作成陽。在「曹州」有成陽城，注称：「州東北六十里。战国時齐邑。成亦作郕」。又說：「隋开皇十六年改置雷泽县屬鄆州，今在濮州境内」，显然也是在古「郢」一带地区。帝舜所生究竟是「有莘之虚」的定陶以北的辛集一带，还是古郢城虽然，不能作確切的論斷，但為古雷泽，屬於「郢」的范围，还是不会有很大差距的。《紀要》在曹州清卯山下注：「历山在州東六十里。志云：舜耕於历山，漁於雷泽。州北境有雷夏泽，因以此山為历山云」。(卷三十三第三十八頁)，当属比較可信的記載。清初著名史學者顧炎武曾説：「夫舜濮人也……則冀州者舜所迁也」，又提到「濮州有历山，山下有姚城，則舜实濮人也」(見《舜都藩説》「天下郡国利病書」卷十一——十二頁)，顧氏所称之濮州，就是《紀要》所説：「开皇十六年改置雷泽县属鄆州，今在濮州境内」，是以清制的地理版图為準而説的，仍然是属於山東定陶的范围。這又是一个旁証了。

三、虞舜母一級妻族在今河北古貝丘
——虞舜再命的氏称為「杅貝」

虞舜的母族既然是在鄄城或鄄城南定陶北的「有華之虚」，那么「耕於历山」依顧炎武的說法：「夫舜既濮人，則濮之有历山是而济南之有历山，青州之有历山，吾妫州之有历山，皆非也」。這个历山，据《水經注》（瓠子河篇。見卷上七九頁）的記載，是「雷泽西南十許里有小山，孤立峻上，亭亭傑峙，謂之历山」，当是可信的記載，這也就是清初称濮州而今称鄄城的地区了。証之晋·皇甫謐指舜「陶於河濱」爲定陶，在地理位置上也是相符的；但有一点必須說清楚的，就是這种「陶於河濱，漁於雷泽，耕於历山」的記載，当是在帝舜未婚以前的传聞实録。依照夏、商、周三代以前那种既是兄弟又是共同妻子的共同丈夫的婚姻生活來說，仍然是遵循着从母权制的原始氏族公社那里承袭下來的旧風習；在意識形态領域中佔统治地位。那么帝舜成年以後必須和自己的同母族的姊妹分离，而到另外一个属於嬀（皋）系的姊妹們所聚居的地方去成婚，也就完全可以推斷出來了。這也就是旧史学者顧炎武氏所说的舜「生於濮而迁於冀」的原因所在了。自然，這个「冀」还是笼统的說法，作爲今河北省解爲確；如果以爲是在清河以北的冀县，固似有据，然而有名的「唐虞三戈兵」是出土于今保定清苑地区。因而姑不作定论。有帝嚳以父辛名义頒賜的命氏金文可以爲佐証，載於「貝父辛卣」（原名，見《历》集卷三第四二頁）的四字册命。蓋文作：

器銘貝字作。旧释爲箙，显然是根据周制来說的。《說文》解「箙」

許説：「从竹服声。周礼仲秋献矢箙」就是例証。实际上，春秋時期隨身帯的装箭口袋也不称箙而名「房」，是一种「皮橐」，用竹筒子装箭，疑是秦漢以后的軍制了。关於這个[illegible]字另有「曲貝考」作專題研究，在這里我们只指出用殷周後世甚至於秦汉的名称来解释夏、商、周三代以前器物形象，自然就和历史实际不会相符了。而這个方如升的「杆」，既不是隨身携带的皮口袋，也不是腰中可掛的圆竹筒，而是作為貯存的容器，是很明確的。当是「曲」的字源所出。殷周古韻曲、局、育、足、祝同在三部，而巨、户、五、貯、山、两同在五部，另有鑄字又讀聚声為比，可知三代以前的曲、巨、杆都是同声字，而户、五实际上和巨、杆曲的音韻並不相属，杆、五两声相通，正説明是由於父母属於两个語言不同的氏族，因而一物而称一字就变成两声而却相通了，如柃字本声讀「于」，古音又讀「烏」声。吴字变音又作虞就是例証。貯、鑄、佳是一个声系，曲、鑄(聚音)、居，又是一个声系，概念却是一个。貯為橱的誌音字，是容器，曲是古装桑叶的容器，方如升，就是古称「杅」的器具了。「曲貝」当是「居」柃「貝」的概念，本声讀「貯貝」，自然又可以作在右方貯存物資的解释。帝嚳以「父辛」自称，可見這是「曲貝」為婚時所須賜的命氏彝器了。在「三戈兵」銘所誌的帝舜弟兄六人中，只有帝舜一人称貝，有誌氏金文称「北」的可以為旁証；而帝舜以曲氏辛所作的命氏金文就是保诧「貝」，貝為地名所以舜制金文作如田，显然「貝丘」既為帝舜毋一級妻族所聚居的地方，那么鳩(皐)氏系的「吴貝」，自然又承受了這个封邑的管理任务，与帝舜的母一級妻属所生的女儿在「貝」為婚了。這就是帝舜的母一級妻族在古貝丘，而帝舜离开古富澤地区所在地的魯西，去河北，是到貝丘為婚的金文記載了。《左傳》所載：「肅慎、燕、亳，吾北土也」（見昭公九年），這个与燕并称的亳，從声律上推求，当為古貝丘的「貝」。貝、亳古音同声，正如今天在萊陽、文登地区，南北的北称「亳」是一样的。

金文图録中有「播作父辛卣」（見《历》集卷三——四四頁），宋薛氏釋播為「冀」，前筆者在《兵銘集》中以為是变音，讀為田（畜）看来也不是確解，現在訂正前解，因而再録原七字器銘如下：

㪴乍父辛
户彝⊠

蓋銘辛字又作辛。這篇誌事金文，尾有⊠字為氏標，作簽署，当然是彝所制的祭器，而父辛的辛字首如「户」，当是彝的生身父，即三戈兵銘中的五父「日辛」無疑，古户、五殷周同韻，可知「户辛」也就是五辛，前解並不誤，只是以㪴為「鋤」就不是本义的解释了。《説文》解「攴」，許説：「小擊也，从又卜声」，段注：「按此字從又卜声，又者手也。經典隶变作扑」。從声类上推求，字当讀「扑」声，即播种的播字的始体。攴為标声誌氏的符号，[illegible]是在草丛之中开辟為田的形象。顾炎武在「舜都潘說」中自注：「按潘古文作番，宜讀鄱。濮蒲、番声相近，古字通。英布起於番，称蒲将軍是也」，是為[illegible]字音扑讀播的一个旁証。播為堯世变音，本声当讀「种」，变隶又作「旻」，讀触声。《說文》許称：「以杖殊人也」，殷周古韻中，重、蛛、冢同在九部可以為比，三代以前鋤、种当是同声字。字或通田，又通「户」及「畜」声，這應是以後的变化，如苗有分蘖。總之萁為帝舜播氏子嗣的封邑之称，是根据以上所考可以斷言了。

依据金文称播氏有子嗣也必会以「播」命名，在金文圖錄中虽然还没有發現這个命氏金文，但却有「播鼎」（旧名「周魯鼎」——見《西》鑑卷二第十二頁）八字金文，作：

大王保
𤰔当寧
鼎

鼎為方形，有兩己字相背的图案，当是舜嗣帝位以後，舜的母一级妻属所生之子，居於古貝丘，以播為氏称，𤰔字，正是播的象形体，象种子播於田中的形象，本音讀种，自然也就是属於鑄氏族称為「重」的声律了。「大王保」又是符合三代以前母一级女性生子曰保的規律（見《呂氏春秋》訓道訓：「子生母曰义（娥）」，母生子曰保」），与播為帝舜母一级妻属所生，完全相符。可知旧釋「魯」為誤。另外，《西》鑑所載「𤰔公作聖（見《文字集》的詮証）王尊彝」共四鼎，都是方器，当為夏禹之世揩氏所制的祭器了。彝又為曲氏，曲為「杅」是方器金文又作 [illegible]，因而揩氏尊之以方為貴，又是可以相互作印証的了。又有「畨卣」（見《攈》録卷一之二——七三頁）銘四字，作：

旧釋畨為確，即揩字的又一变体字了。

四、虞彝子一級妾族的聚居地在今山東省濰縣
——「濰婦壺」銘考

虞彝的母一級妻族居古貝丘，這是根据彝的再命「曲（杅）貝」，有婿以

「吴貝」命名又自以貝的同声字「播」或「背」為氏称的声律和親称的关係人就可以推知的，在前一章已经作過考证；而于一級的滕妾却不在古「貝丘」，《尧典》所謂「釐降二女于嬀汭，嫔于虞」，根据金文记載来看，舜婚於「嬀」，还是有所根据的，但這个嬀不在山西，旧以蒲阪有嬀、汭二水，以為是舜所婚的「嬀、汭」（見《水经注》河水篇），实际上自然和蒲阪有历山一样，都是西周后世的附会。因為三代以前，命氏誌族金文中無嬀字，「嬀」是后世舜的子孫后裔的更命氏称，這是有舜的幼年初命户氏，变音讀囲，金文作　　有子以囲命名，金文作　　到了夏禹時期囲氏為舜作祭器，变囲作韋，金文為　（前面已经作過介绍）可以為例証；而尧時鲧的直系子嗣铸鼎，称舜為「公違」，金文違字作違，在后面还有專題考証，這些都清清楚楚說明「嬀」是屬於三代后期的氏称，直到春秋，陳、鄀有女都以嬀氏称世世代相承而不变，可見「嬀汭」之說，自然也是夏禹后世的变筆，而虞舜時期的水名必不作「嬀」字，（叓音讀癸声）。依声类推求，《禹貢》有「潍淄其道」，「潍」為古水，地在今山東省潍縣。依据汉孔安国注《尚書》解「嬀汭」為：「居嬀水之内」的說法，「嬀汭」应是「潍水之内」了。（詳論在《地理集》嬀汭考）金文图録中有「維壺」四字圖銘，為我们提供了這一論斷的可靠的根据。壺蓋四字标旗誌氏金文，作：

壺体兩字，為：

（旧名「周婦壺」——見《西》鑑卷十九第十四頁），《説文》解「糸」，古文作。鳥、隹原為一字。《説文》解「濰」，小篆作濰，隹字仍可看出鳥的模样来，金文雁字作，另外雞字作鷄，雁又作鳫，都是鳥、隹一字的例証。「維」的字源，是「治絲女」的概念，的形象是很明確的。不但在《説文》許氏所依据的古体濰字，还保留着如鳥口含絲的痕跡，而且在段注中还引《汉書·地理志》説：「瑯玡箕下云：禹貢維水」，又説：「蓋班（固）從今文尚書作維，許从古文尚書作濰。《左传》襄十八年作維」，這就又為我们提供了濰、維相通，維就是濰的例証。「維婦」与「濰婦」一又可以作訖斷，而「濰婦」虽然是可作濰水之内治絲女的鮮繹，但还不能作為濰水就必定是「嬀汭」，維婦也未必一定就是帝堯婚於舜的女兒，那么我们再来看作[古文字][古文字]兩字冊命的簽署人，究竟是誰了。首一字為[古文字]的內体，[古文字]字為樹的形象，讀貯通仇（儔），第三章有專論。是舜的族称声标，变音讀癸為櫝的誌音字。貯為父族鑄氏及鋤氏的声系；癸是母族的旌称皋（鴂族）的声系，也是以後妇女称「闺」的声源所出，不用說，這是皋系為王的标誌，因而貯氏舜以母族的癸為姓氏，是貴母族，尊王室的反映。「維壺」為帝堯時期的鑄器可以据此作出初步論斷了。

再說[古文字]字，[古文字]為体，奉[古文字]為首，[古文字]為旌标，是「足」的简化，金文韋字作[古文字]，是兩足相逆而行的形象，可以為比，显然是帝顓頊鑄氏系的后裔。為（鏃）的变筆，金文「艅」字作可以為比，可知「鏃」字兩音，正音讀鏃，变音讀余（羽）声，「矢」為夏音。蓋嗇夏禹更命尊器的烙印。字在堯世当讀「虞」，是「吳」的始体字，以後舜字金文作，也是从這个字蜕化出來的。另外，还有「丁未角」銘（旧名「丁未伐商角」——見《窓》録廿一），戚氏癸鑄（見《兵銘集》）得堯賜金，為帝嚳作祭器稱「父辛」（詳証在本篇第三章）自以「貯吳（虞）」兩字作簽署，可以為比，字作。這个「貯吳」就是貯虞侯，又稱匽侯的癸鑄戚氏，是帝舜的同室弟兄，兩人在金文上的差別，主要的是虞字，戚氏作手作持「柱」狀，而貝氏舜作，手無所持，以后我们还会有例証作証据，在這里就不多說了。

根据以上的論証，「维婦壺」是舜婚於山東潍縣地区為子一級媵妾所作的誌氏礼器就完全可以肯定下来了。而帝堯金文称「父乙」，乙為鷹。「旅鼎」有旅氏來虎称堯為「鷹公大保」（見《貨幣集》聿貝一章）可以為証。因而有女，史称女英或作女瑩，都是「鷹」的誌音字。這是母一級妻屬所生的女兒的标誌，就是説，既可以以母姓為氏称，又可以承父的氏称以為自己的族称，而不冠「子」「乙」「姒」「摯」「志」之类名称；但[illegible]字却又不是鷹的形象，而口又吐絲，疑或為以蚕蛾的蛾作為「鵝」的誌音字。因而又是古音鷹称「乙」，雁也称「乙」的例証了。男称鷹，女称雁，雁鵝在三代以前当為一个概念；《説文》鮮「鳫」為「家鵝」就是一个例証；而直到今天湖北绵陽地区仍有「雁鵝过，赶快播」的諺語，前已引証過。但這个「雁」

有口中所含的絲以為别，讀「維」而不稱「雁」，可見虞氏只在潍水之内与女鷹為婚，或者已經按照新制採取「兄弟相背」的各自為家的形式了。「維新」一詞，应是這个推論的根据。《詩·大雅》文王有：「周虽旧邦，其命維新」一語，旧释維為「乃」，实际「維新」应是一詞。而周处西岐所承袭的仍是殷商的文化，而《詩》又是流行於民间口語中的，所以必然是三代以前的古語，具有革除旧傳统而推行新式風尚的概念，因而疑違背「兄弟作共同妻子的共同丈夫」的旧傳统風習，建立「兄弟相背各自為家」的新的一夫一妻或又一妾的家庭制，是由舜与維婦，即帝堯的女兒有英相婚而「維新」併称开始的。婦為維氏，夫為辛氏，這样就在当時各氏族的还处於兄弟同室的「普奴路亚」式家庭中间，必然引起普通的轟動一時的爭論，所以「維新」就變成一种普遍的具有「革命」性的概念而流傳後世，影响面广而又久遠了。自然這是节外生枝的話了。

另外，舜婚於山東濰县地区的古濰水之內，还在金文上可以找到兩个印証。

1、舜称「揹」，金文作[金文]（見《攈》録卷一之一——三四頁），人為「户」形，自是户氏舜又称貝而為「揹」，变音称沉（辛）為陳的音源。陳与[金文]是一个銅板的兩面，[金文]為沈的祖体，是從「辛」的声系来的，而[金文]字自然又是陳的祖体。《左傳》載：「及胡公不淫故周賜之姓，使祀虞帝」，晋杜預注：「賜姓曰媯，封諸陳，紹舜後」，（見昭公八年），是舜的后裔族氏称胡（户），延国称「陳」的佐証。那么舜的子一級滕妾在濰生子，必然是以舜的「揹」的翻体為氏称，金文作[金文]（見《窸》録第七册，旧称「子負橐形敲」）因而是「東方人」的概念，自然也是从山東曲阜為中心的观念而来的，或婚於古貝丘，字讀两音，本声讀「背」变音讀「陳」，可能就是金文称[illegible]（朕的翻体，舜称朕，載於《虞書》，益為虞，舜称「朕虞」），是舜得帝位后的自称，以舜双手奉「柱」為族祖，「盂」為祖，「丹」（顓頊）之变称。子姓的「背」氏，承嗣舜帝的氏称，因而册命是翻体。如果依两个男女世代互為婚姻的氏族关係来說，生於山東濰縣古維水地区的陳氏，成年必然与自己的姉妹分手，婚於河北古貝丘，在輩次上也是相符的，不用說，留在山東濰县古維水地区的陳氏的姉妹，即帝舜的子一级媵妾所生的女兒，或為帝堯之子「丹」（單壹）的母一级妻属，或為夏禹之子启的母一级妻属，就不在本章的考証范围之列了。总之，[illegible]為背氏，是帝舜的子嗣，「東方人」的概念，生於山東古維水地区，是可以作為依「維妇壺」圖銘所考，帝舜子一級媵妾族系是聚居於山東濰县古維水地区的第一个旁証。

2、還有帝舜的直系孫，即陳氏「胜」之后裔，历史传説中有名的斟寻氏，在与以「复古」為政纲的「寒浞」斗争，失掉了山東滕县的祖族封邑以后，又撤到濰县去，继续与寒浞父子所代表的以拥护「普奴路亚」式的諸父諸母的大家族生产制的反动势力作斗爭。寒字作□就是這种「复古」的政治纲領的标誌（詳論在本篇第四章）。這是舜系子孫世代与山東濰县維水地区的族系有「故土」之親的第二个旁証了。

如果依据虞夏兩族系世代相互為婚之例来推求，夏啟既然是舜的子一級媵妾所生的女兒的婚偶，那么有女為母一級妻属所生的女兒，必是朕氏弟兄——即生於古貝丘的「番」（囲）氏，史称「商勿」（均為誤字。勿与勺古字易相混。依族氏声律求之，当為勿，讀如户，即「田」字的古音之一；源於（□）的子一級婚偶；而夏启的子一級媵妾所生女兒，当是斟寻氏母一級的妻屬，斟寻氏的子一級媵妾又是生在濰县地区的太康或仲康的母一級妻屬（即商勿及朕氏的女兒）所生的女兒了。因而山東濰县古維水地区，既是父親的母族所在地，也是自己的子一級媵妾所在地。斟過來說，斟寻氏既為「朕」之子（男），所以母一級妻屬所生的女兒必是太康或仲康子一級的媵妾，而子一級媵妾所生的女兒，又必是夏相土的母一級妻屬。這又是太康和相土失国，往依斟寻氏的根源所在了。旧史者以斟寻為夏的同姓諸侯解，当然是由於史以「禹為鯀之子」而來的僞誤，司馬迁是循古史之称，而不知秦漢以前的古史是從夏、商、周三代間依母权制旧傳统的風習称婿為「子」而有的名称。至於夏禹為鯀的子婿，另有專題考証，在這裡就不作題外的議论了。

古本《竹書纪年》称：「帝相二十七年，澆伐斟寻大战於濰，覆其舟，天之」（見《日知録集釋》卷七第十頁所引），是斟寻氏最後亡於濰水的記載。《楚辞》、「天问篇」覆舟斟寻何道取之」，也当是指「濰水一战」而說的。斟寻氏与濰县的关係循此可知了。

综合以上所說，帝舜子一級的滕妾之族在今山東濰县古维水地区聚居，应該說完全可以肯定下来了。

五、舜有女也婚於帝堯

八、「戊午鼎」銘再考

帝堯有母一級妻屬所生的直系女兒在濰县古维水地区，婚於舜爲子一級的媵妾；那么依例舜也必然有女納於帝堯爲子一級媵妾。而舜的母一級妻屬所生的直系女兒，既如前考，是在河北省古貝丘地区，与舁系的夷氏貝（又作匕。自然是帝堯的同父弟兄）所婚，并承襲了舜的氏称而爲「吳（虞）貝」氏，那么舜又倡导在人类婚姻生活方式上的「维新」，而且自己也已与弟兄相背而婚於「维」，那么帝堯最後所婚的子一級媵妾，不在古貝丘，而爲舜的弟兄的女兒，於舜爲「諸子諸女」式的女兒，也就可以初步推斷出來了。金文圖錄中，有「吳貯」於帝堯納子一級媵妾時所作的礼器「父乙爵」的金文記載為証。為了概念明確，必須通讀「戊午鼎」所刊載的十四字記錄，才能解釋清楚而「父乙爵」的五字金文。現摹錄「戊午鼎」全文如下：

清吳式芬旧釋：「戊午、子商口貝十朋，用作父乙尊彝」，別無解釋。現在根據鼎銘的格式來看，突出的以 三字為尊，是很明显的，而「父乙」之称的位置不但居於下，並且「父」字作 形，如子（ ）也是很明確的。

「父乙」在初期金文中，是帝尧的尊称，那么首先让我们从「戊午」的年代說起。

A、「戊午」解

首两字，旧釋戊午為雒。夏、周、商三代以前以甲子纪岁，見於金文记載。最早以甲子纪岁的，是帝嚳二十祀所制的「庚申角」銘，前在《兵銘集》「唐尧時期三戈兵銘」的考証中，已經有了斷說，暂且不去說它；另外□□□三字突出，如金文图錄中所常見的□（疑祭字的象形体初文）這也就是旧釋□為「子」的根据，如祂子孫祭祀祖宗的形态。這也暂且不去說它。我们現在只說□□兩字的字形，戊字如猴，古称「猢」，户、五原本同声，吴、戊古讀户声，又是很明显的。但為什么要作「猴」形呢？《說文》解「爲」，許說「爲，母猴也」；又解「夒」，許也說：「貪獸也，一曰母猴」，夒、夓應是姊弟字爲姓氏，讀葵，原爲帝嚳生身母仲葵（又作終葵）的氏稱聲標，金文作□□。又舜的后裔有女稱「媯」，「爲」字既然如《說文》所解爲母猴，那么「媯」字也就是「女猴」的概念了。是猴爲侯的誌音字，即「女侯」，因而夒氏稱猴，也就是「母侯」，后世作「母后」的詞源所在了。如果以上的解釋不誤，那么□字在這里又可以作諸侯的「侯」字解釋了。

□字室內有「柱」。古「午」字，《說文通訓定聲》以爲是「杵」的本字。楊樹達釋「許」以爲是「逆杵聲」（見《積微堂小學金石論叢》），即搗米時的呼聲，也是以午爲古杵字，足見午字兩音，本聲讀杵，變音讀午，而杵柱三代以前是一個聲系，有殷周古韻諫、家同部可以爲比。□□既然是纪岁的甲子，为什么下有似在人两手所抱中，如形？显然這两字又是人称，为的子嗣，說明這是在纪岁之外，又是人的氏称，依「爵」位来說，为「侯」，称「侯杵」或为「糊杵」．「戊午鼎」铭從此开阔了「一詞两义」的文風，直到「辛子彝」，由於古子，已是一字，所以既作纪岁甲子解，又作高辛氏帝嚳的子婿解，都是源於「戊午鼎」所創的先例。从声类上推求，「糊杵」两字的金文，当为就是保護財氏族的概念。

B、为古天字

三代以前，帝王自以「天」称，在《貨幣集》中，已介绍过帝颛頊自称王，金文作，是「天」阔步立於大地之上的形态，以後其字作或作可以为此，另外还有「丙午鼎」(帝尧三年餘所作的誌事彝器——記在錄一章)銘，金文尊堯為「天君」為例証。据此，「戊午天賞吳(虞)貝」，就等於是「王」的賞賜了。那么這个如王的「天」，為「吳(虞)貯」的父，应是誰呢？首先就要看「戊午」是那一年了。

依「庚申角」銘所記，帝嚳二十年為庚申來推算。「乙未敵」銘所記，正是帝嚳在位最后一年即五十五年，因而临崩前派王室密使去餘处，託以後事，賜以大筆賞金，(三百)，所以帝摯得以代替大保堯，而登上帝位，并在金文中有禹受賜金的「丙申角」銘的记載，以為鉄证。因而依据晋皇甫謐，帝摯在位九年的记載來說，帝堯甲辰年嗣帝位為王，正和金文甲子纪年的考証相符，戊午应是帝堯在位的第十五年。

据此為断，為□的有两种可能，一是帝尧的尊称，倭杵即是貯，是帝尧的正式子婿，就是说，子一级妾属所生的女儿的婚偶，依女系的旧传统在舜倡导「维新」精神以前还佔优势的情况来說，祭祖以婚為子，处於孫的地位，也是相符的。這就是說，帝尧賜金给□，而□又用来為帝尧作礼器了。另外，还有一种可能，這就是說，□為舜，是舜賜金给□，由□來為帝尧作礼器。這就是《尧典》所說「受終於文祖」，由舜代摄天子之政，是在帝尧十五年以前了。根据金文考証，帝尧在位三十八年而崩（詑在第六章），《尧典》「九十八年」之說，恰恰由僞筆增加了一个花甲，六十年。因而开始就有：「帝（尧）曰咨四岳，朕在位七十載」而向四岳是不是能傳接自己的帝位。由四岳荐舜以後又經過「詢事考言，乃底可績，「三載」，是帝堯十三年，舜始攝行天子事的，所以「戊午鼎」銘所記，帝堯十五年的[illegible]（天），或者就是舜代行天子事以後了。因而是舜賜金而[illegible]為帝堯作礼器。以上兩种解釋，后一解釋或為確。

C、釋[illegible]

「吴貝爵」，金文吴（虞）字作[illegible]，字從[illegible]從鏃、和[illegible]字相类、可見原本一字，而由於是个人的族称，所以是同字异筆，以為个人之间的区别。

《說文》解「吴」，許說「大言也，从夨口」。段注：「周頌『絲衣』，魯頌『泮水』皆曰『不吴』。傳箋云：『吴，譁也』。」

近代小学家楊樹达「釋吴」（見《積微居小學述林》），一則駁汉許「从夨口」

的說法并触及「矢訓傾头，死大义」，却以為吳字从口从大，這样就又連同晉許「矢訓傾头」的正確解释也否定了。楊并引「攻吳王夫差监」金文作為例証，但這个金文吳字，却已經是属於春秋時期的概念了。為文字之源作例証，自然就不足為据了。但就是在春秋時期的這个吳字，也并不是从口从大、大為人形，「口」為封邑，《說文》讀「囲」，是封邑有人衛護的概念。自然解釋為「大国（大封邑）」也未嘗不可以。但字古音讀誹声，实為「户」音，声、义、形都是衛護的「護」，是從原始体的（户）再变為（和），為而來的。

《說文》解口為古圍字，楊氏訓詁讀「域」，实际上圍字是通域的，古稱「域」為「圍子」，直到今天在山東膠東农村指有土墻囲護的村鎮，仍為

「圍子」，因而汉許以吴字從矢，而矢以「傾头」為訓，是確切的解釋。口字非口，這是許解的失誤的地方，金文初期吴字作□，就是例証。矢作傾斜狀，正說明是圍繞着口（村鎮，即古聚落）作護衛的姿态。「丁未角」貯吴兩字作□□，字从□从□，□為「足」，是桂氏族的族标，□為□形，仍是鏃的变筆，手中持□以為氏标，与舜称吴字作□相区别。鏃的变音讀余，前已舉過。徐字金文作□為例証。因而這又是吴字古变音讀虞的声符所在了。

但□与□字，鏃為体，所奉戴為首的既不是□（足），又不是口（圍），而為旋标，可見這兩个吴氏与奉戴□以為首的虞氏兩弟兄□□又有不同。從形类上來看，舜婿貝氏夷和□所奉戴以為首的是氏（「立錢尊」一字标氏金文——見《攈》録卷一之一第十二頁）。「父癸甗」命氏金文共四字，作：

（見《愙》録十七）。為的変筆，当是封邑称「曲」，而為以武備五兆的「户」的始体字，旧釋戊。从音类上推求，当是古称「戊」（户声）的一种兵器，即斧鉞的一种。

一九六七年在甘肃灵台縣潶侯墓出土的文物中，有一青銅鉞（見《文物》一九七二年十二期），形如：

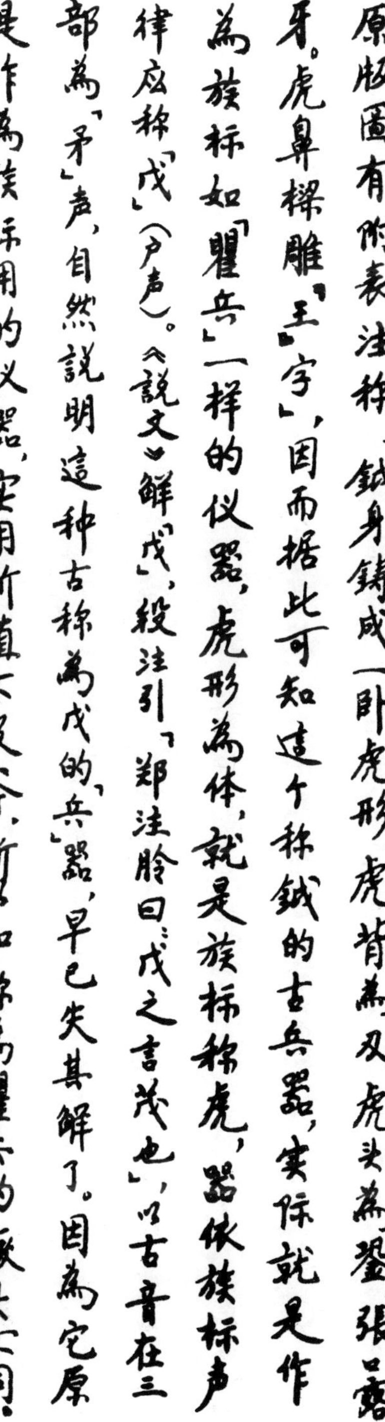

原版圖有附表注称：「鉞身鑄成一卧虎形，虎背為刃，虎头為鋬，張口露牙。虎鼻樑雕「王」字」，因而据此可知這个称鉞的古兵器，实际就是作為族标如「瞿兵」一样的仪器，虎形為体，就是族标称虎，器依族标声律应称「戉」（戶声）。《説文》解「戉」，段注引「鄭注肣曰：戉之言茂也」，以古音在三部為「矛」声，自然説明這种古称為戉的「兵」器，早已失其解了。因為它原是作為族标用的仪器，实用价值不及斧，所以和称為瞿兵的鐝头不同。

《説文》解「鉞」，許説：「車鑾（鈴）声也。从金戉声。詩曰：鑾声鉞鉞」，段注：「徐鉉等曰，今俗作鐬，以鉞作斧戉之戉，非是。呼会切，十五部」，今本詩作：「鸞声噦噦」，可見晋许所讀確為古音，是「户」声，為古之「戉」兵的例証，段引徐鉉等宋代小学家的説法以為鉞非斧戉之戉，現有甘肅灵台出土的「弧形鉞」為証，实為「斧」的一种，因而大徐讀鐬声為確。即戉（户声）的方音，而所解就不足据了。今称或者的或，又有讀「会」音的，就是古鐬，戉属一个音系可以為比的例証，而鉞，当為夏音。虞音，本声当依上説称戉（户），而变音称鉞，也就從今天我们説「越来越好」又作「愈来愈好」，愈、越為异字同义，可見戉氏也就是虞氏了。吴、戉同声，还有「於」字古音讀「烏」可以為比，虞、鉞当是一个声系。

根据以上所論 依金文右讀之例，当讀「戊曲」，即衛莸「曲」的概念。「曲」古音正声 当讀「儲」，讀巨声為方音。舜幼称 氏，实际就是「莸田（古音讀畜）」的声源和义源所出，而有婿以 命名，此貝字古声讀如亳（北），通田，也是「户（昊）坡」的声、义。舜有子（女）称「戊杵」字作 ，疑即「父癸觚」的両字命氏金文 的变筆。

如果以上的解釋不誤，那么「戊午」所以作 ，如為 所抱，就是指這个「天」為「戊杵」之父，而這个 氏奉「戊」（户）為首，非弟即子，依舜的母一級妻屬所生的女兒為 貝氏夷的子一級的媵妾，因而舜以反体父字签署之例来衡量的話，当是同輩的弟兄，而「辛子彝」銘載（後有專論）鯀之子（男），高辛氏帝嚳子一級媵妾所生女兒之婿，輩次与舜相等，自称「御貯」，自然也同样是護貯（户畜）的声义，也可以為比，這是[illegible]為舜同輩兄弟的第二个論据；第三就在「父乙」一称上的判断了。

D. 釋「父乙」

父乙為帝堯的親称，乙為古鷹的名称有翟氏「瞿乙」的誌氏金文[illegible]可為証，是帝堯的「二目」，而為「鷹」的「二目」之形，以前都已作过研究，就不作复筆的引証了。

在這里須要分析的，這个吳氏舜的賜金，為帝堯作礼器称「父乙」，到底「吳」是那一級的子婿。舜的同族兄弟，如舜一样，当為帝堯母一級妻屬所生的女兒的婚偶，是以帝堯女兒為自己子一級媵妾，当称帝堯為父。

而舜之直系子嗣以及「諸子」，依例又必然是帝堯子一級媵妾所生的女兒的婚偶，就是說，是舜的直系子嗣和非直系的弟兄之子（男）的母一級妻屬，那么称帝堯為「父乙」是正称。怎样从這「父乙」上来判斷□氏所屬為哪一級子婿呢？

主要看「戊午鼎」作者称「父乙」兩字的造形，原為□□，父字如「子」，可見這是帝堯於嗣位的第十五年納舜的同族弟兄吴氏的母一級妻屬所生的女兒，為子一級媵妾的反映。所以「父乙」就犹如「子乙」。這「戊午鼎」应是帝堯為婚時，女方的家長所作的礼器，而舜為「大父」（如氏族的酋長），所以賜金，□氏為舜的兄弟輩，據此親称的分析就可以作斷了。

2、「父乙爵」銘新考

舜為帝堯的第三任共工，既然是鑄氏族的首席人物，有弟兄的女兒「出嫁」，自然身处「大父」之位，也必然有礼器作賀。金文圖録中，已发現三器，一器為誌氏金文，在第三章中有専説，除了這个主器之外，还有兩件附属的礼器，各有同样的五字誌親金文，均見於《愙》録二十二册，一為「利津李氏藏器」；一為潘氏所藏」，兩器的文字相同，可見都是同一鑄范的出品，只是一器只看出四字，旧注：「作字上有一横，隐約可見」，当為銅銹所蝕，一器五字，兩字在柱，為 [illegible] [illegible]，三字在「鋬内」為：[illegible]。鋬讀绊，如「纽扣」，又称「纽绊」，就是「把手」。「㝵貯」兩字在柱，是族氏所屬為「鑄」；「父乙」二字在把手内，就意味着权柄為帝堯所握有，是吳貯為父乙帝堯生前所作的礼器是很明確的。

這个的吳字，仰首自得的形态，生動如画，因而可以据此推知，「父乙」兩字如「子乙」作，是吳氏有母一級妻屬所生的女兒，或弟兄的女兒婚於帝堯為子一級媵妾，由於是兩个世代互為婚姻的氏族，因而本為帝堯母一級妻屬所生的女兒的婚偶，原称帝堯為「父乙」的現在就以「子」式的称之了。而字与字相比，又有显著的不同，後一字俯首之态，也跃然於紙上。另外兩人首部所向又不同，因而疑或為「兄弟相背」的标誌。這个「吳貯」当是舜的自署了。最后，利津李氏所藏的「父乙爵」、「父乙」兩字下面、还有陽文「鉌」字作，疑為「賀」的誌音字，如[illegible]為旅，「实」「礼」的誌音字是相类的，或作[illegible]（鉾的象形体字，即「华」，為貨声。殷周後世作[illegible]，《説文》許讀如「郝」，也是鉾声的音系）。

以上总計，我们已經介紹了舜自制的命氏金文（一子一婿）兩篇，誌氏称「兄曰工」的金文一篇，还有作祭器的誌事金文四篇，兩為二父癸的祭器，兩為二父辛的祭器，再加上兩「父乙爵」各五字金文一篇，统计是九器所分别刊載的金文。「父乙匜」銘，是舜為帝堯共工時所自制的第十篇誌事金文。

3、「父乙匜」銘再解

「父乙匜」銘，清末吳大澂旧名「燕侯作父乙匜」（見《愙》録十六）為誤。

因為匽、燕虽然是一个地方，都是指帝尧「流共工於幽州」的幽，但世代不同，因而名称不一样。燕為周武王分封時的册命，是名公奭的祖傳封邑，古称匽及雁的，因而虽是同地，但却不能以匽作燕，正如不能以后世的名称解釋前代的事物一样。关於「父乙匜」銘，在《兵銘集》已經作过考証，并作出是舜為帝尧共工時，受兄匽侯貯吴的賜金為帝尧所作的彝器，以作賀礼的结論，指出「己其」為相傳的「娥皇」；匽為女鷹（英），但有些問題还未触及，因而须作補充的解释。為了概念明確，再次摹録「父乙匜」全銘十六字如下：

旧釋：「亞形中㠱侯燕侯錫亞貝作父乙宝尊彝」

A、匽是「日女」的封邑

匽的金文作匽，字形所象，是居於封邑一角之内的「日女」，与「㠱」居於「癸」内作亞（乙㠱）相比，自然是居於次属之位，㠱為姑，是母一級妻属。匽為極，是子一級的媵妻；以及「日」字双音，古音变讀為乙，正声当讀陽，為族称，是羊族的羊的尊称，前在《兵銘集》「癸鑄（盛氏）矛銘考」中，已經作過论証，現在分為三点再作補充解釋。

B、「乙」為鷹、為雁、為陽

帝尧在册命金文中署「父乙」，乙在动物的氏标中，為鹰，有「旅鼎」（論在《貨幣集》第貝一章）銘，旅氏日勇称帝尧為「鹰公大保」，金文「鹰」字作[illegible]（見《攈》録卷二之三一八〇頁），日勇旅氏之子（男）有羿氏為帝尧的首任共工，《説文》称「射师」，实為瞿氏，字作帝尧（鹰）的二目形，為[illegible]就是「乙」為鹰的鉄証。而帝尧有女，史称「女英」，当是「女鹰」的飾筆，又是「乙」為鹰的印証了。女英為匽（雁），匽字金文又作[illegible]，字形所象是受[illegible]氏庇護的女鹰，而[illegible]為舜兄貯吴的氏标，「乙来角」銘作[illegible][illegible]就是例証。這又是鹰与雁三代以前的上古時期统称「乙」（如「禽」的概念）的説斷根据了。另外，王者以及王子（大保）為鹰，而女性為雁，又称女鹰。依常情來衡度，鹰為猛禽，為男；而雁為「摯而有别」，并且是循規守秩序的大鳥，爲女，爲臣屬之稱，也是很相適的。

但秦汉以来，由於周武王封召公奭，更命雁爲燕，因而对「乙」的概念，就变得混淆不清了。乙字或作鳦，成了燕子的專称。

战国時期的「尸子」，有「鴻飛天首，高遠莫明。楚人以爲鳧，越人以爲乙，鴻常一耳」的記載。漢儒据此就以爲 乙，鳧是兩种禽类，后世進而又有「道佛兩殊，非鳧則乙，鳧乙之交，定者鴻乎」的議說。另外，还有一种說法，是：「昔有鴻飛天首，积遠难亮，越人以爲鳧，楚人以爲乙，人自楚越，鴻常一耳」（載《南史》顧欢傳），這又是完全不同於汉儒的后世解释了。虽然，后一解釋所說「越人以爲鳧，楚人以爲乙」和「尸子」的「楚人以爲鳧，越人以爲乙」，是顛倒了，爲引証時憑記憶而來的錯誤，但解釋以「人自楚越」而「鴻常一耳」——就是說，僅管楚越因地而稱異，但鴻还是那一种——就比較清楚了。用今天的說法，就是一物而有兩稱，是語言不同的关係。可見鳧，原為雁的古稱，西周以後才变而為野鴨的專稱，虽然近於雁，卻又別於雁，但在三代以前的誌氏金文中，鳧、乙卻是一字。「母癸敨」（見《愙》七）載族譜式的金文七字是：

「母癸舟珠」為夫婦对稱，「癸妇」与「咸祝（足）」為夫婦对稱。這个「癸妇」，自然是母癸的媳婦（兒妇），也是命氏金文中署「父癸」的妻屬，字作 [illegible]，就是「妇」的始体字，B為阜，S為乙，阜自然就是以後鳧字的声源所出，也是鳧的义源所在，到了第三代的孫媳，就是 [illegible] 了。可見鳧、乙兩声是反映了父母兩系出於語言完全不同的兩个氏族部落，因而帝顓頊的旋象（楚音）稱鳧，而帝嚳旋象（越音）就稱乙。帝堯以「乙」為号，有臣屬「二目」，册命「瞿乙」字作 [illegible]。《說文》解瞿，汉許說：「鷹隼之視也」為确解。而楚稱鳧，金文鳧字作 [illegible]（見「鳧生敵」——《窓》録十二）是雁立於几（基），今作几上。几、乙古必同音，也是鳧字变音讀几（乙）声的标声誌氏的符号。实际這个「鳧」又是古稱鳳的声源和义源所出了，鳳应是鳧的倒体。《說文》解「鷗」，許說：「鷗，鳥也。其雌凰。從鳥匽声，一曰鳳凰」，可見古称雁為鳧，因而变筆作鳳，又称鷗，鷗，自然是匽鳥的合筆。金文匽、雁是一字，又是一个族系，一个地方。因而鷗為雁的誌音字，古称鳧為鳳又是從音律上可以推論出来作為旁証了。

毛主席說过：「我们討論問題，应当从实际出發」（見《在延安文艺座談會上的講話》）。過去由於文字和廣大的群众，和生产，和生活的实际脫節，因而只从「定义」上来解釋，以鳧為野鴨，以乙為燕子，不但非美不能為比，就是「鴻常一耳」四个字就解釋不通。以鴻雁為介於「鳧乙之交」的，既近於野鴨，又近於燕子的禽鳥，怎么能解釋通呢？如果我们从生活实际出发，那么這个「鴻飛天首」四个字，是說「鴻雁在天边飛」，而只要有一些漁猎常識的人不管是遠在黑龍江或近在白洋淀的人，都知道，一只孤雁，是很难飛得高的，不但不能高飛，也绝对飞不遠，這就是俗語所說「孤雁难飞」的來历，它是基於从渔猎生活而來的經驗，並不是憑空杜撰的。既然鴻雁的性格是這样，离开群不但飛不高也飛不遠了，在洛泽地区，终究脱不出猎人和囲狗的追赶而会不放一槍就能在牠疲憊不堪時活活逮住的。那么這个「鴻飛天首」的鴻，不是孤雁，而是比翼而飛的一排或兩排的摆成隊形的鴻雁，是必然的了。這种飛在「天首」的鴻雁，不管飛得多么高，多么遠，和燕子群飛而紊乱无序的形态，完全是兩样的。所以「高遠难明」应是讲解者的批注，而為録筆誤作正文，因而「鴻常一耳」就解释不通了。古称「鴻雁」為雁，实际就是从「乙」声来的，又称鷗，為凫為凰，是虞音实际都是指「雁」来説的，至於鴈字作家鵝讲，凫字作野鴨讲，乙為燕都是後代周世的概念了。

乙、日為陽

晋皇甫曾在《帝王世纪》上，記載「炎帝神農氏姜姓也」之後，又説：「炎帝「人身牛首，長於姜水因以為氏」，「人身牛首」的説法不知所據，但从金文来看，炎帝神農历山氏的真系子嗣「柱」（為軒轅皇帝的女兒「常仪」的婚偶，史作「昌意」以為男為誤），鯀在「衆餘尊」（詳論在鯀（章））銘中称「柱祖」金文作　（旧誤讀夔），确是羊首人身，首為日字，而又有兩角，即以日為陽，而陽、羊相通，是為羊旋之子（男），体為　，是人字，就是「羊人」的概念，而腰中所带，為古金屬幣半朋（一系），是紀「桂」的业绩，而「足」就是标声誌氏的符号，本声当讀「桂」，桂有子（男）為帝顓頊，史称高陽，金文作[glyph]前在《貨幣集》已經作過詳细的介紹，帝顓頊弟兄八人，有六子，孫在六名以上，都以「日」為族称，在《唐虞時期三兵銘考》中，也已經作过考証，八祖中大祖為「日巳」，六父中有四人均称「日癸」，五父是鍏的生身父，称「日辛」，六父為「日巳」。「日巳」即「陽巳」，金文誌族标氏的金文中有「羊巳觚」（旧名「兕形觚」——見《窓》錄二十（一）圖銘，兩字金文作：

（金文右讀），就是第一个例証。又有「羊癸尊」（旧名「犧尊」——見《愙》十三）图銘，金文也是兩字，作：

是「羊（陽）癸」，即「日癸」的第二个例証。以「父乙匜」彝称匽侯貯吴為「癸吴」来看，「羊癸尊」当是貯吴（即匽侯）的飲食具之一，而「羊乙觚」据此可知為第六名「父日巳」或「兄日巳（羊巳）」的生活用具了。

以上算是「日」為族称，变音读乙声，本音讀陽的兩个補充的例証。

D、舜与匽侯貯吴為「同室弟兄」

前在「癸鑄(盟氏)矛」銘考中，引証過「父乙匜」十七字金文，通釋為「癸(己其侯)吴匽侯給仇(貯)貝，用作父乙宝尊彝」，並且也論及□在這里為親称，是一字兩用，既作鑄(貯)貝的鑄的同声假借字，又是受匽侯賜金人自称為仇(侍)的親称，這就是汉刘熙《釋親》中所說：「兩婿相謂曰亚」的由来了。关於□字讀貯通仇，讀亚当為变音，以後有專論，(見《釋「亚」及「亚旅」》)，在這里暫且不去說它。且看战国時的儒者孟子对于象和舜的关係的說法吧。

在說到象以為舜已死在井下，在和父母分舜的家产時，說：「牛羊給父母，倉廩給父母；干戈是我的，琴是我的，弓箭是我的，二嫂留给我鋪床疊被」，說完就到「舜宮」去了。看見舜卻在床上彈琴，象就假說：「我正犯愁，在想你哪！」樣子很尷尬，（「象入舜宮，舜在床琴，象曰：鬱陶，思君尔！忸怩。——《萬章篇》）。

但司馬迁虽然晚于《孟子》，記載卻又完全不同。《五帝本紀》称：「象喜，以舜已死，象曰：本謀者象，象与其父母分。於是曰：舜妻堯二女与琴，象取之，牛、羊、倉廩予父母。象乃止舜宮居，鼓其琴。舜往見之，象乃不懌曰：我思舜，正鬱陶」。

前後兩种記載比較來看，就可以知道《孟子》的說法显然是对相傳的記載進行了加工和修飾，重要点是，象到舜宮，就看到舜已經坐在床上彈琴了，不是象已經住到舜宮里去，並且正在鼓琴為欢的時候，舜回來了。孟子与司馬迁相距二百年左右，但司馬卻不採取《孟子》的記載，可見是另有所本。從嘗兩种记載，都已经是從三代以後的一夫一妻及奴隶主一夫多妻制的家庭观念出发，对於唐堯前期的那种「普奴路亚」式的「诸父诸母」的家庭形式，已经完全不理解了，彷彿人类從古以来就是兄弟各自為室婚姻全不相关似的。但司馬由於是世襲的史官，掌握了不少古代的史籍，所以作為历史的特点，並不以為「象止於舜宮居」，就沾污了舜以及帝堯的「二女」。它的史筆记載和三代以前的兄弟相称以「仇」（親聽的伙伴），都是共同妻子的共同丈夫的歷史实际，还是相近的。

在命氏金文圖録中，确实有高辛氏帝嚳以「象」命名的彝器，旧称「象形祖辛鼎」，共三字，圖作：

(見《愙》録三)。舜為帝嚳母一級妻屬所生之女的兒子，因而舜稱帝嚳為伯，而伯在金文中通祖，為外祖，前已作過介紹，可見這个以「象」命名的冊命，是帝嚳為母一級妻屬的女兒所生之子作的礼器，冊命為象而以祖辛簽署。疑是貯吳匽侯幼年的初命，婚時為戚氏金文作，当為舜的同父兄，而不是弟，「父乙匜」舜稱「癸(子其侯)吳匽侯給金」，可知戚氏為長，是第一个例証，而在帝嚳於五十年诛重犁聊墟氏以后，史称(《楚世家》)「吳回為継」，当是金文(吳癸)的異筆記載，古癸、回当為一个音系，殷周古韻回、癸同在十五部就是佐証。是為戚氏象長於舜的第二个例証。

第三，冊命金文中有「重犁敵」(見《愙録》七)，三字作：

為孟字头重犨，当即的简化，為氏称，以与瞿字头的重犨，金文作，以及登字头重犨，金文作相区别。第四，「丁未角」铭，貯吴受帝尧赐金，自署，应是帝尧嗣位四年後，貯吴為继「瞿乙」為共工時期所制的祭器，「流幽州」封匽侯以後，舜氏继任重犨，史称「重华（犨）」，《左傳》称：「陶唐氏之火正閼伯居商丘」（襄公九年），又称：「子产曰：昔高辛氏有二子，伯曰閼伯，季曰实沈」（見昭公元年），這个子，当是子婿之称，為帝尧的火正，就是共工的别名。商丘為犨的后期封邑之一，以後还有尃題說证。《說文》「閼」字，許解「从门於声」，实為淤的别体，音义相同，就是根据。因而閼為周世史者的伪筆，以巩固舜都蒲阪的假說，仍然是「尃西柳東」的反映。金文册命中有「辛字头重犨卣」，字作（見《文物》

一九七二年十二期八頁），帝堯以「父乙」兩字簽署，是舜為帝堯「火正」史称「重华」的印証。舜為後，盛氏象為先，有以上的论据，就可以据此作断了，旧以舜為兄象為弟是顛倒了的记载，可以肯定為誤了。

另外，关於「普奴路亚」式的既是兄弟又是共同妻子的共同丈夫的婚姻制度，不但在唐堯前期，舜為政，推行新的「兄弟相背而共鉾」的政治革新以前，即公元前兩千四百年以前，在中国是普遍存在的一种家庭组织形式，就是直到今天，在我们的鄰邦，最近為印度所兼併的锡金，还是普遍的。「通常一个姑娘出嫁到一个人家，就是嫁给那里的所有兄弟」（見一九七四年十二月十五日《参考消息》「锡金見闻」——合众社记者的報导）。

現在我们再介绍□，以說明「父乙匜」確為舜的誌事金文，是為帝堯納子一级媵妾時，所作的礼器之一，而弟兄相称以亞，当是「親」称，因而读「仇」，為「親密的伙伴」的概念。

E、亞字旧解是矛盾的

(1)「两婿相謂曰亚」——見汉刘熙《釋名》。

(2)「亚，醜也。象人局（曲）背形。賈侍中說，以為次第也」——見許慎氏《說文》解「亚」。

以上两种传统的解釋是矛盾的。因為依「釋名」的說法，既然亞是两婿之间的称呼，当然是親称，就不可能有醜恶的概念，因而「父乙匜」銘所記，是舜受匽侯，登吴賜金為帝堯（父乙）作礼器自以亞称，為「匽侯給亞貝」。這是一字两用亲称之外，亞字又作贝称，亲称為「仇」，就是今天的「俦」；而贝称「酬幣」，载於《国语》(周語)，所谓「酬幣宴貨」，实际就是「铸幣匽貨」。三代以前古音酬(《說文》段注：「酬為「州声」」)铸一音，正如铸、舟、脚是帝颛頊一人的氏称一样，而匽、宴是一字的异体。如果对外，亞又是吴(虞)氏弟兄通用族称了。舜和匽侯既然是同父弟兄，如传說中的舜和象(相，為尧的共工流放幽州以前習慣性的官称)的关係一样，所差的僅是舜為弟，而流幽州封匽侯的共工却為舜兄，两人之间自然不需以「族」自称，亞為两人之间的親称是很明显的。說明「释名」的关於两婿之间的称谓的記載，是确有历史根据的。另外，《說文》解「亚」，自然也有历史所本，而且直到今天，冠军為首，亚军為次。段注循之作注，称「亚与恶音义同」，段注也是确实的，因為隶書「亚心」就是「恶」字。依据這个解釋，就似乎和「兩婿相謂曰亚」就矛盾了，所以許、段兩人先後虽相隔一千六百多年，但都不触及這个「親称」，而清代有名的訓詁学者王念孫氏，就遵《說文》所称：「賈侍中說，以為次弟也」的解釋，联繫「兩婚之间」的親称，曲筆圓全，說：「言一人取姊，一人取妹，相亚次也。又并至女氏门，則姊夫在前，妹夫在後，亦相亚也」（見《新雅疏証》卷六釋親），实际上，如果是用形而上学的观点，脱离了历史实际的物質世界去看待属於意識形态領域里的文字，那就永远解釋不通的。

毛主席說過：「所謂形而上学的，或庸俗進化論的宇宙观，就是用孤立的、静止的和片面的观点去看世界。這种宇宙观把世界一切事物，一切事物的形态和种类，都看成是永远彼此孤立和永远不变化的」。因而就不知道作為物質基礎在意識形態領域里的反映的文字，所代表的概念，也不是靜止的，而是隨着物質基礎的發展、變動而發展變動的，因而在文字所表現的概念上，无不打着各个历史階段的時代性的烙印，反映着客观物質世界的變化。例如父親的父字，在金文里作[illegible]，為以手抱「柱」形，也可以解釋作一手攜「柱」形，總之「父」這个概念應是固定的吧！但在堯与舜的关係上，這个「父」字也不是靜止不变的。帝堯為帝顓頊的外孫，帝嚳的長子，依父系來說，是舜的姑之子，兩人本是表兄弟，舜為帝顓頊孫，鯀的諸子之一（詳說在《兵銘集》「帝堯時期三戈兵銘考」），但因為舜又納堯女「女英（鷹）」為子一級的媵妾（母一級妻屬為帝嚳子一級媵妾所生的女兒，即傳說中的「娥皇」），原本居於「叔」位，為堯的姐妹夫的舜就在

「父乙匜」銘中以子婿的地位自稱，尊堯為「父乙」了。這个堯為舜（妻）父的地位，依母权制旧傳统來說，該是固定的，堯為舜父，該是不变的历史事实了；但事实却又不是這样。因為兩个氏族依母权制的原始公社流传下來的旧風習，帝堯既然是舜的生身父親（日辛）的姊妹之子，又取舜的再從姊妹（即宰束虎瞿氏族的女兒）為自己母一級妻屬，那么子一級隨姑作嫁的媵妾又必然是舜以及舜的弟兄的母一級妻屬所生的女兒（有畀氏瞿乙的女兒）。因而「父乙匜」銘的帝堯，虽然仍尊称「父乙」，但這个父字已經变成「子」形，金文作□了。实际這个「貯作父乙匜」正称，应是：「貯作子乙匜」，因為這已是帝堯十五年，納舜弟兄有畀氏瞿乙的女兒為自己子一級媵妾時，舜所作的媵器之一。「戊午鼎」就為我们提供了這一年代的詮据，在這里暫且不說了。因而文字的概念，在历史发展过程中，不是靜止的、孤立的、不变的。

再回过筆来說[glyph]字，在三代以前，却是正和王念孫氏循汉代的解釋所作的圖全說法相反，不但沒有「次第」的概念，而且以首旋為「主」的。金文中的主字作 、抱主（借主為「柱」，即神農炎帝历山氏之子）的人，在農业定居之前，就是神農，双手抱柱，金文作[glyph]是「申」字，就是双手抱子的神（古為申）农了。农业定居，行止有所規制以後，双手抱「柱」，就是帝顓頊，為双手抱父縣的概念了，金文作八[glyph]，疑八為鑄治工业的規范，又作「[glyph]」，是鑄的象形体。《汉書·地理志》的济南郡古「著」（詳詮在《兵銘集·古字瞿亚章》），而《歷書》稱：「帝顓頊封南正重司天以屬神」，可見帝顓頊的生身父神农之子——桂，封邑是在「著」的南面了。帝顓頊幼年命為「鉏」氏，参加金属冶炼手工业的监管生产和分配的活动以後，就又变笔作，為两手操持金属之「铸」，就是今天的铸的声源和义源所出了。到了舜一代，以族称為（樹的象形体，為的异体字。《説文》讀「宁」即貯字），為舜的諸子之一（匽侯吴的嫡系子嗣）所奉戴的首族金文作帝尧所頒賜的册命彝器「吴彝」（旧名「亞形父乙彝」）——見《澂秋館吉金图》一册第十四頁）作為緐筆，貯異侯為居柃樹（祖的受祭位置）内，為吴所奉的族徽。而貯異侯吴，在「乙未角」銘的金文中，以貯吴自称，金文作，正是這个「吴彝」的的翻体，可見两人是父子关係，而帝尧所以以「父乙」自称，正是説明這个以亞為族称的吳氏，是帝堯子一級媵妾所生的女兒的婚偶，疑即氏徽為[glyph]（見《攈》録卷一之一——四頁）的匽氏了。[glyph]為标氏誌族的符号。[glyph]為首是奉母族，尊王室的反应，自然[glyph]為堯女「女鷹（英）」之子，封邑為[glyph]，即当讀「匽」的例証。可見亞字在三代以前并没有「次」的概念，更不要說，和惡的概念是一点也不沾了。

F、亞字的概念發生的变化，反映了当時的客观的物質基礎的变化

——「叔貝父敦蓋」銘新考

從什么時候開始亞字的概念发生了变化，虽然在金文上没有明確的記載，但從夏禹以後的金文记載中，再不見亞的族称，就可以推知，

這种以亞為次的概念，显然就在夏初，尤其舜的嫡系子嗣「有户（扈）」企圖依旧的傳统習慣，在夏禹崩後争取王位，而為夏啟打敗以後，作為鑄氏族的族徽，舜的氏称□字，就变成「次」一等级的概念了。而且字的本音因為舜又称吳，是「户」的声系，所以通吳為惡声了。古貨、惡一音，有《淮南書》所載：「禺氏之璧夏后之璜，揖讓以進之則合欢，夜以投人則為怨時与不時」，注：「禺古和字」（說山訓十六）可以為比。因而□字就有惡意了。夏啟对於以舜為首的□（鑄氏帝顓頊諸孫中的（系））氏族的敌对的事实，不但在《尚書》中有「甘誓」一篇可以為証，而且舜死掉以後連墳墓所在都失去踪跡，也說明夏禹复辟之後，对於以维新為主的舜帝之惡了，而舜的「子嗣」（女系）之一「貝」氏，為舜作祭器不称□（□）公，而变筆作

「仇」公，就是以上推論的佐証。

「仇」為彝的□字的变筆，字作□，載於旧称「叔貝父段蓋」（見《攈録》卷二之三——四頁，旧名「叔角父敦蓋」），為了概念明確，特摹録原銘二十字金文（内有子孫兩字為重文）如下：

（旧释：「叔角父作朕皇考宄公尊敦。其子子孫孫永宝用亯」）

段銘尾一字為氏徽，是山脊形，疑為山背的背字，背為变音，脊為本声。因而后世「脊背」变成了两音相连绵的名辞了。正如「旅鼎」字尾為丫，是旅（）的简化為「侶」相类。人字自然也就是的氏称变筆了。這又是字读貝的声律根据了。在三代以前，虞夏之间，是不是有貝氏這一个氏族呢？答复是肯定的，貝氏為舜的子嗣（婿）族，有金文的命氏記載。

（1）貝氏初命為「吴（虞）貝」

金文圖録中有「虞貝爵」（見《攈》録卷一之一——六十七頁），共四字命氏誌親金文，為：

旧记「虞貝」二字在「柱」，「父辛」二字在「鋬内」，把内為「权柄」所握，是「父辛」

所作的命氏誌親礼器。前已作過初說，現在还要說明「虞貝」為子婿承嗣的氏称，說明「貝」原是父辛的封邑名称，於是舜之貝氏稱為子婿所承襲，正如舜又称辛氏相类。吴（虞）貝，就是「户貝」，變音為「樊貝」，是和舜的初命（户。變音讀圕）氏為一个概念。《說文》解「户」為古「[illegible]」字。根据舜銘文字的金文為翻体，可以推知是婚姻之親，為女方的父，更因為父的翻体应是「子」，說明「父辛」不敢以父位自居，因為已納对方的母一級妻屬所生的女兒為自己的子一級媵妾在前，实居「子」位；而現在又有自己母一級妻屬所生的女兒，為对方的子一級媵妾，所以「父」作翻体，這是由「父乙匜」及「戊午鼎」父字作可以為比的。显然從這种相互為婚的关係來看，已是舜和帝尧双方之间的关係相类，而這个「父辛」的辛字，又有口（囲）字作族标，当然就是舜的命氏誌親的礼器了。而「吴（虞）貝」為帝尧的同室弟兄，可以据此作為初步的肯定了。

(2) 貝氏再見於「貔卣」

——「父戊卣」初考

「貔卣」（旧名「虎父戊卣」——見《攈》録卷二之一——十二頁）圖銘七字金文，器銘為：

盖銘為：

首一字，《金文丛考》釋「貔」应為确解。殷周古韻，貝、白、敝、鼻、配、孛同在十五部，可以据此推知三代之始，貝、北、豹、貔必属同音。字為夷（人）氏所奉戴以為首的族标，這个狐尾有声标与氏标，应是（尸）的变筆，原是帝舜的动物氏标「狐」，以及物标「弧」的氏称，前已引《左傳》舜后「胡」公滿封於陳為証，作過结論了。而盖銘為尊，狐尾之族标作，依鑄氏類項族的声标，本声当讀「貨」，為「和」「咼」「鏵」的音系，变音讀「貝」，是為狽。《周書》「牧誓」載：「如虎如貔」，貔為虎豹之類，是貝、豹一音，而古稱之宓犧氏，又作庖犧氏，可以為例証，蓋彼（笔）此又讀「背此」，是直到今天还遺存的方音之異，但在器銘有「狐」，那么這个狽的族稱為貨（虎）（《論語》稱楊貨，《左傳》作楊虎）的动物氏標，到了夷氏以子婿身份承嗣狐氏帝舜的族稱，变音必稱狽為貔，是狐狼之屬了。《帝王世纪》載夏禹娶於塗山氏有白狐九尾之瑞。白狐古又稱貔，載於《說文》，又有貔為白熊稱羆之旧解，在這里就不多作辦瑣之論了。總之，夷氏為帝舜的子婿，屬帝嚳族系而稱貔，稱虎（今膠東仍稱狼為馬虎）是据此可以肯定下來了。

变音讀貔（狽）的族徽下六字為「夷作父戊尊彝」，夷字金文為[illegible]是一字兩音，正声讀人，变音讀夷。如果再從「父戊」兩字的比較來看，蓋銘為□，当有失筆未拓印出來，字為□，而器銘作□，正是□的翻体，据此可知，蓋銘金文的「父戊」，為宰東虎瞿氏日受(旅)是□(鐝方)的合体，不用說，器銘上的□，就是帝顓頊之孫宰東虎旅氏之「嫡系」子(男)，帝堯的二目，為首任共工，又称倕的有羿氏瞿乙了。這是貝氏為帝舜婚姻之族的鉄证。夷氏毋一级妻属是宰東虎的子一级媵妾所生的女兒，因而称宰東虎旅氏□為父，居上(蓋)位，而又納有羿氏瞿乙的毋一级妻属所生的女兒為子一级媵妾，因而也称□為「父」，位在器銘上，居下位，輩次是很分明的。舜為「大父」，奉「虎」孤為首是尊王室的反映。

以上所詑如果不誤，那么貝氏(貔)夷，為帝堯的同父弟兄又可以初步肯定下来了。

(3)「叔貝父」為貌氏之子，是舜的子婿之一

貝氏既然是瞿乙的母一級妻属所生之女的婚偶，瞿乙又名倕之女為貌氏夷子一級的媵妾，那么貌氏夷有男，母一級妻属依例又必然是瞿乙有巽氏的子一級媵妾所生的女兒了。瞿乙之后，舜為大父，如果說，在「吳(虞)貝爵」銘的金文上，舜為貝氏夷作命氏誌親的礼器，还不敢以正体的「父」字簽署，以示謙敬，那么到了貌氏夷之子取瞿乙有巽氏的子一級媵妾所生的女兒為婚時，舜為「大父」，自然就名符其实的為「叔貝」的「父」了。因而敦蓋銘「叔貝父」称舜為「朕皇考仇(变音讀宄)公」，□為□的变筆，就是「皇考仇公」為舜的氏称的鉄証。

(4)「叔貝父」新解

為了通釋金銘，先從「叔貝父」开始。既然称叔，又称父，看来是矛盾的，因而旧释金文親称的這种「父」字，往往因為难於解释，就作為「男子的美称」了。（《儀士冠礼》記男子之字曰伯某甫，仲、叔、季，惟其所当。注云：甫者男子之美称，又說：然經典男子之字多作某父，彝器則皆作父，無作甫者，知父為本字也——見王静安「女字說」。《观》集卷三第二十五頁），实际是不完全对的。例如在这个旧称「敦蓋」的銘文中，「叔」当是自己以对方的姐妹夫自居，是和受器人本為平輩，依「鼂父戊卣」銘所考，对方当是瞿乙有羿氏的嫡系子嗣后羿著（[illegible]）氏了。「叔貝」既然取瞿乙有羿氏子一級媵妾所生的女兒，為自己母一級的妻屬自然就是后羿著氏的姐妹夫了。而又以毋一級的妻屬所生的女兒，為对方著氏后羿作子一級的媵妾，這就是貝氏，以姐妹夫的身份，為对方子一級媵妾的生身父，因而為对方作器，自以「叔貝父」稱的实質。

著氏在《虞書》中為「朱虎」，為舜的「諸子」之一，在《兵銘集》已經作过介紹，因為不是本篇所論的重点，不作复筆的引述了。

(5) □字是中国上古時代「普奴路亚」家庭生活的反映

「敦蓋」銘「朕皇考仇公」仇字作□，旧釋宄，并不為誤，因為古仇、宄是一字，由於一字双音，所以分而為二，正如□字在「父乙匜」讀「仇」，為「丙婿之间」的親稱，而在「丙申角」就讀「葵」，仇為本声，葵為变讀，帝摯屬皋(槔)系，以变音為正統語言的原故。這又是□□為一字的例証，

仇的变音讀究又作軌，就是源於[illegible]字，本来就是双音，癸字又作[illegible]

就是从变音中分化出来的。[illegible]是仇的初創之始。《説文》解「仇」字作

[illegible]。「曶鼎」作[illegible]，《説文古籀補》作[illegible]，注称：「古究字兮伯盘」，自然都

是后世的简化体了。[illegible]字為舟，是「敦盖銘」貝氏金文「仇」的标声誌族的

符号。這又是[illegible]字本音讀「仇」，是初創之始的祖体字的一个旁証了。

《説文》解「仇」，许説：「聚也。從勹，九声，讀若鳩」，段注：「古文尚書作逑」。

依许説，仇古讀九声，如鳩。《殷本紀》紂之三公有「九侯」，徐廣注，又作「鬼侯」，

這是古九鬼兩音相通的例証，因而《左傳》記魯叔孫豹在晉「范宣子賦鳴

雁之卒章。宣子曰：「匄在此，敢使魯無鳩乎？」」当為號声是「国」的口傳録筆

听作的誌音字了。也分明是和仇的变音讀軌為究字是一样的。再看

《說文》解「宄」，字作宄。許說：「姦也。外為盜内為宄」，段注：「成公十七年左傳曰：'乱在外為姦，在内為宄'，宄，自然在這里就是醜詞了。

再看《左傳》記晋大夫师服釋「仇」呢？他說：「嘉偶曰妃，怨耦曰仇」（桓公三年）。這是从漢儒直到近代注家解「詩」「君子好逑」一直所遵循的解釋。郑司农箋注：「怨耦曰仇」，毛注：「逑，匹也，本亦作仇」，可見逑是漢儒所改，正如「叔某父」就改作「叔某甫」是一样的。如果依据晋师服春秋時的這种解释，讀「詩」国風「兔罝」一章「糾糾武夫，公侯好仇」，就要绕口了。自然在這里的「好仇」已经不是夏、商、周三代以前的概念了，就是說，不是三代以前「兩婿相謂曰□」的「仇」的本义了。而只是一种「夥伴」的親称而已。但在三代以前，這种弟兄之间的親称，实际上是「普奴路亚」家族关係的反映。

恩格斯曾解釋過這种家庭，說：「按照夏威夷的風俗，若干數目的姊妹——同胞和血統較遠的，即从姊妹，再从姊妹，或更遠一些的姊妹——是他们共同丈夫们的共同妻子。但是在這些共同丈夫之中，排除了她们的兄弟，這些丈夫，彼此已不再互称為兄弟，他们也不必再成為兄弟了。而是互称為「普奴路亞」即親密的夥伴，即所謂伙伴」。（見《家庭私有制和国家的起源》）自然這种屬於上古時代的家庭組織形式，在殷周后世早已不存在了，因而春秋的晋大夫師服，实际是对「仇」字的本义，也就不理解了。夏威夷相称「普奴路亞」的兄弟，就是中国上古時代兄弟相称「仇」的同义語。而這种家庭組織形式，本來已經為舜所推行的革命性的新法制所革除的（詳說在下一節），而現在「叔貝」称舜為「朕皇考」卻以「仇公」称，以「仇」為舜的氏称，而又創造了這个□字，為「群」居一室，而有「手」為「守」护，是合法生活的概念。当然這是夏禹以後，对舜所建立的兄弟各自為家，相背而不相「仇」的新法制的背叛的反映，是為「复辟」。

而夏禹惡□，所惡是以舜為首所推行的维新制，也就很清楚了，這是第一点。另外还可以看出貝氏称舜為「皇考仇公」，还是由於尊卑氏系王室的先朝帝嚳的反映。因為，不僅是有舜在「父乙匜」銘中以□自称的根据，而且还有高辛氏所作的冊命彝器「雠觶」（日名「双爵父辛觶」——見《愙》録二十）一字命氏金文為例証。全銘三字為：

而鳥相对，是古仇字的形象体，為「𩀱」的始体字。鳥是作珠型，是标声誌氏的符号，古音仇字正声与貯同音，当是「雔」的声源所出，变音讀如「鴆」，古音為「癸」声。根据舜的氏称為「仇」，依世次来看，舜為帝嚳子一级媵妾所生的「昊」的婚偶，為「子」，而「𩀱解」册命帝嚳以「父辛」簽署，辈次也正相符。据此，可知当是舜為婚時的命氏誌親的礼器，是祝同室「普奴路亞」的弟兄相「仇」，而夫婦也双双相親的概念。以後而鳥形当中有「心」字，是而鳥讀心的姿态，字如 □ （見「𩀱尊蓋」——《𢶒》録卷二之一第三六頁），就是𩀱的本字了。是証，𩀱、仇、□ 在上古時代原為美辞。而仇、𩀱為敌的概念，是從拥护舜的弟兄各自為家而不相「仇」的新的奴隶主的一夫多妻制及一般庶民的一夫一妻的家庭制的建立有关的，显然這是在后羿夺取政权以后，或直到夏少康中興以後的变化了。□与醜同義，□心為惡，自然是指「兄弟同室」而為共同妻子的共同丈夫的行為來說的；「雠」与「仇」為敌，自然也是針对這一從母系制的群婚生活遺留下来的旧風習而來的概念。這个概念的形成，也就标誌着在历史实践的斗争中，新的家庭组织形式的完成，因而后世才有了「外為姦，内為宄」的輿論，如果在家族内部有叔嫂之相「仇」的行為，自然就為不法的姦宄罪行而為社会輿論所非議了。

(6)「叔貝父敦盖」銘通解

從全銘來看，是「叔貝父作朕皇考仇公尊彝，其子子孫孫永宝用。」既然是貝氏為自己的「父親」作祭器称：「朕皇考仇公」，為什么又以「叔貝父」称呢？這就充分說明，是貝氏為自己的妻室昆弟，反过來，又是自己的姐妹夫，也就是為自己母一級妻屬所生的女兒婚於对方為子一級媵妻的「子」婿所作的礼器，這个受器人，或者就是曹乙有羿氏之子后羿箸氏，作為舜系的承嗣人了。因而這个「其子子孫孫」的「其」字，既是期望的期，也是指「朕皇考仇公」的子子孫孫而言，貝氏為舜女系的子嗣，以子婿的身份稱舜為「朕皇考」也就很清楚了，所以又稱為「公」而為「仇公」。

最後，还有旧称「叔貝父敦」全銘同旧称「敦蓋」，只是「仇」字作□（見《攈》録卷二之一——六三頁），□字如□，同样是标声誌族的符号，□為古「聚落」的聚字，舜的氏称后期為「巨」氏，字作□（户）或作□。巨為变音，正声应讀户，本篇有詳记，在這里只說明，古音聊、鑄、舟同声，直到今天鑄字还是或讀如著，或讀如聚，和「足」字有三种讀音，為旋，為祝，為聚（入声）是相类的。

一九七五年十月七日稿

金文新考・舜篇续

目録

十一、關於舜嗣帝位的金文記載

六、虞舜是一个敢於和舊習慣勢力作斗争的革命派領袖

人、見於「背鼎」的金文記載

——舜的命氏金文「背鼎」解

「背鼎」（旧名「商文丁鼎」——見《西》鑑卷一第八頁）一字命氏金文，三字簽署作、

首一字上部為「鞋」的圖型，下部是「脚」，「鞋」自然是奴隶主階層的穿戴，而奴隶们总是赤脚的多。「鞋」所行的方向為北，但赤脚的足跡所向是南，正是「背道而行」的「背」字的原始象形体金文之一。第二字為「天」，天

是三代以前王者的代名詞，金文王字原始体作王或王，就是天立於大地之上，可為例証。「背」又作：鄁，殷稱「亳」，原為辛鉏氏的封邑之稱，那么「天」為舜，而父珠自然是舜為帝以後的族稱了。這是舜以「背」為自己的直系子嗣所作的冊命金文。這个解釋是不是还有印証呢？有。

2.見於「北(商)瞿」的金文記載

「北(商)瞿」(旧名「庚瞿」)——見《攈》録卷一之三第三七頁)，是一字標氏金文，為：

北字当中的[illegible]，是金文商的簡筆。「子商甗」（見《攈》錄卷一之三第三二頁）作[illegible]，上部為「辛」，下部為「鉏（鋤）」。舜以辛為氏姓，「吳（虞）貝爵」命氏彝器中父辛作[illegible]，已經介紹过了，舜為「日辛」的直系子（男），在《兵銘集》也有論証。[illegible]為上古時代的青銅質的双双鋤，是帝顓頊的初命氏称，說在《貨币集》；[illegible]為古氏族部落所集居的「聚落」，為圍字（《說文》作囗）的異体，也已見上一節所引「叔貝父」銘金文[illegible]字的新解。[illegible]、[illegible]、[illegible]三字合併起來，就是辛氏鉏（耕鋤）的封邑，是為「商」的本义。舜以「辛鉏」為氏称，本篇第五節有專論，不用說「商」原本是舜的封邑，因而有子就以「商勿」（史作均，当是匀勿相近而偽誤）為氏称，勿為循舜以「吳（[illegible]）」称的声律而來的音源。显然這个以辛鉏為标誌的封邑是一个交易繁荣的市場，因而名声傳播很遠，影响很廣，所以「商」（辛鉏之囲子）就变成和買賣业务連繫起来，為双方進行交易的概念，结果是代替了原以辛鉏氏的封邑（即聚落）本义了。從這里讀者就可以知道，殷商的始祖為舜帝的后裔，而绝不是如《殷本纪》所称，「契」為帝嚳妃简狄吞燕卵所生，屬於皋系的子嗣了。在這里，商字没有口，而只作[illegible]，可見还是商的始体，是舜本人的氏称。商字下面的[illegible]，自然就是声标了。字形所象，是一刀一手，而两者相背，這就是以後省去标声誌氏的[illegible]字，讀「背」是「北」字原始体了。也是两相背立的形象。

[illegible]從封邑称「北」為地名来說，《詩》有「邶、鄘、衛」的篇目。邶字在《日知録》「邶鄘衛」（卷三——六頁）一節中，黄汝成注称：「邶以封紂子武

庚」邶字作鄁，就是用的古体字。《說文》鮮「邶」，許說：「故商邑。自河内朝歌以北是也」。段注：「故邶城，在今河南衛輝府，府東北」，《讀史方輿紀要》（卷四十九——六頁）河南衛輝府汲县下有「邶城」，注称：「在府東北。周武王克商，分其地而為邶、鄘、衛是也」，不在朝歌北，而在殷都以南，又是「邶」為「鄁」，不是北方之北的一个实际的詑証了。但這底是舜的后裔，夏商時期的地称，周武王因之而分封，不是舜所都的有「辛鉏」為氏誌標的「北」，又是很显然的了。另外王靜安以「北伯鼎」出於河北省淶水县，因而据以為斷：「北蓋古之邶国也。自來說邶国者虽以為在殷之北，然皆於朝歌左右求之……余謂邶即燕」（見「北伯鼎」跋，《觀》集卷十五——二一頁），自然這又以「邶」為北方封邑的「北」，而忽畧了「伯」為伯舅（姑夫）之称，並非爵称，而為親称，就是説婚姻族间的親称，因而是為「邶伯」所製送姊妹所生之子以作庆礼的礼品，出土的地点並不就是「邶国」的邦国，恰相反，是「邶伯」姊妹所婚的邦国，因而汲县之「邶城」在朝歌南（邶非南北的北，原為「背」的概念）就是一个有力的佐証。（关於河南的「邶」与河北的「貝」為両个互為婚姻的氏族）。

A、舜的帝都初考

這个例証在《左傳》記士弱荅晋侯之问的説辞里（見襄公九年），是「陶唐氏之火正閼伯，居商丘」，旧注：「陶唐、堯有天下号。閼伯，高辛氏之子。」按舜与禹是同輩的姑舅表兄弟，如堯。称「伯」，自然是夏啟的史官以王伯為称，而夏初惡舜，或是由於舜的嫡系子嗣之一有户氏与夏启争帝位以後了，史筆諱稱虞而作闕。舜為帝堯時期的繼流幽州的貯吳匽侯為堯的第三任共工（即傳稱的「大正」），「舜名重華（鑄鏵）」，為《五帝本紀》司馬史筆所記，而堯為皋族系，以変音為正統語言，仍以「重華」為共工的氏稱，有辛字头的重華，册命金文作：

（見《文物》一九七二年十期八頁二十圖），銘在「椭圓形卣蓋底内」，是尊之為族徽了。自然這也是舜的后裔子嗣「濕伯」之族作為媵器餽送給嫁到甘肅灵台地区古「密」国的姊妹的（詳論留《風俗集》）。在這里只提出舜為辛字头的重華，史稱重華，和孟字头的重華（即匽侯貯吳繼為帝嚳王室所誅的重華氏聊墟為祝融的「吳回」）作比較來看，自然就清楚了。因而帝堯陶唐氏的火正閼伯，就是後世史官諱虞而有的變筆，原注以為是帝嚳之子，或有所据，但這是古代史筆循母系制的旧傳統而有的記載，子為子婿，并不是男系的子嗣。舜為帝嚳子一級妾屬所生的女兒娥皇的婚偶，輩次也是相符的。

B、商丘的亳城是舜的王都（古稱「郬」）考

古殷商之始祖居亳，旧有三說，因而有「三亳」的說法，漢末鄭康成以湯都偃師為西亳；晉皇甫謐以為湯居南亳為穀熟，而《汉書·地理志》臣瓚以山陽郡薄县為「湯所都」，這就是北亳了。另外徐廣根据《史記》六國表「禹興於西羌，湯起於亳」為收功實者常於西北」的例証，而

以「京兆杜陵有亳亭」為湯所都，這又是循史筆之誤而作的符会解釋了，因為禹既不是興於西羌，也不是異族（說在《人物集》禹篇），而湯都在西土之亳，就不在這「三亳」之數了。三亳的說法中，王靜安以為臣瓚所注為確，並引「杜預於莊十一年傳，注云：「蒙县西北有亳城」今山東曹州府曹县南二十里」王的考証為是（見《說亳》——《观》集卷十二第三頁），但还不確切，如果依据金文「商瞿」的一字氏标，有「辛鉏」 為誌氏符号的「北」字的金文為根据，应該說是今山東曹县南二十里有亳城，在河南商丘的西北就是古商丘。舜的帝都就在這里，也就是舜未嗣位以前所居的帝顓頊之墟。

《方輿紀要》（卷五十第十六頁）河南商丘，有亳城，注称：「在府西北。杜預曰在蒙县西北，故湯都也。又說：「亦曰薄」。就是確証。从声律上來說，亳、薄，北古為同声字，今膠東蓬萊，萊陽地区讀「北」，為「播」，就是古代的遺音，而《説文》丘字也在北部，古体北字作 [illegible]，許解：「乖也。从二人向背」，很对，解丘字作 丠，以為是「土高也，非人所謂也」，就是望文生义的解釋了。段注：「讀如欺，漢時讀入（如），今之尤韻，故礼記嫌名注曰，宇与禹」，就更失去义而僅留其音了。実際上，丘字，就是「从北，从一」，一是封土的符号，也是邑的声源和又源所出，一是古金文土地的地字。背氏的封土，本声讀「北」為播声，就是古亳，北字又讀丘，一為声標，古讀欺或是以「契」所居的原故。而变音讀攸又為「丘」的声源所在了。這个解釋是不是完全属於从声律上来的推論，而没有実際的佐証呢？不是，还有金文的記載以為根据。這就是「攸作父珠卣」的七字金文了（旧名「父丁卣」——見《攈》録卷二之一第二六頁）字作：

攸為姓氏，尾一字從脚趾所向（舜為）可知是「背」（貝一「子」的兩字合体，為「北子」的氏徽，「北子」自然是舜之子「契」的自稱了。有「北子彝」（同上所引二三頁），八字金文為：「北子作母癸宝尊彝」，「北子」兩字作，就是旁証。另外，禹的母一级妻属為攸氏，晉皇甫謐的《帝王世纪》有記載，称：「故連山易曰：禹娶塗山之子，名曰攸女，生啟是也。」以上就是立字的声源來自攸，為契的姓氏的根据。不用說，以上所引的金銘都是属於夏禹時期的制作了。

再說王静安称：「契（疑舜之氏称，飾筆，待考）本帝嚳之子（婿）实本居亳，今居蕃，是一迁也」（見「說自契於成湯八迁」——《覌》集卷十二首頁），可見王所引的「世本」居篇所載：「契居蕃」為历史实錄，而王的一迁的解釋有疑问。因為「蕃」字据《汉書·地理志·魯国》記載應劭注為「邾国也」。当属西周及春秋后世之迁封，不足据。（詳论見本篇十八頁）總之，古商丘（亳城）為帝舜的王都，本应是舜的直系子嗣「商均」所承嗣的封土，而夏禹夺取帝位以後却封商均於虞（見《紀要》卷五十第十八頁河南虞城县下注：「古虞国，禹封商均於此」），在商丘的東南，為古亳的屏障。如「商均」和「北子」是舜的一男一婿，那么或是夏禹初期以「北子」為舜的承嗣人，居「亳」（商丘）而迁「商均」於「虞城」又可以作為禹与「北子」的关係為親，疑或為攸氏之子（男）夏启在舜世的氏称字。自然，這是离題太遠的話了。

综合以上所考，舜的王都称「北」，地為古商丘，也就是今河南商丘与山东曹县之间的古亳城，北字讀如悖，是違背的「背」字，就完全可以肯定下来了。

七、関於舜從山東回到河南的金文记載
——「臣𣪘」銘及「臣鼎」銘考

「臣𣪘」旧名「公衛敦」（見《澂》圖卷上十五頁）和「臣鼎」銘，（旧名「公違相鼎」——見《愙》録六第四頁，又《攈》録卷二之二——五九頁，名「卿鼎」），实际两器的金文，完全是一样的，共十八字，是：

王静安釋毁文称：「此与公違鼎皆臣卿所作器。除鼎敦外，尚有尊一卣二觚一」；吴愙斋釋鼎文為：「公違相自東在新邑臣卿賜金用作父乙宝彝」，王和吴不僅定名不一样，而讀□字也不同，吴式芬《攈古録》也釋「卿」，吴愙斋釋「卿作父乙爵」（見《愙》二十三）銘，金文□字也作卿，並注道：「潘文勤公藏爵，卿古饗字，此作器者之名也」，自然□字非卿而是鄉，吴愙斋所説為确；但鼎以「公違相」称，這又是王静安釋毁銘為是，愙斋吴氏所釋又不及王的地方了。因為這篇金文記載是历史上的有关於三代以前的疆域封邑的地理位置，是很重要的历史文獻，這就有詳考的必要了。所以一開始就定為三代以前的金文，不但由於文中記載的是「臣」受「公違」賜金為帝堯作器称「父乙」的親称作根据，而且根据這篇金文的文風来看，也是三代以前的一种固定的格式，在用辞方面，有帝堯二十三年的「丙寅卣」，帝堯十五年的「戊午鼎」以及更早一些的，即帝堯即位第四年的「丁未角」諸篇誌事金文可以為比，到了夏啟以後文風為之大变，這是从「叔貝父敦盖」銘所刊「子孫々永宝用」的辞彙上就可以判断出来了。它是由於夏啟嗣位以後对於前代舜的宗族封邑的变动很大，因而在意識形態領域里有這种唯恐子孫右代失掉封土的反映了，而祝「子々孫々永宝用」，就是這种心理的反映。

八、「公」為後世三公的「公」

《殷本紀》紂有三公，三公為宰，帝顓頊稱「相」，帝嚳契稱為「宰」，帝摯時稱宰也稱監。到了帝堯，在《堯典》上稱「共工」，《左傳》稱「火正」，而見諸金文冊命的，仍為「重犛」（字作□）。稱「公」，是在這殷鼎兩篇金文記錄中首次出現的了。這是帝堯時期对居「共工」之位的宰臣的尊稱。前有「庚申角」銘稱「宰虎從」是顓頊的次子旅氏東虎自以宰稱之例，而後有「父乙匜」銘，舜稱貯眞侯癸吳為匽侯為比，帝堯的第三任「共工」稱「公」為官稱，也是很自然的了。

2、「遣」為舜的氏稱說

「公」有帝堯時期外放封「侯」的例子可比，当為宰臣的尊稱。那公舜為帝堯時期的「共工」(《左傳》稱「火正閼伯」)，「公」為舜的尊稱，如「宰」如「相」，而「違」為舜的氏称变筆，又是必然无疑的了。

《說文》解「韋」，許說「韋，相背也。从舛从口(圍)声」，段注：「今字違行，而韋之本义廢矣」，近代訓詁學者楊樹達循之作解(見《積微居小學论丛》釋韋)，实际都是近是而实非的解釋。因為許所說的韋，固然可以作声符解，但实質上它又是「圍子」，即古代村鎮(聚落)的标誌，因而韋字金文作(見《西》鑑卷三——三一頁「韋鼎」)，当是「户」(古護字，見《說文》許解)字，金文作(見《历》集卷三——四二頁)的進化体。這个户字变音讀圍，是舜的初命氏称，是在囲子週遭巡邏以作卫護的象形体，又作(見「韋尊」旧名「商父丁尊」——《西》鑑卷八第五頁），当是舜以文珠名义為子嗣所作的命氏金文，可以从中看出是前一户字（变音讀囲）的象形体金文的演化过程，𠦪当是晚於舜以户（韋）為子嗣命名的這个有四足在口的四週巡還的「户」（囲）字，显然是四足简化為上下兩足，方向相違，实际這是周围巡還所必然出現的足跡。就是說，在口上部，如果作為北，足趾所向為西（左），那轉到口的南面（下部），足趾必然是向東（右）的了。因而「韋」字初為卫護的卫，在舜推行革命性質的新政之後，倡导与過去所走的路相背，自以「違」稱以后，韋字才通違而作「相背」解了。

王、吳兩人都釋𢓊為違，是确切的，這是違字加了「双人」的行止所向的注解，（止是足趾的趾），既是双人，一人足趾所向為西，一人足趾所向為東，是兩相違背，字如　，如　，既然　字是「辛鉏」氏（舜）的封邑——古商丘地區的「背」，那么這个帝堯（父乙）時期外放稱侯而東政宰臣始称公的「違」氏，不是「陶唐氏」的「火正閼（虞）伯」又会是誰呢？

舜為「公違」，有封邑稱「背」為印証，就可以初步肯定下来了。是不是正確，在本銘中还要通過四道关卡的検驗，這就是兩处封邑「東」「新」的地称和制器人的氏称「臣」「鄉」四字关卡。

3、東為古陳字以及堯都安陽初考

王靜安旧釋称：「公違相自東在新邑，明是兩地」，為千古不移的确解，相字，王不以為官稱，但未加解釋，是王的矜慎地方。有「艅尊」銘：「珠子王相柱祖」（見《貨幣集》「神农時期的貨幣——[illegible]貝」一章），以相為「享」的同声假借字，為例，可知「公違相自東」就是從東方祭祖回来，显然是路經「新邑」；而帝堯這時的王都不在東，而在西，又可以据此推斷了。

旧稱「堯都平陽」多以山西临汾為解，自然這和「禹興於西羌」（見《史記》六国表）的傳說是一樣的，实為西周以後尊西土而貶東夷的偽託。帝嚳「都亳」又見於晋皇甫謐的《帝王世紀》，而帝嚳塚「在東郡濮陽頓丘城南亳陰野中」，為北魏酈道元《水經注》淇水篇所記載，這樣就為我们樹立了一个準星。帝堯為帝嚳的嫡系子嗣，依金文所記載的，帝王子嗣的封邑必在帝都附近（以為王都屏障）的常例来說，绝不会离河南濮陽之「亳」过遠，另外，三代以前，王者在嗣位之初又往往是就以自己原有的封邑為王都，而不是像三代开始以後那样（相对来説，王都有了一定的固定性，如果离开以前的王都，不是迁移，必是失国）。這是從帝嚳嗣位之後，帝都不在曲阜的「人方」而称「平陽」可以推知的。自然這是西迁以前帝嚳的封邑。這个「平陽」是山東泰山郡的平陽（見《左傳》宣公八年「城平陽」注：「今泰山有平陽县」。即春秋時古杞国的封土）。堯所都称「平陽」，当然是嗣位以後循帝嚳古都之称而来的，帝嚳以後西迁在河南濮陽地区建都，后世称「亳」，是葬身的地方，比較可信，那么堯的封土当在濮陽以西的临近地区，作為西進的前衛，而背後隔着梁山就是曲阜根据地了。依据這个設想，临汾就過扵遠了，考之扵《方輿紀要》，在濮陽以西的临近地区尋求，河南临漳县有「平陽城」（卷四十九第十二頁）注称：「县西二十五里，《史记》秦始皇十三年桓齮攻趙，敗趙将扈輒扵平陽」，就是這里，可見這个「平陽」是秦時的古称了。地在殷墟以東，和安陽僅是一水之隔，帝堯的王都，当在這个「平陽」；另外在「安陽县」永定城下，又說：「在府城東四十里……皇十八年改曰堯城……旧城志云：永定城東有鲧堤，鲧治水時所築」。隋称「永定」為「堯城」必有所据，而地在安陽以東，临漳以西，也正是「平陽故城」的所在地区，可見帝都「平陽」為統称，是概括性的，如「北京」，而堯城却是具体的地点，如「北海」或「团城」，而后世才分作兩个城鎮，一称「堯城」為「永定」；一称「平陽」屬临漳县治了。如果以上論証而不誤的話，那么這个「公違相自東」的「東」，不是指山東的曲阜；必是指山東的滕县，本声讀東，為滕的声源所繫，变音当讀朕，是陳的祖体字。現在且从這两方面来說：

A、解陳

《說文》解「陳」，許說：「宛丘也，舜后媯満之所封。从阜从木，申声」，并附古文陳字作[illegible]。显然，陳為「東邑」而声从申，說明是从神农之土而来的声源了。《說文》解「尸」，許說：「尸，陳也，象卧之形」，段注：「郊特牲（礼）曰：尸，陳也。注曰：此尸神象，当从主训之，言陳非也」。实不知，陳古音讀如神（申）；而「尸」即金文人字（[illegible]），古帝顓頊封「南正重（柱）司天以屬神」，以後，山東曲阜神农的古都，《左傳》所謂「大庭之庫」或「大庫之庭」当称神方，帝嚳嗣位，改称「人方」；「人」又称「尸」必是夏以後的通讀，源於「姒」姓的变命。而仪礼古注：以尸為主，就是因為古「人」方就是柱方，铸、主都是相通的族称，因而，申、人、尸、主都是一个族系的族、姓名称，因世而異而有称姓称族之分，帝顓頊系的氏族固未变。另外，《説文》解「東」，許説：「東，动也。从木。官溥説，从日在木中」，金文陳字，確有从「日」的，如𨻰（見《兵銘集》所引），而「日在木中」又為楚，金文作[illegible]（見「季娘鼎」——《攈》録卷三之一第三一頁），而陳字古声依許説讀「申」，应為变音，正声当讀「畜」，即《説文》解「尸」為「陳」，仪礼注以為「主」的声源，古「主」、「畜」同声有「著」「貯」為通用字，可以為比。楚陳原是一个祖族的系统，金文陳字又作敶，其中[illegible]古為「畜」字，是帝顓頊的封田的概念，中為帝顓頊的氏标；前在《貨》、《兵》兩集都已經作过解釋，□应是□的倒体，是以帝顓頊的氏标為記的聚落(口)即村鎮。字作□、□、□為同字。有旧釋魯字的金文，原作□(見「魯原鐘」)；又作□(見「魯伯侯盘」——以上所引均在《攈》錄卷二之一第十九及五十三頁)；晉字作□(見「格柏敦」——卷二之二第八三頁)；又作□(見「亚形召夫尊」——卷一之三第二一頁)；楚字作□，又作□(見「楚公鐘」——卷二之二第二三頁)；吉字作□(見「兇彝」——同上引)；又作□(見「匡簠」——同上引)；享字作□，或作□，更是金文中所習見的了，或為「母」「子」兩級女姓所生之子的标志，其本义現在还无从考，但却都是同字異筆，可以為□、□一字的例証，因而□字或為日在樹(□)

木之間，為「東」方的「東」的会意体字，或為□的省筆字，帝顓頊的封田為「畗」（即山東高唐地区的古「着」），封邑為「鄒」是兩处，但总都是鋳氏一人的封土，所以□字省筆就简化作□了。总之，這都是後世的金文、不能据以為三代以前封邑名称的觧釋。但有一点是没有問題的，就是陳字虽然是因世代变迁而字体不一，但都是祖神农之孫帝顓頊而宗貯氏的子孫后裔，和楚是一个族系的。而神农之子柱的「宗庙」所在地，在三代以前，当以山東曲阜為正统。帝嚳十年由餘陪祭柱稷称□，是載在「艅鼎」（說在《貨幣集》銘上的。但這个山東曲阜，鋳氏宗庙所在的古帝都，直到帝嚳五十年，仍称「人方」，這又是為「旅鼎」的誌事金文「鷹公大保來伐反人年」提及的（說在「聿貝」一章）。到了堯舜時期，是不是名称改变了呢？也並没有改变。

在金文圖録中有「王隹人方甗」（旧名「王宜人甗」——見《攈》録卷二之二第八六頁）銘，就是例証。首四字：

王 □ 人 方

是「王隹人方」。□字旧釋宜，或為变音，本声当讀如且，即「隹」的誌音字。可以断定它是尧舜時期的金文，不僅是由於文風，人称、親称之类，可以肯定為「乘畜」之子「无俦」所作的誌事金文，就单從隹字作□的象形体来看，也可以知道「二足」居於内室当中，有墙隔而為二，是舜以違氏称，以「背」為封邑之称，推行「兄弟不相仇（俦）」而「相背（避）」的新政以後，在意識形态領域里所必有的反映了。這就是說，它的物質基礎，就是舜所採取的与古道相違的新政之一——就是和从母系制原始公社一直流傳下來的「兄弟同室」的有着群婚残余的旧的傳统習慣势力作彻底的决裂，而東方的人类同居生活，从此跨入了一个兄弟各自為家的新階段，家庭自然也就不是「普奴路亚」式的那种兄弟之间相称以□，為共同妻子的共同丈夫的旧组织形式了。在普通奴隶们的一夫一妻制的新婚姻生活的建立中，自然也為新興的奴隶主建立了一夫多妻制的家庭形式，而《楚世家》称「吴回」有子「陸終」生六子而姓不相同就是這种新的家庭组织出現的例証。（依金文所考，吴回即匽侯貯吴。以「癸」為姓。古癸、归、回、圍都是相通字）依輩次來說，陸終应是舜的諸子之一，舜為「大父」，和舜推行背叛古道的新政，在時间上來説，也是完全符合的。這又是[illegible]為足氏兄弟（以「足」為鑄氏的族标，月為又的变筆）各自為室，标誌着舜推行新的家庭生活組织形式的有力旁証了。因而山東曲阜古神农炎帝历山氏的帝都所在地，直到舜行新政時，还称人方，而不称東，据此可以為斷了。

B、再解陳

東字应為「陳」的祖体字，变音讀冬声，依殷周古韻，東、重、甬、崇、庸、同都是九部字来説，三代以前，東、重必是同音字，重為舜的族称（《五帝本紀》司馬称舜名「重華」），「俞鼎」載俞氏而父之一称甬，金文作甬，也应是祝融氏的融的声律了。這是一方面；再説，東字应為陳的祖体字，不仅是根据陳的字形，為東邑兩字的合体，而且在标氏金文上，也有佐証。有「陳爵」一字标氏金文作（旧名「子車爵」——見《攈》録卷一之一第三十四頁），显然這是「東人」兩字的合体，是背負東西的形象，這就是「陳」的概念，是沉重的沉。舜的金文原作，（以後还会說及），就是担子沉重的「沉」（古沉沈一字），而東人為陳，東是陳的祖体字，是很清楚的。另外，它又是「背」的象形体，這又是舜的東方封土称「陳」為「背」（又作鄁而讀毫声）的根据了。

這个「陳」既然不是山東曲阜的「人方」，那么必是曲阜南面的滕县了。

因為滕字古音本声讀陳声為「朕」字，金文有「滕侯戈」銘（見《攈》圖卷下)，字作[illegible]，「滕侯戟」(同上)銘，字作[illegible]為例証，這是后世的变筆，或奉朕，或奉有鯀的山字氏標的餘，但都是以舟氏帝顓頊的[illegible]為族标，且不去說它，而夏啟時，朕字作[illegible]（見「叔貝父敦盖」），字從「桂」從「舟」也不足据，而「丰兮夷敦盖」銘（旧名「丰兮節敦盖」——同上卷二之三第十三頁），朕字作[illegible]，就近於始体的朕字了。朕的始体字，从[illegible]，不從[illegible]，初見「父癸觶」（《窓》錄十二）。原銘六字，為：「朕作父癸尊彝」朕字作[illegible]，癸字作[illegible]，和「癸咎卣」（旧名「癸卣」——見《窓》十八）两字氏标作[illegible][illegible]的癸字相类，就是說，是皋系的正体癸，和女系的側体[illegible]不同，「癸咎」為「皋咎」，即皋陶又称「咎繇」的氏称，前在《兵銘集》已論及，那么朕為彝之子嗣的族称，皋陶母一级妻屬所生的女兒，爲「朕」的子一級媵妾，因而「朕」氏以「父癸」稱答彝不是很明显的么？如果這个說証不誤，那么朕字從「柱」（丨）從月，「柱」爲神农之子，帝顓頊的生身父，封之以「司天」的「柱」。《左傳》称：「柱爲稷自夏以上祀之」，舟爲杅形，匽侯登吴初命盛氏，金文作，又作。《說文》解「盂」，段注：「孫卿子曰：槃圓而水圓，杅方而水方」，可知方器的「杅」就是彝的氏称之一了。有「杅尊」（旧名「父壬尊」——見《窓》錄十三）三字金文，一字命氏，爲：

旧以爲「舟」（《周礼》：「祼用雞彝、鳥彝，皆有舟」。鄭司农注：「舟，尊下臺，若今之承盘」。這是漢末的解釋，筆者根据「舟」爲飲具，即後世称升，称斗之形，認為在秦漢两千年前，古之彝器「皆有舟」，是掛在貯器两耳之側的飲具，托盘之鲜為臆測），古舟、鑄同声，也即彝自称「[illegible]」氏的根源所由了。字形所象或初為彝器下面的「托盘」，為方器，本称「杅」，而以後又以方杅貯酒作飲具，就以彝的氏称「杅」命名，杅就又成了方形可以貯酒的飲器了。而注酒為斟，這就是「朕」的声源所在，也是[illegible]的形象所表示的概念了。就是説朕应為「斟」的始体字，「[illegible]」為盛，為「杅」是氏標，而[illegible]為双手奉柱之申（神）族為族標，字讀「朕」，实双手注酒於杅以獻是「斟」的象形兼会意字，本音讀「注」，变音為「斟」。而「注觶」（旧名「父丁觶」——見《愙》二十）可以為証，銘文四字為命氏之作，為：

□是虞舜的氏徽，是父珠為舜的旗称的標誌，為虞舜嗣帝位之尊称，用以命予嗣之族為「注」氏，夏称「斟」氏，当為「斟尋」氏之族祖，屬舜帝的族系后裔。而「注甗」（旧名「父丁甗」見《愙》録十七）三字氏徽，也有父珠的簽署，就应是舜為女兒「朕」氏所頒賜的命氏金文了。金銘為：

朕在「癸」内，当是朕的姊妹也以朕（斟）称，「注」酒，「斟」酒，总是一字兩音，还是父母两系出於两个語言不同的民族，所必有的反映。又有[illegible]字或為[illegible]的变筆，有「婦盉」（見《窓》録十四）銘称：

[illegible]

婦或為親称，旧讀「婦作盤盉」，今据[illegible]字正讀「注」音，变音讀「斟」，当讀「婦作斟盉」或「注盉」，是謂斟酒之具，即「壺」的声源与义源所出，「盉」是户氏虞舜的声标，《尧典》称：「和叔」，古金文动物命名為「狐」氏，《春秋左傳》虞舜之后裔為武王之親封於陳称「胡公滿」，「狐」已变筆作「胡」為族称了。旧以「調酒器」為鲜不及「斟酒具」為確。

如果以上的論証都不误，今山東滕县舜世称「朕」（是沉重的沉声），应為商丘以前的封邑，金文作□，始称東，夏禹以後就以「斟」称，為「斟寻」「斟观」的族氏所繫。就可以初步肯定了。《説文》解「朕」，段注：「凡賸、勝、滕，皆以朕為声」是一旁証，而舜称益，為「朕虞」，載於《虞書》「虞」為虞人，官名。石鼓有虞人。書益為虞，馬融注：掌山澤之官（見馬叙倫《讀金器刻辞》一二頁「父戊卣」），馬不以「朕虞」為一辞為確。朕，為舜的自称，原是舜的氏称，也就很明確了。这又是一个有力的印証。

最後，王静安有「契本居亳，今居於蕃一迁也，疑蕃為鲁国蕃县」，所疑不確。唐章怀太子注《光武帝紀》（《後汉書》）：「又幸蕃」称：「属鲁国。故城在今徐州滕县」。《方輿紀要》：「鲁国蕃，讀翻」，服虔注《汉書》地理志，蕃字讀皮，可見，翻与皮，仍是背数的「背」字的異称，而皮比、肯都是唇音，古声当是同韻。因而蕃字在此读如鄱，正如顧炎武「舜都蕃」而讀鄱一样，仍屬商丘的古称，這是一，如果不是指「亳」，而果為魯国的「蕃」，也当為滕县，可证是舜嗣帝位前的封土之一。如果以上所論可以肯定下来，那么旧說从明末顧亭林的《日知録》到王静安的《观堂集林》，一直尊晋杜預所解的《左傳》：「使斟用師，滅斟灌及斟尋氏」，為「夏同姓諸侯」不但不对；就是以「寿光县的灌亭」及「平寿县（今濰县）東南的「斟亭」，作斟观和斟尋兩封邑的所在地，也是不足為据了。因為堯都洹水以北的平陽，如果是肯定的，那么禹都安陽也必然是殷墟所在地的洹水之南的安陽，這是上古時代位居疆土中原，北達山西临汾，東依山東曲阜，北有匽、貝，南有許吕的局勢，豪族都已遠離東部的祖土，太康失国所依的斟鄩，依势也必在安陽四週的邦土，绝不会投奔遠离王都所在地的处於濰县以東的边涯海角去，如受放逐，而且相土「後婚方娠，逃出自窦，归於有仍」。（見《左傳》哀公元年）有仍既為古之任國，封邑属今称的山東省济寧縣地区，斟鄩也必然离济寧不遠。而滕县的滕字，有金文「朕」字，為斟的象形体做证，是舜時的斟土，离济寧近。

如果以上金文的引証及兩旁证都不誤的話，那么旧以兩斟為夏「同姓諸候」不但不对，就是关於兩斟氏的灭国以前的封疆，不在今濰县以東的斟亭和寿光地区的灌亭，也就可以肯定了。本来，关於東為陳，是滕县古称「朕」的声源所出，是舜的直系子嗣朕所承嗣的封邑到這里就应該结束了，但鄑鄩、鄑灌兩地不彻底解决的話，滕縣就是古鄑鄩和鄑灌兩国的所在地，就立説不巩固，因為旧釋兩鄑，就有兩説，為了概念上的明確，就有必要作為附屬的问題來作專題研究了。

C、関於鄑鄩和鄑观的立国地点問題

《水经注》巨洋水篇："「又東北過寿光縣西」注：「应劭曰：寿光縣有灌亭。杜預曰：在縣東南鄑灌国也」，又説：「京相璠曰古鄑鄩国，禹後，西北去灌亭九十里……郡国志曰：平寿有鄑城有寒亭。薛瓚《汉書集注》云：按汲郡古文，相居鄑灌，東郡灌是也……在河南，非平寿也」，又說：「皇甫謐曰衛地。又云：夏相从帝（商）丘，依同姓之諸侯於斟尋氏，即汲冢書云：相居斟灌也」。

這是旧注釋者從東漢西晉以來就有兩种說法，一是夏相土所依在壽光東南的灌亭及濰县以東的斟亭；一是說，兩地有汲冢所的竹書古文為証，灌在東郡，就是旧屬河南，今屬山東靠近濮陽，地处南乐，范城之间的「观城」了。《方輿紀要》称：「古观城，在县西古国也。左傳昭公元年趙文子曰夏有观扈。应劭曰此即观也。夏啟子，太康弟所封，或謂之斟观」。而「尋」自然也是指河南巩县地区的「鄩」了。《紀要》（卷四十八——四八頁）鄩城下注：「今巩县西南有地名鄩中」，又說：「或謂夏之斟尋，誤」，显然近代著名的旧史学家王靜安是遵循前一說，而否定後一說，和《纪要》以及《日知録》的观点是一致的。現在我们依据古金文「滕」字原作「朕」而為「斟」的族称之源，又有《説文》段注滕字古读朕声以及《虞書》所載舜帝自以「朕」称的旁证，说明旧史两说都不对，实际只解决了「斟」為滕县的问题，还没有接触「灌」的问题。确实是這样。

從形势上来看，帝堯既然是都洹水以北的平陽，而夏禹所都，必是洹水以南地属殷墟的安陽，這是由於位在疆土的中心。而「观城」地当安陽為東方的後衛门户，自然扼守归路的紧要所在，旧以观邑（《左傳》昭元年）称《纪要》循之以為解，应該是確切的解释。因為「觀」在金文中作□（見「御方尊」盖銘——《愙》十三），又作□（見「王作宝甗」——《攈》録卷二之三第十四頁），前一字為人称，後一字為封邑之称，显然這是瞿乙（金文作　）有羿氏的後裔，即《虞書》称作「朱虎」的后羿的子嗣，还保持着鵗（尧）的「二目」的形象，充分説明這个「观城」原為宰東虎之子有羿氏瞿乙為帝尧首任共工時的封邑，到了夏大康為王的時期，也正是后羿以「父」称的時候，（這就是説，依兩个帝系子女之间世代互為婚姻的公例来推算，后羿当為夏禹的正式子婿，就是説，夏禹子一級妻屬所生之女户氏，為著氏后羿母一級的妻屬。不用説，有子当以「观户」為称，观為父族的氏称，户為母系的族称，也就是説，即舜的母一級妻屬，有女為夏禹子一級妻屬，再生女又婚於后羿，就是观户的生身母了），因而和斟灌自然是兩个氏系所属的邦族，封邑自然也就不能混而為一了。在這里还有一个重要的关键问题，須要附筆交待清楚的，就是夏禹本是帝嚳的子一級妃妾所生的少子，因而以「姒」為姓，即「子」姓的变筆，所以是和帝顓頊之子鯀的子一級媵妾（姪）所生之女（攸氏）為婚，為鯀的「子婿」，旧古史循母系制的風尚以婿為子刻於「書契」上，司馬依后世父系制的常例來摘録古史，就把夏禹的族系顛倒了。詳論在《貨幣集·帝摯奚貝篇》，在這里就不再作解瑣的引証了。那么斟灌這个封邑到底在那里呢？觀既然是觀戶氏的父系族稱，那么依例斟從朕，朕為舜的直系子嗣之一，那么，灌又必是斟氏的母族标志，就是說，「朕」為舜之子（男），依例又必然是夏禹的正式子婿，又是夏啟的從屬性的子婿，就是說夏啟的母一級妻屬所生之女為觀氏，當婚於「朕」為其子一級媵妾再有子就以斟灌氏稱了。另外，從舜、尋、辛是一个声系上來說，就可以推知，不是舜帝之男「朕」氏的母一級妻屬（為夏禹子一級妃妾所生的女兒）以「尋」稱，就必是夏啟的母一級「正妃」（為帝舜的子一級妃妾所生的女兒）以尋氏稱，因而有女為尋姓，又婚於「朕」（為子一級媵妾）而有男，就是斟尋氏了。

如果以上的解釋不誤，那么斟尋、斟灌是兩兄弟，都是「朕」氏之子，舜帝之孫，因而他们的封邑也必然相距不遠，既然「斟」在滕县，那么「灌」也必然在「斟尋氏」的左近，統屬「朕」的地区范围了。依据這个推論，在《紀要》滕县（卷廿二——二十六頁）下就找到「休城」下的注里出現的觀城了。注稱：休城「在县西二十五里」，又說：「又驩城在县西南五十里……沛县志，沛東北四十里有觀城亦曰驩城」。按滕县和沛县相距，也不過六七十里，那么在兩地之间，滕县西南五十里，沛县東北四十里這个「觀城」，应当是《竹書》（诗補本）七年，于夷来宾，相土居斟灌的「灌」了。而与灌相距二十五里的「休城」，就应是斟尋的封邑所在了。休、攸古一字，「嶧山刻石作攸，史记会稽石刻作脩」（见《說文》解「攸」，段注）。又鄭康成注周礼春官鬯人：「庙用脩」称：「脩，漆尊也，讀曰卣，也是攸声，均可為証。那么我们前一节所引証的「攸作父珠卣」以（背子）為氏标的金文，就应是攸氏在舜崩以後在「休城」所作的祭器了，從以「背子」為氏标来看，当是「背」之子嗣的概念，那么這又应是沛县的「沛」的声源所出了。

王静安引《世本》「契居蕃」而称為「契本居亳，今居於蕃一迁也」，唐章怀太子注《後汉書》光武帝纪「又幸蕃」称，蕃「属鲁国，今徐州滕县」，应劭注《地理志》讀蕃為「皮」声，而《纪要》讀「翻」，顧炎武有「舜都潘說」（見《天下郡国利病書》）注中称：「按潘古文作番，宜讀鄱」，虽然所考之帝都在河北為誤，但讀番為鄱，從金文□字讀「背」為播声，是確為古音的正讀，《說文》解「皮」，許說：「剥也」，剥不僅是皮的古义，而也应是古音，正如《說文》讀「亞」為「醜」是一样的。应劭讀「皮」為「剥」声，也正是蕃字古音讀如鄱相类，是為「北」字古音讀如播的旁証了。

另外，「繒方娠，逃出自竇，归於有仍」（見《左傳》哀公元年），有仍既為古之任国，当是「人方」之族的变称，為「繒」的母族，即外婆家的封邑了。地在今山東济寧地区，与斟尋、斟灌所居的滕县、沛县之间的休城与观域不远，這又是从地理位置上，两斟不在濰县以東的边遠地区的旁证了。而且堯都平陽，舜都商丘以后，東方豪族的封土都已經西迁，王室婚姻之親族封邑，更是帝都左近的屏障，自然都在中原地区，而大康、相土，或依斟尋，或依斟觀，都是為后羿及寒浞之族所迫，还不等於流放「四凶族」於四裔。

那么濰县以東的那个「斟亭」是不是完全与相土所投的斟鄩無关呢？也不能作绝对之說，不但有关，說不定还是原来相土父子所投的斟氏，就是「斟亭」封邑主人的始祖。這話又怎么說呢？過去膠東有句俗話，「人儿还是那个人儿，神儿就不是那个神儿了。庙也不是那座庙，門儿也不是那个門儿了」。用知識分子的話来說，就是「事過境迁」。這就是說，濰县的斟亭就应是失国之後斟尋氏所重建。旋氏虽还是那个旋氏，但已經是属於「東迁」以後的失国的斟鄩了。因為濰县本是舜的故乡，為五父日辛在帝顓頊時期的封土。這又是属於「嬀汭考」的范围，就不在這里再作節外生枝的研究了。

4、「新」在河南，应是今天的新乡地区説

「公違享（相）自東」，「東」字舜世作[illegible]，[illegible]是「户」（[illegible]）氏所背負的封土，那么[illegible]（「陳敱」旧名「子負橐形敱」——見《窓》七）是[illegible]的翻体，為舜崩以後，夏禹時期舜的后嗣朕（[illegible]）氏的封邑（今山東滕县）之称，也就很明確了，如果王静安所引《世本》記載，契居「蕃」是確而无僞誤的实錄，那么还有第三种解釋。蕃爲《虞书·地理志·上谷郡》之「蕃」，即前引顧炎武之説，以爲舜之帝都者，实爲帝舜婚于古「貝丘」的封区，《史》称「阪泉」之「阪」。是舜继帝位之后更命之封，蕃（蕃）都是翻叛（相背毋忘古道之意）是以「蕃」命名太子的。疑滕县原称朕，是朕氏於舜即帝位于商丘之後，朕氏爲太子封于上谷郡之「蕃」以后因氏所繁而变命的通称了。总之滕县如爲舜的東土不誤的話，那么準此而西，「新」就应是今天河南的新乡地区了。从声类和字形上来説，不但相符，而「臣鼎」金文又以「臣乡」称，也是印証。《方舆紀要》新乡是隋所设，依据前有「永定」隋改「尧城」的例子爲比，可見「新乡」之称，也必是循古的地名，而不是爲隋所开闢的新土也是显然的。《紀要》引「通典」：

新乡西南三十二里有古鄘国城」（在汲县北城下注）。按《詩》有邶、鄘衛的篇目，是殷周后世的古族所居的疆土，南爲郑州。《纪要》根据《左傳》称：「州在上古爲高辛氏火正祝融之墟」，而「汲县」的汲，从声律上推求，也是鲧称「要」氏的声律，疑爲帝嚳西迁頓丘（今濮陽地区）以後，从汲县，新乡到郑州，都是鲧弟兄以「祝融」爲统称的封土，「臣鼎」銘中，称「新」，新字从「斤」就是這个推论的根据。

依舜自称「父辛」，辛字从冊，作[illegible]的前例来看，「臣」氏的封邑名称，从辛当是母族有莘氏，殷周古韻新、辛、亲（榛）同部，《説文》辛字作「新」解，据此可以推知，三代以前榛、莘、新、辛都是一个族系的氏称的变筆，从草的莘和从木的亲，当是同字，榛非木本，前已有説，這是一个问題。

另外，新字又從「斤」，斤当然就是來自父系的氏标，又是不言而喻的了。那么「臣」是鲧的直系子嗣，有帝尧即位第三年，鲧受赐金所制的「丙午鼎」金文的记载：「丙午，天君饗[礻奚]酒，在斤。天君賞乃征人斤貝，用作父珠尊彝[illegible]」（見《蹇》錄五·詳論在「鲧」一章）為证，所謂「斤」，当是原封邑称「[礻奚]」（奚為繫囚的「羈」的始体字，监，自然就是一物的两称，為监獄的监，或监押的监，都是掌握刑法的官称）变音称「监」的变筆字，這是鲧已失去了宰位，不敢再以「监」自居的表现，因而帝挚嗣位之初的「丙申角」銘載以鲧的氏称命名的金属貝尊之為「奚貝」，鲧就同样為了尊王室，以变音称「监貝」，而又因為不居「监」位，使以监的同声字「斤」来作為貝称了。也説明帝尧嗣位虽已三年，还没对在鲧监督之下的刑人及有「罪」的奴隶所铸造的金属貝作新的命名。這就是从「新」的封邑之称上所反映出来的「臣」的族系所繫的关鍵了。「郑，祝融之虚也」(見《左傳》昭公十七年)，既然是古有記録，那么有鲧的直系子嗣之一「臣」所自制的金文封邑称「新」的印証，新為新乡地区，就可以初步作断了。

还有，從尧都洹水北岸的平陽来説，新乡在尧都之南，正如滕县在曲阜之南，為帝都南面的屏障，从夏禹為鲧的子婿，而臣又為夏禹姊妹的婚偶关係来説，也是相适应的。再向西，又有《楚世家》所称，為「吴回」之子的陸终的封土，(《左傳》定公元年有「魏献子属役於韓简子及原寿過，而田大陸，焚焉」，杜注：「疑此田在汲郡吴澤」)即今河南修武县北的吴泽坡（「在县北十里」又「六真山在县北二十里」——均見《紀要》修武县吴澤坡及天門山下注）。《水經注》清水篇也稱：「大陸即吴泽」又有「陸真阜」，当是《紀要》中所稱的「六真山」了。古六、陸同声，真、終当是一声之变，陸終的封邑帝堯時期当在這里，有「臣鼎」銘金文所記的封邑在「新」的地理位置可以為比，這又是可以互相作為依恃的形势了。

以上是「新」為河南新乡的證据，所解是不是完全正確呢？這也同样要通过「臣」「乡」兩道关卡的析驗了。

5、「臣」為鯀的直系子嗣

4、「臣」為氏称

銘称：「在新邑臣鄉」，「新」既然為封邑之称，「臣」字不用説，就是設宴招待「公違」而受賜金，為帝尧（父乙）作飲食器或礼器人的氏称了。

B、「臣」是公違（舜）的再從兄弟

臣是舜（公違）的再從弟兄，有鼎器銘中称帝尧為父乙和「貯作父乙匜」，舜称帝尧為父乙，是同样的辈次可循，這是一个可以為比的例证；另外，銘文称舜為「公違」而不称兄，也正如「父乙匜」銘舜称「癸吴」為「匽侯」一样。可見在三代以前，有時兄弟或再從兄弟之间，都以官位称而不以家族中间的兄弟親位称。臣与舜既然是同族弟兄，却又不在「三戈兵」銘的六兄以内，又足証是位在「三戈兵」主人名下的第一級的人物，如果這个論斷不誤，那么帝顓頊至少已是有孫八人了。這也許是古代傳聞中帝顓頊有「八子」、「世為八愷（和）」之說的由來，而依「三戈兵」銘金文所記，帝顓頊有子六人皆称「父」。

c、「臣」是鯀的直系子嗣的論証

「臣」氏是鯀的直系子嗣，自然是子一級媵妾所生的少子了。為帝舜的再從兄弟，在金文圖録中可以找到佐証。為了簡捷而明確，且让我们先从「臣」的古音之一讀「监」說起。

《說文》解「臣」，許說：「臣，牽也，事君者，象屈服之形」。段注：「春秋說《廣雅》皆曰：臣，堅也。《白虎通》曰臣者繵（同纏）也，屬志自堅固也」，自然都是后世的变解了。而在讀音上，許讀「牽」，段注為「堅」，都是一个声系的音变。原是「监」的音义，讀如「乾」声，而乾讀干，如餅干，方音讀牽声如「一字定乾坤」。金文有「监𣪘」（旧称：「臤父癸敦」——見《窓》録七）三字命氏金文，可以為証。字作：

旧释「臤」自然是旧讀臣為「坚」的根源所在了，实際上，這又是后世的变筆，而從 的字形所象，是以物刺「臣」（目）的会意体，当時握有鎮压奴隶大权的属於执刑法的官称，就是「监」的本字了。「监」原為鯀為帝摯時期大宰時的以官職命名的氏称，正如帝顓頊時期首目称「相」，而后世就以「象」為族称相类。「监」的另一称是「僕」，金文或作 ，或作[illegible]，都是鯀的自称，(詳説在「鯀」一章)是古「繫」字，和今天的羈同音同义，羈押人犯的地方今称监牢或监獄，就充分説明古「奚」(傒奚古同字)「臣」(监)是同一事物的两种名称，正如一个銅板的两面，仍是一字两音的根源所在，是父母两系原属於两个語言不同的氏族所必有的反映。鯀既以「监」称，是帝挚時期掌握刑治的官称，有子就以「监」命名，不用説「监段」就是「臣」的命氏礼器，而「父癸」就是「三兵」銘中的「中父日癸」，為鯀的簽署了。這是金文图録中的第一个論证。如果這个解釋不誤，那么「臣(泣)罚鼎」盖銘，就应是鯀為帝尧所繫(旧作殛)以後，「臣」所作的一篇志哀的金文记録了。

D、「臣罚鼎」盖銘新解

旧称「臤邢鼎盖」(见《愙》三)金铭为：

旧释首二字或作一字释「堇」或作二字释「堇山」。吴大澂称：「旧释作堇山二字非也。阮释臤邢，读若贤视，人名也。此臤邢入觐于王而作鼎」，是以堇为觐的假借字，而释□为臤不从贤，这又是吴的以□、□为一字的看法了。实际上，「堇或称「堇山」是封邑之称。《说文》解「堇」为：「黏土也」，可见是「坚固」的坚的概念，也当是后世读臣为「坚」以后所生的「引伸之义」。從金文的字形來說，是𠙵中大山四部的合体，𠙵，应為[金文字形]的变体𠙵，又如𠙵（舜之氏称字「囲」），而𠙵為「足」是族称，却变筆作𠙵奉載以為氏称字之首，当是舜当政的反映，尊之以為族氏之首的缘故。四部份分开來，是「足中大山」，足、鑄、祝相通，是一个氏集，祝是以族称，中是氏称，就是「祝中之封土（大山）」的概念，而字声所从，当是由於鯀的封邑在帝堯嗣位以後，由於失去宰位而变「监」為「斤」的原故（見「丙午鼎」鯀的自制金文所称）。從声类上推求，或是地在今山東曹县東南地区的「景山」了。（《方輿纪要》在曹南山下注称：「又有景山在县東南四十里」。和舜得帝位后的国都古商邱本為鄴，新乡当為以後所迁，因而以「新邑」称。這是疑筆，記在這里以待未来出土文物的証実。董山的地点虽不作断然的定論，但董山既可作為「西」字讀，也可作為一字讀，却是有「鋤鼎」（旧名「周亚鼎」之一——見《西》鑑卷四第十二頁，之二在十二頁）所刊的金文為比的。銘称「作父乙宝尊彝」，尾二字簽署作：

而在第二鼎銘中分作三字是：

再説字，和以物刺目的显然不同，這是以臣為「目」而流泪的形象，字不讀「监」，应讀「奚」為「泣」的声源和义源所出，是很明確的。殷周古韻臣、坚、七、吉、乙同部；臣、其、矣也同部，可以推知，三代以前，奚、泣、臣必同声，是臣、臣古為一字畧体的詭证，臣讀监、臣讀「頣」声当是從[illegible]字為「奚」來的，是臣字的变音，原為泣的概念，也就是臣（奚）字声源所出。這是由於一字兩音而产生的变化，正如[illegible]字讀貯通仇变音讀癸而又有了[illegible]字相关，一个仇字，也有变筆的「冘」字，也是同样的。

不用說，[illegible]字，既是泪流成線的形象，那么[illegible]字是泪流双頰的模样，疑是「啜」的本字。《說文》以為是喚难声，因而或以為祝，或以為邾，「啜」的概念反而失掉了。显然，這是「臣」氏由於鲧為帝堯所囚，是用以誌痛的文字，銘称「父乙宝尊彝」是臣氏已經「娶」堯的母一級「正妃」所生的女儿為婚了。自然這篇誌事金文的目的，是鑄在礼器上献给帝堯，意在為自己的生身父恳情求恕的，虽然這篇金文中一字也不提恳情求饒的話，但卻完全在氏稱两字的形态上表達出來了。

另外，还有「堇山监鼎」可以為旁証。（旧名「周堇山鼎」——見《西》鑑卷二第四十頁）全銘九字，是「堇山监作父乙宝尊彝」，首三字金文作：

和「臣巤鼎盖」金文所不同的是氏稱為「臥」，去掉了字不說，而且字又加了一筆作為「人」字，說明鯀早已在「鬻囚」中死掉了，因而不須再為父流泪恳情求恕了，而自己又不在「监」位，不能作執物以刺目的，而作以「臣人」稱的（监作為旗氏之稱，正如

「相」之為「象」或「向」「鄉」一样了。又有「堇伯鼎」(見《愙》録六)銘稱「堇伯作鉼(賀的誌音字)尊彝」，显然這已經是為姊妹生了孩子所作的礼器，自以「伯」稱，字作： 可見都是臣氏一人而且同一時期所作的誌事金文，可以作為「臣刑鼎盖」銘新鮮的旁証。就是說  是当時当地确有它的客观存在的形象反映的文字，因為客观存在既然发生了变化，所以臣氏的氏稱也就隨之而发生变化以和客观形势相适应。

6、臣字在「臣鼎」和「臣殷」金文中所反映的是什么？

除了以上所說的，「臣」在帝堯時期不任掌握刑治的官稱，因而不以「監」

称，主要的还反映了，不但在舜推行背叛古道的新政改变了旧有的官制名称，而且又废除了從母系制氏族社会流傳下來的刺奴隶一目，使其為盲的刑制。《堯典》所載：「金為贖刑」就是這一論斷的佐証。自然，這样一來，更提高了貨币的价值，并擴大了貨币的使用范围，而对於当時的生产当起促進的積極作用，因而這也應是舜的革命性的政策的内容之一了。

至於臣的一声讀监，一声讀臣（奚），在兩音之外又出現第三声，如今天所讀的「陳」声，当是由於虞舜為政而氏稱為「允」，古金文作[illegible]，封邑稱「陳」，古金文作[illegible]，是從神農之族的申（[illegible]）的旂稱声标而來，因而臣字尊稱讀陳声，是由族而通的缘故。据此「臣」本音讀监变音讀「奚」（臣）而通陳声的断語就可以定論了。

7、[illegible]字三音（讀鄉通饗；讀州通酬；又通会）

金文鄉、饗一字，也通享，如「[illegible]殷」（《攈》卷二之二——四一頁）「享孝」兩字就作[illegible][illegible]就是例証。因而在「臣鼎」這是兩个概念，即鄉与饗并用字，正如「父乙匜」銘載「匽侯賜「仇」貝，字作[illegible]，既是舜的親屬地自称，还是族称，同時[illegible]又可以作貝称一樣。作族称讀貯，貝称就是鑄貝，（古著、貯、鑄、竚、州、祝、都是相通字）作為親称，讀「仇」就是「兩婿」之间的称呼，和「夥伴」是一个概念，在膠東称為「要伴」（詳說見《釋「亞」及「亞旅」》）；作為貝称就是「酬貝」了。所不同的是，在這里[illegible]字，既是名辞，又可以作动詞解。

作為名辞，讀鄉，全句的意思就是「公違从東方祭祖回經新邑臣的「乡土」的時候，賜金，因而用來為父乙作礼器」；作动詞解，就是「經新邑的時候，臣設宴招待，因而賜金，就用來為父乙作礼器」，這是鄉、饗一字而义的解釋，也是在文字創造初期，显示智慧的一种技巧。字又讀「州」，這是根据「臣」的氏称之一為可以推知的。州、鄉当是一个概念，可知「臣」本名「州」，是「卿」的族称声标，為帝尧的母一级称「雁」的女兒的婚偶，取雁棲息在「洲」，即河中心島屿的意思，由於鯀為帝尧所因，才加两口字如双目流淚状的「喌」字了。古音州、祝同声，已有王静安「鑄公簠跋」的定論。讀州為本音，就是公違「在新邑臣的州土」；通酬、作动詞解，就是公違在新邑臣曾設宴「酬」劳。字通会；作為封土的名称是都会的「会」

字，作為动詞，就是会晤的「会」了。在這里出現了一字三讀的方音，這又是唐虞以後的語言变化了，在声系中新添了西方的音色，如「人方」变為「有仍氏」的「仍（為夏后缗投奔的母族之親）」，就是一个例証。

8、小结

從「新」字，辛从斤，以及堇字為斤的声序；又有「山」為「三」的族系标誌，以及臣為監為奚，因之旧讀坚，奚又变臣种种的声律和字形所作的分析，可以完全肯定臣為鲧的子一级媵妾所生的少子，当是夏禹的妻族之「男」（妻弟）。如果以上的分析不誤，那么「新」為河南新乡（以右又称会，史作鄶），[illegible]為山東滕县，堯都洹水北的平陽，東有有莘氏之子后羿居河南山東交界的覌域，西有「实沈」(「遷实沈于大夏主参。唐人是因，以服事夏商」——《左傳》昭公元年)居山西晋陽(見杜預注「大夏」)。帝堯時期的版图，也可以约畧根据「臣鼎」所刊載的金文而得到一个輪廓了。這又是附带的收获。

八、「兄弟相背」而「不相仇」是舜背叛古道的革命性的政治綱領

通过以上三彝器所刊載的金文记載，舜帝一、以「背」(金文又作)為子嗣命名。二、以地处山東曹州与河南商丘之间的封邑，命名為同样是「两相背立」的概念。三、又有氏 稱原為「囲」(金文作 本音讀如「户」即護)，而一变為違，就充分說明是提倡赤脚的(奴隶——「不得姓」的奴产

子及旁系「不得姓」的子嗣之親）与穿鞋的（奴隶主大父）走「背道而馳」的道路。這也就是說对旧有的從原始公社母系制氏族社会，一直世代相承而未改的「兄弟同室」為「仇」（《詩》「君子好仇」之仇）的「普奴鲁亚」式的家庭組织形式，来了一次大革命，兄弟再不能作為共同妻子的共同丈夫了，而要相背（避），不為仇（亞）；這样一來，在赤脚奴隶与不得姓的奴产子，还有和一般民族成員說來，就是一夫一妻制的家庭形式了。在新兴的奴隶主階层当中，就是一夫多妻制。「諸父諸母」之称就僅僅剩下蜕化以后的外壳，就是說在親称上只留了一个名义，而却已經失盡它的实質了。如解放前在膠東萊陽地区的廣大农村中，仍称父親的兄弟，為「大爹」「二爹」「三爹」一样，实际是各自為家的伯叔。因為這是吴保到大背自古以来的旧傳统的家庭生活形式的大革命，所以必然相应的反映到上层意识形态領域里，因之给金文留下了关于舜实施革命性新政的這个特殊历史阶段所有的标誌。例如「单彝」（見《攈》録卷一之二——十頁）一字誌氏金文作 就是例証。這个字旧释「單」為確。「單」本是「鏵」的形象体，前在《兵銘集》「束虎瞿」中已經作過介紹，曾經指出是「王母鬲」（見《攈》録卷二之一——二八頁）的铭体單字本作 的简化 就是 （犁貝的立体图）的变体，説明這是由於犁双的金属質量发生了变化所引起的犁具的形式的变化。就是説，犁板（今称鏵子）韌性强了，所以兩只，适轉輪就移到前面去了，不是原來双双犁（ ）称鏵時的金文象形体 （平面图）型犁了。原來，筆者以為這僅々是自己的見解，近得《讀金器刻辞》，始知馬叙倫氏也以□□為一字，只是依宋人釋單為車（「宋人释單為車，倫从其説」——三四頁「單彝」釋文）為異。而□字显然也不是□（從）字，是單為「背」姓，母族為「北」氏，有「單貝彝」（旧名「單異彝」——見《攈》録卷二之一——二十頁）八字誌事金文可以為証。銘称：「單貝作父癸宝尊彝」首二字作□自然是「父癸」為母族之親，因而「貝」為單氏双手所奉祀，那么「父癸」就是貝氏，有直系子嗣就以□命名，這个「父癸」就是「三戈兵」銘中的第五位「兄日癸——彝」了。以后「貝」由彝的女系子嗣（夷）所承袭並奉以為姓氏，彝的男系子嗣，就以「畨」命名了。实际背、貝、鄁、同属一个声系，都是彝的直系男女両族的族称。前有朕以□（背）称，而封邑称休，又称沛，古商丘金文称「北」，又作「鄁」，实為「亳」之例，可知背、貝、鄁、沛、亳都是相通字。《左傳》載：「齊侯田於沛，」（見昭公二十年）唐陸德明誌音沛字讀貝，就是例証。又有周王室使詹桓伯致辭於晉，稱：「巴、濮、楚、鄧，吾南土也；肅慎、燕、亳，吾北土也」（見昭公九年），根据匽都遠在幽州，《說文》解「⿰契阝」，許說「讀若薊」，段注：「今京師順天府附郭大興县治，即古燕都」，如果這个解释不誤，那么燕為周封，只是更命（再命）的性質，夏商称匽或雁，如果今北京郊区的大興地区是古燕都，那么当是三代以前匽侯的封邑所在了，而舜的北方封邑称「貝」的地方，前在第三章（虞舜母一級妻族在今河北古貝丘）中已有論例，疑為今河北保定清苑地区，非必春秋时代的「貝丘」，今河北清河及山東高唐地区。唐虞三戈兵出土於清苑是一证，《左傳》載：「肅慎、燕、亳（貝）吾北土也」又一証。此外，清苑相傳有帝顓頊所建之「高陽城」。第四，保、貝、亳古一音，最後一旁证是三众氏鲜的女皂族称「中山」（見《水經注》瓠子河篇「堯妃祠」）氏的后裔堯妃封邑所在地的春秋中山国遗址，為今河北定县之平山，已有大量青銅礼器出土，那么舜的早期称「貝」的封邑必不过遠。虽有此五点论证，但仍留於后世之考证者作断，是合理的。

又有「父辛彝」（旧名「好父辛彝」——見《攈古》録卷二之一第六六頁）全銘為：

首字所奉之族為鍛（变音称錐，古為垂〔錘也〕字）氏，并有▼為标誌是母一級女性所生之女，為宰東虎的嫡系子嗣（女兒）。[古文字]字有蝕筆，当是[古文字]字，是人形如邑背負韋氏之族的形志，变隶应是鄣字。高誘注《淮南書》讀鄣如衣。[古文字][古文字]即「單鄣」与「單貝（背）」当屬同一氏族，而「單貝」的貝字作[古文字]，旧釋異（或变音）疑為「冀」的祖体字。冀，显然是奉「北」（貝）氏以為族先，而在此「父辛彝」中[古文字]字就有三种意識，反映出來。一是兩人相背而奉單，可見這是虞舜推付弟兄相背（避）而各自為家的新政以後的册命氏称了。第二，讀單而又有「背」的寓意，背，在這里仍有背叛母权制遺風遺習的含意。第三，是此單（背）字，為「五珠」型构成，珠氏顓頊第五系子嗣之族屬，又是虞舜這一支。（舜父「日辛」為帝顓頊之第五子），因而舜的动物氏标為狐氏，又作胡作吴，前已在《唐虞三兵銘新考》中論证過了。因而，這是虞舜為新政時期為姊妹之親須賜的再命（双册）礼器是可以据此作断了。因為鄣（辟）為作器人的自称，是舜的氏称字，而不以「父鄣」称，应是受再命之礼器的「垂單」是虞舜的姊妹行的根据。「垂」為首，又在「單」字标志着「五珠」之族，可見是帝颛頊二子有羿氏「垂」（鐸）氏為大父，因而疑此「垂（鐸，《説文》讀「我」，实為媧音）單」為帝堯之母一級妻室所生，命名「單壴」，帝堯十五年（戊午婚於帝堯為妃者，有男氏命「單壴」又有「單壴卣」銘的古金文记載為証），而司馬公史筆称「丹朱」，当為后世的飾筆。堯之男「單」為氏姓，出於「垂單」，由此又可以找到源由之所自，且作為「垂單」确為虞舜姊妹行的鉄証了。据此為断，下面之「父辛」則应是這个再命氏称的礼器是賜命「垂單」用於祭夫父帝嚳的祭器。虞舜鄗氏之与受册命人属於同輩的世次，又再次獲得相符的印証了。

「貝」氏之称，又為虞舜女系子嗣所承嗣。自然這或是舜嗣帝位以後，堯已崩，而舉族就以「垂（鏄）單」為氏族部落的領袖，因而再受册命得以為帝嚳作祭了。這是一个例子，又如「父乙甗」（見《歷》集卷五——五十九頁）銘「乘疇作父乙彝」，首兩字金文作：[illegible] [illegible] 宋·薛旧释「無疇」，很確，乘為本声，無（舞）為变音。「乘疇」從声律上來說，原來当是「成仇」，也就是「称仇」，是「可心的伙伴」的概念，所以春秋之前晋穆侯之夫人以「條之役生大子」，「命之曰仇。其弟以千畝之战生，命之曰成師」。「成」当是姓，「仇」

自然也应是「戚仇」，這是从三代以前世代相承的名称，但到了春秋時期，就已經為史者如晉大夫師服（均見桓公二年）所不理解了，而以唐虞後世作為仇敌的概念來看，自然就不知道，所以在「條役」一战中生子取名「仇」，也是紀念併肩作战的夥伴，正如《詩》有「糾糾武夫，公侯好仇」一样；現在「戚仇」兩字作：…… 自然是以 … 為「秤」的形象，是從 … 字演化出來的，是对襯的襯（古作稱），同時它又是以「枰」（古作午，是鋤的同声假借）為主，而「朋」貝分而為兩「糸」，是乘的本义，乘為「鏟氏弟兄兩相背」的形象，而仇字应作 …，現在变筆作 …，很明显是共耕於聚落（口）之外，而各自為「居」的概念，变隶作疇。「乘疇」，就是「可心的共耕的伙伴」，而不是「普奴魯亚」式的同室之「仇」了。变音讀「無疇」又是芜（芜、無古同声）衛「足」氏封土边疆的概念了，声通「勿」，又是不相「仇」，疑古畴字，或作[glyph]（見「畴𩏂」旧名「畾𩏂」——見《標》録卷一之三第三二頁），旧釋「据書仲虺，史记作畾，以為古虺字。按虺字，讀如会，当是循舜部為違氏而来的声标，它所反映的正是两家為鄰隔着道路而相对，它是弟兄各自為家而同耕的最具体的形象了。《説文》解「畴」，許説：「耕治之田也」，篆作[glyph]；段注：引王逸注《楚辞》：二人為匹，四人為畴。是為[glyph]字，本应讀畴的根据，讀如回（《説文》段注：「虺」字，許偉切，十五部），实即舜的氏称之一——「違」字的声标。仲虺既然如《左傳》所載，是夏末商初的人（「仲虺居薛，以為湯左相」——見定公元年），那么，[glyph]為夏代所有的古体字，就应是肯定的。既然「每一个历史時期由法律設施和政治設施，以及宗教的、哲学的和其他观点所构成的全部上层建筑，归根到底，都是应由這个基础来說明的」（恩格斯《社会主义從空想到科学的发展》——《馬恩选集》三卷四二三頁）。而金文又正是這些物质结构的形象反映。

疇字，很明確的說明在有夏一代，关於由帝舜开始創造而為夏禹所一度推翻了的「兄弟相背」而「不相仇」的新的家庭组织形式，终於在夏代彻底的取代了腐朽的「普奴鲁亚」式的「諸父諸母」的家庭制度，而且也应是在夏代最後完成了，從商代三十王中，不存在帝位承嗣上的母系制的傳姊妹之子（也就是傳婿）与依父系制傳子的斗争，而是傳弟或傳弟之男与傳男的矛盾為主，這也充分說明有夏一代將近五百年的历史，在人类的婚姻制度史上是完成了多么重要的一个階段。列寧曾經說：「马克思的历史唯物主义是科学思想中的最大成果。人们过去对于历史和政治所持的极其混乱和武断的見解，為一种極其完整严密的科学理論所代替，這种科学理论説明，由於生产力的发展，從一种社会生活结构中会发展出另一种更高級的结构，例如從农奴制度中生長出資本主义」，帝舜時期所以從「諸父諸母」式的「普奴鲁亚」家庭，即同一氏族的兄弟為本家庭的共同妻子的共同丈夫的家庭而产生出兄弟各自為家而相避（背）的一夫一妻制或奴隶主一夫多妻制的家庭，自然也是為当時的由於金屬生产工具的大量使用而提高了的生产力所决定的。夏禹既然是复古的腐朽的旧傳統势力的代表（在「叔貝父敵」盖銘中，我们已經提出佐証），就是説以恢复「普奴鲁亚」式的家庭組织形式為它的政治纲領，因之「啟盖」的金文中貝氏称舜為「仇公」，显然是夏禹之世复辟的标誌，那么它的对立面的貯氏系的后裔菁氏（《虞書》称朱虎），是有羿氏瞿乙的直系子嗣，以及有穷后羿蘿氏（詳論在《人物集》「后羿和有穷后羿是父子兩代」一章），是先進的父权制新兴的势力的代表，這样一来，在後世「寒浞」在政治路线上属於复辟派是一方；而夏少康和有穷后羿為另一方，也就约畧可以逐步看清了。在金文图録中的「臣鄉彝」（旧名：「臣郭彝」——見《攈》録卷一之三第九頁）銘，五字金文是：

旧釋称：「郭。徐同渠釋高，徐籀莊以為古文圻字。古城垣等字并从「亯」」

後一解不但有根据，而且讀巜為「斤」是確解。《説文》解「圻」，許説：「圻，垠或從斤」，垠的古音「斤」声，而字形显然是从「鄉」字來的，𩫏自然就是两个金文「享」字，即亯亯的合体，显然是卿的变体，臣為族称，或是封邑在新乡的那个臣氏，也或是臣氏的直系子嗣，為鄉的孫属。鄉字通「城」通「郭」，這当是後世的变讀，而「毛公鼎」有「余非𩫏又昏」(見《窓》四)字即作𩫏，旧釋廓，自然就不確切了。「非鄉，非昏」，用今天的話來説，就是並不是乡巴佬少見识的人，也不糊塗，後世所謂「鄉愚」的鄉。郭公《金文丛考》解墉，自然是𩫏的变音了。字从「斤」，是旌氏的标誌，因而讀圻通垠。這个氏称字很明確的反映了拥护和支持的两「鄉」氏相背而各自為室共守封邑之田(聚落)的概念。這个須賜祭器的王，究竟是帝舜為了改變「臣鄉」的氏稱所作，还是有穹后裔雚氏，在相土時期，以王的名义所作，就不敢作绝对的論斷了。但依据彝銘的氏稱旋稱以及文字简畧的風格来看，最晚也应是夏初相土時期的鑄制物，大致是可以肯定的了。

第四个例証是「父著鑄鉾彝」（旧名「父用車彝」——所引同上卷十一頁）銘，又可以為這个時期帝舜所創造的「兄弟相背」而「不相仇」的新的家庭結构形式在社会生活中佔了上風的反映。這也可以和「臣鄉彝」相互印証，說明有穹后羿所以奪取了夏启子象的政权（如果《左傳》所記載的「后羿自鉏迁於穹石，因夏民以代夏政」——見襄公五年，及《竹書紀年》（订補本）「大康居斟尋乃失邦」是历史实錄的話），正是為了要巩固「兄弟相背」而「不相仇」

的维新的家庭制。依据馬克思的説法：「生产关係总会起来就构成為所謂社会关係，构成所謂社会，并且是构成為一个处於一定历史发展阶段上的社会，具有独特的特征的社会」來看，自然這种家庭形式的改变，和「普奴鲁亚」式家庭的酋長式「大父」「主父」与家庭成員在生产和分配等等关係的矛盾分不开的。因之，反映在家庭形式制上的這种属於新的生产力发展要求改变旧的生产关係的斗争，就不能不是激烈的。「父着铸鉾彝」四字金文，就旗帜鲜明的标誌着自己的政治纲領，作：

這是自有金文以來，第一次出现在着氏后羿上的自称父甲（五十）的氏

称，甲音古讀「角」声為姓，它是丨、屮和丫的变体，從族姓声标來說，當是着（[glyph]）氏族姓尊帝嚳（角）之族系的王室之故。在這里关鍵問題是[glyph]字，它反映了足氏分居（[glyph]）（即兄弟相背）而共鏵的概念，实行生活上的分居，自然是各自家庭的經济独立的标誌，也反映了家庭手工业以及家庭副业生产上擺脫了「主父」的剥削和操縱；但在农业耕种，因為金屬鏵具的决定作用，还必須维持共耕制，「鏵」字是两人分而共牽犁具的形象體，是以[glyph]字為首，而两人人人相挽，[glyph]為鏵的氏标（見《重犁考》所引「休敢」銘），而鑄字（[glyph]）又是以[glyph]（足）标声誌族，形如「山」的变体，山，古為三的通用字，《重犁考》中也已作過論证，也是鏵（為三系）的族标，自然，這又說明，右昇著氏父系為二系瞿氏有羿氏之子，但母系却是间接的為鮮系之「錫女」所生。這个彝器图銘，或為著氏所制，标族以頒賜子嗣的，不用說鑄銲，就是舜所称的「朱虎」（見《史記》「五帝本纪」），宰東虎于帝嚳時期所称的「重犁」是以族称了；也或是著氏后羿之子，有穷后羿藿氏所作的祭器。藿氏見於「御方尊盖」（詳論在《人物集》），金文作　不但從藿字上明確的看出來，是從祖文有羿氏　那里演化出來的，是鷹的二目的形象体，又分明是捆护新式「兄弟相背」而「不相仇」的家庭制，因之在造字上　之间作　形，两目方形如「囲」，說明自己所奉戴的就是「兄弟分居」的政治路线，這是第五个例証。据此可知后羿有穷氏当為腐朽的旧傳统势力所憤恨如仇了。《左傳》記晋魏绛的說法是：「浞因羿室，生澆及殪」（襄公四年）從氏族之称上來看，「寒促」自然是瞿氏系的子嗣，金文寒字作：[金文]為「人方」，是窜東虎少子有穷氏「日工」的子嗣，和蘉氏有穷后羿，或為從兄弟，所以「因羿室，生澆及殪」。這不是清清楚楚、說明，寒促是站在反动的旧習惯势力的那一面，因而形成夏禹以後的第二次的反动势力佔上風的倒退局面了麼？因之夏少康依舜的直系孫屬有虞氏，不僅僅是由於母族伯舅和甥之间的自然性的親族关係；而且也显然会有它的反对旧傳统势力而继夏启之後拥护帝舜所推行的革命的新法制生活的社会因素在内了。夏少康最后的中兴，恐怕就是由於适应了历史的要求，而寒浞的灭亡，自然也就是腐朽的「普奴鲁亚」的家庭形式的徹底灭亡，因而「仇」字在巩固「弟兄相背」各自為室的新式家庭中就终於变成「仇敌」的概念了，這个概念的形成，自然也就标誌着新式的家庭组织形式的彻底的胜利。

在三代以前由舜所創造的革命性的背叛自古以来的旧傳统的新的家庭组织形式和由男方出贅而改為女方出嫁的婚姻制，在夏初所引起的两个帝系氏族之间的尖銳的斗争，正說明一个放之万古而皆準的真理，那就是：新的必然战胜旧的，社会主义最终也必代替資本主义。

九、金文「婚」字是「家庭革命」取得胜利的标誌

婚字金文「克盨」作 [illegible] 或作 [illegible]（「輦伯毁」）、這应是古体正書，婚媾的婚字。

《說文》解「婚」，許說：「婦家也。礼，娶婦以昏，婦人陰也，故曰婚。」古体作𡣍，段注：「其会意象形声，不可强說，車部之𨐈，巾部之幓皆以為声」。解「𨐈」許說「車伏兔下革也。從車𡣍声，𡣍古婚字，讀若闵」。但𡣍或𡣍的字形和婚字不类，而段以為不可强解，以「知之為知之，不知為不知」的实事求是的态度对待，說明是古婚字的正解，早在東汉許氏作《說文》的時候，已经失去了。至於許引《礼》（郊特牲）「昏礼不用乐，幽陰之义也」，說是「婦人陰也」，显然是陰阳五行，方士之說興起以後的解釋。這样一来，連古变隶時所作的「婚」字的本义，也歪曲了。從「婚」的字体结构来看，是「女氏日」三字的合体，依金文有一命再命的氏称，再命往々是由女方之父以「父」的名义所作的命名，如：「婦聿卣」（旧名「婦庚卣」）——

見《愙》録十八）銘，作：

「父珠　豆」帝顓頊以「父珠」名义作的而字命氏金文：

（旧名：「父丁豆」——見《愙》録十七）以及帝嚳以「父辛」名义所作的命氏金文：

（見「父辛尊」——《愙》録十三），还有舜以「癸吴」（　）名义所作的西字命氏金文：

（見《西》鑑卷十九第十四頁）和「婚」字為「女氏日」三字連繫起來看，当是
三代以前就有婦女於婚日為「命氏」的吉日，就是說從结婚那一天开始，這个新
婦就有了再命的氏稱，而為「某婦」或「仲癸」之类与幼年的初命完全不同的
氏稱了。因為直到古（或說秦之程邈）變隶時，婚日為男女双方須布新的命
名的世代相傳的風習，虽然因為氏族门第，种姓家系那种帶有氏族社会
烙印的观念，隨着奴隶制社会的崩毁早已瓦解，尤其是经过战国以後，秦
興自西方，虽然也以帝少皞的女系后裔自屬，但氏族之稱已經完全丧失了
它处在奴隶社会还保留着的那种「普奴魯亚」風習時的意义了。但旧的

傳統式仍留有外壳式的形式，所以变隶時，还是以「為女方命氏日」的概念為「婚」，代替了□字，字形虽然不一样，但概念原是一个。到了西漢，高祖刘邦本是起自平民，氏族家桌就更失去了原有的重要性质，又加上「方士」的「陰陽」「五行」之說興起，婚日主要的命氏仪式就逐漸為「黃道吉日」、「良辰」、「忌辰」，以及避「青龙」「白虎」之类的讲究和适应封建礼教的東西所代替了。对於隶書「婚」字既然早在東汉時期已经失去了正解，自然对於□字就更不能作出与历史实际大致相符的解釋了。不但字形所象不能解釋，就是古音也失掉了，而「婚」為秦音，自然，如果以秦音来讀，殷周的金文就解釋不通了。如「彔𣪘」（旧名「龙敦」——見《历》集卷十四第一四七頁）銘，有「𤔲王外内毋敢不□」，宋薛旧釋「毋敢不敬」，自然是循意而作的解釋，与本字是不对头的。又有「盂鼎」（《愙》録四）銘称：「我[illegible]殷述命」，旧釋或讀戠，或讀聞，自然也是循意作解，而不是从字形所象上的分析上作的論斷了。因為這个「婚」字，关係到帝舜在家庭革命中所創造的新法度，所以就有必要在這里作較詳細的研究了。

八、[illegible]和[illegible]都是「尋」声字

[illegible]字的结构，除[illegible]之外，王為工，叓隶是[illegible]，即「[illegible]」，因而可見是「尋」的始体字，[illegible]字移到下面变筆作「寸」了。所謂「外内毋敢不尋」，就是勿敢不逆（規矩），是逆順的逆的声源义源所出，為「逆」的假借字。而「盂鼎」銘中[illegible]字，[illegible]、[illegible]和[illegible]、[illegible]，都是一个氏系之称的变筆，区

為𠂤字，和字旁的𠂤以及字旁的巨都是一字的異体，也是一字两音，𠂤字和巨字同样，正声读丘，变音读巨，是舜的氏标，有「舜尊」（見《窓》十三）九字图銘，称：

尾一字𠂤為氏标，首一字是舜的本体字，就是一个例証。前在《兵銘集》第三章「古字瞿」中已經作過介绍了。這个金文「巨」字，正声读「户」，也有舜以「吴」的氏称為证（吴字别体作，是象形体），旧釋為「闻」，自然是以𠂤為「耳」，現在有以上「吴」字，本声读丘，是衛護的「護」的概念，因而旧以為「耳」就只能作变解了。巨、工古相通，因為「工」和「矩」是分不开的，所以《說文》解「工」，許說：「象人有規榘」，字或作巨，也正是[illegible]的[illegible]形的翻体；解「巨」，許又說：「巨，規巨也」。据此可知，[illegible]字[illegible]就是尋加巨，巨变工也就是尋字，「小」為对襯之「称」就简去了。在這个鼎銘中的「我尋殷述命」，就应讀「我循殷续命」，尋是循的假借字。

2、金文婚（[illegible]）字标誌着斟氏弟兄與寒浞之子（過澆）作斗争的政治纲领

A. [illegible]的古音也讀「尋」，还有「毛公鼎」銘的例証

[illegible]和[illegible]讀尋，前一字假借為逊，後一字為循，可以為比；因而[illegible]

字变音讀尋,也就可以初步肯定了。「毛公鼎」銘有「畫轉畫𨍏」,金甬(鍾)錯衡」一辭,首句第四字旧釋「軫」,吳大澂引《說文》以為古「𨍏」字,并說:「此作𨍏,從車,從昏,𠭴古昏字,与《說文》𨍏字正同。依許說解作:「車伏兔下革也……讀若閔」,以為是拴在車軸上的牵引皮带,因而釋作「軫」。自然這都是汉儒的强解,牵引的皮带上「畫」什么,而且还是在車廂底下,自然是解釋不通的;但解𠭴為古昏字(实際是殷周后世的「古」音),还是因為形相类,可以說是正确的,不過只是[古文字]字变作[古文字],由男而女了。字仍讀尋,從声类上推求,自然是「軒」的字源所出。《說文》解「軒」,許說:「軒,曲輈藩車也」,段注:「謂曲輈而有藩蔽之車」,並稱:「服虔注《左傳》,薛琮解東京賦,刘昭注輿服志,皆云:『車有藩曰軒』,

用今天的話来說，就是有棚子的轎車，就稱「軒車」，因而畫輯，应是畫軒。自然古代的「棚子」就是遮陽伞式的「虎冪」（《金文丛考》卷二——二七四頁，郭公釋「毛公鼎」文已有定論），那么這个「軒」，自然是兩面的遮柱式的今称作「車廂」的板面了，所要畫的，正是這兩廂的木板。「叔邦父叔姞盨」（旧名「寅盨」——見《历》集卷十五第一六五頁）有「畫轉畫軒」一詞，字作：

[古文字] [古文字] [古文字] [古文字] [古文字]

[古文字]字又是[古文字]的後世变筆，当是[古文字]的声符，字讀「尋」為軒，而片正是車廂的側視形象体，正面当為工工形。又「牧敦」（同上卷十四——一五四頁）銘文中有[古文字][古文字][古文字][古文字]四字，宋薛釋作「漆車畫軒」，就是「毛公

鼎」銘金文□字讀軒的有力的佐証。如果□為尋声符号，讀「軒」不誤，那么這又是□字讀「尋」的第三个可以為比的例証了。

B.「𦙶伯𣪘（注）」銘的□字解

「𦙶伯𣪘」（旧名「归夆敦」——見《愙》錄十一）銘，有「用口宗庙，享夙夕，口朋友於百諸婚媾」，昏媾之婚作□，正是尋字的繁筆，因為变隶，巨為工，冊就变「凡」。巨、工古相通，前已有解，今又有「盃矩為巨之異文，巨亦工之異文」（見馬叙倫解「伯矩彝」——《金》集九二頁）的前人解释，可作参考，是為尋的繁筆，又有前三例為証，古音當讀「尋」而非婚。「尋媾」自然是带着浓厚的原始色彩，但变音讀「尋媾」實际就是「親媾」，尋又為「親」的音源和义源所出，正如[illegible]字讀遜，[illegible]字讀猶是一样的。《說文》解「親」字作親，許說：「至也。從見亲声」，依許亲字当讀榛，《左傳》：「女摯不過榛栗」（見莊公廿四年）許引古本作：「女摯不過亲栗」，就是例証。榛亲既是一字，那么「親」的殷周古韻讀亲声，為十二部字，和陳、申、人、卂、旬同部，可見「親」的古韻与卂（訊、迅都以卂為声标，可知也是今尋字的声标），旬、陳、申、朕，殷周以前，古音皆同声了。這是在字形之外，從声律上所找到的旁証。

第三，还有今天在膠東半島的平度地区称「娶」為「尋」的方言，可以為以上所論的印証。例如，某人最近娶了親，就說：「他刚尋了个人兒」，「尋的那个莊上的？」不過「尋」為「新」声，（「新」以上声為韻，不是入声）這应是古代的遺音了。

根据以上所論，[illegible]、[illegible]都是古「親」字，讀「尋」，就可以作斷然的結論了。「尋」為变音属夏世音，虞声商声是本音，当讀「归」，「巨」為声标，正如「柜」字通「櫃」一样（《尔雅义疏》有「柜柳」又称「鬼柳」的説法），自然這是夏少康中興以後的变化了。因為舜的氏称為巨（正声讀户，变音讀巨），而舜的另一氏称[illegible]，本音讀貯讀仇，变音讀「癸」通归，後世子孫作為族称，巨、癸两声必然相通。這是巨為規巨的巨，夏音讀「櫃」声，為声符，本音讀「归」的論据之一；二、《説文》解「归」，段注：「公羊傳毛傳皆云，婦人謂嫁曰归」，第三、《説文》昏字作[illegible]，字如[illegible]，段注：「夔」，説「古假[illegible]作夔」。又説：「《地理志》归子国即夔子国」，可以為比，显然讀昏，是後世方音的語系所变。有此三証，巨為本音讀「归」的声符，也就可以肯定了。

注：「華伯殷」的華字，作[illegible]，显然是羊氏之子，弟兄相背而立，卻又是同[illegible]共耕的

概念。丫為「羊角也」，是《說文》解丫許的說法，丫字又讀鉡，為犂具，也是許氏在《說文》解乖字中的說法（「丫象形，宋魏曰乖也」，段注：「方言」宋魏之間謂之鉡是也」），「羊」為神农炎帝的母族氏族部落的族称，因而以為姓，鉡為帝顓頊的子嗣的命名，变音為犂，宰東虎称「重黎」，舜名「重華」，見於《五帝本紀》，黎為犂的飾筆，鉡為華的本字，《堯典》统称「和仲」「和叔」，也是鉡的声源而义異。所以𣏟既是羊氏之族的弟兄，又是相背而共鉡的概念。本声讀鉡，变音当讀「輩」。《說文》解𣎳，段注：「此字与讀若輩之𣎳別」，後一注中的𣎳字，当是𣏟的简筆（丫既然，如《說文》所解，是古鉡字，自然是省去了[字形]形，是「兩人相背」而共耕的「輩」的字源，或当無疑。

C、從「尋」的祖体金文的字形结构中看問題

——「伯斟（朕）彝」銘和「伯斟（尋）尊」銘考

(1)「伯斟彝」銘的斟字是「彝」的祖体

前面我们所接触的五个「彝」声金文，自然都是夏少康中兴以後的金文以及殷周中期金文的变体字了。而它们的作为祖体的字源，却又是一副模样和打扮，字作　形，見「伯斟(朕)彝」(旧名：「伯斿彝」——《攈録卷二之一第四九頁》)，彝銘十字，是：

除尾是两字合体的氏徽，不計以外，為「伯斟(升)作乃宗宝彝」九字。從自以「伯」称，而又是為祖族所作的祭器而称「乃宗」上，可知是依母系制的旧傳統，「以母族之祖為宗室，所以自己以伯舅称，显然是又有姊妹為母族之婦，当然就是王母了，而「伯」也就是王室之伯。」這个解釋是不是正確，且看這个自以伯称的[illegible]是何等样人？首先是凡字，旧金文学者多以「帆」的形象為解，馬叙倫循之（見「伯[illegible]彝」——《金》集一四八頁），以為凡即「防」，并說：「防風氏，盖始作帆者，」（楊樹达《積微居小学金石論丛》有关於凡為帆的类似解釋）。都是從凡的字形為「方」而来的推論，並没提出論証来。凡為「杅」，又作「盂」，是貯器，可以装酒，前在舜子称朕，金文作[illegible]（是朕的翻体）的分析中，已經作过初步介紹，是朕字本声讀「洼」的洼字的声源和义源所出。凡為飲具，就可以据此推断了。自然這也是僅々從字形上作的推論，現在就有提出在金文上的佐証的必要了。証在「季惠升」（旧名「周舟」——見《历》集卷十（第一二三頁）銘，十六字金文，為：「黃季之季惠，用其吉金自作升，其永用之」。「自作升」三字的原文摹錄是：[illegible][illegible][illegible] 旧釋升為舟，并稱：「舟亦酒器」，舟固然也是酒器之稱，但字作[illegible]，还是有所区别的，這且不說了。這是[illegible]是升的本字的第一个論据。第二，还有我们在前兩篇金文新考中所一再提到的彝的同室兄匽侯貯吴幼年的初命氏稱，為「鉞」，金文作[illegible]、[illegible]，显然是鉞字的演化体，鉞為升的古体字，又是比較明確的了。因之，[illegible]等於[illegible]，應是[illegible]的标声誌氏的符号。這是[illegible]字非凡，而為「升」的第二个訖证。第三，[illegible]的字形就是古升字的字源所出。「漢·周陽侯鐘」（見《历》集卷十八一二三頁）有：容十升 宋薛旧釋「容十升」，就是一个例証。又有「谷口甬（桶）」（同上所引）銘：「容十升」以及「容十升」可以為比，升字当是「升」字的字源了。第四，殷周古韻升、朕同在六部，自然是本音系為同声字。可見「斞」原是朕声，升就是朕的标声誌族的符号了。根据以上三例詮証，升字為升的象形体，是「朕」的标声誌族的符号，就可以完全肯定了。至於舜的氏标之一為「朾」，即方形的升，我们以後还有專題介绍，在這里就不作過遠的引証了。

那么，既然是以升标音，字讀朕，当是前面已经介绍過的舜之直系子嗣之一以「蕃」為封邑的[illegible]氏了。為什么不釋[illegible]為朕（升），而却称「斞」呢？因為「朕」原作[illegible]，是双手奉「柱」的形象，柱為舜的族徽，是蓋着虞世舜為王的烙印，自夏禹夏辟嗣王位後，自然這个「朕」字就失去客观的物質基礎了。這也正是变[illegible]為[illegible]的原因所在，以避有与王室相背的誤会。這就是說，為了与客观的存在相适应，朕的氏称字在意識形态領域里就变作以奉祀母族其（旗）氏為特徵，字作：

[illegible]

這个奉母族「旗」氏及帝顓頊柱氏為族先的人是以盂（[illegible]）為族首的。另外，唐虞之世还斗升不分，「升」的本字作[illegible]，作月，变音讀「盂」、「杅」而通户声，為以後斛的声源所出，但与斗的声系不相干，斗升之分，疑是夏少康以後的变化了。斗大而升小，斗字作[illegible]，升字又作[illegible]。這就是下面还要作介绍的「伯斟（尋）尊」的「斟」字的問題了。总之，「斟」是变隶時的演化，就不須再說了。

最后，再從以「伯」自称的身份上，又可以推断出来，是大康嗣王位以後，「朕」為尊，居舅位，為甥所作的祭祖——宗器。因為依据两系世代互為婚姻的公例推算，「朕」為舜的直系子嗣，必然是夏禹子一级妃妾所生之女的婚偶，為夏禹的正式子婿。而「朕」（舜之男）的子一级媵妾（即隨姑作「媵妾」之姪），又必然是夏啟的母一级妻室所生的女儿。生女，又是夏启之子大康異母弟兄的妻室了。「朕」為大康輩「叔」与「父」世次和親族关係就比較明確了。那么以后大康為后羿所逼，投奔斟尋，自然是依婚姻之親的「叔」族，也可以由此得出推論來了。

（2）「伯㪤（尋）尊」銘的「㪤」字，是「尋」的父体字

「伯㪤（尋）尊」（旧名「伯旟尊」——見《攈》録卷一之三第四九頁）銘，六字金文是：

白㪤乍
寶尊彝

蓋銘六字与以上所摹録的器銘相同，只是㪤（尋）字有別，作[古文字]兩氏稱，[古文字]或有蝕筆，有尊字作[古文字]可以為比，全字当如[古文字]

從字形上看，当是[illegible]字或[illegible]字的字源。再從声律上来說，殷周古韻凡、旬、秦(榛)、新、辛、既然同部，夏以变音為正統，朕、尋、舜、新必是同声字了，应該說這是「斟尋」兩字的合体，如「重黎」作[illegible]相类，[illegible]当是「旗(其)之所出」的根基，显然是母出於三(山)支係的女系，即夏禹与「女媧」的女兒，作為舜子(男)「朕」的母一級妻屬以後所生的子嗣，即《左傳》所載的「斟尋」氏之族祖了。鯀為「众」氏，為帝顓頊的三子。「众山」自然又是封邑的标誌了。众、同、東殷周古韻同在九部可以推知变音众、滕、同、東必同声。《竹書》商伊尹放大甲於「桐」，疑即「滕」的誌音字。

D、「伯斟(尋)卣」銘的氏称所反映的实質是什么？

「伯斟(尋)卣」(旧名「伯寮卣」——見《窓》録十九)銘，金文六字是：

從「尊」字有的蝕筆来看，正是《攈古録金文》所稱的「伯旗尊」卣有蓋，尊器一般說是没有蓋的，卣如無柄壺，而尊如盂，當如《窓》的定名為準。共有四銘，都是手拓，石印，可能是兩器銘，兩蓋銘，文字一樣現特把三个「斟(尋)」字，摹録如右，以供比較。

②

③

④

《攈》録所攀的器銘，斟字小下，显然是失掉了[illegible]字，四图銘再和[illegible]形对比来看，有显着的差别，現在就分别的来从[illegible]字着手研究。

(1) [illegible]的字形所象有头而無手

依据金文造型所要表达的概念，都是細緻而明確的常例来說，[illegible]為繫於柱氏族的其（旗）氏所生，因而是人形，作跪伏於父母兩族祖（妣）结合体的氏标[illegible]之下，為柱（貯）氏族和其（祁）氏族的奉祀子嗣，「柱」是彝的祖族族标，而「其」是「尧」与其姊妹的姓氏也是女系子嗣的族姓氏标，但和「伯斟（朕）彝」的[illegible]字对比一看，最大的不同有兩点，首先是把朕氏作為注声誌族符号丢置在身後的月字，变作為自己所奉戴的首族「孟」

（□的变筆）的标誌，因而原来的□形的「升」，就变成了□形，這樣，原来作為母族（属餘的女系之女）声标的□，变成「升」的形象体，至少是升和盂的结合体，這是（一）第二个最显著的不同，是有头而失掉了手（□），這後一点，是和自有金文以来的鑄氏族系的各代人物的氏标，完全不同。如帝顓頊的聊作□；如嗣宗子「成」作□；次子旅氏作□；三子柱（□）作□。第三代的孫，匽侯貯吳幼年初命的盛氏作□，封侯之後作□，舜的本字作□；第四代盛氏貯吳之子称偃作□，舜之子朕（□）变筆作□，都有手，或持柱，或撐旗，很明白，到了第六（？）代的□氏就無手，不是沒有原因的了。它必然反映着客观的社会性的物質世界的变化。從所表達的形式上來看，是「失手」的概念，而從声类上推求，当是「失守」的反映。說明斟(尋)氏在自己氏称的金文字形的结构上，是作出了痛心的自我批評的历史記載，以留傳於自己的子孫作為沉疼的教訓的。正如「臣鄉」变「臣[illegible]」，金文作[illegible]相类，所不同的只是後者是誌哀以乞恕而已。

但旗还是插在[illegible]之上的，這个「从山」又作[illegible]（見(乙)型斟字）变隶当是「𡍬」字。《說文》解「塍」許說：「從土朕声」，段注：「今四川謂之田绳子」，并說：「食陵切，六部」，与朕、升、绳，是同韻字。「𡍬」当是塍的字源，是封邑滕（依《說文》古讀朕声）县或巴 「失守」，而旗帜所在的這个斟（尋）氏封邑，以「塍」為标誌 必然是在山東濰县東的「斟尋」了。古本《竹書纪年》載：「帝相土二十七年，澆伐斟尋，大战於濰，覆其舟，天之」（見《日知录集釋》卷七第十頁），就是斟尋最後亡於濰县的旁証，也或説明「縢」虽「失守」，而作器稱[illegible]時，「国」並未亡。从另外一方面来説，封邑的丧失是政权丧失的标誌，因而「失守」從广义来説，是意味着「相土失国」，這就不仅々是縢县封邑的一地的得失了。因而這个「失手」就使斟尋氏很疼心。

还有一层，按以往金文的氏族声标的常例来説，寒浞当是鑄氏族的二系旅氏瞿乙的後裔。從寒浞于害有穷后羿之後，而以有穷后羿的妻室為自己的妻室（《左傳》：「浞因羿室，生澆及豷」——見襄公四年），就可以依例推知，寒浞与有穷後羿，必是同父弟兄，所謂「伯明之讒子弟也」，這个伯明当是互為婚姻之邦族，因而以伯稱，為舅氏。如果這个椎斷不誤，可見有穷後羿和寒浞兄弟之间的残酷的斗争，已經超越两个互為婚姻的氏族部落之间的，关於帝位傳子和傳姊妹之子的斗争范圍之外了。這就是說，寒浞和有穷后羿之间的矛盾，虽然仍是新旧两大势力之间的矛盾，但已經从新興的父权制在奴隶社会初期与母权制的旧传统势力的矛盾——也就是帝位传子和传婿的矛盾，由兄弟之间的斗争，也就是說是依母系制来的旧传统為共同妻子的共同丈夫的「普奴鲁亚」式大家庭生产制与「兄弟相背而共耕」的小家庭生产制的两大派系之间的斗争所代替了。這就是說，寒促和有穷后裔的矛盾是政治路线上的矛盾，寒浞之子過澆和斟氏弟兄的斗争，和過去自有金文記載以来的民族内部的斗争，完全不同，同样都是奴隶社会初期的派系斗争在统治阶级氏族内部的反应。

(2) 双方的氏称，都各自标誌着各自的政治纲领

這一关於家庭組织形式的大革命的斗争，是从舜自己以「違」氏称，封邑称「鄩」，而為子嗣命名作□□开始，從舜放逐「梼杌」「宾四门」看來，斗争在帝尧后期，就是很尖銳的。站在帝舜這一方面的，从氏称的命名来看，有六系的□□（乘畴、無俦），有□（宜）都是舜的諸男，有□属女系的子嗣（婿），直系的男系子嗣有□□（背、疑即朕），有□□（商丘）。從兄弟当中有本以□称的臣氏，鄉字变筆作□了。這一斗争一直貫穿到夏禹的四世孫相土，而且從夏禹推翻了帝舜

所奠定的「兄弟相背」而「不相仇」的「分居而共耕」的一夫一妻及一夫多妻制的家庭形式，又恢复了「既是兄弟，又是共同妻子的共同丈夫」的「普奴鲁亚」式的腐朽的家族制，金文称舜不以「卢」「巨」「違」「背」「貯」「囲」之类的氏称，而偏偏称作仇（变音读究，為「癸」姓之变）公（見「叔貝父敦盖」銘），字作就是群居於一室，有手為守，是合法的家庭制的概念，於是原以命名的「北子」就自以称了。夏啟崩後，《竹書》載「大康居斟尋，乃失邦」，后羿著氏以「鑄鉾」自命，字作旗帜就更鲜明了，就是弟兄分居而共鉾的政治纲領的形象体記載，而寒浞的寒字，金文作，本是人方居於室内，為四方子嗣奴隶所供奉的形象，自然，說明寒氏是属於鑄氏系的子嗣之一，為族称，是「监」的声源所出，為母姓，而「浞」自然是以父系屬「祝」氏作氏稱的声标了。但這是寒浞对於居羿著氏的欺騙。《左傳》載：「浞行媚于內，而施賂於外，愚弄其民，而虞（娱）羿于田，樹之詐慝，以取其国家」，可以為旁証，而古金文寒字又作□（載「寒簋」——見《攈古錄》卷二之一第七六頁），非常明確的是以「四工同室」為自己的政治綱領，四工下面的丙山，自然是說明同屬於一个母系的弟兄了。□虽然是一字氏稱（銘為：「寒自作匿，其子子孫孫永宝用」），不是清清楚楚說明是奉行夏禹的弟兄群居而共室的复辟性质的政治路线麼？而和這个□針鋒相对的，就是父以斟（朕）稱，原為□□的头上并没有冠載，但在斟（尋）的氏稱上，一方面标誌了「失手」，一方面把□作為自己所奉載的首族，同時在□的头上，加了一个小字，以後小字作□或作

[古文字]或作[古文字]，显然這並不是一个小字，而是[古文字]和[古文字]以及[古文字]的同「概念的简化体，是說明自己所奉行的头一条，就是「弟兄相背而共耕」的政治路线（而讀「乘」為「称」又是帝顓頊元子之氏称）。清々楚說明一个真理：「基礎創立上层建筑，就是要上层建筑為它服务，要上层建筑积極邦助它形成和巩固，要上层建筑為消灭已經過時的旧基礎及其上层建筑而积極斗争」（斯大林：《馬克思主义和語言学問題》三頁）。

(3) 在「家庭革命」的斗争形式背後

在以寒浞、過澆為一方；而斟尋、斟覌相土為另一方的針鋒相对的斗争中，都是各以「群居而共室」或「兄弟相背而共耕」為自己的政治斗争的内容，看来是仅仅為家庭组织的形式问題，实質上，反映出来的是生产力和生产关係的问題。恩格斯曾经説過：「一夫一妻制是不以自然条件為基礎，而以经济条件為基礎，即以私有制对原始的自然長成的公有制的胜利為基礎的第一个家庭形式」（見《家庭，私有制和国家的起原》——《馬恩选集》六十頁），又说過：「社会制度中的任何变化，所有制的关係中的每一次变革，都是同旧有的所有制关係不再相适应的新生产力发展的必然结果」。這就是关於将近四千年以前夏初時期鑄民族两大派系，即有穷氏日工的后裔之從兄弟之间（有穷后羿与寒浞），以及二系瞿氏子孫和五系舜為祖的子孫后裔之间的（過澆与斟尋斟觀）政治斗争的实質。

寒浞、過澆是腐朽势力的代表，所谓「兄弟群居而共室」，不仅是属於母夫制的群婚性的家庭婚姻生活的问題，更主要的是在這一形式掩蓋下面，必然是在经济上恢复原始公社時期以「大父」与「大兄」為主宰的大家族的生产制。正如斯大林所說：「這時人們拥有的已经不是石器，而是金屬工具，這里社会一切成員，在生产過程中那种共同的自由的劳动沒有了！占主要地位的是受不劳动的奴隶主剝削的奴隶的强迫劳动，因此，生产資料和产品的公有制也沒有了。代替它的是私有制。這里，奴隶主（即金文中的「大父」——筆者）是第一个和基本的十足的私有者」，又說：「富人和穷人，剝削者和被剝削者，享有完全权利的人和毫无权利的人，他們彼此间的残酷的阶級斗争——這就是奴隶占有制的情景」（《論辯証唯物主义和历史唯物主义》——《列寧主义問題》六十五頁）為什么斯大林不直接了当地說，奴隶和奴隶主的斗争，而說「富人和穷人，剝削者和被剥削者，享有完全权利的人和毫无权利的人」之间的阶级斗争呢？就是因為這种阶级斗争是反映在奴隶主的「大家族」的内部来了。恩格斯曾以荷馬詩中的例子，說到過关於奴隶主和年輕漂亮的女奴所生的子女的问題，說：「同這些女奴所生的儿子，可以得到父親遺产的一小部分，並被認為是自由民，特夫克尔就是鉄拉孟的這样一个非婚生的兒子，他可以按父名给自己取名字」（同上所引，見《选集》五十八頁）。只是這些家族成員，在金文中没有他们的地位，而司馬《五帝本纪》中所記載的：「黃帝二十五子，其得姓者十四人」，恐怕就包括着两个帝系以外的女奴所生的十一名「不得姓」的子嗣。《左傳》所謂世居瓜州的「允姓之奸」，恐怕就是指非羊氏族系的女奴所生的子嗣后裔了，因為厶是古私字，允的古体当是允，即「私人」兩字的合体。自然這又是題外的話了。

總之，舜所倡导和奠定的一夫多妻以及一夫一妻制的「兄弟相背而共耕」的家庭組織形式，必然是包括這些赤脚的有着奴隶血统的家族成員在内的，這是為了适应由於金屬生产工具的普遍使用而提高了的生产力的要求；弟兄分居，各自為家，不用說，就必定是經济生活的独立，以及家庭手工业（副业）之類擺脫了「大父」的剝削和操縱，一句話，為农业上的小生产者開了綠灯。[illegible]字為婚，以「兄弟相背而共耕」的符号[illegible]為标誌，而[illegible]与[illegible]相背為特征的「婚」字的普遍应用，就說明這一斗争是在夏少康复兴之後就完成了。因而「婚」字就蓋上了斟尋氏的「尋」的圖章，就是說頂戴着尋所奉行的政治纲領，不是清楚如画么？而金文「婚」的概念，就是「尔☐☐三字所组成，為「成（乘）親（尋）的規矩（仪式：包括為新婦新郎命氏，及兄弟相背（避）等）」。

十、帝舜是殷商的始祖考

——「伯辛鮮」銘新解

前一節我们既然提出☐為帝舜王都称「背」、《詩》称「邶」的始体象形字，它是殷祖「契」所居，后世变筆作「亳」的商丘，並指出☐字就是商的字源，為舜本人的氏称合体，是☐☐两字的结构，变隶就是「辛鉏（古鋤字）」。而☐是商字金文，就是「辛鉏囲」（囲就是城鎮的古称如

「聚」），為「辛鉏」所居的封邑（鄁）名称。又有帝舜之子（男），司馬史筆称「商均」（均為勿之偽誤，金文勿字作[illegible]，与「匀」相近。均【匀】或是变音之異），那么帝舜為殷商的始祖，根据金文的「商」為「辛鉏」兩字舜的氏称所組成而「北（鄁）」字，就应該是肯定了。但是尽管有「商」的金文，為「辛鉏囲」三字的合体，証据確凿，但还是孤証，這样就担負不了推翻為旧史学說所盘据的属於上古史的這个陣地。也就是說[illegible]字，尽管現在是属於馬列主义、毛澤東思想的新史學的「尖兵」，完成了「爆破」的任务，而且把馬列主义、毛澤東思想的大旗插到了四千年前的上古時代史的原為旧史学誤解所佔領的高峰，但如果没有旁証，作為側翼来支援，显然想要把旧史学以《殷本纪》為主，《帝王世纪》等杂着為副，在這座高峰上所建立的堡壘完全摧毁，还是很困难的。因為在上层意识形态領域里的這一陣地，不但為儒家及旧史学盘据了两千年以上之久，而且还經過历代史者的加固，直到近代史学家王静安，又添了最后的磚瓦，因之一隻孤軍，虽然在高峰之顛插上了紅旗，但还不能説已經完全佔領，而且永遠的能持久的巩固住。因而側翼來援的主力，要起最后的决定性作用的，這就是彝所自制的全文「伯辛觶」銘。但在主力还沒有吹响冲鋒号以前，且让我们观察一下对面山峰上的已經塌了一角的旧史学的堡壘：

八、以《殷本紀》為基礎的偽誤（由近代旧史学者王静安所「加固」的地方）

漢司馬《殷本紀》載：「殷契，母曰简狄，有娀氏之女，爲帝嚳次妃。三人行浴，見
玄鸟墮其卵，简狄吞之，因孕生契」，又有「帝舜」封契於商，賜姓
子氏」的記載。

王靜安据之以爲説，如「契本帝嚳之子，實本居亳，今居於蕃，是一迁也」（見
「説自契至於成陽八迁」——《觀》集卷十二第一頁），又説：「嚳爲契父，乃商
人所自出之帝，故商人祀之」（見《殷十辞先公先王考》夋一節——《觀》卷
九第二頁），並舉出殷墟出土的骨文 諸
字爲例証，以爲字讀「夋」，並説：「夋者帝嚳名」；又引晋皇甫所稱：「帝嚳生而
神異，自言其名曰夋」，更引《山海經》所稱的「帝俊」説：「凡言俊者十有二，帝
俊当即帝夋」，虽然晋郭璞注《山海經》，在十二帝俊之下，只有帝俊生后

稷」下注道：「俊宜嚳」，餘如「帝俊妻常羲生月十二，今始浴之」之类共十一处，都注帝俊爲舜，因而王也說：「帝俊生后稷下曰俊宜嚳，餘（郭）皆以爲帝舜之假借」，但王却又以「左氏傳所謂高辛氏有才子八人也，妃曰常羲」，以爲「曰羲和曰娥皇，皆常羲一語之变」，结论是「三占從二，知郭注以帝俊爲帝舜，不如皇甫謐以夋爲嚳名之当矣」。

王所說的「三占從二」是指從《左傳》「高辛氏（即帝嚳）……妃曰常羲」，以及從晋皇甫「以夋爲嚳名」，因而郭璞的注解，就成了三說中爲王所不取的孤立的一說了。实际上，王氏有所疏忽，《左傳》確有「高辛氏有子八人」的记載（見文公十八年），但却並没有「妃曰常羲」的記載，因而王氏所占，还是晋皇甫与晋郭璞是一对一，皇甫謐「以夋爲嚳」同样是孤說，並沒有旁証，反過來說，如郭注：「帝夋妻娥皇生此三身之国，姚姓」（《大荒南经》），却有《史記》、《孟子》等，「娥皇」為帝舜所婚於嬀汭的「二女」之一的記載，如果依王「三占從二」的說法，那么郭這方面倒是有三种口徑一致的記載，晉皇甫又处於一对三的地位了。另外又有「帝俊賜羿彤弓素矰」（《海内经》），晉皇甫《帝王世紀》稱：「帝（后）羿有窮氏，未聞其姓。其先，帝嚳以上，世為射正。至嚳，賜以彤弓素矢」，郭璞以為這个帝俊也是帝舜，那么还是晉郭璞与晉皇甫一对一，就是加上北魏酈道元的《水经注》从晉皇甫之說，在這一个问题上，晉皇甫是处於二比一的优势，但在前一问题是处于一比三的劣势，帝嚳自言名「夋」的說法，自然是不足据的，且不要說，是「生而能言」的「神異」的问題了，這是第一点；另外，王所引的《山海经》的本身，就是一个不可靠的依据。因为《山海经》是一部故作玄虚以示古的汉晋之间的着作。例如旧说以为是禹、益所作的《海内经》来说，有「鲧窃帝之息壤以堙洪水，不待帝命。帝令祝融杀鲧于羽郊」，直到吴闿生注《尚书》仍然以「殛」为杀，实际上就是疏忽了古「殛」、「繫」是同声字，而今作「鷄」就是《淮南书》「僇人之子女」的「僇」的声源与义源所出。高诱注：「僇繫囚之繫，读曰鷄」（卷十二「道应训」），就是例证。《说文》解「殛」，许说：「殛，殊也，从歹从亟声，《虞书》曰，殛鲧于羽山」，段注：「殊，谓死也……据此知古（汉——笔者）殊、杀字作殊」，又说：「尧典殛鲧，则为『极』之假借，非殊杀也」。并引《楚辞》天问篇说：「屈原曰永遏在羽山，夫何三年不施，（捨的谐音字——笔者）王注言：尧长放鯀於羽山，绝在不毛之地，三年不舍其罪也。郑志答赵云：鯀非誅死，鯀放居東裔，至死不得反於朝」。足以說明《海内經》也是晚在漢晋的託古之僞作了。此外还有如「又東五百里曰浮玉之山，北望具区」，郭注：「具区，今吴县西南太湖也」（見《南山經》）；而在《尧典》上都称之为「震澤」，《吕氏春秋》本味篇有「具区之菁」注：「澤名，吴越间」，從封域的幅度来說，自然也是秦汉以後的版图了。都說明《山海經》是晚於战国的僞作，还不及《楚辞》屈原的「天向」，倒确保存了一些上古史的真实的傳說。這是《山海經》諸篇都不足作古史依据的第二个論点。

第三是「叜」字，《說文》古体字作[illegible]，显然這是厶（私）人是（止）三字的合体，「厶人」为「允」，而「允」又是私（厶）人（八）两字的合体，《左傳》有

「故允姓之奸，居於瓜洲」（見昭公九年），很明確，是非法定婚姻所生的子嗣，就是「私人」，疑即秦漢以後所稱的「奴产子」，就是奴隸主和年輕漂亮的女奴所生的子嗣。在允字下加了「足」作旋标，或爲西周時期对該族的帶有侮蔑性的称呼，和骨文的諸字是完全不同的，如果是骨文確讀「夋」，那么也必然是後世之声了。

因而王在晚年，又自己親手撤消了等字讀「夋」的論点，這是王的矜慎处，但加固在「契爲帝嚳之子」的漢造堡壘上的磚石，却並未觸及。王說：「予曩釋爲夋，今案当是《說文》之夒」，又說：「毛公鼎『我弗作先王羞』之羞字作，克鼎『柔远能埶』之柔作𩕄，番生敦作等，夒、羞、柔三字古音同部，互相通假」（《殷先公先王考》附注——《觀堂别集》)；近説：「余曩以字象以手掩面形，疑即羞本字。今案此古夔字也」，并引《説文》解夒以爲義。（見《毛公鼎考釋》附注——同上）從三代以前帝舜称，夔音讀癸、「三戈兵」銘舜在金文爲「兄日癸」来看，字王以爲古夔字，应該説是近是而实非之解。《説文》解「夔」許説：「如龙一足，从夊。象有角、手、人面之形」，当是讀（柱）爲夔之由。自然「夔」爲叓音。《吕氏春秋》有「魯哀公向於孔子曰：『樂正夔一足，信乎？』孔子曰：『昔者舜欲以樂傳教於天下，乃令重黎舉夔於草莽之中而進之，舜以爲樂正，重黎又欲益求人，舜曰：若夔者一而足矣』」（类似的説法，又載於韓非子「外儲篇」），這是以《虞書》所載的樂正爲一足的「夔」了。自然就应是骨文的諸字了。這就是說，骨文世受殷商王世特祭的族祖為「夔」，或為帝舜之「癸」，夏之史者作夔，骨文之[古文字]為族姓，虽非「樂正夔」，但屬族姓，孔子之說：所謂「舉於草莽之間」，是完全没有根据的。為了彻底解決问題，那么我们就要「伯辛鱓」在号角声中冲上這座漢建有关帝系偽誤的历史堡壘了。

2、「伯辛鱓」銘是舜自制的誌氏金文

鱓（字当依《說文》的許讀「从角單声，段注：「支义切，十六部」，以為「古文本作觗，从氏声」，又是殷周右世的变音。因為單為「鉼」的象形体，是从舜以「沉」（[古文字]）称而得音）銘仍是「盛」的音系「升」的方音。有金文七字，是：

[illegible]止日辛[illegible]

(旧名「祖辛解」——見《窓》録二十)為了概念明確,現在從氏称,親称上分别作解。

A、[illegible]字虞音(本音)讀竚,夏音(变音)讀夔

依据金文以神农炎帝历山氏之子「柱」,金文作[illegible]為族祖,「足」就变成了鑄氏家族的正统　子孫所世代相承袭的族标了。如帝顓頊為柱之子,初命鉏氏,金文作[illegible]、[illegible]是声标也是族标,顓頊嗣宗子成祝,

金文作，有弟称柱（疑為众的同声字，即鐘）金文作，四世孫匽侯貯吳的吳字作，是的变筆，舜為弟，以「吳（户）貯」称，字作，也同様是冠「是」以為族标，而字自然是「足」為声标字，应為「足」声，再從字形所象来看，当讀[虫宁]，[虫宁]是本声，变音就讀「癸」，夏世作「夔」了。

而王静安從殷墟甲骨文中所发現的，世受殷王室特祭的字，或作或作，恰々是的翻体，依金文的常例来説，「翻体」氏称往々是為「正体」氏称字的子嗣，那么骨文諸字，如果確為一人的氏称的話，字依夏音讀夔，当是舜的子嗣了。字以「目」為首，当是母為臣氏女所出的姓氏，是「臣」字在夏殷以後的変筆，字同「臣」，也或是吏音讀「契」聲為族称的声源了。而為盂形，又是金文（杅）的变筆，体為人字，即「虞人」的合体，手為五，屬五系，同样是旌繫虞系的「夔」。最後是字，以「日」為首，「三兵銘」中鑄氏子孫都以「日」為族称，讀陽為羊（詳說在《兵銘集》），如果確与為一人的氏称，那么不用說，這是三戈兵銘底下的第四代「子日夔」了。自然，骨文和「伯辛鱓」的金文虽是父子字，但却隔了夏世十七王将近五百年的「古」字。舜為商的始祖，应該根据金文字為的「正体」字，可以肯定了。

第三、《国語》（魯語）有「殷人禘舜」的記載，韋昭注：「舜当為嚳」，

自然也是循史《殷本纪》之誤而来的錯鮮。最后迩有第四个例証，那就是《呂氏春秋》「慎大覧」所称：「湯立為王，夏民大悦（旧為説字），如得慈親。朝不易位，农不去疇，商不变肆，親郼如夏」，這个「郼」字，正説明商湯的邦国古称郼，是「韋氏封邑」，高誘注郼：「讀如依。今兗州人謂殷氏，皆曰衣」，兗州人称殷謂衣，怎么能作為郼的讀音為衣的理由，如果這样解釋，商字，説兗州人謂殷皆曰衣，就不应不讀「尚」声而讀衣了。显然這是不足為据的，当為「韋」声，正是舜以[illegible]（变音為囲）称，又作[illegible]，「臣鼎」銘繇的少子称為[illegible]公的「違」的族称，综合以上四点論据，是以為[illegible]是舜的氏称字讀韋，变音讀（癸）的論断根据了。

至於王所說的□字，当然是「愧」的同声假借，殷周古音或通「羞」（休姓）仍是假借字。

B、□是「辛」字的象形体，為帝舜父子的族称（姓氏）

從□的字形所象來看，是以弓箭為武器，对於棘木丛生的地方，進行搜索的模样。或許這是一种從原始公社的畜牧阶段所遺留的風習；這就是說，当時是隨着水草為轉移的，那里的水草丰茂，就把羊群赶到那里去，经常是流动不定的，因而每到一个新的牧区，為了婦女進行野果的採集以及牧畜的安全，就必須在搭獸皮帳蓬作為宿營以前或以後，对周圍的林木丛生的角落進行一番武装搜索；

尤其是棘木丛和榛子丛，是野兽经常最喜欢呆的地方。因为野亲、榛子和核桃、橡子、松子等。都是熊和野猪之类的主要食料。字当读「侦」声，就是「辛」字从「斤」的「新」字的象形体。殷周古韵新、辛、真、臣同在十二部，可知三代以前，侦、新、榛、辛、亲、親、寻都是同声字了。《說文》解「辛」段注：「《律書》曰：'万物之新生，故曰辛。'」這是新、辛古為一字的証据。《說文》解「亲」，許説：「亲实如小栗，從木辛声。《春秋》曰：'女摯不過亲、栗'」。今本《左傳》是：「女摯不過榛、栗」。（見莊公二十四年）亲、榛是一字。許說亲字「从木辛声」，這又是「辛」的古音与榛是同声的佐証了。而[illegible]字所象，正是草本的榛子丛形。如果以上的解釋声形都不誤，那么字讀「辛」，「辛竚」就是「辛鉏」，[illegible]是[illegible][illegible]的简化体，后者又是前者的形象体。鉏字《說文》段注：「俗作鋤」，鋤、鉏是同声字，显然這是帝舜后期的自制金文的氏称了。

c、帝嚳高辛氏為姑父，古称伯
——鲜金文「伯」通祖的实質

金文白字通祖，所以旧釋「伯辛」為「祖辛」，白当釋伯，通祖，祖是第二义。伯，是伯舅。在上古時代根据两个帝系之间的男女世代互為婚姻关係来說，伯舅也就是姑父，母親的弟兄也就是父親姊妹的婚偶。不須說，在「鲜」銘中称「伯辛」就是帝嚳高辛氏是帝舜的伯舅和姑父了。但金文的「伯」是通祖的，因而伯舅的概念就和今天的概念不同，因為上古時代是兩級婚姻制，就是說姑侄同夫。《說文》解舅，許說：母之兄弟為舅，妻之父為外舅，因而母一級妻屬的「姑」之父，為伯舅；子一級媵妾当為這个「伯舅」的儿子之女了，是為「姑」的兄弟之女称作「姪」，那么這个子一級的媵妾之父自然也称伯舅，但前一「伯舅」為后一伯舅的「父」，可見古称伯舅之父，也為「伯」，這就是金文「伯」字通祖的根源所在了。那么在「鱓」銘上這个「伯辛」，根据帝舜的子一級媵妾「女鷹」（史称「女英」）為帝堯的女兒；母一級妻屬為帝嚳的女儿来說，帝嚳是舜的妻父，為伯舅，這是帝舜和帝嚳之间的「甥舅」親屬关係的实际内容之一；另外，依据兩个帝系子女之间互為婚姻的規律，從軒轅黃帝的女兒常仪（史作昌意）和神农炎帝厉山氏之子柱，為母一級的婚姻开始推算，帝少皞的母一級妻屬所生之女，必是隨姑作嫁的桂氏弟兄的子一級的共同的「媵妾」。而帝少皞的子一級妃妾的女兒，金文以□称的，為桂之子帝顓頊的母一級妻屬，而帝顓頊的子一級妃妾必然又是帝少皞的儿子，帝嚳的生身父，史稱「蟜極」的母一級妻屬所生的女兒了。這就是舜的生身父，「三戈兵」銘中的五「父日辛」的母親了。就是說，五「父日辛」是帝顓頊子一級妃妾所生，是帝嚳的姑（父的姊妹）之子，因而帝嚳的母一級妻屬所生的女兒，又必然是五「父日辛」的子一級「媵妾」（五「父日辛」母一級妻屬當為「蟜極」子一級妾屬所生的女兒），而帝嚳的子一級妃妾所生的女兒，自然就是帝舜的母一級妻屬了。

這种复杂的兩級婚姻制，從今天的一夫一妻制的父系為主的家庭觀念来看，很不合理，很混乱。不合理是確实的，但却不混乱，而且是輩次界限还很严格。是的，帝嚳弟兄行的女兒，（随姑為媵妾之「姪娣」）婚於帝舜的父親五「父日辛」而生了舜，怎么又会把后来所生的幼女婚於舜弟兄，這不是兩姊妹嫁了父子兩代人，变成婆媳的关係了嗎？一点不错，正是這样，我们说过，不合理，是從野蠻時期所流傳下來的一种兩級婚姻制來說的；為什么又說，輩次並不混乱呢？自然，從父系制的角度来看是混乱的，但這是一种從母系制的原始公社所留下来的旧傳統、旧風習，如果從父系制来看，是帝嚳的兩个直系血统的女兒，一為父的婚偶；一為子的婚偶，是姊妹变成了婆媳，妹々嫁给了姐々的兒子，輩次混乱不清；但从母系制来說，帝舜的生身母，是帝嚳輩母一級妻屬所生的女兒，就是說，是「姑」的女兒；而帝舜的母一級妻屬「娥皇」是帝嚳的子一級妃妾的女兒，就是說，是

「姪」之女，因而她们俩是「姑」的女儿，和「姪」的女儿，姑的女儿和姪（即「娥皇」的母親）是一級，而「娥皇」為姑之子帝堯以及姑之女（帝舜生身母）的女「甥」，本來就是两級，所以帝舜是「姑」的女儿所生，正是「姑」的姪儿所生的女儿的婚偶，輩次仍然是相稱的。至於「娥皇」与「女鷹」從父系來說是姑与侄，但從母系來說，一是「姑」的女侄之女，一是「姑」的儿子之女，是姊妹，這种复杂的关係，已經在前面的《「父乙匜」銘新考》中也已介紹過了。

從以上的两級婚姻在親屬之间所形成双层关係中，就可以很清楚地看出來，虽然從社会生产关係上來說，已經跨入有金屬貨币作标誌的奴隶社会，也就是恩格斯所說的「隨着金屬貨币就出現了非生产者统治生产者及其生产的新手段」（見《馬恩選集》第四卷——一六二頁）的時期，母系制的原始公社的公有制经济基礎，早已經為「太父」的私有制的社会经济所代替。就是說，儘管這种社会经济还保留着原始公社式的外殼，但生产資料以及所有的生产品，早已集中在奴隶主——也就是以氏族部落的酋長式的家族中的「大父」——的手里，用我們已經引証過的斯大林的話來說，就是「那种共同的自由的劳动没有了」，「生产資料和产品的公有制也没有了」，一句話，母权制的社会经济基礎实質上是完全崩潰了，但在上层意識形态領域里，在人类的生活方式和風習上，屬於旧的已經失去物質基礎的母权制傳统势力，却依然頑固地盘踞着自古以來就為它所佔領的各个方面。在兩級的婚姻制的輩次上以母系為标准，就充分反映出來。這种風習是把從屬父系的概念完全排斥到不起作用的位置上去了。是以說明，在意識形态領域里的斗爭，先進的和落後的、新興勢力和旧傳統之間的斗爭，确实是長期的激烈的，這在近四千年以前的金文記載中，從「寒浞」的寒字作 到以後出現的爲湯左相的仲虺的虺的古体金文作 也就清清楚楚反映出來了。

D、结論 舜爲殷商的始祖

根据以上的分析和考証，「伯辛觶」是舜在帝堯後期，作爲貯氏族的部落首長，掌握了氏族部落的「祭祀权」，有了代表氏族部落爲族祖作祭器 祭祖的政治資格以後，爲祭祀帝嚳所作的祭器，也就可以完全肯定无疑了。那么「觶」銘是舜所自制的誌事金文，「辛竚」是舜的自称，也就很明確了。

如果以上論証不誤，那么世代殷商王室特祭的族祖，有王静安所发現的骨文為例証，恰是的翻体，或是以為体，（金文中基字）的側体，也就应是「契」的声源所在（或夏之史者隐筆称舜之声源）而諸字，為舜之直系子嗣的氏称字，当也可以作初步的論斷了。這也就是說，在旧史学上以為前鋒，所爆破的經過「历代加固的漢廷的這座有关帝系的历史偽誤堡壘」，再加以「伯辛觶」的冲击，已經只剩下一片斷磚残瓦了。那么最後一个問題就是諸字，既然是左向，為舜称的翻体，是舜之子（男）或是《虞書》称「夔」的這个人，那么《国語》所称：「殷人禘舜」，舜在骨文中必然也会出現的，既然是舜子夔，又骨文有字，王静安讀「怉」（見《殷卜辞所見先公先王考》王恆一節）、並說「其作□者，《詩·小雅》「如月之恆」，毛傳恆，弦也。本弓上物，故字又從弓，然則□□二字，確為恆字」，或為殷周後世的变讀，依据金文婚字作□，巨尋「相背」，当是翻体，□应是帝舜之男在後世的氏称字，為「舜尊」□的「背」体，又音為户声，也当是「互」的字源所出，本音当讀「巨」。又作□，正是殷從夏音□字作為弓的标声誌氏的符号，字讀户，就又是古称弓為弧的例証了。因為自己对骨文没有倒出手来作進一步的研究，所以不敢妄斷，存疑以备後考。如果以上所疑為確，那么就可以說，在這个角落里的断碑残瓦，就彻底清除了，那么只等新史学者在這塊基地上，站立屬於唯物主义辯論的历史观的上古史的新站簇了。

十、関於舜嗣帝位的金文記載

——「辛子彝」銘考

「辛子彝」旧名「糾彝」（見《攈》録卷二之三——三頁）或名「父乙彝」（見《敬》集），共十九字金文，是御氏記載——舜即王位賜金而御氏為帝堯作祭器的历史性実録，因而為我们在金文中留下了帝堯昔「崩」的確切年代，《堯典》所偽造的处所，就更進一步暴露在历史唯物主义時代的光天化日之下了。現在摹録金銘如下：

（旧釋：「辛子糾，　守官在小圃。
王尤商糾□貝，用作父乙彝」）

八、釋

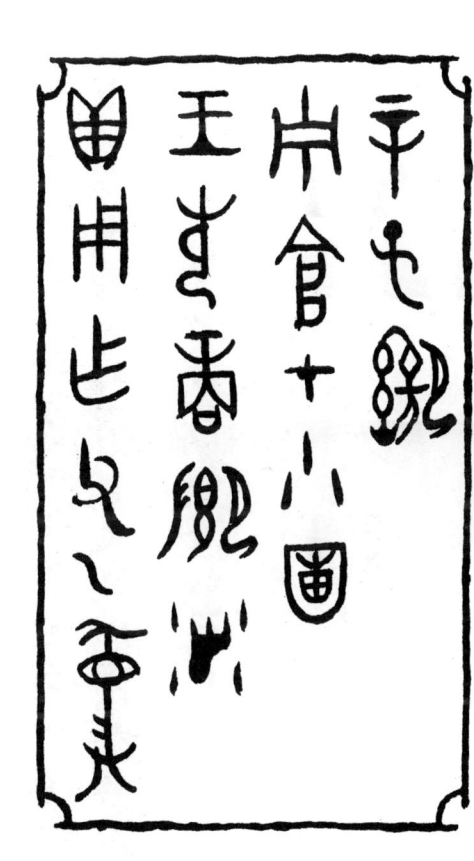

貝文有字，見《西清古鑑·錢錄》古幣第七枚，圖如：

貝当中有作氏标，当是帝尧的第二任共工貯吴流幽州封邑侯以前所铸的貨幣。有「丁未角」貯吴的金文作，是手所持就是（柱），可以為証。那么是鏃（）的简化，是箭头，為貯的同声，古铸、祝、貯、著、鏃都是同声字，就是「鏃方」兩字的合体，变音為「余方」，金文艅字作，就是以的变音讀余的例証。余是郐的省筆。就是繫於郐方的。《説文》系字古文作，字如山，是封邑的标誌，貝文又作如「盂」（）形，自然這是兩个地方。貝文的是「貯㠱」的封邑，為㠱的同声假借字，般同古韻其、絲、息同在一部，可以推知三代以前㠱、系必同声，而显然是繫於郐（铸氏族、鯀的氏称艅的变筆，是艅氏封邑的專称）方的系氏。很清楚這个系氏，自然就是鯀的直系子嗣(男)。□字变隶，当是「鄉」，因為殷周後世称箭頭也為「鏃」，金文作□(午)，是古杵字。「杵」当是「鏃」的声变，「鄉」字午(杵)下為凵，就是□的变音声符，是字讀「孟」的标記。「鄉」為《說文》所不載，疑為「御」的祖体字，夏啟以後以□為侶，因而御字從「双人」了。根据以上的分析，□字当讀「御」。

2、□為貯(是帝舜兄弟輩的氏称)

□字，不用細說，变隶当是「宁」字，是□、□、□的变筆，都是同輩兄弟的称「貯」氏的同字異体金文，可見是帝舜的兄弟，確為鯀的直系子嗣了。

3、「辛子」是一辞两義

金文的一字兩用，前有「父乙匜」銘称「给□貝」的例子，一辞兩义，又有「戊午鼎」銘，「戊午」一辞既是变音讀戊午紀岁的甲子，本音讀「户杵」又是舜及其子男通用的族氏之称，為先例，在「辛子彝」中，御氏就以「辛子」作為两用詞，既作為紀岁的甲子，又作為标誌自己政治身份的「親位」，因為古子己是一字，辛子就是辛己，為什么不直接作辛己，而却变己為子呢？正是因為一辞要让它担负两种使命的原故，就是説以高辛氏帝喾的子婿為头衔是作第一义，而作為紀年的甲子是第二个概念。「艅尊」銘以「珠子王」称帝喾，「辛子御貯」正和尊銘称「珠子王」相类，這就是說，御貯是帝嚳的子一級妃妾之女的夫婿，因爲爲帝堯作器称「父乙」，又是帝堯母一級妻屬所生的女兒隨姑爲媵妾的婚偶，也就非常明確了。這和以前我们所作的疑爲鲧的直系子嗣的分析，從親位上来說，也恰々是相符合的，和舜及匽侯吴既婚於帝嚳的子一級妃妾所生的女兒娥皇，又婚於帝堯的母一級妻屬所生的女兒「女鷹」是同样的輩次，那么御貯爲舜的同輩弟兄，也就可以最后肯定了。

「辛子」又是紀岁的甲子，爲辛巳的变筆，根据「庚申角」銘，帝嚳二十年爲庚申，五十年爲庚寅（史称「庚寅日」爲誤）誅重黎氏聊墟，崩時是五十五年，在「乙未敦」銘的新考中（見「鲧篇」），已经作過介绍了。接着是帝摯嗣位，金文記載刊於「丙申角」上，爲堯所自制的金文記錄，也在《堯篇》中作過考証了。依晉皇甫謐的《帝王世紀》所載：「堯以甲申岁生，甲辰即帝位」的說法，帝堯嗣位的第三年巡狩，有「丙午鼎」的金文以「天君」稱的記載，那么到「辛巳」為止，正是帝堯嗣位為帝巳三十八年了。据《世紀》稱，帝堯是：「甲子徵舜，甲寅，代行天子事。辛巳崩，年百十八岁，在位九十八年」。在位九十八年，自然是皇甫為偽筆所塗的《堯典》所數，在帝堯三十八年的這个數字上硬是加了六十年，從這个數目字上就反映了唐虞時期確以甲子紀岁，因而六十年是一个「花甲」，不這样加，就和古史上的「甲辰嗣位」「辛巳崩」的年代对不上口徑。為什么偽筆要這样造假呢？因為這是誤以帝顓頊之母「常儀」（由於古史諱黃帝有婿而作「昌意」）為男人了。這样帝顓頊是黃帝的直系孫，舜又是帝顓頊孫，正是四世子孫，而帝堯為帝嚳之子，帝少皞的三世孫，也在四世的輩份上，舜、堯既然是不在「五服」之外的同祖弟兄，那么姊妹和女兒相互為婚就变成封建礼教的罪人了。因而為奉行《周礼》的古史者偽筆所改，另外在春秋時代还又捏造了帝舜四代祖系加在帝顓頊和帝舜之间，但虽如此苦心「粉飾」，仍受「舜妻祖姑」（見《竹書訂補》所載朱右增序中語）的指責。《兵銘集》作过介紹，在這里就不作重复的引証了。帝舜和帝堯既然硬給划作五世之外的同族，那么又同处在一个時期為一代的君臣，差距未免過大，這就是《堯典》不得不在帝堯為帝的年限上又增加六十年，以缩短這个差距的用心所在了。所以在「禅位」之始，依偽筆所記，帝堯还和舜根本没見過一面，只是耳闻有這么个人的時候，帝尧已經在位「七十載」了。（「帝曰：咨四岳，朕在位七十載，汝能庸（用）命巽（傳）朕位？」）问四岳，是不是能应命，接续朕的王位，等到四岳回説提到「有鰥在下曰虞舜」的時候，帝尧就説：「是呀，我听説過。」（「俞。予闻。」）既然晋皇甫謐為《尧典》偽筆所誤，那么帝尧「甲午徵舜」自然就不足据了。根据金文「丙申角」禹以「仲癸鼏」名义所作的記載，以及「乙未毁」銘餘的金文記錄，甲午是帝嚳临終的前一年，「徵舜」当然是没有根据的。這是從「甲寅代行天子事」依「在位七十載」之説往上推算所得出的年代。另外帝尧年「百十八岁」自然也是從「在位七十載」這个數字上來的。基礎既然是偽造的，數据自然也就該推翻了。

依据金文記載（有「旅鼎」銘及「大保敲」銘為証——見《人物集·尧

篇》新考》唐堯（鷹公大保）是在帝嚳五十年親自帶兵去征重華氏聊墟的，至少年紀也在三十以外了。因為依據晉皇甫《世紀》：「帝嚳三十而登帝位，都亳」的記載，到帝嚳五十年堯以大保身份征誅聊墟時，是八十岁。帝堯為帝嚳的母一級妻屬所生的嗣宗子，最晚也應是五十岁的「晚子」。又經過帝摯九年，甲辰堯即帝位時，當在（至少）四十以上的年令了。「辛巳崩」時，最低的年令也是七十八岁以上。反過來，如依「在位九十八年」的說法，崩時「一百十八岁」，那么是二十岁嗣王位，帝摯初年，不過十岁，帝嚳五十年剛剛五岁，不但不能帶兵為宰東虎旅氏在金文上稱「鷹公大保」，更不能算是帝嚳的母一級妻屬（帝顓頊的女兒「其氏」）的元子了，因為帝嚳五十年時堯才五岁，豈不是帝嚳七十五岁才生的堯？显然這是偽筆再也無法弥補的破綻。因而「甲寅代行天子事」為真，「辛巳崩」為真，帝尧在位是三十八年，「辛子彝」称王為 □，就是新王舜帝嗣位的佐証。

4. □ 為帝舜嗣位以後的氏称

□ 是 □ □ □ 三字的合体，而 □ 和 □ 又是頭尾结而為一的合筆。這样，就是两个「□」字相合，一是倒体，(□)翻筆，一是正体，成為 □ 形如「弓」(弧)的倒体了。□ 是帝顓頊的氏标，(《孳貝》一章有過介绍)古子、巳又是一字，很明確，這是帝顓頊「子之子」的概念，也就是帝顓頊之孫「弓」(弧)，而讀弧声，再看 □ 的字形，如巨的翻体简化，而「巨」為正音，变声讀「互」，那么显然 □ 又是斥的翻体的繁筆字，也就是「户」

的始体字了。[glyph]是帝顓頊之孫，自称「天子[glyph]」的直系子嗣，[glyph]字讀巨声，变声讀户，通聊，為[glyph]的氏称声源与形源所出，也就十分清楚了。

巨、互古為一字，金文有[glyph]（見「父癸甗」旧名「周子甗」——見《西鑑卷三第十八頁》）的「吳」字可以為証，吳，是以[glyph]為自己所奉戴的氏族，[glyph]自然也就是吳的标声誌氏的符号，是「護」的形象，不是清清楚楚么？而金文婚字作[glyph]，有[glyph]作标誌，是「乘（成）尋（親）之規矩」的概念，又是可以相印証的。

如果以上的解釋不誤，那么「貯巨尊」（見《窓》錄十三），是舜為帝顓頊所作的祭器，也就可以循此而定了。銘共七字，是：

[glyph]

[glyph]

貯、為族称。巨又讀户声，殷周古韻巨、户、盤、霍同部，可以推知三代古音户、鏵同声。貯户当是貯鏵（古或作鋘，貨声）的抽象体，金文「貯华尊」（旧名「父乙尊」——見《窓》十三）「貯鏵」両字為合体，全銘四字作：

当是舜在帝尧時期与「女鹰（英）」為婚時所受的命氏彝器了，是為貯鏵的象形体。古鏵、鋘同字，見《后汉書》載就傳注引「古今字詁云：鍨，畬也。又引何承天篆文曰畬音华，今之鍨也。是鍨為鏵之本字无可疑矣」(見陳邦福《億年堂金石記》有关鍨一節所引)，這又是「鏵為吴声」，古音讀「户」的旁証了。司馬《史記·五帝本紀》称帝舜一名「重华」，「重」「桂」古同声，重华自然就是重鏵的正称，实際就是「鑄鏵」、「貯鏵」。自然，這已是离題的話了。

5. □是□的变筆字

卪是阝，為封邑樹有旗帜的形状，和𠂤是一字而異筆，变隶為「阜」，阜是封土標誌，也是族氏之称，变体变音都為「邑」，「邑」是阜的变讀，如服、衣；縛、縶；福、禧，都是一个概念的兩种名称一样，因而卪如邑（今作阝為邑）是[illegible]的变筆，当中原為[illegible]是「鉢」的古体字，变声讀「盔」，盔字《玉篇》称「鉢也」就是例証。可知[illegible]為声标，而字又作[illegible]是以「皮」為旌标，皮字《說文》許称「剥也」，是古音皮也讀剥，又為[illegible]字的声符，是為字讀「鉢」的又一旁証，今段字或讀「鬼」声，实為「盔」的方音变化了。[illegible]字，因為不作[illegible]，那么当中[illegible]字仍作[illegible]，就变成「一人在封邑独食」的概念了，变筆作[illegible]，就是「日方」的合体字了（方字作[illegible]）。

這样一来，就出現了一个問題，那么「臣」是鲧的直系子嗣，原称州，字作[illegible]，变隶作[illegible]字通鄉；而「辛子彝」豈不是「臣鄉」本人的变名称「御[illegible]」么？是的。那么為什么要变[illegible]為[illegible]呢？這就是我们一再所說，必須要以馬列主义為指导，以毛主席所說的：「唯物辯証法的宇宙観主張從事物的内部，從一事物对他事物的关係去研究事物的发展，即把事物的发展看做是事物内部的必然的自己的运动，而每一事物的运动，都和它的週围其他事物互相联系着和互相影响着」為指针，我们就会清楚的從鲧之子「臣鄉」的「鄉」一字变化中，看出來，以前称舜為「公違」，自称「在臣鄉」，虽然还不是明目張胆地称「臣鄉」以為氏，和「兄弟相背而共耕」的政治方向相对抗，但至少說，还是傾向「弟兄相仇」。酬字作[illegible]，為相「傳」的形态，就是佐証，就是說对舜在帝尧特期所倡导的与古道相違，以及赤脚的与穿鞋的应該背道而馳的政治路线有保留，因而在「新邑」的作為地称的掩飾下，以「臣鄉」連称而說明自己的這种特異的态度。但一旦帝尧告崩而彝嗣王位以後，鯀之子，奚氏「臣鄉」就循更命改制之例，以「御貯」為自己的氏称了。在這个氏称上，是「保就貯氏旋」的概念（御為禦的始体字），忘度明朗，而自己，也就必須以拥护彝所倡导的新法制為根本條件，因而不但精心的把□的划時代性的住字，翻版作□而且避諱「鄉」通「酬」所含有的「兄弟相仇」的概念，這就是□字的產生的客觀物質的基礎。因而反過來說，它又為「王□」是帝彝的氏称的印証了。

6、□是在人类生活方式上又一次大改变的标誌

□的字形所象，是四方有所規制的行止，是居住的「住」，□既

是族标，也是声符，是為「足」声的根據。前在《貨幣集》「柱貝」一篇关於觚銘一字[illegible]的介紹中，作過分析了。那是人类的生活方式由於生产方式的变动而变动，是人类由畜牧阶段跨入农业定居，「行止有所規矩」的新階段，是从生产的要求所作出的生活方式的改变，也是東方人类实行第二次社会大分工的标誌（第一次為畜牧与狩猎之间的分工）。但[illegible]字所标誌的却是東方人类社会生活方式的第三次大改变了。开始是兩个不同的氏族部落之间的男女互為婚姻。這就是說，兄妹从兄妹是绝对排除在婚姻关係之外，而是分為属於兩个不同的氏族部落的家族里去了。東方人类在公元前兩千七百年以前，用金文以「佳」作為氏标記載在青銅器上的[illegible]字，就是人类社会的又一发展阶段了。它是人类第二次的生活方式变动的文字記載，但还不影响從氏族原始公社世代相承袭下來的家族的組织形式；這就是說仍然是羣婚性質的兄弟同室的「普奴魯亚」式家庭，它和母权制的根本差别，主要的是生产資料和生产品在母权制氏族的原始公社時期為公有制，而父权制的大家庭公社為私有制，跨入奴隶社会初期以後，不但在奴隶主（自然又是家族中的大父）作為剥削者，成了氏族部落的生产資料和生产品的唯一的拥有私有权的佔有者，而且在青銅貨幣、商品，和奴隶同牛、馬、羊群一样，都可以作為衡量一个人的富有程度的标准的所設，這种奴隶主，也就是「大父」的私有权，但它还為母权制的原始公社的家庭组织的外殼所掩蔽，彷彿除了以父权為主，確定了财产継承关係之外，仍然和母权制時的原始公社一样，是「諸父諸母」「諸姑伯姊」相聚一室的家族，最多，是田间劳动有了一定数目的奴隶，而大家族内部出現了非法的為年輕女奴所产的属於奴隶主「大父」血统的不得「姓」的子嗣而已。实际上這也就是說，儘管生产力已经由於金属生产农具，青銅耕犁以及大钁、寬板鏟的相继出現，而蓬々勃々的经由奴隶们的双手操作而发展起来了，但生产关係却还不能与之相适应，还停滞在母权制「原始公社」階段。在上層意識形态領域里，母权制的原始公社所遺留的一些观念和生活風習，还佔着优势，表現在生活上的，就是這种实际已经在所有制上变了質的公社式的「普奴鲁亚」大家族了。因而從這种公社式的家庭组织形式掩盖下的私有制所产生的，必然是家庭成員的分裂，就是説各自要求经济独立，以便建立各自的財产継承人。舜帝所倡导的「兄弟相背」而「共鉡」的這种一夫一妻（包括少数奴隶主貴族的一夫多妻）家庭，实質上就是适应当時生产力的要求。自然這样就把从母权制一直绵延下来的原始公社式的家庭组织形式，完全的，彻底的粉碎了，而[illegible]字，应該説，就是這种「兄弟分居而同鉡共耕」的一夫一妻的小生产的家庭，取得完全胜利，在上層意識形态領域里所产生的反映。這个有它的時代特征的「住」字孤自一足的「單住」，在這里是鋳的誌音字，同样是一字两义，既是一般的鋳貝的「鋳」，又是标誌着「四方有所規制的行止」階段的居住的「住」，也就是貯氏所鋳的金属貝的專有名詞了。古鋳，貯是相通的，貯為舜的氏稱就不須多説了。

7. [亼𠂤]為「合阜」兩字的併筆

我们既然对舜為王以後，由於貫彻弟兄分居而共耕的维新的家庭法制生活，認識到「臣鄉」的「鄉」由於是「兩人相酬(通仇)」的形象，而不适於客观的变化不得不廢棄不用了。[古文字]字兄弟兩人共食形，改作[古文字]字為一婦(阜)一人共食了。這样对于[亼𠂤]字，就便於解释了。

首先依据彝銘的常例(規律)來說，「[亼𠂤]在小圖」在整个句子当中[亼𠂤]是动詞。旧釋「官」，单從字形來看，也確相近。可以作「館」解，但因為「館在众圖」就得王賞金，於義就讲不過去，因而还以字的結构來分析着手好。亼為首，是「鏃」的形象，自然就是鑄氏族的旗标。《說文》解合，古体字作亼，許說：「三合也」，又說：「讀若集」。「合」(和)為正声，集是变音，這是從合、集兩稱都是一个概念就可以推断出来了。另外，集、合声都是属於鑄氏族的声标，神农炎帝历山氏之子(即軒轅黃帝的子婿)柱，稱稷(「列山氏之子曰柱，為稷，夏以上祀之」——見昭公二十九年)，鑄的生身父以「大雉」稱，鑄就稱「奚」氏，稷、雉、奚三代以前的古音当是同声，因而世代相承以為族稱的声标，疑即春秋后世「姜」姓，「齊」的祖族所出之源，首都又稱「稷下」，有山名「稷山」就是這种推测的根据，這且不去說了。鑄氏族母為軒轅黃帝的使之「占月」的女儿「常仪」(仪古音读娥)，這又是《堯典》作為「和仲」「和叔」的和(貨声金文作)的声标所出的根源了。這又是集、合為一个族氏父母兩系的族稱声标的例証，也是兩声相通的根据。

𠂤是金文阜字的始体，作為妇的「同声假借」（实际就是誌音字）、《貨幣集》所引用的「母癸卣」銘就是例証，如：

「阜」為風姓的声系，帝嚳時期是「凫」的声源，以及「鳳」字的声源，三代以前原是对於鵝、雁的美称，春秋左氏傳称凫，晋杜預注「野鴨」以「乙」為燕，而以雁為家鵝，這又是殷周後世甚至於是漢代的概念了。实际鵝、雁是统称，乙、凫是一物，有民间諺語可以為証，「雁鵝過，赶快播」（見竺可楨《物候学》五十二頁）；更有金文 字為例，是「阜乙」合書，是雁、鵝的概念，合書一字就是婦，婦的変音就是媳，（乙的声系）位居母癸之下，自然是「成祝」的媳婦，「母癸」為婆々了。

根据以上所作的分析，□字就是「合阜」兩字的併筆，「合阜」自然是無义可解，应是「合符相会」的概念了。這是□為「会」的本字的論据。「趙亥鼎」（見《攈》録卷二之二——六七頁）銘，有「饗」字作·□，旧释享，是祭器的名称，而在這个鼎銘中，有「子々孫々永寿用之」，「寿用」也就是「受用」，可見是日常飲食用的饗鼎。□字释享自然不確。以字形所象來看，当是「會」的正体字，变音讀饗。正如□字讀鄉讀卅（酬），而通「会」一样。如果以上的分析不误，那么這个「会」（□）字，正是饗的概念，所以諱□而称「会」，也正是「弟兄同酬（仇）」而共食的姿态。從這一字的分析中，也正好看出來，是以創建「兄弟相背」而「不相仇」的帝舜嗣王位以後在金文上所必有的反映。「臣鄉」氏稱變[illegible]為[illegible]，正好為我们樹立了一个鑑别年代的标樁，不用說，這也就是在前面提到過的「臣鄉彝」五字金文作：

[illegible]

為什么我们疑為是帝舜所頒賜给「臣鄉」的命氏彝器的理由了。這个命氏的彝器，主要的应是為了改变臣鄉的「鄉」字的形象。這正是斯大林所說的：「……上层建筑一出現，就成為極大的积極力量，积極促進自己基礎的形成和巩固，采取一切办法帮助新制度去根除，去消灭旧基礎和旧階級」，（見《馬克思主义和語言学問題》第四頁）從舜以[illegible]為子嗣命名，以[illegible]為自己的封邑命名，以[illegible]為自己的帝都命名，都反映了帝舜在上层意識形态領域里為了改变人们從旧傳统继承下来的观念，也就是為了巩固他所倡导的「兄弟相背而共耕」的維新制的家庭结构，彻底消灭还披着母权系制原始公社的外衣，实际上已经由母权的生产資料和生产品的公有制蜕变為以奴隶主「大父」「大兄」為主的私有制了。這就形成与蓬勃的生产力不相适应的落後的生产关係，必須推翻，即必須革命調整的局面。以「普奴鲁亚」的諸父諸母大家族的形式所结构的社会生产关係。帝舜在金文有关氏称和封邑名称的文字结构上所下的精心的創造工夫，正是為了促進新制度的巩固，以及消灭旧有的生产关係

8、小圖解

丨丨字讀众，通小，在《鯀》一篇中已經作過解釋，而斟尋氏的封邑标誌為山，前在「伯斟（尋）尊」銘的新考中也已經作過介紹，它變隶是「坐」字，為膝的始体，讀「成」声，与滕古声是相通的字。殷周古韻同中東是同声字，可以推知三代以前众、滕、東必是同声字，那么丨丨圖，就是丨丨山，為鯀子系氏臣鄉在古滕县地区内的封邑，如舜的後期封邑在滕县，稱蕃（古音正声讀翻，变音讀背，即剥声，旧注皮，《說文》解「皮」，許說「剥也」，剥為古音。今膠東萊陽地区仍稱南北之北為剥，就是例証），金文作□；而又有封邑在河南古商丘一样；臣鄉系氏在河南新鄉的封邑是「新邑」；而原有的封邑之一，就和帝舜的在山東滕县的封邑相鄰。《左傳》載薛宰的說辭，是「薛之皇祖，奚仲居薛，以為夏車正。奚仲迁于邳，仲虺居薛，以為湯左相」（見定公元年），杜注：「奚仲為夏禹掌車服大夫」，而「邳，下邳县」，如果晋杜預所注為确，奚仲是夏禹的車正，而禹又是鯀的子婿，這个奚仲如果不是条氏御貯又称「臣鄉」本人，也必然是「臣鄉」的弟兄行，從薛宰所称，「奚仲」必為始祖，諱鯀而以臣鄉為奚仲的可能性比較大，那么這个「下邳」必然是「下沛」的錄筆之誤，因為夏禹的帝都在殷墟的安陽，帝舜的帝都在河南古商邱，而奚仲既為夏禹的親信，自然封邑不会离开帝都所在的中原地区過遠，而沛县地处商邱与滕县之间，应是奚仲封邑的所在，這是從地理位置上来的推断；第二，既称「下邳」，必有「上邳」，旧有這样的說法，但指不出「上邳」的地点。而

「下邳」既然是以「下」称，可見上邳也必是有名的古地名。以声律上推求，当是《左傳》「齐侯田於沛，招虞人以弓，不進」(見昭公二十年)的沛，唐陸德明讀沛為貝，地在山東高唐以西，今屬河北省清河地区，与今江苏省徐州西北的沛县正是上下相对，這又是《左傳》所載的「邳县」為沛县的筆錄所偽誤的第二个論証。如果以上所論不誤，那么奚仲，就是鲧的直系子嗣系氏臣鄉，仲為众，是族称，而封邑在河南古商丘及山東滕县之间的今江苏沛县地区，称「众圖」，「古圖、府、阜、埠、堡都是一声之序，众、滕、同又是一音之轉，就据此可以初步肯定下來了。

9、釋 [illegible]

「辛子彝」銘称：「用作父乙彝」，彝字作[glyph]，從字形來看，当是[glyph]的变筆，是[glyph]字的下部，也就是[glyph]型的简化，廾是金文基字，是双手（[glyph]）的变筆，在這里就兼有标声的作用，就是說[glyph]是為作器人（臣鄉）双手所拥戴的。字本声讀如宁（[glyph]），在這里变音讀「基」声通彝，為「器」的声源所出了。殷周古字「著」「貯」相通，可以推知三代以前宁、注是一声，「宁」字加「基」，在這里就是作為「注」字用了。「注」字作為动詞变音為「斟」，就是金文中的[glyph]（見「注觶」旧名「父丁觶」——《愙》二十一），作為名詞就是「盤注」的注了，金文又作[glyph]（見「婦盉」——《愙》十四）称[glyph]，[glyph]旧釋盉，疑為变音，而以「盉」作為調酒器，這又是依《周礼》的觧釋了。以前僅是一个疑问，最近見故宮宝和殿展出的一九七四年冬到一九七五年春在扶風强家村出土的窖藏彝器中，有「旅匜」，有四足，確為匜，有蓋銘文最後四字，是：

旅是古「礼」字（詳說在《兵銘集》）是稱「匜」為「注」，变音当讀如器，是「注」為名詞，為「廚」的声源和义源所出，通「盉」，但不是周制所稱的調酒器是很显然的，因之，也据此一物之稱，又可以推知扶風所出土的這一批古物，包括墓葬銅器多屬夏商的青銅彝器，也就可以初步說斷了，而根据墓葬中又有大量的作為貨幣用的項飾「古貝」，却没有一枚在唐虞時期，就已經作為罰金用的極為普通的青銅貨幣出土，又可以推知這些隨葬的青銅器如蚌壳制的古貝一样，是主人生前所珍視的祖代相傳而承襲下來的「古物」，這又不是西周当時所有的「現代品」，為西周（假如墓主確為西周時期的人物）時期的「古董」，又可以作為前一推論的旁証了。至於展品中有关夏代的金文記載，留待以后研究。在這里只舉「匜」銘稱為「礼注」，西周以前並不是調酒器的「盉」，而為「容器」的通稱，就可以了。殷周古韻朱、斗、具同在四部；而者（古諸字）、且、古、山、壺、巨為五部字，注、杅、貝在三代以前当是同声字，因而「礼注」自然就是「礼器」和「礼具」的概念。[illegible]本為彝一人的氏称，因而巨、竽而声相通，具、注也就同是容器的统称了。

這个[illegible]字，或即旧称酒器為「舟」的声源和义源所出。從金文朕字作□，□（朕）字又作□，夏启以後又作□来看，月為杆，為升，是彝的氏标之一，月為舟，自然也应是容器，并非「托盘」之类的周制的名称可以解釋的了。□□实际是一字的異体，是祖孫之类的氏称字，声标相同，因而月、月也应同為容器的符号。現在由於故宫展出的扶風出土的文物中有「旅匜」為証，□字讀彝，為「□」的金文□字的变筆，本音当讀「注」，「用作父乙宝注」如「旅匜」是同一个概念。字也通盉，因彝為「户」氏又作「和（□）」的缘故。

10、「辛子彝」銘的文風上也蓋着彝為王的烙印

現在通釋金銘，依据金文原有的格式，是：

辛亭御
貯会在众圖
王杞賞鄉鑄
貝用作父乙彝

從糸氏臣鄉的誌事金文的文風上來看，是以舜所制的「戊午鼎」誌事金文為榜样，在格式上也和文字造型一样，是經過精心的作模和研究而后才决定下来的。最突出的五个特点，都説明是舜得堯位為王了。這就是「貯」氏為尊，為了显出貯氏為尊，开始的「辛」字就略低於「貯」，辛為高辛氏帝嚳屬阜糸，為婚姻之族的「伯」与「父」，但却低於貯，這还不是明々白々貯（□）氏為王広々第二是「御貯」本為「臣鄉」在新王嗣位以後更命的氏稱，但却兩字分开，御為从鮮稱除那里來的声标，貯為族称。但在這里「御」在下，而「貯」在上，這就充分說明，御是「禦」的字源，「禦貯」就是保衛貯氏的概念，這就表明自己的政治态度的特征了。第三，王為尊，因而「众圍」之下留着空白地方，而王字另起一行為首字。第四是「貝」与「貯」及「王」相等，因為貝原是舜的封邑名称，自然也是舜的氏称之一，当為与「葵仲」（史称「皇甗」）婚時受於帝嚳再命的氏称。命氏金文中有「貯貝卣」（旧名「貝父辛卣」）——見《历》集卷三第四一頁），全銘四字作：

器銘貝字作，另外三字与蓋銘相同。這个就是貯蓄的貯，今作儲。旧以後世周制器物名称作「矢箙」的解釋，自然是有問題的。這是箙在「杅」中的形象，杅就是「升」式的容器。旧京剧舞台文案上有裝「令箭」的「方升」，当是古制的模仿。是舜的氏标作□的根据，也是称「杅」（史作虘）的根据。彝字在「辛子彝」銘中作□，就是印証。关於□為帝舜青年時期的再命的氏称，暫且說到這里，因為牽涉的问題較廣，以後当作專題研究，总之前已論及「貯貝」為帝嚳高辛氏所頒賜的再命氏称，有舜以父□（辛）的名义，為自己的女兒婚時對子婿貝氏的命名，金文作□□以及單氏自以□□称為印証（依声类推求，單氏疑即帝堯之子史称「丹朱」的「丹」，依両个帝系子嗣之间世代互為婚姻之例，「丹朱」正是帝舜的子一級媵妾所生的女兒的婚偶)。貝、王、貯因而相併肩，居首席。第五：「父乙」居外，為外親，這和「戚卣」(見《窓》集十八)，戚字作　而「父癸」居外，以母系的外祖帝少皞為內祖，完全不同了，說明父系制的親屬觀念已經佔上風了，自然這也是貯氏為王，因而為「內親」的尊王室貴父族的標誌。

另外，根據「臣鄉」系氏在其父鯀為帝堯羈因於蓬萊羽山(見《地理集》羽山考)以後，在金文上留下來的　之類記載，也可以看出來，系氏「臣御(州)」，在文字造型上是很講究的一個人物，這在「辛子彝」銘的金文上，就表現的更具体而丰富多采了。

因而根据以上十大論据，王屮」是舜嗣位称王的尊称，本音讀户（吴），变声讀巨，变隸作杞，疑右世作「契」之声源所出。所以变隶作「杞」，讀「契」声，是夏禹复夏辟後更命称屮」為「杞」，從舜帝之妻族之「己其」氏為族称，反映了恢复从母权制的遺風，即子婿為妻族承嗣人之旧習，也就是恢复帝嚳高辛氏以「己其侯」命名之「异」的族称声标，因而後世之史又有「契」為帝嚳之子以為男的誤会，而不知這个子為子婿了。总之，帝尧崩於辛已，確如晋皇甫謐《帝王世纪》所記，也就可以完全可以肯定下来了。至於屮」字為杞，是由於屮為帝顓頊之「柱」，古音与「樹」同声，帝尧称鳥是鳩氏落于「木」方，「木」字本音讀「樹」，為帝顓頊之「二目」瞿氏一方，又可以作印证了。《説文》鮮柜，汉許称：「柜，柜木也，从木巨声」。

段注：「趙注孟子曰：『杞柳，柜柳也』；郭注《尔雅》曰：『柜柳似柳，皮可食』；《广韻》柜下注：『今俗作櫸，又音譽』，為鬼（櫃）柳。又說：按《周礼》梐枑注：故书枑作柜。俗本從木作枑，非。可証，古杞柳之杞，通柜，通櫃通枑，源远流長。后世以「杞」為夏禹后裔之国，或是由於夏為夏辟，舜為帝称杞的氏稱，為夏禹之男以舜帝之婿的身份所承嗣的原故。

十二、本章小结

我们根据帝舜所自製的金文，以及有关帝舜的其他金文的記載所作的新考中，如果没有大的錯誤，而与当時的历史的实际大致相符的話，那么毫無疑义，它為我们人类的社会发展史上，從以父系為核心的萌芽期奴隶社会，还在形式上保留着母权原始公社式的家庭外壳，即

「普奴鲁亚」式的諸父諸母的家庭形式，它又是怎样最後趋於崩毁就是説完全脱棹了那个從母权制的原始公社一直世代相承而保留下来的「普奴鲁亚」式的諸父諸母（既是兄弟又是共同妻子的共同丈夫）的家庭组织形式的外壳，完成了与奴隶社会相适应的生产关係的改变，就是説，完成了新的经济结构的現实基礎的最後的形成，换句話説，也就是具有自耕农、半自耕农以及雇农的胚胎的「兄弟相背」而「共耕」的家庭形式的出現，是這一嶄新的经济基礎最後形成的标誌。這样就填補了上古時代史的一段空白，就是説，跨入奴隶制社会之後而还保留着母权「原始公社」式外壳的以父系為核心的民族生产單位，怎样走完它的最后一步的。這是旧历史上的一段空白，現在根据舜的自誌金文以及有关帝舜的金文記載，這种以「家庭革命」的形式所進行的对於「普奴鲁亚」式的家庭的最後一击，使它完全崩毁，是從帝舜嗣位以前执政時期就开始了的，帝舜在历史上所起的卓越的促進作用，也是比較清楚而明確的。

另外，這种斗争的長期性和复杂性，也由於我们在本篇所引証的几篇夏初直到相土時期的金文氏称的对立，如□和□、□、□□和□和□、脉络也是清楚的。馬克思和恩格斯在《共产党宣言》裏就曾經指出過：「在階級斗争接近决战的時期，統治階級内部的，整个旧社会内部的瓦解過程，就达到非常强烈，非常尖锐的程度，甚至使得統治階級中的一小部分人脱离統治階級而附于革命的階級……」，帝舜正是奴隶主统治階級内部的這一小部分人当中的主导力量，要脱離旧的生产结构，而与腐朽的业已形成新生产力的阻碍的旧傳统相对抗，最後终于取得了胜利。這時，还是新兴的奴隶主階級上升的階段，虽然还不是奴隶階級结合着自耕农，半自耕农，以及雇农推翻奴隶主的统治，爲封建制夺取陣地的「决战」，但斗争仍然是尖鋭的。已經早就崩毁了的母系制氏族社会所遺留的旧傳统，旧風習，依附在新生的奴隶制社会关系的「普奴鲁亚」式的軀壳上，向新兴的爲適应奴隶社会的私有制的生产力而改变的兄弟「相背」而「共鉳」的小生产者作斗争，实質它所代表的已經不是母系氏族社会的公有制；恰々相反，它是在帮助大奴隶主，也就是氏族部落的「大父」，巩固他个人的对生产资料和生产品的私人占有权，巩固「大父」对整个氏族——包括這个家庭中的奴隶，女奴所产的子嗣以及他们（奴产子）的作為奴隶主家族成員的「不得姓」的後裔，和非直系血統的男女子嗣之族——的剥削权。這也正如馬克思所說的：「社会的物質生产力发展到一定階段，便同他们一直在其中活动的現存生产关係或財产关係（這只是生产关係的法律用語——原注）发生矛盾。于是這些关係便由生产力的发展形式变成生产力的桎梏。那時社会革命的時代就到来了」。（見《政治經济学批判》——《马恩选集》二卷八二、八三頁）。「兄弟相背而共鉢」的家庭组织，正是适应這种生产力发展的形势要求的一种生产关係的组织基礎，自然這个家庭组织也不排斥拥有少数的奴隶，以及這个小奴隶主自已的女奴所产的「不得姓」的男女子嗣，但它已经和過去的那种「普奴鲁亚」的「諸父諸母」的家庭完全不同了，因為它是彻底的父系制的家庭，就是說完全是由父系的直系血统男女子嗣所构成，而不是几代的從兄弟，再從兄弟相处一室的臃肿不堪的大家族了。实际上，這种「大家族」早在金文初創的階段就看不到了，從帝顓頊封邑「鉏」与諸子的封邑「犂」、「鬲」、「鄃」諸地都在今山東高唐地区以北，却是不在一处，也就看出這是由於生产力的发展，即青銅耕犂和金属鋤出現以後，所必然在生产关係上的改变，兄弟各自分散的作為独立生产單位去经营各自的土地，這也就是它是完全為生产力所決定的。舜帝所倡导的，可見是一个青年男子到达结婚年令，实行兄弟相背而共耕的维新制，一经举行了新郎与新娘的再次命名的仪式，更换了新的氏称之后，就开始作為独立的生产單位生活了（经济上独立了），而和兄弟之间，只是维持一种共同使用公有的生产资料——主要的是开垦土地用的金屬耕犁——的关係而已。因為這樣一来，就触犯了从母系制的氏族社会世代相承而流傳下来的「普奴鲁亚」式的兄弟是共同妻子的共同丈夫的傳统，因之引起了夏禹的复辟，直到夏啟以後，有羿氏之子后羿肴氏及有穷后裔雚氏与寒浞之间反映在奴隶主階级内部的新旧两大势力之间的尖锐斗争，最后自然是新興势力勝利了，反映在上層意識形态领域里的記載就是婚（親）字的结构，作為「成（乘）親（尊）矩（規）」的金文　字的概念，取得了社会的公認，算是這一「社會革命」終於取得最后胜利的标誌。也就說明這一胜利，即奴隶制社会的經济基礎的最後的形成（父系制的「普奴鲁亚」式的「原始公社」的外壳的徹底的崩潰），或是在夏少康中興以後完成的。

毛主席在《在苏联最高苏维埃庆祝偉大的十月社会主义革命四十周年会议上的講话》中說：「社会主义制度終究要代替資本主义制度，這是一个不以人們自己的意志為轉移的客观規律」，東方的人类從母权制的氏族社会過渡到父权制的兄弟分居而共耕的以小生产為私有制經济基礎的階段，就反映出來奴隶制社会最後的完成。這也是「不以人們自己意志為轉移的客观規律」的反映，從奴隶制初期的以奴隶主——也就是「大父」為核心的披着公社式外衣的「普奴鲁亚」式家庭組织，終於為兄弟分居而共耕的小生产者以及他们所拥有的奴隶所形成的經济基礎的奴隶制社会所代替，斗争的过程是如此，而奴隶制社会為封建社会所代替，也是這样，最后胜利是属於為适应生产力发展的代表未来的新興的階級這一方面。這应該說，就是金文所記載的遠在四千年以前的上古時代史在今天所具有的現實的真理規律的意義了。

毛主席說：「在很長的历史時期内，大家对於社会的历史只能限於片面的了解，這一方面是由於剥削階級的偏見經常歪曲社会的历史，另方面，則由於生产規模的狭小，限制了人们的眼界」（《实践論》——《选集》四卷合訂本二七二頁）。恩格斯說：「資产階級把一切都变成商品，对历史学也是如此，資产階級的本性，它生存的条件，就是要偽造一切商品，因而也要偽造历史」（《爱尔兰史的片断》——《馬恩全集》第十六卷五七三頁）。

從金文記載中所現出来的「堯舜之世」的整个社会面貌，清清楚楚說明，不但「堯舜禪让」的历史是《堯典》編制者為了別有政治用心的偽造和歪曲，甚至於偽造到帝堯為王「七十載」想禪位而还和自己的母族之親的舜没有見過面；还說什么「我其試哉」、「降二女於嬀汭」来强調禪位以「賢」不以「親」的色彩，為夺取封建諸侯的政权硬樹立「典型」。現在這些為战国史者所偽造的中国历史，在馬克思主义、列宁主义、毛泽东思想，也就是辯证唯物主义历史观的光辉照耀下，可以說是基本恢复了本来面目了。這又是附帶的收获了。

总之，屬於辯証唯物主义的历史观的中国上古時代史，必将在馬列主义指导下，随着地下文物的更多的出现，而逐渐的建立起来。

以上的金文研究，只仅仅是对於上层意识形态领域里的这块建设基地，进行初步的清理而已，而错误的地方，也在所难免，还希望大家给以指正。

一九七四年十月九日初稿

一九七五年十二月廿六日前整理

一九八四年三月定稿

『單壹卣』銘新解

駱賓基著

宋薛尚功《歷代鈡鼎彝器款識》（卷十一——一二〇頁）載『壹卣』銘，称『單癸卣』，郭沫若同志《金文丛考》（三一〇頁）定名『壹卣』，為是，实际就是『單壹』的作品。《虞書》称『丹朱』，当是後世的記音字，即帝堯的嗣宗子。《本紀》所謂『舜辟丹朱於河南之南』，就是循古史之記載而来的氏稱。現在摹錄全銘廿八字如次。

蓋銘宋《歷》本作：

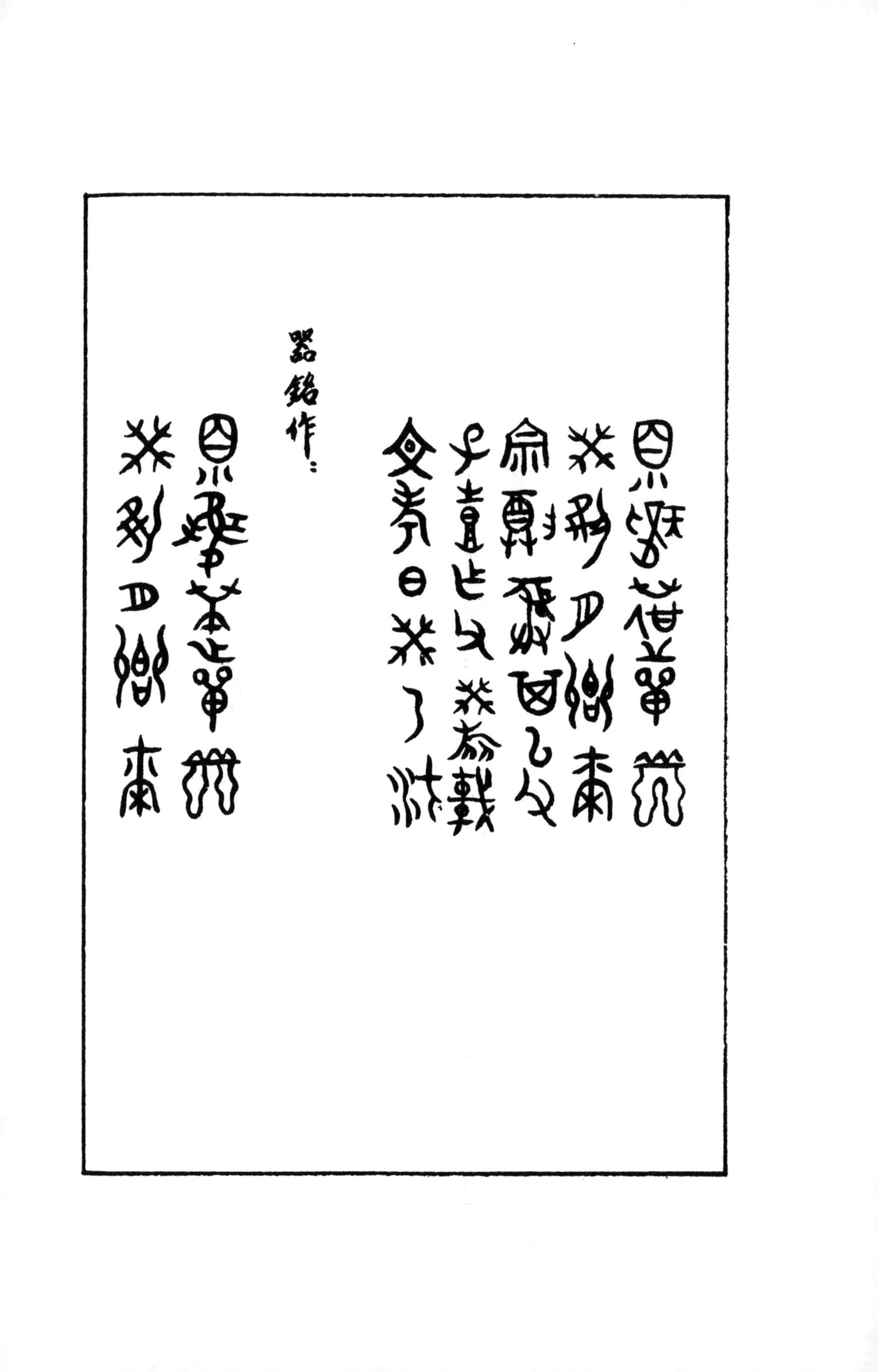

器銘作：

如果與《丛考》所摹録的宋《嘯堂集古录》的銘文比，虽然文字相类，但个别字，还是有些显著差别的，為了明確，現在也復録如下，以便比較。

『壹卣』蓋文：

器銘：

一、先從圖銘的文風特征来看時代的烙印

古金文，從《典籍集》所引『叔夷鐘』等五篇（注一）以上的金文，都是從右開始往左讀；《貨幣集》所引古金文（六字以上的共约三十多器）也同样都以右為篇首；但這一篇『壹卣』所刊的金文却是由左往右讀，正和以往的金文相反，因而這是盖有虞舜推行新政（提倡違犯古来從母權制氏族社會一直世代相延而未变革的舊传统）的烙印，並不是『典缴所玉』而隨意改变的文風。

《唐虞時期三兵銘考》（舊稱『商三句兵』——見《觀堂集林》王靜安：『商三句兵跋』）就是另一个明顯的例証。

（一）唐虞時期三兵銘圖之一

記得七六年十月间『歷史研究所』研究殷墟甲骨的專业學者胡厚宣先生就曾提出這樣的問題，說：『為什么這三句兵銘都翻刻着呀？』（胡是第一个看到我的《金文新考·武器篇》之一的《三兵銘考》的專业學者，並且第一个同意古命氏誌族金文是早於殷墟甲骨文字的一个歷史研究者）這都是原来在手稿中沒有触及的。現在复筆再次摹録三兵銘之一，以便參攷。

第二兵銘，图如：

刀刄與所刻文字方向正相背，這个「反」的特点，是非常明確的。如果还有怀疑，那么我們再次摹錄「北(亳)瞿」一字标氏图銘做印証。

(二)「北(亳)瞿」一字图銘初解

「北瞿」舊名「更瞿」載於《攈古錄》(卷一之三——三十七頁)，一字标氏图銘作：

丙是商的簡筆，商字下為手与刀相背，也正是一个『反』的概念。字讀『北』，當中是『商背』兩字，作為『北』的注解，以與『單北』的『北』相區別，金文山為三的通用字，『山北』自然是第三个『北』，第二个『北』就是『左傳』所載：『燕亳、肅慎，吾北土也』（見昭公九年）的亳，変稱為『番』，顧炎武作『潘』而讀『鄱』，以為是舜都所在，不知這是『北亳』，舜都為商丘。《舜篇續》第 四 頁《商丘的亳域是帝舜的王都考》有詳論。在這里我們指出『北』的古音都如『亳』声，為『背』的概念，是弟兄兩人相背而立的形态，而𠂇与𠂆相背而居，就把『背』叛古道，徹底摧毀那種兄弟併室，相称以㑒（古作醜，金文為[illegible]，《詩》作仇或逑）的『普那路亚』式的家庭，而实行兄弟相背（避）各自為家的奴隶主的一夫多妻制的時代背景，作了具体的明確的反映。『古手』與『刀』本声相同，都讀如『仇』，《詩．河广》：『誰謂河广，曾不容刀』。吳闓生注：『小船曰刀，疏引《說文》作舠』，实今称為『釗』，即古音之『舠』，『刀』在這里為『舟』的同声假借字，[illegible]與[illegible]自然是以旋称的『舟』氏而兄弟的氏称，這又是『雁』称召，後世併称燕趙的声源所由了。不須說『商[illegible]』，就是『商字』（金文字字作[illegible]）的概念，殷周古韻字，白，求，舟都是三部字，可以推知古音守丘同声，商丘的丘，金文作丠，丘古義显然是弟兄相背（避）而共守（封土）的概念。丘的声源来自守。因為不屬於本篇的考証范围，就不再作繁筆的解釋了。

（三）文風的特征是屬於虞舜推行新政階段的作品

根据以上兩項論証，「單壹卣」銘，是虞舜推行与古道相反的新政階段所產生的文風。這是東方人类在公元前兩千三百年前已經實行了人类的第二次家庭組織的大革命以後的反映。（注：第一次自然是兩个不同的氏族部落的男女互為婚姻是這一階段；反過來說，同一血統的弟兄，姊妹相婚是非法的，是為東方人类的第一次『普那路亚』式家庭的形成，為古代意識形态領域所反映过的史实）就可以初步肯定了。

二、釋文

首称『文考日癸』，舊釋『字』，近代釋為『文』字，几乎已經是定論了。楊樹達称：『《文字說》謂《書·文侯之命》及『兮仲鍾追餕』皆言『前文人』，知『前文人』為周時習見之語，因古文『文』字或從心作文，後人遂誤釋為『宁』（見《讀吴愙斎中丞字說書後》——《積》卷七第二六九頁），郭沫若同志在《传统思想考》中，也曾引『井层安钟』、『兮仲钟』、『善鼎』、『追殷』等銘所載的『前文人』之称，以為『宁即文之異文「变」字之誤』，並引《書·大誥》：『予曷其不于前寧人图功攸终』及『予曷敢不于前寧人攸受休畢』為例。又批『偽孔者兼用之，而說「文人」為『文王』大謬』。（見《金文丛考》八頁），郭批為是。例如《周書·多方》載：『嗚呼，予旦以前人之微言，咸告孺子王矣。继自今，文子文孫，其勿誤于庶獄庶慎，惟正是為之』，近代注者吴闓生說：『文子文孫者，善子善孫也』，就別作一种解释了。而不知這个『文子文孫』，本字当也是文字，实际上，不但不是文王之文，而且也不是可以作『善』講的『文德』之『文』。

《詩·召南·何彼襛矣》有『平王之孫，齊侯之子』兩句，唐孔穎達正义曰：『此文王也』，疏引鄭注：『周公謂文王為寧王，成王亦謂武王為寧王，此一名，二人兼之』，（見《毛詩注疏》）。武王称『寧考』，載於《大誥》『不可不成乃寧考圖功』一語，前已有学者指实，可見鄭氏『一名』而為文王、武王兼称的說法是並没有错失的地方。因而更证实，舊釋文字為『寧』，又是較『文』為勝了。因為武王称『寧考』，通，如称武王為『文考』就有些費解了。「前字人」為古代的一个成語，是很清楚的，[illegible]字非文，也應是明確的。不須說「文子文孫」也必是「[illegible]子[illegible]孫」了。[illegible]字確詁，单從字形來看，是解釋不了的，如[illegible]字讀「鉏」為双及鋤，丙為变音，是「兵」的象形体字，单從字形來看，是和「鉏」連系不上的；又如●字本声讀「珠」，也是一樣。這就需要「由此及彼」的來研究，以求「去偽存真」。

古命氏誌族金文「厶鶀尊」銘，前於《貨幣集》中有专考，「鶀」的象形体金文作：

鯕為変音，本声当读「冉」，為古命氏金文的変体，「冉」為帝颛顼的婚偶（母一級），有子以「冉」為姓，《楚世家》作「冉」，「冉」為少皞氏的女兒，有女婚於（帝嚳之父）氏生女，姓自然仍繫母系為冉，再婚於帝颛顼諸子，有女又婚於帝嚳，生女称「鯕」，而姓仍為冉，就是「葵冉」兩字的合体，而始為心的形象 就是「稱」的古音标声符号，変音為「辛」，即今心字之声源。心在當中，不偏不倚，自然是反映了婚後处於「娘家」与「婆家」兩个帝系的親属之間（即父系和母系的親族之間）的矛盾关系的客观存在，自然也具有今天忠诚的「诚」的概念和要求。，应是這个「冉」的演変体，古称成一字，帝顓頊長子『稱』在古金文中作[illegible]，有子名『臧』，古命氏金文作[illegible]，前已作过專題論証，就是根据。而《左傳》載：『《夏書》曰：地平天成，称也』（襄公二四年），是以『称』釋『成』，用今天的话說，就是『地平天称』，称，就是相对覌的意思。《詩》有：『称被兕觥』句，舊以『舉』解，显然是望文生義的解釋，因而到了《周書·牧誓》：『称而戈，比尔干，立尔矛』時，吳闓生注：『戈短』，所以可『舉』了，实為强解，因為称成古為一字，是对『覌』而『相平』的概念。所以『称彼兕觥』，是『滿起你的杯子来』，『称尔戈』就是担平你的戈。原来古戈，為鐵器的变革，柄長头重，因而是担在肩上，金文『我字𣪘』，一字標氏金文作：

就是鉄証。《左傳》載：『以成宋乱』，晋杜預注：『成，平也』就是一个傍証；而《詩·何彼襛矣》，唐·孔以為『平王』即文王，虽误，（詳論在《春秋批注》第四一章《詩·何彼襛矣》新解》），但以『平』為古字，確是对的。的本声讀如『成』，而变音当讀如平。

『前成人』就是『前聖人』，《論語·宪問篇》載：『子路問成人，子曰：『若臧武仲之知，公綽之不欲，卞莊子之勇，冉求之艺，文之以礼乐，亦可以為成人矣』，就是『成人』為『聖人』解的一个佐証。成、聖古一音，見《説文》釋盛：『從皿，成声』，段

注：「如《左傳》盛服将朝盛音成，本亦作成」，《左傳》：「成伯来奔」，《公羊傳》載：「有咸伯来奔」（均見文公十二年）。因而「前成人」，就是已經死去的。「称聖作祖」的人了。

再回過头從字形所象来看，文字，是埋葬於墓穴中的珠氏，殷墟甲骨作文、文、文，都是文的变体。

不須說，「文子文孫」為「聖子聖孫」，因而文王可以称「聖」；武王也可以称「聖」。三代金文有「師趛鼎」（見《攈》卷二之三——五四頁）有：「唯九月初吉庚寅，師趛作：「𡨦（文）考聖（𦔻）公，𡨦（文）母聖（𦔻）姬尊彝，其万年子孫永宝用」，显然，在这里的「聖公、聖姬」是族氏之称，《左傳》或称「声子」，《穆天子傳》又称："淑人盛姬"，都是族称的例证；而僖公之母以"成風"称，更是有名的人物了。因而知[古文字]字变音（夏音）当读"字"，所以才有"字考聖公；字母聖姬"的寫法，因為后稷皐系的後裔是以变音為主，舊釋"字"指死去的前人而說，不為誤，虞音当读"成"為"前成人"，根據以上所论，就可以作斷了。

三、釋"日癸"

日字兩音，古本声读陽，古变音读如"乙"。今声就是從变音来的，詳论在《唐虞時期三兵銘考》。為氏族之称，不是年、月、日的日。《吕氏春秋·勿躬篇》：『黄帝使羲和占日，尚仪占月』，古金文『嫦仪（蟾嫦）鼎』，仪（古读娥）字的象形体作『蛾』正在产卵状，如：

而有月如☽，居首为氏标，就是『月』为氏称，后裔作为族称的佐証。而『厶鼎尊』铭的『鼎』字作：

『餘尊』铭的『系』（变音）字作：

殷墟骨文众字作：

、『貯作父乙匜』铭、『癸㠱侯吴』又称『㠱侯』的㠱字作

，都是奉『日』以为自身所出的族姓标誌，就是『日』非

年、月、日之日的鉄証。

另外，古羊与陽通，王静安釋殷墟甲骨文中的羊甲，為陽甲（見《殷卜辞所見先公先王考》釋『陽甲』一節）已為定讞。古标氏金文有『陽癸尊』（舊名『牺尊』——見《愙》十三）所刋器銘两字作：

金文右讀為『陽癸』，也应是『单壹卣』銘中這个為作者称為『父癸』的『日（陽）癸』原始体的氏称字了。

『日』為父族的族称，『癸』為母族的族称，為『阜』的始体。從父族居首位為尊，而『阜』居下位，就又可以推斷出來，這是顓頊鑄氏神農系羊族為王階段的制作物。三代前顓頊鑄氏以後，神农系只有虞舜一世得嗣王位，那么『单壹卣』是虞舜称『天』以後的产物，即公元前兩千三百二十九年（辛巳）到公元前兩千三百一十九年之間的作品，就可以再一次更較具体地肯定下来了。

四、釋

前輩學者釋為『犹子』，猶作『沈』，從字形与字义上来說，近於是；但还不確當。□字，拆開來看，是『水方』兩字的合筆，而『方』為翻体，足証正体『方』应是父氏的氏称，從『咎卣』銘，父称咎字作□，而子称『梟咎』，咎字作□的規律來看，『水方』的父称字当為□。漢司馬《本紀》称：『帝堯者，放勛』，『放』必為『旅』的偽誤，金文古右讀正是『水方』兩字的合筆；而虞舜推行新政『左讀』，那么『水方』兩字合体当為□，但由於壹氏為帝堯『方水』之子，所以『方』作翻体，字就是□的形狀了。

虞舜為『火』，從神農炎帝称炎而來的。《左傳》載：『陶唐氏之火正閼伯，居商丘。祀大火，而火紀時焉。相土因之，故商主大火」。（見襄公九年）就是例証。閼伯之名，自然是來自後世史筆的变稱，前在《帝堯匽貝篇》作过論証，就不在這里作复筆的引述了。总之，虞舜主火，而帝堯為水方，帝堯之子「单壹」稱「水方」子，据此就可以初步作断了。

《說文》解水，漢許說：「水，準也」，段注：「準，古音追」，是「水」古音讀「準」讀「追」，水方就是準方，也就是追方的佐証。為了概念明確，須要從両方面來提出在古命氏記事金文記載上的印証。

（一）「三家殷」銘初解

唐虞金文，有舊称："三家𣪘"（見《愙》十二）的二十四字銘，作：

[illegible]

《愙》釋首字為"易"，第四字為"遣"；《敬吾心室彝器款識》拓本称為"三家彝"，文字不但相同而且首二字也比較清楚，為：[illegible]為丙，並附有三家的注釋。一釋："首五字為"易丙日追叔"。二釋称："积古斋据江侍御摹本摩滅二字，今此搨本不摩滅，"云作器者是追叔之僚屬大夫"。三釋"[illegible]"，古文昜，通陽，陽国又姓丙，名趞』，实际[illegible]字上面还有小字，隐约可辨，当為[illegible]，下部子字作[illegible]，或為剔除不清而形成的『失筆』；而丙字类内，但已非鉏而為『光』的始体字，又是很显然的。当是虞舜嗣帝位变双及鉏為单及鉾而称鉾，字作[illegible]（婢音），以后光的古音讀如『沉』，即居鉾声；变音读鈋或酕声，源於单（旦），就是從声律上可以為比的例証，足证筆者所論耕犂由双及鉏（[illegible]）之鉾（金文作[illegible]）变而為单及犂称『鉾』字作[illegible]的物质变化在意識形态领域中的反映的論点是不错的。舊釋首二字虽不確切，但三家釋[illegible]都為『古追』字，確是千古不易的定論了。這个『追』氏就是『单壹』自称『水方』的『水』的变笔，詳論在《人物集·唐尧篇·『女充彝』再考》，在這里就不作离題過遠的論述了。

(二)『隼卣』一字图銘考

我们既然在《帝嚳旅貝篇》中認識了『鏃伯卣』（旧名『矢伯卣』——見《窓》十八）銘十的作者  字為『隻』，后世作『鷙』，是帝摯的氏称，帝尧称梟，古金文作 （舊名『鳥集木形父癸爵』——見《窓》二十二），后稷命氏金文作 （旧名『手执雀形父癸爵』——同上）而夏禹

称畢，載於『畢彝』（旧名『雛单彝』——見《歷》卷十二第一二五頁）字作

是同父的兩級弟兄，都稱『鷹』，头尾方向一致，那么我們就自然会認識『隼卣』所載的一字标氏金文作

依父系来說，就是帝堯（舊名『旗单卣』見《攈》卷一之二第三一頁）之子『单壹』婚於『单』時的誌氏礼器之一了。這是從後一鷹為前一鷹的翻体上就可以推斷出来的。從字形来看，更隸当為『隼』字。《說文》解『隼』（在四篇鳥部作『鵻』）漢許作，稱

『雊或從佳一，曰鶉字』，段注：『按此鶉字即鷻字，轉寫混之』，又引：『《兩京賦》薛解云：隼小鷹也』。從金文記載上來看，這个『隼』字，就是《説文》解水為『準也』的『準』的象形体，『隼』『追』『水（方）』都是『單壹』一人的氏稱，『鶉』為『隼』的誌音字，就可以完全肯定下來了。

此外，《説文》解隼為雊，漢許説：『祝鳩也』，段注：『祝鳩与鷙異物，而同字同音，豈因鳩鷹互化而為一物耶？依鄭則鷹化布穀，非鶻』，按《月令》有『仲春鷹化鳩』。鄭注：鳩，搏穀也』，依隼為『小鷹』之解，『祝鳩』一辞，從声律上來説，当為『雊鳩』的録筆誌音字，可見今本《左傳》是源於口傳的手録本，祝雊古当為一音，而鳲之為鹰，在标氏誌親的古金文記載中，有『咎自』銘，帝嚳称『咎』、唐尧称『鸟咎（鳲）』，於《帝嚳旅貝篇》作过介紹，那么《月令》所記之『仲春』，從声类上推求，当是『中鷄』或『甬隼』戎，甬、中為母族族称，隼本為鹰，而又变命化為『雊鳲』，即今所称的『布谷鳥』了。如名公奭祖代封邑初命名為匽，金文作[illegible]，虞舜称帝『匽』字所反映的『日女』所居的概念，已经与客观的实际变化不符，因為帝尧之女已经不是王室之女，而為王（舜）的同室弟兄共同的配偶了，所以变命為雁，古金文作[illegible]。周武分封，又变命為燕可以為比。那么『仲隼』本為鹰，化而為野鴿子（今称班鳩）那么大小的布穀鳥，称

『祝(雉)鳩』了。完全是由於命名标官位的变化，由於古史文简，因而後世编録人加以己意的揣測，又加上口傳中又有筆誤，《礼·月令》不察探之以為实，就产生了『仲春』鷹化為布穀鳥的神秘解释了。

《左傳》載：『祝鳩氏，司徒也』，晋杜預注：『祝鳩，鷦鳩也。鷦鳩孝，故為司徒主教民』（見昭公十七年），又是依据秦漢后世儒家的观念随意强加解釋的典型例子。《虞書》載：『伯禹為司空，可美帝功』；司空，实际就是司工，满清旧称工部尚書為大司空，就是确得古旨的例証，但又有『於是以垂為共工』的記載，可見兩称的不相类了。共工為古称，司徒自然是后世的僞筆所加了。又載，「契」「為司徒」，伊然三司成制了，但既不見司馬，也不見司农，而「舜曰：棄！黎民始飢，汝后稷播時百穀」卻又不記官稱了。显然，如果再稱后稷為「司农」，就显然是秦漢的官制，無法隐晦僞筆的痕跡了。現在從金文尧子「單壺」為「水方」稱「隼」氏，标氏金文作：

的記載來看，隼本為鷹，原是族称，但由於「梟咎（鳩）」嗣王位称「父乙」，「化」為鷂鷹了，那么諸鷹氏弟兄就不能不更命更称以尊王了。因而「隼」的原始象形体金文就

叓而為『[illegible]』，『單光鼎』（舊名『單冏父乙鼎』——見《歷

卷九第九三頁）四字圖銘就是例証。字作：

《金文叢考》引《博古録》圖銘，字作：

就是帝堯嗣位以後須賜給直系子嗣『單壹』的吏命礼器了。這應是『隼』化為『布谷鳥』的傍証，[illegible]当為單氏所奉以為首的族徽，即帝堯稱『乙』，《世紀》作伊，

又作祁，為帝堯的姓氏标志，『聖考曰癸』，為『单壺』的婚方之父，就又可以互相做印証了。

又：帝顓頊『命黎司地以居民』為相，而布谷鳥是司春催耕的，『隼化為祝鳩』，從布谷鳥的性能來說，当是帝堯任命其子『單壺』為司農的官職，『汝后稷播時百穀』之說，很可能是周姫封后稷司天為神以後飾筆所加，因而不見后稷的官称，而今称『种』為『播』，古音北、播同声，『單芘』当是『單坡』的概念，也就是『阜』氏弟兄兩人相背（避），各自為室而共於一个封邑『播』而為生的反映。山為古金文三的通用字，前已作过論証，『芘』显然共封山氏（帝顓頊三子鯀）以為首，不須說，這又是帝堯嗣位之始，鯀还為尊称『崇伯』时的印証了。

（三）『水方』合筆讀如追為贅的声源所出

综合以上所論，帝堯之子『单查』在卣銘中自以『水方』之子称，当讀『水』如《說文》段注的追，追是『众兇彝』銘中所称的『追叙』，因而從声律上来看，『水方』子一称，当是贅子的声源和義源所出，是贅婿之称的最早見於古金文的親称記載，也就可以完全肯定下来了。

五、釋壴

《說文》第五篇解壴，漢許說：「陳樂立而上見也，從屮豆」，段注：「豆者豎也。豎，竪立也」；又解尌：「立也，從壴從寸，寸，持之也，讀若駐」。是壴、尌同声古音讀「駐」声，因而「單壴」後之史筆作「丹朱」，朱、駐同声，可見是「壴」的变筆，而「丹」或為古金文井字之变，後世声從「辛」而变讀為「邢」。宋《歴》（卷二第三四頁）有「丹珠彝」（旧名「孟孫父丁彝」），其六字作：

旧釋為：『孫孟邢父丁』。[illegible]為匕，是夏禹嗣王位以後的显貴氏称，因而应是夏初变命的氏称，当中一字作[illegible]或為『孟』的胎体，而[illegible]字為『兀』的侧体，讀如『其』，讀『丹珠其』，丹為氏称，声仍从『單』，是藏珠（所婚為帝舜弟兄子一級妻房所生之女，舜為大父，女称珠）於『邢』的意味。珠，其為單壹的族称，从父族帝堯，為『其』，字作[illegible]（[illegible]）從母族就称『珠』，是為『丹珠』的变命彝器，正如『單壹』称『其單』原是帝堯以父乙名义須賜的氏称，字作[illegible]，但虞舜嗣位以後，陽氏為貴，因而單氏所奉以為先的当為王族，那么就必須变[illegible]為日，《澂秋館吉金图》三頁）有『單觚』，一字标氏金文作，就是一个有力的佐証，因為客观的世界本是动的，不是静止不变的，而古金文是客观的物質世界在上層意識形态中的反映，因而它不是孤立的，可以脱离客观实际来解釋的。而前在《旅貝篇》所考証『鉏單彝』所刊的古命氏金文四字作：

是帝舜須賜給『單壴』的变命改制的礼叩，就不須再作解釋了。

壴、封原是一字之变，《説文》所解是『壴』為樹立的竪的同声誌音字，本不為誤，但不是它的原來的概念，壴的象形体金文原是炊具，古称為『壴』，后变可以手持之封，即如今的『火鍋』、古称為『厨』。古标氏金文中有『封母卣』（旧名『嘉母卣』——見《愙》十八），金文一字作：

就是以上所說的鉄証，是以手端奉敬伺米氏的食具给叀（叀氏）的形象。而米（樹通束）前面我們已經作過介绍，是帝堯称梟，古金文作木，為鷹所棲息的氏族的旗标，即婚於帝嚳時期寧東虎旅氏的子一級妾屬所生的女兒，這又是叀字以㫃（旅）為首的原因所在了。據此又可知『壴』為奉祀『告』氏以為旗先的，而『告』当為帝嚳之旗皐卒系的旗称，古命氏金文中有『告田觶』（旧名『父丁告田觶』——見《𥨪》廿）銘，共四字作：

父●告田

『珠』為帝舜嗣位以後的旗称，又是虞舜以羊旗称，而称皐桌為牛，凵為封土，那么是貶『虎』族為牛旗了；『告』的本声讀如『巨』，是從舜的氏称声称，变音讀如今声的

「告」，音為於皋，更為皋族，所以「告」以变音行，而本声反而失解了。《礼·王制》：「亦告於甸人」，注：「告讀鞠」，就是僅存於漢的古音讀本声的注解了。三代金文彝器图銘中，又有「封仲段」（旧名「封仲敲」——見《寥》十(一)字作：

封中

自然，又是「單壴」的子孫后裔以族称的記載了。变為隶的「寸」，足見為原始的象形字，是單壴的婚偶珠氏的氏标，应該說是可以斷言的了。

壴的音源出自虞舜以貯氏称，帝嚳的命氏彝器，字作[illegible]，前已作過引証。後变筆作[illegible]，就失去如「立鐏」的形狀，今稱「鐔」從「炎」為声了。唯山東平度仍稱酒鐔為「硅」，燎黃酒的壺，形如[illegible]，也稱「硅」，当是古音，是為題外的話了。

六、鮮「其厶父癸」

舊讀乙為以，是兩音之一，不為誤。但在這里是親稱，「其厶」兩字連讀，当是舜帝的子一級妾屬為「厶[鼻其]尊」銘的「厶[鼻其]」的子姪，所以倒稱。「其厶」，即帝堯母一級妻屬所生之女，得以其為姓，婚於舜帝為子一級妾屬，旧稱「女英」

其人，依父系来說，是『隨姑作媵』，從輩次上說，為單壹的姊妹，因而這个『其厶』又应是『其姊』的『姊』的辭源。自然又可以做『神』氏帝堯之子婿解。又称『父癸』，自然是『其厶父癸』，是当時还在王位的虞舜，舜是單壹『聖考日癸』的同室弟兄，本為諸父的『父』，而在那个称為『日癸』的同室弟兄死掉以後，虞舜自然又是鑄氏族系的『大父』了。單壹所婚的單（女方氏称，為婢的始体）氏，在金文記載中是有族系标誌可考的。

前所引的『隼卣』一字氏标作：

單字上有丫标誌，就是這个單氏原為『貯作匽侯匜』銘中

□氏——也就是『丁未角』銘中的亞氏□直系女兒的鉄証。

据此可知，這个『父癸』不是已死去的称為『聖考日癸』的父癸，而是以母族的族称，称帝舜的親称。

是的，虞氏兩弟兄，都称『日癸』，前已引証過『陽癸尊』為例証。是不是在古命氏誌親金文中，还有確实的兩个『日癸』併称的記載作為印証呢？是有的。証在《唐虞時期三兵銘考》，現在我們复筆再次摹録，第三兵銘全图如次：

舜為老五，於兵銘記載中的位次反讓正相符。「日工」為虞氏之「兄」，在金文中也是有記載可以相互印證的。証在『舜尊』（旧名𢀛尊——見《窓》十三）銘，共九字，作：

[illegible]

首字，形之所象為肩有担，本声讀沉，是後世旌旗系称『陳』，《左傳》称：『商主辰』的声标之源，变音讀如躭。為『擔』的概念和音源所出。⊠為⊠的变筆，前有論証，前在《舜篇》曾有專題的考据，在這里只証实『日工』為虞舜日癸氏之兄，与第三兵銘『兄日工』與『兄日癸』的輩次相符，作為印証就可以了。

據此，死去的為兵銘居第四位的日癸，單壹稱聖考；而第五位「日癸」，就是單壹所稱的在世為王的虞舜的尊稱了。「日」為父族族稱，「癸」為母族的族稱，不是和見沙石底的山澗溪水一樣清楚么？

七、初釋「婚」

「單壹卣」兩种拓摹本，各有蓋、器兩文，四个婚字，又各不相同。《歷》本作：□；作：□。《嘯》本作：□；作：□。「其」字，「婧」字，「饗」字，「⿱山北」字，也都不一樣。足見，不是摹錄的差誤，而是原來的鑄模不同，有先有後，後来所铸的『单壹卣』銘，是『再敃』的文字，因而同是一个字，文体就有了差别，而文体的差别，反映了客观世界的变化，最明显的一个例子，莫過於古金文的婚字了。『克盨』婚字作□；『□（背）伯簋』婚字作：□；《說文》古体字作：□。許說：『《礼》娶婦以昏，妇人陰也，故曰婚』。段注：『其会意象形，声不可强說』，可見秦漢以來，对於『婚』的古体字已經失去解釋了。实际上，秦程邈变隶時，还不失古意，這从『婚』為『女氏日』三字合体中，就可以推知，是以『女方的命氏佳日』為『婚』的概念，但对於古金文『婚』字，就看不出這个意思来。三代金文□和□

我们已在《舜篇》作了考証（見《人物集·舜篇》），我们在这里只提出一点，不曾三代金文或唐虞古金文，婚字都是两部分構成，一為㐱、[illegible]，源於川；二為[illegible]，或作[illegible]，左為人梓字，右為「巨」，而且是两字相背的，在卣銘中，[illegible]或作[illegible]，都如人有所「背」的形态，同样是「背」的概念。古音貝、沛同声。《左傳》載：「齊侯田於沛」，旧注：「沛音貝」（見昭公廿年）；又：「齐侯游于姑棼，遂田于貝丘」，司馬《史记·齐太公世家》称：「襄公游姑棼，遂猎沛丘」，是貝沛一音之証。可以据此推知三代以前背、配当為同声字，因而[illegible]、[illegible]都是「背」的形象，即「配」的声源所出，因而可以据此又推知㐱、[illegible]、川都是古「戚」

字，為而珠相『襯』而共住（鏇、鉏）的会意体，也就是弟兄共耕而相『背』（各自為室）的反映。是為『平』的字源。古平字『陳戠釜』作[illegible]（見吳大澂《説文古籀補》卷一一二七頁）可以為比。而古平字本声讀如『秤』，変音為評。《左傳》：『以成宋乱』，晋杜預注：『成，平也』（見桓公二年經），就是成平而音而為一義的例証，成，就是称的声源和义源所出。

綜合以上所論，古婚字又為『成配』的概念，而[illegible]字，从為古平字讀如『秤』是相『襯』借以為成。匕為比的祖体字，[illegible]為背，反讀当是『成匹配』的概念。至於『天』為三代以前王者之称，後世作『巨』，巨為虞舜的氏称，又作[illegible]，前已作过訖証，那么「单壹卣」金文以天称巨氏，是虞舜当時还在王位所出現的文字，早於以「巨」代「天」的婚字，不也是清楚如画么？而夏禹称鯤氏金文作ㄣ，為帝嚳子一級妾屬所生之子，而舜所婚的「厶騏」氏，就是帝嚳的子一級妾屬所生，和夏禹同以「厶」為姓，可見是同母又同父的姊妹，因而称匕（匕、妣、妣同字），「妣、背」原為厶騏與虞舜的氏称，這又是今称「匹配」的声源和義源所出。在兩个帝系世代男女互為婚姻的規例来說，巨氏虞舜的婚偶称「妣」，也是和金文的記載完全相符的，單壹為唐堯之子，「其厶」為虞舜的子一級妾屬而為單壹的姊妹，又是可以從親称上相互為印証，説明以上的解释是不誤的。

八、釋『單⿱山北』

『⿰其單鼎』銘⿱山北字作，山字下如兩阜相背，《金文丛考》引別本作，山下為兩人相背形，都是『背』為声形誌氏的符号，從声类上推求，字当讀如埠（不声），方音為『坡』，古為亳声；唐堯時期，当為变音，是源於鼻族語系而來的，後世称堡（僕声），称鋪（如二十里鋪）都是屬於這一語系的字義变化；宋《歷》集卣銘字作，山下部字如[illegible]，為鉏（古鋤字）的变筆，当讀鉏，為古『佳』的同声字，單壹、單鉏應是古同声的字，為本音，都是一人以單為氏称，以壹鉏為族称的字，称鉏就是封邑的专用字，变音為『背』，字讀如『亳』為『坡』的概念。

《詩》有『邶』風，《漢書·地理志》作『鄁地』，称『邶』為『鄁』，唐顏师古旧注：『自紂城而北為之邶』，又：『或作鄁』（見卷二十八第十七頁——『汲古閣』版）。王静安又說：『自來說邶国者，虽以為在殷之北，然皆於朝歌左右求之』，又說：『余謂邶即燕』，這是根據清光绪年間有『北伯鼎』及卣出土於河北淶水的缘故（見『北伯鼎跋』——《观》卷十五——

二頁)，都是以『邶』為南北之『北』而来的誤解；不知邶為『背』，原与殷都的方向不但无关，而且是又早於殷在千年以上的封邑古称，以南北方向位置根据殷都朝歌為中心而求之，自然对於《詩》邶風《泉水》一章就解释不通了。

《詩》称：『毖彼泉水，亦流于淇，有怀于衛，靡日不思』，又有：『出宿于干，飲餞于言』，『思須与漕，我心悠悠』，实际是有女婚於淇水地區（今河南省淇縣区域）却怀念『父母兄弟』所在地的衛漕地区（今山東省曹縣一带），而『鄁』当不在殷都朝歌以北，却在它的西南。從古金文記載来看，《詩》称『邶』，而《漢書》班氏父子作『鄁』的『鄁』，当為

『商』之『邺』，即虞舜的封邑，嗣帝位以後為王都的『背』，字作：

（見《攈》卷一之三第三七頁）前已作过詑証，且在《舜篇》的帝都考中作过详细考証，這是今商丘以北，曹縣以南的『鄁』，古稱為亳。王在《說亳》（見《觀》卷十二第四頁）中早有詑断在前，但都还不知這个古亳（王稱：『即漢山陽郡薄縣是也』，並自注：『今山東曹州府曹縣南二十里』）、就是『邺』，而單也稱『埠』為『坡』，当离帝舜时都的今河南商丘以北的古商丘地區不会太遠，從声类上推求，是今曹縣以西的單縣和沛縣，為古

之『單𣉻』封疆，爲帝都古商立的屏障。而遠在涿鹿有『潘』城，清初顧炎武認爲是舜所都而讀潘爲鄱，確爲古卢，這是王所指爲『燕亳』的亳，是『北亳』；另外，虞舜攸姓之子，也以『背』爲氏稱，見『攸背卣』銘（舊名『父丁卣』）——載《攈》卷二之一第二六頁），共七字金文作：

在《漢書·地理志》魯國稱蕃，變音當也是鄱，或爲薄，在今山東省滕縣地區，《舜篇》有詳論，在這裏只作爲背叛古道的号召，封邑地名以「背」称的就不只一个商立地區的「亳」（鄁的後世変筆）了，但《詩》之「邶」旧以魏地解為失实。在「衛」原因是早在《詩》国風分「邶鄘衛」為三国時，根据周武王之分封為詑的，是殷周後世之変命，以之作为古之「鄁」，自然就失去地理位置，不知「鄁」為三代以前的古称，是根本不能以殷周後世的划分，從殷都朝歌之北，來尋求古「鄁」的所在地的。因為这是属於《地理集》的研究范围，就不再作过多的議論了。

至於「北伯鼎」器出於河北淶水地區，這又是殷周以後的変化了。《左傳》載：「樽以魯壺」是魯壺在周京洛陽

（見昭公十五年）出現的記載；又『晉侯有閒，賜子產莒之二方鼎』（見昭公七年），莒器出於晉侯手，而又為鄭子产所得，都是不能以古青銅器的出土地点即為青銅器所載的邦国封邑所在地區的例証。因為古鼎卣等飲食器到了春秋時期已經作為珍貴的古物賄賂諸侯，或獎賜卿士的礼物了，何況『北伯』為舅，是送给姊妹之子的礼器，更不能以『淶水』為『邶』国地區了。

九、『單壹卣』銘通釋

根据以上所考，卣銘通释当讀：『聖考日（陽）癸乃贅子壴作旅宗尊彝。媒姊（厶）父癸夙夕饗爾百婚媾單岂（鄙）」。

旅為古「礼」字，是礼於本宗族的礼器，又是可以通用於宴饗四面八方婚姻之親的飲食用具。古饗会是一字兩音，本声讀酬，变音讀饗，会為虞舜稱章以後的通声字，論在《舜篇》。

一九七七年三月十七日

金文新考（人物集·夏禹篇）

目録

一、關於夏禹婚宴礼器出土於殷墟的報告

夏禹婚時用以宴飲的命氏礼器，於一九七六年在殷墟出土了，共有各型青銅彝器二百件左右。它使公元前二千三百〇九年（根據筆者在《貨幣集》的考証，這一年是夏禹帝嗣位的头一年）前的早于华夏的唐虞前期的灿烂文化再現於世，旧释「妇好」以為是屬于殷代武王妃的礼器，是由於疏忽了古之氏称与族称有别這一关鍵性问題。

1、上古時代有氏称和族称的区别

過去释者定名「妇好」，是根据這些古朴而又瑰丽的青銅彝器上刊有四

个字结构一体的古标氏金文，有的字如：　，有的如：　，因而析而为二，讀作「妇好」，并根据殷墟甲骨文有「妇好」带兵出征的记载，或認為是殷武丁時期的女將，或認為是武丁的妃屬，有的論者，不但肯定「妇」為姑而言的親稱，还肯定「妣辛」是「妇好」的「謚号」（見一九七八年第七期《文物》之七十六頁），這就失之秋毫，差之千里了。

殷墟甲骨确有关於「妇」氏带兵出征的记载，但「妇」字下是双手奉「子」的　字，和「好」是不一样的。变隶字当為　，為《說文》所不見。依古子、巳同字（注一：聞一多有论在前——見《古典新义》解《詩·关雎》一「章」）之例，字当讀「异」。古志氏金文有「子」写作　，象有「小人」為两手所抱，变音当讀「夷」（注二：古金文　字讀人，变音讀夷，通「尸」即「子」

和「巳」的方音之变），据此可知，古金文「子」字兩音，本音读异（夷）。夏禹以（夷）氏有女称姒。古金文「以」字如乙，字作 ，变音读如厶（私），故司馬迁史筆在《夏本紀》中称夏為「姒姓」。以姒相通，各有兩音。从宋以来，对于兩音的文字，都有一个「阴阳对轉」的神秘解释，為什么要「阴阳对轉」呢？就没有人解答了。而古命氏志族金文都是一字兩音或作三音，在這里反映的是父母兩个族系，原来就是属于兩个语言不同的氏族部落，因而一物兩称。如 字，餘体為 ，「是」為族标，也是音标，字本读鉏，原是「双刃鋤」的形象，這本是在以农业為主要生产手段的神农系先進的氏族部落里的名称，但同样是這把鋤，轉到以狩猎為主的軒轅黄帝系的氏族部落里，就專作战斗的武器应用，称作「丙」。由於這样銳利的武器，首先為酋長式的首脑所掌握，因而引伸开来又有「权柄」的概念産生。這是「异(夷)」子，有如乙、厶和以姒，都是一字二音之例。「妇子」自然变音讀「妇夷」。(秦汉后世作伏牺氏)

但「妇子(夷)」尽管和「妇异(子)」族氏声标屬一系，殷墟甲骨文所載的那个带兵出征的「妇异」氏，却不是今天殷墟出土的這批二佰件左右青铜宴飲礼器的主人，因為這批青铜礼器的主人「阜子(夷)」氏，到了殷武丁時期，已经成為那个带兵出征的「妇氏」双手來奉祀的祖先了，並非一人，而且是相差在千年左右。正如《左傳》在魯僖公時有叔孫氏、季孫氏、孟孫氏三家，经过文、宣、成、襄、昭諸世，将近二百来年，到了昭公末世，还是這三家分握魯国政权，仍以族称季孫、叔孫、孟孫，但昭公十七年当政的季孫氏，氏称(个人名字)為昭子，而近二百年以前魯僖公時的季孫氏是公子友，后者為前者始祖，若是以季孫氏為一人，僖公時代的季孫氏，就是昭公時代的季孫氏，誤以旋称為氏称，豈不是大錯特錯。古标氏誌旋的金文中有春秋時著称的「汤盘銘」，据郭公鼎堂的考证(注三：見《沫若全集》十四卷)，金銘九字是：「兄日辛、祖日辛、父日辛」，祖孫三代都以旋称，這是尊敬長輩而不称氏(如今之不称名)的常例，三个「日辛」分為祖孫三代，据此可知，今天殷墟出土的這批青銅器主的「妇子(夷)」氏，绝不是什么殷武丁時代的女将「妇异(子)」氏。而且這个「妇」是旋姓之称，并非对姑而言的亲称，除非是祭姑的礼器称妇，如「妇某作姑某宝尊彝」，必有「姑」相对而称「妇」，這又是不須详论的了。

至于同一墓出土的方鼎女主「司毋辛」与「妇异」氏之祖「妇子(夷)」氏為两人，這是另有属于「司毋辛」所專用的青銅飲器，鑄有她的專称氏标為证的，她是「妇子(夷)」氏的配偶之一，不但与殷武丁妃「妣辛」完全不相干，更挨不上什么「謚号」之类。為了概念明確，且让筆者先从四字结為一体的「妇子(夷)」氏的氏标所属的族系的考证說起。

2、「阜子(夷)」為旌姓，标志着夏禹所婚的旌系

「縱令其他氏族又归于灭绝，然而氏族之系譜，还可以上溯到几百年，甚至到几千年」。（見美国学者摩尔根《古代社会》第十四章「轉移之动机為財产之厶有」一節）

摩尔根以易洛魁氏族為例，介绍「当婴儿诞生後」母親為之命名，「还要取得最近亲族的同意」，以及「部族会议」上的最后批准。又说過：「一經年令到了十六岁或十八岁的時侯，就由氏族部落酋長「给予第二种名称」（見前引書之第十一章）。恩格斯以此為例説：「氏族有一定的名称或一套名称，在全部落内只有該氏族才能使用這些名称。因此氏族个别成員的名字，也就表明了他屬于那一个氏族」（見《馬恩選集》第四卷八十三頁），這就為我们提供了認識古代奴隶社会氏族遺風的一把金钥匙。

A、先釋[illegible]

[illegible]字形所象，是兩吏（古作「黎」，今作「丽」）女，叠股坐于兩側，以為

左右侍奉者的姿态，那么這个位居正中的「[illegible]子」，当是「[illegible]」氏之「子」。依據古命氏金文之例，「父」又為自己所婚的女方之父，而子又為子婿之專称。因之，這个[illegible]氏之「子」，首先应是一种母系制的古老遗风的反映，反映男方出婚于女方，作為女方氏族部落的承嗣人而称「子」，青铜器主人為男性，非女性，就可以初步肯定了。再看這二百件左右的宴飲礼器之盛，也绝不会是奴隶主王室的女妃所宜用，這且不説，还是从氏称[illegible]字説起吧！

[illegible]字如手而非手（古金文手字如[illegible]末筆上曲而无珠（注四：讀「丁」為变音）。[illegible]字变隶当讀「阜」，古金文以及其后殷周金文有尊字作[illegible]或作[illegible]可以為证，今字典「阝」在「阜」部為阜的变筆，可知《説文》是确有所據的。阜之翻体，在右位則讀「邑」。翻体氏称，依古金文的常例

必為正体氏称字之子，「阜」之子為「邑（夷）」，這又是系于文字創造之始的古制的。古金文都是象形体且往往有标音志族的符号如[illegible]，珠（●）就是族标，也就是[illegible]的音标，為「柱」，讀如「帚」是本音即今音讀「梳」的象形体，為族称；变音為阜，金文作[illegible]或[illegible]為氏称。[illegible]或[illegible]又是什么物体的形象？

它是樹立于「标」上的旗幟，這是作為祭祀的封邑所在的标志，就是祭祖的封邑，祭日也必有各支宗亲及互為婚姻之亲的氏族部落，在這个盛会上作為互通有无的场所進行交易，后世的庙会，应是它的遺風。因之，阜又是古商埠之称，翻体字作「邑」，同样是工商业者会集而居的地方。根据以上的論据，字的本音讀「旗」，变音讀「阜」，而出于珠族，就可以初步肯定了。

珠氏是誰呢？

B、珠氏帝顓頊為「阜子（夷）」氏之「祖」考

古标氏志族金文，有「毋癸鼎」（見《敬》集及《窓》集）載七字圖銘，都在「貯（樹）」內，說明這些父祖都已經是在供樹以內受祭的先人了。圖如：

又有「毋癸彝」（見《窓》集）同样七字金文，圖如：

当讀「母癸」，酬（舟）珠，阜乙，戍祝（足）」，「舟」為酒器，是两手相授受，一递一接的形象，為酬的义源和声源所出，殷周金文假借為受，只取酬的半面意思，這又是千年之後的演变了。酬珠氏有子為戍氏，古标氏金文又作，是鑄的形象，「足」為声标和族标，古鑄祝一字，王国维早有定论。那么戍氏母姓為「癸」，酬珠為祖，戍氏就可以姓称，為「父癸」，這是很明確的了。而「父癸」的配偶也称阜（乙）氏。華次与今天殷墟出土的「阜（珠）子（夷）」的阜氏相等，只是字体不一样，一作（阜乙），一作（阜珠）。根据「唐虞三兵銘考」（見《兵銘集》）以「父日癸」称的兄弟共有四人，為「大父日癸、大父日癸、中父日癸、父日癸」。原兵銘图如：

依例，這个阜（珠）氏或為父癸兄弟的婚偶，另有主夫称「父癸」。有子婿，婚時命氏金文当以「阜（珠）子（夷）」称。這个「阜（珠）子（夷）」為酬珠之孫女女婿，也就可以初步這样假定下来了。

那么這个珠氏是谁呢？既然這个鑄氏系的氏族掌握着当時金屬冶煉的先進技术，並且有了為子嗣之系作器命名的制度，創造了标氏志族的象形体文字，那么在中国的上古史上必是一个有记载的人物。但「酬(舟)珠」為古籍所不見，只有到古金文里去找。有「珠高羊鼎」(旧名「周丁甲鼎」——見《西清古鑑》卷三)所刊三字标氏金文作： 古羊、陽一字，王国維釋羊甲為羊甲(注：見《從殷卜辞所見先公先王考》)已為定论，是证這个「珠高羊」就是「珠高阳」。又有「高羊彝」(見《窓》二十二册)兩字作： ，旧釋「立羊」，显然首字下半有兩竖筆為銅銹所掩，因而誤釋為「立」。又有一图銘載《敬吾心室款识》兩字作： 可以為証。司馬迁《五帝本纪》載：「高阳立是為顓頊」，难道這个酬(舟)珠氏就是有名的帝顓頊，所謂「昌意」之子，黃帝轩辕之「孫」么？答案是肯定的。(拙稿《呈於「金文新考」的報告》已有前考，详论在《貨幣集》「帝顓頊酬貝篇」)顓頊嗣帝位以後更命珠氏，称珠高阳(羊)。

乙、再証之于「毋癸鼎」

古金文「酬(舟)珠」有子為「成(祝)」，《楚世家》載：「顓頊生称」，古志氏金文作 [金文] 或作 [金文]，古成、「称」同声同义，都是「平」的概念，从交易市场上来的意识形态。《左傳》載：「以成宋乱」，晋杜預注：「平宋乱也」。又傳引「夏書曰地平天称」，以称為相衬之衬，也是「平」和「相等」的概念。今称字作秤。而「成宋乱」之「成」為今之「评」，足证《楚世家》之「称」，就是古金文的「成」，(毋癸為爵氏，古金文作 [金文])而「酬(舟)珠」確々实々是帝顓頊了。那么帝顓頊有子「史」称作「鲧」，当是父癸這一輩次，或為「阜(珠)之匹配，而夏禹爲鯀之「子」、「阜(珠)子(夷)」氏就是夏禹，在輩次上不是正相符么？古金文上是不是还有鯀的记載可以印证呢？有的。有「鯀保鼎」(旧名「亚形祖辛鼎」——見《窸》三)。刊标旌志親金文共八字，都在「貯(榭)」内，图如：

這是鯀以「父隟」氏称而居中位的鼎銘。「帝摯奚貝篇」已有詳考(見《貨幣集》)。鯀在古金文中爲「系(奚)」氏，旁有旗氏居左側，字作[illegible]，後以王室变动，尊之而移于「系」的头上，字遂作「奚」，這不是「阜(珠)」氏的氏称字，爲「鯀」側之配的氏标么？阜(珠)氏之婿，氏称「阜子(夷)」的這个王者為夏禹，是鲧的子婿，还不是脉络清楚如画么？《史》誤以「子」為鲧所生之「男」，循之称「鲧生禹」為大误，也应据此「鲧」鼎文所提出的铁证，御去「假定」而作為落实的定论了。

如果还有所疑，那么我们在古标氏志族金文中，还可以找到印证。不仅证明夏禹非鲧之男，而為子婿，且可印证颛顼之子為成氏，孫為盛氏，以及上古時代的一种特殊的流長而源遠的两级婚姻制的古风傳统。

D、再釋

关於「阜子（夷）」氏為夏禹婚時的命名，已如前论；那么這為两吏女侍奉的「帚子」，（本音帚字讀如珠，变音当读妇）又怎样解釋呢？

是「阜(珠)」一人的变筆氏称么？自然不是。与不但是异体，而且从古金文翻体氏称为子为女，正体氏称为父为母的规律来看，辈次也应该是分为两级的。如果是這个阜氏之子(夏禹)，作为鲧的子婿，那么這个新娘必有媵，即兄弟的女孩作「媵妾」，這个「帝氏」，依例应是鲧和旗氏的「男」一辈——就是說兒子一辈的人物了。是不是這样呢？古命氏志旌金文有「戚婦鼎」可以为证。鼎铭共九字，作：

(旧名「帝祀祖丁、父癸鼎」——見《窓》十八)。吳大澂旧釋釋帝为确，但以帝巳变笔作帝祀，就既无根据又无解了。帝巳是谁呢？

我们既然已经考证出来，祖珠是珠高阳氏帝颛顼，那么根据司马迁史笔所记，颛顼之前，当为帝少皞，帝巳应是帝少皞氏。自然這是依理作的推论，《左传》还有佐证，昭公十七年载：「昭子问焉：少皞氏以鳥名官何故也？」，晋杜予注：少皞氏是：「黄帝之子，巳姓之祖也」。少皞氏以「帝巳」称，又是世序准確，氏称也相符的了。有三世孫成祝（父癸）之子，命名為蛾，蛾氏所婚之女称帚（婦的翻体）氏。那么這个「妇氏」正是「阜（珠）氏」的兒媳，有女兒隨姑（阜（珠）氏之女）作了夏禹的媵妾，因而夏禹又以「帚（妇）子（夷）」称，以作婚時命名志案的礼器，這也是脉絡清楚如画，不須再作繁瑣的引证了。

如果对于一婆一媳都肯作母氏有所疑，那么我们还可以举出「楨夷作父戊卣」（旧名虎父戊卣——見《攈古录》卷二之一第十一頁）所刊七字金文，作为這种两级婚姻制的印证。卣銘分蓋器两文，器銘是：

蓋銘是：

关於這两篇金文，《典籍集》有考証，在這里我們只說明两文所稱之父，

一作[illegible]（[illegible]為缺筆，銅蝕之故），一作[illegible]两字正是父子两人的氏称。蓋為尊，居首位，因而[illegible]必為父，戊氏在依位当為「男」，[illegible]是[illegible]（瞿，即今称之钁；次一字為「方」）[illegible]两字的合筆，翻体，方字倒書，是為[illegible]，加[illegible]為[illegible]即戊字，变音当讀戊。父子两人，夷（[illegible]）氏都以父称，那么瞿方之女必為夷氏母一級（姑）妻属，而戊氏有女隨姑作嫁，当為夷氏子一級（侄）妻属，因而夷氏志亲两者都以「父」称。

据此，夏禹循母权制遺风以阜（旗）氏婆媳两人之「子」称，就可以完全肯定是古之两級婚姻制的反映了。

3、附带的问题

至於夏禹婚時的命氏志親的宴飲礼器，為什么会在殷墟出現，這充分説明殷墟之前，原為夏墟。

前期殷墟小屯遺址发掘人之一曾説過：「即如我們在村中发掘三十六坑所出的純粹龟板，我总猜想他（它）是商代上世之物」（見《小屯发掘報告》第二期四百一十九頁董作宾之《甲骨文研究的扩大》）和另一发掘人的説法：「不過這一次殷墟的工作，可以确切的证明，仰韶的文化，不得晚過历史上的殷商，並且要早若干世紀。有些证据使我们相信這塊（采）陶器是殷商时代一件古董，好象現代人玩唐宋磁器似的」（見李济作《小屯与仰韶》——同期「報告」之三百四十四頁），以上兩例就可以為筆者所論作旁证。

另外，出土「阜子（夷）」氏夏禹青銅器的墓室，究竟是夏禹尸骨埋处，还是真的死于会稽（绍興），在這里葬的不過是衣冠，或者反之，今在绍興的禹陵，不過是殷周后世越族所造的祭祀陵，（如現在山東魯南的羽山頂上有鯀廟）夏禹的真墓在殷墟，也就是古之夏墟。二者必居其一，不敢妄斷了。

还有「司母辛」的族系考，以及关於王陵「祭祀坑」的研究，以后如脑力允许，当继續作專題论证。至於阜子（夷）氏夏禹的族系出于軒轅系，為帝嚳子一级妃屬所生，与帝尧為同父兩级弟兄与帝摯后稷為同父同母弟兄，「帝摯奠貝篇」及「帝嚳貽貝篇」都已作過考证，就不在這里作夏等之论了。

一九七八年国庆前一周完稿

一九八〇年十一月十一日校訂

二、「双鳩尊」及夏禹氏系考

人、「双鳩尊」非「鴞尊」説

「双鳩尊」是兩只於殷墟司母辛墓出土的鷹形酒器，而最奇怪的是這兩个鷹却与今天我們一般所習見的鴞鷹不同，而头上竟有兩隻角，难道這是上古所有的珍禽而現在却已消失於生物界的古鷹类嗎？不是的，因為仔細察看，就会发現「角」上还有一个古标氏金文作[illegible]，是「羊」字，為帝顓頊高陽（羊）氏的氏標，而在這裡，就标明「角」属於「羊」是為「羊角」，同样為古族氏之称。依古五帝金文父的氏称為正体，子男的承嗣氏称必為父母称的翻体之例，如鯀為「中」父位在「三」，是「三中（众）」而子嗣之族称「中山(三)」，有女称「中山夫人」，载于《水经注》「堯祀祠」，又如有母氏称「婺仲」而生女与帝嚳為婚而称「仲婺」(《考工记》作「終婺」，《丙申角》銘作「鐘婺」)。据此可知，「羊角」屬帝顓頊族系之氏称高陽(羊)氏的承嗣人，而循母权制在承嗣氏称上的遺风，這个「羊角」必為「双鴇」所奉祀之族首，而從声类上推求，「角」之古音讀如鴇(卽夏后皐之皐)二十八宿「角」為羣星之首，帝堯時期的飲酒青銅器，尊之為「角」，是必帝嚳之嚳的本字，嚳、皐為后世(至早是夏世)的飾筆，至於帝嚳為帝顓頊之子(婿)，筆者《貨幣集》另有專论，在這里就不作節外的考证了。因而据此可以初步论斷，此「双鴇」是族氏之标志，為帝嚳的子嗣帝顓頊的外孫，或后来夏后「皐」族一称之源起。至后世「皐」又变「鴇」

而為虎，於是《左傳》稱虎皮為「皋比」，而青銅彝器也变命更制，不是鹰形之「鳩」头戴羊角，而是虎首頂奉「羊角」了。

自然，僅僅是從声类上，星辰与彝器的命名上引的訛证，也只能説明是帝嚳（羊角氏）的子嗣是夏后皋的族称之始祖，但还不能説明「双鳩」的含义。

「羊角」，我们知道是《史》稱「高阳（羊）」的帝顓頊氏稱声标的翻称，是為羊族（神农系）的保卫者的概念。而希腊古代（相当于殷商）民族以游猎為生，以太阳為老羊，大角星為放羊者（見筆者《金文新考》所引《竺可楨全集》二四二頁）竟脱离了大「角」星為「羊」的保護具，而演变為「牧羊人」，連太阳也包括在内為「角」星所牧的「老羊」了。足見這是夏代的傳説，而神话傳说总是屬於上層意識形态而仍然為存在的客观物質世界所决定的。

但「双鵠」呢？当也有它的上古的含义！

2、「九州象尊」的启示

過去由於自宋「博古图」以来，多由於对「商人以日為名，自上甲微始」一语之误，凡遇古青銅礼器，就多以殷商論之，（以殷商為青銅時代之始）不知於五帝時期史有旌氏之称记載以来，我们就已有了王者為子嗣之親頒賜命氏青銅礼器的法制了。「商人以日為名」一语出自晋《帝王世纪》同一書内就有「帝堯甲辰嗣位、辛巳崩」以年為称的甲子，而学者不察却世代相承片面之語，凡遇古青銅器就簡单以殷商為斷了。及至近年在河北槀城古墓出了鉄刃的青銅鉞，虽承认是早期商器，但又定鉄刃為自然界的殞鉄，由於离題过遠，且不說它了。

現在我们僅举見於一九七三年十二月《文物》所載的「九州象尊」（旧名「九象尊」）一例，就可以知道夏初時期我们祖国青銅文化的水平是达到怎样一种高峰了。

尊為酒具，型如今天的「痰盂」，由尊器而降為「痰盂」，不知是变於哪一代了，總之，自晋石崇列傳，就有关於痰盂的記載。此尊不僅图案古樸，且有后羿的一字氏稱作[illegible]（是「羿」的翻体）為記，而尊体的图案中，还有九只象首尾相接，恰恰围繞一週，這就不但說明尊主人后羿当时的政治身份了！图如：

象体有字如「肋」，实为古「州」字，《说文》古体州字作𡿧可以为证。另外，古相，象一字，是由於帝嚳嗣位改「相」称「宰」，因而以官称的「相」（帝颛项之子（男）），《史・楚世家》作「稱」，因而「相」氏的子嗣更命为「象」，而承嗣「稱」为氏称的（古金文作：成），后世又作「呈」作「丞」，是为「丞相」一词之源。

关於「九州象尊」《典籍集》八二頁有「羿尊」专题考证，在這里我们引来作例证，是為了説明上古以官職的名称可以作尊器上的象形图案以為氏标。

那么是不是這是一种承袭於更古的文风和傳统呢？因而我们由於這个「九州象尊」的启示而可以推想，「双鳩尊」可能是一种古「以鳥名官」的官職之称的象形体的氏标。头頂「羊角」以為奉祀的「角」族子嗣（男）。

自然，僅此推论还是一个孤证，仍感不足，如果於史籍中找根据，那么只有翻《左傳》了。

3、見於《左傳》的论据

《左傳》載：「秋。郯子来朝，公与之宴。昭子问焉，曰：少皡氏以

鳥名官，何故也？」郯子曰：「吾祖也，我知之。昔者
黄帝以云紀，故為云师而云名」。
又：「我高祖少皡摯之立也，凤鳥始至，故紀於鳥，為
鳥师而鳥名……祝鳩氏，司徒也；鴡鳩氏司馬也；
鳲鳩氏，司空也；爽鳩氏司寇也！（見昭公十七年）
「雎鳩」見於《詩經》首章首句，实為行有序而止有警戒巡防的鴻雁，
筆者已有考释（見《百花洲》一九八一年第十二期）发表，「雎」实為「祖鳥」之
义，「爽鳩」無解，從声類上推求，当是「双鳩」，因為「双」在九部，「爽」在十部，
六書音韻相近，实际，古当為同声假借字，因為古五帝時期鷹、雁、布
谷鳥之类，统称「鳩」，故又有「爽鳩」、「雎鳩」、「鳲鳩」之别。「双鳩」為鷹，是

針对群鳩為雁而来的。晋杜予旧注："爽鳩，鷹也。鷙，古為司寇，主盗賊"。当是確解。据此可知"双鳩"為鷹，是掌握司法、治安大权的官职。如果可以据金文记載之職称確定，那么夏禹皋子（夷）氏与司毋辛為婚時正身任如春秋時的司寇之类宰臣。這是可以弥補史籍之遺的史实。因而他所驅使的"治水"之徒众或者就是一种如秦汉之"城旦""鬼薪"一类服劳役者。科学允許假设，自然在這里也应允許根据古金文的记載及象形体的官職之称，也可作如此依理的推论了。

4、双鳩皋子（夷）氏的族系考

A、先從帝摯说起

既然「双鳩」為鷹，是上古之「鳩」族，那么，我们且從关於「鳩」的古象形体金文说起。

《愙斋集古録》所載「鏃伯卣」七字图銘（旧名「矢伯卣」——見十八册）作：

第三字，很明显属「鳩」族系的人物是鏃（弧）之伯而自称 [illegible] 是為「父癸」作礼器的人。自然，有双鳩尊為例是夏禹未嗣位前的青銅标氏志族的尊器，那么 [illegible] 氏，必然也是夏世之前的人物，仍然保留着「以鳥名官」或名氏的遗風。

從字形所象來看，「鴂」為人手（ㄡ）所执，應是「鷙」的象形体本字。既然這个「鷙」能有為親族以子（婿）嗣的身份作青銅礼器，必然在上古的史籍中有名氏记載的人物，而古史上，五帝之末，唐虞之前，確有一个声相类而字有異的王者，史称「帝摯」的人，但却非「鷙」，史者信《說文》多过于早于它二百一十八年的《五帝本紀》，那么，我们且看《說文》汉许的说法。

《說文》解鷙：「擊殺鳥也。从鳥从执」。

清·段玉裁注：「《夏正》：六月，鷹始摯。」又：「古多假摯為鷙」。

說明古摯、执、鷙是一字，而「始摯」，在這里却不是「鷙」意，而是「子」的假借。

「摯」与「子」古相通並非筆者的創見，這是王靜安大師早在「夜雨楚公鐘跋」（見《观堂集林》卷十五第五頁）、已經作過確詁的。因而「鷹始摯」并非鷹在六月才开始畫鳥捕食，六月以前吃素，而是说，六月始繁殖产子的意思。但鷙、摯却是一字之变。有此「鏃伯卣」銘爲证，鷙却爲《史》称「帝摯」之「摯」，继帝嚳之後，於公元前二三六六年嗣位，岁在丙申（且有「丙申角」銘爲证。論在《貨幣集·冥貝篇》）九年之后，帝位爲帝堯所替，与后稷夏禹爲同父弟兄，這个「双鳩」与「鏃伯摯」這个「馴鷹」，不是可以相互印証了么！

B、再说帝堯原称梟鳩（咎）

古五帝青銅器有「咎卣」蓋有图銘，器体也有图銘共上下两篇。上篇九字，作：

下篇八字，是：

依据古金文，蓋爲尊，体爲卑（居下位），因而兩文所刊載之氏称字文是蓋爲正体字，器爲翻体字的話，那么必非一人之作，而是父子（男）兩代的「自誌」。

据此，我们可以看到兩个「咎」字相反，蓋銘爲　，器銘作　，恰相反，因而這是父与子（男）兩人為「父癸」作的礼器。可以首先初步肯定了。

其次，我们再看「父癸」兩字，既然「鳩」氏都屬于五帝時期的官稱与氏稱，那么這个「父癸」在五帝時期必然是「唐虞三兵銘」中的四个「父癸」之一了。即帝顓頊的母一級（姑）「正妃」所生的諸男。確不確呢？第三还要看用「礼」這个「旅」字的餘筆，是為「犂」而以「旅」来作标声志族的标志。《史》有帝顓頊「命黎司地以屬民」的記載，那么黎為后世史者对「犂」的飾筆，可以推知了。帝顓頊大子」，《楚世家》称「称」，《左傳》作「倉舒」（見文公十八年），古金文作「成祝」，成字作 [glyph]，（古称、成兩字通）帝顓頊時期為相，古金文作 [glyph]，是珠（柱）氏帝顓頊的「首目」的概念，筆者在《呈於「金文新考」的報告》中，已經论证過了。二男為二目，古金文初称「日禹」又称朋氏，作 [glyph]，以官職掌握祭祀大礼，是又称旅氏，古金文作[金文字形]。是《論語》載「季孫旅於泰山」之旅（礼）。

九字通读：「咎（鳩）作父癸宝障彝用旅」。

「作」字翻体，显然咎氏婚時，曾受「父癸」旅氏的更命（改氏）礼器，而現在是翻過來為旅氏「大父日癸」作的祭器。

咎是谁呢？史籍不載，从声类上推求，咎為「苟」音，与鳩同声，而有男又称「咎」，可证咎為族称，氏為梟，則「梟鳩」是咎氏或為帝嚳之嚳的声源，从「角」字來的变化。

這个论断对不对呢？还须器載金文來印证。

器銘八字，首字吳大澂旧釋：「鳥集于木形」而無解。字形所象應是梟字。《说文》解梟，汉许说：「从鳥在木上」，段注：「五經文字曰：从鳥在木上，梟省作梟，然則《说文》本作梟甚明。又：「古堯切，音在二部」。據此可知，原是字（見《窓》廿二册，為爵器上的三字命氏金文，命名人也是「父癸」，疑為大父日癸，「成祝」，故本篇金文「作」字不是翻体）婚於「樹方」，变音讀木，而称「梟鳩」。「咎」為蓋銘的翻体，都是「人」在卫護「隹（足）」氏所棲居的囲子（口）的形象，显然，這个「人」字，是反映了依母糸制的遺风，人方的子婿承嗣了由於人方（神农之子柱氏后裔一方）的首領帝顓頊之元子「大父日癸」死后的氏称，因而鳩氏父子（男）的氏称從「人」以為族姓了。這是族称逐漸擺脱以鳥命名的遺风，也從「角」字脱化而出，只在氏称上，仍遵古制，作「梟」。而在隨从帝嚳有來作祭并制銘文載于祭器上的資格的人物，只有太子唐堯，而「堯」為古之「梟」义，又世世稱鷹為鴞，可以說名稱之來，是源遠流長的。而「堯」為夏世以後代替「文不雅馴」「梟」的字，又是据此可以推斷的。

在這里还留下一个问題，那就是為什么父帝嚳（癸）為帝顓頊的「二目」旅氏日癸作祭器稱「父癸」，而唐堯為帝嚳太子，却也稱旅氏為父癸呢？難道依母权制的遺风子婿稱妻方之父為父的话，那么帝嚳与其太子唐堯，都是旅氏日癸的子婿么？是的！

筆者在《夏禹皐子（夷）氏的婚宴青銅礼器出土於殷墟的报告》中，已經提出來，夏禹既為皐氏之子（婿）又為婦（帚）氏之子（婿），而皐氏与婦氏為婆媳；又舉「狽卣」圖銘為例，夏禹以夷（人）稱，既称[illegible]（二目旅氏瞿）為父，又称旅氏瞿（鍏）之男长氏為「父戊」，說明上古在婚姻关係上的兩級制母系遺风，即姪隨姑為媵妾，這十不合理的遺风直到秦汉还存在，且載于《公羊傳》（筆者另有《從叔孫氏始祖「僖叔」覲称上看齐魯三世屬於昭穆制的婚姻关係》一文即将发表，可参考）。

根据古金文的考据，帝嚳屬軒轅有熊氏族，而帝顓頊屬神農族（見《貨幣集·帝顓頊鉏貝篇》）兩个族系的男女是世代為婚的。因而帝嚳的母一級正妃（姑），為帝顓頊子一級妃屬（姪）所生之女称其（旗）氏，而隨之為媵妾的必是諸子（日癸）之母一級妻室之女。《史》称「諏子氏之女」，即帝顓頊三命「舟」氏又作「聊」的变筆，

（由于古誤而以爲是「同族」之婚有所諱的緣故）。那么旅氏瞿爲「大父」，子一级（姪）妾屬所生的女兒，就必婚於唐堯爲母一级妻室了。

這种兩级制的婚姻，从父系來看，筆者在《报告》之一中已說過，很不合理，但从母系制遺风來看，「姑」之女和「姪」之女，不是同輩姊妹，而是姨与女甥，因而姨婚於女甥之公爹，女甥婚於姨夫之子（男），姨爲婆，女甥爲媳，輩次仍然有序而不乱。題外的話，暫說到此吧。

乙、夏禹官称「双鳩」而氏称爲乙

（1）

我們既然從五帝金文中考证到帝摯与唐堯称摯称皋的命氏记載，

那么另有两「鳩」的命氏金文，也就可以迎刃而解了。一作：

一作：

（均載《窓》廿二册）按後之「鳩」没有為「手」所执的标志，疑為大子，即帝嚳母一级正妃（姑）其（旗）氏所生的唐堯，史籍帝尧「祁姓」或「伊姓」，「祁」的原文出自「其」，是冉（古金文作 ）的倒体，而「伊」為「夷」的变筆，实 （人）的变音，是声源確有所本的记載。前一「鳩」為「挚」（子）字輩，是帝嚳子一级（娃）次妃（媵妾）所生，而帝挚為長，所以這个「鳩」有一个标志，是匕字。匕為 （夷）的翻体，「夷」為族姓，说明是母族出于「人方」，而婿从之称「夷」（人），生男，人（夷）為姓，又以「人」的翻体称「匕」氏。如果這是為了与帝挚的「鸞」字相区别，有了這个「匕」的氏標，当然可以区别了，可是匕傍又有[illegible]為氏標，說明在帝挚之下有两个匕氏弟兄同一氏称，正如四、「父日癸」，而「兄日癸」都見於「唐虞三兵銘」的記載，帝舜与象相称同為「亞」（見筆者《释「亞」及「亞旅」》一文——載《青海社会科学》八三年第六期）一样。帝挚、帝尧之后，見於史籍記載的帝喾之子（男）还有那两位呢？后稷与夏禹两人往往又是並称的。是不是还有一个「鳲」氏称「匕」的青铜圈銘的記載呢？有「双鳲」爵（旧称：「双雀形父癸爵」——見《窓》二十二册二十頁）一字作[illegible]两字作「父癸」。或為第二个匕氏，疑為夏禹的命氏器，字讀「比」，而无据以断。是不是另外还能找到刊有「匕」氏鳲的標氏志旋的古青銅彝器呢？有！在宋代《历代鐘鼎彝器款识》上，称「雞單彝」（見卷十三第一百二十五頁）一字作：

郭公鼎堂引之以釋「壹卣」銘，称：「观

若

文，知單乃捕鳥之器，王国維説以「畢」，形制与用途則然矣」。（見线装本《金文丛考》第三卷三一六頁）郭公定名「壹卣」，又称「單卣」的金文，实是唐虞金文，製于帝舜推行新政，世称「维新」的時期（《詩經》「维新」一辞為晚），筆者另有《單壹卣銘新考》，实為《史》称

帝堯之「不肖子丹朱」的誌事金文。見《人物集之五》。

這个「畢」字的讀音是正確的，是為乜氏夏禹的誌氏青銅彝器。与[glyph]字比，一翻一正，非弟兄字而是父子字，「單壴」為帝嚳之孫，夏禹為帝嚳之幼男，是為兩級。這个「畢」字內的「鳩」氏首尾方向与帝摯，帝堯（鳥朱）同，因而是弟兄列。

「鳩」首所奉祀的旗标為「用」的倒体，母為有「絨」氏之女，因而氏稱作倒体，三珠之「單」，也並非如旧釋為「捕鳥具」。更有[glyph]字（見郭著前引之「壴卣銘」釋文所引），难道「鳥」已飛走，是「捕巢」么？还有[glyph]字青銅圈銘，載於《澂秋館吉金》，难道还有以「畢」捕太陽的么？据此可知，字形所象，是鳩氏落於「單」方棲居（婚〔贅〕

於單方之女）的概念。單字本音讀如嬋，是「鏟」的象形体。而輪在前，后為田器。是以「畢」的本音當讀「鏵」，变音讀「匕」。「華夏」之声源在這里。古金文旧「鏵」字的象形体，為：

兩輪原在兩側，与有手所扶之田器平行，而「單」却是兩輪在前，从力学上可以看出「鏵」稱鏟，是屬於唐虞時期出現的新農具，虞舜所以推行新政，实質上是由於生产力的改变而必須改变生产关係以相适应的反映。舜初命圃氏，后稱「允」，在古金文中是人肩負重担的形象，春秋后世，舜的后裔建国稱陳，原於「允」，而「允」的变音

讀「單」，虎視眈眈，「冘」為音符。因此又可知「單」讀嬋，實為「鏟」，而「畢」的本音讀華，實為鏵的本义。

另外，还有前所引「狽父戊卣」銘蓋文稱文[illegible]的[illegible]字，《說文》讀「垂」，以為古音為「何」。實為鏵古音讀如「鍋」，而今天就是「我」字的左半側的字源。丅 丯 是鍬方兩字的结构，有女稱「鏵」為族稱，后世始变「鏵」為「媧」，已演化為令婦女相伴的炊具，已經不是族稱之鏵了。（自然，媧与鍋一音有異，也仍是方音之变）以上是華夏之華，变音读畢，是源出农具而非捕鳥具的解釋。

那么另外是不是还有印证呢？「匕」字本音也读華，可以印证。匕、化原是一字，《說文》段注虽然有「化」与「化」之解，但王念孫明確斷為匕、化

古一字，是確鮮。（見《广雅疏证》卷三「释詁」第二頁背面）

（2）

禹原為夏禹后稷之封邑通称，又見於春秋金文「齐侯鎛」（旧称，見《历代鐘鼎款识》卷七第七六頁）其中八字是：

咸有九州
处禹之堵

宋薛尚功釋：「咸有九州处禹之堵」，郭公鼎堂定名「叔夷鐘」（見《金文丛考》线装本卷一——四三頁），解与前同。筆者以為首字非咸，而為「国」的古体，字形所象，以戈保护封土「口」（古囲字），当是：「国有九州处禹之堵」，而「禹」為三字組成，分解开來看，為勹九土，勹為勹字，变隶当是匕九土三字，原是匕氏与九（酉、《帝王世纪》称女祸「悠」姓，实族氏之称）的封邑在「余」（《史记》、「齐太公」作徐，称：「庚辰田常执简公于徐州」。《左傳》定公十五年作「舒州」。实，徐為郐，《说文》讀「塗」），是以称「禹」，后以封邑之称為氏称，尊崇而称「匕」氏。但匕氏為弟兄二人之通称，因而這春秋金文所称之「禹」当為后稷的封邑，后人承嗣相傳而讹，等於舜都之邺（后世作亳），原在今河南商丘地区近山東曹州。王国维大師已有「亳」都的考释，為确。而明末顧炎武也有「舜都番」之论，並讀番為鄱，指地在今河北涿鹿，這是分封子嗣之邑。王国维以邺伯青銅器於河北涞水出土以為是「燕」（見《觀集》卷十五「北伯鼎跋」），虽相近，但确是早於春秋周室的青銅彝器，可证顓氏之论有据，但只能称為舜時的北都，首都之地在商丘（古帝顓頊之墟），詳考在《舜篇》。因為夏禹婚宴青銅礼器大批在其婚偶司母辛墓出土，可证，洹水之南的殷墟古為夏墟，而殷都朝歌這是史有明文记載而為史学者所公認，殷墟非朝歌，自不須辯。但殷墟出土的甲骨文，确多殷商先王的记載，因而這个夏墟当為后世子嗣（包括子婿之族）所承嗣而專守祭祀者的封邑（疑史失其地的「鄤」，依据筆者「丙申角」銘的考证，或即此）。

（3）

古金文「禹」的原文，作封地之称的作 （詳论見筆者「司母辛氏系考」）字形所象是奉祀「瞿」（丁的正体）与「中」的两匕氏保说吾酉（戊与酉两女，也是「吾友」之义）於温庫灶火之上的象形兼会意指事的概念。后世有熊氏之称罷，以「四」為首，也是源于夏禹皋陶（夷）氏在鸠族兄弟行次居於第四位的原故，或有人以為附会之说，不是的，禹都称嚣，固然是从帝尧称鼻而来的声标，但「頁」為古「首」字，載于《说文》，因而嚣的本义是第四口的首領（甲骨夷（⺈）字又通「尸」疑也是夏禹居四位，而不奉主（一竝氏帝舜）如「☽」氏而来的氏称通用字）。氏称又作[illegible]，見于古金文，还見於甲骨。笔者也另有專題论证待刊，出后請作参考。列这里本可以结束了，但还有后稷老三這一鸠氏匕的一个氏标的问题，姑且作為附带的考证，列於第四節。

(4)

[illegible]的标誌，久不识。一九七八年五期《文物》（十七頁）有「秦始皇陵東側二号兵馬俑坑鉆探試掘簡報附圖（十六之１）如[illegible]的「車轄」。但仍不知字的古音，疑為「鍵」的象形体或是掌握車輛運輸的官職标誌，后稷在「吏」以為帝堯的「農師」。根據這个嬀氏的附屬标志來看，周室史者所傳或為周室尊祖的傳說，或是因為后稷「棄」的后裔流于西岐之后，把原為羊族神農系的農业耕作技术帶到西岐，影响很大，因而周革殷命，封「棄」為「后稷」，以代夏禹更命之封，在夏之前，司天之神為「重」，是帝顓頊所封。「重」实為「柱」，《春秋左傳》稱：「柱為稷，自夏以上祀之」。亦是碓史、「重」「柱」之差，正如《史記》稱齐簡公在徐州為陳恒所弒；《左傳》作「舒州」，誌音之異，可以為比。

另外乚又為山的異体，含有此為鳩氏弟兄之老三，緣古金文「三」「山」是一字。因而參墟之說或有所据。而參商相攻，鄭子产都以為是帝嚳之二子，从古金文命氏记載來看「商」星為舜，而參星如為后稷，是一子一男，这个「參」是「三」的变筆，是依帝堯、帝摯為鳩氏的老大与老二為序的。

5、夏禹畢氏「鳩」字的「姒」姓标志

在「畢彝」一字标氏图銘中的「鳩」，有乙的符号，如「鳩」之「足」而非爪，是翻体乙字，古金文作乙，讀「以」讀「厶」（私）是為「子」姓标誌，以与帝摯的「鳩」字讀「鷙」相别。

综合以上所說，「双鳩尊」非「鶚尊」，為夏禹以官職為称的「尊器」，五帝末期的铸制物，虽嗣王位，仍為司母辛氏作為婚宴青铜礼器以保留，至此，可以肯定下来了。

总之，夏禹皋子（夷）氏婚時的青铜更命彝器，婚后当為宴親会宾的礼器。

它的珍貴，不只是在於说明我们祖国青銅文化的古老，不只是在於冶煉技艺是多么古樸而精緻， 给我们為祖国的精神文明与物質文明建设带来鼓舞和激励，更重要的是，它把我们的有文字记載的历史，向前推進了千年以上。這就是说，证实了《春秋左傳》与《史记》的有关上古记載的基本正確性。

在這里容我们引用一段马克思的话，或許是会有助于我们对自己祖国的古老的历史的认识。

「由於血族的联系，已经湮远，而过去的现实，看来是反映在神话的幻想中，于是老实的庸人们便作出了而且还在继续作着一种结论，即幻想的系谱创造了现实的民族」。（見《马恩选集》第四卷九九页）

一九七八年九月廿六至十月九日于湯山疗养院初稿

一九八四年二月廿二日重寫於北京崖兰小舍

三、阜子（夷）氏夏禹的婚配之一司母辛氏的族系考

——关於夏禹婚宴青銅礼器图型、图銘考之三

人、司母辛為虞氏弟兄諸女之一

前有论者，以為「司母辛」是殷武丁的配偶，說：「据甲骨文載，武丁配偶中有謚号妣辛的。这座墓可能就是妇好本人，妣辛則是妇好謚号（見一九七八年七月号《文物》七六页「殷墟」一文）」，這真是差之秋毫失之千載的主观臆测的論点，且不說，這座墓，究竟是夏禹阜子（夷）氏尸骨墓，还是夏禹確如司馬迁史筆所记，卒于浙江省紹兴县的会稽，這里葬的是司母辛（而夏禹婚時的命氏礼器及平日玩賞的玉器也隨之全部埋葬在洹水之南）、我

们只从「妣辛」来説，妣為匕氏之女，字原作妣，為夏禹毕氏又称阜（夷）的女系，世々代々与殷商祖系之男為婚的，「妣」就形成了女方的族称而「辛」為姓。更明確的説，「妣」是夏禹的女系，以父族称「妣」，而「辛」是母方属于「日辛」（帝顓頊第五子的氏称，為虞舜的生身父族系），殷周后世，祖妣并称，妣字就逐漸当作辛称，族称的古义就随之日漸消失，這是千年之后的变化，与武丁時期有妃称妣的原意是完全不一样了，既是族氏之称，那里谈得上「谥号」。阜（夷）氏夏禹，又称毕氏，前在「双鳩尊考」中已有论证，至于殷商之祖属虞舜的旌系，是与阜（夷）氏鳩（古音讀阜声）系夏禹世々代々男女互為婚姻，从「司母辛」的族系考证中，就可以清楚的看出两个帝系的脉络来。

另外，殷商始祖非帝喾而为虞舜，有《国语·鲁语》所载："殷人禘舜"可以为证。而韦昭注："舜当为喾字之误"，是从《史记·殷本纪》之误说，王静安不察，又循之作解，就把殷商的内外两个祖系搞颠倒了。帝喾实为外祖，论在《舜篇》，在這里就略而不作节外生枝的引证了。

那么司母辛到底是谁呢？当然是卑子(夷)氏夏禹的两级婚偶之一，即从姑作媵妾的子一级(姪)妃属，为虞氏弟兄诸女之一，早于殷武丁妃妣辛在千年以上。

2、先从氏族之称说起

恩格斯说过："氏族有一定的名称或一套名称，在全部落内，只有該氏族才能使用這些名称，因此氏族个别的成员的名字也就表明了他是属于那一氏族，氏族的名称一开始就同氏族的权利密切的联系在一起」（《马恩选集》第八三頁），這种「用氏族名称的权利」，「一直到帝政時代还保持着，被释放的奴隶，可以采用他们以前的主人的氏族名称，但不能获得名称的权利」（所引同上）馬克思在這里曾指出過：「罗馬氏族的职能，就是這样，除了已经完成向父权制的过渡這一点以外，都完全是易洛魁氏族的权利和义务的再版」。

在東方公元前两千三百年前，中国早已有了文字和高度的青銅文化，並正在完成向父权奴隶制的過渡之外，同样的可以看出后来在易洛魁氏族社会中所存在的某些风習。如氏族的名称就是其中最显著的特征之一。

既然在易洛魁氏族社会中，「縱令其他氏族又归于灭绝，然而氏族的谱系，还可以上溯到几百年甚至到几千年」（見摩尔根著《古代社会》十四章「转移之动机為产财之私有」），那么公元前两千三百年在東方，氏族之称早已用命名的方式鑄于青銅器上，形成了遺于千年之後而不毁的一种金文记載，那么就更可以根据這种记載「找出她的族系所屬來了。

3、釋「司」

殷墟（实际它的前身也是夏墟）阜子（变音读袁）墓出土物中，有「司母辛方鼎」，另外还有鑄有她个人氏称字的飲酒具，說明這个司母辛，不是這同一墓室出土的二百件左右的宴飲用的青銅礼器的正式主人——不是持「双鳩尊」者阜子（夷）氏本人，是很明確的了。而「双鳩」為鷹，《左傳》作「爽鳩」為司寇，非群鳩為雁的别称。那么阜子（夷）氏為男，前在報告之二中已有考证，為夏禹婚時的命氏礼器，而司母辛為从属，是夏禹的后妃也就可以循之作初步的推论了。在金文結构上，还需要论证。

且看司母辛的司字，方鼎及酒具上的标氏金文都作司，正读為司、后為变读，是尊称。司氏生男或产女，依古金文命氏之例，应是司的翻体，作后，字的正音当读后。因之，夏禹之后裔，史称「夏后氏」，当源于此。夏后氏在後世，当然就是族称了。這且不去説它了。

司是两部分组成，分开来：一是𠃌，一是口。口字見于《説文》，許讀為「囲」，古命氏金文作：[illegible]（見「囲卣」，旧名「举册父癸卣」——《历》集卷三第四三頁）為虞舜的初命氏称，字正音读「户」，变音读「囲」，是「田」的始体。舜嗣帝位以后，田字尊读為「天」，詳论在《舜篇》。以后舜以氏族部落首領身份為其子嗣頒賜命氏礼器以「户」（《説文》許解古「护」字）命名，古金文作□（見「囲尊」，旧名「商父丁尊」——《西》鑑五頁），日辛（即舜帝，論在《兵銘集・唐舜三兵銘考》）氏嗣帝位后，為子嗣之亲頒賜命氏礼器，又以「父辛」称，但辛字加「囲」作标誌，為□（見「虞貝爵」——《攈》卷之二第六七頁），是為「囲辛」（后世称维新一词之源）兩字的合筆，很明白，這是為了和帝嚳高辛氏相区别。舜死，「户」氏為父作祭器，以族称「父珠」，而自称「囲」，字又变体為□（見「辛作父珠鼎」，旧称「周辛鼎」——《西》卷三第三一頁）詳考均在《舜篇》，在這里就不作复筆的引证了。

再说，[illegible]是[illegible]的翻体，[illegible]字见于古金文雁字作[illegible]，是[illegible]氏所依，[illegible]字自然是神农系柱（古貝文作[illegible]）族的某男性成员的氏标了。

4、司母辛為匽侯吴（虞）諸女之一

[illegible]氏既然是為[illegible]所依，合而称雁，那么这个雁，必是匽侯占（讀如鈢）、為帝嚳的子婿之一了。有「匽侯鼎」（吴大澂旧释「匽侯旨作父辛鼎」）七字誌親金文作：

[illegible]

這是匽侯為帝嚳高辛氏的子婿的论证。但這个匽侯占，是不是𠂆氏，只从匽、匽古字相通上来说，论据还单薄，那么我们有「貯(仇)作父乙匜」(旧名「燕侯作父乙匜」——見《恣》十六册)可以印证。銘十六字金文，是：

字讀：「癸𠑹(二字合筆)侯吴(虞)匽侯给貯(仇)貝作父乙宝尊彝」，這是虞氏弟兄相称以亞(仇)共為帝尧作的礼器，称尧為「父乙」，当然是隨姑而婚于虞氏弟兄的《史》称「女英」或作「女瑩」的「雁」了。(《人物集·舜篇》已有詳考)

那么据此金文记载，癸𠑹侯又称匽侯的吴(虞)氏，左手所持為𠂆，正是构成雁字為「鳫」氏所依而為庇护的氏标，那么根据古金文氏称翻体為子為男之例，「司」字為史吴（虞）氏庇护的田氏（《左傳》作媯），癸㠱侯又称匽侯的吴氏為「大父」，田氏非「媯」系因而字不作　，就很明確了。

如果还有所疑，那么癸㠱侯有男，為帝尧子一级（姪）妃属所生之女婿，婚時有命氏金文載于帝尧以「父乙」名义所颁赐的礼器上，旧名「周虔彝」（見《西》卷十三）当為误，正称应是「已其侯吴（虞）彝」，共铸七字，首四字為合体的族称，疑也是官称。作：

是為癸㠱侯又称匽侯之男，侯字翻体，Y的族标也翻為右手所持，头部所奉之「足」（　為　的简化）如　首部也翻而為右向，那么這个「貯」

旋内的「己其侯吳」，与司母辛為同輩次的兄妹、姊弟关係，同属吳氏匽侯的翻体氏称的子男，也就据此進一步肯定了。但司母辛為囲氏受匽侯庇护者，那么這个囲氏，是虞舜的直系女儿，又是脈絡分明的。自然，司母辛与夏禹阜子（夷）氏為婚時，匽侯為尊，其弟虞氏舜还没有登上政治舞台，据此也可以推想而知了。

5、司母辛与夏禹婚時的年代考

司母辛是那一年与夏禹為婚，即隨姑（虞氏的姊妹，鯀的諸女之一）作「嫁」的呢？是帝摯嗣位的第一年。

依据晉皇甫谧《帝王世纪》所載，帝堯「甲辰嗣位辛巳崩」的纪年甲子推算，——帝挚在位九年（司马史笔所记）——那么帝挚是公元前两千三百六十六年，岁在丙申称帝的。古誌乘记事金文有「丙申角」铭，共十六字是铁证，作：

当释：「丙申王給甬癸（帝挚軒轅象為車旗以吏音為正統。李音讀貯（仇），亚為殷周后世的方音）罵器奚貝，在禹。用作父癸彝」当是帝挚嗣王位以后，巡章阜子（夷）氏封地「禹」時，賜金給甬（鍾）登罵器（后作罵器）為父癸作的礼器，说明帝挚為帝，夏禹又称「甬癸罵器」的阜子（夷）氏，也已找得可以為妻方故去的「大父」作祭器的政治身份了，自然這和后世得「中試」的喜報，而有报庙祭祖以庆的风习相类。很可能就是在帝挚嗣位這一年，夏禹得「双鳩」之封而禹字作[illegible]，是[illegible]（字当读如豼，实為羆，有比作比如是，為音符与族标）氏护庇五（㐅）酉之状。[illegible]為㐅酉居於温蒂之上的姓火型，是全字的音标，讀如火（聊虎）。旧释以為「泉」，酉在泉上就无解了。《貨幣集·帝挚吳貝篇》有專題考证，可参考。

晋《帝王世紀》載：「禹始纳涂山之女曰女娲，合婚于台桑，有白狐九尾之瑞，是為攸女。故連山易曰：禹娶涂山之子名曰攸女，生启是也」。

女娲攸姓，「丙申角」禹字是比氏护五护酉，攸、酉当是古声相通而通用的字了。那么這个「酉」，就是女媧。

從阜子氏变音讀阜夷，直到殷時还有阜夷(子)氏后裔以族称「妇异」著名于当時，可証阜氏為古之望族，那么从声律上來推測，夏禹称阜夷(子)氏，且為女媧的婚配，必是后世所傳之伏犧氏了。汉石刻往往有西帝，一名伏犧，一名女媧，人胸龙体而尾互相糾纏，以示交尾之狀。而這个伏犧氏，又作宓犧氏，或處犧氏，也是匕氏夏禹的氏称声标，又可以相印証的了。

根据以上所说，伏犧当是阜夷氏的后世变筆之称了。从西申角的禹字构图來看，应是阜子氏夏禹來婚于「酉」方，封地称禹，而自以「甬癸」称，冠母族以尊奠氏。氏称作囂，依帝颛顼大子称「成」古金文作 [illegible]，二子称「旅」古金文作 [illegible]，三子称「亼」，有男命名古金文亼字作 [illegible] 的規律來首，鳥有四口，当是鳩氏的第四子，当读嚣（鳩），后世又通「敫」。而帝挚，帝尧，后稷為其三兄，辈次正相符，另外「四熊」為罴，又是一个可以参致的旁证。

「丙申角」的文字记载，反映了帝挚来「禹」，不是一般巡礼，而是来参加阜子（夷）氏婚于西方為「仇」而賜金相庆的。从夏禹阜子（夷）氏婚时有「双鳩」之尊，又可以知道帝挚嗣王位，夏禹婚于禹时就已受到帝挚册命，官如「司寇」，掌司法大权。所以婚时的礼器就铸「双鳩形」，以為「尊」王封册命之证了。

一九七八年十月五日

四、夏啟爭帝位的一次大屠杀的物证

——關於殷墟「王陵奴隶祭祀坑」的問題

殷墟古為夏墟，前在《報告》之二中已經論及，筆者对于阜子（夷）氏夏禹婚時鑄制的宴飲礼器上的图銘、「双鴞尊」以及其「妃」屬之一的司母辛的氏系也一一作了專題的考证。現在，再看隨着這座阜子（夷）氏王陵同時发掘出來的所謂「王陵奴隶祭祀坑」内出土的刊有标氏或命氏金文的青銅彝器。出土的有銅鼎及爵兩字标氏金文作：杏王 及 杏丑（四区一一八号墓坑出土），有銅觚，四字命氏金文，是「冊、天、父巳」，图銘如下即：（三区八五六号墓坑出土），有提梁罐，一字标氏金文：（七区一五二号墓坑）有铜爵，三字标族志氏金文，作：（七区七号墓坑）还有铜鼎一字标氏作：及铸有三字命氏金文的铜鼎，作（八区二八四号墓坑）从以上出土的各种青铜器来看，那里是什么为王陵作祭祀的奴隶，分明是以有王室册命的奴隶主贵族为主的葬身处。

在這里，册氏父系是帝顓頊的第四子「日登」的族称字，「日登」又称奉（封益（条）（古金文作作，詳论在「唐虞三兵銘考」）、「天父巳」依世次来说，当是帝禹以族称（侧体巳），为子婿身份的（正音读朋，变音读条，旧作益）所作的册命了。禹益之间的「父子」关系正如尧与舜，舜与禹。《竹書纪年》有夏启杀益的记载。《楚辞·天问》中，也有「启代益作后」的说法，因而疑三区八五六号墓或是伯益册氏的尸骨所葬处，临死随身还有铜钺作为殉物，可见是一种在参予夏禹忌日的奠祭会上，出其不意，被夏启所埋伏的武士刺杀的。父乙是帝尧發署册命的自称，是「和」字，「和仲」、「和叔」载于《尧典》。《历代钟鼎款识》有「和伯辛」全铭七字，

是帝喾早期（即未嫁娥皇之前）给虞氏（舜）弟兄所属的「三西方」作的礼器，高辛自称为伯禹，《人物集·舜篇》有考证。那么这个带着自备

铜鼎来会葬的和氏，必是「和仲」吴（古金文作[图]）氏，即已其侯又封雁称匽侯的男系子嗣之业，也在这里殉难了。以上这两人，有命氏金文的鼎铭为证，是和皋子（夷）氏夏禹同时期的人物，除了「诸王（储）」还无从考其氏系之外，主要的就是有提梁罐、铜爵、铜鼎等自备饮食具前来会葬的「日辛氏」的子孙[图]氏了。日辛，是帝颛顼诸子中的老五，是帝舜生身父，前在《三兵铭考》中也已作过定论的考据了。现在我们只说这个日辛氏的子孙[图]氏的氏称字。口字，《说文》读囲，字形所象是双手奉「囲」以为族首，显然这是虞舜的后裔子嗣了，古命氏金文囲字作[图]是舜的初命氏称，字本音读「户」，《说文》解「户」为「护」。《左传》作「胡」，称「胡公不淫，故周赐之姓，使祀虞帝」（见昭公九年），胡是族称，是虞舜的後裔，变音读「囲」，春秋称「丑」。另外，今天在魯南，下田又称「下胡」，足证田的本音读「户」，虞舜嗣帝位以後，田字尊称爲「天」，直到今天仍读田爲天音，尊舜的初命氏称的缘故。春秋后世，胡公满的后代陳公子完的后裔孫，在齐夺得政权，以田爲氏，說在司馬迁的「齐田完世家」。根据以上所考，口字当爲[illegible]字的简筆。「双手」的金文，又作卄，証在「貯作父乙彝」（見《窓》十六），彝字作[illegible]，准此，[illegible]字变隶应是今天的畀字，读如「毕」。从声律来看，当是毕氏夏禹从母系制的旧风习納婿以后須賜的册命，依两个帝系的男女世代互爲婚姻的规律说，虞舜之男，也应是夏禹毕氏的子婿，依古老的传统不是夏禹的王位的承嗣人，也当是夏禹毕氏氏族部落的承嗣人。

根据以上的考证，志在承嗣夏禹王位的伯益以及舜帝的直系之男界民，都在会葬当中為夏启埋伏的斗士所屠杀，就很明显了。自然，在這些被屠杀的親族当中也包括這些奴隶主的大批侍卫和训犬训鹰的亲信奴隶在内。因之，「天问」有：「启棘宾帝，九辩九歌；何勤子屠母，而死分竟地」，有释者認為：「這一章主词是启，因而「勤子是启，屠母的是启，死分境地的也是启」（見一九七八年八月廿九日《光明日報》「史学」孫作云之遺文），虽然在某些重要论点上，还有值得商讨处，但关於夏启「勤（擒——筆者注）子（婿），屠母」的部份解释还是对的。

一九七八年国庆节日

五、「禹男王姬彝（從鼎）」銘新考

一、原金文摹錄

是彝，舊稱「遣小子𩰫敢」，載《愙齋集古錄》第十二冊。全銘十四字，現摹錄如下：

舊釋：遣小子𩰫以其友作召男

王姬䵼彝

2、先釋[illegible]

根据筆者《「丙申角」銘新考》（見《貨幣集、帝摯奚貝篇》）、夏禹以姓、氏总称「钟葵罝」、于帝摯嗣位初年丙申之岁、即公元前两千三百六十六年，婚時受王賜金的地名（封邑）称「禹」。原金文作[illegible]、旧或釋「[illegible]」猇氏蒦「五酉」于泉水之上、就很难解釋了，恰々相反，字的下部為灶火，温帶的形象，是「吾酉」所居的「家庭」的概念。本字的结构，就反映了两匕氏（夏禹与后稷）是护卫「五酉」于灶火暖帶之上的形态。且不在這里作复筆的引证了。

「丙申角」銘的禹字，是封邑之称，而在這里「禹」為人称。因之，去掉了温席灶火，简化為𧳋氏弟兄「丑护五酉」的「禹」字。夏禹及后稷，原属軒轅黄帝有熊氏的五世孫（筆者在《关於夏禹婚宴青銅礼器在殷墟出土的報告》中有考证），因而変隶以后的熊字，仍為丙匕氏（厶与月均為族姓标志）共火的概念，也可以作筆者這一论点的印证。

兩个禹字所不同的是：封邑之禹，𧳋氏（钟葵罍）所奉戴以為族氏之首的是「韡」（《史》作「黎」），即「命火正黎司地以属民」之黎。黎為后世史者的飾筆，实為「韡」，金文作 帀 形，為 丁 中 兩部分的合筆。丁為钁，古称瞿兵，尊之為韡。韡為变音，本音讀鏵。軒轅系帝喾族所称之「重黎」，虞舜属神农系称「重華（鏵）」。《史记·五帝本纪》載：「虞舜者名曰重華，重華父曰瞽叟」。就是佐证。「父珠（丁）卣」（《窓》十八册）銘：「乍作父珠宝尊彝」的華（韡）字，古金文作 又是 為「韡中」，即《唐虞三兵銘考》（王国维称「商三句兵」有「跋」——見《観堂集林》）的「中父日癸」，中為「仲」的概念，是帝顓頊楮子中的老三，即《史》称之「鯀」，為帝尧殛（旧作殛）之于羽山，屈原在《天问》中问：「何以三年而不施（捨）」的「崇伯鯀」。因為帝顓頊封之司地，以属民的「黎」為長，次子（老二）也称韡，字作「旅」，古金文象形体原始字作 （旧名「咎父癸卣」——見《窓》十九）是「韡仲」為老三鯀的印証。

而作為人称的「禹男」之禹，却変奉「韡中」以為首的概念，為奉 （人中）。这又怎样解释呢？实际上，韡中，是「韡氏仲」，而「人中」是「人方之仲」，都是神农系「鯀」的尊称，鯀為「人方之仲」有「鯀尊」古金文关于帝嚳来人方享（祭祀）桂祖，鯀作陪而受賜金，自称「众（原金文作[illegible]），初非「小臣」而為「三目」）鯀」的记载可以為证（详论見笔者《对古金文要辩证地从新再认認》一文）。

既然夏禹為帝嚳的子男，是帝尧、帝挚的「少弟」，属轩辕族系，為什么却奉帝颛顼之子（男）「鯀」以為族首呢？因為夏禹為鯀的子婿（论在「双鳩尊（非鷄尊）及夏禹族系考」），是婚于神农女系的轩辕五世孙，当時虽然早已是属於父系為主的奴隶制社会了，但母系制的遗风还在，古老的传统依然未变，那就是男性仍婚于女方，為女方氏族部落及王位的承嗣人的原故。這且不说了。

至於⿰人乚為西乚氏合体的比，為⿰龜比的字原所出，是很明显的。「乚」在古金文中為「人」的翻体。《帝王世纪》称禹「合婚于台（古读如怡，唐尧避位，虞舜不台——見《史记·太公史自叙》）桑」。《史》載「舜封弃于郃，号曰后稷」，郃当為周室的变体字。台、郃古应一字。今读台，或循周音，古当读如夷（人），台字古金文作台，「即厶（私）氏之囗（口）子」的概念，就是佑证。因為夏禹厶姓，《史》作「姒」（《典籍集·乚氏篇》有详论）。西乚氏同婚于「台」，所以古金文形成西乚氏奉戴「犂中」以為首而庇护「五酉」于腹下的表現方式，显然這是來自畜牧生活的反映，就是说不管是馬或牛，只要遇到險情，馬駒、牛犊总是避于母畜的腹下。此外，如《论语》所載：「禹稷躬耕而有天下」之类的禹稷並称的记載，也不須一一引证了。

3、釋「厶其友」

旧釋「以其友」，厶字读以，本不為误，因為在古金文里，厶字作乙，就是乙字的变体，帝尧古称梟，帝挚古金文作鷙，后稷也是子姓而命名為「隻」，這在筆者《关于夏禹阜子(夷)氏婚宴青銅礼器在殷墟出土的報告》之一的「夏禹氏条考」中已有论证。总之，夏禹為帝嚳之第四子，与帝尧本是同父弟兄，帝尧在古命氏金文中常常是以「父乙」簽署。因之，夏禹称厶姓之字原為「乙」的变化，乙非甲乙之乙，在古金文中，它是氏称，為「鷹」的古语。《尸子》载：「鴻飞天际，高远莫明，楚人以為鳧，越人以為乙」。就是例证，那么為什么夏禹不称乙而称厶呢？原来，夏禹是帝嚳的子一級妃屬（即以姑作媵妾的「姪娣」）所生，必冠子姓以与正妃（姑）所生之子男相区别。這也是母系制遺风的因素使然。尊之讀厶如「以」，本音当仍讀如私（即子姓之己），以「以、人」為「似」，「以、女」為「姒」是其例也。「厶其」即子（又作巳）姓之⿰貝其，（注一）又作「己其」（注二），古命氏金文有「厶⿰貝其尊」（旧名「父辛尊」——見《窓》集十二）銘五字作：

显然這是「仲（鐘）嫢」所生之女，因而命名「嫢鐘」為母氏称的翻称，說明這「嫢鐘」是子姓，即生母「仲（鐘）嫢」為帝嚳高辛氏（父辛）子一級（姪）

妃屬。筆者必須附帶在這里說清楚的是，這个「厶鶀」（鍾㸚）就是「丙申角」銘中的鍾㸚（古癸葵一音，归䰎同义）[illegible]（夏禹的姓氏之一）的同母姊妹的鈇证（详论見《「厶鶀尊」銘新考》——《貨幣集》）。

「厶鶀友」的友字，古金文作𠬪，是「左右手」的概念。在這里是亲称，还蓋有母系制的以女方為主的烙印，說明作器人郙，是帝嚳的子婿以「己其」氏的左右手自称，是謙遜之辞（未以己其侯自称），同時也与称禹為「男」，适相印証，郙為夏禹的姐妹夫应是鈇的事实了。

注一：鶀為雁。「战国古秦魏燕趙者鶀雁也」——見《楚世家》楚頃襄王十八年。

注二：虞氏（舜）弟兄《史》称和仲、和叔。古金文称己其侯，又称匽侯。——見「父乙匜」。

4、釋⿰𠦝帀

《說文》无⿰𠦝帀字而有「帀」，汉許慎稱「帀，周也，从反止而不也」。清段玉裁注周：「名本作週」。据此帀即週轉一遭，反归之趾的会意体字。又《說文》解「匯」，汉許稱「匯，古文惟」。段注：「鍇曰：匚象周帀」。這是汉代的解釋。今如按彝銘的⿰𠦝帀字，本作[illegible]來看，[illegible]本為矢的象形，但尾体弯曲，矢的上部又有「一」為阻，是示週囲之週，即以弓矢之类武器环绕着，是保卫之卫的字源所出。而[illegible]，当是古金文[illegible]（本音读「户」，即古護字，变音读囲）字的变筆，這是虞舜的初命氏稱。[illegible]、[illegible]是兩足，原作[illegible]的变化。

成年又更命為□（古「和叔」之和，讀如户），婚時更命「癸（姓）吳」字作□，婦稱「維婦」，字作□□，載于「維婦壺」（旧名「周婦壺」——見《西清古鑑》卷十九第十四頁），論在《「維婦壺」圖銘考》（見筆者《舜篇》）。依「丙申角」銘的考证，夏禹以「鐘癸（讀如葵）罍」的姓氏在禹地婚時，是帝摯嗣位的初年（丙申），那么，這「鄣」氏之稱，必然是帝摯嗣位以后的更命，說明虞舜這時担任着保卫王庭、国土的护卫部队首脑的官職。

5、釋□

旧釋遣，或為本音，声从「監」（帝摯嗣位鯀為相稱監），古監遣讀如干，意或「𨑳」字的音义所出。但帝挚属于轩辕黄帝族系，非神农之族，字不读本音，而从有熊氏的语言，以变音为正统的读音，因而字当读「追」。从字形来说，[illegible]为双手奉侍「𠂤(古阜字)」氏的形態，口字《说文》读囲，就是有子(子为婿)已嗣帝位称天(大)，「止」于双手奉侍𠂤氏的封土之内以保卫的概念。变隶当为「追」。

第二，古之氏称，必然通族称。恩格斯说過：「氏族有一定的名称，在全部落内，只有该氏族才能使用這些名称。」(《馬恩选集》八三頁)反映在我们祖国的古金文里，就是氏称的声标必然是遵循族称的声标而世代不变。如《左傳》载：「柱为稷，自夏以上祀之」，是为神农炎帝之子(男)，古金文「䣜尊」柱字本作[illegible]，「足」为声标，变音读系(不)，旧読夔為誤（论在筆者《对古金文要辩证地从新再認识》）。而《史记》作「重」，称：「顓頊封南正重司天以属神」，重、桂、是古当一音因口傳而声异，彷佛帝顓頊「封之司天以属神」的是一个神，而「自夏以上」，即帝嚳、帝摯、帝堯、帝舜，历四代而作為司天的社稷之神「祀之」的又是另外一个神，实际是一个亡人，帝顓頊循足氏之称的声标，幼命為鉏氏，長則為鑄氏，嗣位以后称「珠高阳」，諸子称「祝融」，诸孫称貯昊，足、鉏、鑄、祝、貯直到春秋之舒、徐楚都是一个族称的声谱，《金文新考》各有專論，就不須在這里作繁瑣的題外引证了。

根据以上所说，「追」的氏称，必然也有族系的声标可尋。《尚書·虞書》載：「帝曰疇，若予工。僉曰：垂哉！帝曰俞。咨垂，汝共工。垂拜稽首！」垂追古同声，当属旗与姓的宗称。既然公元前两千三、四百年前為中国古金文初創之期，那么垂也必然还是物質的反映，現在且让我們先研究研究「垂」字。

《說文》解我：「施身自謂也。或說我，傾頓（頭之误）也。从戈手。手，古文垂也」。

「𠂹」為我的半側，怎么会讀垂呢？原来古唐虞金文有「我字彝」（旧名「子負戈父戊𣪘」及「子荷戈父戊彝」——分見《窸》七，及《攗古錄》卷一之二四頁），原銘一字誌旗金文作：

[illegible]

变隶為「我」，而古讀垂字的手，本字的象形体為[illegible]，拆开来看，原是[illegible] [illegible]（右讀）為「鋤方」兩字，今天的農具鋤头，古稱瞿兵，尊稱為華（鏵），变称為錐，吏称又尊之為犂（《史》作藜），原来「垂」為古錐字，本音当讀華，《说文》古垂字作[illegible]，段注：「《广韻》作[illegible]」，《说文》古華字作[illegible]，就是可以為比的例证（《典籍集·貨幣篇》有專论，在这里就从略了）。字形所象，原是四人共用一鏵在犂土。「我」的声源就来自「華」。周秦《六書音韻》咼、和、化、我、吹、垂、何同在十七部，可以為旁证。

自然，这仅仅是初步摸了摸「垂」字的底细，还解决不了「追」是什么人的问题。但既然追与垂都是同時代的人物，而又有族与姓相牽連的亲族关系，那么我们再看《说文》解「椎」（古錐字）又有什么相傳的古旨所遺留的说法呢？

漢許解椎：「所以擊也，齐谓之終葵」。

清段注引《考工记》："大圭，長三尺，杼上，終葵首。"注曰："終葵，椎也。"

显然"終葵"為后世的変筆，本体字鑄于帝摯初年，即公元前二三六六年的"丙午角"銘中，稱"鐘葵"，依据《金文詁考》來説，"終葵"是夏禹（[illegible]為夏禹的氏稱之一）的生身母的氏稱，无怪乎庙堂中古代帝王塑像，双手持圭板肅然端坐，原来是源于夏禹复辟假母圭（葵）以发号施令，尊母系神农族（户氏舜系除外）。仍是母系制遺风还佔上风的反映，世代相傳，都是奉"终葵"来发号施令，但到後世已忘其所以然，而只見這个双手奉"圭"的形式了。

根据以上的分析，"追"為姓，他当是夏禹弟兄，且以"天（天）"自況，必是帝摯。摯為"子"姓的变稱。

但這又生出一个问题来，那就是帝挚既然是夏禹「钟蔡嚣」的弟兄，那么他们的姊妹古金文中称為「厶鼎」的「蔡钟」，又是婚于虞氏弟兄為正室（《史》称「娥皇」）的，那么韩氏（虞舜）当為帝挚之「叔」（「弟叔」之叔）是帝挚的姊妹夫，怎么韩氏虞，称禹反為男（妻兄），自己却又以追氏帝挚的「小子」自称呢？

原来随「钟蔡」已其氏，《史》称「娥皇」作為「媵妾」的「姪娣」，还有一个帝尧的女兒，《史》称「女英（鹰）」而在古金文中称「匽」（古金文鹰雁一字）的子一级的「妾属」呢？

從父系来说，已其氏娥皇為帝喾的女兒，而女英（鹰）是帝尧的女兒，前者為姑后者為姪，娥皇原是帝尧的姊妹。但从当時还佔统治地位的旧的傳统来说呢？亲称是从母系制来的。依母系来说，己其氏葵钟，虽然是帝嚳的女兒，但却是「随姑作媵妾」的而《史》称「次妃」的「简狄」所生，是「姑」的女姪之女，而帝尧却是「姑」的兒子，与帝嚳的次妃（女姪）钟登（錐）氏是姑表兄 妹的关係，因而鐘登有女称「葵鐘」，当為帝尧的女甥，所以娥皇与女英（鷹）又是姊妹关係。《史》称二女為帝尧之二女，原因就是循旧傳统根据母系来的亲称，而后世总称這种亲属关係為「姪娣」，原因也在這里。总之，古《史》称二女系于帝尧是尊王之筆。

在這「禹男彝」銘的金文上呢？郭氏舜开始是以帝摯之子婿，即女英（鷹）的婚偶自居，因為帝尧、帝摯是同父的弟兄，女英（鷹）与帝摯当然是「诸父诸女」的关係，所以自称「小子」也是尊王之筆。但对禹来说呢？

就以己其氏族鉀（娥皇）的左右手的名义作器而直称为「男」（舅）了。

這种上古的亲称，确是复杂的，因而筆者不能不在這里再反复引証恩格斯這样一段話：

「正像居维叶可以根据巴黎附近所发現的有袋动物骨骼的骨片，而确实地断定這种骨骼属于有袋动物，并断定那里曾经有過這种已经绝跡的有袋动物一样。我们也可以根据历史上所留傳下來的亲属制度，同样确实地断定，曾经存在過一种与這个制度相适应的业已绝跡的家庭形式」。

据此可知，亲称是反映這种早已绝跡了的亲属制度的。因之，《左傳》「兄弟甥舅」两词連称，這也和「弟叔」、「姪娣」两词并称一样，由当時那种两个王族男女世代互為婚姻的两级亲属制所产生的，現在它是一种早已绝跡的婚姻制了。因而為我们某古代历史界「权威」所不屑于去理解的。（注三）但在注释《説文》的段玉裁公，却是比較严肃、認真。自然也有他「自以為是」的一面的。

例如《说文》释「甥」，汉許説：「謂我舅者，吾謂之甥」。段注：《释亲·妻党章》曰：姑之子為甥，舅之子為甥，妻之晜（昆）弟為甥，姊妹之夫為甥。注謂：平等相甥。非也！姑之子，吾父母得甥之，舅之子，吾母姪之，吾父得甥之，妻之昆弟，吾父母得甥之，姊妹之夫，吾父母婿之得甥之，是四者皆舅吾父者也」！又说：「其（指《尔雅·释亲》）立文如此者，以其便也，自来不得其解。則謂平等相甥，吾姊妹之夫，吾父既甥之矣，吾又呼之為甥。此豈正名之义呼？」

這就是段氏疏忽了。古代姪娣為媵妾隨姑作嫁的兩級婚姻制了。這种兩級婚姻制，直到春秋，仍然在古老邦族中世代相袭而未改。姊妹之夫，正因為有隨「姑」作媵妾之「姪」，那么姊妹之夫，就又不得不称自己的妻兄弟為舅，而自居于甥（子甥）位了。

「禹男彝」全文記載中的亲称，正是這种早已绝跡的上古時代的婚姻制的反映。如果离开了女姪隨姑為媵妾的兩級婚姻制的基礎，自然就很难理解古代亲称的复杂性而認為這是完全出于筆者「輕率」之类的想象。

注三：据说，李四光先生以泥塑物体作地球在自转运动中的实验時，不是也有权威称其為泥水匠式的地质研究者么？对于祖国初創之始的象形体文字，不作实际的分析，那只有認「[illegible]」（見「艅尊」銘，旧称「珠子尊」——《愙》十三册），根据其「足」而讀「夔」了！筆者另有《关于上古親称新解》及《从叔孫氏始祖僖叔親称看齐魯三世昭穆制婚姻关係》（載于八四年第一期《克山师專学报》）可参攷。总之，古金文的字体结构，須作具体分析。只有形而上学论者害怕具体的分析，因為一具体的分析，夔字原來是「首人之子（止己）」属「足」族的结构内涵就显影了。那么，对「夔」這种囫圇吞棗式不确切的讀法就要打问号了！《对古金文要辯证地从新再認识》已有詳论。這里无非順便説明上古創始的象形或会意之类文字，是非「析」不能解釋确切的。

6、釋「彝」

「禹男彝」的彝字作：□拆开来看，分糸、方、彡、□、□五部分。□是双手所奉的概念，变隶为「廾」。双手所奉的是「糸方」的二女（匕），显然這里有囑禹男以此青銅彝器双手奉养「王姐」（已經变命称匕）的寓意。奚方的「糸」是谁呢？初，奚字作「㜎」，載于「俞鼎」（旧名：「亚形祖辛鼎」——見《窓》三）。原始金文作：□、「丙申角」銘，為帝挚嗣位初年所铸，賜以钟登嚣為姓氏之称的夏禹以奚貝，奚字作□，古奚傒一字，《吕氏春秋》所載：「傒人之牛馬」，高誘注傒字讀雞。很确，即今天「鷄」的声义所出。《尚書·堯典》「鷄鲧于羽山」字作「殛」（近代注释者吴闓山氏以殛為誅解，是循《説文》之误，段注已有所订正，可以参致）。总之，奚是鷄押奴隶，反映了当時鲧為监，掌握着镇压奴隶与異己者的司法职权，《人物集》鲧篇》已有專论，在這里就不作緐筆的引证了。

还剩下最后一个问題，就是「鲧之二女」婚于禹男，爲什么称「王姬」呢？在《詩經·召南·何彼襛矣》一章里，「齐侯之子（女兒）、平王之孫」所乘的車称「王姬之車」，足证，周平王的外孫女兒，称「王姬」，那应是从母系来说的（详论見筆者《古诗新解》），這就可以作「鲧之二女」原爲帝嚳的外孫女兒的旁证，這也恰恰符合軒辕和神农系而族男女世代互爲婚姻的規律。那么夏禹非鲧的族系，爲鲧的子婿之属，古称子爲子婿，是從母系制的遺风而来的亲称，在這里不是又菀得了一篇古金文记載的鉄证了么？

結語

根据以上所考，通篇应讀：

「追（帝挚的姓氏）小子（婿）[鬲巿]（是舜的氏称之一，字本音讀週，变音当讀如韡）厶其友作禹男王姬口（從鼎之称）彝」。

一九八〇年二月廿七日初稿

三月八日至十六日首次整理

一九八四年三月九日定稿

《金文新考》编后记

一

从一九七二年正式考证古青铜彝器所刊载的命氏文字开始，到现在，已是十三年了。原为五十五岁的一个还属于中年边缘的作者，到现在，也已是六十有八，近于从心所欲而不逾矩的古稀之龄的老年人了！而《金文新考》已经完成了《典籍》、《货币》、《兵铭》、《人物》四集，编作六卷，由书法家张贻来同志首录《兵铭集》于前，继由隋学芳同志于张去香港而接手以工笔楷体书录于后，耗费了许许多多夜间公务之余的休息时间！今天终于有了影印出版问世的机会，这真是有以慰藉关心它并为它操心过的诸友了。尤其是作者处于晚年之境，有种异于「登泰山而小天下」的欣慰。由于古五帝金文与唐虞金文的史料记载的丰富，现在可以回顾四千年以前祖国有图铭文字为据的上古历史，能够并且已经看出了这个还遗有母系制余风的，以「大父」为主的奴隶制社会的历史横断面，以及虞舜这个上古社会革命的领袖在反腐朽的母系制遗习与完成父系权奴隶制诸建设方面时，在以文字为上层意识形态领域里所作的艰巨而卓越的斗争了。

恩格斯曾说：

「因此，必须废除母权制，而它也就被废除了。这并不象我们现在所想象的那样困难，因为这一革命——人类所经历过的最激进的革命之一，——并不需要侵害到任何一个活着的氏族成员。……只要有一个简单的决定，规定以后氏族男性成员的子女应该留在本氏族内，而女性成员的子女应该离开本氏族，而转到他们父亲的氏族中去，就行了。」

（见《马恩选集》第四卷第五十一页）

实际上，在我国上古的唐虞时代，这一社会革命完成得并不那么容易。帝舜因尧而有天下，不但见于《竹书纪年》，且也为民俗所传闻。北魏郦道元所著《水经注》中称：

「余按小成阳在成阳西北半里许，实中。俗谚以为囚尧城，士安（晋皇甫谧）盖以为尧冢也！」

（见「瓠子河」篇「东至济阳句阳县」句下。第七十七页）

从笔者所考，舜都古商丘而命名称「北」（读悖逆之悖，商汤作「亳」），至西周《诗经》还有「邶」的章目。明末史学者顾炎武《日知录》，注「邶」为「[illegible]」，是实得古旨的解释。「北」在唐虞金文中是两弟兄相背而立形，作：「[illegible]」，底下加一横，即是「[illegible]」，以示弟兄相背共耕封土，而读「丘」了。今《说文》仍保留「北」的古体字，与「丘」同部。原来母系制时，弟兄称「亞」（古「仇」「仁」字，作「亲爱的伙伴」解），为共同妻子的共同丈夫，是群婚制残余之习。为推行「弟兄相背各自为室而共耕」的新风，舜囚帝尧，足证背叛古道——即母系制遗风之一的弟兄称「亞」——之不易了。尤其是在两个双方男女世世代代相互为婚所构成的政治联盟这样一个帝室王位的承嗣问题上，是从炎帝神农与轩辕黄帝「阪泉」（今河北怀来官厅水库地区）三战起，直到帝舜提倡背叛古道而囚尧，夺了帝位，才实行了女性远婚于四面（《史》称「四门」），男为承嗣人的社会大革命，世称「维新」（见注）。而后，是由于夏禹阜（姓）匕（氏称）氏推翻了帝舜王朝而以「子婿」身份依靠母族的保守势力登上了王位。《左传》所书：「禹、汤罪己，其兴也悖，」（见庄公十一年臧文仲语）必是有史实根据的记载。否则，西周为后稷的后裔，是奉循诸父诸母之母系制遗风的夏禹与后稷同为先祖之列，鲁为姬氏之族，是不会允许此说流传于士大夫之间的。而「复辟」一辞，实际就是源于夏禹阜匕氏姓氏之称（夏禹阜匕氏推翻了帝舜闺辛氏，恢复了女婿承嗣帝位的母系制遗风），同样反映出这个久已湮没的弟兄之子与姊妹之子（也就是「婿」）之间在争夺帝位上的一段激化的斗争史。

最后的结果，是夏禹之男（即，儿子）——夏启又反过来，遵循帝舜的「维新」制，借祭祀夏禹已亡三年之机杀了以夏禹的「子婿」身份准备依「复辟」制登帝位的「伯益」，而男权的父子相承或兄亡弟及的帝位承嗣问题，始得因此解决，父系制在帝位承嗣问题上，始得在「有夏四百多年」中巩固下来。这些在笔者《夏启嗣位前一次大屠杀的物证》一文的考证中，也已作过论述了。

二

总之，纵目上古史，如鸟瞰众峰之巅，这种异于登泰山而小群峰的攀山者的欣慰之情，读者是可以想象到的。

这是一种欣逢盛世的幸福感，如果不是处于建设有中国特色的社会主义社会而属于伟大的第二次革命的今天，这么一部一反习闻与偏见及旧传统、旧学术研究的诸多论点的文字考证书，想有出版的机会，是很难的。

因而，除了怀念曾经支持我的研究工作的茅盾、冯雪峰两位先哲的鼓舞之功外，对楼适夷、蒋天佐、戈宝权、潘耀明诸新朋老友的支持，对于笔录以助的夏能、熊天伦和两位前面已经提到的书法家，还有马烽诸同志的关心和山西人民出版社古籍室孙安邦、北岳文艺社张成德等同志的辛勤审阅，都在这里致以深忱的感谢。

一九八五年四月二十八日

注：最早见于《诗经》，实则源自帝舜氏姓之称「围辛」。在帝舜倡「维新」以前，祖国有文字记载的五帝史，一直是新兴的父系制奴隶主势力为代表的「男」（即儿子）与古老母系制遗风的旧传统的代表人「子」（即女婿，也就是姊妹之子）争夺王位的世次交替史。

附錄

老問題與新認識

——紀念金文新考出版

一、關於治學方法的問題

我在以前有關金文新考的論述文字中曾說過，我們研究歷史問題的方法，只有一個，那就是辯證唯物主義歷史觀的認識方法，我們研究問題不是從定義出發，而是從實際出發，不是孤立地、靜止地看問題，而是聯繫問題周圍實際，從世界是動的，從事物在歷史進程中不斷演化來看問題。例如對於『龍』的問題，我國就有三種說法。

（一）認為龍在世界上並不存在，說它是由古代原始先人創造出來的神物。一九八七年春於故宮博物院舉辦的全國重要考古新發現展覽關於龍的專題展的前言就是這種觀點。這幾乎是為多數人所接受的一個常識性論點了。但是，只要是學習過辯證唯物主義論的人，都能看出這個論點是個不科學的論點。因為辯證唯物主義論者對世界有一個基本的科學認識方法，那就是存在決定意識，而並非意識決定存在。『龍』的這個概念絕不會從我們上古先民頭腦中無端憑空想象出來的。說『龍』是一個主觀想象的存在爾後才出現於玉雕之類的古文物上是不對的。

（二）另一種觀點認為龍本來是上古先民從自然界的閃電中想象出來的。看來，這個論點較前者是貼近存在決定意識的認識方法了，但實質卻仍是主觀主義的。因為它脫離中國公元前兩千三百年前就出現在『龍觚』①上的古金文圖銘的記載的實際，也與晚於古金文千年之久的殷墟甲骨文的象形『龍』字不符，更不要說與古墓出土的諸多『龍雕玉符』的形象相比了。

（三）還有一個觀點是本於春秋左傳的傳聞記載，而以鱷魚為龍的原體。這也是形而上學的研究方法，因為不管是古『龍觚』上的金文圖銘，還是殷墟甲骨上的[illegible]（『龍』字之一）——都是『蟲』形，並無四足。這才是近於龍的原體形象。因而說源於鱷魚的形象是不確的，並且僅僅依據殷周後世的金石文上偶而一見的龍形為說，同樣是孤立地與靜止地認識問題的方法，是不科學的。

此外，還有筆者說龍一文②的考證，認為龍的原體本為鼉，它是由於夏禹從女媧（司母戊）族以於婿身

---

①見一九八八年六月十日人民政協報載龍年再說『龍觚』的考證。

②統一論壇一九八九年第三期。

份繼承過來的族稱，以為自己的氏稱，因之與夏禹又一氏稱『匕(畢)』（秦漢為『宓』）相通。後世變『比息』為『宓犧』。『比息』說文作『贔屭』，漢晉或作『虙犧』。夏禹承嗣之後『龍』才開始頭上奉戴『羊角』(帝嚳)以為父族的標誌。於是『鼉』始變形，脫離了原生物體作[illegible]，用頭上所奉戴的兩隻羊角來為非女媧同族的『鼉』(說文稱無角龍為『螭』）相區別，此後為了與帝堯族系(也是首奉羊角以為族先的龍)相區分，於是龍又有足(族)為標誌，龍足(族)開始是以兩『匕』首為族標。圖像見於戰國墓出土的漆器『匕足(族)龍』圖。至此，龍就完全脫離了鼉的原體，變成非生物界所有的神物了。這個問題看來，似乎與金文新考的原著無關，實際不然。因為伏犧氏原為夏禹，是源於夏禹婚宴青銅禮器出土於殷墟報告中報道的『皐子(夷)』氏即夏禹而來的認識上的新發展，這就充分說明世界的事物是動的，是在變化中發展的，不能孤立地靜止地來看。這是一個最明確易解的有關認識方法的一個科學論證。

二、我們優於歷代舊史學者的條件

論者說：『古史辨派的研究所提倡的研究方法，尤其是要注意史料的原始性、等次性，注意它的來源和年代的方法，已為廣大古史研究者所接受和遵循。』這是舊史學者的主要治史方法，但筆者認為這種方法僅是可以供研究參考的，是可以附屬於辯證認識論的。還有就是同一版本如堯典也不能以『蠻夷華夏』四字之偽而否定了『金作贖刑』之史實，甚至否定了整個堯典大部分史料之為真書。我們優於前輩古史研究者的條件之一，在上面已經論證過了，另一個優於歷代前輩大師的條件之一，就是我們比他們所能看到的地下出土的原始性古代文物要多得多，尤其是那些有文字初創時期如司馬辛墓的青銅圖銘資料，再如陝西秦公一號墓出土的石磬所載的十六字的墓誌銘，因之，舊史學者只遵循說文爾雅之說而輕近世的辭源，這不是一種可取的研究方法。因為辭源是在殷墟甲骨卜辭出土之後的字書，自然基本上會優於說文與爾雅。它們都是可以提供學人參考的工具書。尤其是近代的治史者，有時深入實際，深入到屬於遠古遺民的少數民族地區裏去，發掘出許多為前人所未聞的原始性的珍貴史料，這又勝於前代那些浩如煙海而又大多經僞筆篡改過的史料。如近年出版的彝族天文學史就是一例。該書不但提出彝族的十月曆與夏小正出於一源，證實夏代天文知識的驚人水平，且有自稱『伏犧氏』之後裔，族稱『必際』的一支（白族）。雖然該族還不知『比息』在漢為『宓犧』，實是鼉（龍）族的變稱，但卻記載了西番語稱『鼉』為『畢基』或『碧基』，為今天該地村寨仍稱之（見該書第十七頁）的珍貴史料。這是慣於孤立地、靜止地看問題的舊史學者決不會馳騁地想到『贔屭』『必際』『必息』『畢基』都是宓犧氏夏禹之族的後裔的族稱的。疑殷商初世與該族世代為婚的舜族女系（司母辛族屬，應是今『必際』之先祖）——自然，這是備後人之考的參閱論點了。所有這些都是崇尚版本之學，重古而輕今，並深受小農經濟觀點影響的舊史學者們難以想象的。十年過去，這已經是超越對新考提出『參考意見』的老問題和新發展的新認識了。因之今天的論者又提出十年前的老問題，又談什麼『據傳說，以黃帝的史官倉頡造字、禹鑄九鼎來回答這些問題，當然很容易。但是今天已無人相信這些傳說。新考作者僅僅根據堯典左傳史記甚至帝王世紀等書來作考證，也是不會有人相信的』！又說：『比如作者根據禹貢有貢惟金三品……斷言在夏禹時期（約公元前兩千三百年前），中國不但已經有了金、銀、青銅以及金屬貨幣，而且還有較高級的合金「鏤和鐵」等等』之類，如果這是在一九七六年新考完成初稿之際，我還會對之辯論道『堯典諸書，僅是我考證古金文引來作參考的旁證，不僅僅根據堯典……等書來作考證』，我還會在禹貢外，仍然如我曾提出過以一九七六年在北京歷史革命博物館展出過的青銅初期大甸子青銅文化遺址出土物，有金手鐲與金耳環，青銅鳩首(杖用的柄具)、碳素十四測定的年代，上限為適當夏代的產物來證明新考所考，夏代確有金分『四品』的金屬，不但有金飾，且有錫製貝(疑當時隨葬的古幣而非夏青銅幣)，但今天新考已完成整理稿十餘年之久，印出也已三年，這些自然都屬於老問題了。一九八八年上海社會科學院主辦的學術季刊(第三期)已刊出了筆者的鐵在中國出現的年代(考)。從古唐虞金文記載上考證，確定了鐵在中國出現的年代還早於夏禹稱帝的公元前兩千三百年，這是見於古金文明確圖像所記載的。鐵器的出現於唐虞之世在上層意識形態裏必然有所反映，因為它當時即公元前兩千三百五十七年左右是用以耕鏟的物具。且請論者先不要指責作者『對前人研究五帝史的著作未作深入研究，當然要鬧笑話』及該篇考證同樣是為前人(即疑司馬遷的古史為神話的舊史學者)認為是違反常識的。但是，這明明見於古金文的原始記錄，有圖銘形象可以考據的，在這裏禹貢所載也是作為旁證，引用來做讀者或史學探討者的參照而已。該學術季刊文首並有編者按語。按語說：『本文通過大量古籍(應為古金文——今補注)的考證，推翻了鐵器最早出現於東周的流行見解而認為最早出現於唐虞之前。這一推論與近年中國科學院對一塊出土鐵器的科學測定的年代，基本上是吻合的。』

我必須在這裏順便說一聲，在筆者該考未刊出之前，就是說筆者還未見編者按語之前，原本還不知道中國科學院早已有了這個上古鐵器的發現及其科學測定可為旁證的。還要在這裏說明的是，筆者所引前論，認為我未對前人研究五帝史的著作深入研究，當然要鬧笑話，是針對『將神農與炎帝混為一人』而說的。那麼請看看一九八八年中國書法（第四期）刊出的筆者古文字出自炎帝神農氏說一文後再作笑論不是慎重些嘛！論者不是在該方法問題的第四節一開始就指問：我國何時開始有文字嗎。一些殷墟甲骨文專家，不是有共同的代表人在一九八七年的英文版中國日報上發表專文以筆者古金文早於殷墟甲骨商文卜辭千年之久為疑，而還堅持殷墟甲骨文字為早麼？在筆者看來，這個『早』『晚』之爭，是沒有什麼重要意義的，要根據古文字的實際出發。古文字出於炎帝神農氏說就是見於這種『早』『晚』爭論文字出現之後的，是間接針對那位英文作者論點作的答覆。這說明現在的問題是較十年以前那些老問題，遠遠地向前發展了。空頭的鑾斷之辭，在科學的論證面前，是經不起一駁的。

三、五帝之史非神話說

關於為『古史否定派』所依據的『夏禹是石器時代人物』的偽說，由於鐵在中國出現的年代早在公元前兩千三百五十七年左右唐堯虞舜之際為中國科學院對於近年出土的一件鐵器的科學測定年代所證實，那麼關於禹貢所載，夏禹之時不但金分數品，且有『璆鐵銀鏤』等問題為取自實錄，已算徹底解決了。附帶也證實了筆者所引的堯典左傅史記諸有關夏世金屬記載的史籍，在這點上都應是確確實實的有所根據的信史。

最後筆者還要說：依據辯證唯物主義的歷史觀及其認識方法，關於夏本紀與禹頁除了金屬方面的記載之外，我們也同樣應該以一分為二的辯證觀點看待，承認早在二十年代地質學家丁文江氏作過的就是以『現代的機器設備開鑿（龍門）也非易事』的結論，為科學的論斷。龍門筆者雖未去過，但我相信這個論斷。因為夏禹當年所治的『水方』地在東部而不在西部。『證在宋史河渠书』。古稱『九河』今名『徒駭』，地在河北東部。足證禹貢夏本紀等關於『導河積石，至於龍門』一類，都是由周室史者由於頌祖功且尊后稷子孫封邑所在之西岐，而以偽筆篡改過的。正如堯都、舜都均不在河東而偽為山西蒲阪（平陽）之類一樣。①這也是雖在同一版本上，也要分真偽的認識方法問題。

雖然筆者循梁任公啟超之批，以堯典所載『蠻夷華夏』一語之偽而肯定該書確經秦漢儒者所篡修，但筆者也循梁任公的論斷，承認日本天文學者依據堯典所載四仲星的方位，循『歲差』所作的推算，以證該書天象部分實為真書之說。在這裏同樣也要辯證地認識。這種辯證唯物主義者的歷史觀，首先是郭沫若先生引到研究古代社會的治學方法上的。

新考的辯證認識方法是它的繼承和延伸。就是對古史否定論者來說，什麼『夏無銅器』之類，雖然是主觀的誤說，但龍門非人工所鑿還是對的，也同樣是要一分為二來看的。

除了夏禹是什麼『石器時代的人物』的老問題，由於鐵篇的考證，可以宣告徹底結束以外，還有五帝史為神話的古史否定論者的偽說，還在一些青年讀者中產生影響，需要澄清。古史否定論者一方面推崇『以顧頡剛先生為代表的古史辨派，退出了「層纍的造成古史」的見解，為郭沫若讚揚「這的確是個卓識」，

①參見筆者金文新考拾零，載河北大學學報一九八六年第五期。

不為過譽』之外，另一方面貶損筆者新考『在於將神農、黃帝以降至夏禹時的一切神話傳說都視為信史』，說什麼『每每用後世的記載來論證千餘年前的歷史』。這同十年前的以毫無理論根據的片言隻語就否定古史的記載而指責筆者是誤以神話作信史的說法是極為相似的。難道除了以後世的記載來論證千餘年前的歷史之外，除了古今文之外，還會有五帝時期的現成什麼『古籍』來記載的史書嗎？學者還能從哪裏去取古籍記載的旁證呢？

實際上我早已在關於『層壘建成的中國古史』的破綻①中作過專題評論。一九八八年人民日報（海外版）也先後刊載了筆者的『黃帝騎龍登天』非神話而為妄言議及龍年再說龍（甲篇）等篇，都先後一再考證黃帝非神話中人物。『神話』之說，據筆者的考證是源於史記武帝本紀所載，齊國方士媚漢武帝以求封求祿的妄言。這個老問題已發展到一個新的關於『龍』的考證上了。在諸多考證文字中，筆者已經一再說明，顧頡剛先生這種以『周代人心目中最高是禹，到了孔子時有堯舜，到戰國（顧氏原說為「漢」）時有黃帝、神農……』的『假設』論點是『纍』不起來的。因為第一，黃帝與炎帝阪泉之戰前，曾有占卜的卦兆記載見於左傳。足證黃帝與神農戰於阪泉之說，非在漢以後，也非始於戰國，而是在春秋孔子以前（顧氏與錢玄同先生論古史書稱：『那時春秋並沒有黃帝、堯舜，那時最古的人只有禹。』）就有的記載了。『周代人心目中最早的是禹』，也是主觀的形而上學的偽說。因為顧頡剛先生是依詩經來論史，這是個錯誤的選擇。舍司馬遷之正史不取，而從詩經裏去求史料，是古史否定派走上錯誤歧路的起步點。他所言以為『史』

①載詩經新解與古史新論。

的是來自詩經周頌和魯頌。顧氏不知道，或沒去深一度思考，周、魯實為后稷、夏禹之族的後裔所以頌后稷與夏禹為始祖，實是族之始，是周、魯姬氏邦族之始祖，非我中原人類之始祖。誇大夏禹如神的功德是來散佈周、魯王族的祖功。以擴大和鞏固姬氏邦族的政治統治勢力的！正如臺灣的現代史，在『頌』中決不會提到毛澤東與朱德的豐功偉績和他們的名字一樣的！但這決不能否定中國現代史上應有毛澤東與朱德的重要地位及做『無其人』的假設的。堯、舜，非周祖也非魯祖，自然排斥在周頌魯頌之外。因而這個『周人心目中最古的人是禹』這個論點，是根本不能作為中國古史是層纍造成之說的奠基石的！這是不穩的。不要說地震，就是五級風也抵擋不住的！至於顧頡剛先生在學術上『瑕瑜之分』，我沒有研究。我在這裏只談『學術論點』，不影響學者為人師表的品德。這也是要附帶說明的。

還有，論者提到五帝的世序諸書排列不一的問題。我認為新考關於五帝的世序，未採『三皇』說，炎帝神農曆山氏自應為首，次則黃帝（帝少皞代行天於事），三為帝顓頊珠高陽氏，四是帝嚳(角)高辛氏，五帝摯。唐堯、虞舜，應各開戶頭，並稱『唐虞兩代』，夏商周當為『三代』。自然，這是個人根據古金文考證而來的劃分，不強求學者必統一以這個世序的排列為準。至於論者說及筆者新考中既承認王國維氏關於殷墟卜骨記載的殷商諸王的考證為可信的，又說以『辛』『乙』『癸』為族姓，而非『天干』之說，兩者是自相矛盾。筆者認為這是兩碼事，指殷商諸王系的考證與殷本紀世序相符，證實司馬遷公的史筆記載基本可信，是指的殷商諸王的世系；而以『癸』『乙』『辛』等為『天干』，為『以「日」名』仍是錯誤的。這是兩個問題，並無什麼矛盾可言。問題到此，或者可以結束了。

金文新考編後記

一

從一九七二年正式考證古青銅彝器所刊載的命氏文字開始，到現在，已是十三年了，原為五十五歲的一個還屬於中年邊緣的作者，到現在，也已是六十有八，近於從心所欲而不逾矩的古稀之齡的老年人了：而金文新考已經完成了典籍 貨幣 兵銘 人物四集，編作六卷，由書法家張貽來同志首錄兵銘集於前，繼由隋學芳同志於張去香港而接手以工筆楷體書錄於後，耗費了許許多多夜間公務之餘的休息時間！今天終於有了影印出版問世的機會，這真是有以慰藉關心它並為它操心過的諸友了。尤其是作者處於晚年之境，有種異於『登泰山而小天下』的欣慰。由於古五帝金文與唐虞金文的史料記載的豐富，現在可以回顧四千年以前祖國有圖銘文字為據的上古歷史，能夠並且已經看出了這個還遺有母系制餘風的，以『大父』為主的奴隸制社會的歷史橫斷面，以及虞舜這個上古社會革命的領袖在反腐朽的母系制遺習與完成父系權奴隸制諸建設方面時，在以文字為上層意識形態領域裏所作的艱巨而卓越的鬥爭了。

恩格斯曾說：

因此，必須廢除母權制，而它也就被廢除了。這並不像我們現在所想象的那樣困難，因為這一革命——人類所經歷過的最激進的革命之一——並不需要侵害到任何一個活著的氏族成員……只要有一個簡單的決定，規定以後氏族男性成員的子女應該留在本氏族內，而女性成員的子女應該離開本氏族，而轉到他們父親的氏族中去，就行了。

（見馬恩選集第四卷第五十一頁）

實際上，在我國上古的唐虞時代，這一社會革命完成得並不那麼容易。帝舜因堯而有天下，不但見於竹書紀年，且也為民俗所傳聞。北魏酈道元所著水經注中稱：

余按小成陽在成陽西北半里許，實中。俗諺以為囚堯城，士安（晉皇甫謐）蓋以為堯塚也！

（見瓠子河篇『東至濟陽句陽縣』句下。第七十七頁）

從筆者所考，舜都古商丘而命名稱『北』（讀『悖逆』之『悖』，商湯作『亳』），至西周詩經還有邶的章目。明末史學者顧炎武日知錄注『邶』為『鄁』，是實得古旨的解釋。『北』在唐虞金文中是兩弟兄相背而立形，作『』，底下加一横，即是『』，以示弟兄相背共耕封土，而讀『丘』了。今説文仍保留『北』的古體字，與『丘』同部。原來母系制時，弟兄稱『亞』（古『仇』『佇』字，作『親愛的夥伴』解），為共同妻子的共同丈夫，是群婚制殘餘之習。為推行『弟兄相背各自為室而共耕』的新風，舜因帝堯，足證背叛古道——即母系制遺風之一的弟兄稱『亞』——之不易了。尤其是在兩個雙方男女世世代代相互為婚所構成的政治聯盟這樣一個帝室王位的承嗣問題上，是從炎帝神農與軒轅黃帝『阪泉』（今河北懷來官廳水庫地區）三戰起，直到帝舜提倡背叛古道而囚堯，奪了帝位，才實行了女性遠婚於四面（史稱『四門』），男為承嗣人的社會大革命，世稱『維新』（見注）。爾後，是由於夏禹皁（姓）匕（氏稱）氏推翻了帝舜王朝而以『子婿』身份依靠母族的保守勢力登上了王位。左傳所書：『禹、湯罪己，其興也悖。』（見莊公十一年臧文仲語）必是有史實根據的記載。否則，西周為后稷的後裔，是奉循諸父諸母之母系制遺風的夏禹與后稷同為先祖之列，魯為姬氏之族，是不會允許此説流傳於士大夫之間的。而『復辟』一辭，實際就是源於夏禹皁匕氏姓氏之稱（夏禹皁匕氏推翻了帝舜圍辛氏，恢復了女婿承嗣帝位的母系制遺風），同樣反映出這個久已湮沒的弟兄之子與姊妹之子（也就是『婿』）之間在爭奪帝位上的一段激化的鬥爭史。

最後的結果，是夏禹之男（即兒子）——夏啟又反過來，遵循帝舜的維新制，借祭祀夏禹已亡三年之機殺了以夏禹的子婿身份準備依復辟制登帝位的伯益，而男權的父子相承或兄亡弟及的帝位承嗣問題，始得因此解決，父系制在帝位承嗣問題上，始得在『有夏四百多年』中鞏固下來。這些在筆者夏啟嗣位前一次大屠殺的物證一文的考證中，也已作過論述了。

二

總之，縱目上古史，如鳥瞰衆峰之巔，這種異於登泰山而小群峰的攀山者的欣慰之情，讀者是可以想象到的。

這是一種欣逢盛世的幸福感，如果不是處於建設有中國特色的社會主義社會而屬於偉大的第二次革命的今天，這麼一部一反習聞與偏見及舊傳統、舊學術研究的諸多論點的文字考證書，想有出版的機會，是很難的。

因而，除了懷念曾經支持我的研究工作的茅盾、馮雪峰兩位先哲的鼓舞之功外，對樓適夷、蔣天佐、戈寶權、潘耀明諸新朋老友的支持，對於筆錄以助的夏熊、熊天倫和兩位前面已經提到的書法家，還有馬烽諸同志的關心和山西人民出版社古籍室孫安邦、北嶽文藝社張成德等同志的辛勤審閱，都在這裏致以深忱的感謝。

一九八五年四月二十八日

注：最早見於詩經，實則源自帝舜氏姓之稱『圍辛』。在帝舜倡『維新』以前，祖國有文字記載的五帝史，一直是新興的父系制奴隸主勢力為代表的『男』（即兒子）與古老母系制遺風的舊傳統的代表人『子』（即女婿，也就是姊妹之子）爭奪王位的世次交替史。

中國上古社會後記

一、這是一九八五年五月說龍一篇在美國紐約版申報分期連載三天，繼之又發表了再說『龍觚』三說龍首人身伏犧氏夏禹以來，引起的由龍王廟兩座主體塑像考到二十八宿源於中國的一系列關於上古青銅彝器圖銘考證得出來的有關祖國上古社會的結晶體論證文字。

它是金文新考的姊妹篇，更有系統地解釋了有關軒轅黃帝之司馬遷史筆記載為真而以『春秋戰國的神話傳說』的片言隻語——對於夏禹之前的唐堯虞舜以及五帝本紀毫無論據的——一概否定地解釋為偽的問題。黃帝『騎龍登天』非神話而為妄言議一篇就是對中國舊史學界由於胡適、錢玄同、丁文江、顧頡剛四權威學者以『疑古』為名而形成的中國上古史的否定派的誤解之源，作三次清理和分析。但古史否定論者並不正面拿出什麼科學的論據反駁，而是採取氣功的方式，在遠處用氣發功，這是只有筆者感到這種『旁敲側擊』

的威力，於是又不得不給以批判式的評點，這就是龍年話黃帝，對於黃帝是『女主』，對於先賢章太炎關於黃帝懷疑的只是年代根據而非整個否定等等質疑，再次加以評點，此後，又提出鐵在中國出現的年代考，不但依據古金文的記載提出論據，意外地卻又為上海某刊物編者提出出土的實物以證實。

有趣的是那位獨具膽識的編者按說：『本文（指鐵在中國出現的年代）通過對大量古籍的考證，推翻了鐵器最早出現於東周的流行見解，而認為最早出現於唐堯虞舜之前，這一推論與近年中國科學院對一塊出土鐵器的科學測定的年代，基本上是吻合的。』原本是頗有膽識的肯定，但在同一按語中卻又出現與此相反的觀點。

說：『如果這一推論能得到更進一步的充分論證，將對中國上古史的研究，產生「突破」的影響。』前一段按語，已經是肯定它『推翻了鐵器最早出現於東周的流行見解』，並又加以中國科學院所掌握的一件經過科學測定的年代數據相吻合以證實，後一節又說，對於中國上古史還沒有突破呢，如果突破還要得到更進一步的充分論證，看起來就是中國科學院所掌握的那塊出土鐵器的科學測定的年代數據與本文的考證年代相吻合也是不算數的，顯然這是權威者的批示性意見，個人主觀獨斷的神態，躍然如畫。這很容易使我們想起，以『疑古』自稱而實『否古』的錢玄同教授在半個世紀前的古史辨中，面對著為對方所引用的梁啟超稱『「仲春日中星昴，仲夏日中星火」等，日本天文學者所研究，西紀前兩千四五百年時，確實如此』的論斷，居然權威氣十足地說：『但堯舜是什麼時代的人，我們實在無從知道……堯舜的時代既無從知道，那就不能因為堯典所記中星是合於公元前兩千四五百年的情形而認為它是堯舜時代的真書（記錄）了。』（見研究國學應該首先知道的事——古史辨第一冊下一百零二頁）真是面對天文科學依據歲差的考證，硬是以『我們不知道』堯舜的時代而否定堯典四中星記載之確。錢玄同教授的夥伴同是以胡適（『殷商為石器時代』而『疑為近於是』）的否古論者為准的顧頡剛也同樣面對這個已為日本天文學者考證出的『仲春日中星昴，仲夏日中星火』等記載，確與公元前兩千四百年的天文相符的論點，在『未請教中國天文學者』以前，也匆匆忙忙一口否定了，不過顧氏用的不是因為我們無從知道堯舜時代為理由，而是說『「日中星昴」「日中星火」話說得太簡單，不能斷為紀元前兩千四百年時確是如此』（見古史辨第一冊下二百零五頁），因為胡適曾『疑』殷商是屬於舊石器末期的觀點近於是，夏禹以前，哪裏還能說得清楚，因之，雖然面對堯典的『四仲星』記載，面對日本天文學者所研究的科學結論，也都連忙否認，主觀之威，霸道之態，由此可見一斑。在古史否定論者來說，只有這種拒不承認一個畫著虎頭的擋箭牌可用了！舉此一個按語兩般解釋，就可見古史否定論者的偏見及形而上學的詭辯的普及面之廣，影響力之大，而衣缽相傳半個世紀之久，又是多麼根深了！

二、幸而我們是處在八十年代馬列主義在繼承與發展的革新階段。『百家爭鳴』是我們在整個『雙百』方針文化政策下的屬於科學文化的主導，在黨的實事求是的光輝輻射下，金文新考的『外編』——中國上古社會，終於彙集成書了。自然，首先讓我想起我的女兒張小新為這本書稿的彙編奔走北京圖書館，翻檢、複印的匆忙而又歡然的形象。再就是劉萬朗同志、王明實同志和有關的編者，他們都各自付出了辛勤的勞動，尤其在今天出版界多數偏於盈虧而忽視學術方面的得失及馬列主義辯證唯物主義認識論，須要在各個意識形態領域代替主觀主義的形而上學的偏見的觀念更新的時代，不惜工本，而為科學的新史學架橋鋪路，這是極珍貴的，特別要在這裏致以真摯的謝意！

一九九零年七月十八日
離京去哈爾濱之前

金文新考出版前後

孫安邦

金文新考出版於一九八七年三月，只印了八百套，且很快售罄。這部書引起了很大反響。有人評論為『開拓了上古史的一角』①，打破把殷商甲骨文作為中國最古老的文字的傳統觀點，『第一人第一次把中國已定的中國古有文字史上推千年以上』②。

駱賓基先生『棄文弄古』，有其苦衷。他生前曾坦率地說：『我之所以離開文學創作轉到古金文考證學陣地上來，這是歷史造成的，主要是一九五五年反所謂「胡風集團」造成的。』那時，他被隔離審查，

①唐元節：金文新考開拓了上古史的一角：評駱賓基晚年的古青銅圖銘研究，人民日報（海外版），一九八七年十二月一日。

②欣然：駱賓基晚年力作——金文新考學者矚目，香港新晚報，一九八七年三月十二日。

繼續搞文學創作已不可能。覺得搞古的是非少，於轉而鑽研起金文來。一九六二年，他發現古五帝時期的金文應早於殷墟甲骨千年以上。因同郭沫若的結論對立，便停止了研究。史無前例的『文化大革命』十年，他的處境不言而喻，但手中的筆總得做點什麼，正像駱先生自己所說的：『古代典籍與金文，又成了我躲避政治風暴的僻靜港口。』他又研究起金文。到了一九七二年夏天，索性開始五帝、唐虞金文的正式研究，先後完成了詩經新解與古史新論左傳新解與古史新辯兩部專著。

從三十年代文學創作到五十年代金文研究，駱先生痛心不堪。但一旦為之，則不可遏止。考證日見深入，成果日見豐富。一九八三年，還在『學習班』時，他把左傳新解直接寄給周總理。開始他並未抱太大希望，一個星期後上面便傳來兩條意見：一是駱賓基可以不坐班，給創作假；二是建議他將左傳新解改成白話文，讓普通人能看得懂。這對他真是莫大的鼓舞。從此，他更加努力，運用馬列主義的唯物史觀，反復探索、考辨，研究工作愈加深入。從由歐陽修直到王國維、郭沫若劃為殷商時期的青銅彝器圖銘裏，發現有不少是屬於五帝時期、唐虞時期的古命氏志親的金文，考證它們是公元前兩千三四百年前關於氏族的記載，早於甲骨文千年以上等。終於完成了五十余萬言的金文新考。

對駱賓基的研究，周總理之外，第一個認真審稿並給予熱情支持的是馮雪峰。馮雪峰不僅指出有些文章如見於四千年前古金文記載的幾個歷史人物——堯、舜、禹等標題太長，要簡化，還為他的幾本考證文字起了書名，建議叫『金文新考』。

對金文新考給予更大關注的，是茅盾先生。茅盾看過駱賓基送去的部分考證文字後，首先給予了肯定的評價。他還邀請商務印務館在京的一些國學專家座談。一九七六年七月四日茅盾八十誕辰時，駱先生讓女兒送去金文新考兵銘集作為賀儀。在『三戈兵銘』考證中，駱賓基不唯在八祖中考證出帝顓項珠氏、雞氏二人，而且發現六父在古籍中均有記載，同時訂正了左傳『高陽氏有才子八人』說之誤。後來駱賓基請茅盾先生為將來出版金文新考題簽。茅盾很快題寫了書名，並答應待天氣暖了再動筆為該書作序。孰料初春轉暖之際，茅盾先生長逝，序未能寫，實為一大憾事。

駱先生『十年生聚』，從一九八五年開始發表出版有關文章和論著。當年五月至十月美國紐約中報發表說龍再說龍觚。人首龍尾的伏義氏夏禹考釋『舊』篇等也先後在上海社會科學院學術季刊、辭書研究上發表。這些文章不拘囿於古之定義，諸如易經繫辭以伏羲氏為『三皇』之一的結論等，依據伏羲氏與女媧人首龍尾相交的石雕圖像之實際，以晉帝王世紀夏禹『納塗山女，曰女媧』為論證，提出『伏羲氏即周室為了頌神而神化了的夏禹』的論斷。同時引『龍觚』標氏金文的考證和戰國墓出土漆盤上所繪的龍形（『足』非爪而為『兩匕首』）為證，說明龍族（『足』）源於夏禹、后稷。複以殷墟出土的『比』字圖銘及顏氏家訓所記古漢碑『伏』『虙』兩聲相通為印證，作出了『古史學領域裏一種科學的創新的論斷』①。同時出版了詩經新解與古史新論左傳新解與古史新辯。上述文章和著作中很多論點，無不是以金文新考為依據的。

金文新考書稿最初是由當時山西人民出版社文藝編輯室主任張成德同志向我推薦的。我於一九八六年下半年收到文稿。十六開宣紙，由北京書法家張貽來、隋學芳工筆楷體書錄，工整美觀，無異於一件書法

①駱賓基：人首龍尾的伏義氏夏禹考，上海社會科學院學術季刊一九八六年第二期。

藝術品，這也就是後來決定影印出版的原因。至於審稿，說實在話，我雖是學中文的，大學期間迷戀古漢語、古文字，至今忘不了給我們授課的馬雍先生和戚桂宴先生。但大略翻閱了一遍駱先生的大作後，卻望而生畏，沒有足夠把握。馬雍先生當時據說在杭州，一九六四年我離開大學後再未聯繫。於是就近請戚桂宴教授幫助審讀。他是治古文字的，戚先生審讀後認為，書稿有新意、有創見，但失之於臆測、附會，要我再向其他古文字學家請教。

其實，從一九八〇年學習與探索第六期發表駱先生給中國社會科學院關於金文新考的報告之日起，學術界已有議論。到說龍、詩經新解與古史新論等文章和專著出版，早就春秋月旦、爭論不休了。在反復聽取各方面意見後，我們最終決定出版。出版發行後，或批評，或質問，又掀起了一場軒然大波。

不久，新華社播發電訊，羊城晚報等刊載『駱賓基研究金文取得重要發現：炎黃時代歷史有文字記載』的消息，並對金文新考給予很高評價：『經過十多年研究考證……我國上古有文字記載的歷史應上溯至炎黃五帝時期。』『夏以前相當長的歷史階段不再只是傳說中的史前時代。』『一向被認為出現於甲骨文中的金文，實際上早在甲骨文之前就已存在。』①後來，香港新晚報人民日報(海外版)連續發表文章，指出：『作者根據歷代傳世的古青銅命氏禮器圖錄的實際，同史記尚書帝王世紀等古籍的研究相結合，發現了以「垂」命名古貨幣原來是垂氏父子統一族稱之故。』『呂覽勿躬篇所載「羲和占日、尚儀占月」是指其占日、占月為各自的氏稱。』同時重新考訂了著名的『三戈兵銘』，證實王國維斷為『商三句兵』為晉皇甫謐『殷

①羊城晚報，一九八七年八月三十一日。

人以「日」為名自上甲微始』說之誤，進而從傳世青銅圖錄中考證並鑒別出誤劃為殷周金文的五帝與唐虞時期的古命氏志親禮器。『對這些青銅圖銘作了根本不同於歷代（包括現代、當代）考古界、歷史學界專家、學者的斷代考釋。』① 評價金文新考的出版，『應屬祖國學術界繼承與發展中的大事，尤其可貴的是貫穿於全書中的勇於探索的精神』。『金文新考在文字考證方面有新的發展，對祖國上古歷史的研究作出了建設性的貢獻，它填補了人類發展史上的一段空白』。②

金文新考對舊史學、舊文字學是批判的繼承，也是一種革命性的挑戰。故一經問世，便在學術界引起激烈的論爭，褒貶不一，毀譽參半。有的說它『盡情地馳騁空想』『一味地臆測附會』，有的說它『澄清並解決了古籍記載中的諸多訛誤與矛盾』。但是不管爭論如何激烈、軒輊如何巨大，爭鳴論辯的結果定將會打破禁錮和窒息的局面，中國的上古史、古文字學史將在新史辯中有所發展、有所前進。

①欣然：駱賓基晚年力作——金文新考學者矚目，香港新晚報，一九八七年三月十二日。
②唐元節：金文新考開拓了上古史的一角：評駱賓基晚年的古青銅圖銘研究，人民日報（海外版），一九八七年十二月一日。

骆宾基全集

金文新考

（上）

骆宾基 著

山西出版传媒集团 山西人民出版社

圖書在版編目（CIP）數據

金文新考：上、下／駱賓基著. —太原：山西人民出版社，2022.7

（駱賓基全集）

ISBN 978-7-203-12212-8

Ⅰ. ①金…　Ⅱ. ①駱…　Ⅲ. ①金文—研究
Ⅳ. ① K877.34

中國版本圖書館 CIP 數據核字（2022）第 038316 號

ISBN 978-7-203-12212-8

9 787203 122128 >

金文新考：上、下

著　　者　駱賓基
責任編輯　高　雷
復　　審　武　静
終　　審　姚　軍
裝幀設計　張鏷尹

出 版 者　山西出版傳媒集團・山西人民出版社
地　　址　太原市建設南路 21 號
郵　　編　030012
發行營銷　0351 – 4922220　4955996　4956039　4922127（傳真）
天猫官網　https://sxrmcbs.tmall.com　電話：0351 – 4922159
E — mail　sxskcb@163.com　發行部
　　　　　sxskcb@126.com　總編室
網　　址　www.sxskcb.com

經 銷 者　山西出版傳媒集團・山西人民出版社
承 印 廠　山西出版傳媒集團・山西新華印業有限公司

開　　本　720mm × 1020mm　1/16
印　　張　101.25
字　　數　1200 千字
版　　次　2022 年 7 月　第 1 版
印　　次　2022 年 7 月　第 1 次印刷
書　　號　ISBN 978-7-203-12212-8
定　　價　298.00 元（上、下）

目錄

關於金文新考的報告（代序）

一、糾正在古金文研究方面的千年之誤

過去歷代的金文（青銅圖銘）研究者從宋代薛尚功、歐陽修諸學者，直到清末的吳大澂及近代在舊歷史學、文字學方面有過卓越貢獻的王國維諸大師，都是和半個多世紀以前的中國學術界在古青銅彝器考證方面的斷代觀點、口徑是一致的。凡屬刊有『日辛』『日癸』『文乙』『文戊』之類文字的，不管是祀祖祭器，還是志族兵器，就都一律劃到殷商的歷史年代裏去了。

他們也確實有所根據。這個斷代的唯一根據，就是載於晉代皇甫謐帝王世紀的『商人以日為名，自上甲微始』這一語之斷，而竟遺誤千年之上。但是要據此一點，而説我們中國舊歷史學千年之久毫無發展，

自然也是與事實不符的。殷墟甲骨文的出土，就是一個例子。經王國維等先輩的考證，司馬遷史筆所記的殷本紀為歷史實錄，基本上已經取得歷史界的公認了。說明千年來，中國的文字學之類，也並非停滯不前的。自然晉皇甫的帝王世紀一語之斷，也不是沒有演變的。如半個多世紀以前的一九二三年，在中國舊曆史學界所展開的一次『古史辨』當中，就出現了『層層地造成的古史』的否定派，不但把夏禹劃為虛無的『神話人物』，就是見於史籍的堯、舜，也變成了『只是理想的人格之名稱而已』，因而不是疑古，而是否古了。胡適曾稱『層纍的造成的中國史』的見解，『真是今日史學界的一大貢獻』（均見古史辨天第一冊六十七頁、一百八十頁）。更有舊地質學界的『權威』在論戰中出面支持，創造了一個『夏禹是石器時代人物』的形而上學的論點。它所依持的一個自製的唯一的論據，就是『因為我們至今沒有發現夏代的銅器』（不說，就是有了夏代銅器，但還不認識，或認不出來）。這種論點，見於丁文江作論夏禹治水不可信書（見前引之二百零九頁）。當站在『古史否定論』一派對面的辯者，提出梁啟超曾經指出過『尚書堯典所說：「仲春日中星昂，仲夏日中星火」等，據日本天文學家所研究，西紀元前兩千四百年時，確實如此，因此可證堯典最少應有一部分是真書』（見中國歷史研究法一四二頁，為古史辨三十一、三十二頁所引）為論證，以批判中國的古史的『否定論』者們的錯誤觀點之後，『否定論』者們說：『堯舜的時代既無從知道，那就不能因堯典所記中星合於西曆紀元前兩千四百年時的情形而認為是堯舜時代的真書了！』（見古史辨之一〇二頁）或者認為『田中星鳥、日永星火』話說得太簡單，不能斷為紀元前二千四百年時確是如此——這還要請教天文學家。（見上所引之二〇五頁）實際上，在還沒有請教天文學家以前，『辨』者就已經否定了日本依據『歲差』規律所推算出來的科學的年代資料了。更加四十年代中國有名的新歷史學家，又有『殷墟甲骨為中國文字創造之始』的筆之於書的論斷，於是就和過去的晉代皇甫一語之斷而形成的遺誤不同，卻是走得更遠，離開歷史的實際也更遠。因為舊曆史學者，如漢末之蔡邕還有關於黃帝青銅器鑄有年代的說法，而明末清初的顧炎武在日知錄還為這一記載傳播。黃帝銘六篇的書目，也見於漢書 藝文志，神農取銅於『峻嶺』，見於晉代拾遺記，而『金作贖刑』載於堯典，『禹以莊山之銅鑄金以贖民』，管子所傳，夏本紀更有『金分三品』的記錄，春秋左傳之『貢牧九金』又是禹鑄九鼎的傳聞記錄，到了王國維『殷周製度論』，還有『尚書 多士夏迪簡在王庭，當是事實』的論斷，承認早於殷墟甲骨文千年的夏代，有關於夏代製度的簡冊檔案，存在於周初的王室庫內。（注：迪，作『道』解，是製度，為名詞）但所有這些全為半個多世紀以前的『古史否定論』者所全盤否定，而且舊歷史學、考古學和文字學三方面的『古史否定論』者們的論點，盤根錯節，相互依託，直到今天，幾乎已經成了一種不容爭辯的『定論』了。

於是夏禹和夏啟父子兩代，硬是根據權威學者的片言隻語就劃為所謂母系製原始公社和奴隸社會兩個社會發展階段，以與半個多世紀以前盲目的論斷相適應。『夏禹是石器時代的人物』因而又擴展到社會學領域——不知母系製的舊風習，如男婚於女方為婿因而稱『子』，為所婚之女方氏族部落的酋長繼承人等遺製，在父系為主的奴隸社會，仍然是世代相承而未變的，直到虞舜在帝堯時期推行新政『代攝天子事』，世稱『維新』，開闢了一個『兄弟相背（避）各自為家而共耕』的大背古道的社會大革命的時代，推翻了那種『既是兄弟又是共同妻子的共同丈夫』的『普奴魯亞』式以奴隸主『大父』或『大兄』為主宰的公社式諸父諸母的大家庭製，改變為女的出嫁於男方，才為帝位傳子(男)的世襲法奠定了社會基礎。——『古業否定論』者，錯誤之大，影響之廣，又和自宋代薛、歐諸家對於古青銅器斷代的誤差，不能相提並論了。

二、上古社會通稱族姓，與氏稱是有區別的

『唐虞三兵銘』（王國維稱『商三句兵』為誤），有六父。他們是『大父日癸、大父日癸、中父日癸、父日癸、父日辛、父日巳』。

湯有盤銘，據郭鼎堂公的考證，為『兄日辛、祖日辛、父日辛』(見金文叢考)。祖孫三代人，當然不會是同生於三個年代的『辛』日，而四個『父日癸』當然也不會是同生於不同年份的『癸』日，也是不容置疑的。尤其是兵銘中的第六父之『日巳』，巳非十天干中之『己』，與辛癸不類，它是十二地支之一，為『辰巳』的『巳』。『巳』為古老的一個族氏之稱，帝少皞是巳氏族系的始祖，載於春秋左傳，晉代杜預有注解(見昭公十七年)，是一個旁證。而古金文中有『母癸鼎』第三器，『母癸』二字作『[glyph]』，這又是『癸』為母系族氏之稱的又一印證了。第三，乙非甲乙之乙，有屍子為據：『鴻飛天際，高遠難明，楚人以為鳧，越人以為乙，鴻常一耳。』『乙』在上古是大禽的通稱：在男為鷹，在女為雁。古命氏金文，鷹、雁同字，作『[glyph]』（舊或釋應），到了戰國以後，乙就作為越語稱鴻雁的專稱了。這又是『癸』『巳』『乙』之類為族氏之稱的第二個印證。第四，『日辛』古為氏稱，有司馬遷的五帝本紀所載『帝嚳，高辛氏』之『辛』可證。第五，依例，『●』『〔』之類當也是氏族之稱，它們在文字創始之初，絕非十天干『丙』『丁』之

屬，純作抽象的概念應為物體的象形，當也可以依理推斷出來的。那麼，它們是什麼物體的形象呢？

〖字創造之始，在早於殷墟甲骨千年以前金古文的本作『[glyph]』，『足』為族標，也是音符。恩格斯曾以易洛魁氏族為例，說：『氏族有一定的名稱，或一套名稱。在全部落內，只有該氏族才能使用這些名稱，因此氏族個別成員的名字，也就表明了它屬於那一個氏族。』（馬恩選集四卷八十三頁）經古金文的考證整理來看，恩格斯所說，是確實的。在我們中國上古時代，雖然公元前兩千五百年左右已經是處於有文字記載的青銅時期的奴隸社會了，但氏族社會的古老遺風如舊。氏族之稱，在古金文中都有音標譜系可查。如『[glyph]』字，為『足』族，讀『足』聲，從字之所象來看，字當讀『鉏』。說文段注『今鋤字』當是古之『雙刃鋤』。由於青銅質脆易折，因而力在『雙角之刃，避免中斷，是很顯然的。『鉏』為本音。而『●』字在『兄癸彝』銘（載歷代鐘鼎彝器款識卷三四十五頁）中，也同樣有族標兼作音符的『注解』，首三兩字為『[glyph]』，舊釋頭兩字為『丁己』，但『●』字旁還有一個〖字作『注解』呢？讀『丁』之後，這個『〖』字就解釋不通了。實際應讀『珠子王』，鉏為『●』，的族標和音符，從形之所象來看，是『珠』字，變音讀『丁』，今稱『小』，仍為『一丁點』，而『●』實為珍珠的象形。『〖』字的變音，讀『丙』，是古之『鉏』為兵器的『兵』的聲原所出。

在這裏就又出現了一個問題：為什麼古金文有本音、變音的區別呢？

古文一字多音，起碼是本音、變音兩種。此外還有方音、再變音和所通之音。如『吳』又讀『虞』，『吾』『餘』

同義而異聲，宋儒舊解以為是『陰陽對轉』，現在仍為聲韻學家所宗。而古金文及千年後的殷墟甲骨文，『人』字都作『𠂆』而有三讀。變音讀『夷』，又讀『屍』，後一音是因為『夷』所通之音。①讀『人』為本音，『夷』為變音，這是基本的兩音。反映了文字創造之始，在神與軒轅作為父母的兩個族系方面的語言的不同，並非什麼神秘的『陰陽對轉』，因而一字兩音、一物異名。如『鴻（雁）一耳』，而『楚人以為鳧，越人以為乙』，至於漢儒以鳧、乙為兩物而引申開來解作『佛道兩珠』，同樣是誤解。

神農族系為文字創始的氏族，字讀本音，因而凡讀本音的古金文，氏稱都與族稱的音譜相符，是一致的，如足、珠、鑄、郰、祝、貯、竚、舒、楚。而軒轅系以狩猎為主要的生產手段，是落後的氏族部落，王室更替就以變音為正統的讀音，青銅鋤頭到了軒轅一族的手裏，作為兵器用，掌握在頭目人手裏，因而也是權柄的象徵，『〔』字變音讀丙，就是這樣開始了，直到夏禹繼帝位，變音為文字的正統讀音，就取得了鞏固的地位。但以變音讀氏稱字，在古金文中是各不相屬，沒有族稱音標的譜系可以遵循的，這是本音與變音兩讀的本質上的一種區別。另外，如『〔』字本音讀『鉏』，還有古貝之鋤形作『[glyph]』可以相印證。說文解『[glyph]』（[glyph]），段注『兩刃鋤』如『羊角』，又是『〔』字本音讀『鉏』的旁證。至於『日』字本音讀『陽』，為神農王室羊族的族稱，貸幣集有專題考證，在這裏且不作重複的引證了。

總之，這樣一來，就突破了由於經宋以來千年誤讀而產生的對於古青銅器的年代上的盲目判斷——『以

①『夷』為夏禹姓氏之一，即母為古『人方』（神農系）之女，因而稱夷。但至婚時，又須離開父母、姊妹出婚於世為婚姻的對方，即伯舅出婚之族（也就是父親的姊妹之族），因而須有自己的氏稱，以標明非『人方』之族，這樣就以『入』的反體字為氏稱，變隸當為『匕』。古籍作『貔』或作『羆』。夏禹在弟兄輩中，從古金文考證來看為老四，因而是有熊氏軒轅系之『四』稱『羆』，『夷』也通『四』讀『屍』了。

日為名』統屬商器的年代限製，就完全解除了。

依理推斷，既然古金文有族標作音符，是中國文字創始的特徵，那麼它當然早於趨向抽象化的殷墟甲骨，而族氏之稱有帝少皞之『巳』、帝嚳高辛氏之辛為例，那麼上古時代是不是也有又稱『珠』的『鉏』氏呢？『鉏』為上古時代的封土之稱，見於春秋左傳：『後羿自鉏，遷於窮石。』（見襄公四年）說文解『羿』段注『其先，帝嚳封於鉏』，有此諸般疑點為據，那麼標有巳、辛、癸、乙、丙之類族氏之稱的左青銅器，或是屬於五帝時期的鑄製物，就可以初步樹標立志進行科學的考證了。

三、從左標氏志族金文族譜上找到了論據

根據左籍的記載，既然五帝時期掌握青銅金屬冶煉的先進技術（見於晉代拾遺記）並且還創造了氏稱文字並鑄於命氏彝器之上頒賜子嗣之親的，只有神農族系一家，那麼這些古青銅彝器所記載的命氏志族的圖銘，就不可能是互不相屬的，正相反，它們理應是互有氏族之間的联繫或譜系可以考證。而神農族的婚姻一方主要為軒轅黃帝一族，那麼這種以命氏志親的文字鑄於青銅禮器之上，頒賜於婚姻之親，而依母系製遺風以婿為氏族部落酋長的承嗣人，黃帝嗣位後，也必然會承繼神農之世的青銅文化，而鑄青銅禮器，頒賜子嗣之親。這種禮器金銘，也見於漢書藝文志書目，那麼果真這些標有『辛』『癸』『巳』『乙』『鉏』（丙）、『珠』（丁）之類族氏之稱圖銘的青銅禮器，確為五帝時期的奴隸主王室所頒賜的冊命之類禮器，那麼它們之間不但由於族氏之變化（男方婚於女方為女方氏族承嗣人必有更命改氏之舉），在命氏彝器所刊載的

氏族文字上相互有聯繫的規律可循，不會是各個孤立的靜止的（氏稱不變）。因之，在金文研究中，不但果然發現了這種各個上古青銅彝器銘文之間的聯繫規律——氏族之稱的聲譜和父與子的氏稱是一字而異體（翻文）——而且還發現了上古的奴隸主王室更替，必在所頒佈賜子嗣之親的青銅彝器冊命上有所反映，如以『珠』為氏標的柱氏帝顓頊的『嗣宗』子稱『相』，古金文作『[illegible]』，是『珠氏柱』的『頭目』的概念，但在帝嚳以子婿的身份嗣位後，他的總務大臣不但要以變音（由於語言不同）來稱呼，而這『相』字也必須改，因為它已經不是珠氏王朝的首目了，而是商辛氏王朝的在祭祀大典中操刀的禮官了，因而官製就又有了不同的名稱而為『宰』了。不但王室變化在古金文中的官氏之稱上有反映，就是官職的變遷，也在氏稱上有記載，同時又由親稱上、前稱伯（舅）而後稱父可以知道婚姻是循母系製之稱而未變，這樣依據古金文的族稱音標等規律就整理出它們的族氏譜系。它們反映了歷史的變化而且現出了有系統的一部五帝簡史，更可以相互印證。這就是金文新考的第三輯人物集取名原為『見之於四千年前古金文記載的幾個歷史人物——堯、舜、禹』的由來。

以有名的『盛卣』（舊名『帝祀、祖丁，父癸卣』——見吳大澂編釋之愙齋集古錄第十八冊）——為例來說，七字族譜是 [illegible] 『帝己』居內，是從母系製的舊風習的反映。依父系來說，『帝己』當是外祖，而在這裏，祖珠（鉏）和父癸居外，當是鑄器人『盛』（公羊作盛。稱『盛伯』之盛，左傳作『郕』），是古老氏族的族稱）氏族內的父祖。再看，己氏在五帝時期稱帝為王的只有帝少皞氏一人（為『子姓』軒轅黃帝之男），因而不妨先假設這個己氏為帝少皞，史稱『玄囂』的人。依此為准，那麼『祖珠』必是帝少皞婚姻之族，屬於神農系的子孫了。而這個珠氏又稱『鉏』的人又是誰呢？

再看『盛婦鼎』（窓第三冊）九字族譜的圖銘二『[illegible]』帝己位居祖珠（鉏）之上，祖珠為帝少皞子媚一輩的位置就可以初步論斷了。再看『王鑄父珠卣』（舊名『商子丁立父卣』）（見敬吾心室款識）四字圖銘作『[illegible]』。首一字，為『天』立於大地（一）之上，是王的初體字。『[illegible]』為說文所遺漏，從字形所象看來，是雙手操『柱』於規範之下，是『鑄』的象形體。『柱』為音標，也是族標。『王鑄父珠鼎』據此可知是王者嗣位以後，以『父珠』自命，鑄鼎頒賜子嗣之親，當為變命禮器。而帝少皞之後為王者，依五帝本紀的世序來說，只有舊稱『黃帝之孫』名叫『昌意』之子的帝顓頊了。帝顓頊之後，又是黃帝軒轅系的帝少皞之孫帝嚳。那麼據古金文族譜的記載，帝顓頊珠氏又稱鉏的人，豈不是帝嚳的女婿，族屬神農系的麼？另外，珠氏果真是帝顓頊麼？

循此考查，又有『高羊彝』（舊名『高羊彝』——見窓集二十二）共刊兩字圖銘作『[illegible]』『王作父癸彝』（見窓第十二冊）銘的『高』字作『[illegible]』可以為比，『[illegible]』字應是『高』的初字，象屋頂之類，為『[illegible]』的字源所出。吳窓齋舊釋『立』是由於下部為銅銹所掩，誤為『[illegible]』字。另有『高羊』二字作『[illegible]』載於敬吾心室款識集可以為證。司馬公稱『昌意之子高陽立，是為顓頊』，不錯吧！這高陽氏（古『羊』『陽』一字，王國維釋『羊甲』為『陽甲』，在殷卜辭所見先公先王考中，已有論在先）食有鼎，五帝時期文字初創之際，除了帝顓頊，就不會另有高陽氏這樣的奴隸主了。但這只能證實司馬史筆所記帝顓頊氏稱之一為『高陽』是信史，卻還不能證明高陽氏帝顓頊就是古金文中的珠氏本人。最後，得『珠高陽鼎』銘（舊名『周丁甲鼎』——見西清古鑒卷三），三字標氏圖銘作『□』，才證實這個珠氏確為高陽氏帝顓頊。自然這是嗣帝位以後的氏稱變命作珠高陽了。說明高陽氏之『高』為『皞』的通用字，母族之稱，原為尊王室屬皞族，貴母系的反映。循此，再往深去研究，還有『母癸鼎』（見愙第三冊）八字標氏金文，作『□』當釋『母癸·舟珠，皐乙·成祝皐乙』。（『舟』字，舊釋『受』，為後世殷周金文借用字）。『舟』字為兩手互相授受飲具（舟）的象形體，是『酬』的本義，也是『酬』的聲源所出。這個『舟珠』為『母癸』的婚偶，他又是誰呢？答：仍然是帝顓頊。這是有『舟卣』（見愙集十八冊）三字命氏金文可以印證的，作『□』這是帝少皞己氏嗣位以後，或於顓頊未嗣帝位前婚時的命氏禮器。自然也是更命改製的反映。舟珠的婚偶是『母癸』，生男為『成祝』，祝與鑄左字相通，王國維在『鑄公簠跋』（見觀堂集林卷十五）已有定論。是為父系之族稱音標，以□為鑄造之規範而『□』（足）為標族志音的符號。准此，可知『成』為姓，屬母癸的氏稱，而母『成』的族稱為『癸』，因而尊之，稱『成』為『文癸』，一般為『成祝』。這就是恩格斯所說的，『氏族有一定的名稱或一套名稱，在全部落內只有該氏族才能使用這些名稱。因此，氏族個別成員的名字，也就表明了他屬於哪一個氏族』（見馬恩選集四卷六十三頁）。

成祝生男而以盛命名，在前面所引的『盛卣』與『盛婦鼎』已經介紹過了。『成祝』為帝顓項的『嗣宗』男，在左代典籍上有沒有證據呢？有！

楚世家載『帝顓項生稱』，左成，稱同聲而義又相通，都有公平交易中的『平』的概念，『稱』的後世字又作『秤』，而『成』在左傳『以成宋亂』一語中，『成』就作為評解。成，稱是一人的氏姓，成、盛又是一家的父子，據此可知左傳稱『成伯』、公羊作『盛伯』，兩字古相通的原由了。

但仍有一個關鍵性問題。根據司馬史筆所記，帝少皞為『玄囂』，與『昌意』兩人都是軒轅黃帝之子，怎麼昌意之男商陽氏顓項會與『玄囂』帝少皞己氏之女為婚，而為盛氏的『内祖』，這豈不是堂兄弟與堂叔姊妹之間的同族之婚，而違犯了古之大禁麼？在這裏很明顯地露出了司馬的史筆雖然來自古代簡策，但有差誤的痕跡。帝顓項在古金文的『鑄』字結構上是居於『規』範之下，雙手奉『柱』的形象。那麼這個『柱』是誰呢？左傳有記載可以查核：

傳稱：『柱為稷，自夏以上祀之。』晉代杜預注『柱』字為：『烈山氏（神農）炎帝之子。』

據此可知，自夏以上所祀的社稷之神，稱『柱』，原來是神農的兒子。是什麼時候，柱作為司天的與五穀豐產有關的社稷之神，受夏以上各代帝王祭祀的呢？史記曆書有記載：『少皞氏之衰也……顓項受之，乃命南正重司天以屬神；命火正黎司地以屬民。』重、柱古當一音，因而錄筆相假。帝顓項封神農之男——柱氏為司天的社稷（殷周後世之稱）神，而為自夏以上世代帝王所祀；夏禹皋畢氏（史稱高密）族屬軒轅族系，因而更命改製不以柱為稷，另封稷神，在古金文中也有記載，在這裏就從略不說了。

回頭再說『柱』，雙手抱『柱』的古金文，作『[illegible]』，變隸為申，『申』是『神』的古體字，雙手抱柱，如雙手抱子，是為神農之神。而居於雙規『[illegible]』之下的申氏（族稱『[illegible]』）就是帝顓頊『鑄』的象形兼會意體的氏稱字了，而音標是循『柱』的聲源裏來的。帝少皞嗣位，『雙手奉柱』的概念就不適於當時的歷史實際的要求了。於是婚時變命稱『鑄』為『舟』，以『父己』的親稱簽署，反映了母系製以婿為子的古老的舊傳統。那麼帝顓頊的生身父，實為神農系的『柱』，封『柱』以司天，是封死去的生身父為司天之神，封『黎』以司地，是嗣位以後封自己的『稱』姓之男（成祝）為『黎』（犁），冠以族稱的『重』，舊也稱『重黎』。古金文中『黎』字為『犁』的象形體，這也是屬於專題論證的問題了。

根據古金文的記載和考證，顓頊既然是神農的孫子，柱的男孩，司馬史筆之下的『昌意』，就再也掩蓋不住屬於一個女性的婀娜姿態了。『昌意』古稱軒轅黃帝『子』，實為女身，非父而為母，從古字同聲相假的規律來看，當是『嫦儀』的錄筆之志，或古史者諱筆之飾，即『黃帝使之占月』為氏稱的女兒『尚儀』（見呂覽）因而帝顓頊與帝少皞不是同族的侄叔，而是異族的甥舅。舜屬帝顓頊神農系，帝堯為帝少皞的曾孫，足證兩個帝系的男女是世世代代互為婚姻的。帝堯稱鯀為『伯（舅）』載於帝王世紀，是堯為鯀（帝顓頊諸男之一）的姊妹之男的佐證。帝嚳依例上推，又是帝顓頊的子婿，自夏以上，都是循母系製的舊風，以女婿為王位的基本承襲人。這個世序是如清水溪底的石頭，連石頭顏色，不也是根據古金文的記載，看得清楚如畫麼？而古之史者，卻由於『昌意』一稱與對『子』的親稱一解之誤，又生出種種的偽金塗飾，以避兩個帝系的男女世代互為婚姻的事實、以脫同族相婚之嫌，直到戰國時代的屈原天問一篇，還以為夏禹與女媧有同族相婚之嫌，由此可以想見上左史籍帝王族系的錯亂失真的原因了，由此也充分說明對於古金文有重新辯證地再認識的必要和重要的意義了。

四、今天依託哪一家的『考古學』

『在人類歷史上，存在著和古生物學中一樣的情形，由於某種判斷的盲目，甚至最傑出的人物也會根本看不到眼前的事物。後來，到了一定的時候，人們就驚奇地發現，從前沒有看到的東西，現在到處都露出了自己的痕跡，……於是他們在最舊的東西中驚奇地發現了最新的東西。』（馬恩選集第四卷第三六〇—三六七頁）

在馬列主義毛澤東思想指導下，既然在人類歷史學上，我們從最舊的東西中發現了為歷代（包括現代）最傑出的人物所忽略了的『最新的東西』——五帝以及唐、虞、夏初時代的古金文——筆者用了五六年的時間，反復地加以思考、分析、研究和整理，寫出了一部四十萬字的金文新考。初分三輯，為貨幣集又名『五帝時期七種青銅貨幣考』，兵銘集又名『見於四千年前的左兵銘考』、人物集又名『見於四千年前古金文記載的歷史人物——堯、舜、禹新考』。

在貨中，共考證了九十七件青銅器上所刊載的一百零四篇命氏標族、志親、記事等五帝金文與唐虞金文，鑒定了西清古鑒『錢錄』所載上古貨幣八種，內有唐堯時期的貯幣一種。除七種為：一、神農時期的『柱貝』

二、軒轅時期的刀幣；三、四、帝顓頊時期的『酬幣』和『鉏』鑄幣兩種；五、六、帝嚳時期的犁幣和旅（禮）幣；七、帝摯時期鯀任大監時所鑄之奚貝。

在兵銘集中，主要是關於唐虞三兵銘的考證，提出了和近代考古學界最傑出的人物——王國維所作的商三句兵跋中完全不同的考證和判斷，指出了大師斷代之失，並進而對於三兵銘中的八祖作了得其二的考證。對於兵銘中六父、六兄，也從古金文中逐一不漏地找到了各個人物氏稱的印證。又訂正了春秋左傳所載帝顓頊商陽氏有『不才幹八人』之誤。指出六父中第一位的『大父日癸』就是帝顓頊『祖珠』的元子。左傳稱『蒼舒』，古金文作『成祝』，官稱為『相』，古金文作『□』，是帝顓頊柱（珠為氏標，以別於神農之男的柱）氏的『首目』。第二名『大父日癸』為繼承『相』死以後『首目』之位的人物，原是帝顓頊的『二目』，古金文稱『䀠』字作『□』，官又稱『旅』，古金文作『□』，是源於其大兄成祝之『成』古金文作『□』而來，他是掌握祭祀大典的禮官，『相』之後，又變命稱犁為司民耕稼的農官，古金文繁體『犁』字作『□』（見『父珠卣』銘，載窓十八冊），又作『□』（見『處口卣』）或以『矍』（今稱『钁』）為氏標，或以『旅』為氏標，這就是前面所說史稱顓頊『封火正黎以司地』的『犁』的象形體字，田器居中，而兩側有輪。『犁』為變名，『鏵』是本稱。由於氏族語言不同而名稱各異，實為一物。足見帝顓頊封重（柱）以司天而封『黎』（犁）以司地的史筆記載是出於帝嚳帝摯時期的史者之手，今史記五帝本紀載『虞舜者，名曰重華』，重華之華即鏵的後世飾筆，是為有力的論證。重黎（重華）是族稱，父族氏稱而子孫可以世代承嗣，如春秋左傳的季孫、叔孫、孟孫三家族的族稱一樣。魯僖公時期的季孫氏為『公子友』，是季孫氏之始祖約二百年後的季孫氏，於魯昭公時期稱『昭子』，是可以為比的。帝顓頊三子（男）稱『中父日癸』，古金文『三』『山』通用，所以帝堯封鯀為『山宗』稱『崇伯』。『崇』『中』古一音，重複之重與輕重之重為一字，又是可以相比的。史稱或作鯀，有鯀以『父癸』之名義為其子男命名的古金文『眾』字可以印證，字作『』。四男『父日癸』稱『男』，古金文作『四方捧冊』形，為『』，是『奉』『封』的概念和聲源所出。本音依『冊』為准，當讀『側』『賜』之聲，變音為『奉』『封』，而方音應為『捧』聲。依族系聲譜規律，是古彭氏之祖，風、封、逢諸族所宗。五父『日辛』，是虞舜的生身父（史緣孟軻之說為偽，人物集舜一篇有詳考）。六父日巳，當是呂覽所載『周公殺兄，虞舜放弟』無倆生身父（傳稱檮杌）。『無儔』外放之地在讀史地與紀要稱『醫無侶』，今在遼西可為旁證。六父之外的六兄也都各有考證。

按理說，有這唐堯虞舜時期所鑄的三戈兵的兵銘考證，以及古金文的氏族之稱相互印證之後，被歷代的傑出人物（包括當代的諸新舊史家）所忽略，才有的『夏禹是石器時代人物』及『殷墟甲骨』為『中國文字之始』一類盲目判斷，可以不攻自破了，但事實卻又不然。因之，我就不得不對有關編者們提出的『只從文字上考證，沒有依託今天的考古學』為藉口的指責加以論辯——對今天的考古學界所存在的片面觀點之類的問題，提出自己的看法，說明在半個世紀以前出自『地質學家』丁文江之口的盲目論斷的不足據。首先，筆者要問今天文字考證要依託哪一家的『考古學』？如果今天，七十年代末，還要牢固地停滯在一九二三年左右古史辨時期以胡適等『古史否定』派的盲目判斷的觀點上，故步自封，那麼就是最傑出的考古學權威或歷史學泰斗，也必然會產生錯誤的。英國的有名漢字學家李約瑟博士，就是一個典型的例子。

五、英國李約瑟博士的卓越貢獻及其論點之誤

李約瑟博士對堯典所載的天象研究（見中國科學技術史 天學），確實做出了認真的研究、卓越的貢獻。他得出了一個科學結論，證實了十八世紀法國天文學家比約依據『歲差』數值所作的關於堯典四仲中星的『座標』年代推算，是『成功的推算』。這樣就科學地確定了堯典是公元前兩千三百五十七年（『為比約所堅持的年代』——李約瑟自注）的天象觀測記錄。實踐是檢驗真理的唯一標準，李約瑟博士在這一點上，比起半個多世紀以前我們中國的某些權威學者面對日本天文學家所推算出來的幾乎是同樣的數字而硬不承認的態度來，顯示出研究態度的認真和嚴肅，確實是向前跨了一大步，而且幾乎是在中國歷史學方面做出的和物理學領域裏的吳健雄以自己的獨創的實驗——證實了李政道和楊振寧兩人根據自己的研究實踐所提出的『在弱相互作用中宇稱可能不守恆』的假定是正確的，因而否定了舊的『宇稱守恆定律的普遍適應性』學說——相等的卓越貢獻。據此科學的年代資料，理應否定或至少要懷疑『夏禹是石器時代人』『堯舜是理想人格的化身』，以及『殷墟甲骨為中國文字的創始』等相互依託的盲目論斷，但遺憾的是李約瑟博士卻牢牢自

縛於『對於中國歷史學、考古學和文字學的深切的瞭解』，被半個多世紀以前的三種相互依託的形而上學的論斷所阻擋，不是服從科學的年代資料，證明堯典確是公元前二千三百五十七年，即帝堯即位初年的天象記載，來說明中國在四千四百年前確切有了記載它的文字。恰恰相反，博士根據『殷墟甲骨文是中國文字的創始』這一盲目論斷，認為公元前一千五百年左右的中國，才剛剛有創始之初的文字，那麼還處於『石器時代的夏禹』以前的『神話』或『母系製原始公社』階段的公元前兩千三百五十七年，豈能出現有關天象的文字記載？但李約瑟博士對於十八世紀法國天文學者比約的推算又作了實踐性研究，證明它是『成功的推算』（見中國科學技術史原著一七七頁），堯典所載的天象記載，確實是公元前兩千三百五十七年的天文真實記錄又不能否認，這真使治學態度嚴肅的李約瑟博士瞻前顧後，萬分為難。那怎麼辦呢？

這位對於中國懷有深厚感情的友好人士只有一條路可供選擇了。在這裏既不要侵犯半個多世紀以前為我們中國學者所盲目建立起來的一些『界標』，又要肯定法國天文學者比約所堅持的年代資料的科學性，那麼只有轉個彎走岔道，得出堯典的天象觀測記載是真的，但卻不是『中國所固有的』，而是『來自巴比倫』（見原著二六四頁）這樣錯誤的推論。

李約瑟博士原本在中國上古史學上，比起半個世紀前我們中國某些舊歷史學家向前跨了一大步，但在最後這個推論上卻又後退了兩大步。因之，我們十分遺憾，我們這位學者終於沒有達到可以與物理學界吳健雄博士那種卓越的科學貢獻可以媲美的程度。

六、今天考古學的貢獻和解釋方面存在的問題

關於半個多世紀以來，中國舊史學領域存在著盲目的判斷——如：『我說，夏禹是石器時代人，因為我們至今沒有發現夏代的青銅器——在今天的考古學方面，關於上古的文物領域就仍然受著這種形而上學論點的約製。』

自然，今天的考古學已經在中國共產黨的領導下，作出了許多的卓越貢獻，如早些時候的西安半坡遺址、近期的山東東大汶口文化遺址，都是發掘系統作出的光輝成績。尤其是，一九七七年在首都歷史博物館展出的『大甸子青銅文化』以及一九七六年殷墟出土的大批屬於唐堯之前（非殷武丁時期）的青銅彝器（關於這方面的問題，筆者已有另外關於夏禹婚宴禮器在殷墟出土的報告等四篇考證稿等待發表）更是戰果輝煌了。但在文字考證學方面卻還遠遠落在發掘系統的後面。

例如關於遼西敖漢旗大甸子出土的各種金屬文物，就冠以『早期』兩字於青銅文化之上，就是很好的說明。從碳素測定的年代來說，上限為公元前一千八百年，這就是說，它是屬於夏代的文化。出土文物中不但有金耳環、銅耳環，還有鉛製的權杖柄及青銅製權杖柄，還有錫製的貝殼形屬於早期的金屬貨幣（自然在當時墓葬之際，或者已經是作為祖傳的古老貨幣了，就是說它們已經失去使用價值了）。這與夏本紀所載『金分三品』是相符的。此外，從出土的陶器花紋圖案上來看，都已公認是屬於中原（華夏）的文化系統。公元前一千八百年左右，在遼西就已經有了這樣的屬於高級的青銅文物。並源於中原。那麼中原華夏的青銅文化水準，據此就可以推斷，必然要更早得多。金屬到了有金、銅、鉛、錫四個品種的分類，分明已是青銅對代的中朝，但還以『早期』為限製，很怕超越了『夏禹是石器時代人』這一『界標』。這不是從出土的實物的分析出發而是源於考古學上有一個來自半個多世紀以前的『定義』。

另外考證者還忽略了在四五九號墓出土的陶罐上有一個標氏陶文，字如花紋圖案，作『』，是『北』字。詩有『邶』的章目，王國維邶伯考以為『邶』地臨燕。王的考證近是。因為西周革殷以後的『邶』，當在燕之北。左傳載：『息慎（又作「肅慎」）、燕、亳，吾之北土也！』這個『亳』就是『邶』的變體。『北』的古音讀如『博』，『亳』，古當為『邶』，是舜的帝都，地在今河南商丘地區北部。王國維說亳中指為湯都，並注在今山東曹縣西南，很對。說文『北』字在丘部，而『丘』字說文作『』，漢許釋為『兩人相背而立』。漢代之解也很確。實際，古『丘』『北』是一字，『丘』為丘陵之丘，『北』為『坡』的概念，仍是屬於一物兩稱的範圍。古標氏金文『北』的原始體，是有『商』的古體字作族標和象形的手與刀相背的圖形作音標的，字如『』。人物集舜一篇有專題考證，在這裏就不多作題外的煩瑣引證了。據此，可知四五九號墓出土的標氏陶文，已是古原始體的『北』字的簡化，是虞舜族系的子嗣一支放於燕北，所以用『北』的翻體（兩臂上屈作）為氏稱字，而日知錄作者顧炎武以舜都居『番』，而『番』字顧氏讀如『鄱』，指地在涿鹿，或這個陶文的『北』，即地居黃帝之都的『番』（北），為嫁女於遼西的陶器，當距虞舜時期不遠，從這個氏稱字的考證上來看，當屬公元前兩千二百年到兩千三百年之間的文物，

而碳素測定的數字是不是也定為上限一千八百年就不知道了，是不是對於這件陶器出土的墓作過碳素鍘定，也不清楚。

那麼除了陶文考證，這是虞舜時期的氏稱的陶罐以外，是不是還有刊載氏標的夏初的青銅器呢？晚出的夏禹婚宴禮器如『雙鳩（非鄂）尊』之類的青銅禮器在這裏就不說了，我在這裏僅舉『後羿尊』（舊稱『九象尊』——見一九七三年文物第十二期）就可知『我們至今沒有發現夏代青銅器』之類的論點，純屬形而上學的盲目判斷了。

這個青銅尊體，大如痰盂，尊體的周圍，有九隻象首尾相接的圖案，形如『』，象體有紋似肋骨而非肋骨，原來為一古體『州』字，這同樣為解釋人所忽略了。說文『州』字古體作『』。是為『九州相』之尊，就不須更作煩瑣之論了。

那麼，九州之分，是在什麼時代開始的呢？

漢書載：『水土即平，更製九州。』

據此，可知這應是夏初分地稱九州，而有『九州相』為總管的時代，因而鑄尊稱『九州相』。自然，這僅僅是根據圖銘所作的論斷，是不是還有印證呢？有！而且就在尊底還有一標氏金文，字作『』。

『井』是古『刑』字，『[illegible]』為雙手。『羿』字原是有刑加於雙手的概念，是為『羿』的翻體字。說文『羿』字，許以為『帝嚳之射師』，段注『帝堯時之有羿』。有羿氏的後嗣，依古金文氏稱之例，字當翻體，那麼這是『後羿』為『九州相』時的宴飲禮器就可以肯定了。左傳載『後羿』時『太康失國』，後羿『是以因夏民以執夏政』（見襄公四年），為太康時期有名的人物，可見『羿』為族稱，源於官職，父子並用，區別就在於一正一翻，如金屬冶煉先有模型，而翻出來就為模型的翻體，九州相當時並非文職，從『羿』字上看，是握有武裝鎮壓奴隸之司法大權的反映。

夏初文化承自唐虞，且青銅冶煉技術之精、構圖之美，從『後羿尊』就可知唐虞時代金屬冶煉工業的發展程度了。這和淮南書本經訓所稱『帝堯有巧工名倕』『故周鼎著（鑄）倕，使銜其指，以明大巧之不可為也』的記載，也是口徑一致的。但『九象尊』金文考證者，卻不惜改『[illegible]』為『[illegible]』，以釋『友』，這樣一來，不但使其『羿』字失掉了原來的意義，並把這個地地道道的夏代青銅器毫無科學根據地盲目劃到周代的銅器裏去了。為什麼考釋的同志不惜改字來曲解呢？很清楚，這是受著『考古學』之類的舊史學等傳統的盲目武斷所束縛，因之它的錯誤幾乎和李約瑟博士相同，但在嚴肅和認真的治學學風上，前者又不及後者了。

七、更嚴重的是連科學資料也可以否定

今天，出土物有了放射性碳素測定的年代資料，但對停滯在半個多世紀以前的『夏禹是石器時代人物』

的觀點上的考古界個別權威來說，也是一樣會用這般理由或那般藉口來否定或不承認的。

例如『至於青海諾木洪遺址，這是曾發掘到銅製的斧、刀、錢……都是比較進步的，原報告認為它的下限可能到戰國或漢代以前，這估計還是合理的。但這裏的一件標本(53)所測定的資料是公元前兩千一百七十七年±110，實嫌過早。由考古學的角度來看，這類資料似有差誤，是難以接受的。』（見一九七七年第四期考古之二四四頁）。為什麼憑主觀的估計，下限越晚就越合理，而科學的資料一超過公元前一千八百年，要接近推翻夏禹（依據古金文的年代考證。夏禹是公元前兩千三百零九年嗣帝位，而舊史學家認為夏禹是公元前兩千一百年左右的人物）是石器時代人的『界標』就『難以接受』呢？就『實嫌過早』呢？『從考古學的角度來看』，這個『角度』的實質又是什麼呢？

自然，如果僅只青海一例，或有差誤，但不只一例。在赤峰(又是遼西)地區的蜘蛛山，有一個古代青銅冶煉場，為我們那些辛勤的發掘者發掘出來了。經碳素測定的年代，為公元前兩千四百一十年左右的遺址。嚇！這比唐堯嗣帝位的初年，公元前兩千三百五十七年還早了五十三年，這是多麼輝煌的數字呀！多麼卓越的發現呀！實踐本是檢驗真理的標準，這不是堯典所載『金作贖刑(罰款)』的有力的旁證麼？有『帝堯有巧工（冶煉專家）名倕』的記載，相互可以印證麼？但同樣不行！同樣為有影響的權威學者所拒絕，給以『實嫌過早』（同前所引之二二七頁）四個字評語，這個資料就仿佛蒙上布幕一樣，失去其應有的光彩了。

論者也不是沒有『理由』的。據說是測者所採取的『半衰期數值』不同，這樣，雖是碳素測量，卻也有上下五百年的差誤。如果論者所說是確實的話，那麼為什麼不可以說，大甸子出土的金屬文物，上限測定為公元前一千八百年，『似嫌過晚』呢？從一字標氏的陶文『北』字來看，當是公元前兩千三百年前虞舜時期的遺址，而蜘蛛山遺址，也同樣可以說，可能為公元前兩千九百年左右的煉銅場，而且這個推論，也並不是孤立的。

1.冶金部的有色金屬研究所化驗室，保存有近年在臨潼出土的兩件銅器，經他們以碳素測定，為公元前四千年左右的遺物，還早於蜘蛛山青銅冶煉場原來測定的年代約一千五百年；

2.據一九七七年一月二十五日出版的科技參考消息譯載路透社費城一九七六年五月十四日的電訊：泰國北部班強鎮已經發現一批青銅器，經美國著名的考古學家考證，公認是公元前三千六百年左右的文物。原電並稱，根據這一論斷，推翻了東方文化源於巴比倫的舊說。因為這批青銅器的製鑄年代還早於巴比倫六百年。東方文化西來說從此就給泰國出土的古青銅器所推翻了，難道這還不值得我們中國的傑出的考古學者們的深思麼？

小結

總之，關於古金文的研究，事關祖國上古史的建設，並非筆者個人的是非。為了回應主席『要大力開展以馬列主義毛澤東思想為指導的創造性學術研究』，以推動中國的考古學關於文字考證方面的新發展，能對上古史作出一磚一瓦的建設性貢獻，那就是筆者所期望於史學界在新的起點上向科學進軍的收穫了。

茅盾同志題簽金文新考的附記

一九八〇年第六期學習與探索雜誌發表了我寫給中國社會科學院的關於金文新考的報告之後，我將這期雜誌轉送茅盾同志一本，向他『報捷』。為什麼向他『報捷』呢？這就要從十年『文化大革命』的後期說起了。

一

原來，我已十年沒見茅公了。我是一九七二年夏，帶著一具無形的所謂『十七年文藝黑線專政論』的枷鎖，開始關於古金文（五帝金文與唐虞金文）的正式研究。一九七四年，我有幸與茅盾同志再次見面。那時，我正處於鑽研古金文與古代典籍的熱情中。因為結合著馬列主義的歷史唯物論，我從過去由宋以來，直到史學界前輩王國維及後起之秀郭沫若諸大師誤劃為殷商的青銅彝器的圖銘裏，發現許多屬於五帝時期與唐虞時期的古命氏志親的金文。這些原始的象形文字，早於殷墟甲骨有千年之久，是公元前兩千三百年之前的有關氏族的記載。而第一個認真為我看稿並給以熱情支持的是馮雪峰同志，他說：『你已經作出了很大的貢獻，我這十幾年卻白過了！』自然，這是雪峰同志的謙虛，他的文學成就、歷史業績以及嚴於律己的革命精神，都是我所遠遠不及的。此外，雪峰同志還對我寫的『見於四千年前古金文記載的幾個歷史人物——堯、舜、禹』這類標題，指出過長，應簡化。並給我的幾本考證文字起了個總名，他說：『就叫「金文新考」好嗎？』我說：『太好了！』這就是『金文新考』四字標題的由來。

二

我是一九七三年三月，在北京市革委會第二學習班時，獲得由軍宣隊傳達的『領導指示』——給了我不去坐班學習的『創作假』。（因為在這之前，我已經把在半日高血壓的病休中所整理的左傳批註等考證文字，直接寄給了周總理，以請審批）

一九七三年九月十八日，解除了我長達七年之久的『隔離審查』與『群眾專政』，並發還了扣存的工資。當時，我是深懷感奮的。人身有了自由，便想探望在京而又多年不見的老友，首先使我想到的就是馮雪峰同志。一次，在地安門的路上，我偶爾碰見了魯迅著作研究者林辰同志，得知雪峰同志已解除『隔離審查』，隨後，我就去看望了他。

一九七四年春節，我又去看望了我國有名的茶葉專家吳覺農同志。我這次走訪的契機，是由於同在一個醫院看病，偶然相遇，親切相約的。我們談到一九三八年我應約由胡愈之、王任叔兩同志介紹由上海轉赴漸東的往事，談到在中共漸東甯紹地委領導下開展抗日救亡活動，以及地居嵊縣、上虞、紹興三縣邊界的三界茶葉改良場，當然也就談到當年資助我離滬轉赴漸東的茅盾同志。

覺農同志說：『茅公還住在舊文化部院子裏沒有動，我們在全國政協常碰見。去看看他沒關係，尤其是你，更應該去看看！』實際上，我是根本不知道舊文化部『砸爛』後的情況和變化，此外，還因為自己雖說已『解放』。但專案組還沒給我作『結論』呢！是不是茅盾同志歡迎政治上還沒作『結論』的人去拜訪呢？由於茅公和雪峰的處境，猶如兩個生活領域，前者仍是全國政協的副主席，而後者卻由一個出版社的社長降為摘帽的『大右派』了，因而，處境是很孤淒的。但對茅公，在未見吳老之前，我是不能冒昧走訪的。既然吳老告訴我，茅公晚年也很寂寞，我就於次日去走訪了。

三

茅盾同志仍住在舊文化部外院裏的那所小别墅式二層樓的寓所裏，還有竹編的籬笆牆與外院間隔著。綠漆籬笆牆仍然如故。我按過門邊的電鈴，就有年老而上唇留有黑胡的管理家務的人出來，問清我的姓名後，把我引進屋裏。我看客廳的門是鎖著的，可見連春節期間，來人也是很少的。

沈老的頭髮仍像我記憶中那般整潔，烏黑而有光澤；眼睛仍如十年前那樣明亮，閃耀著智者的慧秀神氣；穿的也不是節日的新裝，是中式長袍。他驚然相詢：『你聽誰說我還住在這裏？』又問：『你怎樣？全部扣留工資既然發還了，就說明沒什麼問題了。』又說：『我沒什麼病，但兩隻腳走路是越來越乏力了！』

茅公一定要我靠著他坐，表示了一種隔世相逢般的親切，我雖然已不是一個十幾歲的青年了，但他卻仍然遞給我糖喫。我問及夫人孔德沚時，茅公說：『已於兩年前故去了！她在飲食上不聽醫生的約束，喜歡喫肥肉，是心臟病致命的，送到醫院就不行了！不過也活了七十多歲，算是壽終。如果要遵守醫生在飲食上的約束，還會活幾年的。』茅公還請楚地記得十年前，我曾來探望過，並問那次是怎麼進來的。因為十年前進這個大院，需要在傳達室登記，還要電話通報。我說：『那是一九六四年的春節，我是先看過徐光霄同志和他夫人之後，才過來的。』可見年已七十八歲高齡的老人，記憶力還是很強的。他還告訴我，曾收到過從紹興寄來請他轉交我的信，說『將來找出再給你』。因為從一九六六年之後，他一直不知我在哪裏。這時，我談了曾在團河農場種過水稻，一天最多割稻有一畝三分地，也看過葡萄園，學會了剪枝、留枝等技術。自從轉到北京市革委會第二學習班之後，雖仍在『審查』，但已經不再受人侮辱了，自然也談到自己在『創作假』中已開始的古金文研究。這些金文之間都是相互有氏族的聲標、譜系聯繫著的，也可以在字形上相互印證。

茅公聽了我介紹的關於古金文研究情況，很感興趣地說：『這倒是前人沒說過的，你拿來給我看看好嗎？』等我送去部分關於古金文的考證稿件以後，再去時，茅公已經準備遷移新居了。

這次我是陪伴來自廣西的雜文家兼聲韻學者秦似同志一同去的。我女兒喜歡拍照，在茅公舊居的小樓門前，為我們留下了兩張合影照片。除了一九四九年在『來今雨軒』我結婚時與茅公等主客全體照之外，這是僅有的兩張照片了。

四

一九七四年秋後，我又到茅公的新居去看他。女傭人通報不久，茅公就從北房走下臺階，這次，他仍穿中式長袍，見了我的同伴鄒民才已不認識了。這還是我們婚後第一次一起來看茅公。結婚時，她才十八歲，而這時已經是四十多歲的人了，且經十年『文化大革命』的折磨，臉色自然憔悴得多。所以，當年主婚人的茅公是認不出來的。

這次，茅公與我談了很多話。談到宋雲彬，也談到當時未結案的肖三同志等。茅公說他去延安時，在路上曾遇見肖三夫婦，女方是波蘭人，是個進步的記者。茅公的談話，流露了他對同志的深切懷念之情！如果記錄下來，會是一篇很好的散文，可惜我現在已記不全了！

自然，我們這次談話的主題仍是金文新考。茅公說，我送給他的一部分考證文字的複寫稿，他看過後，曾約了商務印書館在京的幾位老朋友座談過。我對茅公這種嚴肅認真的治學態度，十分敬佩！當初我只是想送一部分稿子請他過目，以略解晚年的寂寞而已，哪裏會想到他還特意約了一些國學專家座談呢？

五

一九七六年春節，我們夫婦兩人又去向茅公恭賀新春節日的時候，茅公沒有出屋，而是約我們到北房他的書齋裏去坐。

這書齋，我曾單獨一人來過。書齋裏，除了硬木書案、書櫃、籐椅、沙發之外，最惹人注目的是掛在牆上的一大幅油畫，畫的是東歐民間舞的歡快熱烈場景。我最初看見這幅畫所驚奇的倒不是畫家的筆力·而是茅公在書齋裏竟敢懸掛這樣大幅的藝術品！顯然茅公這是對當時流行的『忠字舞』以及以戴不戴領袖像章為是否革命的標誌的形式主義的抗議與蔑視！這也顯示出茅公的一種大無畏的氣魄和獨具的鬥爭方式。

我們這次談話，全然與金文新考無關，主要談的是關於馮雪峰同志的處境。雪峰同志受到茅公贈送的珍貴藥材麝香後的不安心情，我是如實向茅公作了轉達。此外，我又提到雪峰同志的住處絕非養病的環境。他的住室兼書室是用一道花幔幛圍起來的，裏面是一爐、一床、一桌、一籐椅、一竹躺椅。客人往往是被讓到竹躺椅上。而用書櫃排列來起作半壁木牆……茅公說曹靖華同志曾設法讓雪峰同志去小湯山療養，已得到療養院主管大夫的同意，只要雪峰同志所在的單位批一下，他是可以去療養的。但在極左思潮的影響下，軍宣隊中有人就是不點頭，又有什麼辦法呢？

這次談話的時間很長，韋韜同志（茅公之子）還端出了花生米和糖果來招待我們。這樣親密無間的談話，比花生米還香口，比糖果還甜人心魂！

我知道茅公已年近八十高齡。但臨走時我沒問究竟哪天是他的壽誕之期。後來，我女兒從陳小曼同志（茅公兒媳）處才打聽到誕辰是七月四日。給茅公送什麼禮物呢？送的是金文新考 兵銘集。內中有唐虞三兵銘考，是對王國維的商三句兵跋的批判文字。

六

茅公八十誕辰之日臨近的時候，我同一位曾任部長級職務的著名作家商量慶賀之事。當時，這位同代人還在『專案審查』之中，他的作品也早在報刊上以整版的篇幅被『批判』過。但他仍是挺然不屈，而且主張對茅公的八十誕辰，定要不事聲張地慶祝一番。我將他的意見，託友人轉告給胡愈之同志。我說胡老與茅公是數十年如一日的老友了，但年高事繁，會不會記得哪一天是茅公的八十誕辰，這是很難說的，請友人轉告時帶話過去，有位屬於外委會但尚未結案的作家，想屆時作番慶賀。回話是胡老當再直接與其電話聯繫。

茅公八十誕辰那天，我遺憾的是未能親自去道賀。叫女兒為茅公送去了《金文新考 兵銘集》，並在公文袋式的封套上寫的是『慶祝沈老雁冰先生八十誕辰之賀儀』，同時用半指寬的紅絲綢作了束帶，我認為這是我最貴重的『賀禮』了！因為在『三兵銘』的考證裏，不但在八祖之中考證出帝顓頊珠氏與雞氏兩人，而且在六父中，都在古代典籍中有所記載，取得印證。同時也訂正了左傳所載『高陽氏有才子八人』之誤。這也是關於金文新考的報告經過種種阻難，終於在學習與探索上破土而出之後，我向茅公『報捷』並請他為將來出版的金文新考題簽的根據。因為茅公在與同代的一位詩人朋友談話時已經給了它肯定的評價，稱讚了筆者的考證文字。在這之前，這位著名詩人朋友聽筆者所談的考證，如聽『天書』一般的。

七

我不只是要求茅公題簽書名，而且還希望為金文新考寫篇序文。我給茅公寫信說：『四字的題簽得暇寫好之後，待春節小女假日去取。』不想信和那本學習與探索寄出不久，小曼同志就在回信中附了茅公的題簽。從題簽之速，可以充分看出茅公對我的古金文新考證是多麼熱情地支持啊！他對將中國的有文字記載的古代史往上推進千年之多，是懷著一種多麼喜悅之情！而這給了我很大的鼓舞！

春節時，小欣代我去拜望茅公，茅公接待了她。小曼同志說：『序是要寫的，但要等天氣暖了才能動筆。』當時茅公正在吃晚飯，聽說吃飯時流汗，可見體力比往日衰弱了。但哪裏會想到天氣剛轉暖時，他卻闔目繼魯迅和郭沫若之後，離開了我們！

我書房的牆上，至今仍掛著茅公親筆題簽的金文新考四字遺墨，飽含著他對我的期望，他對我的祝願和鞭策之情躍然紙上。它將時時鼓舞和督促我前進！

寫於一九八一年五月二十八日

金文新考（序篇·典籍集）

——中國的青銅時代

目錄

第二章 《堯典》新證
——兼論英國漢學家李約瑟博士所提出的有關《堯典》記載的兩大問題 三十三

第三章

前記

一、從中國古代典籍上的記載說起

青銅，是一種含錫或含鉾的合金，不用說，它是人類實行了農業、畜牧業以及金屬冶煉手工業的社會大分工，有了豐富的對於金屬冶煉方面的專業化的生產技術以後才能出現的產物。

依据恩格斯「從第一次社會大分工中，也就產生了第一次社會大分裂，即分裂爲兩個階級：主人和奴隶，剥削者和被剥削者」（見《馬克思、恩格斯選集》四卷一五七頁）的觀點來看，既然人類在原始階段，隨着畜牧業和原始性的狩猎的社會第一次大分工而出現了奴隶和被剥削者，產生了奴隶制社會萌芽的結構基礎，那么畜牧業與農業、金屬冶煉手工業的第二次大分工，就必然是跨入奴隶制社會形成的第二階段了，而青銅制的生產工具、貨幣以及生活用具等等，不用説都是人類社會已經跨入奴隶制社會的重要標志了。

中國在公元前五百九十三年（周定王十四年，魯宣公十五年），在春秋時期的魯國，實行了「初税畝」新法制，即奴隶制社會崩毁，而封建制的社會揭開新的一章的標志，這已經成為新史學界所公認的论点了。但中國的奴隶社會是從甚麼時候開始的呢？一般的來說，都以為是從夏初開始。而夏的開山祖禹，却又往往根据「龍山文化」划在父系制氏族公社的階段以内。這種禹與啟父子兩人截然是兩個時代的划分法，是很值得研究的。

首先，我們要問，作為奴隶制社會重要標志的青銅，尤其是青銅的貨幣，在中國，又是最早在甚麼時期出現的呢？見於中國古代典籍记載的：

1、《禹貢》載：「震澤底定……厥貢惟金三品」。

又：「華陽黑水惟梁州……厥貢璆、鐵、銀、鏤（舊稱為可以刻鏤的剛鐵）、砮、磬」。

2、《春秋左傳》：「昔夏之方有德也，遠方圖物，貢金九牧，鑄鼎象物，百物而為之備」。（見「宣公三年」）

3、《史記·平准書》載：「虞夏之幣，金惟三品，或黃，或白，或赤，或錢，或布，或刀，或龜貝」。

依据以上的记載，在夏禹時期（約公元兩千三百年前），中國不但已經有了金、銀、青銅以及金屬貨幣，而且還有較高級的合金鏤和鐵。如果以為《禹貢》是春秋後期的偽託著作，但也必定有所根据，而《左傳》所记的夏禹有「圖物」的「九鼎」就是旁證。

但這些出於典籍的記載，不但在近代，不為舊史學界的多數人所看重，就是遠在漢昭帝（始元六年，即公元前八十一年）所召集的經、儒兩大派系的「盐鐵」會議上，也是以兩種截然不同的態度對待的。

据《盐鐵論·力耕篇》的記載，當時治世的經濟家是說：「禹以歷山之金，湯以庄山之銅鑄幣以贖民。」而儒家却說：「古者市朝而無刀幣。各以其所有而易其所無，抱布貿絲而已。」當時治世的經濟家在這裡說的很明確，遠在夏、商、周三代以前，虞、夏之間，在中國不但已經有了金屬化貨幣，而且還應用到法律上，作為贖金（罚款）來使用了。儒家却在《盐鐵論·錯幣篇》

說，古代並沒有金屬貨幣，趕早市的時候，只是抱着自己所生產的「布」去和「絲」進行交換就是了！在貨幣的論点上，雙方雖然沒有展開直接的交鋒，但兩種观点顯然是互相對立的。儒家的「古者」雖然說的含糊、籠統，沒有一定的界限，但「抱布貿絲」一語，是引自《诗经·衛風》里的，因而儒家當是以西周初年或殷周交替之際為「古」，不用說，虞、夏時期，更不會有「刀幣」了。

經儒兩家在公元前八十年前對於歷史典籍记載兩種截然不同的態度，我們今天究竟怎麼来看呢？究竟是那一家反映了客观的歷史真理呢？「抱布貿絲」，究竟是概括整個時代的典型的正確描述呢？還是片面性的屬於偏僻地區的經濟生活之一的一種反映呢？正如根据「龍山文化」而判斷夏初為「新石器時期」的文化一樣，「龍山文化」究竟是概括夏初的典型的「文化」呢？還是屬於片面的生活物質呢？這還是有待進一步考证的問題。因為即便是跨入了奴隶社會，甚至於已经過渡到土地為封建地主所有制的春秋階段，不曾在人類的物質生活以及生活方式和意识形態領域里，不可避免的在某些偏僻地區還會遺留着從母系制的原始公社時期所承襲下来的舊观念和舊風習，尤其是各個地區的经濟發展，是绝對不會平衡的。就是在部落酋長和奴隶主王朝的帝位的承嗣問題上，在三代以前（唐、虞之際）仍然保持着母系制的傳婿（姊妹之子）的傳統。如果就以這点為根据，而否定整個社會已經早就經歷過父系制的氏族公社而過渡到奴隶制的階段，那就與歷史的實際不符了。正如今天我們不能根据在偏僻的山區里，還保留着慣於使用石臼、石杵搗蒜，或者石碓搗米，石碾碾米，石磨磨面，就否定廣大地區普遍已經進入社會主義電氣化的階段一樣，片面的论点是错误的。因為，「這種反映是不完全的，是沒有反映事物本質的」。當時儒家在貨幣方面的观点，就存在着這樣的問題。

二、近代舊史學界的一次论争

經儒兩家在古代金屬貨幣的存在問題上所持的相互對

立的观点，反映出来的，是對中國古代典籍记載所持的兩種截然不同的態度。講究實際的治世经濟家重《管子》（《管子·山權數篇》：「禹以歷山之金鑄幣，而贖民之無饘賣子者」——見《盐鐵論校正》注七），而儒家尊《诗经》，至於史家司馬遷的著作，脱稿最多也不過一二十年，还處於為私家所秘藏的階段，自然在這次论争中，不會作為论据為前者所引证了。

這種依「诗」而解「史」的現象，以及對於中國古史所有的兩種互相對立的观点，不但出現在兩千年前的經儒兩家的争議中，就是在兩千年以後的中國舊歷史學界也出現過，而且观点對立的双方，还進行過直接的交鋒，這就是由於论者根据「说文」

鮮「禹」為「虫也」，而以為禹「或是九鼎上鑄的一種動物」，進而提出「層累地造成中國古史」的观点所引起的一次大辯论了。例如論者以章鴻釗著的《石雅》為例，说它「据了《拾遺记》的「神農采峻岭之銅以為器」，《史记》的「黄帝采首山銅鑄鼎」，说中國在神農黄帝時期已入銅器時代，又据了《禹貢》的「厥貢璆鐵銀鏤……」说三代之初已經用鐵。這種見解，很能妨碍真確的史實的領受」。公元前兩千三百年，是不是有鐵，原本還可以進行研究和留待地下發掘工作去證實的，但论者却進而毫無根据地说：「神農黄帝不過是想象的人物」（見顾頡剛編著《古史辨》自序），把關於上古史的傳聞记載也全部否定了。極力支持這一观点的，有錢玄同和胡適之。前二人说：「先生（稱頡）所说的『層累地造成的中國古史』，一個意見真是精當绝倫。」並說：「堯，高也；舜借為俊，大也……只是理想的人格之名稱而已」，後一人同樣说：「『層累地造成的古史』的見解，真是今日史學界的一大貢献，我們應該虛心地仔细研究他」（見《古史辨》第一册，六七頁及一八〇頁）。胡適之并在《「古史讨论」的讀後感》（同書—二百頁）中說：「『九鼎』我認為是神话，鐵固非夏朝所有；銅恐亦非那個時代所能用。」站在這種观点反面的，有劉棪藜、胡堇人、柳诒徵等人。在劉的文章里，除了同樣引「诗」解「史」，並從《論语》裡提出反證，更指出：「顧君說：『堯典』的靠不住，如梁任公（啟超）先生所舉的「蠻夷猾夏」「金作贖刑」都是。其實梁先生在他的《中國歷史研究法》對於「金作贖刑」，尚不敢確下否認，就是我們也沒有確實證據證明三代以前無金屬貨幣』，遂指出梁在所著的《歷史研究法》一四二頁上說過：「《尚書·堯典》所說：「仲春日中星昴，仲夏日中星火」等，據日本天文學者所研究，西紀前二千四百年時確是如此。因此可證「堯典」最少應有一部分為堯舜時代之真書』。(同上所引一八九頁)。胡董人《讀顧頡剛先生論古史書以後》中，除也引「詩」解「禹」以外，遂提出《史記》：「司馬遷所叙的商朝事實和近代出土的「龜甲文」大致差不多相同。商代如此，夏代可知』，提到：「古人一命以上每每鑄造重器，各有款識，流傳下來……春秋時代那虞夏彝器當然還多』，並舉「九鼎」爲例。最後說：『天文學歲差之說，創始唐一行，其理論則萌芽於晉虞喜，三國以前並沒有一人知道。若依顧先生所說……那麽何以「堯典」的天象和春秋時代不同而又暗合歲差的公例呢？』（同上——九六頁）

顧先生最後承認，由於從錢玄同的復信里，說到《說文》中的從**禸**的字，甲文、金文中均不從**禸**，而「知道《說文》中的禹字的解釋並不足以代表古義」，也便將這個假設丟掉了」，按理說，問題在失去立論基礎之後就應該結束了；但却不然。接着論者却說：「丟掉了這個假設，我依然有旁的證據可以建立我的假設」（見同上所引——二二七頁）。

支持這一對於古史全盤否定观点的钱玄同教授的態度也一樣，最後說：『現在姑且讓步，從（承認）舊說，認為「堯典」為古史，堯舜是有這樣兩個人的』，雙方辯論到此也彷彿将要告一段落了，但同樣不那麼简单，論者又接着說：『但堯舜是什麼時代的人，我們實在無從知道……堯舜的時代既無從知道，那就不能因為「堯典」所記中星合於公元前兩千四五百年的情形而認為牠是堯舜時代的真書（記錄）了』（見《研究國學應該首先知道的事》——同上一〇二頁）。顯然，這樣一來，它就現出了純粹是形而上學的观点色彩了。它有兩個特徵，一是從「定義出發」，在開始的時候，論者是依据《說文》解「禹」為「虫」而提出問題，名雖疑古，實質却是疑「史」而信晚於「史」的《說文》；第二是與天文學上所得出的論據對立，這樣就自然站到科學的反面去了。這種研究問題的立場和方法，當然就不會得出像樣子的結論了。這是和新史學界的立場、观点和方法，完全不同的，是和唯物主義辯證論的歷史观背道而馳的。

現在我試圖根據辯證唯物主義歷史观，研究兩千年來為歷史所遺留下來的關於中國金屬化貨幣出現的歷史年代的問題。以下，就是筆者學習馬列主義的革命理論，結合着中國古代典籍上的史料研究，所作的「札記」。現在整理出來，向新史學界的同志們提出，並希望得到大家的指正，以便進一步研究，能為我們中國的上古史提供一個可以進行建設的基地。

因為在這個有待清理的「基地」上，堆積着為舊史學界所拋出的一些屬於形而上學的斷磚殘瓦，在我們通向歷史的真實的認識路徑上，形成了很大的障碍，所以在研究「堯典」的「金作贖刑」之前，必須先從夏禹的「禹」字，金文本不從㕜的分析着手。自然我們不從東漢許叔重所給它下的「定義」出發，而是從它的「實質」來考慮問題。

因為文字總是物質的反映，是歷史客观存在的反映，因而一般來說，也就必然從文字的結構上，會找出它的各個歷史階段所具有的不同的特徵——以上算是前記。

金文「禹」字確不從虫，根據之一是《歷代鐘鼎彝器款識》（卷七——七六頁）所載的圖錄，如：[illegible]第六字。宋薛尚功釋：「咸有九州，處禹之堵」，稱為「齊侯鎛」銘。王靜安先生、郭沫若同志都從薛釋。并同認為是春秋銅器。王觧「堵」為「都」（見《古史新證》——同上所引二六四頁），郭定名為「叔夷鐘」，並斷為齊靈公時期的青銅器（見《金文叢考》綫裝本卷一——四三頁）。從鐘銘中首稱「公」次稱「齊侯」，自稱「叔夷」，又稱「辟于齊侯之所」，「有恭（功）于恒武靈公之所」

等等記載来看，郭説為確。當是公元前五百多年的文字了。

春秋時期金文的禹字作□，《説文》以為禹字從禸，為「獸足蹂地」之義，自然就失去立論根據了。但禸字作厹，為「九聲」的解釋，還是正確的。為了概念明確，拆開□字来看，原是夨九土三字所組成。現在就讓我們分作三部分来研究。

1、夨是夏禹的氏稱

夨為「傾頭矢」，《説文》解「禹」，古體禹字作□，就是奉「余（金文為□）」以為首，字從「余」為聲的例証。另外，金文吳字作□，《説文》解「夨」為「傾頭」，字讀「弧」聲，却又通虞（余），可見□或□讀羽（余），又當讀如弧（狐），「吾」「余」為一字兩音。

而金文午字作↑（「曾伯簠」銘中的庚午之午——見《攈古録金文》卷三之二——十二頁），或作↑（「效尊」銘中的壬午之午——同上卷三之一——六五頁），説明古迂、弧為兩聲，而實際却是同一個概念，為彎曲的意思。清·王念孫《廣雅疏證》釋「虞」為「助」，稱「虞」、護聲相近，故皆為助」，實不知古吳字是從「傾頭矢」為弧曲形作聲標，字讀護聲，就是以武備保護□（古圍字，聚落所在，即今稱「圍子」），為村鎮的古稱），因而矢作弧行方向，就是示意环繞封邑作保衛的工具，是「護」的聲源和義源所出。讀虞是變音，為「禦」的同聲同義字，讀助（鏃）是它的祖音。古音午字讀杵聲，近代訓詁學者楊樹達已有鮮釋在前

（見《積微居小學論叢》釋「午」），在這裡就不作繁瑣的引證了。今稱箭頭為鏃，就是↑（午）的古音又讀為「杵」而來的聲源，因而《殷周六書古韵》「禹、户、鼠、處」同部。

實際上，吴（護）虞（禦）杵（助）三聲並不是一個聲系，而金文↑字為本而有三聲的差別，變而作↑或作↑或作↑或作↑，基本上仍然是一字兩音或三音。實質上這並不是音韵學上的甚麼「魚歌韻」、「陰陽對轉」的問題，而是說明在我們中國的象形文字創始之初，父母兩族遂是處於語言完全不同的奴隶社會階段，因而同是一物而有兩種稱呼，如鏃，如弧（古弓矢的統稱，今稱果核仍為弧，就是古之遺音）；如余，如吾，都是一個概念。又因為個人氏稱，和氏族內部所通用的族稱相通，母系的族姓和父系的族氏之稱相通，所以同是一物（氏稱）又出現了第三種變音，如箭又稱「矢」就是一例，這在本章中還會論到的。

如果以上的分析不誤，那麼從金文吳（日大）字從矢讀如弧，為正音，而虞字從「矢」讀為變音，就可以看出來，虞、夏是屬於兩個語言不同的氏族種系。自然這僅僅是初步的判斷，如果這個判斷不誤，那麼虞、夏兩個氏族，原屬男女相互為婚的不同種系，也就可以初步肯定下來了。這種論斷，是不是和歷史的真實情況相符，自然還要通過中國古代典籍記載上的各方面的檢查來鑒定了。

2、九的初解

金文九字，《說文》解内「從九聲」讀蹂，古文作厹。九為九，厶為厶，就很清楚了。可見九讀由聲為古音之一，但字形所象如「手」，從聲類上推求，本音當讀仇(儔)。字讀由(蹂)聲為「友」的概念，和「仇」當是異聲而同義。《诗》有「君子好仇」一語，漢末鄭康成注：「嘉耦為妃，怨偶為仇」，是以春秋以後對於「仇」(敵)的概念來解釋三代以前的名稱、事物，以怨偶來解釋當然「仇」字就和「好仇」的好字搭不到一起了。「仇」字在距離春秋一千五六百年以前，還帶有「諸父諸母」家庭的烙印，是普奴魯亚式婚姻制的產物，為美稱，正和「普奴魯亚」一樣，是「親戀的伙伴」

的意思。手、仇(儔)古當同音。九、仇古為一字，有《孟子》書「百里奚」，《秦本紀》作「百里傒」；《墨子》稱「巧垂」，《淮南子》(本經训)作「倕」(高誘注：「堯時巧工」)，可以為比。讀由聲為一音，仇為另一音。第三音讀如阜。《殷本紀》紂三公之一有「九侯」，徐廣注「一作鬼侯」，就阜音演变的一個例證。

3、厶為厶(私)，一音讀如以

《说文》觧「厶」小篆作厶，以為「姦」，並引韓非之說「自營為私」。《尔雅》釋親「姊妹之夫為私」，觧「姒」郝懿行義疏：「姊姒，即衆妾相谓之词」。足見姒、私是通用字，同音同義，只是因為客观物質生活發生了变化，原為男婚於女方，被妻方之姊妹稱為「私」，一變女方婚於男方稱男方長「妾」為姒了。以，厶為一字兩音，古體作㠯可為例證。《說文》以字小篆作㠯，解為己的倒體，似字作佀，都是旁證。《夏本紀》載：「太史公曰：禹為姒姓」。據此可知，《漢書》古文□字，拆開來看，當是□九兩字的合筆，即奉弧（午聲）以為首的「姒」，古「姒」「己」「摯」都是「子」姓的變筆，因而「弧姒」也就是「弧之子」的概念。□九當是「弧子（姒）之友（仇）」。如果這個解釋還和歷史的真實相符的話，那么春秋金文的禹字作□，應是「午（弧）九（友）封土」的名稱。

《春秋左傳》載：「因生以賜姓，胙之土而命之氏」（見隱公八年）就是因封邑而命氏的一種解釋。

4、氏族名稱来自古老的氏族系谱

《春秋左傳》載：「公孫揮能知四國之為，而辨其大夫之族姓，班位、貴賤、能否？」（見襄公三十一年）据此可知「族姓」在春秋時期的社會生活中是占据着首要的地位。而在魯國来説，這時候却是已經改变了土地所有制，跨入了封建制社會的初期階段了。但從母系制氏族原始公社時期，就一直世代相承而傳統下来的氏族系谱和它在社會生活上的政治作用，還是並沒有因為失去了物質基礎而就從上層意識形態領域所属的观念和風習中消失掉，且不説從夏禹到春秋（魯襄公三十一年——公元前五四二年）後期的一千八百年左右的過程中，經過了夏商周三代的奴隶主王朝的大换班了。「任、宿、湏句、顓臾」四國，雖小，但還保持着風姓的系譜（見《左傳》僖公二十一年），而且有女「成風」為魯僖公母，死後「春王正月王使榮叔歸（賵）含」送殉葬的車馬，「三月」又派召昭公來會葬，（見成公五年）。可見雖然是句湏小國出身的女性，死後的葬禮卻比任何一代的侯母都隆重，原因就是族姓系譜和周襄王的母系當有牽連，只是史者失記，這一族姓系譜的关係就無從考证了。另外，殷族雖然早已失國，但「子姓」（殷商王室女系所出）仍然為貴稱。美國學者摩爾根，依美洲的易洛魁人氏族社會為例，說過：「縱令其他氏族又歸於滅絕，然而氏族之系譜，還可以上溯到几百年，甚至到幾千年」（見《古代社會》十四章「轉移之動機為財產之私有」一節），又是可以作為參考的旁例了。說明，人類儘管有種族、髮膚、須目、語言的差異，但從脫離了家族群居（血緣家族）狀態，過渡到氏族社會所走過的歷程，卻是相同的。例如易洛魁人中「塞納六部落」內氏族都以動物命名，有狼有熊，有鹿有鷹（見《馬恩選集》四卷八一頁），而我們中國，在《五帝本紀》上有：「軒轅乃修德以振兵……教熊羆，貔貅，貙，虎以與炎帝戰於阪田之野」的记錄。這些熊羆，貔貅之類的稱號，卻是古氏族一種內部共用的族稱（氏稱是屬於個人專用的)。摩尔根並介紹過：「當嬰兒生産以後」母親的命名「還要取得最近親族的同意」，還説，最後還要在易洛魁人的「部族會議」上取得批准。據此就可以知道，氏族社會對於本部族内的各氏族系統的幼兒命名，是多麼重視了。又説：「一經年令到了十六歲或十八歲的時候」就由氏族酋長「給與第二種名稱」(見同書第十一章)。恩格斯以此為例，説：「氏族有一定的名稱或一套名稱，在全部落内只有該氏族才能使用這些名稱，因此，氏族個别成員的名字，也就表明了他屬於那一個氏族」(見《選集》四卷八三頁)。公元前五百年的春秋時期，族姓制既然還在人類社會中占據着這樣重要的位置，那麼遠在公元前兩千三百年前的夏禹時期，依據《史记》所載，距離軒轅黄帝之世，也不過五世，有史（根据金文來说）以来也不過二、三百年，距離氏族社會的階段自然比距離春秋近得多，那么夏禹時期氏族的名稱不但占据着比春秋時期還要重要的地位，而且以「物」為氏族名稱的色彩，也必然更顯著。

如果以上的推論不誤的話，那么《帝王世紀》晋皇甫謐所記，稱夏禹之母「吞神珠薏苡……生禹於石紐」。從「苡」字兩音，本讀薏聲又讀姒音來看，夏禹的母親氏稱，當是「苡」，實物就是今天我們的藥用物「薏仁米」了。有和夏禹同時期的人物「后稷」（見《虞書》及《周本紀》），可以為比。在以動物命名的風習中，出現了以植物命名的记録，這應該是在夏禹的母親出生的年代。這個以薏仁米為女兒命名的氏族部落，說明早已經重視農業，或進入以農業為主的階段了。自然這還僅僅是初步的勘探，這是在「苡」氏的氏稱中，透露出来的一種金屬礦苗的色澤了。

5、九為女方的氏稱是正解

金文九字本音讀仇（儔），變音為友，第三音為鼻聲，是初步的解釋。正解，應是夏禹所婚的女方的標志着族系的氏稱。

因為夏禹既然是生長在公元前兩千三百年前，距離有金文記載以来的神農，軒轅（這一点以後會論到）不過三百年左右，雖然說很早已經跨入了奴隸社會，但從母系制氏族原始公社時期承襲下來的氏族社會的生活風習，必然比春秋時期遠濃厚。堯舜兩世的交替，說明帝位是依母系制（世襲酋長傳婿制）的慣例由婿方承嗣，就是一個顯著的例子。那么夏禹在春秋金文的[illegible]字里所呈現的受有「九土」之命，依据母系制的氏族社會傳統來說，當是男方婚於女方（為了和自己的姊妹分開，作為弟兄的就要出嫁到對方那一個和自己的姊妹通婚的氏族部落里去），為女方的部族酋長「胙之土而命之氏」的再命了。是「余（禹）」原為封邑的名稱。[illegible]字應是「余（[illegible]）和九所共有土地」的概念。九為女方的族稱，應是本辭。晉皇甫謐為我們在《帝王世紀》上保留下来的一筆珍貴古史資料，可以為證。

「禹始納塗山之女曰女媧，合婚于台桑。有白狐九尾之瑞。至是為攸女。故連山易曰：禹娶塗山之子，名曰攸女，生启是也。」

據此可知，夏禹所婚的「塗山之子」，未婚時名女媧，婚後就為「連山易」以攸女稱了。春秋金文攸字作九、《說文》「厹」字「從九聲」讀蹂，實際都是口傳時的记聲字。媧字《說文》許鮮：「从女咼聲」。《淮南書》有「咼氏之璧，夏后之璜」。漢高诱注：「咼古和字」，和仲、和叔，見於《堯典》，可見媧屬和氏的女系的統稱。顯然，在這裏所說的「合婚于台(讀怡)桑。有白狐九尾之瑞」。當是夏禹與女媧合婚時，在命名儀式中所有的一種徵物，自然以後「白狐」(貔)就是夏禹的氏稱物標。有尾九隻想是含有一種對男女双方祝福的意味，以示「白狐之後」繁殖衆多的願望。自然這種「白狐九尾」的命名徵物是經過人工制造的原皮，而以「九」為女方命名，已有數字的意味；但「九」在作為封邑的名稱時，是族稱，而不是「九州」的概念，在這裏是很明確的。

九字讀攸，是變音，原為仇聲，我們在初鮮中巳經說過。它的聲源，是來自「手」。可見相稱以「仇」(今意是親暱的夥伴)，古代的概念就是「左右手」的「手」，反映出来從母系制氏族社會以來「手」是一直作為人類發展中的最珍貴的親稱來看待的。而金文中的[illegible]字，就是「手」的形象。古金文有「仇鈲」(見《攈録》卷一之一——十六頁)一字標氏圖銘，作[illegible]，是屋內有「手」的概念，當是古仇字。《說文》觧勼，小篆作[illegible]，段注：「《尚書》作逑……《庄子》作仇」。又《詩》有「君子好仇」(仇字漢儒改作逑)以及「公侯好仇」可以為比，當是金文[illegible]字的變筆。漢許說「讀若鳩」(古音鳩為軌聲)，就是今天隸書的宄字了。仇、宄是一字，由於一字兩音而分為兩体，本字就是[illegible]。由於在本章中它屬於枝節性問題，就留待以後詳論了。總之，「手」為「仇」、「友」概念和聲源所出，舊釋「守」也講得過去。以抽象的「仇」(儔)為女方的氏稱，是蓋有「普奴魯亚」的家庭烙印的，就是説兄弟同室，既是兄弟，又是共同妻子的共同丈夫的家庭制。

6、夏禹與后稷同婚于「有(九)台(怡)」

A、釋「台」

台字是「从厶」的封土(口)，厶又是夏禹的姓氏。《說文》作㠯，讀如私；金文㠯字讀以，或作台(「郘公牼鐘」作台，「陳侯午錞」作台——均見《攈錄》卷三之一——三八及十頁)，是以知，台字古音讀如怡。《史记》太史公自叙有：「唐堯遜位，虞舜不台」，「惠之早殞諸呂(呂産呂祿)不台」，都是作為「不怡」的怡字來用的。這是一方面，另外，台女為始，以(㠯)女為姒，在金文裏㠯、台既然都是「以」字，可知姒，始原是同字而異筆，源於夏禹居「台（桑）」，以姒姓，所以生女就稱始（姒），當是夏啓後世對於夏禹女系的尊稱，因而「台桑」也當是夏禹婚後，封土統稱為「禹」而居住点从姒姓而稱「台」，台為居住点，在夏禹没有來合婚以前，地稱當不「从厶」作台，而為另一怡聲字。這又是一方面。

還有第三点，「台」既然是地名，後世當加邑旁，作為郃，金文鄭字作奠，鄫字作曾都是常例。

《說文》解「郃」：「炎帝之後，姜姓所封，周棄外家國，从邑台聲」，段注：「土來切一部」，殷周古韵，台、來、力、息、以、史、寺同部。

今音讀臺，自然是後世的語系變化了。漢許解「郃」，又指為「右扶風斄縣是也」，段注：「郃，姜原之國也。堯見天，因郃而生后稷，故國后稷于郃」，又說：「國后稷于郃時，蓋國姜姓于他處矣」。這種解釋對不對呢？我們再看司馬的《周本紀》：

『周后稷名棄，其母有郃氏女曰姜原，姜原為帝嚳元妃，「生子棄之」，因名曰棄……及為成人，遂好耕農……帝堯聞之，舉棄為農師』。

兩說相差很大，這且先不說它，只說這個「姜原」是不是有「台」氏女呢？依据以前我們對於「台」的解釋，是夏禹婚于台(怡)以後的地稱。夏禹與后稷，不但為《論語》之類記載所並稱（「禹稷躬稼而有天下」），而且也在《虞書》上同時受舜封，顯然是同時期的人物，因而后稷棄所封的這個「有邰」，自然也就是夏禹所合婚的「友（九）台（怡）」，在當時氏族社會講究族姓的傳統風氣還占統治地位的階段，自然不會同時有兩個「台（怡）」氏。這是一，第二，夏禹是來「台（桑）」與九氏合婚，與當時的母系制的遺風相符，那么所謂舜封后稷于「台（邰）」，也就絕對不會是原來神農炎帝姜姓的氏族就搬走了，而恰恰相反，應是后稷和夏禹一樣，是從世世代代與軒轅黃帝系男女互為婚姻的帝嚳（「元妃姜原」一系氏族所聚居的封邑）所居的地方，到「台」這裏來與「有台」合婚而受封土的。因為氏族社會的舊傳統的主要点，在婚姻方式上，是男婚於女方，因而必然是和父親所婚的那一氏系，即母親所屬的氏族家庭分開，留下自己的姊妹為承嗣氏系人，而作為兄弟的就必須到和母親原屬一個姜姓的部族，但却與封在別處為母親的弟兄所婚的那個氏系去為婚。絕不會母親在「台」生了后稷，這個后稷以後又留在「台」，原封不動和母系的姊妹們為婚。如果以上的分析不誤，那么司馬所稱的「有邰（怡）氏」，原為「有台」是志音字，後世口傳、錄筆有僞誤，根源在於《詩》之「有邰家室」。邰字就誤解了，這是一方面；另外，這個「有邰」，既然是與夏禹所婚的氏族是同一氏系，那么這個「有邰」也就絕對不是殷周以後，封邑在陝西「右扶風」的那個斄縣，或如段注：「今陝西乾州武功縣」的「郃亭」了。因為從帝堯時期到殷代末年總在一千二三百年以上，經過三個世代，當年后稷所婚的「有台」，不是千年不動的。后稷棄所婚的有台，絕不是後世子嗣之族所遷徙的處於陝西境内的「郃亭」。《史记》(《周本紀》)說的很明確：「后稷卒，子不窋立，不窋末年夏后氏政衰，去稷不務。不窋以失其官而奔戎狄之間」，這不是分明在后稷的第二代就離開夏世王朝所在的地區而西去「戎狄間」了麼？

B、「台」在𨛫(塗山)

那么夏禹和后稷棄所婚的「台」方，在什么地方呢？晋皇甫謐說的很清楚，夏禹是婚於「塗山之女」，「台桑」應是屬於塗山范圍內的封地。那麼涂山在那里呢？

近代注釋家吳闓生注《尚書》：「禹曰：余娶塗山」，說：「塗山，一曰九江當塗也」，當是根据《說文》解「嵞」來的。漢許稱：「會稽山也。一曰九江當塗也。民俗以辛、壬、癸、甲之日嫁娶」，因而近代史者往往根据漢代的說法，以為夏禹屬南方氏族部落的酋長，實在是兩千年來的大誤。因為有春秋金文「叔夷鐘」的禹字作□，余（金文作□或作□）為夏禹封邑所奉的族標，自然這個「余」也就是夏禹所婚的女方的封疆的總名了。依据金文作余，變隸作郐的常例看，《說文》的解釋，是：「从邑，余聲。魯有郐城，讀若塗」，段注：「周禮，雍氏注：伯禽以王師征徐戎，劉本徐作郐」，据此可知古之「郐」或作徐或作塗。因而當塗在漢代就以辛、壬、癸、甲四天為嫁娶日，或是源於夏禹後世子孫帶去的紀念自己先祖的遺風；或許是後世的氏族部落附會《禹貢》的說法，雖然已無從確考，但三代以前的「友（九）台」，既不是陝西的部亭，也不是九江的當塗，据此就可以肯定了。

C、夏禹婚於今山東的禹城（台）

《史記》（「田敬仲完世家」）載：「吾吏有黔夫者，使守徐州，則燕人祭北門，趙人祭西門，從而從者七千餘家」。（見威王三十四年）從地理位置上來看，這個北臨燕西近趙的古（戰國）徐州，當在今平山、平原、禹城一帶，當是三代以前古「郐」地區了。

《讀史方輿紀要》禹城縣下注：「春秋時祝國。祝黃帝后也」，又：「天寶初改曰：禹城縣，以縣西有禹息城」（見卷三十一）。殷周古韵，息、以、台同部，根据古字同聲相假的公例可知禹息城就是三代前的禹台（怡）城。這是古鄃在齊地的第一論据。

第二論据見於《春秋左傳》：「伯明后棄之，夷羿收之」，羿死，「靡奔有鬲氏」，晋杜預注：「有鬲國名。今平原鬲縣」（見襄公四年）。夏相土失國，就靠了夷羿的臣屬靡投靠有鬲才收复失土，又立了相土的子嗣少康，可以從這裏看出夷羿之族的「有鬲」國，與夏禹的子孫之間，當是世代互為婚姻的親族。夷為族稱，夷、台（怡）同聲，地區又同屬於古「鄃」地區，根據以上世為婚姻之親族，夷、台同聲，地區又相同，那么夏禹所婚的「台桑」，當是在夏禹未来「娭」以前就稱夷桑，為帝堯射師有羿氏的封土了。《詩·鄭風》（「風雨」）有「云胡不夷」，傳注：「夷」作「悦」解，足證夷、怡古字通用，而怡的古體為台，前已在所引的太史公自叙中說過了。因而夷、怡（台）兩字《詩》通用就可以作為夷羿的母族為「台桑」的女性；夷羿為夏禹的女系所出，也就可以附帶肯定下來了。夷羿為夏禹的外孫，夏相土的姑父（也是伯舅）。根据母系制的舊風習，男的離開自己姊妹所在的家族而外婚，夏启的對象自然也必定是：九氏弟兄們婚於夏禹的姊妹們所生的女兒們；而留在「台桑」的夏禹的女兒們（也就是夏启的姊妹們），必然又和来婚的有羿氏的弟兄（有窮氏）在「台桑」合婚，生子，就由於尊王室，冠母族氏稱以為貴，稱夷（台）羿了。

D、夏禹、后稷與帝堯是兩級母親所生的「弟兄」

現在再說段注《說文》所謂「堯見天因邰而生后稷」的問題，以唐虞前期，家庭組織還處於兄弟同室的「諸父諸母」（有舜與象和娥皇、女英的傳說，就是這一類型的家庭组织形式的反映）階段，如果唐堯確因為見「王」（三代以前稱王為「天君」）而婚於「有（友）邰（台）」氏，那么說明是封王命而婚，正是和帝嚳所謂「元妃」之子后稷棄，以及夏禹所婚的同是一個女系，即神農炎帝姜姓的女系，從古氏族社會兩個帝系的男女世代互為婚姻的關系來說，是相符的。另外，《五帝本紀》所載：「于是堯乃以二女妻舜以觀其內，使九男與處，以觀其外」，這個九男舊以帝堯九個兒子作解，實為又一大誤。現在根据春秋金文禹字的结構，九為女方標族的氏稱，那么「九男」正是堯子冠母氏為姓，稱九，而「男」是依母系制的傳统以女與婚為承嗣氏族的「子」，而作為男孩的「子」就直接以「男」稱了。九男，也就是九氏的男孩，和夏禹、后稷所婚的「台」氏稱「九」稱「有（九的志音字）」也正相符，因而依据古依母系制氏族社會的舊傳统，男孩到了婚令必須和自己的姊妹分開，離別父母的那族，到姊妹丈夫的那個氏族里去過婚姻生活的規律來說，顯然唐堯和后稷棄是弟兄，同是帝嚳一方的男孩，而绝不會是父子同婚於一個女系，段注為偽，司馬之史為真，是可以据此作斷了。但為甚麼舊史籍上會産生這一差誤呢？

毛主席說：「要完全地反映整個的事物，反映事物的本質，反映事物内部的規律性，就必須經過思考作用，將丰富的感覺材料加以去粗取精，去偽存真，由此及彼、由表及里的改造制作工夫，造成概念和理論系统，就必須從感性認識躍進到理性認識」(《實踐论》——四卷本二八〇頁)。

依据這一指針，我們且看這一歷史事物的(氏族社會的風習)内部規律是甚麼。《漢書》「古今人表」載「炎帝，神農氏」稱：「少典，炎帝妃，生黃帝」，段注《説文》「姜」字下，引《晋语(國语)》：「司空季子云：「昔少典娶于有蟜氏，生黃帝、炎帝。」依据班固父子的說法，軒轅黃帝是炎帝神農的兒子，而少典是母親。依据《國語》所记晋語的記載，少典為父而黃帝和炎帝為他的兩個兒子，是兩弟兄。這種又稱兄弟又稱父子的特殊的關係，如果孤立地、靜止地、片面地去看，確實很难理解，這和漢「史」以為帝堯后稷同是帝嚳妃所生的異母兄弟，而清儒却斷為帝堯與后稷為父子，又是相類的。再看司馬的《五帝本紀》却是：「黃帝者，少典之子姓公孫」。三國譙周注：「有熊國君，少典子也」，根据這一注釋，軒轅黃帝又是少典之子，「姓公孫」了。却不知司馬史筆記的很清楚，是少典的「子姓公孫」，舊注者是讀錯了句，因為是少典之子所生，所以是「子姓」是公孫，不用說在這裏透露出来「子」為女的母系制氏族社會的親稱特徵来了，「少典」也當是依母系而来的記載。炎帝神农父族或出於少典氏，而軒轅黄帝出於少典氏之「子」（女系），只有這样的族属关係才能依据古金文的反映，存在又是「父子」，又是「兄弟」的複杂关係。

因為古「普奴鲁亚」式婚姻是属於两级制的，即随姑作媵妾之女，生男而為「子姓」之制。因而姊妹夫，《史》称「叔弟」，姊妹婚於外，有「姪娣」随之為「媵妾」，自然是作為互称以「叔」的妻昆弟方面，又是对方的「父」了。依母系遺風，妻父為「父」。

因之形成了一種又是「弟兄」又是「父子」的奇特的親属關係。恩格斯在以澳大利亚的芒特——

甘比尔地區的黑人克洛基和庫米德兩個氏族為例来説：「對克洛基的任何男子說来，庫米德的每個女子都是他的當然的妻子；但是他自己的女兒，既是庫米德的女性所生，根据母權制也是庫米德，所以她生来就是每個克洛基男人的妻子，從而也是自己父親的妻子」（見《馬恩選集》第四卷三九頁《家庭私有制和國家的起源》）。這是很原始的关於氏族制的傳聞記載了。而在我们中國神农炎帝為羊姓，軒轅黃帝為熊族，且开始有了青銅文字的命氏誌族記載，因而已是迈入奴隶社会初期，自然不同了，但却又有類似的親稱。以美洲依洛魁人為例：「五個部落中有三個稱為父親部落，互為兄弟部落」（同上九○頁）。可以據此知道這種又是「父子」又是「兄弟」的名稱，也是帶有血緣婚姻的烙印的，這應是上古時代氏族社會階段所共有的一種規律，因而直到帝嚳時期，帝堯為帝嚳母（姑）一級妻屬所生，依母系為舅，后稷為帝嚳子（姪）一級妻屬所生，依母系來說為甥；或襲舊稱，母親的弟兄或都稱「父」，如今之稱父系弟兄為「大爹」「二爹」，因而出現了親稱上的混淆。

綜合以上所論，夏禹與后稷當然都是帝嚳子一級妾屬所生，依父系來說，和帝堯是弟兄；姜原為帝嚳元妃之說，當是周世史者的篡改，而依母系來說，帝堯母為姑，夏禹后稷之母為姪（這種姪從姑作媵妾的婚姻制度一直保持到春秋以及秦漢以後，并且為《公羊》所明文肯定的），夏禹與后稷依母系說，當然又為帝堯的子姪一級的外甥了。

夏禹姒姓，就是「子姓」的變筆，自然這個「子姓」如稱己氏一樣，和殷商以子為國（族）姓不同，它是母為子一級的妻屬的標志，這又是以上所論的印證了。

舊史稱：「禹之父曰鯀」（《夏本紀》）。《世紀》載：「顓頊生鯀，堯封為崇伯」。為夏禹興帝堯輩次相等又是同屬弟兄行的旁證。根据古金文的記載来看，伯為舅，是母親的「諸兄諸弟」，當三代以前氏族社會的母系制傳統遠在風習中占優勢的時期，伯舅自然又是父親的姊妹的丈夫的親稱了。因而帝堯為鯀的同一父系的姊妹之子，依「姊妹之子就必是自己的子婿」之常例来說，帝堯稱鯀為伯舅，與夏禹稱鯀為父又是一個銅板的兩面，很清楚的說明，古史夏禹為鯀之子的親稱，是當時依母系制的傳統來說的，子為子婿，而春秋後世依父系制的角度去讀《夏書》，自然就誤以夏禹為鯀的直系子嗣了。這同樣是兩千多年來的古史上的一大偽誤。是不是這樣呢？我們再看夏禹的姒姓之外的氏稱。因為依据恩格斯的說法：「氏族個別成員的名字，也就表明了他屬於哪一個氏族」，從封邑稱「余」上来的族稱，屬於伯族（伯舅系），也正是妻族的氏系。我們在這裏所說的，是夏禹從母系族稱上來的氏稱。

7、夏禹受命有「白狐九尾之瑞」是為貔（亻）氏的論證

古有狐氏系，直到春秋仍然是保持着自己的系譜，如：「（周）

襄公勞（晉）文公而賜之温。狐氏、陽氏先處之」（見成公十一年），又：「大戎狐姬，生重耳」，晉杜預注：「大戎，唐叔子孫别在戎狄者」。晉文公（重耳）的舅氏，就是有名的狐偃了。狐突之子毛及偃，从重耳在秦」（見僖公二十三年），如果依据氏稱可以「上溯几百年甚至几千年」，找到所系的氏族系譜的定例來看，狐為族稱，偃為氏稱，而這個氏稱自然也表明所屬的氏族了。按傒、奚、倕、垂、仇、九原為一字之例，偃自然也就是匽，狐氏原是屬於古幽燕地區的古「匽」氏系了。古標氏金文有「吴爵」（舊稱「於爵」——見《攈録》卷一之一——九頁），一字標氏作[illegible]，狐首，弧（[illegible]的變筆）為体，即[illegible]（吴）字的始体，又有「癸九户（有扈）鼎」（舊名「亞鼎」——同上二十二頁），一字標氏金文作，當是九氏有女以狐的同聲音標的「户」為氏稱（「九户」之族，母系出於夏禹，启稱「有扈」）的氏徽，狐（吳）族為九氏系的族稱，應是比較明確的了。在古命氏金文图録中，還有「狐鼎」（舊名「周犧鼎」——見《西清古鑑》卷四——二頁），三字圖銘是：

（注：狐尾剔除不清，有失筆，今以意添補完整，至於文字，或為父辛，也有缺筆，仍依舊録，以見一般。）

「父辛」為帝嚳的簽署（論在《金文新考——貨幣集》），是頒賜給男女子嗣的命氏彝器，《史记·楚世家》稱：「帝嚳乃以庚寅日誅重黎，而以其弟吳回為重黎后，复居火正，為祝融」，就是這個吳氏，為狐系的始祖，是帝嚳的子婿，因而狐氏有女又與帝嚳的子嗣為婚，女的氏稱為「九」，而屬狐族，夏禹來婚以「白狐」為命名的徵物，一方面是說與狐族原非同種，一方面依母系制的傳統，女婿是承嗣氏族的子嗣，所以以白狐為命名的徵物，是標明夏禹婚後也就屬於狐氏族的成員之一了。狐既然是來自所婚的女方的族標，那么除了姒姓之外，夏禹必然還有屬於自己父系族標的氏稱。

《帝王世紀》載："夏禹生「右足履己字，故名文命，字高密」。名與字的說法，是東周以後的事了，三代以前，只有母族的姓氏，父族的族稱，以及個人的氏稱，氏稱又有一命再命三命的分別，春秋金文禹字是合婚的再命，姒是姓，初命當有屬於父系的聲標。根据金文兩大帝系的族姓聲律來說，「文命」兩音都不屬於三代以前兩個帝系的族稱聲標。因而文命為古之史者讀误而產生的名稱，也就顯然了。從字形所類上推求，當是「[illegible][illegible]」，夏音當讀「余([illegible])夷(奉弘為首的人)」，而虞音應稱作「弘(昊)人」，仍然是屬於婚後的從再命上來的變稱。因而「高密」必是初命的繫于父族系譜上的氏稱了。「高密」一詞，當是後世的飾筆，從聲類上推求，應是皐貔。《左傳》：「蒙皐比以先犯之」，杜預注：「皐比，虎皮」(見庄公十年)，足证，夏禹的初命氏稱，原為「虎皮」，即虎族中的皮(貔)氏，以後作貔，又是與動物名稱相通了。春秋金文禹字作[illegible]，乚為主。《說文》鮮匕，字作ㄅ，就是夏禹屬父系的氏稱為「比」的鐵證。漢許鮮匕為：「相與比敘也」，段注：以妣或作处，秕或作秜為例說：「則比亦可作匕」，今稱犪子為「匕」首，就是從匕聲，這是第一個論證。另外，《周書》「牧誓有如虎如貔」，舊注貔為猛獸。《說文》鮮「貔」為「豹屬」，就是根据《尚書》注來的鮮釋，自然不是與歷史實際相符的鮮釋。段注：「《尚書》某氏傳曰：貔，……執夷，虎屬也。釋獸曰白狐」。又据《草木疏》稱：「似虎，或曰似熊，遼東人謂之白熊……」（見舊《辭源》所引），又《詩·大雅》「韓奕」一章，傳注：「貔猛獸也」，《釋文》：「貔，白狐也，一名執夷」，執夷當為「子夷」，是源於夏禹以「姒夷」稱的原故，實際就是白狐，就是羆，確為猛獸，由於是夏禹的氏稱，所以比，匕，貔，羆，密都由於後世族繁变成相通的族稱了。可知古稱熊，虞音為「庸」，夏音為羆，實際是一物兩稱，正是反映了兩個语言不同的氏族所结成的奴隶主联盟。夏禹祖族屬轩辕黄帝有熊氏系，與炎帝神農姜姓的狐族系相互為婚的事實，也就清楚如畫了。而殷末周初的畢公高，從氏族聲標上来推求，為夏禹的後裔，也就可以循此解决了。《説文》古文羆字作[illegible]，段注：「古文從皮，」又可以從此推知，晋皇甫所記的「白狐九尾之瑞」，本来就是經過人工制作的白狐有九尾的一件「皮」料，在狐族的命氏典禮上，這個作為氏標的禮物，已經是標誌出「皮」的氏稱聲標了。顯示出狐族的命氏的隆重，文化的水平，以及傑出的智慧。

8、小结

在「夏禹」這一章里，我們已經遵循馬克思主義、列寧主義、毛澤東思想的辯證唯物論的認識論和歷史观，「去粗取精，去偽存真」的肯定了中國古代典籍上的確為實録的记載；肯定了夏代始祖夏禹確為歷史上的見於金文记載的有名的人物，而且根据春秋金文的禹，是「余九土」三字所成，而初步考證出來夏禹的姒姓之说，不但是從母的氏稱為「苡」而来的，而且還由於「以」字古有両音，認識到姒姓還是「子姓」的变筆，即夏禹的母氏苡，原為「子（姪）一級的母親」。「九土」原來是夏禹所婚的女方狐（吳）

族的封疆，所以夏禹的禹字在春秋金文裏是奉余(十)以爲首，余，郐爲一字，這是夏禹婚於郐(舊作涂爲僞)而封邑稱「禹」的物質基礎，是封邑的總稱。具体的合婚地点「台桑」就是周的始祖后稷婚於「有(九)邰(台)」的古夷方。地点在今天的山東省禹城地区，這是屬於帝顓頊以及其诸子、諸孫的封區以內，周武王分封「黄帝之后於祝」，載於《周本紀》(《左傳》：「祝佗父祭于高唐」——見襄公二十五年。以及齊景公因爲舜的後裔胡(吳)公滿的子孫陳無宇請高唐，「陳氏始大」——見昭公十年，都是例証)，春秋前郐地的「祝」併於齊的版图，史稱徐州。

我們不但解决了夏禹所婚的「台桑」的地理位置問題，而且進而發現了九氏系的女性，實際上也是帝堯未嗣位以前的婚「友」，即普奴魯亚」，以及九氏女性或以「台」（夷）稱，原来都是屬炎帝神農姜姓的族系，是有名的堯時「射師」有羿氏的姊妹（子一級母親所生的姊妹），因而初步肯定了夏禹帝堯與后稷，同屬和炎帝神農系男女子孫互為婚姻的軒轅黃帝族系，是帝嚳的妻屬（姑與姪兩級）所生，依父系制說，三人是兩級弟兄。關於夏禹的南方氏族首領的傳說，不用說也是后世的偽误之說了。因為夏禹屬於黃帝有熊氏的族系，不但根据所婚的女方屬神農炎帝族，而且還根据夏禹的屬於父系的氏稱，為鯀氏，與作為羡匙的古稱匕，及皮（比）、羆、毕、密都是相通的聲標，確實可以上溯幾百年，甚至一二千年，找到了族系的祖源。（依据氏族社會可以為比的風習：「氏族個别成員的名字，也就表明了他屬于哪一個氏族」的規例，我們也就可以知道「毕高」就是夏禹《世紀》稱「高密」的倒稱，夏禹是以皋為族稱，氏稱為密（鯀）；而毕公高却是以毕（鯀）為族稱，以高為氏稱。）

馬克思説過：「雖然希腊人由神話中得出了他們的氏族，但是這種氏族比他們自己所造成的神话及其諸神與半神要古老些」。那些「作出了而且还在継續作着一種結论：即幻想的系谱創造了現實的氏族」的形而上學的「否定论」的观点，不管是中國的史學者還是希腊的史學者，自然都是错误的。（以上

括弧内所引見《家庭、私有制、國家的起源》——《馬恩選集》第四卷九七頁與九九頁）

第二章 《堯典》新証

——兼論英國漢學家李約瑟博士所提出的有關《堯典》記載的兩大問題

關於「夏禹」的問題，既在前一章得到初步的——確為歷史上一個有名的屬於帝嚳系「妃妾」所生的子嗣的結論；那麽現在再說，五十多年前為中國舊歷史學界所遺棄下來的第二個問題，這就是《堯典》上所記載的「金作贖刑」。如果《堯典》的這個記載是確為歷史的實録，那么當時的經濟學家根据《管子》在兩千年前的「塩鉄」會議上所提出来的「禹以历山之金，鑄幣以贖民」，以及司馬遷《史记》中的「虞夏之際，金分三等」就都不須要另找論据了。問題的關鍵在於《堯典》的真偽，這也是半個世紀以前就為舊史學界爭論過，但却並没觧决的問題。

毛主席在《矛盾论》中曾引用過列寧的一段話：「列寧說：要真正地認識對象，就必須把握和研究它的一切方面、一切联系和媒介。我們决不會完全作到這一点，可是要求全面性，將使我們防止錯误，防止僵化」。（見《毛澤東選集》四卷合訂本三〇一頁）

那么，先讓我們「全面性」地来研究《堯典》的真偽問題吧！

人、《堯典》所載「蠻夷猾夏」之外的偽筆

「蠻夷猾夏」不是帝堯虞舜時期的語汇，而是殷周後世的概念，是很顯然的。梁啟超指出這個破綻之後，已為舊歷史學界所公認為偽的論据了。實際上，《堯典》的偽筆史料所占的幅度，是很大的，而且還是經過先後一再的各有所图的偽造、整理和加工。關於為篡奪封建諸侯的政權，為進行奴隶主复辟樹立「禅讓」榜樣的政治目的而偽造，以後在《金文新考》「人物集」舜一章裡會論及，我們在這裡只要簡畧地擧幾個例子就可以看出，它不是經過一道手的篡改，而是經過一再的加工和整理的。

例如：「以親九族」就是一個明顯的論据。

「九族」之親的概念，和三代前的唐堯初期（舜為帝堯的共工推行新政以前——關於這一点，詳論也在《金文新考》「人物集」

舜一章)的那種「普奴魯亚」式色彩很浓的家庭组織形式(即諸父諸母,大父為尊的家庭形式),完全不相干的。唐堯的帝位由虞舜以「子婿」的身份來承嗣,説明帝位承嗣問題上,還保留着從母系制一直承襲下來的氏族世襲首領以傳姊妹之子為主的(也就是傳婿)傳统,這是唐堯初期的家庭组織和以後「兄弟相仇(傳)」而為敵,兄弟不能再做共同妻子的共同丈夫(為完)的变化,是有天壤之别(本質不同)的。另外,舜與象既是兄弟又是共同妻子娥皇和女英的共同丈夫的傳説,(注:根据《孟子》萬章篇的记載,在説到象以為舜已死在井下,在和父母分舜的家産時,説:「牛羊给父母,倉廪给父母,干戈是我的,琴是我的,弓箭是我的。二嫂留给我鋪床叠被（「治朕棲」），說完，就到舜宮裏去了，却看見舜坐在床上彈琴……樣子很尴尬（「忸怩」）。司馬遷《五帝本纪》稱：「象喜，以舜已死。象曰：舜妻堯二女與琴，象取之；牛、羊、倉、廩予父母。象乃止舜宮居，鼓其琴，舜往見之，象乃不懌曰：我思舜，正郁陶（煩悶）。」兩種记載一對比，就可以看出，兩人雖然先後處的歷史時代不同，但所見的傳聞记載的古史資料是出於一個来源却很明顯；所不同的是，《孟子》為了维护儒家在意識形態領域里所樹立的榜樣人物的「純潔性」，改為舜已在自己宮内彈琴，根本就沒有讓象有機會和「二嫂」单獨相處；但司馬是保持史筆的真實，所以不但保持着原来象已經在舜宮「居」的「居」字，而且還在快樂地彈琴・實際上都是從虞夏以後的弟兄各自為家的一夫一妻制 来看帝堯初期的「普奴魯亞」式的家庭制的。這是第二個例證。實際上，從唐堯一直到春秋時期，人們不但沒有「九族」的观念，就是連「五族」的親稱也沒有。司馬遷《秦本紀》載：秦文公「二十年。法，初有三族之罪」，這是公元前七四六年，已是春秋初期了，秦法才開始明文規定有「三族」的刑法，這是一個例證，直到戰國時期的著作《尸子》，仍然以「三族」為稱，如：「入于囹圄，鮮于患难者，則三族德之」（見《貴言篇》）。所謂「三族」，簡明的来說，就是「伯、子、男」，仍然是屬於母系制的遺風。「伯」是伯舅一族（也就是到自己父親的姊妹所在地的那個氏族部落裏去為婚的，原為母親的弟兄們），

「子」是女兒和女婿一族(依母系制的古老傳統来說,是「家」系的正式承嗣者),而「男」不用說,最初是和「女兒」相對的親稱,就是女兒的弟兄,父親的兒子了。自然,也就是以後婚於女兒丈夫的姊妹那一方去的人了。因而「男」本為「内弟」,婚後又变成「子婿」一方的姐妹夫而稱「叔」了。如果是姊妹的子女就呼之為「甥」也就是「伯」了。顯然這是三代以前的親稱变化,但直到春秋,仍然是世代相承而未变(詳論見筆者《春秋批注》論伯、子、男一篇)。因而「九族」是秦漢以後,屬於封建宗法制度的反映。在《堯典》上是僞筆的鉄证之一,就很明確了。

又如:「寇賊姦宄」,這同樣是晚於春秋的语汇。近代訓诂學者楊樹達有《「書」：微子草竊姦軌(宄)解》(見《積微居小學金石論叢》)，讀「草」為「抄」，也是循《春秋左傳》(成公十七年)「寇攘姦宄」一詞而來的概念。實質上，這是和殷末周初，微子所說的「草竊奸宄」一語，有本質區別的。微子說法，「草竊」是「野合」的變筆，所謂「外為奸，內為宄」，都是指男女之間屬於夫婦之外的不法行為。微子所說的整句話是：「殷罔不大小，好草竊奸宄」，就是說：殷國無論老少，都喜歡「草竊奸宄」，「好」是副詞，分明是指斥殷末的一種墮落的風習，在這裏，「寇賊奸宄」，正是春秋以後「寇攘奸宄」的翻版，又很清楚是後於春秋的偽筆了。

第三例證，是前有「申命和叔宅朔方曰幽都」；後有舜「流共工于幽洲」，编者既不知道幽都和幽洲原是一個封區，根据前為「封」後為「流」的记載，於是同屬一個幽聲字（唐堯初期以前無幽字，详论見《金文新考》地理集《幽都、幽洲考》），就在整理中前一幽聲字，依夏代的概念改為幽，又各添了都、洲作為區別，更不知道和叔戍「幽」所以稱「封」，是由於已經到了稱「叔」的年齡，是合婚以後所受命的封土；而「共工」左遷「幽」，也正是因為是「共工」，再明確地说，共工是官稱，遷幽就等於「外放」了，因而稱「流」，倒並不是幽洲比幽都偏僻，更遥遠之類。另外，手持「偽筆」進行加工的人，自然更不知道「流幽洲」的這個共工，就是和叔的同室弟兄，即《楚世家》所說的「吳回」，古吳，和兩字同聲同義，實際在古金文上原是一個字，和字作□（見「和伯辛卣」，舊名「祖伯辛卣」——《歷代鐘鼎彝器款識》卷三第四三頁），又作□（見「史孔盉」——《愙齋積古錄》十四）舊釋吳就是佐証。實質上古和、吳兩字都是以武備保衛聚落的形象，和殷周金文□是同樣為古「护」的概念。讀如「户」、「貨」，這是有殷周古韵，和、咼、化（貨）同在十七部，可以為比的：漢高誘注：「咼字古音讀和，前已引證。今禍字讀如貨，也是從咼得音。吳金為鋘，即今天我們試稱的鏵（鋘从金，吳聲，古鏵字。考《立安阿毗曇論》卷二百音義引古文奇字：「鋘下瓜反犁及也」

——見《億年堂金石记》之「左关鍨」)。都是例證。至於吳族為古狐氏及弧氏弟兄,《金文新考》「兵銘集·「癸鑄矛」兵銘考」一章有詳論,在這裏就不作繁瑣的考證了。自然和(吳)氏弟兄,都是帝堯的婚姻之親,幽本字為九,也不必說了。至於共工一職,是掌握百工的首腦,軒轅黃帝時期為鬼臾区,又稱大鴻(見《封禅書》),即淮南書所載:「昔者,共工與顓頊爭為帝,怒而触不周之山,天柱折,地維絶,天傾西北……」(《原道篇》)的共工(詳論見《金文新考》「神话集·「神话是歷史的物質生活的反映」」),「古音鴻讀工聲(聞一多在《古典新義》中有論在前),帝顓頊奪位以後,改制稱「祝融」,帝嚳継位稱「重犂」,夏殷右世或稱「火正」。古代史者不以氏稱而以官稱，書作共工氏，或祝融氏，重犂氏，都是尊稱。

總之，從以上的分析中，可以看出來，《堯典》是來自兩部分的古代記載，而且前後為兩個時期的記錄，却為後代的史家所誤錄到一起了，如果不是殷代的奴隶主王室的史官，有意合併並進行過一次初步整理的話。

2、《堯典》是經過儒家偽筆加工過的古史

《堯典》經過偽筆加工過的部分很多，主要的，從帝堯在位「七十載」，「和世代互為婚姻的帝顓頊諸孫之一的舜還沒見過面，就充分說明，偽筆的目的，就是為了强調帝堯的「禅讓」所表現出来的「擇人以德不以親」的精神。這先不說，姑且只依据晋皇甫的《帝王世紀》所說，帝堯「自二十年登位」来算，有女下嫁虞舜的時候，帝堯已經是九十歲的老人了，就是六十歲以前生的「老閨女」也應是三十開外的年歲了。這在古代講究氏族的繁盛，一般都是「十五而笄」（据《國语·鄭语》「既笄而孕」的注语）的風習傳統来說，是絶對不可能的，這又是偽筆所没能加以考慮的問題——而它完全是只顧了美化帝堯，以便為奴隶制社會复辟、為篡奪封建諸侯政权政治意图服務的，不是清楚如画么！關於這個問題，《金文新考》「兵銘集」中還會論及。現在我們僅僅舉出另外兩個例子，說明《堯典》確實有一部分，是經過儒家的手筆所偽編就可以了。

開始，《堯典》就開宗明義地說：「帝堯曰放勳。欽明文思安安，允恭克讓……以親九族。九族既睦，平章百姓，百姓昭明，協和萬邦」，這不明明白白的是春秋儒家「溫、良、恭、儉、讓」（見《論語》）的翻版，「齊家，治國，平天下」的变筆么！如果不從時代的观点来看，儒家所提倡的這種「允恭克讓，以睦九族」的精神，彷彿也沒有什么可以指責的。

但毛主席曾經這样說：「在現在世界上，一切文化或文學艺術都是屬於一定的階級，屬於一定的政治路线的」，遵循這一教導，我們和儒家的綱領性的說法：「礼不下庶人，刑不上大夫」

联系起来看，就可以知道，這種「允恭克讓，以睦九族」是指奴隶主内部来説的。為封建统治階级所欢迎所利用的。

再如：「岳曰：瞽子，父頑，母嚚，象傲。（虞舜）克偕以孝」。不但在這裏又可以看到背後有《孟子》所宣揚的舜受瞽叟和象陰謀陷害的「兰本」，同時又可以看出這是儒筆，要虞舜作儒家思想精华之一的「孝悌之道」的化身（這是和金文记載的虞舜完全不同的一個人物），籍以進行為封建统治階級利益服務的説教，也是很明顯的。

根据以上的論证，《尧典》原属前後兩部分歷史資料，最初是由三代之間的史者編到一起，战國時期又經過為奴隶主復释服務的儒家手筆所編寫，最後又經秦漢的儒家再次的加工，就可以初步肯定下来了。

3、《尧典》關於天象的记載是歷史的實錄

如果，我們根据以上的论证，說《尧典》是一部纯屬偽託的冒牌貨色，那就會犯片面观点的错誤；如果日本天文學者——如梁啟超在《中國歷史研究法》（一四[illegible]頁）[illegible]引證——已經确認《尧典》為公元前兩千四百年前後的天文實際记錄，我們仍然拒不承認，那就是等於說，不承認科學的論据了，但如果像五十多年前顧頡剛先生所說：「日中星鳥」，「日永星火」話說的太簡单，不能斷為纪元前二千四百年時確是如此。——這須要請教天文學家』(見《古史辨》第一冊下二○五頁)，那不如說，因為古代文字记录太简單，須要請教天文學家以後再來肯定紀元前兩千四百年的天象是不是果真如此，就比較客观了。而在没有請教天文學者以前，就認為「不能斷定紀元前二千四百年時確實如此」，就未免有些主观、武斷了。雖然這是五十多年前的舊話，因為不但在我們中國舊史學界，就是在國外與中國古史有關的學術研究者之間，還有它的不同程度的直接的、間接的影响，所以就有必要先從梁啟超所引用過的兩句「原文」和《堯典》的记載作一對比的研究了。

梁啟超的原文是：『「仲春日中星鳥，仲夏日中星火」等，据日本天文學者所研究，西紀前兩千四百年時確實如此。而《堯典》所載，為：「日中星鳥，以殷仲春」，「日永星火，以正仲夏」，「宵中星虛，以殷仲秋」，「日短星昴，以正仲冬」。顯然，前一說是：「仲春日中星昴，後一種記載是：「日短星昴，以正仲冬」，兩者的文字是有很大差别的。顧頡剛先生原来以為須要請教天文學者的態度，確也有它認真的嚴肅的一面的。關於這個問題，英國的漢學家李約瑟（Joseph Needham）解釋得最清楚不過了。他說：「冬至日午後六時上中天的宿（即《堯典》所稱「日短星昴」），就是下一個春分日正午太陽所在的宿（昴），年年如此，循環不已」（見《中國的科學技術史》第四卷第一分册第五題：《中國天文學的天極和赤道特徵》第二節「二十八宿体系的發展」——原書為《Science & Civilization in china》, volume Ⅲ, pp. 171—497, "the sciences of the heavens"）原来日本天文學者所說的「仲春日中星昴」是說，白天正午太陽所在的位置是昴宿，而這個昴宿在白天是見不到的；但由於在頭一年的冬至那天，也就是「日短星昴」，白天最短，夜間最長的那一天，在中天的星，黃昏六時是「昴」，就推算出来，第二年的「春分」日，太陽中午所處的位置就必定是昴位；而「日中星鳥，以殷仲春」就是說，白天（夜晚）長短是適中的時候，黃昏六時在中天的星是鳥宿，以它為準星來推算黃道和赤道的交接点，也就是太陽在中午正射赤道時候所居的宿(昴)位，定為「春分」的節氣，實質上，「日中星鳥」和「日中星昴」，前一中是「白天長度適中」的「中」，後一中作「中午」的「中」來解釋，一是中國的《堯典》记載；一是日本天文學者的用語，實際上都是一樣的，換句說法：「仲春日中星昴」又和「日短星昴，以殷仲冬」是在時序上先後相符的。

另外，不僅是日本天文學者如新城新藏肯定《堯典》的天象記載，為公元前兩千四百年前後的實錄，就是歐洲的著名天文學家如十八世紀法國的比約(J. B. Biot)以及十九世紀初叶的海員出身的著名天文學家德莎素(de Saussure)都是這樣肯定《堯典》的天象記載的。李约瑟博士並在他的那部有关中國天文學的著作中，引用過德莎素在四十多年前早期作品的一段描述，可以說是很有代表性的。

德莎素說：「在隐藏着中國的神秘古代的黑暗中，《堯典》在我們面前揭開了這樣一個場景。皇宮的一個庭院清晰的出現了，這裏便是司天之台。閃烁不定的火炬的亮光顯示出正在進行的事情；從那投射在漏壺刻度上的光线，我們可以看到天文學家們正在選擇四顆恆星；當時，這四顆星正位於天球赤道的四個等角距的点上（見附图），但是，他們注定要用他們的移動來為後世說明，這幕場景發生在四千多年以前」。

（所引同上。第十二章的「结论」的後尾）。

至於他的前輩比約更「堅决認為當是公元前二三五七年」的天象記録。而這個數据，我們必須說，是和晚出的舊《辭源》所附的《中外歷代大事年表》中的帝堯即位的第一年的數字是一致的。

關於十八世纪法國天文學家所堅持的《堯典》记録的天象年代，我們留在後面再研究，現在先說天文學者的斷代的根据，「歲差」的問題，就可知道天文學者根据《堯典》的天象所作的年代推斷的科學价值了。

4、「歲差」

「歲差」的學說，在中國是創始於東晉虞喜。依据近代注釋者吳闓生注《堯典》的解釋，是：「又按，此冬至，日在虛昏中(星)昴。今冬至，日在斗，昏中(星)壁。中星不同者，蓋天有三百六十五度四分度之一，歲有三百六十五日四分日之一。天度四分之一而有余，歲日四分之一而不足……天漸差而西，歲漸差而東，此歲差之由」。

實際上，就是說，按照黄道與赤道的交接点，測定的「春分」氣節，如果根据中國古代的把天体划分為三百六十五度四分度之一來說，那么地球繞太陽一周，又回到原来的位置的時候，不是一絲不变的，而是已經有了一点点差別，表現在次一年的「春分」，太陽正午雖然還在原来的星宿位置上，但天体已經西移，就是說「春分」点已經往東挪了。不過這個移動是很微小的。（虞喜以為每五十年，「春分点」就會移動一度，何承天以爲太過而「倍其年」，到了隋代劉焯就「取」兩家中數作七十五年移一度，「然也未精密」——均見吴闓生注《尚書》）如果依据把天体分作十二宫的説法，是二萬五千八百年迴轉一周，每年只移動五十点二秒，每兩千一百五十年左右就挪移一宫。而李約瑟博士的依据以天体爲三百六十度的現代划分法来説，是「每隔七十一点六年移動一度，每隔二千二百年移動三十一度」（同上所引），因而公元前約一百年到公元前最多兩千三百年（依十二宫的划分爲公元前二千二百五十年）春分点，是在白羊宫，而公元前兩千三百年再上溯到公元前四千五百年，春分点是在金牛宫。《堯典》所載，「日中星鳥」是以日的長度正與夜適，就是說不長不短的時候，黃昏六時以在中天的鳥星為准星，那么所推測出来的「春分」氣節必是太陽中午將在昴宿的時刻為准，而昴宿正是屬於金牛宫的范圍的（當然不是在昴星团的中心，而是在它的邊缘上，與白羊宫相近了）。那么依据這個记載，斷為屬於公元前兩千三四百年以前的星象记載，是不能不為世界天文學者所公認的。唯一推翻這一論斷的方法，就是把測量「中天」星宿的時間推遲一小時。因而在日本天文學界据说就有兩大派，欧洲也是一樣。李约瑟博士在向我們介紹這種情况時說：「马伯樂（Maspero）對各項假定（主要是观測上中天的時刻）曾经提出批评，而橋本增吉却把观測時間定為午後七時，從而把年代推遲到公元前八世紀或八世紀以後（相當春秋之前）。他們兩人對於悠久的傳统大概未曾予以充分重視；根據宋君榮的记述，傳统的观测上中天的時間是午後六時，如果受到天氣的妨礙，即用漏壺予以核對」。看來，李约瑟博士是支持比约和德莎素的论断的；但却又因為另外一位晚近的天文學者恰特萊（Chatley）提出「鳥」可以包括七宿以上即整個天蝎宮，因而又說：「也許橋本增吉的结论最值得注意。但是還有這樣一種可能，即《堯典》的记載，實是很古老的天文观测傳统的遺跡，不過它根本不是中國固有的，而屬於巴比倫」。這樣，李约瑟博士在《堯典》所记載的年代推斷的問題之外，又提出中國的古代天文记載，即《堯典》

不是屬於中國的觀測；而是屬於巴比倫的另一個問題来了。並在注中還提到中國的天文學者竺可楨也支持日本橋本增吉的說法（所引同上），這樣一来，我們就不得不再来研究帝堯的年代問題了。關於這個問題，錢玄同曾在五十多年前大論爭中，作為不承認《堯典》的天象记載為實録的理由，最早提出来過，那就是：「我們說《堯典》是战國時代的作品，堯舜是「無是公」「烏有先生」，或者大家不肯相信這話……但堯舜是什么時代的人……堯舜的時代既無從知道，那就不能因《堯典》所記中星合于公歷紀元前二千四五百年時的情形，而認為是堯舜時代的真書了」，李约瑟博士提出的問題，绝不能說與中國舊史學界這種「權威性」的形而上學的古史否定論的觀点毫無關係吧！

5、關於帝堯嗣位的年代

十八世紀法國天文學者比約十分堅定地認為，《堯典》所記載的天文現象，是和公元前兩千三百五十七年的實際情況相符（見《中國科學技术史》「引言」結尾部分及作者注）。据李约瑟博士說：「例如比約（原注：參看 J. B. Biot (1), PP. 363ff.）曾經成功的証明在公元前兩千四百年前後，上述四宿（即《堯典》「星鳥」「星火」「星虛」「星昴」——筆者）大概是在二分点和二至点（0°，90°，180°，270°）上。這一结論的確沒有大錯」，顯然，比約的漢學知識是和他的前輩，耶蘇會派駐中國的傳教士（漢名何君榮）

的有關中國天文學史的著述介紹分不開的。而公元前二三五七年這個數字，恰恰和晚出的《中外歷代大事年表》（見舊《辭源》卷末）帝堯嗣位的初年的年代相符。可見為法國天文學者所堅持的這個數字，同樣，也是為十九世紀的中國舊史學界所一致肯定的。另外，据《年表》的紀年甲子，公元前二三五七年是甲辰，而和晉皇甫《帝王世紀》所載，帝堯「以甲辰嗣位，辛巳崩」的年代也是一致的。（是的，兩千年來的中國舊歷史學界，以赫赫有名的顧炎武到功績顯著的王國維，都是「古不以甲子紀年」論者。他們都遵循「商人以甲子紀日自上甲微始」的說法，而這個說法是來自晉皇甫謐的《帝王世紀》，同時也就是這部《帝王世紀》；也就是這同一位作者——皇甫謐，却又是以「甲辰嗣位，辛巳崩」的紀年甲子記載帝堯年代的，足証他所說的「商人以甲子紀日，自上甲微始」，正是說明在上甲微以前，是以甲子紀年的。據此可知「古不以甲子紀年」的說法，如果是指殷代的上甲微，那么可以說是有根据的，而引伸到以為這是以甲子紀日的開始，上甲微往上直到唐、虞、夏，均不以「甲子紀年」，就是屬於形而上學的毫無根据的偽誤了。關於這個問題，在《金文新考·兵銘集·帝堯時期三兵銘考》中遂有詳論，本篇第三章也再次觸及，均可參考。）

帝堯是公元前兩千三百五十七年（甲辰）即帝位的。這個年代是不是確切呢？當然是確切的。這不僅是在《堯典》上有四仲星為准則的天文记載為科學的推算提供根据，而且在我們的漢晋碑石记載上，也有数据作旁証。

「按郭缘生《述征记》，自漢晋二千石及承尉多刋石，述堯即位至永嘉三年，二千七百二十有一載」。（見《水經注》「瓠子河」篇——商務版卷下七八頁）

永嘉是晋怀帝的年號，永嘉三年當是公元三百零九年，如果從漢晋碑石所記載而為郭緣生《述征记》所統計的——自帝堯即位至永嘉三年為二七二一年，扣除這三百零九年的數字，所得為公元前二四一二年，這就是《述征记》上所統计推算的帝堯嗣位的年代了。

但這個年代数据顯然與舊史學界一般公認的帝堯嗣位為公元前二三五七年的数字不對口徑。因之，北魏酈道元在《水經注》上留下来的關於堯妃祠的漢晋碑石記載的數据，就不為舊史學界所重視；實際上，漢晋的碑石記載所以與二三五七年這個数字不符，原来是由於兩種偽誤所致。第一，從公元前二四一二年歲在戊申上，就分明的可以看出来，《水經注》所引用的漢晋碑石所列比晋皇甫的記載（堯以甲辰嗣位）差落了五年。從晋怀帝永嘉三年往上推算，在兩千七百多年中，僅有五年的差誤，幾乎是近約六百分之一的誤差，應該說是不算太大的。

這是有例子可以為比的：就在酈道元所記的漢晋碑石，有

「記于堯妃祠，見漢建寧五年五月」一語。商務編者注：「案五年。近刻訛作四年」九字。建寧是漢灵帝的年號，但只有四年（見《後漢書》「帝紀第八」），沒有五年。因為第五年五月改元為熹平元年。「春三月」是在改元前，按理應稱「建寧五年春三月」，但「帝紀」却作「熹平元年春三月」。僅只一帝改個年號，在四五年中就有一年的差誤，可以充分說明郭緣生的統計和推算，基本上還是准確的。如果以《帝王世紀》所記的「甲辰」為准，在二七二一年的數字上，加補五年的差誤，就是二七二六年，再扣除公元後的三〇九年，得數為二四一七年，這就是帝堯于公元前嗣位的漢晋碑記年代的正確的統計數字。

但這和法國天文學者比約，以及近代的中國舊史學界所公認的《年表》记載的帝堯嗣位的数字一比，相差整整六十年。

這樣一来，擺在我們面前的是兩個数字，一個是為十八世纪法國天文學者比約堅持的，這也就是中國為一般舊歷史學界公認的《年表》上的数字——即帝堯於公元前二三五七年嗣位，《堯典》所记的星辰氣象，正是帝堯嗣位元年分封時的记録；另一個是依据漢、晋碑銘纪年累计的校正数字——即帝堯是公元前二四一七年嗣位。顯然兩者之間一真一偽，而偽筆不管是增加還是削減，與真實年代相差的数字總是六十年。公元前二三五七年歲次是甲辰，公元前二四一七年歲次仍然是甲辰。這就為我們提出一個论据：偽筆所增減的是一個花甲的周期。足見帝堯以甲辰年嗣位，在秦漢之間是有口皆碑的傳聞，因而，增減數字為六十年，只有這樣才能和紀年的甲子相符。如果讀者還记得我們在前面曾經指出過，《堯典》中帝堯自稱：「朕在位七十載」是為偽筆所篡改的。（帝堯根本不可能和世代有婚姻之親的虞舜「在位七十載」還沒有見過面）那么不須說，這七十載里就有偽筆所增的六十年。舜在帝堯十年「應徵」，依《史记》的說法：「於是帝堯老，命舜攝行天子之政」，就是說舜受命执政，在年代上說，帝堯十年應是符合歷史的實際的。

至於為什么偽筆一定要在帝堯在位的年代上增加六十年，提高帝堯在位的年限，在這裏，只指出一点，讀者就可以想像到《堯典》的僞史部分的編造者，所以要進行僞造的原因了。

6、僞造舜的祖譜的秘密

依据《五帝本紀》司馬遷的史筆记載：「虞舜者名曰重华，重华父曰瞽叟，瞽叟父曰橋牛，橋牛父曰句望，句望父曰敬康，敬康父曰窮蟬，窮蟬父曰帝顓頊，顓頊父曰昌意。」而昌意又是軒轅黃帝「正妃嫘祖」所生的二子之一。

軒轅黃帝「正妃嫘祖」所生的另一子，史稱玄囂（即帝少皞）。

《史記》還載：「帝嚳高辛者，黃帝之曾孫也。高辛父曰蟜极，蟜极父曰玄囂，玄囂父曰黃帝」。

又：「帝嚳娶陳鋒氏女生放勳（帝堯）」。

果如以上的记載，那么虞舜就應是軒轅黃帝的九世孫了。（前八世為1）軒轅黃帝，2）昌意，3）帝顓頊，4）窮蟬，5）敬康，6）句望，7）橋牛，8）瞽叟。舜是第九世孫）；帝堯就應是軒轅黃帝的五世孫（前四世為1）軒轅黃帝，2）玄囂，3）蟜極，4）帝嚳。堯是第五世孫）。帝堯和虞舜當中隔着三代，帝堯的輩次與舜的高曾祖敬康相等，如果偽筆不把帝堯的年令拉長，不把他在位的年限提高，就和虞舜為政的年代差距過於懸殊了。就是偽筆增加了帝堯在位的年限，是不是就可以弥補了這一差距呢？同樣還是有漏洞留下来的。如果依據帝堯有女婚于舜，確如《堯典》所説，是在帝位「七十載」之後的話，我們在前面已經説過，帝堯有女婚於虞舜的時候已經是年過九十的老人了。論輩次，應就是六十以前生的女兒，年齡也應在三十歲以外了。論輩次，應為虞舜的女曾祖（二女與句望的輩次相等）。难道這不是偽篡的荒唐痕迹么？（「而舜妻祖姑，后稷為堯親弟，舉可旁通」——見《古本竹書紀年校輯訂補》原朱右曾序中语），那么為什么偽造這部分歷史的要自討苦吃，硬給自己找這種無法弥補的麻煩呢，一句話説穿了，如果不偽造虞舜的祖譜，那么依据《史记》的記載，堯與舜都果為軒轅黄帝的裔孫的話，兩人都是處在第五世孫的位置上，就是同族的弟兄，既然是同族兄弟，那么虞舜

「娶」了帝堯的「兩個女兒」，豈不是五世之内，叔與姪相婚，虞舜就形成了為封建宗法社會所不能容的罪人了么？因而帝堯與虞舜的关係，必須在「五世」之外，這就是战國儒者，以孟子為首，不得不出面宣揚虞舜與帝顓頊之間遠相隔有五代父祖的内在的歷史因素了。主要的目的，就是為虞舜開脫這一為封建禮教視為大逆不道的罪責。因而司馬遷的史筆，為儒者所誤，就很显然了。

是的，如果只是為了這一個目的，那么在帝堯與虞舜之間，只要再增加兩代父祖，舜與堯都划在五世范圍之外了，而且女英為姑，舜與女英的关係是七世的男姪與六世的族姑為婚，雖然輩次不當，但却已是出了古禮　所要求的「五服」之外的遠族，岂不比虞舜與女曾祖爲婚更合理一些。但僅只從這一面看問題，是不行的。

毛主席說：「片面性，表面性也是主觀性，因爲一切客观事物本来是互相联系的和具有内部規律的，人們不去如實地反映這些情况，而只是片面地或表面地去看他們，不認識事物的互相联系，不認識事物的内部規律，所以這種方法是主觀主義的」。

据此，我們必須進行全面的研究，要研究他們互相联系着的另一面，找出僞筆不在帝堯與虞舜之間爲虞系祖譜增加兩代父祖，而却增加了四代父祖的内在因素。而這一内在的歷史因素，不在别處，仍然是在《堯典》的下半部分，又稱作《虞書》的记載上：

「正月上日（舜）受終于文祖（帝堯）……流共工于幽洲，放驩兜于崇山，竄三苗于三危，殛鯀于羽山。四罪，而天下咸服」。

看來，舜受王命臨政以後，和「殛鯀于羽山」，同舜妻娥皇、女英一樣，都是歷史相傳的有口皆碑的歷史事實，是戰國儒者無法抹煞的，因而只有保留在《虞書》上了。但鯀是什么樣的人呢？根據《五帝本紀》、《夏本紀》的記載，：「禹之父曰鯀，鯀之父曰帝顓頊」，鯀的輩次正高于帝堯一代；因而《帝王世紀》稱：「顓頊生鯀，堯封鯀為崇伯」，如果依《金文新考》中所得出的舜為顓頊諸孫之一，（見《兵銘集·帝堯時期三兵銘考》），那么鯀為虞舜的諸父之一。為「子」的逐父于羽山，施以軟禁（殛為羈的同一概念），不但一般來說已經觸犯了儒家所倡導的所謂「親親」之義（《論語·子路篇》『葉公語孔子曰：「吾黨有直躬者，其父攘羊而子證之」。孔子曰：「吾黨之直者異於是，父為子隱，子為父隱，直在其中矣」。就是典型的例子），尤其是和為儒家所樹立的「母嚚，象傲，克諧以孝」（《堯典》語）的形象，完全不符。這樣的歷史记載，是為儒家所絕對不能容忍的。因而虞舜和鯀的关係，絕對不能是諸父諸子的关係，必須同樣的要在「五服」之外。只有這樣，才能無損於儒家所倡導的「克諧以孝」的精神，自然，如果依据《堯典》「以睦九族」的要求來說，鯀和舜最好是為「九族」以外的族親，但這就過於荒謬了，不得已而求其次，如古禮提出的「五服」限制以外。足見我們前面所說的，由孟子出面來宣揚舜的五世偽造的祖譜，確實並不是沒有它的內在的歷史因素的。這種偽造歷史的行徑，在儒者看來，正如孔丘在《論語》「子路篇」中說過的，「子為父隱（瞞），父為子隱（瞞）」，直（正直）就在這隱瞞當中，是一樣的。

但假的總是假的。如果鯀為帝顓頊諸子之一，那么鯀就是虞舜的五世（帝顓頊之子窮蟬與鯀為一世，敬康為二世，句望三世，橋牛四世，瞽父為五世）之外的从祖，虞舜是鯀的第六代从孫。

那麼鯀如果是帝顓頊六十歲以前的晚生子吧，舜的五世祖窮蟬起碼也必須在帝顓頊年過十五、六歲以後才能生的長子，鯀與窮蟬兩兄弟間相隔最多也不過四十年左右，但就在這四五十年的差距中，窮蟬却有了敬康、句望、橋牛、瞽叟、虞舜一系列子孫後裔，而且虞舜不但與五世祖鯀帝顓頊之少子，同列「三公」之位；和鯀之「子」夏禹先後又倒轉相承，這是儒筆再也無法弥補的又一個大漏洞了。

毛主席曾經指出過：「在很長的歷史時期内，大家對於社會的歷史，只能限于片面的了解，這一方面是由於剝削階級的偏見經常歪曲社會的歷史，另一方面，則由於生產規模的狹小，限制了人們的眼界」。

為儒者手筆所歪曲和偽造的這部分歷史，就充分證實「剝制階級的偏見經常歪曲社會的歷史」這一論斷的正確性了。

帝堯與虞舜原是屬於兩個世代男女互為婚姻的帝系，我們在第一章關於夏禹所婚的狐（吳）族的「九」氏考證中，已經初步勘探出來，夏禹是屬於軒轅黃帝的皋（虎）系子孫，是帝堯的同父兄弟，而屬於狐（吳）族的九氏，卻是神農炎帝厉山氏子孫後裔的女兒，原為兩個帝系男女後裔之間的婚姻是很明確的。虞舜的虞，與吳為一字，這又是古典的常識，那么虞舜是屬於世代與帝堯族互為婚姻的神農炎帝系的後裔，據此也可以初步作斷了。

因為，恩格斯在《家庭，私有制和國家的起源》中，早就介紹給我們氏族構成的主要基礎就在於有以動物名稱為族標，作為兩個不同族標之間的氏族男女互為婚姻的標志，原來自出現氏族社會以來，就絕對不允許同一氏族之間的兄弟與姊妹再像母系制的原始公社前期那樣可以如夫婦一般結合在一起的。到了堯舜時期，那就更不可能了。如果出現了這類事故，自然就是違犯了氏族社會的基本法制。《堯典》中有「金作贖刑」的記載，顯然，在人類生活進化過程的斗爭中，屬於這一種的罪犯，在母系制的舊風習還相當濃厚的帝堯時期，也是不會很少的，因而如果帝堯與禹舜果然是同一氏族，這種婚姻不但不會發生，就使出現了，也自然為古史所諱而絕不致於記到傳之於後代的歷史上去的。

那么混淆了原為兩個不同的氏族系别的原因何在呢？就是說，誤差從那里産生出來的呢？

主要的根源，由於唐虞之際的父與子的名稱，和殷周以後的父與子的關係概念不一樣。唐虞之際的「子」還是依据母系制的傳統，不但是指女兒，女婿來說的，部落尊長式的世襲王位，也是以女婿這個「子」為承嗣人的。直到春秋，還仍然保持着「伯、子、男」三親的稱呼，而「蕭同叔子」（見成公二年《左傳》）為齊頃公的母親以「子」稱，就是例證。作為兒子的，在春秋，稱嫡，稱庶，而在三代以前，是與女兒相對的，故稱「男」。所謂「堯乃以二女妻舜，以觀其內，使九（攸）男與處以觀其外」，就是例證。（見《五帝本紀》）。男要婚於外族，也就是（依母系制的古老傳統）到自己姊妹的婚偶的姊妹那一系氏族去作承嗣人的。因而我們在第一章的夏禹族系的初步考證中，確定夏禹為帝嚳妃屬所生之男，為帝堯的兩級弟兄，或與后稷是同為姜原所生。而不管漢司馬，還是晉皇甫，却都是以夏禹為鯀之子。兩者之間是矛盾的。而《皋陶謨》載，夏禹自稱「余娶涂山」，塗在《說文》解「鄃」中，有「古讀塗」的記載。從聲類上推求，可知鯀所居的封邑稱「余山」，（後世稱「羽山」為「囚禁」的地方，當然不是原來的封邑「鄃山」了）夏禹所婚的，正是鯀之女系，就是九氏（《金文新考》「人物集」「禹」一章有詳論），夏禹為鯀之「子」是「子婿」之「子」，鯀與虞舜都是屬於神農炎帝系，就也初步可以作斷了。帝堯「封(鯀)為崇伯」就是旁證。這個伯，自然是伯舅之伯(不是「春秋」後世，諸侯稱伯為霸，而諸父之長也稱為伯)，帝堯為鯀的姊妹之男，帝嚳為帝顓頊的子婿，又是「舉可旁通」的了。因為兩個互為婚姻的帝系問題，牽涉范圍較廣，又不是本章論題所要求考据的主要對象，所以留到以後去論证了。在這里只舉夏禹婚於余山，就是與鯀的女系為婚，說明春秋史者誤解了关於三代以前的父與子的关係，以致弄得儒者急不可耐的魯莽地對《堯典》加以僞筆改造的来龍去脈，也就行了。

根据以上所论《尧典》是经過战国(孟子有一定的嫌疑)，以及秦漢之際的儒者一再加工，進行過僞造的一部古代史籍，就該說，是沒有什么可疑的了，漢晉碑銘所記的帝堯年代（由于《堯典》是根据之一），因而有六十年的偽誤，据此就可以完全論斷了。

那么《年表》和十八世紀法國天文學者比約所得的年代數据為歷史的真實年代，也就不須再說了。而《堯典》关於天象的記載，确實帝堯於公元前二三五七年嗣位元年，分封諸侯時的記錄，根据以上的論斷，也就清楚如鏡了。

7、由於《堯典》天象的記載在天文學界引起的兩大論爭問題

在世界范圍内的天文學領域里，不嘗是歐洲，還是亚洲，由於《堯典》關於古代天象的記載，春分点在金牛宮的昴

星宿，根据「歲差」公例来推算，確實為公元前兩千三四百年以前的天文記錄，首先由於十八世紀法國天文學者比約提出（在他以前還有耶蘇會派駐中國（從一七二三年到一七五九年）的傳教士何君榮（漢名）。不但這是一個在巴黎天文台受過很好的观測實踐訓練的天文學者，而且還把中國古代的天文歷史向本國作過介紹的漢學家。比約的考据自然是和何君榮的漢學造诣很深的介绍分不開的）和比约論点一致的有著名的航海者出身的天文學者德素莎。他們的論点，在前面我們已經引證英國漢學家李约瑟博士的评论，並摹録了李約瑟博士著作中所附的「九四」图於後，這是一方面；另一方面，在歐洲又有以馬伯樂為代表的對观測時間提出不同意見的反對者，在日本有橋本增吉，後者把观測時間推遲一小時，「定為午後七時」，从而把《堯典》的天象記録推遲到公元前八世紀左右，這就是推遲到春秋之前的周幽王階段。這是為英國漢學家李约瑟博士所不同意的，我們在前面也已作過引證，但如果我們認作李约瑟博士是贊同前兩人的論斷而反對後兩人的論点，那就錯了，因為李约瑟博士說過：「根据我們現在對中國古代歷史的了解，從寬估計，《堯典》的數据未必能早於公元前一千五百年（即殷代河亶甲以後）。從這一点看，也許桥本增吉的结論值得注意，」顯然，李约瑟博士是很矛盾的，一方面不同意桥本把观測時間推遲一小時，這也就是同意比約遵循何君榮的介紹以午後六時為傳統的觀測時間是正確的了；但一方面卻又傾向橋本的斷代結論，而認為比約和德素莎的年代論斷過早了。同時還在以為橋本的論點「值得注意」之間附注說明：「現在竺可楨也支持他（橋本增吉）的說法」。但緊接着九四圖之後，李約瑟博士又介紹了我們中國的天文學者竺可楨曾經為了「定出與各宿距星最相合的赤道圖的年代」，所進行的計算結果（部分或全部在南北赤緯

年代	10°間帶形区域中的宿数
公元一九〇〇年	11

0　14

公元前二三〇〇——四三〇〇　18—20

公元前六六〇〇　15

公元前八八〇〇　6

）又說：「所以他（竺）在二十八宿体系建立年代的問題上，又一次被引回到公元前三千紀。但是要承認這一点，是有很大困难的，因為所有考古學和文字學方面的証据，都說明年代不可能那樣早」（所引同上），這就很清楚的看出來，李约瑟博士所以這樣矛盾，主要是由於受了對於「中國歷史方面的了解」的制約，受了「考古學和文字學」方面的制約，因而不是依据天文學的掌握着正確的傳統观測時間所得出的數据，而是依托在中國方面的歷史學上的「了解」以及考古學和文字學的論斷為根据，關於中國的考古學和文字學上的問題，留待以後再說，現在只從李約瑟博士所說的「根据我們現對中國古代歷史的了解」來說，顯然和五十多年前在中國舊歷史學界當中所展開的那次大論辯，不是沒有關係的，換句話說，李约瑟博士是深受中國的形而上學的對於中國古代歷史持全面否定論的觀点的影响，以致佟曾在天文學上從十八世紀比約得出《堯典》的氣象為公元前二三五七年的天文記錄的數据和論證，但却逗留徘徊，不敢靠前，而却總是傾向明知在觀測時間上完全是錯誤的梅本增吉的結論周圍。因而在世界范圍內關於《堯典》所記載的天象的年代測定上的兩大學派的論爭，李約瑟博士是由於「對於中國歷史的了解」而徘徊在兩者之間，實際上正是為中國舊歷史學界的形而上學的歷史觀所束縛了手腳。

以上的分析是不是對呢？就在關於「二十八宿体系的發展」，李約瑟博士提到「《書經》這一篇的年代（即《堯典》的年代）根据語言學方面的理由，應為公元前八至五世紀之間」的下面，作者李約瑟博士在自注中說：「有少數人（顧頡剛——原作者於括弧內又注）認為，應把這篇的年代推遲到孔孟之間，甚至推遲到漢代。但這樣會使天文學方面的任何解釋更加困难」，字里行間反映出來，李约瑟博士不是依托於天文學所根據四中星所測定的科學數据，正確的否定那些屬於中國舊歷史學方面的形而上學的观点，正相反，却以中國舊歷史學領域中的形而上學的观点為立脚点，力求把天文學上的數据往後拉，以便牽就中國舊歷史學上的形而上學的錯誤观点。以上所引證的注中語，是這一論斷的证据。

現在我們既然根據馬克思主義列寧主義、毛澤東思想的辯证唯物論的歷史观和認識論看問題，根据天文學方面的以正確的中國傳統的观測時間所考訂出來的（公元前二三五七年）數据，以及從漢晋碑銘所記的歷代累計的年代校正數字為印证，肯定了十八世紀法國天文學者比約所堅持的《堯典》的天象記載，那么這一在世界范圍內的長達一二百年而不解的論爭，應該說是初步就得解決了。

這是一種性質的論爭；另外，在國際天文學領域里，還有一種也牽涉到《堯典》天象的大論爭，這就是李約瑟博士在九四圖附頁以前所說的：「但是，還有這樣一種可能，即《堯典》的記載，確實是很古老的天文觀測傳統的遺跡，不過它根本不是中國固有的，而屬於巴比倫」（見「二十八宿体系的發展」結尾語），又說：「看來這些事實（即「沿着天極從公元前二四〇〇年前後經過的路線，所有帶中國名稱的星，都在不同時期充當過極星）和馬伯樂最後過依估計中國天文學的古老程度是無法調和的……當然，不能由此得出結論說，中國的天文學觀測可追溯到公元前三千年，因為有些星名，可能是直接從巴比倫那里接過來的——但這一點並未得到證實」（見「（4）天極和極星」一節）這個論點，固然和前一論點有了某種程度的改變，承認他是公元前兩千四百年前後的天文觀測記錄，但卻又不承認是中國所固有的，而是根本沒有論証的屬於巴比倫的了。

這和以前的論爭性質不同，但在世界範圍內，也形成了兩大派別，日本天文學者新城新藏就是有名的認為二十八宿是中國起源，這和十八世紀法國的天文學者比約論點是相類的（《沫若全集》十四卷四六三頁「釋干支」結論部分可參考）。

現在我們既然已經肯定了《堯典》是公元前二三五七年帝堯即位的初年，分封時的氣象記載（自然《堯典》的另一部分是帝堯即位十年以後的歷史记录），那么巴比倫出現的歷史年代，是晚於公元前兩千年（「公元前十九世紀中，據有其他的阿摩列伊人建立國家，史稱巴比倫王國」——見《世界通史》八三頁第六章「巴比倫王國」），不用說，把公元前二三五七年的天文观測記録，歸之於當時還沒有建國的巴比倫的观点，就失去立论的實際基礎了。二十八宿來源於巴比倫的學說，不用說，也相應的失去依据了。但是，這並不等於否認如李约瑟博士所說的：「貝措尔德（Bezold）

曾用楔形文的記載與司馬遷所記載的古代傳説進行比較，從而發現巴比倫與中國在五星占驗方面有一致之處」的事實（見「(3)二十八宿的起源」——李约瑟著《中國科學技术史》第四卷）。根据瑞典考古學者安特生（J.G.Andersson）抗战以前「在河南仰韶、甘肅新店等地發現上古時代之彩陶，與發現於巴比倫之素沙（Susa），與中亞細亞之安脑（Anau）屋里波夷（Tripolji）者同一系统。其交通時期，諸家之推算，约在西紀前四千年代」（見《沫若全集》十四卷四五八頁）。可見中國與中亞細亞之間的古老的歷史往来关係，比巴比倫建國以後的公元前兩千年，還早兩千多年。這時候在巴比倫南部地區居住的是苏美尔人。顯然巴比倫的文化，是源於苏美尔人的文化，正如西周的文化是承襲了夏殷的中原文化一樣。這一点，是為舊歷史學者及天文學者所忽畧的。

「早在公元前四千紀，苏美尔人已經是兩河流域（即幼發拉底河與底格里期河。兩河之間通稱「美索不達米亚」）南部（即巴比倫尼亚）的主要居民……他們的外貌是圓頰直鼻，不留須髮」，這部分人和定居在巴比倫尼亚北部的「長臉鈎鼻，多須髮」的阿拉伯型的阿卞德人種，顯著不同（以上所引均見《世界通史》七二頁第五章「苏美尔、阿卞德和馬尔第王朝」），雖然我們還不能遽然肯定苏美尔人和為西周稱作「戎狄」的神農炎帝的女系先祖是不是有處於狩猎時期的古老的婚姻关係，也就是説，在人種學上有血緣的关係，但從瑞典考古學者安特生的發現，在彩陶上中國仰韶文化與中亚西亚的彩陶既然屬於同一系统。那么這又是在公元前四千年中國和中亚細亚，包括巴比倫尼亚南部的苏美尔有文化上的交流关係，是可以肯定的了。這時期，即公元前三千五百到四千年的時期，苏美尔人不但已經從事農業生產，而且已經有了青銅器具，魚叉和小刀。在公元前三千一百年到三千四百年的「烏魯克王朝時期」，据《通史》的説法，是：「石器很流行，但銅器越来越多」。遵循馬克思主義列寧主義毛澤東思想所教导的辯証唯物論的認識論和歷史观，我們当然，不能孤立的，靜止的去看待世界，「因爲一切客观的事物本来是互相联系的和具有内部規律的」（見《毛選》四卷本《矛盾論》三〇二頁），我們自然就不能把安特生所發現的仰韶彩陶和巴比倫素莎的共同点孤立起来看，和天文方面的共同点分割開来看，和巴比倫前期文化——苏美尔人的青銅器具的出現分割開来看。

這样，我們就绕了一個大弯，從天文學方面提出的論据，回到我們所探討的本題上来了。回到中國的青銅時代的考据方面来了。

因為在李约瑟博士的观点上，我們發現了中國歷史學上的形而上學的錯誤观点的影响，所以還有必要同時對我們中國的考古學方面所存在的問題，也順便進行一次分析了。

8、中國考古學方面的新發現和舊解釋

關於天文學方面，英國著名的漢學家李约瑟博士對中國天文學者竺可楨同志所進行的計算數据的評論中說：「(數字)又一次被引回到公元前三千紀。要承認它很困难的，因為從考古學和文字學方面的証据，都說明年代不可能那么早」(見《中國科學技术史》九四圖之後)，最清楚不過的說明問題了。這是指竺可楨同志在二十八宿体系建立年代所進行的推算數字而說的。是不是這個 數据(即公元前二三〇〇年——四三〇〇年部分或全部在南北赤緯10°間帯形区域中的宿數為18到20的數据)本身，有計算上的差誤呢？完全不是的，而是因為「考古學」和「文字學」方面有「证据」，「都說明年代不可能這么早」，這和李约瑟博士稱贊法國天文學者比約「曾經成功的證明，在公元前兩千四百年前後，上述四宿大概是在二分点和二至点上」的例子相似，李約瑟博士望着天文學上得出的科學数据，眼睛里閃耀着不勝欣賞的光輝，但却又搖頭不止，聲稱是由於對中國歷史的「了解」，所以不敢或不肯承認它——同样的反映了李約瑟博士對中國的歷史確實是有較深的了解，具体的說，除了中國的古代典籍之外，就是對於中國舊歷史學界在五十多年前的大論争，不但也很熟習；而且和論争的一方，即對中國上古史持全盘否定論观点的一方，是靠攏一起的。換個說法，或者是為中國舊歷史學界中的屬於形而上學的錯誤观点束縛了手脚，因而只能固執的站在那兒，躊躇不前。

既然天文學方面有科學的数据在手，尚且為論者所搖頭，不肯或不敢承認，那么考古學和文字學方面，是不是就會完全擺脫開中國舊歷史學方面的「否定論」观点的影响呢？顯然是不可能的。关於文字學方面的問題，我們留待第九節去研究，現在只就李約瑟博士作為拒不承認「又被引回到公元前三千紀」的考古學方面的「证据」來說吧！实際上，李約瑟博士没有具体的指出，是依据的什么「证据」，但既然指的是关於中國的考古學，那么總和在中國舊考古學方面就有顯著成绩的瑞典的安特生的論点分不開的。中國舊唯心主义陣營　的知識分子首脑人物胡適，在五十多年前的古史大論辯中，就曾作為「否定論」的後援，宣揚過瑞典考古學者安特生的論点，說：「「九鼎」我認為是一種神話。鉄固非夏朝所有，銅恐亦非那時代所能用。發現澠池石器時代文化的安特生近疑商代猶是石器時代的晚期（新石器時代——原作者注），我想他的假定頗近是」（見《論帝天及九鼎書》——《古史辨》第一册二〇〇頁）。瑞典考古學者安特生既然首先發現了河南澠池縣的仰韶遺址，以及從這個遺址中發掘出來的「有石器，骨器，陶器多種」（見《中國通史簡編》八四頁），自然就有了「立論」的根据。不但認為公元前四千年前後的仰韶文化是屬於石器時代的文化，而且据胡適的說法，是連殷商，後來也曾為安特生疑為屬於「石器時代晚期」，也就是「新石器時代」的文化。胡適不加思考的立刻就加以利用，彷彿在战斗中獲得同盟軍的重炮支援一样，借外國考古學家的威望，以壮大不承认天文學上科學數据的舊歷史學派中的「否定論」者們的聲势，而且大言不慚的說：「我想他的假定頗近是」，甚至於連殷墟出土的大批青銅器也要借此机會作出頗近於「否定論」者的否定了。

在胡適口里，當時還只稱是安特生的「假定」，但一經作為支援「否定論」者們的「火力」宣揚開来，就很快獲得影响，不過，這又是以水利工程人員的身分出現的「否定论」了。

据論者說：「去年（一九二三）同楊子江水道委員會的技師

Palmer君等同赴萬縣，他對我說：「就是要用現代的技术来疏導長江，都是不可能的。石器時代的禹，如何能有這種能力？」緊接着論者又直接了當的說：「我說禹是石器時代的人，因為我們至今沒有發現夏代的銅器」（見《論禹治水說不可信書》——《古史辨》第一册下編二〇九頁）。

如果這個直接了當的論点，果然是如作者自己的意見，那么我們就不知道，為什么又必須要抬出「揚子江水道委員會」的洋技師来，並聲稱是這洋技師說過：「石器時代的禹如何能有這種能力？」顯然必須抬出洋技師，然後，自己說話，就又有根据，又可以自己作解釋了。這種「論証方法」，和胡適借考古學者安特生的口來「否定」殷商為青銅時代的「論証方法」又是一模一様的。

中國上古史的否定論者，在這里不但肯定了夏禹是石器時代的人，而且連夏禹曾經治過水的歷史傳聞記載也完全否定了。論者既然崇信洋人，那么對於巴比倫遠在公元前一千七百年前後，即漢謨拉比承継王位前後，：「為了高地灌溉，這時還應用了較完善的揚水裝置」（見《世界通史》第一編第六章第二節八六頁），又怎样看待呢？對於巴比倫前期的苏美尔人，在公元前三一〇〇年——二九〇〇年，即捷姆迭特——那色時期「生產水平有了顯著提高，出現比較完善的水利網」（同上所引，見七三頁），又怎样解釋呢？夏禹治水還不過是公元前兩千三百年以前的事，比苏美尔人早在公元前兩千九百年前就有了較完善的灌溉網，還晚了六百多年。實際上早在神農時期，中國就有了專門治水的以後稱作共工的官吏了。《左傳》載：「少皞氏有四叔：曰重、曰該、曰脩、曰熙」，並說：「脩及熙為玄冥」，晉杜預注：「二人相代，為水正」（見昭公二十九年），這個「脩」就是古通「攸」的「九」氏，《說文》解「攸」：「秦刻石嶧山，石文攸字如此」，段注：「文史记載，會稽石文曰皇帝休烈，平海內，德惠脩（攸）長。小司馬云：王劭按張徵所錄會稽南山秦始皇碑文脩作攸」。就是脩，攸一字，而為夏禹婚姻之族九氏的三世从祖，即鯀的从祖父（詳論見《金文新考》「人物集」鯀一章），即帝少皞的姐妹夫，軒轅黄帝的四子婿之一，因而稱叔（《左傳》晉杜預舊注以叔為子非正觧），說明鯀是承襲從祖的治水業務，不是沒有来歷的。所謂「禹娶於塗山」，地在今山東的禹城，第一章已經有所考証，不是《說文》觧「嵞」的「当塗」，因而舊論以為夏禹為南方的酋長，所謂「塗山」，在淮河旁」（見《我的研究古史計划》——《古史辨》第一册下編二一一頁），是顧頡剛先生為《說文》所誤，就不在這里作繁瑣的論证了。山東德州地区，就有鯀堤（「鯀堤在德平縣西南二十五里，相傳伯鯀所築，斷續高卑約十餘里」見《讀史方輿紀要》卷三十一——十九頁，「德平縣，白鹿淵」下面的注釋），這是在古代典籍记載外的客觀存在的古迹之一，是為春秋古徐州，又作鄃，《說文》讀「塗」，地在黃河以北，為山東高唐，德州，禹城，商河一帶地区的總稱的物証之一。這且不去說了，總之，胡適当時還不敢說安特生曾經作過肯定的结論，說殷商還是處于石器時代，只是說了一句「頗近是」，到了這位以水利專家的面目出現的「上古史的否定論」者筆下，夏禹就這样為水利部門的洋枝師推到渺茫的「石器時代」里去了，又怕理由不足，論者就再以自己的口吻重复一遍，作了簡畧的「因為我們至今沒有發現夏代的銅器」為立論根据，就進一步確定了水利部門洋枝師的議論就是准則，不用說，這是為「堯舜的時代既無從知道，那就不能因《堯典》所記中星合於公歷前兩千四五百年時的情形而認為牠是堯舜時代的真書了」的反科學的「上古史否定論者」，以及還沒有「請教天文學家」就先肯定「日中星鳥」、「日永星火」話說的太简单，不能斷為紀元前二千四百年時確實如此」的論者，所共同肯定的了。但是丁文江的論据只能証明，「禹貢」关於夏禹治長江「鑿龙门」之說為偽筆，至於「夏無銅器」之説，就非屬这地質学者业务之長了。真把夏禹推到了渺茫的「新石器時代」里去的，就不知道了。總之，這並不是出於瑞典考古家安特生之口的論点。實際上，瑞典來的這位考古者，在一九二三——一九二四年間，從甘肅所獲的古器物是「分為六期」的，据周纬所著《中國兵器史》（一九五七年三联版）的介紹，安特生「以其最末期（沙井期）的銅器與羅振玉在河南殷墟所獲之銅器比較，不逮遠甚。因謂甘肅出土最晚期（即沙井期，以後又有訂正——筆者）之銅器必在商殷之前」，辛店期的銅器必更早於殷商，殷商之前，是甚么意思呢？但為什么安特生不直接了当地説，他在甘肅辛店所發現的是夏代的銅器呢？顯然，他也同样是受着中國舊歷史界的「形而上學」的「權威」观点所制約的。就是這样，在辛店出土的早於殷商的銅器，也仍然為胡適以及所有「上古史的否定論者」所一致避而不提的，可見，這是對於舊歷史界的「否定論者」極為不利的物证，是非常忌諱的。而安特生「近疑商代犹是石器時代的晚期」，從「近疑」兩字就可以看出來，如果安特生不是受了中國舊歷史界的「上古史否定論」學派的「約制」，是絕不致於不但把自己在沙井所获的早於商殷的銅器否定了，作為不存在的「神話」看待了，就是連殷墟出土的大批青銅器也一併看作是「石器時代晚期」的古物了。從這里就可以看出，安特生果有此「疑」的話，也仍然可以作另外一種解釋，那就是：如果你們不承認在辛店出土的銅器是早於殷商的，一直認為殷商以前是石器時代，「那么殷商就應該是石器時代的晚期」（既然不承認辛店期的銅器，当然就也應不承認殷墟出土的銅器），是不是果真這样，雖不能主观的武斷，但殷墟出土了大批青銅器，作為一個著名的考古學者的安特生是绝對不會也如主观主义者的反科學、反歷史的舊學閥胡適那样，看做虛無飄渺的神話（武斷殷商為「石器時代晚期」），是可以肯定的。

李約瑟所說的「考古學」方面的证据，雖然不是指瑞典安特生在甘肅辛店所发現的早於殷商的銅器，却恰々相反，倒是作為不能承認或不敢承認《堯典》天文記載所推算出來的科學數据的根据，和中國的上古史的否定論者靠在一起了。自然，如果說解放以後的考古學界一点也没有責任，那也是和事實不符的。

例如《中國歷史年代简表》（一九七三年文物版），不但把「仰韶文化」依据胡適「近於是」的假定，划在「新石器時代」（約一萬年——四千年前——原注）里，在括弧的年代數字上，也把夏禹夏启等人一併包括進去了。而且下面有注，明確的說：「在商周時期，黄河上游的辛店文化、寺窪文化、沙井文化……仍属於新石器時代」，如果說，這是「上古史否定論」者的擴大了音量的義務廣播者，或許話說的過重了；但把早於殷商的辛店、寺窪期文化，划到殷周之間去，而且作為新石器時代的文化，如果與胡適所說的，安特生「近疑商代就是石器時代的晚期」的說法一比較，說注者已經為這個論点加了法碼，為胡適當年所不敢斷然肯定的「假定」作了定則式的論斷，是深々受了舊歷史學界「否定論」的形而上學的观点的「損害」，或許不是過分的吧！

如果說，這仍是屬於歷史學范圍的問題，因為雖然是依考古學的划分為准（實際上主要的是舊地質學者推出洋技師所作的論斷），究竟是《年表》的注解；那么我們再看解放以後考古者在陝西西安所發掘出來的半坡遺址的几乎成為定例的一種通用的鮮釋吧！

「在我國西安半坡新石器時代遺址（据放射性碳素測定為距今六千年前——原注），發掘的猪骨，經比較，與現代猪相似，故為原始家猪……證明我國猪的飼養史遠遠超過了六千年」（見《猪的起源、馴化和改良》，作者之一為「中國科學院古脊椎動物與古人類研究所」的工作者——一九七六年第一期《化石》）。

西安半坡遺址的發現，是祖國的考古學者對中國文化史的一個光輝的貢獻，經過放射性碳素的測定，距今已有六千年，即公元前四千年的出土物了。這是一個新發現，一個科學的數据。但既然在公元前四千年前，就很自然的依据過去胡适所說的假定的「舊石器時代」為斷代的准則，因而仰韶文化為放射性碳素所測定的科學數据，却貼上了為中國舊歷史學界的形而上學「否定論」者所欢迎的標簽，變成了形而上學的片面論者以及「否定論」者的护身符，于是屬於六千年前的仰韶文化以及其后的龍山文化都就是「新石器時代」的文化了。

依据安特生博士從河南仰韶發掘出来的多是石器，骨器，陶器為准来說，据此就假定為仰韶文化是「石器時代晚期」的文化也還只是一種假定，如果做為科學的定律来看，那么大錯特錯了。這和兩千年以前，「盐鉄論」的双方論争中，漢儒根据《詩》有「抱布貿絲」一語，而据此就作為概括殷周之際整個地區「古無刀幣」的論据，豈不是一样的片面的看問題么？

我們再在這里重复引證一遍毛主席的話：

「因為一切客观事物本來是互相联系的和具有内部規律的，人們不去如實的反映這些情况，而只是片面地或表面地去看他們，不承認事物的互相联系，不承認事物的内部規律，所以這種方法是主观主義的」。（見《矛盾論》——《毛選》四卷合訂本三〇一頁）

只是根据「仰韶文化」遺址中沒有銅器出土，就孤立的（且不說辛店期文化，已有早于殷商的銅器出土了）作出划時期的論斷，既不考慮（不管上古還是解放前的近代的中國）經濟生活的發展各個地區是并不平衡的，例如就在「第二次國內革命時期」在紅色聖地井岡山地區：「有些地方還停留在杵臼時代（山地大都用杵臼舂米，平地方有許多石碓——原注）」（同上所引，七六頁），不能据此，就斷定處于一九二八年的中國還處于「新石器時代末期」是一樣的。而且就是處于青銅時代，也并不等于說，中國各地區全部的生产工具，生活用具都一律由青銅器代替了石器；第三，就是處于青銅全盛時期，全屬生產工具，戰斗武器以及生活上的飲食器，祭祀用的祭器，婚時的命氏彝器，生子、生女所頌賜的命名礼器，等等，也完全是為奴隶主所壟断的財富。毛主席要我們從唯物主義辯證論的观点去看問題。偏僻地區的農民，就是到了鮮放前的半封建半殖民地時期，还是有很多縣分和区、鄉都是離不開粗糙的黑釉碗以及绳纹瓦罐和石杵石臼，或石磨，石碾，不是白瓷或搪瓷的盘，碗，用鋁鍋和使打火机的，但不等於說，不是已經面臨進入社會主義時代的前夕了。

遵循馬克思主義，列寧主義，毛澤東思想的歷史观和認识論來看問題，那么不但在「仰韶文化」出土物中，只看到石器、骨器，还要看到「有許多猪、馬、牛的骨骼，其中猪骨最多」（見《通史简編》八五頁）。顯然，在仰韶文化時期，即公元前四千年之前的中國的祖先，早已越過畜牧的階段了。

恩格斯說過：「游牧部落從其余的野蠻人群中分离出來——這是第一次社會大分工」，「第一次社會大分工，在使勞動生產率提高，從而使財富增加並且使生產場所擴大的同時，在既定的總的歷史條件下，必然地帶來了奴隸制」。（《家庭，私有制和國家的起源》——見《馬恩選集》第四卷一五六與一五七頁）

這應該是我們遵循的斷代的標准法則，而不應是以瑞典考古學者（且不說因受中國舊歷史學的形而上學的「否定論」观点的約制）從片面观点提出來的「假定」作為斷代的根据。這就不須多說了。

因為在公元前四千年前的，屬於仰韶文化遺址的半坡村，出土物中不但有很多豬、馬、牛的骨骼，不但有「石斧和骨鋤」，而且還有「農產物：粟。一陶罐粟在居室內發現，一陶鉢粟是作為殉葬物放在墓葬里」（見《簡編》八四頁），這就是說，半坡遺址出土物所反映出來的，是人類早已進入農業定居的生活。屬於同時期的，還有山西夏縣西陰村遺址，「中有長方形土坑，四面有壁，像個小屋（？），許多小屋相互接連，形成一個「村落」（？）」（所引同上）。這種房屋建設，與法盧昂地區「還可以見到巨大的農民住房，中間是公用的很高的，直達屋頂的大廳，四周有臥室，由六級至八級的梯子登入，在這里住着同一家庭的好几代人」（見《馬恩選集》第四卷五五頁）是相類的，中間有長方型土坑的屋子，應是公用的燒煮食物的地方，這種與各小屋相接連的建築結構，當是「實行土地的共同占有和共同耕作的家長制家庭公社」（同上所引）的生活反映，它標志着畜牧時代不但確已過去很久，變成遥遠的歷史了，而且也從出土的鼎形、鉢形和罐形的許多彩陶器具上，可以看出來：是在農業和手工業已經進行大分工以後了。（既然「瑞典安特生博士于河南仰韶、甘肅新（又作辛）店等地發現上古時代之彩陶，與發現于巴比倫之素沙（Susa）、與中亚细亚之安脑（Anau）屈理波夷（Tripolje）者同一系統。其交通時期，據諸家之推算約在西紀前四千年代」——見《沫若全集》十四卷四五八頁），那么彩陶是經過專業人員的繪制加工，是經過交換而出現在農業定居地區的商品，就應該說是肯定無疑的了。這就是恩格斯所說的：「如此多样的活動，已經不能由同一個人來進行了；於是發生了第二次大分工：手工業和農業分離了……隨着生產分為農業和手工業這兩大主要部門，便出現了直接以交換為目的的生產，即商品生產……」，這應是公元前四千年仰韶文化划分時代的確切標准，就是說，仰韶文化所反映出來的農業和手工業的大分工，就標志着当時已經是越過奴隶社會的第二階段（第二次大分裂）了。從瑞典考古學者安特生對於彩陶款式、花紋與巴比倫（應是苏美尔）素沙及中亞細亚之安腦、屈理波夷同一系统的考据中，就足以証實恩格斯断代論点的正確性和科學的意義了。

是的，恩格斯在談到社會第一次大分工，即遊牧部落從其余的野蠻人群中分离出来以後，在「工業的成就中，特别重要的有兩種，第一是织布机；第二是矿石冶炼和金屬加工」（同上所引，一五七頁）。关於紡织，在河南渑池縣仰韶村遺址出土物中，有「紡织用的石制紡輪」以及「骨器有縫級用的針」（均見《简編》五三年版八頁）就証實了。

下面我們就要结合着文字學方面的問題，專作关於距今四千年以前的夏初的青銅器之一的「斝尊」的介紹了。以作仰韶文化中期（辛店文化）和後期（寺窪文化），確如新史學家范文瀾同志所說，是屬於青銅時代的文化（見「簡編」一九六五年修訂版八六頁）的鉄証。

總之，仰韶文化的年代數据，是經過放射性碳素測定的數据，爲科學的數据，是真；而「新石器時代」是形而上學的否定論者加在科學數据上的標簽，爲假。殷墟出土的青銅器是殷商爲青銅時代，而且是青銅時代末期（見「簡編」一九五三年版三七頁）的論証，爲真；而假借「安特生近疑商代犹是石器時代的晚期」，而「頗近是」的論据爲僞；辛店文化屬於仰韶中期（約公元前三千年）的青銅文化，寺窪文化屬於仰韶後期（約在公元前兩千年左右）的青銅文化爲真；而以夏禹爲「石器時代」的人物，以辛店文化，寺窪文化爲商周時期的「新石器時代」文化為偽，根据以上所論是完全可以肯定了。

9、關於「文字方面的証据」

——釋夏初青銅器「羿（九州象）尊」銘

關於天文學方面、考古學方面，既然如前面所論，都為中國舊歷史學方面的屬於形而上學的上古史的「否定論」學派的偏見所蒙蔽，明々天文學者（不嘗是十八世紀的法國比約，還是當代中國的竺可楨）都根据《堯典》四仲星的「歲差」公例推算出正確的年代數据；明々辛店出土有銅器，寺窪文化，是在商殷之前，但却都為論者和注者做出主观主義的錯誤的解釋；那么李约瑟博士所說的「文字方面的證据」，是不是就不一样呢？當然也擺脫不開從舊歷史學方面来的形而上學的否定論的論点的約制，而李約瑟博士所指的「文字方面的証据」，正是受這種論点約制的反映。就是説，中國是自殷商（甲骨）以後，才有文字，自然就不可能在（甲骨）文字還没有出現以前的公元前二三五七年就有了观測天象的文字記録！因而一開始（在「（2）二十八宿体系的發展」一節）李約瑟博士就説：「二十八宿究竟（在中國——筆者）古老到什么程度，兩個世紀的論争，由於安陽發現殷墟卜骨（公元前一千五百年前後——作者原注），現已宣告结束」；後来又説：「根据我們現在對中國歷史的了解，從寬估計《堯典》的數据未必早於公元前一千五百年」，就明確的説明，公元前一千五百年的估計數字，是以「安陽發現的殷墟卜骨」的文字年代為根据的。

實際上，這種受了舊歷史學的否定論影响的，不僅是國外對於漢學有很深造詣的友好人士如英國的李约瑟博士，持有這個觀點的，就是在我們國内的歷史學界（即以唯物主義的辯証觀點研究歷史的學者）也不是沒有的。

例如：「我們知道文字是野蠻末期進入文明社會的一個指標，中國古史的文字記載，最早的是殷代末年的卜辭，我們不能超過卜辭來無中生有。卜辭多半是文明時代的東西，主要的是殷末百餘年的可靠文献」（見《中國古代社會史論》一九五五年版五二頁）。這样一來，論者不但把自己所推崇的王國維先生的：「《書・

多士》曰：夏迪簡在王庭，有服在百僚，當屬事實」（見《殷周制度論》「觀」卷十——二頁）的正確論斷完全否定干淨了，就是連李約瑟博士所「從寬估计」的「公元前一千五百年」的數据，也要往後推遲三百年，更不要說，《春秋左傳》所記載的為公卿士大夫屢々引證的《夏書》（最有名的如「夏訓有之，曰：有穷後羿」，晉杜預注：「夏訓，夏書——見襄公四年；又如：「夏書曰：怨豈在明，不見是圖」，晉杜預注：「逸書也」——見成公十六年），以及《國語》：「陽有夏，商之嗣典，樊仲之官守焉」（見《水經注·濟水篇》卷七——二四頁）等等歷史記載了。王國維承認《書·多士》所載，稱夏代的王道制度，有史簡保持在王室，并不是虛話；這是根据「多士」一篇是記載周公在新邑洛陽建成以後，要亡殷奴隶主的貴族們西遷所發表的動員講話；另外還根据「夏殷間政治與文物之變革，不似殷周間之劇烈」（《觀》集——頁數同上），就是說，夏商之間的文化是一脈相承的。夏代既然有「簡」在王庭，公元前六三五年（晋文公二年）的春秋早期，「夏商嗣典」在各古老的世代相承襲的氏族部落的封邦里還存在，那么中國的文字不是從殷商創始，就很明確了。這是有象形体的古命氏金文可以作证的。

筆者實在不願意惊吓讀者，但事實總是事實。例如帝嚳時期的命氏金文的象形体「圍」字（即古「衛」字，虞音讀「护」古字作「户」，見《説文》解「户」）作（見《歷代鐘鼎彝器款識》

卷三——四二頁），到了唐堯時期變筆作（見「圓尊」舊名「商父丁尊」，《西清古鑑》卷八——五頁），又到了虞舜時期變筆作（以上各金文詳論均見《金文新考》第二輯《兵銘集》及第三輯《人物集》「舜」一章第3節。字見「臣敦」銘及「臣鼎」銘——舊名「公違敦」載《澂秋館吉金圖》卷上十五頁；「公違相鼎」見《愙齋集古録》第六冊四頁，《攈古録金文》卷二之二——五九頁各「卿鼎」）；到了夏禹時期，原在唐堯時期的圓字（）又簡化為（見《古鑑》卷三——三一頁「韋鼎」），殷商骨文作或作。又夏之志氏金文（見《愙録》十九冊七頁），孫詒讓疑龜甲文字為「韋」（見《讀金器刻辭》馬叙倫先生所引。馬並稱「口」即《說文》之口……，外有　，即守衛者也」——（一二一頁）馬叙倫以為金文就是衛字，是很确切的解釋。以上是在《金文新考》「舜」一章中已經作過論证的例子之一，但在過去，不但唐、虞、夏諸代的金文不分，就是　為　的变体，後者為父，而　為　之子，也是不分的。總之，都一併歸到殷周的金文里去，以致《中國通史简编》作者新史學家范文瀾同志說：「夏朝文字還没有發現，按照殷墟文字已經達到的程度，上推夏朝已有原始文字似乎也是有一些理由的。（三一頁「夏朝遺跡」）並以「考古學者」的名義說：「殷商為青銅末期，殷商以前，仰韶以後，黄河流域，一定尚有一種青銅文化……這個文化，埋藏在什么地方，自然尚待將來考古的發現，但他的存在，我們考慮各方事實的結果，都可以抱十分的信心」（見一九五三年版《通史簡編》第二章第四節「殷的生產方式」——三七頁），說明作者確有卓越的見識，因之，一九六五年修訂版的《通史簡編》，在「仰韶文化」一節的第六項目「艺术」標題之下，由「仰韶文化遺址的陶器，一般是美观的，特别是辛店陶器……」，改為：「仰韶文化遺址的陶器，一般是美观的，發展到了屬於銅器時代的辛店遺址的陶器……」，並不是偶然的，不經一而再，再而三的研究思考，是不會作這样明確的修訂的。顯然，作者早已肯定了殷商之前必有一種屬於中期以及早期的青銅文化，只是由於文字學方面的約制，沒有從這方面得到證据而已。如果說，中國的文字學在兩千年來深受儒家的「古無刀幣」，以《詩》之夏禹、后稷、古公亶父、王季等為中國歷史之開始的唯《詩》論的影响很深，受中國舊歷史界唯心論的形而上學的片面論的影响很深，因而眼睛受了蒙蔽，或者不能算是過分的評論吧！

我們還可以再舉出「羿尊」的象形体文字作例證。

「羿尊」舊稱「九象尊」（見一九七三年《文物》十二期的專文鮮釋及第六圖版中的第二圖），是因為尊体周圍有九只象，首尾連環一周。為了概念明確，特摹錄原圖銘九象之一，以見一般。形如：

象体上的 ，不只是一種象体骨骼式的圖案，而且還是一個屬於

中期的，即早於殷周的金文，這是為《文物》的釋者所忽畧的。字讀「州」、《說文》解「州」篆文作[illegible]，就是例證。如果這個州字解釋不誤，那么，顯然這個方尊應稱「九州象尊」，象者相也，九州宰自然是統治九州的宰相所自制的飲食具了。「水土即平，更制九州」這是《漢志》的記載（《虞書》稱十二州，《禹貢》為「九州」）。並有春秋晚期金文禹字作[illegible]為證。「九州」的划分，来自所婚的女方為九（攸）氏，是並非完全沒有根据的。自然，夏禹所統治的九州版图，是不是如《禹貢》所載的九州幅度完全一樣，還待進一步研究。但有一点可以肯定的，那就是從「海岱及淮惟徐州」的區划范圍來看，是晚於戰國（齊威王自稱齊的北界為徐州，北與燕接界，西與趙相鄰，第一章里已作引證）的地域概念的。自然，如果只是根据「九州象」的概念就斷定這是夏初時期的青銅器，是絕不會為以前的釋者所能完全接受的。幸而尊底還有一字標氏，為我們提供了明確的印證。一字金文作[glyph]，以前釋者以為友字，並根据金文[glyph]字作解釋，但尊底的原圖銘明々是[glyph]字，並非[glyph]字，為什么釋者卻根据[glyph]字作「友」來讀呢？這不是和日本天文學者為了推遲《堯典》所記載的天文年代，因而把观测時間推遲一小時的考証方法相似嗎？显然，這样一来，「九州象尊」就划到殷周的青銅彝器范圍里去了，根本也就找不到原主是誰了。但依据恩格斯的说法，「在全部落内只有該氏族才能使用這些名稱，因此氏族個别成員的名字，也就表明了他属於那一個氏族」，显然在中國三代前後氏族社會的古老傳統風習，還頑固地占据着上層意識形態各個領域（不管是属於迷信的神教；還是属於婭隨姑作媵的婚姻制；還是伯、子、男三族的划分名称）的階段，氏称是標明自己的族属，不是隨々便々的，任何人都可以使用的。羿字既是羿的翻体（《說文》羿字作羿，為晚出的字）。漢許觧「羿」為「羽之羿風，亦古諸侯也。一曰射師」，段注「古諸侯」：「此謂有窮后羿。邑部曰：𨚓，夏后時諸侯，夷羿國也」；「射師」下又注：「《淮南書》曰：雖有羿之知（智）而無所用之。高（誘）云：是堯時羿也，能射十日」。段注明確，古有兩「羿」，唐堯時的羿為有羿氏，封邑在「鬲」；夏后時的夷羿為有窮氏后羿。《左傳》載：「昔有夏之方衰也，后羿自鉏遷于窮石，因夏民以代夏政」，晉杜預注：「禹孫太康，淫放失國，夏人立其弟仲康，仲康亦微弱。仲康卒，子相立，羿遂代相，號曰有窮」。後來由於「寒浞行媚于内，施賂于外」，羿為「家衆殺而烹之，以食其子。其子不忍食諸，死于窮門」，靡（其臣）奔有鬲氏」，「有窮由是遂亡」（見襄公四年），显然，除了這兩個「羿」，有鬲氏羿（詳論在《金文新考》

「兵銘集」）和有穷氏羿，再没有第三個身居「九州象」之「尊」的「羿」了。

另外，根据「九州象尊」的一字標氏金文為[illegible]，是羿的翻体，依据金文的規律，翻体為「子」（顯然這也是由於冶金鑄造手工業有模型翻制以後才會出現的概念），唐堯時期的有羿氏生前為諸父中的大父，有穷氏夷羿為羿氏的諸子之一，生身父為有窮氏，也就可以据此為斷了。

「羿（九州象）尊」是夏初時有穷氏夷羿的飲食具之一。從有穷氏夷羿「因夏民以代夏政」，「恃其射也，不脩民事，淫于原野」的恃芝而放縱自傲的記載，和制「尊」以「九州象」的形象作圖銘的風格來說，也正是相符的。

至於有穷氏夷羿和夏禹的关係，從夷、台（怡）相通，就可以推測出一点，在第一章中我們已經透漏過，「夷」當是来自母姓，就是說，夷，羿是生於夏禹所婚的「台（怡）桑」，是九氏女兒之子，九氏的女兒承夏禹的氏稱夷（因苡氏而來的姓氏）爲夷（台），也就是說，夷羿是夏禹母一級妻屬姜姓九（攸）氏所生的女兒之子，更簡捷了当的說，是夏禹的外孫，而夷羿的生身父有穷氏爲夏禹母一級妻屬九氏所生之女的婚偶（子一級），也就比較清楚了。就是說，有夷（台）氏（即夏禹母一級妻屬所生的女兒），是從姑爲「媵」式的妾屬，夏禹子一級妾屬所生的女兒，依例又必然是有夷（台）氏之子有穷氏夷羿的婚偶。自然從今天我們的一夫一妻制家庭形式來看，夏禹既然是夷羿的外祖父，又變成了夷羿的岳父，很不合理，這也就是古金文字，讀伯，又通祖的秘密所在了。從父系來說，后羿為夏禹的外孫，卻與自己的母親有夷(台)氏的異母姊妹為婚，很不合理；但從母系來說，九氏為「姑」，姑之女所生的男孩，與姑之女姪所生的女孩為婚，又是輩分相等，是合理的；另外，從父系來說，有穷氏為父既以夏禹的母一級妻屬所生的女兒作為自己子一級妻屬了；而夷羿為子，又與夏禹的子一級妻屬所生的女兒為婚，是同父姊妹分嫁一家的父子兩代，變成了婆媳關係，很不合理；但從母系來說，有夷(台)氏既為姑(九氏)之女，當然與夷羿所婚的女姪所生之女為兩級，有夷（台）氏與女侄（夏禹子一級妾屬）是同級表姊妹，而女姪之女就是有夷（台）氏的女甥了，本來就是兩級，所以表姨有夷（台）氏婚于父有穷氏；表外甥婚于表姨所生夷羿又是輩次相適的。依此類推，就可以知道有穷氏夷羿和夏启之子太康以及仲康為父子（婿）的婚姻关係了。自然這都是依据《金文新考》，舜以及舜的弟兄既為帝嚳子一級妻屬所生之女《史记》稱作「娥皇」的為婚，又納帝堯的母一級妻屬所生的女兒史称「女英（鷹）」為自己的子一級妾屬的考证中，得出的規律，「舜」一章有詳論，就不在這里作繁瑣的复筆論证了。總之，從這里可以看出，佟曾社會早已跨入青銅時代（「羿九州象尊」

就是确切的证据之(一)的奴隶制社會，但母系制的氏族社會的風習在婚姻制度及家庭組織形式方面所占据的統治地位是多麼根深蒂固了。

再從「羿」的字形来分析：廾為双手，井是古刑字。字讀今音為益聲，殷周古韵夷，幾，系同屬十五部，益，奚，繫，同在十六部，可以推知，三代以前古音当與繫（今作羈）同聲同義。直截了当的說，就是標志着羿氏是直接掌握着鎮壓奴隶大权的司法者，這和「九州象」的身分，也是相稱的。而《說文》作者漢許自叙祖譜中說：「曾曾小子，祖自神炎」，「大岳佐夏，呂叔作藩」，段注：「《國語》晋大子曰：共之從孫，四岳佐伯禹……胙四岳國，命為侯伯，賜姓曰姜，氏曰有呂」，誤以佐夏的大岳與呂叔為一人，實際上，是有穷氏夷羿為長，而呂為次子，即應是《說文》中之有竆的竆，以呂為氏標的封于京畿之外為王室屏障的姜姓呂國的始祖了。因而佐夏的「大岳」夷羿有穷氏雖亡于寒浞，但呂叔之族卻直綿延到殷周之際。除呂之外，又有別支為齐，《水經注》載：「臨淄人發古塚，得桐棺前和外隱為隶字，言齊太公六世孫胡公之棺也」（「穀水」見前所引），姜姓的呂望，六世孫稱胡公，胡，当為標明族氏所屬的氏稱，與有竆（古音讀躬，弓為夏音，本音当讀弧），氏以「弓」為氏稱，古之正音為「弧」，從志族的聲標來說，也是完全相符的。說明佐夏的大岳為有竆氏夷羿，而為藩的呂叔為有窮氏的次子的推斷是不誤的。據此可知，《書序》載：「呂命穆王訓夏贖刑，作呂刑」，是確有根據的歷史记載了。說明《堯典》所載的「金作贖刑」，是為帝堯的姐妹夫（自然帝堯也是有羿氏的姐妹夫）之一的有羿氏所創始，到了大岳夷羿佐夏的時候，仍是以有羿氏所創立的法典為根據。稱夏之贖刑，到了殷周以後，經周穆王批准加以新的解釋和補充就稱作「呂刑」。說明呂氏在王室，是世代相承（自然在有窮氏夷羿一系夭亡以後）掌握過夏之「贖刑」的。

综合以上所論，在文字學方面同样存在着為舊歷史學的否定論的形而上學的观点的偏見所蒙蔽，而產生的與文字的真實的實際不符的解釋。如果说，這種解釋是橋本增吉式的天文學方面的「观测方法」在文字學上的翻版，恐怕也就不能説没有根据吧！

至於虞夏以及虞夏以前諸代的金文，是很多的。這就不屬於本篇的研究范畴了。

10、小結

本章，我們對於《堯典》的真偽两部分，做了「去偽存真」的研究：首先認為「以睦九族」是秦漢後世的封建宗法观念的反映，與三代以前的「普奴魯亚」式的家庭組织形式所形成的「伯、子、男」三族之親的母系制遺風完全不類；从「寇攘姦究」一辞，又是晚于殷周之際微子所説的「草竊姦究」的語汇，也認识到是屬於兩個時代的不同的概念；進而更從「允恭克让」「以親九族」「協和萬邦」的思想体系，得出這又是战國儒家「齊家，治國，平天下」的的翻版。因之發現《堯典》所以歌頌虞舜在「父頑，母嚚，弟傲」的處境中「克諧以孝」，是和儒家把虞舜作為宣揚儒教「孝道」的典型人物的意圖是分不開的。而且所有這些描繪，又是和《孟子》上的记載出於一轍。但由於鯀是帝顓頊諸子之一，而虞舜為帝顓頊的諸孫之一（這以夏禹嗣虞舜帝位，正如虞舜嗣帝堯位一样，就可以證實的；從父系制來說，都是姑表兄弟，虞舜為帝堯的姐妹「娥皇」——依金文考證是帝嚳子一級妾屬所生的女兒——的婚偶（母一級妻屬），夏禹為虞舜的姐妹「九」氏——依金文考證，是鯀的子一級妻屬所生的女兒的婚偶；但從母系來說，虞舜又是帝嚳母一級妻屬所生的女兒之子，即帝堯的姊妹之子，因而又與帝堯母一級妻屬所生的「女英」為婚（女方為子一級妻屬），自然夏禹又是鯀的母一級妻屬所生的女兒之子，即虞舜的姊妹之子，因而又與虞舜母一級妻屬所生的女兒為婚（女方為子一級妻屬），從內在的婚姻制度上，就充分反映出来，在帝位承嗣問題上，仍然是承襲着從母系制遺留下來的傳統——即在奴隸主式的部落酋長和以後的以婚姻為基礎的氏族部落联盟首領的承襲問題上，傳姊妹之子，也就是傳「婿」的傳統。詳論均在《金文新考》一、二、三各集）。最後鯀為「代攝天子之位」的舜所放逐，顯然這和儒家所要求的那種「其父攘羊」而「子為之隱」的「孝道」不符。不但不符，正相反，依封建宗法的儒家觀念來說，應該是「大逆不道」的罪人。因而就不得不在鯀與舜的諸父諸子的关係之間，硬增加了虛构的四代父祖，而且由《孟子》出面来作「此地無銀三百兩」的聲明，结果舜與鯀就脫離了「五服」之内的親屬关係，成為「五世之外」的遠族親屬了，雖然儒家開脫了虞舜作為「諸子」而因「諸父」的「罪名」，但在「堯典」上卻留下了再也無法弥補的兩個大漏洞，一是不但出現了虞舜與自己的遠族祖鯀（舜為六世孫）同朝為官的局面，而且出現了以後舜的地位卻由鯀之子夏禹，即舜的高增祖來承嗣的怪事；

二、帝堯稱鯀為伯（《帝王世紀》），變成了虞舜的四世祖，即高增祖，由扵距離太遠，又不得不提高帝堯在位的年限，因而就出現了帝堯九十歲的時候以「二女」婚扵舜，就是《古本竹書紀年》朱右曾序中所指「舜妻祖（曾祖）姑」的場面了。從這里，不但暴露了《堯典》確經戰國儒者之手進行了大量的偽筆篡改，而且在戰國儒者之後，又經過秦漢的儒者再次潤色，這是《堯典》的偽造的一部分。自然，當中「禪让」之説，是戰國儒家宣揚「堯舜之世」偽造《堯典》古史的主要目的所在，即為奴隶主復辟進行篡奪封建諸侯政权服務的。

既然我們是馬克思主義、列寧主義、毛澤東思想的信仰者，那么我們就不能倒賍水連孩子也潑出去。根据中外天文工作者由於「歲差」的自然規律，依《堯典》所載的二分点和二至点的四中星為准，推算的大致年代和考証數据，與漢晋石碑所記的帝堯嗣位年代的累計的訂正數字（扣去了為战國儒者僞筆所加的六十年，即徵舜時為帝堯在位十年，非七十年）相印証，兩者是完全一致的。因而為十八世紀法國天文學者所堅持的：《堯典》是公元前二三五七年的天文观測记录，就從漢晋碑銘上得到证實了。

但這個科學數据，雖為英國著名的漢學家李約瑟博士所欣賞，稱為「成功的计算」，但却又摇头不止，不承認公元前兩千三四百年以前，中國會有這样的天象观测记录，并聲稱，這是由於「我們對於中國歷史的了解」的原故。我們指出李約瑟博士對于中國舊歷史學界的論争和對於中國古代典籍一样的熟識，正因為如此，是受了形而上學的否定論的偏見影响所致。由于李約瑟博士在歷史學之外，又提出所謂「考古學和文字學方面的証据」，我們就又不得不從中國考古學方面所存在的同样為舊歷史學的形而上學观点所曲解的問題，進行了研究。

我們在考古學方面，首先肯定了解放以後所取得的光輝的成績，如陝西西安半坡村遺址的出土，就是中國考古學者的對於祖國的文化研究所作的新貢献之一。以放射性碳素所測量出來的屬於仰韶文化的半坡遺址，是在公元前四千年的文化遺址，就為我們提供了宝貴的科學數据。正如考古學者與畜牧業務部門的工作者在研究猪骨（半坡遺址出土）和猪骨化石（河南下王岡出土）之後，得出「証明我國猪的飼养史遠遠超過了六千年」的科學論据一样，都為我們中國的新歷史學，樹立了作為准則的斷代標志。這是一方面，自然也是主要的方面；但另外，也確實還存在着把距今六千年的仰韶文化，只是根据出土的多是石器骨器就棄置瑞典考古學者安特生在甘肅新店發現的屬於仰韶文化的文物中确有銅器的事實於不顧——片面的把仰韶期文化推到渺茫的（並無文字记載可据的)「新石器時期」里去的形而上學的否定論觀点的影响。同時，也指出來，把夏禹推到「新石器時期」去的「首創者」，實際不是來自考古學界；而是來自一個「水利工程專家」，一個「揚子江水道委員會」的技師 Palmer 來開路，因為這是「洋人」的話，顯然在這里反映了一種蓋有半封建半殖民地的社會烙印的心理——結果，再經過舊歷史學界否定論者們的宣揚，夏禹就根据中外兩個「水利工程人員」的毫無根据的談話，却戴上了「新石器時期」的帽子，被推到「神話」——即沒有文字可考的——世界里去了。而這正是舊歷史学界的否定論者孤方独力所不能完成的任務，结果就由地質學方面的形而上學的「否定論」者推出一個洋技師的名字來共同完成了。而且果然，以後也就為考古學方面作為「歷史學」方面的依託來運用了；反過來呢，舊歷史學否定論者又作為這是來自考古學方面的科學論斷来引證，這樣，相互依託，以為「真理」，反而不知這是完全出於中外兩個「水利技术人員」之口的「論斷」，所謂「我說，禹是石器時代的人，因為我們至今沒有發現夏代的銅器」，實際就等於代替舊歷史學界的否定論者出面，否定瑞典考古學者在甘肅新店等地所發現的銅器（如安特生本人所說）是「早於殷商」——實際上，盡管竭力避免對於当時占据中國舊歷史學的統治地位的「否定論」學派的觸犯，但就是這個「早於殷商」的銅器，如果影响擴大，也會戳穿形而上學論者們所盤踞的堡壘的，因而就有必要由地質方面的上古史的「否定論」者抬出另外一個洋人來出面，堵塞為「早於殷商」的辛店銅器所攻破而出現在堡壘上的裂口。

我們不但指出「夏禹是石器時代的人」，「我們至今沒有發現夏代銅器」，是主觀主义的猜測。是出於「水利工程人員」的論斷，不能作為划分時期的根据以外，又以恩格斯所提出的：「游牧部落從其余的野蛮人群中分离出來——這是第一次社會大分工」，「从第一次社會大分工中，也就產生了第一次社會大分裂，即分裂為兩個階級：主人和奴隶、剝削者和被剝削者」。作為我們所遵循的唯一的划分上古歷史時期的斷代標準。這是我們和形而上學的「否定論」者重要的區別标志之一。

依据恩格斯提出的标准，我们从半坡遗址出土的，不仅有大量牛、马、猪等家畜的骨骼，还有罐、钵以及罐、钵所装的谷物，生产工具中的骨锄等文物遗迹所反映出来的，远在六千年前的半坡遗址的居民生活，已经不是「第一次社会大分裂」阶段所能有的水准，而是经过农业（包括家畜饲养）和手工业的第二次社会大分工之后了。这就进一步肯定了：早在公元四千年前的仰韶文化时期，中国已经跨入奴隶制社会的论断的正确性了。勿须说，在人类第二次社会大分工以后，「商品」也就随着大量的出现了，而在半坡遗址中出现的六处「烧陶器的窑址」（引自《西安半坡遗址第二次发掘的主要收获》——见《考古通訊》一九五六年第二期），就是当時已經存在着商品生產的物証，如果僅々是為了自給一個村社范圍，絕對不可能需要六個窑場的生產量的；而且出土物中，還有少量（新出土）的彩陶，其中「魚紋」作、（同上，二十六頁图三）。隨葬陶器中有盘如鉢，內有彩图，如（圖版七）：

顯然非專業人員又是繪制不出的图案了。或者彩陶就是外來的「巴比倫素莎」一個系統的高級商品了。

此外，在文字學方面，我們又提出確為夏代青銅器的「彝（九州象）尊」作物証，証明不但早在夏初時期奴隶主階層就有了青銅飲食器具，而且也提出了夏初就早已有了標氏志族的文字，証明李約瑟博士以及中國新史學界的以殷墟甲骨卜辞為中國文字之始的論点（這種論点也是為承認「夏廸簡在王庭」為事實的王國維所不取的）是脱离历史实際的片面性的論点。自然李約瑟博士的公元前一千五百年的「從寬估計」，中國才有文字的論据，也就不能成立了。《尧典》的天象观測記录，確為公元前二三五七年為中國所固有的天文記録，也就完全可以肯定下来了，而中國在当時已經出現了「金作贖刑」也相應的屬於歷史的实錄，同样可以作出初步的論断了。這样就随之出現了在公元前二三五七年之前中國是不是有了金屬貨幣作交納罰欵的問題；而這個問題就是屬於第三章作為專題研究的問題了。

第三章　帝堯時期的金屬貨幣

夏初，做為新興的奴隸主統治階級核心人物的「九州象」夷羿，有專為自己特制的青銅飲食用具，足証漢世經濟家所引「禹以庄山之金，鑄幣以贖民」不是偽造的虛語了。而且《書序》既然又稱「呂刑」是源於「夏贖刑」，那么夏代的贖刑，又是從《堯典》所載的「金作贖刑」而來的法制，脈絡也就比較清楚了。法制上已經發展到繳納罰款以贖罪的程度，不須說，在当時一定是有了較為廣泛流通的一種作為貨幣使用的金屬了。自然，這是依理度情的推論，如果這種推論確是屬於歷史的实際情況，那么在三代之間，或三代以前的青銅彝器圖銘上，必然會有關於這種貨幣金屬的記載。古象形体金文時期，有关貨幣金屬的记載是很多的。所有這種金屬貨幣，金文統稱作「貝」。古音貝、幣一音，今讀彼（幣聲），或讀「貝」聲，就是例証。在這些以象形体的金文爲稱的古貝中，如果單從貝名的文字形式上來說，也是屬於青銅初期或中期，即早於殷商的貨幣金屬。例如：

(1)「□貝」（見「觶尊」，蓋名「丁子尊」——《愙》十三冊）

(2)「□貝」（見「庚午鼎」，蓋名「周友史鼎」——《愙》六及《古鑑》卷四）

(3)「□貝」（見「兄癸卣」——《歷》卷三——四十五頁）

(4)「[illegible]貝」(見「大保鼎」——《攈》卷二之三——八十頁)

(5)「[illegible]貝」(見「聿貝父辛觶」——《愙》二十冊)

(6)「[illegible]貝」(見「丙申角」——《愙》二十一冊)

(7)「[illegible]貝」(見「来獸(狩)敨」——《愙》十一冊)

(8)「[illegible]貝」(見「丙午鼎」——《愙》五冊)

(9)「[illegible]貝」(見「戊午爵」——《攈》二之二——四頁)

(10)「[illegible]貝」(見「父乙匜」——《愙》十六冊)

(11)「[illegible]貝」(見「丙寅卣」——《[illegible]》卷三——四十五頁)

(12)「[illegible]貝」(見「辛巳彝」——《攈》卷二之三——三頁)

總數當在十二種以上，而且都是各有專稱；此外也有在金文中所常見的，為金屬貨幣統稱的，有：「征貝」，一見於「丁未角」(舊名「丁未伐商角」——《愙》二十三)，再見於「御方尊蓋」(見《愙》十三)；有：「鑄貝」，一見於「揚敨」：「取鑄遺五寽」(舊釋「五鍰」——見《愙》十)，再見於「趞鼎」：「取鑄遺五寽」(舊釋「取賦五鍰」——見《愙》五)；又稱「鑄征」，見於「曶鼎」：「用鑄遺征賣茲(買此)五夫，用五寽」(見《愙》四)。從「揚敨」稱「鑄遺」，「曶鼎」稱「鑄遺征」來看，舊釋「⿰彳⿱垂遺」為賦雖失，但這金屬化貨幣是在納稅及買賣中為人所通用的，既可稱「⿰彳⿱垂遺」，又可稱「⿰彳⿱垂遺征」，等於「征貝」。而「⿰彳⿱垂遺」不用說，就是「⿰彳垂征貝」三字的合体。「⿰彳⿱垂遺」字為《說文》所不載，「⿰彳垂」字同样也不見於經典。從形類上推求，《說文》有錘字，古体作⿱垂金，漢許解：「八銖也」，原來也是一種金屬貨幣的通用名稱。段玉裁注：「古字只当⿱垂金，謂有物⿱垂金之而使平，是錘的本字也」。依清段的解釋，古有八銖錢，又稱「垂貝」，从貝以銖稱來音，自然又可知道這是漢代的幣制名稱，但如果依照段注，讀垂為錘，以為是「錘之使平」的金屬貨幣，自然就是形而上學的曲解，誰都知道，只要是金屬貨幣，總是經過「范模」鑄造出來的。顯然這個在貨幣上稱「垂」的，不是「錘之使平」的錘，当另有一個符合歷史實際的正觧。

八、初釋⿺辶⿰彳⿱垂貝字

「⿺辶⿰彳⿱垂貝」既然是「⿰彳垂⿰彳止貝」三字的合体，而漢有八銖錢又稱「垂」，可知，⿰彳垂、垂是古今字。作為人稱，垂当可作倕，《孟子》稱「百里奚」；《史记·秦本紀》作「百里傒」，就是例証；而作為地稱，《說文》觧「徐」，段注引《魯世家》作「徐」，實際在三代以前古金文中為「余（[illegible]）」字，可知作為物名「垂」又可作「⿰彳垂」，垂、倕、⿰彳垂当屬一字。不須說，「⿰彳垂⿰彳止貝」，首一字原為人稱，而末一字是物稱。「[illegible]」為[illegible]的变体，是「成祝」的祝的变筆。以「足」為標聲志族的符号，字形所象，是「铸」有規范，也是「行有所止」的「佳」的始体字。古铸、祝是父子字，王静安曾有「古铸祝同字」的見觧（見「铸公簋跋」，《观》卷十五——四頁），雖然不知铸、祝原為父子兩代的氏稱，即帝顓頊為铸氏，嗣宗子「稱」為祝（即祝融氏），金文作「成祝」（详論在《貨幣集》「鉏铸貝」一章），但以「铸祝同字」為觧，遂是對的，因為到了春秋后世铸、祝作為族稱，自然都是始祖的稱呼了。「征」為「铸」的古体，遂有「夆父鼎」銘：「夆父作□宝鼎，铸命（令）曰……」之铸作征，可以作旁证。

「徸遺」根据以上的分析，為「垂氏铸（佳）貝」的概念，「征貝」当是「铸貝」又可作「祝幣」觧，也就同時可以肯定下來了。

2、「垂」為古代人稱的證据

「倕徙貝」既然以「垂」為貨幣命名，可見「垂」是古代以金屬鑄幣的有名人物。那么中國的古代典籍上，是不是有關於這么一個有名望人物的傳説和记載呢？有。

《淮南書·本經訓》有「故周鼎著倕，使銜其指，以明大巧之不可為也」，高誘注：「倕，堯之巧工也。及周鑄鼎，著倕象于鼎，使銜其指」，説明唐堯時期的「巧工」名倕的人，直到殷周以後，還為從事金屬冶煉工業的人們所傳頌，因而為了自夸周代的金屬冶炼和鑄造的技艺所達到的精緻程度，非唐堯時期的「巧工」倕氏所及，就鑄倕的像於鼎上，使他口含手指，表示不勝惊訝、贊嘆，以致發呆的样子。顯然，如果唐堯時期没有相當發展的金屬冶煉、鑄造工业的基礎，這種古代的傳聞是空想家絶對虛构不出来的。尤其是唐堯時期這個負有盛名的從事金屬冶煉，鑄造手工業的首領倕，恰々又和殷周稱通用的金屬貨幣為「倕征」或「遺」相類，這也絶對不是偶然的。而且還不只是這一個「倕」，另外，《虞書》載：「帝（舜）曰：疇（舊作誰解）若予工？僉曰：垂哉」，原来虞舜的共工——就是以监管金屬冶煉，鑄造為主的百工首領——也稱「垂」，說明「垂」當為三代以前從事金屬冶煉，鑄造手工業的首脑人物的族稱。就是說為弟兄們所通用的家族氏系的統称，而並不是專屬個人的氏称。因而就有必要順藤摸瓜，弄清垂氏系主要家族成員的底細不可了。

3、「垂」字兩音舊讀「我」

《說文》解「我」，漢許說：「施身自謂也，或說，我，傾頓（頭之誤）也。从戈手，手古文垂也。一曰，古殺字」。

《石鼓釋文》強樊漁釋我：「我字，從戈从手，手即古文垂字，杖也」，以為「古者它（蛇）多為患，無論何人，必有一戈一杖，以禦之于自身」（見卷下「己鼓」二頁）。

王靜安《陽比簋》釋文：「唯殷墟卜辭我字作[illegible]或作[illegible]从戈从[illegible]，而《說文解字》我从戈，从手，手或說古垂字」（見《激秋館吉金圖》上冊二十三頁）。

後面家都是遵循漢許的鮮釋以為說，實際上漢許只能指出左半体以手為古文垂字，右半从戈。則無鮮却已經說不明白「我」字的古義了。而近代訓古學者，釋石鼓文，又加以主觀的發揮以「垂」為杖，這又別生異義了。至於殷墟卜辭為晚出的文字，三代以前古三字命氏金文有「華(垂)伯戌爵」(舊名「立戈祖戊爵」見《攈》卷一之二——十七頁)可以為證。

4、「華(垂)伯戌爵」新鮮

爵銘三字，是：　戌字當作　，字有缺筆，說明是為銅銹所掩，沒有剔除清楚。一字命氏金文作　的字型，與殷墟骨文　相類，可見是骨文所本。　是倒「足」，依例當為足（凵）氏之子，足為柱、鑄、祝的旗標就不須說了。字本讀華，变聲讀「垂」（古音為椎），（論証在以後會提出。因為牽涉面比較廣而且也比較复雜），[illegible]就是[illegible]的简化体，是氏稱，後世当然就作族稱了。殷周古韵，戈、過、我、化同部，可以推三代以前華、我、貨、戈必是一個音系了。

[illegible]字雖通祖，但字仍讀伯，為伯舅（三代以前父之弟兄都称父）之伯。這就是說，華（垂）氏為伯戉的「姊妹」之男，依例又必然生女再婚於華氏，而這個一字命氏彝器，由戉氏以伯舅的名義出面命名，当然就是華（垂）氏與戉氏的女兒為婚時，戉氏做為

女方的「大父」所須賜的命氏礼器之一了。

按理，戊氏應以「父戊」自稱，但在這里却避父而稱伯，足証華氏是屬於当世的王室的族系，戊氏自進而称伯，這是一，另外，華氏所納的，当是戊氏的母一級妻屬所生的女兒，這就是說，華氏是以戊氏的女兒，為自己子一級妾屬，先已與戊氏的父親的子一級妾屬所生的女兒（為姑）合婚了。而華氏原為戊氏母一級的姊妹（或从姊妹，再从姊妹）所生，所以是戊氏的姊妹之男，而又婚于子一級（母氏女侄）母親所生的姊妹，華氏又是戊氏的姊妹夫。三代以前這種兩級制的婚姻关係，我們在第一章中，已經作過介紹。如果從今天的一夫一妻 制來看，就很难解釋了。因為華氏既然是戊氏的姊妹之男，又與戊氏的「姊妹」為婚，由「甥」變成了「叔」，是很難理解的；但如果從母系來說，華氏確實是戊氏母親（姑）所生的姊妹之男，但所婚的母一級妻屬，卻是母親（姑）的女侄所生之女，因而姑之女所生之子和姑之侄所生之女為婚，輩次是很相適的，戊氏仍為「伯」，華氏以後又與戊氏的女兒為婚，是作為子一級妻屬。從父系來說是女甥和自己的姑父為婚了，很不合理；而從母系來說，卻是「姑」之女兒所生的男孩，與「姑」之子所生的女孩為婚，輩次也正相適。這就是戊氏稱伯而以「父」稱的主要的物質根據了。依父系來說，兩人是互為彼此的姐妹夫（包括從姐妹和再從姐妹），以及妻兄弟的。

那么，原為戉氏的族標，由於依母系制，納了自己的「姐妹之男」為自己的「子婿」，成了自己氏族的「世襲」的承嗣人，所以就以倒「足」（）為標志，說明這個華（垂）氏是「足」之「子（婿）」，戉氏原來就是華（垂）氏，金文作，也就可以據此初步肯定下來了。如果這華（倕）氏是唐堯時期的人物，不用說，就必然是在金屬冶煉鑄造工業方面聲名赫赫，直到西周鑄鼎，還鑄上他的象，用來衬托周代的金屬冶煉鑄造工業的精致，而使他「手合其指」作呆狀的倕了。

自然，是不是確實如筆者所推論，還需要從三代以前古金文中找印證。首先，須要確定為唐堯時期的人物。

這個任務確實是有些艰巨的，但「世上無难事，只要肯登攀」，既然在公元前兩千三四百年之間，中國的金屬冶煉鑄造手工業是為新興的奴隶主統治階層核心氏族「鑄（足）」氏一家所掌握，而且每一家族成員在生活上完全使用各自有氏標文字作记号的青銅飲食用具，還有一命、再命、三命、五命的命氏彝器，以及祭祖的各種有文字可考的礼器，那么我們總會找到印証的。

5、倕氏為「垂」之子

——「我 字彝」銘考

三代以前一字标氏金文中，有「我字彝」（舊名「子負戈父戊敨」及「子荷戈父戊彝」，見《窓》七及《攈》卷一之一——二四頁），原銘一字標氏金文，為：「[illegible]」变隶當是我的字源。字形所象，是一大一小兩战士，各有武器，或持戈負，相背而立，是共同保衛封邑疆土的姿態，從聲類上推求，當是「國」的字源。殷周古韵，果，我同部可以為比，春秋金文國字作[illegible]（見「齊國差甔」，《攈》卷三之一——四四頁），又作[illegible]（見「叔夷鐘」）可以為比，說明三代以前，遠古從母系制以來，氏族社會的集体观念還占据着一定的优势，稱「我」就是以氏族部落的集体為主，和奴隶社會中期（以夏启帝位傳子制的確定為標准）開始以後，就是說母系制的傳姊妹之男，也就是傳婿制最後為父系制的傳男制（不曾是帝位以及世襲酋長式的侯位）所代替以後，「我」字的观念就發生了轉折性变化，逐漸與集体概念脱離，而專作為個人的自稱了，而另外，有「國」和「郭」（金文作□）担負了古「我」的概念，與城邦同样，為「集体」的專稱。從「我」字所發生的概念上的变化，也可以看出氏族部落的集体观念，已經隨着私有制的奴隶社會的發展而徹底崩潰了的客观的变化。

□字為舊讀「垂」的「手」字的本体，翻体作□（戉），原是戉氏的生身父，据此就可以論斷了。不用說，依据金文關於親稱的記載所反映出的兩級婚姻制的規律來說，有倒「足」作标志的「垂」（本音讀華，金文作□），既然子一級妾屬為戉氏的母一級妻屬所生的女兒，那么這個稱便為「伯」的華（倒「足」）氏，母一級妻屬必然為「垂（）」氏的子一級妾屬所生之女，又是垂氏母一級妻屬之女所生，就也應該順便肯定下來了。

6、「垂」（）為帝顓頊的次子考

為小，為弟。這是從「我字彝」銘的象形体金文中看出來的，為大，為長，為兄，也是很明顯的。那么這個舊讀「垂」的人物，又是誰人之次子呢？這就有必要首先考证是什么人的嗣宗子了。

從字形上看是相類字，後一字見「父辛鬳」（《愙》十七）辛字作，原為帝嚳高辛氏的氏稱，三字金文，不須說，当是高辛氏有女婚於而鑄的命氏礼器之一，字與相類，應是戊氏僮，為氏的長子，即唐堯的姊妹夫之下。而為戊氏（）的大父，為的子婿，（依例為帝嚳的姊妹夫，是帝顓頊的次男）為大父，也就可以初步作斷了。「父辛甗」是論証之一。

另外，再從的字形所象來看，有武器平担在肩上，当是古「稱」的象形，《周書·牧誓》記周武王之辞有：「立尔矛，稱尔戈，比尔干」，的号名，用今天的話來說，就是「把你們的矛立直啦！把你們的戈担平啦！把你們的盾牌排列整齐啦」。漢孔安國注《尚書》解「稱」為舉，（見《史记·周本紀》「稱尔戈」下注），近代注釋者吳闓生注《牧誓》循之作解，說：「稱，舉。戈，戟。干，楯。矛亦戟之属，長二丈。唐孔（穎達）曰：戈短，人執以擧之，故言稱，」唐孔也当是循漢孔的解釋。《說文》漢許解「稱」，說：「稱，銓也」，段注：「稱，俗作秤」，因而可知漢孔、唐孔之解均為誤，戈非短兵，强解就不得不以矛為長兵而戈反倒作為短兵來解釋了（詳論在《金文新考·貨幣集》「鉏鑄具」一章）。字實際就是「稱」的象形体，因為這種兵立起来，和矛不一样，兵刃尖鋒正在耳際，站在隊伍里，並排手持如不觸到並肩旁立的人，在稍有疏忽的時候，也必然會碰傷自己的耳部，立起来既然不便，所以肩在肩上就是古之定例了，字当為「稱」字。「稱」是誰呢？在上古史有名的人物，是楚的始祖，帝顓頊的嗣宗子。《史記·楚世家》載：「高陽氏生稱，稱生卷章」，就是例証。「稱」是

帝顓頊的嗣宗子「垂」（□）為次子，据此就得到進一步的証实了。帝嚳為帝顓頊之婿（論在《金文新考·貨幣集》「鉏鑄貝」一章），有子一級所生之女又婚于垂（□）氏之男戉（□）氏，輩次正相符。而戉氏有女（諸女）又婚於帝嚳之男□（正音讀華）者，又是「口徑」相符的。那么「垂」（□）為帝顓頊之次子，是「稱」的兄弟，戉氏為帝顓頊之孫，金文作□《淮南書》稱倕，為帝堯的「巧工」，又是帝堯的姊妹夫，就可以据此作斷了。

最後，依金文●字可作◎，王字作□又可作□之例，□字当可作□，是「成」的本字，古成、稱一字，《春秋左傳》經載：「以成宋乱」，晋杜預注：「成，平也」（見桓公二年。《公羊》以為促成的成，何休循之作鮮，注稱：「作見其惡，言成宋乱」為失鮮之辞），足証，成為「稱」的通用字，用今天的話來說，就是「評息爭端」的「評」的概念，這是□字讀「稱」变隶当作成，是金文「成祝」的「□」字的变筆，也就可以最後肯定了。

7、□是方瞿二字的合体

我們現在既然从「我字彝」的一字标氏金文考证中，知道「垂」為帝顓頊的次男（《左傳》文公四年高陽氏有子八人的记載有偽誤，詳論在《金文新考·兵銘集》「帝堯時期三兵銘考」），金文為帝顓頊的「二目」，有帝顓頊以「父珠」名義簽署的再命（双冊）彝器「眀祝敲」（舊名「双目形，牺形父丁敲」——見《窓》七）可以為証。

六字命氏金文為：

「稱」是帝顓頊的首目，金文作，就是以後官称為「相」的字源。是帝顓頊的氏標，以●（珠）為标聲志氏的符号（《貨幣篇》第三章「鉏鑄貝」有詳論），次子「垂」氏為二目，為瞿氏（戊）的生身父。這就是帝顓頊以「父珠」的名義為氏須賜的再命（双册）礼器。以「豬」為「祝」的象形体。祝就是祭祀時祷祝的祝，《詩》小雅「楚茨」有「絜尔牛羊，以往烝嘗。或剥或亨，或肆或將，祝祭于祊」。就是「祝」為祭的例証。祝，為祝融氏的「祝」，是帝顓頊諸子，掌握金屬冶煉工業「火侯」的官稱，因而為「成祝」「眀祝」弟兄所通用的族稱了。据此，我們就可以知道，舊以我字的左半体「手」循漢許的解釋以為是「垂」，依据段注作錘的解釋，就是由於後世而來的支解了，□字分開来看，当是□□兩字的合筆，首字讀方，次字方氏所持的為武器非「錘」的形象，是很明確的。

從以上的分析，就可以知道眀氏所持的這種兵器，古稱「瞿」，原来就是從「二目」的再命以後才有的名稱。《周書·顧命篇》載：「一人冕持戣，立于東垂，一人冕執瞿，立于西垂」，所說的「瞿」，就是□了。近代吴闓生注《尚書》，循漢鄭康成舊說，以為是「三鋒矛」，就不是正解了。

《說文》解「鑺」：「大鉏（古鋤字）也。從金瞿聲」，鑺是後起字，古当作瞿，古謂「大鉏」，今天通稱作鎬頭，又称作「钁」，有寬板，也有尖嘴如錐，在譯文上稱作「鶴嘴鋤」的，就是這個的形象了。足見瞿兵，原來是用在農業生產上的工具，而且早在公元前兩千四百年前就已經由於帝顓頊之次子再命為「眀」——而稱這種刨地用的，為眀氏的氏稱物标——而有了文字記載了。，為「方瞿」兩字的合体，方為母姓，是「風」的族稱聲系，帝嚳是「垂」氏方瞿的姊妹夫，妻屬方姓，因而帝堯系母姓稱「放勛」（「帝堯者放勛」——見《史記·五帝本紀》），這又是帝堯确如前論為「垂」氏「眀祝」的姊妹之男，而「眀」男氏

氏倕為帝嚳子婿的鉄証之一了。瞿為氏稱，鐝就是瞿的後世聲变，也就明確了。「方瞿」之子，依例倒称「瞿方」，戊氏倕（即帝堯之「巧工」為瞿氏，也就可以初步作斷了。命氏金文图录中有「瞿着卣」（舊名「瞿祖丁卣」，見《歷》卷三——四三頁），銘六字，和「䀠祝敔」相同，只是親称為「祖珠」，盖銘是：

當是「倕」氏受帝顓頊的再命，

器銘作：

以「瞿着」為族稱了。古鑄、祝同字，而着、鑄古通用，前已見于所引的高誘注《淮南書》「周鼎着倕象」着字作鑄之例。這就是戊氏又可以稱「瞿方」的鉄证了。

8. [古文字]字正讀

[古文字]字舊讀垂，以垂作錘解是唐、虞以後的变稱，正讀当為華。《說文》解垂，古体字作𠂹，漢許釋：「草木華葉𠂹，象形」，段注：「引伸為凡下垂之偁。今字垂行，而𠂹廢矣」，又說：「此篆各書中直，惟《廣韵》五支及梦英所書作[古文字]」。從字形所象来看，是四人共牵引犁具耕土形，這也就是「垂」字从人从土的原因所在了。而垂字古作[古文字]，正說明是華的本字，（今作「鏵」），為耕犁的象形。三代以前古金文，有「華卣」銘（舊名「車卣」）——見《窓》十九），作：

[古文字]

第二字就是[古文字]的始体，是双人牵引双輪「鏵」的形象，田字上并有扶「手」，就是斡柄，是「手」握處。簡化為𠌶，再省為𠂹，中直如錐，就是字讀「垂」聲的聲源所出。古華字《說文》作𠌶。漢許解：「𠌶草木華（花）也，从𠂹，亏聲」，就是𠌶的变体。字從「𠌶」得聲，是「鏵」的形象。鏵為虞音，变音稱斡。《史记·五帝本紀》載：「帝舜者，名重華」而不稱「重黎（斡的飾筆）」，就是很明確的例証。殷周古韵家、重、崇、童同在九部，可以据此推知三代以前重、鋳、銅三聲必同音，「重華」当是「鋳鏵」的後世飾筆，是鋳氏族世代相承的「族」的尊稱，自然這個族稱，也是「官」稱。据此又可以推知，史遷所說：「命火正黎司地以屬民」，黎為斡的飾筆，而不稱鏵，是帝嚳後世以变音為正統的史官所追记。如果是帝顓頊的史筆，必作：「命火正華司地以屬民」而不称「黎」了。又根據□字正讀為華，可以推知，在□氏命名為帝顓頊的「二目」（眀）以前，鑺（瞿）本也稱「鏵」。解放前在殷墟出土物中，有以□為氏標的「瞿」兵可以為證，圖如：

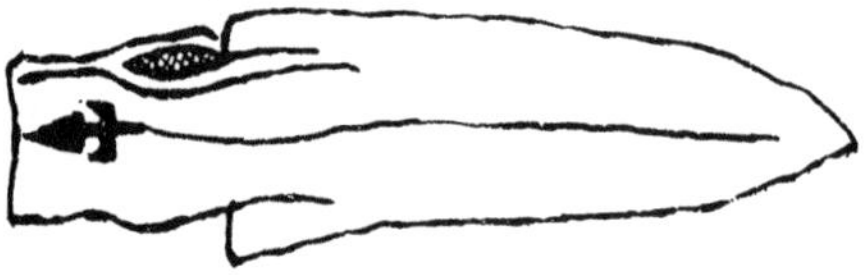

（見《中國兵器史稿》三联版第二十四圖版中第五图「銅瞿」），当為殷商所保存的三代以前的祖物。□字如華（花），当是□氏以華為命名的物徵。□字是帝顓頊的氏标，□為□的側体，就是側系子嗣的標志（详論在《兵銘集》第一章「朿（朮）虎瞿」）。以上所論，為「垂」字古正音讀「華」，□□本為一字，由於古一字兩音，所以華與垂就分作兩体，而各讀一音了。

今聲讀「垂」為吹聲，是後世變音，三代以前唐、虞之際，這個「垂」的古音變讀當為「錐」，這是「鈒」的另一名稱，一物有兩稱，正和一字有兩聲一樣，都是父母兩系原是語言各異的必然反映。《史記》「貨殖列傳」（「汲古閣」版，第九頁）載：「弄法犯姦，而富尽椎埋」，《史記》「王溫舒傳」：「少時椎埋為姦」，《集解》引徐廣注稱：「或謂發冢」，椎埋當是掘坟盜墓的雅稱，古「椎」字本為鍾的志音字，但在這里，椎為動詞，可見作為名詞，椎是創土用的啄器而非砸具是很明確的。椎為錐字的假借，就很明確了。這是「垂」字古正聲讀華，变聲讀垂，是錐的

概念，原為啄器，也就可以完全肯定下來了。（注）

注：另外，《說文》解「椎」，漢許說：「所以擊也，齐謂之終葵」，段注引《考工記》：「大圭，長三尺，杼上，終葵首。注曰：終葵，椎也」。這個「椎」是說圭首尖如錐，椎又稱終葵。蓋不知「椎」為上古吏称（軒轅熊族語系）而「瞿」（钁）為正称（神農羊族之語系）為「仲癸」之父族之大父的氏称，尊為族称，而「仲癸」為戊氏之姊妹，瞿氏弟兄「余」之母一級妻室所生之女兒，氏稱「仲癸」，繫之於帝顓頊諸子中之老三（后以「中父日癸」称，載之於唐虞三名銘中者），余（古金文又作「艅」）氏，隨姑（帝顓頊子一級妾屬所生之女）正称為□，隶作其，《帝王世紀》稱帝堯祁姓或作伊姓，為后世的飾筆，古金文為□（角）

之倒体，是以《史》稱陳鋒氏（肖、陳為同音之借）作媵妾之娣姪，是為帝嚳子一級「次妃」，夏禹三弟兄之生母。詳論在《人物集》。三、「余」稱众，古金文作[illegible]或作[illegible]，继大父瞿氏為政稱「中父」以後，以「鐲」為族標，金文有「中父珠盉」（見《攈》卷一之三第六一頁）可以為证。蓋銘六字為[illegible]如今天农用的大鎬，疑即《尚书·顧命篇》所載：「一人执戣」之「戣」，是「瞿」（钁）氏行次之進化体。自然這都是屬於本篇題外附帶說明的問題了。

9、[illegible]（華）為夏禹的姓氏之稱

——夏禹自製金文「貌卣」銘考

[illegible]字正聲（虞音）讀華（鏵），為瞿（钁）的尊稱，变聲（唐音）讀「垂」為錐的概念，既如上述，那么殷墟骨文，我字作[illegible]（見《甲骨文編》四九五頁。與[illegible]及王國維所舉之[illegible]，當

是一字，為一個族系的氏稱），可以肯定是由華姓者自稱而來的概念，正如虞舜自以朕氏稱（詳論見《金文新考》舜一章），以後「朕」就同樣變成自我的稱呼，如鯀之稱「余」，後世為「我」，殷周之際奄氏稱俺，俺也為自我之稱一樣。

華姓者為戉（鉞）氏倕的母一級妻屬所生的女兒的婚偶，依例為「隨姑作媵」式的子一級的妾屬，那么這個「華」，是戉氏倕的兩級姊妹的婚偶，就是說，「華」的母一級妻屬，原為帝顓頊之次子□氏方瞿的子一級妾屬所生的女兒的婚偶，也就很明確了。而□（垂）氏方瞿為唐堯放（族姓的變華）勛的正式伯舅，是帝嚳母一級妻屬仲葵（垂，即椎氏）之子，而

「華」為唐堯的同父的弟兄，就可以據此作初步肯定了。

再從戊氏僅有女婚於「華」，並以伯戊（日戊——見「華爵」前已引証，載《攈》卷一之二——十七頁）為「華」命名氏稱作[illegible]，而不以「父」自稱，就又可以推知「華」為戊氏僅的同族姊妹之子，就是說，「華」為夆氏方瞿的母一級妻屬所生的女兒（諸女之（一）所生，垂為大父；而「華」又與垂氏方瞿為大父的子一級妾屬所生諸女之一合婚，依三代以前「普奴魯亞」式家庭的婚姻規律来說，正相符。就是說，從母系来說，「華」為姑「女」之子，與姑之「姪」所生的女兒為婚，又以姑之男（戊氏）所生的女兒為「媵」，世次正相適，因而「華」為帝嚳子一級的妾屬所生，是唐堯的兩級弟兄，也就可以最後肯定了。

在唐堯的兩級弟兄中，最有名的人物，在第一章我們已經介紹過，就是為《詩》所稱的「洪水芒芒，禹敷下土方」（《大雅·長发》）以及「赫赫姜原……是生后稷」，「后稷之孫，實維大王」，（《閟宮》——見《詩義會通》二六七頁）兩弟兄了。而在這為帝嚳子一級妾屬所生的兩弟兄中，與「華」有關的，見于古典记載的只有華夏（《書武成》：「華夏蠻貊」；《堯典》：「蠻夷猾夏」，猾為華的貶筆，是殷商後世惡夏的變稱，本字也仍為華）。華夏，就是在三代以前多數氏族還處于原始狩猎和遊牧状态的階段，而唯有處於青銅時期的以神農炎帝與軒轅黃帝兩個帝系的氏族作為婚姻联盟的奴隶主階層所統治的中國，以「鏵」為農業生產的主要工具，因而作為邦族的聲号，到了夏禹以後，由於「重華」继虞舜的廣交四方（《虞書》稱：「宾于四門，四門穆穆」）的政策而聲望流播很遠，就很难再以变声的「垂」氏為稱了，又由於夏禹以後，世代子嗣相继而未改，所以「華夏」也就变成了歷史有名的邦國的名称了。這個論点，是不是正確呢？典籍上還須要找到旁証。《帝王世紀》晉皇甫稱：「右足履己字，故名文命，字高密。身長九尺二寸，長于西羌，西夷人也」。所謂名「文命」，「命」為「邑」（金文命字作令，邑字作邑）即「夷」的变筆，「高密」為「皋（九）貌」之变筆，在第一章中已經論及。

而夏禹舊又有「羌」人之説的記載，誤為「西夷人」也必有原因了。其所以發生這種僞誤的根源在那里呢？從「羌」的字形结构上来説，是「羊人」兩字。《説文》羌字古体作羌，几字當為几(人)的变筆，是羊人兩字的合体，非常明確。段注：「各本作从羊人也」，是很正確的，而段引之以為非，倒是段鮮為失。殷墟甲骨文「人、夷、尸通用」(見《甲骨文編》三三九頁)，就是例証。夏禹所婚九(攸)氏為羊族之女，屬神農炎帝系，我們已經作過介绍，夏禹的母氏称姜，有子称羊夷，夷為叓称，在唐堯時期是正統的聲标，但在虞舜時期夷当以正声為「人」字，羌為氏稱，自然是「姜」的变体為羊夷的姓氏，這也就是夏禹在古代典籍中(如現已失傳的

《夏書》之類，為晉皇甫當時所見到的記載）又称「羌人」的由來了。如果以舜自称陳，金文作□（沉重的「沉」的象形体。□為户通呂（又通阜。詳論在《人物集》舜一章），是東方人的概念，夏禹所屬的阜族原為西方，自然也未嘗不可以。那么《說文》羌字的古体又作□，漢許說：「□，古文羌如此」，段注：「不得其說」；但如果我們與華字《說文》古体字作□，垂字又作□一比較，就可以知道，□就是夏禹的姓称之一為「華」的異体，所以通「羌」，正是由於夏禹又以姜為姓而称「羌」的原故。這就是夏禹為□氏，予一級的妾屬是唐堯時期的著名的巧工倕氏戌的女兒的又一鉄证了。

根据以上所考，夏禹是帝顓頊之子垂氏方明的母一級妻屬所生的女兒，婚於帝嚳為子一級妃屬所生之男，更準確的來說，夏禹是垂氏方明弟兄（三子方奚為鯀，論在《貨幣篇》奚貝一章）的母一級妻屬之女所生（垂氏為大父，垂氏辛後，鯀為中父）；又婚於垂氏方明弟兄的子一級妾屬所生的九（攸）氏（生身父為鯀。鯀為攸姓，詳論在《人物集》鯀一章）；子一級妾屬是方明之男有名的「巧垂」（見《墨子·非儒》：「奚仲作車，巧垂作舟」）的女兒，同時也就是虞舜為大父的諸女之一（論証在《人物集》夏禹一章）也就初步可以肯定了。

三代以前古金文圖録中，有夏禹自制的祭器，刊有七字記事金文，舊称「虎父戊卣」（見《攈》卷二之一——十一頁），蓋銘七字是：

□□□□□□□

器銘七字是：

□□□□□□□

清吳式芬舊釋□□兩字，均爲「虎」，釋□爲「子」，並且不分□、□爲父子兩人的氏稱，統釋爲「戊」，當然是由扵不知三代以前的兩級婚姻制的原故，因而也不知「蓋」位在上，爲尊，因而刊父□，器爲体居下位刊

「父戊」，是華氏夏禹為母一級妻屬的大父與子一級妾屬的大父所作的祭器。[illegible]是有為銅鑄所掩的失筆，全字當是[illegible]，隤字的失筆作[illegible]可以為证。[illegible]字是奉珠為首的「夷」字（正讀為人），夷是夏禹從母稱「㤅」而來的变音姓稱，由於禹為姒姓，所以[illegible]字又通矢（↑）聲，讀「尸」，疑商湯滅夏以後「尸」字才作為屍，糞便也变作矢的同声名称了。

[illegible]的翻体[illegible]為戊，即鉞的聲源，变音讀戊，「畢敦」：「戊辰」字作[illegible]（見《攈》卷三之一），「虢季子盘」：「錫用戊用征」字也作[illegible]（見《攈》卷三之二——三九頁），就是例証（詳論待《文字集》作專題研究）。

另外，□字，獸尾為「貝」，□字獸尾為「弧」（詳論在《金文新考》第四輯《人物集》舜一章），馬叙倫讀「虞」，以為「假虞為彊」（見《讀金器刻辭》一一二頁），雖然不確，但以為是「虞」，显然是認出□為「护」形，是「弧」的变筆，因而作為彊，即「射九日」的有羿氏來作解了。所釋雖不確，但却是相近的。《金文丛考》引《集古遺文》（卷四——三六頁）載：「作狽宝彝」，字作□，郭沫若同志並説：「亦即此文（□），蓋乃象形，貝聲之字，以聲紐求之，疑古貔字也」。依据夏禹又稱貔氏，貔為夏禹的族徽，即婚於九氏以後的氏稱，古稱「白狐」，白為狽的白的声源所出，狐即由「弧」標聲志氏。白狐又稱貔，又稱执（豾）夷，即豾夷，是為夏禹的族徽。蓋銘字讀貔（即狽），白狐实為狼就明確了。所以《周書·牧誓》「如虎如貔」，虎、貔連稱，漢解以為猛獸，兩千多年來的疑案，応該是得到确切的解釋了。不管是從夷的氏稱，兩文的氏稱，以及兩個族徽，五方面相互對证，「貔（狽）卣」為夏禹所制的祭器，根据以上的分析，就可以斷言了。

返回来說，夏禹稱「華」之後，所铸的金属貨幣，繼堯之後以華貝稱「鐀」或「鐀征」，因為世代相承而未变，经历的年代既久，到了殷周就已經成了金属貨幣的統稱了。

据此又可以推知在夏禹以前所铸的金属貨幣，所以各有各的專稱，就反映了当時是由於共工一职的变動，才有的变化，並沒有統一的固定的名稱。是不是確如筆者所推論，那就需要由《金文新考》第二輯《貨幣集》去证實了。

10、小結

本章由於象形体的古金文（即三代以前的金文）的貨幣金屬名稱不同，初步触及到三代以前的十二種以上的古金屬鑄幣，而後又提出一再見於殷周金文的一種統稱為「鐀」或「鐀鈺」的金屬貨幣，進行了專題的分析和研究，並初步考証出來，垂為帝顓頊的次子「朙祝」的氏稱，金文氏稱垂字作[illegible]，本声讀「華」，原來就是今天稱作鐝的農具。古又稱「瞿兵」，尊稱為華，是今天的鏵字。舊讀「我」，是同声假借，变音讀垂，初為「錐」的概念。本是啄器，《說文》稱鑁。在象形体一字標氏的金文中，有「我家彝」為我們提供了論証。「稱」（□）為兄，是金文中的「成」（□）的变体，「垂」（□）為次，就是帝顓頊的次子「睸視」。這是本篇所得出來的頭一個論斷。

据此，我們從三代以前的命氏金文中，又認出「華爵」上面所刊載的命氏人的兩字簽署「伯戉」（戉字作□），正是□的翻体（字有遺筆，正体作□），是為「瞿方」，依古標族志氏的金文規律來說，翻体氏稱，為正体氏稱之男，那么足証垂在「睸視」的子嗣間就是族稱了。《淮南書》作倕，《墨子·非儒篇》稱「巧垂」，当是一人。原来，這個著于周鼎上的「使口含其指」的赫々有名的唐堯時期的所謂巧工「倕」，就是帝顓頊的諸孫之一，為明視的嗣宗子，是世々代々與唐堯所屬的軒轅黃帝氏系互為婚姻的氏族，那么帝顓頊本為神農炎帝的姜姓子孫，也就在這里初步閃露出歷史真實的一角了。而《虞書》所載的共工也稱「垂」，當為唐堯時期的「巧工」（实際就是第一任的共工）戌氏倕的弟兄，兩人都是「明視」的嫡系子嗣（即有羿氏與有窮氏），「垂」為族稱，原為同父弟兄，在《唐堯時期三兵銘考》中，將要得到進一步的証實。

以上是本章的第二個論斷。從垂氏系與唐堯所屬的皐族是世々代々互為婚姻的氏族的关係上，自然也就看出倕與唐堯是互為彼此姐妹的婚偶的关係了。

第三，根据以上兩個論斷，就不难看出「華爵」的一字命氏人，以「伯戌」自稱的[illegible]氏，就是帝顓頊的次子「眀祝」之男，唐堯時赫々有名的金屬冶煉鑄造手工業的「巧垂」了。显然，華（[illegible]）氏為戌氏倕的「姊妹」之子，因而戌氏倕有女又婚於華氏，所以依母系制的舊傳統的風習，華氏作為戌氏的「子」婿，就相应的成了瞿（[illegible]）氏族标的承嗣人，而以「倒足（祝）」金文作[illegible]為華氏的氏标，並進而從戌氏倕不在命氏礼器上以「父」自称的反映上，明確的辯認出來，華氏所婚的戊氏侄的女兒，不是母一級妻屬，而是子一級婚偶，那么依例，華氏的母一級婚偶為「姑」，即戊氏侄的「姊妹」，而華氏為戊氏侄的生身父眀祝的母一級妻屬之女所生，更准確的來說，是帝顓頊次子眀祝弟兄們的母一級妻屬之女所生，而又婚於眀祝弟兄們的子一級妾屬所生的女兒，因而與戊氏侄，既有同級姊妹之男的关係，侄為伯舅，又是不同級的姊妹(再從姊妹)的婚偶，即母侄之女的婚偶。因而据此又依例推斷出來，華氏為帝嚳子一級妾屬所生之男，不是別人，正是唐堯的兩級弟兄，唐堯為母一級所生，即方眀(眀祝)的姊妹之男；而在帝嚳的子一級妻屬所生諸子中，有名的人物就是帝挚、夏禹、台稷几弟兄了（《論語》南宮適曾有「禹，稷躬稼而有天下」，以及《日知録》有：「孟子云：「禹，稷當平世，三過其門而不入」」的說法，見《古史辨》第一册一七七頁所引，都是禹稷並称，依当時兄弟共室的「普奴魯亚」式家庭組織形式来說，不能不說，孟子所稱禹，稷「三過其門而不入」不是沒有根据的），后稷與夏禹同婚於有台（《詩》作有邰），即九（攸）氏姊妹，我們在第一章中，已經触及過，而兩人中有以「華」為姓称之一只有夏禹，古稱「華夏」就是一個旁证。另外，夏禹的子一級妻屬既然是戎氏僮的母一級妻屬所生的女兒，那么虞舜于戎氏僮之後為「大父」（關於虞舜為帝顓頊第五子日辛之子，論在《武器篇》），這正如虞舜與唐堯的关係的翻版，因而夏禹依母系制的舊傳統夺得了已在維新的舜位，也正如禹舜以子級妾屬為唐堯的母一級妻屬所生的女兒（即「女鷹」，《史》作「女英」），取得「承嗣」王位的「子婿」身分是一样的。而夏禹所婚的九氏，不用說是母一級妻屬了。夏禹夺得王位以後，不以变音稱垂（錐）夏，而以虞音仍稱「華」，所以有「華夏」的兩字連称，顯然反映了夏禹是早在虞舜時期就以華姓著称了。尤其是夏启循舜之維新廷立了帝位傳男的奴隶主王朝以后一直延綿將近四百年之久，華為夏邦的族称。邦國稱「華夏」，而金屬貨幣就統称「鐀」或「鐀仳」，本音当讀「華」或「華鑄」，就再也不能改了。

郭沫若同志釋「毛公鼎」金文：「取𧶘卌寽（讀「落」，即一「埒」的概念）」，曾說過：「故𧶘爲貨幣名稱字無疑，恐即貨字，从貝坐声……貨字金文所未見，晚周刀幣多假匕爲化字」（見《金文叢考》二六七頁），匕字讀匕首之匕，實際就是今天所稱的幣字的声源和義源所出，而爲夏禹氏稱爲「貔」的变筆，春秋金文禹字作[illegible]，以亻爲体，這個亻就是变隶的「匕」字；加人爲人稱，依倒，化字本讀如匕，仍是夏禹的氏稱，由於一字兩音，夏音讀「貔」，虞音、商音當讀「華」，作爲夏禹的氏姓而通了，可知，「𧶘」字也同样是兩音，夏音讀貔声爲「幣」的概念，而商音自然讀華声，是爲「貨」的字源，郭鮮爲確。又有称「垂」的鲜釋為「八銖錢」，那是秦漢以後的变化了。

最后，我們又提出了夏禹自制的金文「貔卣」(狽父戊卣)作為以上論点的综合性的印証。

這样一來，不但相應的确定了早在夏禹以前，中國就有了青銅器具的論斷，並為這论斷提出鉄証，而且也确定了早在夏禹以前，中國就已經有了以金文命氏志族的王制，同時也為三代以前的兩級婚姻制提出了印証，為我們以後的金文考证，提供了科學論斷的可靠的基礎。

不須說，在這以前的十二種古幣，当是屬於夏禹以前的金屬鑄幣了。因之，本章的结論，在《金文新考·貨幣集》

中還要再次經受檢驗，這就不屬於本章的研究範圍了。

至於本篇沒有解決的一個問題，是帝顓頊的族屬，不是史遷《五帝本紀》所記的，爲軒轅黃帝之孫，而是軒轅黃帝的外孫，也同樣留待《貨幣集》去論證了。

本篇結論

一、

夏禹是青銅時代的人物——這是本篇的第一個結論。从第一章提出來的經儒兩家在鹽鉄會議上的大論辯開始，到第三章確定了「貨」「幣」兩字古作「化」「匕」，原來就是由於以夏禹的氏稱為「華」，為「匕」(〈)而來的命名為止，當中經過對於《堯典》一書的「去偽存真」的分析和研究，經過各個有关領域，如天文學、考古學、文字學方面的勘探和考察，才得出這樣一個結論。我們据此，不但証實了兩千年前經家所說的「禹以历山之金」，「鑄幣以贖民」，是歷史的實事；而且也相应的說明了，儒家「古昔市朝，而無刀幣」的論点，是以上古一地（衛）的一種交易形式（「抱布貿絲」），作為概括整個殷周時期的經济生活，這是和「坐井观天」而產生的「天如井大」的片面观念一样不符客观实際的，因而是錯誤的。同時，我們通過本篇的各方面考据和核証，也证實了在五十多年前的中國舊历史學界的大論辯中出現過的「夏禹是南方民族的神話中的人物」的观点，是否定中國上古史的观点，和兩千年前儒家的观点，實質上是一脈相承，有着它們的内在的联系的。雖然在形式上，中國舊歷史學界的「否定論」派，确實是穿着現代的服装，有的還是西装打扮，而且也確實打着「非儒」（「打倒孔家店」）、「疑經」的旗幟，喊着洋化的「科學」與「民主」的口號，但是，根据在人類的認識史中的兩种宇宙觀來分析，他們的論点，雖然相隔兩千年，但都是形而上學一根藤上的瓜果，因而是「一脈相承」的論点。

如果依据新史學者范文瀾同志的划分标准（注一），更准確的來說，應該是：夏禹是中國青銅文化中期階段的人物，仰韶時期的青銅文化是早期（注二），而殷周是青銅文化的末期。

注一：「殷周為青銅文化末期，殷周以前，仰韶以後，黄河流域，一定尚有一種青銅文化，等於歐洲青銅文化的中、早二期，及中國傳統歷史的夏及商的前期。這個文化埋藏在什么地方，自然尚待將來考古的發現，但它的存在，我們考慮各方面事实的結果，却可以抱着十分的信心」——見《中國通史简編》第一編，一九五三年修訂版，三七頁。

注二：「仰韶文化遺址的陶器一般是美观的。发展到了屬於青銅時代的辛店遺址（即瑞典考古學者安特生发現「早於殷商」的銅器的地方——筆者）的陶器，紋飾較為复杂」——見范文瀾著《通史》一九六五年修訂版，八六頁。

二、

夏禹所處的唐虞時期，中國已經跨入了奴隶制社會——這是前一結論的正面解釋，正如一個銅板的兩面。「夏禹以历山之金」「鑄幣以贖民」既然有夏禹以前的「倕」為命名（「鑪」或

「遺征」）的金屬鑄幣為証，是歷史的事實；那么夏禹所組織的奴隶主王朝，是継承了《堯典》所載的「金作贖刑」的法制，就很明確了。從這種繳納罰金以贖罪的新的法制的出現，就具体的反映出來，在夏禹所處的唐虞之際，中國確實存在着階級和階級矛盾，「金作贖刑」不過是把過去的原始性的武裝鎮压的野蛮手段，加以改变而已。在文字學方面，我們也從「𢍰（九州象）尊」所刊載的一字标氏金文上，發現在夏初太康時期后羿為九州相的階段，以有刑（井）具加于双手的𢍰氏自命，就是具体的反映出來，當時的階級矛盾的激化，它不是僅々繳納罰款的「贖刑」就可以完全緩和下來的。

根据以上的結論，自然相應的來說，在半個世紀以前的舊歷史學界的大論辯中，站在「揚子江水道委員會」一個洋技師身後宣布「禹是石器時代的人，因為我們至今還沒有發現夏代的銅器」的論点，是錯誤的了。實際上，當時瑞典的考古學者安特生已經在甘肅辛店等遺址發現了用安特生本人的話來說，是「早於殷商」的銅器。当然這是為中國的上古史的「否定論」學派所不肯或不敢承認的，但卻為我們的新史學者范文瀾同志所肯定，並以「青銅時代」的「桂冠」為「辛店文化」加冕，這又是我們所做的這一結論的旁証了。

如果依据恩格斯所確定的斷代标准，更准確的來說，应是：「夏禹所處的唐虞之際——即公元前兩千三四百年之間，中國早已進入了奴隸制社會的第三階段。換句話說，就是早已經過「有決定意義」的「第三次社會大分工」之後，有了商人階級和通用的金屬貨幣的階段了。而早于「貔卣」和「羿尊」的「我（國）字段」所刊載的「稌（戍）」「垂」兩字氏稌的合体标族志邦的金文，就充分的反映了城市和國家的出現，标志着城乡的分裂而且還必須要以武裝力量來作戍衛了。

三、

夏禹之際不但存在着階級和階級矛盾，而且也存在着生產力和生產关係、經濟基礎和上層建築的矛盾——這是前面两点结論的一個有机組成部分，是它的一個横断面。
实際上，早在夏禹出世一二百年以前，即公元前两千三百六
十六年帝摯嗣王位（注三）以前的一二百年，還是神農炎帝历山
氏為奴隶主王朝的首領的時候，中國就已經出現了鋤犁的金屬
鋳具，並且也在标氏金文上出現了以「隹」（金文作□或作□）
命名的氏稱（注四），説明隨着青銅制的農具鋤的廣泛的使用，生
產力有了很大的提高。為了和日益發展的生產力相適应，在神
農時期就已經邁出了有决定意義的一步，在很大程度上，改变
了舊有的那種千里逐鹿，百里尋牧場的狩猎和遊牧時代所
形成的生產关係。而以两把矩尺為标志的古金文「隹」字，就反

映了「行止有所規制」的農業定居之後的一種新的生產关系。在神農時期的末期又出現了以鉏（古鋤字）命名的氏称，金文作（舊讀「丙」為变音）。以後又出現了变音讀犂（史作黎）的（鏵的本体字）的象形体金文，並且隨着為奴隸們在

生產实践中所創造而最後為新興的奴隸主所壟斷的青銅農具的種類日益增多，生產力的日益提高，在一定程度上也改变了從過去的母系制原始氏族公社那里承繼下來的集团生活方式，而為分散的耕作區（封邑）所代替。一般是弟兄兩人，最多是四人（，氏稱為「寒」，就是這種生活方式的反映）作為共同妻子的共同丈夫，組成以「大兄」為首的「普奴魯

亚」式的奴隶主家庭，而以女方的奴隶主「大父」為核心，各自有各自的以奴隶為生產主力的耕作区（封邑），而且都是在三五十里的范圍之内，「父」「子」（翁婿）為鄰，直到這個「大父」第二次到子一級的妾屬那里去成婚以後，這個子婿就是女方所屬的氏族部落的承嗣者，作為這個地区的最高的奴隶主首領，同样有子仍然到母方的弟兄所婚的那個氏族，也就是父親的姊妹那里去，與姑、舅的女兒為婚，直到女兒納婿作為這個氏族部落的承嗣人以後，這個「大父」也就和他從前的妻翁一样，要離開自己這個婚後在女方所辛勤經營的邦土，與子一級妾屬合婚而作為新的封邑地奴隶主首領而為「大父」了。而且有時，往々距離母一級妻屬所居的封邑很遠很遠，遠在千里以外。例如本篇所考的夏禹，就是一個明显的例子，為了明確這種生活方式所反映出來的屬於母系制的生產關係的残余的實質，就有必要對夏禹所居的前後兩個主要的封邑在這里作次補充的說明和考证了。

夏禹與母一級妻屬九氏（鯀的嫡系女兒。鯀姓攸，論在《鯀》一章，垂氏方明為九氏「大父」）的封邑在台，舊作台桑，就是今山東省的禹城地区，我們在第一章已經作過考据；以後這個封邑，由夏禹的「子」婿有窮氏所承嗣，夏禹就又受命稱「華」氏，和垂氏方眀之子瞿方「巧倕」的女兒合婚，這就是夏禹的子一級妾屬了。依例，氏稱的声標和封邑之稱的声標是相同的，如夏禹称夷，而與九氏合婚的地点就稱「台（怡）桑」，因而可知「華」氏所居的封邑，也必定要以夏禹的氏稱為命名。那么這個地方在那里呢？依据氏稱的声系推求，這個封邑不在山東省境，而在今河南省密縣地区。「密」為夏禹的氏稱，本為鯢，字作乜（乚），晋皇甫謐《帝王世紀》以為夏禹「字高密」，前面已經作過介绍。這是一、第二密縣地区有城，稱「華城」（《水經注·洧（疑九字的变筆）水篇》有「華城」，注稱：「史伯謂鄭桓公曰華君之土也。韋昭曰：華，國名矣……司馬彪曰：華陽亭名，在密縣」——見《水》卷下三六頁）。三、又有水稱「華水」（「水出華城南崗」——同上所引四三頁），流經「新鄭」以南的古「棐林」。四、新鄭與密縣是近鄰，晋皇甫曾称新鄭為「有熊氏之墟，黃帝之所都也」，說明這一帶地方，古為軒轅黃帝，即夏禹的四代祖——高曾祖黃帝曾經盤旋過的祖土。五，密縣，新鄭南鄰禹縣，春秋舊稱為櫟，為陽翟，古傳是夏禹未嗣帝位以前所「都」。（穎水「又東南過陽翟縣北」，注稱：「夏禹始封於此，為夏國。故武王至周曰：吾其有夏之居乎？遂營洛邑。徐廣曰河南陽城（在密縣），陽翟，則夏地也」——見《水》卷下二八頁）。根据以上五点例証，可知西周時期所稱的「華君之土」，也就是周武王所說的「有夏之居」地在密縣，新鄭，禹縣之間，「華夏」之稱，應是從這里產生的。

從以上的考証中可以明確的看出來，三代以前這種婚姻風習，是反映了原始狩猎及其以後進入奴隶社會萌芽時期的游牧階段為生産关系所决定的一種生活方式，显然和農業長久定居以後的生産关系，完全不適应的，這是一方面；另外從經濟基礎上來說，這種「兄弟同室」的「普奴魯亚」式的奴隶主家庭的组织形式，雖然仍是從母系制原始氏族公社那里承襲下來的傳統，但僅々是具「外壳」，实質上原來属於母系制的那種原始共産主義式的集体所有制，早已被以「大父」面貌出現的那種奴隶主家長私有制所代替了。因而作為新興势力賴以蓬勃發展的奴隶主家長私有制的經濟基礎，和在上層建築領域里所保留的属於母系制的舊傳統和舊風習——具体的說，就是以女婿為氏族部落首脑的承嗣人的傳統和風習——自然就發生了不可調和的矛盾。這種矛盾集中的反映在奴隶主王朝的帝位承嗣問題上，就是「傳子」與「傳姊妹之子」，也就是「傳婿」之間的尖銳的斗争了。唐虞以前所出現的「帝嚳以庚寅（日）誅重黎」（見《史记·楚世家》，「日」字為偽筆所加）就是帝嚳在位第五十年（公元前兩千三百七十二年）誅除與嗣宗子唐堯争位的女婿重黎氏「聊墟」（論在《金文新考·人物集》「堯一章」），是這一矛盾的頂点，因而到了虞舜臨政的時候，就提出「兄弟相背（避）」各自為家而共鋒的主張，開始改变上層建築以適应經濟基礎，改变生産关系以適应生産力的斗争。因為是屬於本篇結論之外的金文记載，就留待《舜》一章去作專題論証了。

又因為夏禹以後，開始了綿延將近四百年的以男性子嗣為王位承嗣人的新帝系，实際是和帝舜所推行的新政所奠定的奴隶主的一夫多妻制（奴隶及一般氏族成員当然一夫一妻制）的家庭基礎分不開的，因而附带在這里提及這個問題。總之，從本篇對於夏禹的前後的封邑变遷所反映出的問題，已經可以清楚的看出來，這種屬於舊傳统的來自母系的婚姻制度以及氏族承嗣制度之類的上層建筑，和新興的以「大父」面貌出現的奴隶主家長私有制之間的深刻的矛盾了。不用說，《堯典》中关於堯、舜「禅位」的记载，是儒筆所加的「历史」，最初它可能是為奴隶制复辟陰謀服務的，就是說，為战國時期的封建諸侯樹立「禅让」的典型，如果沒有這樣的典型人物作榜样，很难想像燕王噲會那么輕易的把自己的政權禅让给他的宰相「之子」的。

根据以上所論，更准确的来說，夏禹所處的唐虞之際不但存在着階級和階級矛盾，同時也存在着生産力和生產关系，上層建筑和經濟基礎之間的矛盾，而集中表現在帝位承嗣問題上（包括着氏族部落首領的承嗣人）的傳子和傳姊妹之子——也就是傳婿之間的斗争。它所反映的就是代表奴隶主家長私有制的以「大父」為首的新興勢力，和已經丧失了原始氏族公社那種集体所有制的物質基礎的舊傳統、舊風習，舊観念之間的斗争。

注三：依据本篇考訂，帝堯於公元前二三五七年嗣位，又根据《帝王世紀》

以及金文考訂，帝摯在位九年，就是帝摯於公元前二三六六年即位的數据。舊《辞源》附录《中外历代大事年表》关於帝堯嗣位与帝摯嗣位的年代与此正相符，可為旁証。但這個《年表》的帝嚳及帝堯在位年限是錯誤的。

注四：《春秋左傳》載：「有烈山之子曰柱，為稷，自夏以上祀之」——見昭公二十九年。柱為神農炎帝历（烈）山氏之子，金文中為「住」氏，是帝顓頊的生身父，論証在《貨幣集》「帝顓頊時期的鋤鋳具」一章。

四、

夏禹所處的唐虞之際，中國就早已有了象形体的金文——這是本篇在文字學方面的一個结論。王静安所説：「《書·多士》曰：夏廸（「道」的概念，即夏代「制度」）簡（書簡），為文字记載，舊稱

「契書」，以刀刻在木簡上的典策）在王庭，有服（級別之符）在百僚。当屬事實」。後四字結語，是王的結論（見《欢堂集林》卷十「殷周制度論」第二頁），這是一個例証；《春秋左傳》載：「《夏書》曰：怨豈在明，不見是圖」（見成公十六年）之類，是第二個例証；《水經注·济水篇》引《國語》所稱：「倉葛曰：陽有夏商之嗣典，樊仲之官守焉」（上冊卷七——二四頁）是第三個例証；《尧典》所記的公元前二三五七年的天文观察记録，是第四個例証；在本篇中所舉出的「羿（九州象）尊」，以及早於「羿尊」一字标氏金文的「華爵」「貔卣」「我字彝」等屬於三代之前的標族命氏以及志事的金文，是這結論的鉄证。

不用說，「中國古史的文字记載，最早的是殷代末年的卜辞」的觀点是錯誤的了。

更準確的依据英國著名漢學家李约瑟博士以為殷商甲骨文字是公元前一千五百年前後的文字為准來説，古金文又早於殷墟甲骨文至少在千年以上的文字了。比它更早的是公元前四千年出現於仰韶文化半坡遺址的陶文。（注五）

注五：「約当公元前四千年前的仰韶文化的西安半坡遺址的出土物中，很多直口彩陶鉢的外口緣的寬带紋或大的垂三角形紋上，發現有筆划简单，形狀規則的各種刻划符号，達二三十種之多；而其中有些发現于相距数百里之遠的不同地点……說明這種符号已經流行很廣……這也就是原始文字」——見于省吾《关于古文字研究的若干問題》，一九七二年《文物》第二期。

五、

距今六千年的「仰韶文化」基本上是青銅時期的文化。——這是我們依据恩格斯的划分標准，在本篇考证中所得出的屬於考古學方面的一個结論。

恩格斯的划分标准是：「游牧部落從其余野蠻人群中分离出來——這是第一次社會分工」，用恩格斯自己的話說：「第一次社會大分工中，也就產生了第一次大分裂，即分裂為兩個階級：主人和奴隶，剝削者和被剝削者」，而我們從著名的仰韶文化之一的陝西省西安半坡村遺址的出土文物的分析和研究上，以恩格斯的划分原則，認識到它不只是已經越過了「手工業和農業分离了」的「第二次大分工」的階段，而且從六座制低級陶的陶窑上就充分看出來，是已經到達第三次「有决定意義的重要分工；它創造了一個不從事生產而只從事產品交換的階級——商人」已經出現了。同時在半坡村出土的魚紋彩陶，是一種外來的高級商品。應是和瑞典考古學者安特生在甘肅辛店所發現的彩陶同系统，並作過這種彩陶和中亚細亚以及古巴比倫的彩陶同屬於一個文化系统的論斷，是一類的；如果中間没有商人沟通，那么這種屬於同一文化系统的彩陶，既見於中國的「仰韶文化」遺址，（辛店与半坡的遺址），又見於中亚細亚，巴比倫，就很難作出科學性的解釋了；而且半坡遺址的一角，就出現了六座制作低級陶器的境窑，就説明這些產品不是「自用」，而是大量生產的，作為「商品」生產已經確實出現的印証。因而以前那種僅々由於半坡遺址的出土物中，沒有銅器，尽是骨鋤和石器，就「孤立」的斷定為是「新石器時代」的遺址，是屬於片面性的論斷，因而「這種反映是不完全的，是沒有反映事物本質的」，也就是説：「不看事情的全体（事情的歷史和全部現狀），也不觸到事情的本質（事情的性質及此一事情和其他事情的內部联系）」（見《毛選》四卷本二七九頁），自然，這是錯誤的論斷。

如果依据恩格斯的划分标准，更准確的來說：距今六千年的仰韶文化，基本上應是青銅時代初期的文化，是處於奴隸制社會初期的第三次大分工以後的文化。辛店遺址出土的青銅器就是這一論斷的第一個考証，而我們在《金文新考》中已經提到和將要陸續大量重新考訂的許多三代以前的青銅器銘，當是我們這一論斷的印証物了。

最後，讓我們在這里順便向讀者報告一個值得為考古學界這一新的貢獻祝賀的消息，這就是近年在陝西省臨潼縣出土了屬於「仰韶文化」的兩件銅器，一為管狀，一為片狀。據「自然研究所」的友人相告，這兩件珍貴的文物，經冶金部「有色金屬研究所」以放射性碳素測定，這是距今約六千年的銅器，當然是中國的早期的銅器了。

這應是繼「河北省藁城縣所發現的一件商代兵器——鉄刃青銅鉞」(見一九七五年六月六日《人民日報》第二版)之後的,又一重要的發現了。

据《世界通史》的記載:「到公元前四千紀,埃及進入金石并用期,出現了銅器。從這時期墳墓中發現的刀、砧、斧、鋤等工具来攷察,冶煉技术已相当發達。」(見第二章:「早期王國和古王國時期的埃及」第三十七頁)。從考古學者發現中國仰韶文化遺址出土的彩陶與中亚细亚以及巴比倫的彩陶同屬一個文化系統;而在天文學方面,又有在我們中國《星經》上稱作「天獄」的位扵白羊座的婁宿,而在埃及星图中「是一個被鉄鍊鎖着的人」(見友人擇譯李約瑟著《中國科學技术史》第二十章「恒星的命名」一節）為比，足証中國在臨潼所發現的屬於公元前四千年的銅器，有埃及為比，也並不是孤立出現的事物。遠在六千年以前，處在東亚的中國與處在亚洲西部的古巴比倫之前的苏美尔人有文化交流的关係，遠達埃及，應該是肯定的，因而古「西奈」的象形文字有「□ 8 ㄓ」之類的图型，和中國金文中的圜字作□，系字作8，足字作[illegible]作[illegible]，又是相近的，可見都不能作孤立的靜止的解釋。自然這又不是屬於本篇結論的題內話了。

六、

夏禹所處的唐虞之際的兩級婚姻制的規律：

1、母一級妻屬為「姑」，子一級妾屬為「姪」是依父系來說；依母系來說，兩人都是「姊妹」，前者是「母」之「女侄」所生的女兒，後者是「母」之兒子所生的女兒，姪之女與子之女當然是「姊妹」。

2、以自己子一級妾屬所生的女兒婚於對方為母一級妻屬，對方必然是父輩（包括父輩的弟兄）母一級妾屬之女所生的外孫；而以自己的母一級妻屬所生的女兒，婚於對方為子一級的妾屬，依父系來說，對方必然是自己異級姊妹的婚友；依母系來說，又必然是同級姊妹之子——這是認識上古時代的奴隶主的社會关係的規律。根据這個規律，不但可以從金文的親稱上，區别清楚婚姻双方的輩次，而且根据這個規律又可以準確的推算出来上下几代的姻親關系來。

例如，從夏禹的「豹卣」七字标氏金文上，我們既然已經考證出來，夏禹稱帝顓頊的次子方瞿垂（𠂹）為「父」，又稱方明之子——瞿方倕（氏）為「父」，認出前者為母一級妻屬之「父」，而後者是子一級妻屬之「父」，就可以肯定，夏禹為唐堯時期有名的「巧倕」的「異級姊妹」的婚友，又是倕的「同級姊妹」之子了。另外，根据夏禹的母一級妻屬為九（攸）氏，而不以「華」（变音為垂）稱，而鯀姓攸，知道稱垂氏方明為父，是「大父」，（鯀，依据金文所考是帝顓頊的諸子中的「三子」），当然也就根据後一規律，推算出來，夏禹實際是鯀的母一級妻屬的女兒所生之子，所以又以子一級妾屬所生的女兒，婚於夏禹為母一級妻屬。進而可以准確的推斷出來，帝嚳的子一級妾屬（夏禹之母薏氏）既然是鯀的女兒，那么母一級妻屬【唐堯之母其（祁）氏】，必定是帝顓頊的子一級妾屬所生的女兒，帝嚳為帝顓頊的母一級妻屬的女兒所生，也就清楚了。因而帝嚳崩後，作為嗣宗子的唐堯不得帝位，却為帝嚳子一級妾屬所生之子帝摯（摯為氏稱，即「子」姓的吏笔）承嗣，那么帝摯為夏禹的同級弟兄，因而他的嗣帝位实際上是與母族的鑄氏系的「元老」（中父）——鯀的支持有關，就看得比較清楚了。根据這一規律旁推，又可以知道，唐堯與虞舜的關系，又正是虞舜與夏禹关系的翻版（戊氏倕的女兒華氏為虞舜的諸女之一，舜為「大父」），即虞舜是唐堯的母一級妻屬的女兒（女英）的婚友，那么虞舜的母一級妻屬為帝嚳的子一級妾屬所生之女（娥皇，注六），虞舜為帝嚳的母一級妻屬之女所生，既是唐堯的「異級姊妹」的婚友，又是唐堯的「同級姊妹」所生之「甥」，也就眉目清楚了。不須說，《堯典》所記，帝堯在位「七十載」還和舜沒有見過面，是偽筆的歪曲了。

注六：「子生母曰義，母生子曰保」——見《淮南子》「天文訓」。這是漢人從古代历史记載上所得出的一条規律，就是說：子一級妾屬生女就叫做義，義字古音读「我」即「娥」；而母一級妻屬生子就称保，這是「太保」之称的来源。為什么没有說子一級妾屬生男以及母一級妻屬生女的名称呢？因為子一級女性所生之子，就以「子」姓稱，或與父之「子」姓相區別而作「己」作「挚」，夏禹又稱「执夷」就是以「执」為「子」的例証，后世從「以」字作姒，也是「子」姓的变筆。准是，娥（或作儀）為子一級女性所生就肯定無疑了。至於母一級女性有女就以父母的氏稱為自己的氏稱如常例，所以漢儒就不特作說明了。如帝堯金文稱「乙」实為鷹，堯即「鷂」的飾筆。女英也就是女鷹的变写，以後称「雁」又作「匽」。至於以「乙」為「鳦」作「燕」鮮，這又是周初分封改「雁」地為「燕」而後產生的概念变化了。

七、

氏稱與族稱都是屬於一個声系，因而古金文的氏稱形象雖然变化不一（個人有個人的專用氏稱），但声標與族稱却是一致不变的。——這是從金文氏稱上認識他們的族氏系統，甚至於他們的世次的規律。例如夏禹婚時再命為貔氏，字作[illegible]，為巳氏之始，夏禹的女兒，母一級妻屬所生，以母姓稱為「有」（九），父為「夷」，是有台（怡）氏，而以父的氏稱為首（這是夏禹嗣帝位以後父系為尊所必然產生的變化），就是「妣」氏，殷墟骨文母祖都以「妣」稱，就是源於夏禹的母一級妻屬所生的女，為「商」祖的子一級的妾屬而來的尊稱，等於是蓋着夏禹之女系的烙印，等到以後凡是殷商的母祖一系，都冠妣字以為族稱，也同样是标志着屬於夏禹系家族所出。而夏禹子一級妾屬華氏所生之女就為娥，骨文當作[illegible]或作[illegible]，依例必為舜子商勿（舊作均為誤）的母一級妻屬（注七）。

據此又可以推知舊以殷商之始祖為帝嚳之子是錯了。仍然是錯在以母系制的傳統稱呼「子婿」之「子」，作為父系的「兒子」之「子」了。和以夏禹為鯀之「子」是同样性質的偽誤（詳論在《舜》一章）。以上僅舉兩例，可見舊史偽誤的一般了。

注七：「貞㞢（有）犬于娥，卯[illegible]。（《前》四卷五二叶二片）罗以娥卯為人名，非也。案卯乃用牲之法，卯[illegible]猶他辭言卯牛，卯羊」——見《沫若全集》十四卷三二七頁，「釋祖妣」，郭鮮為確。又：「□卯卜㱿貞：求年娥于妣乙（《林》一卷廿一叶，十四片），于犹與也，意当為「求年于娥与妣乙」）。「娥」許書云：「帝堯之女，舜妻，娥皇字也」，字于人名之外，古無他義，則此妣名之「娥」非娥皇沒屬矣」（所引同上），這個解釋也很確切，实除上，「妣」字是夏禹母一級妻屬九（攸）氏的女兒婚於虞舜為子一級妾屬才能有的氏稱，妣乙，当為「女英」，「娥」就是帝嚳的女兒「娥皇」了，所以「娥」居首位，妣乙居次。乙為鷹，以後為雁，堯与禹為同父弟兄，或妣乙為堯帝的嫡系女兒，夏禹嗣帝位以後始称「妣乙」，或本為夏禹的嫡系九氏所生，而帝堯以「大父」的身分納于虞舜為子一級妾屬的。兩者必居其一，在這里雖然暫且不作定論，但《說文》汉許解「娥」，以為是帝堯的「女兒」為誤，是可以斷言的。依母系來說，娥為堯母的女姪之女，是堯的女甥，舊称堯女，固然也可以，但究竟和父系制所称的「女」有本質上的差別，因為「娥」又是帝堯同父的「異級姊妹」。

八、

如果以上五点結論，両則規律，可以說是收获的話，那么這完全是由於在馬克思主義、列寧主義、毛澤東思想的指导下所取得的。自然，筆者在這方面還只是一個學生，和在新历史學的研究方面同樣的，僅々是一個起点。實際上，我說過，這僅々是清理一個基地，約畧的立下了几根標杆而已，至於中國上古史的大厦，還有待大家來建設。我在這里，只能是「抛磚引玉」，而且疏漏的地方一定难免，如有錯誤，希望專家、學者給以指正，以便作進一步的修訂。

一九七四年十二月二十六日 初稿

一九七六年六月二十六日定稿

軒轅黃帝(有熊氏)
氏系簡略參考圖

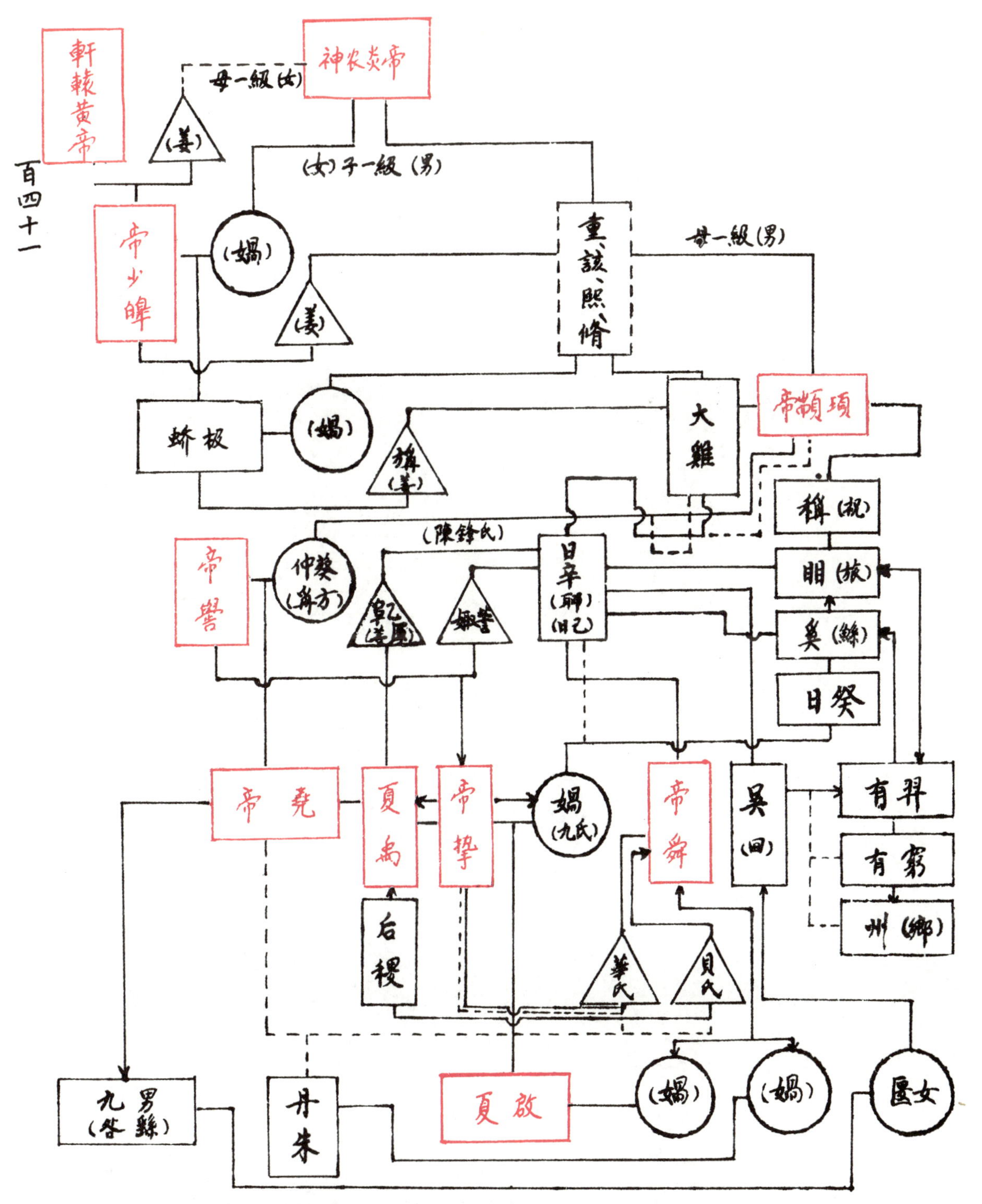

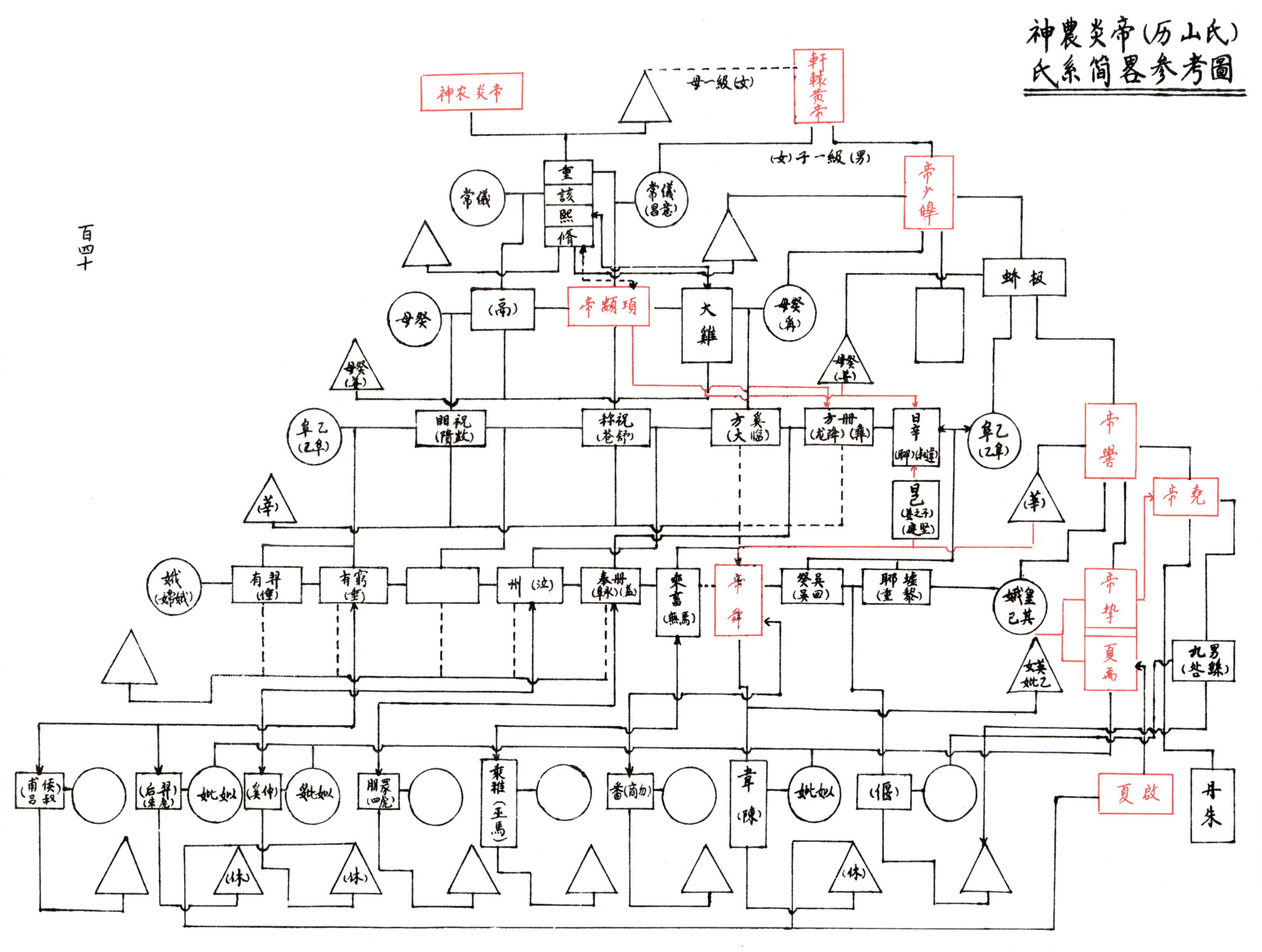
神農炎帝(历山氏)
氏系简略参考圖
百四十
神农炎帝
軒轅黄帝
母一級(女)
(女)子一級(男)
帝少皞
常儀
重
該
熙
脩
常儀(昌意)
母癸
(南)
帝顓頊
大雒
蟜极
帝嚳
帝堯
帝挚
夏禹
帝舜
九男
夏啟
丹朱
姚姒

氏系簡畧參考圖說明：

1、□ 為「母一級」之子。

2、▯ 為「子一級」之子。

3、○ 為媢，為娀，即「子一級」之母所生之女，為「子姓」。

4、△ 為「母一級」之女，因得承母姓，為姜。

5、↑ 為主父、主母或嫡系子嗣。

6、┆ 屬於可能，金文尚待考的系屬。

7、帝顓頊依金文《三兵銘考》中為弟兄八人，表中只列三人，他無所證。有子六人，孫七人，均依《三兵銘考》及有關金文（如《人物集》「堯」的志事金文记載）的印証，全部列表於圖。

8、在舜推行新政以前，依諸父諸母「普奴魯亞」式家庭組织之例，所謂「娥」「媧」自然是統一的「族」称，是傳統用語，如東北多称女為「丫頭」，山東膠東統稱「嫚兒」，魯中南多称「妮」，是相類的，唯一的差別就是「子一級」所生的标志，為子姓而不能以「姜」稱，自然就不只是一人。因為不能一一確考，所以称「簡略参考圖」。

三代以前上古帝世年代表

帝嚳　公元前二四三二年嗣位——公元前二三六六年（乙未）崩，（在位五十五年）。

帝摯　公元前二三六六年嗣位——公元前二三五七年（甲辰）終（在位九年）。

帝堯　公元前二三五七年嗣位——公元前二三一九年（辛巳）崩（在位三十八年）。

帝舜　公元前二三一九年嗣位——公元前二三〇九年（己丑）崩（在位十九年）。

夏禹

公元前二三〇九年嗣位——公元前二三〇〇年（丁酉）崩（在位九年）。

說明：帝嚳在位二十年，始以甲子紀年，金文有「庚申角銘」為据（舊釋「宰椃角」，論在《貨幣集》「梓具」章）。在位五十五年乙未崩，又有鯀的志事金文為証（論在《人物集》「鯀」一章）。帝摯嗣位之始，又有「丙申角銘」賜金的金文記載（論在「堯」一章），九年而後崩，至帝堯於公元前二三五七年（甲辰）即位，正與晉皇甫謐《帝王世紀》以帝堯「甲辰即位」「辛巳崩」的年代記載正相符。再証之於十八世紀法国天文學者比約根据《堯典》所載的四仲星，依岁差公例作出的推算年代以及他所堅持的《堯典》為公元前二三五七年的天象記录，也是口徑相對的，更從第三方面的《水經注》所引郭緣生《西征记》記載的「堯妃祠」

漢晋碑的累計數字，扣除《堯典》偽筆所加的六十年的數字，（論在本篇第二章），也仍然是以公元前二三五七年為帝堯即位的初年。以上三帝的在位年代根据這三方面的旁证（晋皇甫、法国比約、北魏酈道元）核實，金文的記載所考，应是肯定不誤的。

至於帝舜在位十年，是根据《拾遺記》（晋王嘉撰）的記載，証之於舜在帝嚳時期就有兩次的命氏金文記录，其一当是与「娥皇」為婚的再命金文，以「父辛」為簽署的是帝嚳在世時期所頒賜的了（詳論在《人物集》「舜」一章），因之据此可以判斷虞舜在受帝嚳再命的時候，至少也是年在十六以上了，加上帝摯在位九年，帝堯嗣位的前十年，当虞舜与帝堯母一級妻屬（羊瞿乙）所生的女英（骨文又称「妣乙」）合婚，作為自己子一級的妻屬，並登上政治舞台為帝號「共工」的時候，已經至少是三十五岁的壮年人了，执政二十八年之久又嗣位称王，已是六十三岁，死於山東有名的文化古都諸城的時候，至少也应是七十三岁以上的老人了。因而「在位十年」的记载，应是有所据的历史实录。夏禹在位九年仍依舊說。

据此可知神農炎帝以及軒轅黃帝、帝少皞三世当在公元前两千五百年左右，而中國的古金文命氏志族的记载，是早在神農炎帝時期已經刊於青銅器上了，有「佳瓠」一字作「[illegible]」可以為证，還有最早的銅具称為「[illegible]（舊读虁為变音）貝」為印证，（論在『神農時期的金屬化貨幣「柱貝」』一章）。中国的古金文早在公元前两千五百年以前的神農炎帝時期就已出現，絶不是什么軒轅黃帝的史官倉頡所創，而為奴隶們在生產实践中应客观生產所需要而創造，是從「陶文」的演進而來的，就也应該順便肯定下来了。

二十八宿图

1 角	5 心	9 牛	13 室	17 胃	21 參	25 星
2 亢	6 尾	10 女	14 壁	18 昴	22 井	26 張
3 氐	7 箕	11 虛	15 奎	19 毕	23 鬼	27 翼
4 房	8 斗	12 危	16 婁	20 觜	24 柳	28 軫

（錄自李約瑟《中國科学技术史》第四卷）

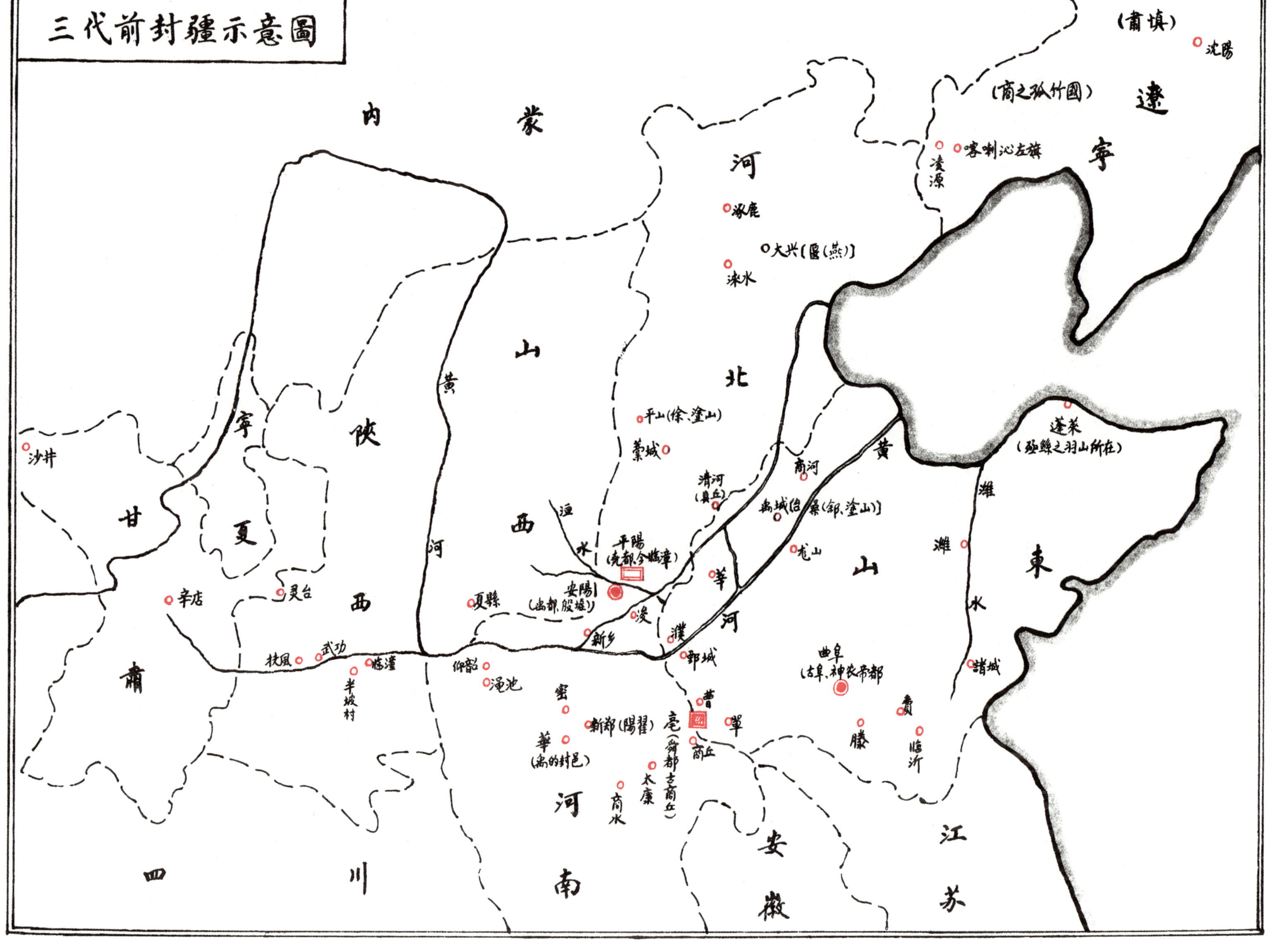
三代前封疆示意圖
内
蒙
(肅慎)
沈陽
(商之孤竹國)
遼
寧
喀喇沁左旗
凌源
河
北
涿鹿
大兴(匽(燕))
涞水
山
西
黄
河
陕
西
宁
夏
甘
肅
沙井
辛店
灵台
扶風
武功
臨潼
半坡村
仰韶
渑池
夏縣
平山(徐、塗山)
藁城
清河
商河
蓬萊
(丞縣之羽山所在)
濰
水
東
山
龙山
平陽
(堯都今臨漳)
安陽
(商都、殷墟)
浚
新乡
濮
鄄城
曲阜
(古阜、神农帝都)
諸城
莒
滕
臨沂
曹
單
亳
(舜都古商丘)
商丘
新鄭(陽翟)
密
華
(禹的封邑)
太康
商水
河
南
安
徽
江
苏
四
川

金文新考（正篇·貨幣集）上

——上古時期七种貨幣考

目録

一、前記

据《世界通史》載：公元前四千年在埃及就已經進入了金石並用時代，出現了刀、砧、斧、鋤之類的青銅工具。在幼发拉底河流域的苏美尔人，也是在公元前三千五百年到四千年這一時期，就使用了屬於『巴比倫前期文化』的銅制斧头和魚叉。古代的印度，銅制的武器和工具的出現，也在公元前四千年末三千年前，而在我们中國，屬於仰韶文化早期的銅器，实际上也早在解放前已經由瑞典考古學者安特生在甘肃省的辛店发現了，只是由於形而上学的观点在当時的旧历史学領域里佔据着统治地位，因而安特生本人称為『早於殷商時期』的辛店等青銅文化，但仍為中國古史『否定論』的權威胡适系的学者所否認和曲解。它却為我們唯物主义新历史学家范文瀾同志所肯定，並明確的在《中國通史簡編》中，承認這个為安特生称為屬於『早於殷商』的辛店青銅文化，為仰韶文化，是『屬於銅器時代的辛店遺址』（見一九六五年版第一册八六頁）但却仍然未能得到考古学界和历史学界廣泛的公認。直到最近，更有早於『辛店遺址』的两件銅器，在陝西临潼出土了，据冶金部有色金屬研究所，經過放射性碳素測定的年代，是距今約六千年的產物，這应是我們中國在公元前四千年前已經跨入金石並用時代的科学的数据和佐证。前在《金文孙考》序篇《典籍集》的结尾，也已經向讀者作過介绍了。但直到今天，似乎也还未為历史学界和考古學界所重視，看来，还需要經過一个過程。

中国的早期的青銅文化，既然有临潼出土的兩件銅器（一為管狀，一為片狀）的碳素測定的年代数据為证，早在公元前四千年就已經使用銅器了，那么我們祖国有文字可考的青銅文化（历史），不用說，也必然相應可以設想上推千年以上。這也是前在《典籍集》关於夏禹自制的誌事金文「損父戊卣』銘以及关於夏禹的命氏金文的考据中提出論证了。

中国的文字，应以『半坡遗址』出土的陶文为始，五帝時期古标族命氏的象形体金文為继，而殷墟出土的甲骨文為晚。這是從後一种文字已經脱离象形体而趋向抽象体的结构中，就可以看出来了。

（一）也從『舜妻』『娥皇』説起

殷墟甲骨文，是公元前一千三百年左右作為占卜用而刻在龟甲或牛骨上头的文字。有娥字，多作[illegible]。郭沫若同志在《釋祖妣》（見《郭沫若全集》第十四卷三十二頁）一文中，引骨文有：『口夘卜，𣪘貞：求年于妣乙』一辭，稱：『于犹方也。意当為求年于娥与妣乙』，並引《說文》稱：『許書云：帝堯之女舜妻，娥皇也』，又說：『字于人名之外，古無他义，則此妣名之娥，非娥皇沒屬矣』。郭以為『娥皇』，在历史著錄中是有名的『堯女』『舜妻』，是確有獨到之見的。

字，王國維读『我』（《澂秋館吉金圖》上册二十三頁《喝比簋釋文》，『甲骨文編』又作四九五頁）实際上是唐虞金文夏禹称華氏的『鏵』的象形体的演变。殷墟甲骨文是继承了唐、虞、夏的文化，在這里就得到具体的証明了。為的側体，是『足（或）』為标誌的氏族。而為瞿兵（旧称戈），就是今称作鎬头或『鶴咀鋤』的『鐝』，尊称為『鏵』。古鏵字作鋘，為媧音，即『我』的本声。显然『娥皇』的娥字，甲骨文作[illegible]，是以『華』氏夏禹的母族之标作為自己所奉祀的首族。因為她是夏禹的同母姐妹，因之不以妣称，而[illegible]為夏禹嗣位以後，史官為了尊王室之親所造的文字，是很明確的。『妣乙』，不用説是堯女『女英（鷹）了。称妣，自然也是由於夏禹再命為『巳氏』而来的族称。甲骨文妣，妃一字，所謂『妃』，自然就是巳（鯢）氏之女了。唐堯与夏禹，后稷，本為同父弟兄，都是帝嚳之直系子嗣，前已論及，因而娥皇與女英（妣乙）既然依母系制的旧傳统称為『帝堯之二女』，那么，在夏禹称娥与英就有别了。夏禹為王，史官以『娥』与『妣乙』称『二女』，殷商襲之而未改，在這里就為我們保留下来上古時代「娥皇」与「女英」確有其人的历史实録了。

殷墟甲骨的娥字作，既然是来自夏禹以後的文字，那么五帝時期的标族誌氏的古象形体金文必然与殷墟出土的甲骨文字不同了。

宋《歷代鐘鼎彝器款識》有「嫦儀（蟾蛾）鼎」（旧名「月魚基鼎」—見卷一）共三字，「儀」為兩字合体作：

「月」字讀今「越」声，当為变音，正聲讀「蟾」，《宋史·樂志》有「殘霞弄影，孤蟾浮天」，「蟾」就是「月」的古称，月宫又称蟾宫。变筆作「婵」，也就是形容有女姣媚如月的概念，由於历代遠久，本義就湮没只作「美」詞解了。為了概念明確，让我們先解释這个「儀」字。

古有「黄帝使羲和占日，常儀占月」的傳說，畢沅注《吕氏春秋》（勿躬篇）作：「尚儀占月」稱。「尚仪即常仪，古讀仪为「何」。後世遂有嫦娥之鄙言」。按何、貨，我殷周古韻同在十七部，義字古為兩音，正声讀「娥」，「夷」為变音。殷周金文有古体「儀」字作：

（見「畢義殷蓋」旧名「畢鮮敵蓋」——《攈古錄金文》卷二之三第四一頁），羊下為「娥」尾後是声符讀如「火」，就是一個例証。說明畢沅

讀「義」為「何」，声本不誤，确属古音，是「義」的本声，為「羊族之娥」的概念。但以為在群众中间世代口傳耳聞的「常儀」為「嫦娥」是「鄙言」，畢解就錯了。根据這个「常儀鼎」的古象形体金文來看，這个「蛾」，鬚眉如畫，正是蚕蛾落於「兀」（器）上，腹圓待产的姿態，显然這是在奴隸社會初期仍然还存在着对於氏族部落人口繁殖的希望，要求有女产子如蚕娥排卵一样稠密的反映。因而「常」当為「蚕」的誌音字，不用説「月」之称「蟾」虽為遠古的正称，但蟾字必晚出，「蟾蛾」当為今之「蚕蛾」的概念。至於蚕蛾之下有兀字，「基」的祖体字，是「器」的声源和義源所出，在這里正如「畢義叚蓋」的義字有「火作声符，以叚周古韻以、意、其、几同在一部為例，可以推知三代以前儀、几必同声。「月」字读「蟾」為「常」的本字，蛾字读「儀」，為变音。正是軒轅黃帝所属的皋（為鳩為虎）族当政，因而变声為正统語言的反映，据此以变音几作声符，就可以推知這是皋系氏族酋長為王的時期。而且這種标氏鼎銘又早於有以「父某」簽署的命氏金文，為唐虞以前的古金文，又早於下面就要谈到的帝嚳時期的「常儀彝」，当是軒轅黃帝使之「占月」的女兒「常儀」的飲食具。在帝嚳以前以「常儀」称的，除了新興的奴隸主軒轅黃帝的這个有名的女兒，再不会有另外的人飲食不但有這样青銅器，而且在青銅器上还铸以象形体的标氏金文這样的先進的文化水平了。

另外，还有帝嚳時期的命氏金文『蘭儀彝』三字圖銘（旧名『鷹父癸彝』——見《歷》卷二）可以為比：

显然這个以『月』為旌标的也是『常儀』（蚕娥），尾後有『蘭』，從声類上推求，当是『简義』，（蘭蛾）古易、狄同声，王靜安已有論在前（見《殷卜辞先王先公考》『㚇』一章——《观堂集林》）。殷周古韻，狄、易、意同部，据此可以推知三代以前義讀变音与狄同声，因而『蘭義』当為『简狄』。漢司馬《五帝本紀》載：『殷契母曰简狄，有娀氏之女，為帝嚳次妃』，晋皇甫《帝王世紀》載：

帝嚳次妃娵訾氏曰常儀，生帝摯」，据金文的記載（詳在《人物集》「辭」一篇，「帝舜是殷商的始祖考」一章——見《金文新考》第三輯）漢司馬為誤，是不知三代以前《契书》称「父」称「子」是史筆從母系制的古称，「子」為婿，却是氏族部落的承嗣人；晋皇甫所記為確，据此「儀彝」一字命氏金文，就可以推知這个「儀（娥）就是帝摯之母「常儀」又称「简狄（藺儀）」的人物了。因為「父癸」是帝顓頊及其弟兄的母一級妻屬所生之四子通用的姓氏（詳說在《兵銘集》「帝堯時期三兵銘考」一章），癸為卑的变称，殷周古韻同為十五部字，是尊王室以母系姓氏為貴的反映。帝嚳所婚的「娵訾氏女」名常儀的，当是子一級妾屬，即從帝顓頊的女兒（姑）作嫁的「侄」，当為帝顓頊之子「父癸」的母一級妻屬所生的女兒称「简儀（狄）」了。「简儀」在帝嚳時期应為正称，「简」為族系的声称，是從鯀称「盐」而来的（《人物集》「鲧」一篇有论証）所謂「娵訾氏」為鄒子氏的更筆，史筆諱帝顓頊鄒氏之子有女婚於帝嚳，是很显然的。因為什么史筆要諱帝顓頊和帝嚳兩方的婚姻关係呢？因為根据汉司馬的記載，帝顓頊為軒轅黃帝之子（男）「昌意」之子（男），為黃帝二世孫，而帝嚳又是軒轅黃帝之子（男）玄囂的孫，因而帝顓頊与帝嚳之間的婚姻必須加以諱筆来粉飾了，否則，犯「同族」婚姻之忌了。关於這个問題，在本集中将要陸续提出論証，加以澄清，在這里就不作節外生枝的考据了。

最後，还有奔月的嫦娥，是夏之初期以本声称的『常儀』，都是历史上有名的人物，三人统称『常儀』，可見『常儀』是族称。《淮南書》載：『子生母曰義，母生子曰保』（見《天文訓》），説明上古時期，凡是子（姪）一級所生之女，都称為『義』（正声讀『娥』）如果母一級妻属（姑）所生的女兒，当然就以父的氏称為氏称了。如帝尧的女兒称『女英』，在夏禹為『諸女』，殷墟甲骨称『妣乙』，就是最好的例証。殷周後世，乙字作乙，或作鳦，為燕子的專称，三代以前却是鷹和雁的称呼。《説文》有𪁉字作『鳦』鮮。段注：『今之鷂鷹也。《廣雅》曰：鳦鴇，夏小正謂弋』，又説：『弋字变為鳶』。按古字同声相假之例，弋乙必為同声同義字，是乙為鷹（通雁）為大鳥的概念的一個例証。另外据《尸子》所載：『鴻飛天首，高遠難明，越人呼為乙，楚人呼為鳦，鴻常一耳』，又是鴻雁古有兩称，一為『乙』，一為『鳦』的又一旁証了。乙之為燕，据此可知当在周武王鼎革之後，貶雁（邦国之称）為燕，以封召公。這是由於更命改制而产生的变化了，正如晋杜預注《春秋左傳》鳦為野鴨，是循秦漢以後的解释，『道佛兩殊，非鳦則乙』（載張融《答周顒書》）而来的誤解，几為声符，鳦字本音讀『幾』，声為『乙』的变筆字，变音讀阜就是鉄証。古金文鳦字作：

八

（「皃生𣪘」，旧名「皃生敢」——《愙》十二册）又作：

（見「仲皃𣪘」，旧名「仲皃敢」——《愙》九册）实為「皃」人的古音三読，為人、夷、尸，即「夷」的声标，為「乙」的变筆，就可以据此論断了。另外古金文象形体的雁字作：

（見「雁公𣪘」，旧名「應公敢」——《愙》九册）旧以為周器，以為「武子穆」的「應」国器，不知鷹、雁古一字实為同声之称，如今称鳥称禽是相類的。据此，可知帝堯之称「女英」即「鷹」的後世飾筆，堯自然也是「鴟」的声源所出，古金文帝堯命氏以「父乙」称，就是鴟、鷹為其氏徽的印証。又，正体古金文作「臬」。因而「女英」在殷墟骨文中受祭稱「妣乙」，這是「女英」為帝堯弟兄（夏禹）母一級妻屬所生之女的标誌，因而可知「娥皇」是子一級女性所生的女兒了。足証《淮南書》关於「子生母曰義」的記載，是確有所据的历史实録，自然在這里就出現了兩个問題：一是娥皇既然為「姪之女」為什么却居於首位，且尊稱為「皇」，女英為「姑」之女却在卜辞佔末位？原来這个「娥皇」婚於虞舜弟兄是為母一級妾屬，自然依父系来説為女英的姑了。是帝嚳子一級妾屬所生，因而稱「娥」，女英為「姪」是很清楚的。但唐虞之世，虽然早已跨入奴隸制社會，文化進步到「金作贖刑」（見《堯典》）用貨币交納罰款的水平了，但在風習当中，在上層意識形態領域里，母系制的旧傳统仍然占据着统治地位，因而既是兄弟又是共同妻子的共同丈夫的「普奴路亚」式的两级婚姻制还在虞舜推行新政以前居於主导地位。而依母系来說，帝堯為帝嚳母一級妻屬所生之子（論証在《人物集》「重黎考」一篇），是「姑之子」，娥皇為「姪之子」，所以帝堯与娥皇的母親為姊妹兄弟关係，娥皇与女英所以並称帝堯之「二女」就足证史筆是遵循旧传统依母系為準的說法。关於这个问題，《舜》一篇里还有專題解釋，在这里就不再作繁瑣的詮证了。第二个出現的问題，就是「简狄」（薾蛾）依金文来說，為帝顓頊的孫女，「父登」母一級妻屬所生之女，因而得以冠父的氏称為族称，声称以「监」，那么自然不是子一级女性所生，為什么也称『義（娥）』（《帝王世纪》称『常仪』）呢？在這里只有兩个解释：一是作為族姓之称；二是在帝嚳時期，子一级女性有女称『娥』还没有形成严格的定制，因而、金文有『蔺娥』的命氏圖銘，到了夏禹時期，已經是成為定制了，所以『娥于妣乙』之称，是有严格区分的。《淮南書》所記，自然是源于《春秋左傳》所屡称的《夏書》了。

總之，从『娥』字的甲骨文象形体结构，与五帝時期的古金文象形体的『娥』（变音為儀）字相比較，很显然的説明，殷墟出土的甲骨文字是晚於古象形体金文，而且距離的年代是很久遠的了。

(二)夏初金文的又一例證
——再說关於『邾公釗鐘』銘的新解

既然殷墟甲骨文晚於唐虞金文千年以上，那么我們的前輩金文学者，是不是從来就没有人接触到這個问题呢？也不尽然。据筆者所知，在近代的治金文的料歷史学家中，有郭沫若同志确曾触及這个问题，而旧历史学家中有王静安。王考於前，郭解於後，這就是关於『邾公釗鐘』三十六字的鑄製人的自称『陸終之孫』的研究了。

『邾公釗鐘』銘載《愙斋集古錄》(一冊廿一頁)。金文右讀，現依例摹錄鐘銘全文如次：

《愙斋》原释：

陆𩫖之孙邾公釗作乃

卹盟祀祈年　龢鐘用敬

眉寿用乐我　嘉宾及我

正卿杨君霝君以萬年

郭著《金文丛考》引王国维「邾公釛（釗）鐘跋」的考证，称：「𩫖字从虫，𩫖声。以声类求之，当是螽字。陆螽即陆终也。《大戴礼·帝系篇》陆终娶于鬼方氏。鬼方氏之妹，谓之女隤氏，产六子，其五曰安，是为曹姓。曹姓邾氏也」。郭注：「沫若案，曹姓曹字，金文作𡡉，从女𣌭声」，并称：「余（郭）疑陆终即祝融。陆祝古同幽部，終融古同冬部，其字如邾公釛鐘書作陸𩒨，陸一書為祝，𩒨一書為終，陸終，祝融，遂判為二人也』。陸終究竟是不是祝融，留待以後論証，釗字王釋為釛，一字兩音，因而有变筆，也不為失，而郭王兩家所論，邾公釗為『陸終之孫』，𩒨字讀螽作『終』的本字解，都应算是定论了。

因為依据古金文人稱，兩字之名一為父系族稱，一為母系族稱因而构成自己的氏稱。恩格斯在『易洛魁人的氏族』（見《馬恩选集》第四卷八三頁）一章中关於氏族的名稱，曾經指出：『氏族有一定的名稱或一套名稱，在全部落内只有該氏族才能使用這些名稱，因此，氏族个别成員的名字，也就表明了他屬於哪一个氏族，氏族的名稱一开始就同氏族的权利密切联系在一起。』美国历史学者摩尔根也曾经在《古代社会》（第十四章第二节『轉移之动机爲财产之私有』）中介绍过关於易洛魁氏族的系譜，說：『縱令其他氏族又归於灭绝，然而氏族之系谱，还可以上溯到几百年甚至到几千年』，证之中国的古金文氏称，這种氏族系谱，根据氏称的声标（也就是氏标），确实可以上溯几百年找到他的旋源。例如殷周之际有名的『名公奭』，在《周書》中是爲武王很推重的人物。『奭』爲名公的氏称，字有两音。《說文》：『鲜奭，盛也，從大從皕。皕亦声，此燕名公名，讀若郝。史篇名醜。』而『皕』字漢許『讀若逼』，這是『奭』字一音讀如逼，一音读若郝（火声）的汉人的說法。

段注：『召公名奭，見《尚書》、《史记》，而史篇云名醜。史篇之作去周初未遠，未审何以乖異』。关於奭字古通『盛』，以及又称『醜』的问題。以後关於释『亚』的考証中有解释，是『两婿之间相称以亚』（古音读『仇』与『醜』通）的亲称。《説文》解亚，汉许说：『亚，醜也』就是最好的注解。現在我们只说召公名奭，奭一字三音的问題。《说文》两音，一读若逼，是源於母族的族称，族称為『匕』，即夏禹的女系的族称声标，所以是姓氏；而又读若郝，同样是夏禹三命称鉡氏的声标。

古金文象形体作

奭就是古金文『鉡』的简化体，只取首部形，把十傍的两『人』字变為两『百』，仍是两『百』氏作牵引耕犂的图象。古音百，匕是同音字，今音称『筆』為『北』，指『彼』為『北』都

是旁证。因而而「百」氏，就是而「巳姓弟兄」相背而共銲、同耕的概念。而夏禹称华氏为姓，属母族的族称声标之一，因而𦣻氏既然是出於巳姓，为夏禹女系所出，那么「華」（郝声）自然翻過來，就是名公𦣻的父族的族称声标了。此外，还有为《说文》所遗的第三音，殷周古韵「𩑋」为一部字，与子、「以」、士、式、止、寺同声，今读𦣻为式声就是這一古音。原來「以」为吕，就是夏禹子姓字，旧作𡚱。式声源於「𡚱」。《说文》所載𦣻的古体字作□，又寫作而「自」氏共銲而耕的形态，就是声标「以」「𡚱」为子姓声标的佐证。《说文》夏字作□，即为「足」氏所以手奉的「一自人」的概念。今读頁为爷声，当是夏尊禹为始祖「一自（《世纪》作「薏苡」）人」，是为古「首」字，《说文》释「頁」有例证。

总之，名公爽，爽為父系族称，讀鏵声，名当是母姓。古釗、名、嫌、曹是一个声系，可知，鄛公釗的釗是母族的姓，父族為鄛，即古金文的鈕氏的帝顓頊的男系子嗣後裔的族称声标了。

「其五曰安，是為曹姓，曹姓鄛也」，這个「安」应是帝堯父乙之女。安為匽的姊妹体。帝堯母一級妻屬所生之女称鷹，婚於吳侯吳，称匽，那么「安」必然是帝堯子一級妻屬所生之女，婚于陸終，称「安」，因而有子以「安」為氏称，本來是姓。又说「是為曹姓」，应当是指母族之族称。从声类上推求，应是少皞氏之「少」，為嫌、釗、刀、之族标声源所出。「曹姓鄛也」就是「鄛釗」的最好注解。

《楚世家》称：「高陽（帝顓頊）生称，称生卷章，卷章生重黎」，又：「帝乃以庚寅（日為僞筆所加）誅重黎，而以其弟吳回為重黎后，复居火正，為祝融。吳回生陸終，生子六人，」「其五曹姓」。这是鍾銘释釗為确的旁证，本音读釗，為母系嫌的族称声标。這种解释是不是与歷史的实际相符呢？关键性的问题就是对于「𩏂」字的理解了。《说文》解「城」，古体字作𩫏成。又「墉」字许解：「城垣也。从土庸声。古文墉」，段注引《诗》「皇矣」之章「以伐崇墉」，传曰：「墉，城也」，又注𩫏字，段说：「蓋古读如墉，秦以後读郭」。实际古金文從創造之始就是一字兩声或三音，這是由於父系和母系是兩个或兩个以上語音互不相同的氏族部落互為婚姻的必然反映。因而「古读如庸，秦以后读郭」的解释不确。按「𩫏」字，当為「邾公釗钟銘之金文□字右半边的变体，本声读墉，变音读郭。《左傳》：「赤归于曹郭公」，《公羊传》作「虢公」，古虢、郭、古同声，「陸郭」為「陸氏之国」的概念，「陸墉」是「陸氏之城」的意思，兩者之间原来是没有什么本質的差别。所以称「陸郭」，陸為氏称，而郭為姓，如「陸終」之父祖都以「癸」称是一样的。称「陸墉」不須说，陸為氏称，以墉為父族的族称。銀雀山漢墓竹简《孫臏兵法·見威王》作：「昔者神农伐补遂」（見注十二），就是神农古又称「戎」的佐证。墉、戎当是古相通用的代称字。古金文庸字作□，旧释庚当為变音，实即「双手奉癸」的形态，字变隶当為□。「双手奉柱」為「用」，是「癸用」兩字的合体，癸仍為母族族称，用為父旃之「戎」的变筆，因而「用」应是庸的声源所出。漢司馬史筆不作「陸墉」而作「陸終」，又是古庸、終（重）、童三声是一个音律的例证。旧释庚，又是变音了。小学家楊述达《释甬》（見《积微居小学述林》四六頁）曾称：「許君知甬、瓶、甗、三文為一字，而不知甬、鏞、鐘三文之為一字」，所论為确。古声甬、桶、鐘当為同声字，這是「墉」字作「終」的同声字的论证。因而郭、王两家所释「陸終之孫」為确。但要定器之所属年代，須要筆者在這里加以补充，要弄明確的是：一、既然「陸終」之父「匽侯吴」為帝嚳時期的「火正」，直到帝堯四年又出任為「共工」，那么陸終就必然是堯舜時期的有名人物了。唐虞命氏金文有佐证，一作

（見「陸角」，旧名「父乙角」

——《憲》二十一）是為帝堯以『父乙』名义所作的冊命彝器，陸氏終為帝堯的子婿，据此就可以作斷了。

《楚世家》載：『吳回生陸終，陸終生子六人』，『其長一曰昆吾，二曰參胡，三曰彭祖，四曰会人，五曰曹姓，六曰季連，芈姓，楚其后也』，漢末虞翻旧注：『昆吾名樊為己姓』，彭祖『名翦為彭姓』。如果司馬史筆在陸終所生之六男為六姓不误，那么這是以证实拙著在《虞篇》所作的考证，中国父系奴隶制初期所遺留的男性出贅於女方氏族的母系制旧風習至是已变為一夫多妻，而各方氏族的女性是出嫁到男方來了，這是非常重要的一个历史转折点，标志着父系制的奴隶社会的完成。

因為虞舜是中国奴隶社会早期的革命派領袖，推行的是「兄弟相背（避）」各自為室而共耕（耕）的新政（详论在《舜》一章）。因而以母系制的原始氏族公社世代相承的那种「普奴鲁亚」式的，既是兄弟又是共同妻子的共同丈夫的那种家庭组织形式，从此就崩毁下来了，唐虞金文的□（郭）字，而鏃氏相对而共处的形象，正是这一時期的由於客观物質世界所发生的变化而在文字上所産生的必然反映，但夏禹复辟改制又恢复了在以「大父」為首的奴隶主私有制為经济基礎的空有其軀壳的原始氏族公社式的「普奴路亚」型家庭組织形式而以子婿（伯益）為承嗣王位人以後，這个古墉字就作□，变成两虫併处的封邑了。这是夏古改制以后的反映。這是『邾公釗鐘』确為夏禹复辟以后的铸制物的论证之一；第二、『陸终』六子，姓氏也各不相同，這又正是虞舜違古改制，在『兄弟相背』各自為室的雏形制家庭形式。即奴隶主的一夫多妻制的最有力的証明了。总之，不管从氏族声标，或氏族文字结构的变化，以及不同階段的不同的历史特征上来分析和衡量，『陸墉(终)之孫邾公釗』為夏初時代的人物，是帝堯之子(婿)陸终之孫，却可以肯定下来而相互可以印证而不误的了。

但郭王两释，都以『陸终之孫』為正解，却由於矜慎，都没有明確的指出『邾公釗鐘』是夏初器，看来最初主要的或為《窓斋》形而上学的解释所阻挡了。吴大澂旧释有：『是鐘篆体与古文不相类，漸开小篆之風矣。邾从邑，非古也，古文作[illegible]』。实际上吴説不確，正相反，後一如蛛的『邾』字晚於『邾公釗钟』銘上的[illegible]字。第一，鐘銘邾字不从邑而从銔，為曲柄的『銔』的象形体，与邑字金文作[illegible]的形态不同。第二，這个邾字是源於唐虞金文。《西清古鑑》有『鋤鼎』（旧名『周王鼎之一』——見卷四第十一頁）字作[illegible]，又分為兩字（見十二頁）作[illegible]，是『株』為手持之『鋤』所鋤（鋤草[illegible]育株）的形象，●為声标和族标，本音讀珠，詳在本集第一章。[illegible]字翻体作[illegible]，变隶為㕚字，也讀『鮢』，[illegible]為[illegible]的变筆，是鋤型如鏟了。『鋤鼎』并有[illegible]（虞舜弟兄貯氏的族徽）字為族标，是唐虞金文的確证，足見『邾公釗钟』的邾字距离『鋤鼎』的鑄制年代

并不遠，因而邾字从「鋤」不从「邑」。第三、般周「古」文，虽然邾字作

看来似「古」，但拆开来看，氏為（子的变筆）

双手所奉祀，作双手抱子状，為祖，又是很明確的。综合

以上三点所论，「邾公釗鐘」為夏初器，应該是斷然无疑的了。蛛形

的邾字為晚出的字，也就不須再说了。

如果以上的引证，分析以及得出的论证均不誤，那么从「邾公釗鐘」銘上的文字風格，可以看出是一種韻文，這种富有詩意的文風和《尧典》所載：「期三百有六旬有六日，以闰月定四時，成岁」以及「金作贖刑」的文化水平，也是完全相符的。因而「五人佐禹，故功绩銘乎

金石』（見《呂氏春秋·壹行篇》）以及『黃帝又命伶倫与榮將鑄十二鍾』（同上所引《適音篇》）等見之於公元前兩百四、五十年間的這种記載，也必為有历史根据的傳錄了。夏禹為軒轅黃帝第五世孫，『鄒公釗鍾』与『常儀鼎』也不過二百年左右的間隔，見於《汉書》藝文志道家类所載：《黃帝銘六篇》也並不能肯定是偽託之作。恩格斯在《希腊人的氏族》一章里（見《马恩選集》四卷九九頁）說过：『由於血族的联系（尤其是一夫一妻制发生后）已經湮遠，而过去的現实看来是反映在神話的幻想中，于是老实的庸人們更作出了而且还在继续作着一种結論，即幻想的系谱創造了現实的氏族』，并且还引用道：『马克思補充說：『格罗特先生应当進一步指出，虽然希腊人是从神话中引伸出他们的氏族的，但是這些氏族比他们自己所造的神话及其诸神和半神要古老些」（同上所引九七頁）。既然，我们承认神话原是历史的产物，不会是從天上掉下来的，必為历史的客观存在的一种反映，而「常仪鼎」的两字原始体象形金文，就充分為「黄帝使常仪占月」这个古老传闻作了確為历史实録的铁证。

自然我们祖国在公元前两千五百年左右就有了鼎食爵飲的新兴奴隶主王朝，有了以十二鐘定律的乐器以及創造了可以刊铸於金属彝器上的标氏志族的金文，那么与它相适应的，在金属生产工具和武器外，也必然会有貨币。「貨」「币」两称就是以夏禹的「華」姓「巳」氏的氏称命名的，至殷周金文仍稱為"貨"字，本作僓(遺)(見《典籍集》九十七頁)，是以再作《五帝時期七种貨幣考》，简名《貨币集》，以証晋刘熙《拾遺記》所載："神农采峻嶺之銅以為器"，晋皇甫《帝王世纪》所載："黄帝采首山銅鑄鼎"，确為祖国的历史纪实之筆，是為前記。

二、神農桂貝篇

——五帝前期貨币考

(一)"餘尊"銘初解

貝以[illegible]稱，載於"餘尊"(旧名"丁子尊"——見《愙》十三)誌事金文畵錄中，現在摹录全銘二十六字如下：

一、初释□

吴大澂慎重，□字不释，近人多释为『夒』『歸』（餽歸同声同义）。夒為夏時字。《说文》解『夒』，许说：『即魖也。如龙，一足，从夊，象有角首人面之形』，段注：『地理志歸子国即夒子国也』，又解夒為『貪獸也，一曰母猴，似人，从頁，巳止夊其足』，段注：『謂夒，一名母猴，足見段已知夔、夒實為一字之變。王靜安據之以解『夋』（見《殷卜辭所見先公先王考》——《觀》）實際也不知汉许之解為臆说。

按夔、夒兩字，当為夫婦字，男称夔，女称夒。夔字初見於《堯典》：

『帝（舜）曰：夔，命汝典乐，教冑子，直而温，寬而栗，剛而无虐，簡而无傲。』『夔曰：於（讀嗚）予擊石拊石，百獸率舞』。夔是虞舜時期的司乐官。实际上，应為姓氏之称，源於古金文的『癸』氏声标。而從字形构造来说，它是出於夏禹之世的姓氏之称，而《堯典》『虞書』不用說，据此一字之釋，也可以知道出於夏禹后世对於前代史绩的整理，正如《唐書》出於宋儒之手一样。現在且让我们从這一夔字的结构分析入手来论证。

首先，在帝尧及虞舜之世，神农羊族一系的子孫命氏彝器的『足』字，都是作為項戴於首的族標，如舜的古金文本字作[illegible]，是『兜』的字原所出，本音讀沉（陈），用今天的話說，是肩上担負的历史任务沉重的概念。因為要改变世代悠久的蓋有母系制群婚（既是兄弟又是共同妻子的共同丈夫的『普奴路亚』式家庭结構）制遺風格印的傳统風習，是一次古所未有的社会大革命。這是極為『沉重』的任务。詳论在《人物集·舜篇》，在這里就从略不說了。而『舜』的古金文本字是头上所奉戴以為族先的是『足』氏、為神農之子（男），《左傳》稱「柱，為稷，自夏以上祀之」的「柱」。屮即為止（足）的变革。舜帝子嗣的氏称，古金文又作「韋」即[illegible]字，（見《西清古鑑》卷八——五頁）也仍是以「足」為自己所奉祀的族首或后世变隶，認為「足」作首於理不合，而把[illegible]字扶担的手移於𠃌（人）之上為首，而移「人方」之後裔所奉祀以為族先的「足」於担子之下，因而原為「人」字变為「双足」，字作舜，全然無解可說了！只空留下「兩足相背」字作「舛」的似是而非的解释了。這且不去說它，總之，到了夏禹复辟（恢复母系制古老遺風，以舜之「子婿」的身份夺取了部落联盟式的奴隶主王室之帝位）。「足」的族标才移於氏称字的底部和舜時对於「足」的族标符号就全然相反了，這是一。二、「頁」為古「首」字，以後我們就会论到，而「夒字头上所奉祀以為族先的，却是「羊角」，成為「夔」了。「角」字古音讀如「搞」，是帝嚳之「角」的本称，二十八宿「角」星為首，是族标声系之外的旁证，而由帝挚开始「角」為尊，是祭祀之礼中的飲器的命名，在古五帝金文中有「丙申角」銘的记載可以為铁证。「止」為「之」，「已」為古「子」字之反体。据此可知夒字，原為奉「羊角」以为元首之「子（婿）」，足证為夏禹的姊妹夫，而夏禹又有诸女之一隨姑作媵妾，因而夔氏自然称夏禹当為「叔」為「父」，這是古而級婚姻（群婚遺風之一）制的反映。

再说，「夒」字是「頁」之（止）子（女兒）出於「足」（夕）族的概念。那么「頁」又怎样解释呢？

《説文》許解：「头也。从百从儿。古文稽首如此。」

段玉裁注：「儿即古文奇字人也。」又：「本与稽同音，」「十五部。」

按六書古音，稽夷同在十五部，与「棄」「禹」等后稷之後世氏稱及「阜」、「巳」（禹帝姓氏）字同部而互相可以假借的，因而殷周之前的夏世，当為「稷」「夷」相通之氏稱字。即后稷与夏禹的通用氏稱字，如封地同稱「禹」相类。是為「首領」之「首」的概念之源所生。而「頁」字，如果我们分析来看，是「一自人」三字所构成，古文字，非禹物象形，即会意指事。而此「一自人」，当「薏苡人」之「薏苡」的音源所出。《帝王世纪》載，夏禹之母稱「薏苡」。故闻一多有说：

「意者，古说本谓禹因芣苡而生，末世歧说变「芣苡」為「薏苡」，亦犹「薏苡」之説，又或变為「珠」乎？」（見《古典新義·芣苡》之章——一二二頁）

聞氏廣讀博覧，知识渊博，為筆者所不及，是夏禹出於「芣苡」，出於「薏苡」，出於「珠」氏，三者当為一人。据古金文的考证，夏禹母為「仲癸」，出於「人方」是為「薏」之音源所出，金文及甲骨文乃「字」，变音讀夷。因而夏禹初命之氏稱為「夷」即姓氏。而其母屬於「阜」氏之女所出，因而「芣」為母「仲癸」之族姓，又稱「芣苡」，「珠」為父族之族氏。三者都是夏禹与后稷之母「仲癸」一人之稱，「苡」為「子」姓，即諡而级婚姻之别，属帝嚳「子」（从姑作媵妾之姪女弟）一级次妃的标志。

据此，可知「自人」為后世「蔥苡人」之義源所出，是「夷子」之变筆。《说文》解夏古字作□「頁」為人之双手所奉祀，而「足」為「根」，這是「夏」的字义所在。

因而「夓」為「蔥苡人之子（女）」出於「足」族。据此可知「母椎」当為「母后」或「母侄」的汉解録筆所偽，是夏的「母后」系的族称。

夔、夓為一字之变，既然是夏禹嗣帝位為首以後所創造的会意体文字，那么，□字并非夔的本字，而是以□為体，「足」為族标，也当是声标，字本音读「足」声，读「夔」或為后世变音，可以依例初步作断了。以「□」又读「丁子」作「丁巳」為紀日甲子解，就不对了。是的，周器『史頌鼎』銘有過這样的类似的造句。

2、古称岁称祀不自夏商始

『史頌鼎』銘有：『唯三年五月丁巳，王在宗周』之辞，作：

隹三年五月丁巳王才宗周

這是以『丁巳』為甲子纪日的例证。《尔雅》『释天』有『夏曰岁，商曰祀，周曰年，唐虞曰載』的说法。如果依据這个説法，那么『餘尊』所刊，当為殷周時代的『纪日』金文了！但《尔雅》的這种记載，却是没有实际根据的。如前所考『邾公釗鐘』銘為夏初器，却称

「万年」就是古称岁为年不以周始的铁证，而《尧典》所载：「以人闰月定四时，成岁」，则又是唐虞时期也不是「岁」必称「载」的例子了。如果以为这些例证还不可靠，那么同样属于周器的「盂鼎」铭（两铭文均见《愙》四），首行「唯九月王在宗周」作：

隹九月王才宗周

末行「唯王廿又三祀」作：

隹王廿又三祀

是周器金文，不是一概称「年」而称「祀」的铁证，因而「艅尊」称「祀」却不能据而以为是商器。「一子」两字自然也相应的不必在考证之先定为纪日的甲子。「艅尊」铭既然不能以「祀」称年定为商器的根据，那么「●旦」两字也就并不能作为纪日的甲子一开始就讀作「丁」了。如果以「十天干」与「十二地支」（甲、乙及子、丑）紀年、紀日，●字就已经抽象化了。因而作為甲子用的金文●字，必然已经是脱离它的象形体的本义了。●字初創時的象形根据，究竟是什么呢？是「畐」的什么「物」呢？而且根据古金文一字必两音或三音之例，那么，它必然除讀「丁」之外还有另一音，這就需要作進一步的探討了。

（二）●字初為氏标的論証

——「●高羊鼎」銘新解

《西清古鑑》有『●高羊鼎』（旧名『周丁甲鼎』——卷三）三字銘，為古标氏金文，字作：

● [glyph] [glyph] 是●為氏族之称的标志的佐证。

[glyph]字，旧以『重屋形』解，不知声义。依据古金文氏称字体结构的通例来说，[glyph]字以▲為首，必為△氏所奉祀的父祖的氏标。《说文》解△：『三合也』，又：『讀若集』。古金文▲、△，是同字，古读集声，居於屋頂之上，依声类推求必是『屋脊』的指事符号，字当读『高』。為古金文『[glyph]（高）』（見《窓》十二『王作父癸彝』，旧名『子作父癸𣪕』）的初体。[glyph]旧释『羊』為確。自然這个有『●高羊』三字标氏金文的鼎，是他的專有的食鼎了。

古有金属食鼎的，必然是新兴的奴隶主统治階层的人物，依声求之，在軒轅黄帝之後的帝系中，這个「●高羊」必是帝顓頊的氏称。

(三)「高羊」為帝顓頊的称号的金文佐証

——「高羊彝」与「高羊爵」銘辭

漢司馬《五帝本紀》中称：「昌意之子高陽立，是為帝顓頊。」又在《楚世家》中説：「楚之先祖，出自帝顓頊高陽。高陽者，黄帝之孫，昌意之子也」。

古羊、陽两字通用，王静安已有定論，（注：「卜辭有羊甲无陽甲，罗叅事訫以古樂羊作樂陽、欧陽作欧羊，謂羊甲即陽甲。今案卜辭有日南庚日羊甲六字，羊甲在南庚之次，則其即陽甲審矣』——見《殷卜辞先公先王考》『羊甲』一节。載《观堂集林》）据史可知，這个以●為氏标的高羊鼎，就是轩辕黄帝之孫帝颛頊高陽氏的飲食具了。既然食有鼎，飲也必有爵，有『高羊爵』（旧名『立羊爵』——見《愙》集廿二）吳大澂旧释『立羊』，因為高字下体為銅鏽所掩，拓文作△，所以誤释，另有『高羊彝』（旧名『高羊彝』見《敬吾心室款識》）全銘兩字為：

就是印证。這兩份飲食用具上，只作兩字的氏标，為『高羊』。

那么在象形文字之初，飲食有青銅鑄制的爵、鼎、彝的這个科兴奴隶主统治階層的『高羊』，不是帝颛頊高陽，还会有誰呢？

（四）●為帝顓頊為王以後的氏稱說

美国学者摩尔根所著《古代社会》有关於易洛魁人的氏族社会的命名规例的介绍，说：『一经年令到了十六岁和十八岁的時候，便由他的氏族之酋長，取去最初之名称，给予第二种名称』，并且『更有一些人，因為被為世襲酋長和普通酋長，每把原有的名称改過』（見《对於同族人員命名的权利》一章）。

人类尽管以皮肤、顏色和语言風習的不同，分成若干种族，但從人猿到氏族社会，從母权制的氏族原始公社到以父权制的大父為代表的奴隶主私有的奴隶社会的发展的規律，在本質上是相同的，因而從易洛魁氏族社会的命名規例中，我们对於自己祖国的上古時代所称的『初命』『再命』的名辞，就應有了新的理解了。而帝顓頊高陽氏以●称，必然是嗣帝位以後的氏称了。

(五)●為帝顓頊嗣位以後的氏称考

——『王鑄父●卣』銘新解

●氏高羊為帝顓頊的称号，在古代王者标氏金文的圖錄中，也有佐証。有『王鑄父●卣』(旧名『商子丁立父卣』——見《敬》集)，銘文四字是：

首一字是「王」的初文，為「天」与「一」兩字的合筆，金文「一」為「地」，是地平线的象形，帝為「天」又称「天君」。「天」闊步立於大地之上，就是「王」的古体字了。再变為⿵冂大以与●氏區別。三变為王或作王，如「餘尊」。[illegible]字读鑄，是兩手操「柱」進行金属冶煉操作的象形式的会意体，上為「規范」（第三章有詳鮮）為「王鑄父●」，当是帝顓頊嗣王位以後，為子嗣之族及子嗣之親所頒賜的誌命礼器，作為自己更换氏称嗣位為王的「通告」。另外，在金文圖錄中，还有很多以父●名義簽署的命氏彝器，這也是只有王者与王室的奴隶貴族才有的一种為自己子嗣頒賜命氏彝器的权利，自然除了帝顓頊的簽署之外，还包括後世以族称的子孫自称「父●」在内。

綜合以上的論証，『餘尊』銘中的●子王三字，当是王者以『●氏帝顓頊之「子」』為称号，就可以作初步的論斷了。

（六）帝嚳為●氏高羊帝顓頊之『子』（婿）説

——『兄癸卣』銘王称解

《五帝本紀》載：『帝嚳高辛者，黃帝之曾孫』，又說：『高辛於顓頊為族子』，即帝顓頊為軒轅黃帝之子昌意所生；而帝嚳為軒轅黃帝之子玄囂（《漢書》古今人表作帝少皞）的孫，玄囂与昌意又都是黃帝『正妃』『嫘祖』所生。依汉司馬的記載，帝顓頊与帝嚳是同一祖的伯叔与族侄的关係，帝嚳為帝顓頊的『族子』，自然也就可以承嗣王位了。但為什么帝顓頊不传自己的嫡系子嗣，而却传位於自己「父之兄」的孫兒呢？這是不可理解的，其中史筆必有偽誤。

依据《金文新考》（見第一輯《典籍集》）來說，夏禹為帝堯的同父弟兄，是世代与神農帝炎帝系姜姓的氏族（即帝顓頊系）互為婚姻的，那么帝顓頊為●氏，帝嚳承嗣王位以「●子王」為号，這个「子」又必然是子婿的「子」了，而方為互為婚姻的兩个氏族系統，又是斷然的。

如果讀者对於「●子王」一辞的解释还有所疑，那么我们还可以舉出「兄登卣」銘的王称作印証。

人「●子王」為王称的記记

「兄癸卣」銘，載《歷代鐘鼎彝款识》（卷三——四五頁），蓋銘首兩行是：

器銘首兩行是：

受王賜金的人称和地名字体不同，說明是氏有兩称，地名也有兩称。最後一行兩文是：「唯王九祀又五」，是与「餘尊」同一時期，都是帝嚳早期的金文，一為九年五月，一為十年五月。尊銘在後，卣銘在前，统称為「●子王」，非是纪年的「丁巳」，是很明確的。关於「兄癸卣」銘，本集第四章还有详解，在這里我们只說這个王称「●子」，是不是可以作纪日的甲子，讀為「丁巳（日）」，王給（旧释锡作赐解）[glyph]冂八[glyph]（鉏鑄貝）呢？這只要看卣蓋銘的●字之側有冂為注解，就可以得到否定的答案了。冂字，旧讀丙，為变音，如果以為「丁巳」之傍又注作「丙」，是「丙巳」，就根本解释不通了。●為氏稱，冂為●的声标和氏标，是很显然的，●[glyph]兩字在卣銘和尊銘中，為王稱，是以帝嚳為帝顓頊之子（婿）而有的親稱，还不非常的明確吗？

2、冂字本音讀鉏（即今之鉏的原始象形体字）考

——「鉏卣」兩字标氏金文解

●字本音不讀「丁」，冂字本音也不讀丙，都是古象形的氏稱金

文，是有「鉏卣」（旧名「丙卣」）——見《愙》集十八）上蓋銘一字标氏金文和器銘一字标氏金文為证的。蓋銘一字作：，器銘一字作：，很清楚，這是的初体字，有「足」為声标和氏标，直到殷周後期金文，這种字傍又作畐觧以注声标族的古風还有遺留，如「虢文公鼎」（《敬》集上册）虢字傍就有的陰文畐形作声符和族标，就是一个明顯的例证。

那么為氏标，是「畐以象物」的古誌氏金文，本声又读什么呢？毛主席曾经説过：「首先馬克思主义者，認為人类的生产活动是最基本的实践活动，是决定其他一切活动的東西」。準此就可以推知，屬於上層意識形态領域的命名誌氏金文，开創之始，必然是与人类的最基本的生产实践的活动有关的一种物质反映。凵字『足』声，從声类上推求，必然是『鉏』的原始象形体金文。『昔者鑄金為鉏』見於《盐铁论·刺復篇》，《说文》解『鉏』，从金且（祖）声』，段注：『俗作鋤』。古鉏双叉，這又是青铜鋤具的特点了。《说文》木部解『𣎵』有記，許說：『𣎵臿也。从木∧象形』，段注：『兩叉也』。∧的象形体实物，本為『鏵』（鏵具），段稱『兩叉』又与凵的叉在兩隻銳角有所不同，是後世晚出的字了。又解『𣎵』字，许說：『兩叉臿也。从木，丫象形，宋魏曰𣎵也』，段引高诱注《淮南書》稱臿，鏵也。段又說：『從丫者，謂兩叉如羊兩角之狀』，实当如丫，简化作丫。

凵的本声既讀鉏，以声类推求，凵作声标的●字古正声当讀珠，為珍珠的象形体，這是据此又可以初步肯定下來了。古珠，鉏一音，從今天「足」字方音有三声就可以斷定出來的。如北方讀如「旋」声，浙江讀如「祝」，而膠東和四川又讀為「聚」（入声）。殷周古韻「朱」、「蜀」、「取」、「聚」同在四部，今音讀鑄（祝）又作「聚」都是可以為比的例証。

鉏氏為帝以後，又稱珠氏高羊，鉏，自然是帝顓頊的初期的氏稱。根据以上所說，●字本讀珠就完全可以肯定下來了。那么承帝顓頊珠氏高羊之後為王，以「珠子王」為稱，又相承可以初步肯定是帝嚳了。

（七）「鉏」又為帝顓頊的初期封邑之称考

「鉏」為古代的氏称及族姓之称，見於《春秋左传》有晋國的勇士鉏麑（宣公二年），鉏又是帝嚳以前的古封邑的名称，也見於《春秋左傳》，「昔有夏之方衰也，后羿自鉏迁於窮石」（襄公四年）。鉏為夏初有名的后羿祖居封邑，遠在帝嚳以前的名称，又見於晋皇甫的《帝王世纪》所称后羿的先祖，「帝嚳以上，世為射正。至嚳，賜以彤弓素矢，封之於鉏，為帝司射」。鉏為帝嚳以前有名的地方，据此可以肯定了。

那么呈於「后羿」的古金文的誌氏记载中，有「羿尊」（旧名「九象尊」——見一九七三年《文物》十二期，筆者《金文矜考》第一輯《典籍集》有详论），一字标氏金文 [illegible] ，為「羿」的翻体。又有「九州象（相）」的畵案，九象首尾連环圍绕尊体，這个「羿」就是夏初的「九州象」

后羿，已在前一輯的新考中論证过了。是確為历史上的一个有名的人物，為有羿氏（古金文兩字氏标称『瞿乙』，字作 ）的諸子之一。而『瞿乙』（有羿氏）又是帝顓頊的『二目』旅（古金文作 ）氏的嗣宗子，（詳論在《典籍集》）。所謂『帝嚳封之於鉏』，当指封后羿之祖——帝顓頊的『二目』旅氏——於鉏，那么『鉏』原為帝顓頊的以氏称命名的封邑，到了帝嚳嗣位以後正式封賜給有羿氏之父『旅』氏，即指定在帝顓頊諸子中，旅氏為承嗣人，又是很明显的了。正如周武王初封，『召公於燕』实际上只是『更命』，把『雁』（古金文作 ）換了『燕』，作為『改制』換代的标志，封疆仍然是召公奭的祖代所受的故土（并没有更变族主）是相类的。

因而『鉏』為帝顓頊的氏稱，所以又是封邑之稱（直到春秋封隨稱隨氏，子封於范又稱范氏，封邑與氏稱通用，又是古代遺風的例証了），据此就可以作斷了。

（八）帝顓頊鉏氏的父系屬神农為羊族的論证

『鉏卣』而字标氏金文，（居『蓋』位為尊為首，字作□；（居器為体，字作□，『足』有『四』趾，是『子』的标志，從『足』趾所向来看，又正是『觮尊』銘受帝嚳祭而称為祖的□氏的『足趾』所趋的方向，□氏為帝顓頊的生身父，為『足』氏之始祖，因而卣銘作□居』蓋』位為首，□為帝顓頊鉏氏的初期金文氏稱，也就可以初步肯定了。

氏称金文居「蓋」為尊為父兄，居器為子弟位，這在夏禹制作的「損父戊卣」銘记事金文考证中，也有过先例了。蓋銘称[illegible]，是父器銘称[illegible]。[illegible]是[illegible]的合筆，[illegible]為倒「方」。是父子两人的氏称，而夏禹通称為「父戊」，正是夏禹的母一級妻属（姑）戊氏，為帝顓頊次子「二目」旅氏[illegible]（旧讀「我」），為鍉声，即鉳的字源。本為瞿（鑺），鉳為尊称）弟兄的子一級妾属所生的諸女之一，而夏禹子一級妾属（姪）為旅氏鉳之子有羿氏又称「巧倕」（垂為鉳的变音字，讀如錐）的母一級妻属所生的女兒的鉄记。這正是帝尧有「二女」婚於「舜」，「娥皇」為姑，实為帝嚳子一級「次妃」所生之女；而「女英」為婭，是帝堯母一級妻屬所生之女的翻版。依例上推，可知帝嚳的母一級妻屬為「姑」的，当是帝顓頊的子一級妾屬所生的諸女之一，而帝嚳子一級「次妃」為「婭」的，自然又是帝顓頊之子「二目」（旅氏）為「大父」的母一級妻屬所生的諸女之一了。

帝顓頊非軒轅黃帝的直系孫，而為神农炎帝历山氏的嫡系血統，根据以上的推论，又是必然的历史的实际了。「鯀尊」和「鉏卣」的标氏誌事金文就是以上推论的佐证。帝顓頊為「鉏」（足）氏，是金文作[illegible]的子嗣（男），因而[illegible]為帝嚳的母系之祖，是外祖，「鯀」為帝顓頊之子（男），是[illegible]氏的直系孫，也就可以初步定论了，（详論在本集第六章）。

（九）再释[illegible]

——古称「人方」及「佳壺」一字圖銘解

[illegible]字上部，以[illegible]為首，依例当是本人所奉祀的氏族，而[illegible]為体，应是古金文所称的「人方」的始祖。在「艅尊」銘中，祭[illegible]而「佳人方」就是佐证。「足」的象形体為型，自然就是氏标，也就是声标了。

古志氏金文有「佳壺」（旧名「半析木形足迹壺」見《愙》十四），而字同型氏标，都作[illegible]，不分蓋為尊，器為下的体制，足证是早於「鉏卣」的為一人專用器的标氏金文了。「鉏卣」既為帝顓頊鉏氏的彝器，那么早於它的「隹壺」必然是□氏的飲食具了。蓋器兩字同型，為早於「鉏卣」所开創的蓋為尊，器為卑的体制的标氏金文的论证之一。其次是止字之下為兩个「足」的象形体金文，到了「鉏卣」作□，自然是後世的简化体了。第三「隹壺」兩字齒銘齒跡粗糙，这又是足趾所向与「艅尊」銘中的「足祖」相符之外的第三点论据。因而□字為后世子孫的尊体氏稱字，而「足」氏的本稱当為□，是有路而不行，「立足定居」的概念。

依据毛主席「人类的生产活动是最基本的实践活动，是决定其它一切活动的東西」的说法，那么止又可以作為兩把矩尺來鮮釋，在這兩把矩尺之下却是擋齒兩足，不是从兩矩尺之間所形成的出口中间行走，又是「人类行止有所規制」的概念，属於农业定居以後在意识形态方面的反映。它标志着東方人类從遊牧的階段跨入一个由於新的生产方式所决定的新的生活方式的大变革。字读「佳」，「足」為氏标又是声标，不是一清二楚么？（注：「壺」為唐虞時期的器銘，因而「壺」字应非此器的古称，由於《愙》集没有器形图，所以就仍用旧称，不作无据的更正了）。

（十）三释[illegible]

——「佳（足）」氏為神农炎帝之子說

佳氏為帝顓頊的生身父，又受帝嚳的祭祀，那么祖国的历史典籍中不能没有关於這个『住』氏的记载。依据古字同声相假之例，从声类上推求，当是神农之子，有名的『柱』了。

《左傳》有：『列山氏之子曰柱，為稷，自夏以上祀之』（見昭公廿九年）又《十三经注疏》称：『賈逵、郑玄皆曰：列山，炎帝之号』（同上）原来『住』氏又為『柱』，是神农炎帝之子，在夏禹以上，历代都是受公祭的稷神。『餘尊』金文的记载，正可以和《左傳》上的记载相印证。再证之於『高羊彝』以及『珠高羊鼎』，高字作[字形]或作[字形]，△字為首，是『高羊』氏帝颛頊所奉祀的父祖。汉許説：『陸若集』，那么這个『集』又是『稷』的谐音字。這个『柱、稷』確為高羊氏帝颛頊的生身父，帝颛頊為神农炎帝列山氏的『嫡』系孫，因而与轩辕黄帝系的後世子孫互為婚姻，帝嚳原為帝顓頊的「子婿」。帝位的承繼，在這里是反映了由母系制的旧传统不傳男而传婿的古風所決定，也就很清楚了。

而[illegible]為「日」字，头上有两只角，是以「羊」為自己所奉祀的旗标，為[illegible]形源所出。而「日」字两音，古又讀「陽」，因而与「羊」相通，如月的本音又讀如「蟾」，或筆作「常」以誌音，是相类的，都是「族稱字。」神农氏，姜姓」（見《說文》解「姜」）為族，也是史有定說而可信的了。

（十）從帝顓頊的氏称变更上看新興的奴隶主王朝的变更

依据古誌氏金文的記載來看，帝顓頊既然是屬於神农炎帝系的羊族人氏，為「柱」之子，那么依例应称「羊高」，尊「羊」為氏称之首，為什么却為帝顓頊所制的标氏金文，两器都以「高羊」称呢？「高」必為母族的族称，從声类上推求，当是「鳩」，后世又作「皐」的声源所出。关於「鳩」，另有考释，在這里僅以后世之「皐」為例，《左傳》載：「蒙皐比而先犯之」，（見莊公十年），晋杜預注：「皐比，虎皮」，則皐為虎的古称。軒轅黄帝有子称「少皞」，皞為皐的尊体字，是「皐伯」兩字的合筆，《史记》作「玄囂」，為帝顓頊嗣位以前的「王」。用今天的話來说，少皞就是「小鳩」或小虎。显然前有大皐，又称太昊的（非伏犧氏）為虎族之祖的原故。总之，皐為族稱。據此可知，帝顓頊稱高單，是在帝少皞之世，尊母系，因而以『皋』為貴，變体作『高』居首，是崇王室的表現。嗣帝位以後，首加『珠』，不用說是『足』氏族為尊，貴神农系的『桂』的表現了。

（十二）『桂貝』啚一字解

綜合以上所論，『艅尊』所載的『桂貝』（即[illegible]貝），是在神农時期以『桂』為命名的一种最古的金屬貨币，而『桂』也是『立桂定居』的反映，為『住』的声源与义源所出了。[illegible]字腰中所繫的木，為古貝半朋即一系的形象。显然這又是人（人）字变音讀系声為『夷』的谐声符号，因而正声讀『桂』（足）变音讀『系』，讀

「虁」又是以後的变化了。

從桂氏腰中有一系「貝」為标志上看，祖国的金屬貨幣是從神農之子「桂」為共工時期所开創，後世子孫「斜」為其祖在氏稱上誌功勛以頌德，又是很清楚的。自然，這是由於在氏族部落進行交易之间，早已有了残存的青銅双叉鋤或完整的耕鋤已經作為交換手段，具有交易的媒介作用以後，新兴的奴隶主才在鋳制青銅生产工具与狩猎用的金屬武器之外，又鋳造小「鋤」，專作交換的媒介物，因而貝為鋤形，也正是桂氏以[illegible]為氏稱的氏标来由，可見当時，桂氏就是担負着监管金屬冶煉活动的奴隶主，所以就以[illegible]貝命名稱「足（鋤的同声字）貝」了。

《西清古鑑·钱録》（上册）有古币廿六枚，正反两面共五十二圖，都是满清王室内府所藏的实物齒型。第十八枚，圖如 為双叉鋤型。《録》称："面背皆无字"，并引："姚元泽谱云：三代以上布也。"实际上，面背两面都有一字貝文作｜，是為"柱"的象形体原始金文。铸字古象形体金文作 ，下部的申字是双手操"柱"（原為双手奉祀"柱"的概念，詳論在第二章）的形象，就是｜字读柱的佐证。《古鑑》原解所引，以為三代以前的古币，為確。這应是祖国最早的為"餘尊"所称的"柱貝"，当是公元前两千五百年左右的铸制品了。以"柱"命名，就是神农末期文物的标志。

三、黄帝刀幣篇（少皞氏賴貝考）

——五帝時期的六种貨幣考

（一）前記

晋皇甫《帝王世紀》載：『黄帝採首山銅鑄鼎』，并：『次律、定姓、紀鍾、甄声』。

宋《路史》稱：軒轅氏『伐山取銅，以為刀巾』。

軒轅黄帝採銅鑄鼎的說法，現在已經由於『常（嫦）仪鼎』原是黄帝使之『占月』的女兒的食鼎的考证，可以說，在古标氏金文的記載中，已經完全得到证实了。而五帝前期，在神农炎帝厉山氏階段，中国已出現了以『柱』命名的铸貝，我们已在前一篇提出了《西清古鑑·钱録》所載的古貝圖録為实物的印证。準此，軒轅黄帝刀幣之說，自然也不会是无端的憑空的臆造。显然从神农炎帝末期的鉏（鋤）型柱貝到軒轅氏的刀币的出現，反映了祖国古代青銅貨币的币制改革，這种鑄币形式的变化，是标志着意识形态領域里的社会思潮的变化，必然是為当時的客观存在所决定的，因而我们就有必要在金文关於少皞氏『賴貝』的命名記載以前，研究一下当時的歷史情況了。

八、軒轅黄帝之世有『史官』說

軒轅黃帝時期，祖國已有簡略的以文字记载的历史，見於《世紀》。晋皇甫标，黃帝『使倉頡又取象鳥跡，始作文字。史官之作，蓋自此始。记其言行，筆而藏之，名曰契書』。黃帝史官倉頡首創文字之說，因為有圖形象物的一字誌氏金文『住鈴』，住字作[illegible]，是神农炎帝历山氏之子的命名氏标，反映了東方人类社会发展史上的一次大革命，因而新兴的奴隶主王朝的首脑，就用為自己的子嗣命名的方式，记载了发生在東方的這一次人类生产方式的大改革，反映了人类『行止』。从此『有所規制』的农业定居生活的开始，是為『住』，而以後住氏鑄貝又以『柱』命名，同样是『立柱定居』的概念。『足』為标声誌氏的符号。中国的象形体古命氏标族金文是始於农业定居之始的神農時期，不是始於軒轅黃帝，在以金文记載的氏标和族称中，看得是很清楚了。当時的文字以金屬冶煉的技艺都掌握在以『羊』族称的屬於神农炎帝歷山氏的氏族部落的手中，而有熊氏軒轅屬於以狩猎的生产方式為主的『虎』族。前者在农业定居以前是畜牧為主，自然在文化上是較以原始性的狩猎為主的『虎族』有熊氏部落是先進的生产集团了。因而文字創始屬神农系的柱（足）氏族是肯定的。另外，也並不能說，在神农炎帝厉山氏在青銅鑄器上創造标氏誌族的金文以前，東方还沒有文字。陝西西安半坡遺址出土的陶文，為公元前四千年前的文字，尽管筆划简单，這种陶文却又是早於神农炎帝時期的古象形体金文又在千年以上了，因而黄帝時有史官作《契書》的记載，应是可信的。班固在《漢書·古今人表》序中称：「書契之作，先民可得而聞者，經傳所称」，唐·顏师古注：「契，謂刻木以记事」。

《春秋左傳》載：「使卜偃卜，曰：遇黄帝战阪泉之兆」（見僖公廿五年），這又是見於兩千五百年前古有占卜記載的文字的佐证了。如果上古没有《契書》的记載傳録下來，晋国的史者绝不会无由而杜撰這么一个占卜之兆的。這是在金文之外的一个論证。

另外，《說文》解「卷」，段注「書契」兩字：「韓子曰：宋人得遺契而數其齒是也」，段以為是數原為分刻在兩側「使可兩合以為信」的一頁書契（今称契約）上的齒数，实际上宋人拾到人家的「遺契」不去書內容，而數傍刻的齒數，是讲解不通的，這个「數其齒」，应是數所得遺契的頁數，由於傳聞有誤，到了韓子手里，就变了數一頁遺契的齒數的毫无意义的动作了。這是古有《書契》的第二个旁证。

第三，古有以楔形文字刻於泥版上的為欧洲学人称作「平面球形星图」的天象记載，已經在中亚細亚发現了。這不仅可以為我们古有《契書》作為对比的旁证，而且在以「刀刻」的记載方法之外，还有內容也相类的地方，這就更值得我们深思了。例如「貝拉尔德（Begald）曾用楔形文的记載与司馬迁所记載的古老傳說進行过比較，从而發現巴比倫与中国在五星占驗方面有一致之处」（見英李约瑟著《中国科学技术史·天文学》「廿八宿的起源」），文字尽管不同，但記載的方法相类，内容又有相一致的地方，很可以説明，中国在公元前兩千五百年前軒轅黃帝時期確有以刀刻的《契書》流傳在各遊牧部落之間了，因為天象和畜牧业的关系很大，風雪、雷雨，都為各畜牧部落所关心，因而关於天象和有关天象鮮释的記載，自然就流傳的广。又例如『对於白羊座，埃及和中国，再次表現出相互接近的地方：位於白羊座的婁宿《星經》中又称為「天獄」，而在埃及星图中那里是一个被鉄鍊鎖着的人』（同上所引，見『星表和恆星的座标』）。如果在上古時代中国沒有《契書》的天象記載傳播中亚细亚以及西奈半島，是絕不会既在星象占卜方面，中亚细亚的古楔形文記載与司馬迁的古天象記載的历史相一致，又在『天獄』星的概念和鮮释上与堆及相类。這是黄帝時中国就有史官以刀刻木记事称為《契書》的第三十论证。

第四，《吕氏春秋》『謹听』載：『六曰：嘗试观《上古记》三王之佐，其名无不榮者』，原注称：『《上古记》上世古書也』，這是公元前二百五十年左右的记載。综合以上所论，『次律、定姓、纪鐘、甄声』的记載，就确实可信了。且让我们再看看关於『阪泉之野』的『三战』吧！

2、『阪泉之野』的『三战』是历史的实録论

《本纪》載：『轩辕氏』『与黄帝战於阪泉之野，三战然後得其志』。晋皇甫注：『阪泉在上谷』。《括地志》称：『今名黄帝泉，在嬀州怀戎县』，

当是今天的河北怀来县官厅水库所在地，古称「阪泉」了。

4、阪、潘同字，古读鄱，即周之「北亳」地区考

《说文》释「阪」：「坡（亳的古音同声字）者曰阪，从阜，反声。」段注：「府远切，十四部」。殷周古韵，反、潘同部，反、叛同义，潘、叛同声，潘为叛的后世饰笔（《人物集》「舜」一篇有详论），且不在这里作节外生枝的考证。阪就是坡，古作「亳」，这是由于文字之始就由于父系母系原为语言不同的两个民族部落而为两音，正是一物两称的反映，阪就是坡。有顾炎武「舜都潘」（见《读史方舆纪要》）说，潘字顾读鄱声，所论至确。潘在涿鹿之西「四十里」，《纪要》称「潘城」，这就是顾炎武所称的舜都了。舜都古商丘，今山东曹县以南，河南

商丘以北，即古「亳」，（《人物集》「舜」一篇有专题考证），「潘」為舜的北都，是舜母一級妻屬所生之子「番」氏的封邑，古「番」字西音，一声读「播」，显然从声律上来看阪泉，是由「番」氏得名，《詩》称為「邶」，已經不是黃帝時期的原名了。王靜安有《北伯鼎跋》（見《观》集卷十五——廿一頁），是根据「北伯鼎」出土於河北淶水县地区，因而作过「余謂邶即燕」的誤论。原因，王还不知道，伯為親称，是「北」氏姊妹生子，而铸一套青銅飲食用具以作賀，因而「北伯鼎」出土地方，应是「北伯」的姊妹所婚的另一氏族的封土，（将在《風俗集》提出詳细的论证）。河北省淶水地区不是古之「邶」，「邶」也不是「燕」，但王以「邶」為周之北亳，不在殷都朝歌左右，而与燕相近，还是完全正確，有「鑿空之功」的。《左传》載：「肅慎、燕、亳吾北土也」（見昭公九年），从声类上推求，当是古涿鹿地区。《紀要》称潘，顧讀鄗；《本紀》作「阪泉」，汉許釋為「坡」的今官厅水庫所在的地区，古称黄帝泉，虞舜命名从「潘」而称「阪泉」的地方。殷周称為北土的「亳」了。从地域来说，「阪泉之野」的三戰，是確有实地可考的记載。

B、再説「熊羆」之类的族称

《本紀》載：軒轅氏「教熊羆、貔貅、貙虎以与炎帝戰於阪泉之野」，显然是《契書》所记「简畧」，是記軒轅所统帅的当時还以各种动物猛獸命名的氏族部落的族称。軒轅称有熊氏，為族称，這是因為与神农炎帝所屬的「羊」族男女互為婚姻的缘故，（我们本篇就会提出金文的论据来）有熊氏因而与吃肉的虎豹不同，虽属猛兽，却有与羊族共处的條件，這是以动物及猛兽為氏族部落的族称的一个印证。

恩格斯曾在《易洛魁氏族》一章里介绍過，易洛魁中一个氏族部落里有八个氏族，都是以动物的名称命名。称：狼、熊、龟、海狸、鹿、鹬、苍鹭、鹰』（見《馬恩选集》第四卷八一頁）。這种在奴隶社会初期还保留着的一种以动物命名的古老传统的事实，是後世史者所难以想像和虚构的。

3、戰地遠离神农炎帝的王都，也说明『阪泉』三戰為历史实録

神农炎帝建都山東曲阜，這已是古有定論的了。如果不是神农炎帝远离自己的奴隶王朝所在地的山東，北巡涿鹿和轩辕氏有熊氏

发生了氏族联盟内部的『三战』，神农炎帝历山氏就很难敢於并没有掌握先进的金属冶炼手工业技艺的『虎』族轩辕氏手里的。而古所谓天子『巡狩』，实际上仍然是属於游牧時期旧的传统， 這也是后世的史筆难以想象的。因為农业定居以後，在意识形态領域里，就带有一定的由於地区固定而产生的局限性。河北涿鹿与山东曲阜有 千里之遥，春秋時期的晋国史者，是很难摆脱历史的這种属於地区觀念的局限性而虚构出一个有关『阪泉之野』战争的占卜之兆的。尤其是依据古代所传録的记載，黄帝与炎帝或作為父子（以後会论证）；或作為同母弟兄，因而就更难為后世倡导『以睦九族』（見《堯典》伪筆所加的语彙——記在《典籍集》）的史筆所敢於想象的了。

根据《本纪》所载：轩辕兴起的時候正是由於神农末期，各氏族部落之間互相侵掠，一般的氏族部落成員被劫以後，自然就受到奴隶式的虐待了。神农炎帝当時已经无法维持当時的社会秩序了。所以轩辕作為与奴隶主王朝有婚姻之親的氏族部落，就重兵習武，专征那些不馴服的氏族部落，因之各氏族部落的酋長，就都來服從轩辕的調动，受他的指揮了。（「轩辕之時，神农世衰，諸侯相侵伐，暴虐百姓，而神农弗能征。於是轩辕乃習用干戈，以征不享。諸侯咸来宾從」。——《史记·五帝本紀》）自然，轩辕氏征讨不法的氏族部落，就必然受到被侵掠的各氏族部落所拥戴，這是軒辕氏所以能战胜当時握有先進的金属武器以及先進的金屬冶煉手工业的神农炎帝历山氏的主要的

因素，也是決定勝敗的因素。『阪泉之野』打敗神农炎帝之後，接

者就是在『涿鹿之野』擒杀蚩尤的大战了。

从，黄帝擒杀蚩尤為历史实錄的论证

《本紀》載：『三战而後得其志。蚩尤作亂，不用帝命，於是黄帝乃徵

師諸侯，与蚩尤战於涿鹿之野，遂擒杀蚩尤，』旧注：『《皇覽》曰：蚩尤冢

在東平郡壽張县闞鄉城中，高七尺，』又『肩髀冢在山陽郡鉅野县重聚，大小與闞冢等。』擒杀蚩尤在今河北省涿鹿地區，而蚩尤冢不但還在山東西部，而且還分作兩處，一處又稱『肩髀冢』，是蚩尤一尸分裂成兩部分。

顯然蚩尤生前確是率領他的部族，徙擇過魯西這一帶地方，既說明這一帶地方生存繁孳，大汶部落的奴隶主富裕，也說明蚩尤為奇孫

及巨野两地的群众（氏族部落成員和部落所虏的奴隶）所痛恨，只有这个因素，才使参加远征的這两个地区的氏族部落『酋長』，不惜千里迢迢，动員运输力把這个分劈為两部分的蚩尤尸体运回魯西來。目的，显然是作為『京观』大塚，以标志本氏族部落的胜利和功绩；并传之於后世，以教育子孫。這应是黃帝擒杀蚩尤確為实録的佐証。

至於蚩尤『最為暴』，而炎帝『莫能伐』，是不是果真神农炎帝历山氏，只注意生产，用金属铸制生产农具、货币以及生活用具与各游牧氏族部落的成員作交易，而对於各氏族部落相互之间的侵扰，尤其是蚩尤的『入侵』不闻不问，或者无能力來征讨呢？轩辕黃帝史官所记的《契書》自然有它的立场，如果真是這样，神农炎帝历山氏就绝不会出巡河北涿鹿，在『阪泉』与轩辕進行三次民族部落联盟内部战争了，而且尽管神农炎帝离开了自己的大本营山東曲阜，尽管轩辕重武而神农炎帝偏重生产，但轩辕是两战都没有得利，說明战斗得很艰苦，而『三战得其志』是得的什么『志』呢？是攻打蚩尤。足证神农炎帝历山氏是不主張与蚩尤進行战争的。汉应劭注《史》称：『蚩尤，古天子』，虽不足据，但為当時一个氏族部落的大奴隶主是肯定的。從『蚩尤』的民族之称来考慮，『蚩』字《説文》许解：『蚩，虫也。从虫，止声』，止在古象形体金文中為『足』字作，是的進化体，為『祖』的同声字，因而『蚩』疑為古『蠶』字。《古本竹書》載黄帝臣有『左徹』的『徹』疑也是蚩的变筆假借字。依声类推求，当是以后的常、蟾的声源所出。『尤』為蚩氏母族『九』的变筆，显然也是与神农炎帝历山氏的羊族互為婚姻的氏族部落。這或是神农炎帝历山氏所以不主張『征讨』的原因之一；另外，蚩尤的『肩髀冢』所埋葬的地点，是『重聚』。聚為氏族部落集居的古称，如集、鎮是同一概念，『重』為氏族部落的族称。殷周古韻，重、冢、竦同在九部，可以推知三代以前重柱必同声。汉司馬《历書》載：帝顓頊『命南正重司天以屬神』，這个『重聚』必是『南正重』的封土（以後有论证），是蚩尤侵掠过帝顓頊的生身父，神农炎帝历山氏之子『柱』稷的封土了。因而神农炎帝阻止轩辕，使其『不得志』，不能征伐蚩尤，氏族联盟内部的矛盾就比较复杂了。神农炎帝的子嗣以柱為首的四弟兄，或是毋一級妻属中有蚩尤的女系，因為古籍失去记载，就不能作无根据的推論了。

5、黄帝『刀貨』之说与历史实际是相符的

綜合以上所論，軒轅重兵習武以興起的历史传録是可信的。《世纪》称：軒轅黄帝『凡五十二战而天下服』，那么黄帝代神农而為『天子』以後，鑄幣改制，变以生产工具型的鉏貝為战斗武器型的刀币，正是軒轅這种重兵習武的意識所必然具有的形态反映，説明軒轅黄帝的刀貨是一种更命改制的具体表現，是一种原始性的广佈『天下』的『通告』。它标志着自己的施政綱領，开創了更命改制的先例。因而关於黄帝『次律、定姓』的记载，是可信的。在古金文中关

於帝少皞一代就已經有了姓氏的记載。在本篇中，我们要作為說证，進行研究的。

黄帝与炎帝兩者之间的血緣关係，《世纪》載：「炎帝神农氏，姜姓也。母曰任姒……為少典之正妃。遊於華山之陽，有神龙首感女登于常羊，生炎帝，人身牛首。長於姜水，因以為氏焉」。又：「及神农氏之末，少典氏又取附宝……生黄帝于寿丘。長於姬水，因以為姓」。

《国语·晋语》載：「昔少典娶于有蟜氏，生黄帝、炎帝」。依晋皇甫的記載，神农炎帝和轩辕皇帝是異母弟兄，依据《国语》所說，兩人都是出自蟜氏，不但同父而且又是一母所生的兩弟兄。

此外，还有第三种說法：「炎帝姓姜，大皞之所賜也；黄帝姓姬，炎帝之所賜也」（見《説文》解「姜」段注）這是汉班固的説法。《古今人表》上比這种説法更明確了：「炎帝妃生黄帝」（見「少典」名下解）。炎帝与黄帝不但在班固父子的筆下是父子关係，而且少典与炎帝又变成一对夫婦，少典是女而不是「有熊国君」了（見《三国譙周注》）。

三种记載，究竟哪一种説法是符合历史实际呢？我们且不在這里作毫無根据的推斷。先让我们看看五帝時期古命氏誌族的象形体金文中的有关记載吧！

（二）見於金文記載的黄帝之「男」——少皞氏

八、「戚卣」及「戚婦鼎」銘初考

「戚卣」（旧名「帝祀祖丁父癸卣」——見《窓》十八）九字标族誌氏金文是：

「窓斎」旧释：「▼疑古帝字，本作▼，如花之有蒂，果之所自出也。後人增益之作[古文字]，象根枝形。从草者，俗字也」。释帝虽確，但為后世的变讀。因為五帝時期，古金文都以王稱，字作[古文字]或作[古文字]，

到了唐尧仍称『天君』（論在《人物集·重黎考》），帝為变音，本音当
読如济。我们在《神农柱貝篇》已經説过。▲是神农炎帝之子柱
氏称『稷』的氏标，為帝顓頊高陽氏所『奉』戴的氏标，並舉高字
金文作▲以為例証。▼為▲的倒体。《说文》解△：『讀若集』。△▲
是一字。有『高陽彝』一字作△可以為证。按古命氏金文的常例来
説，倒体字為正体氏称的子嗣，那么這个『济』必然是神农炎帝历
山氏之子柱稷的『子嗣』了。殷周古韻帝迹两声同部，可以推知古
『济』『帝』是同音字。那么這个与神农炎帝之子柱有关的這个己氏
是谁呢？《左傳》有证可据：『昭子问焉：少皞氏以鳥名官，何故也？
郯子曰：吾祖也，我知之』。晋杜予注少皞氏：『黄帝之子，己姓之祖也』

（見昭公十七年）。少皞氏為己氏祖，「帝己」就是黃帝之子，又称「少昊」的帝少皞应是可以据此初步肯定下来了。那么少皞氏既然是軒轅黃帝之男，神农炎帝之子婿，双方為婚姻之親，据此也可以肯定了。依古金文记載的婚姻之例來說，黃帝之男（少皞）与神农炎帝之男（「柱」稷）輩次是相等的。依据郭公鼎堂《释祖妣》提出的「中国古時确曾有亚血缘结婚制之存在」，以及「姑舅之子即妻之昆弟，妻之昆弟亦即姊妹之夫」的科学论点（詳論在筆者《纪念郭沫若师承其創新精神》一文——載於八三年上海版《社会科学》第三期）帝少皞氏与「柱」稷应是互為姊妹的婚偶。而柱与少皞氏各自的母一級妻屬所生的女儿，又必然是从「姑」為婚的「姪娣」，是柱与少皞氏各自的子一級婚偶。▼為『倒稷』，就是少皞氏為柱稷弟兄毋一級妻屬所生的女儿的婚偶的反映。前有夏禹华氏，古金文作以『倒足』為氏标的注解可以為比。《左傳》『任宿須句、顓臾，風姓也。实司大皞与有济之祀』，大皞与『有济』為風姓所祀之祖，简称『皞济』（『是崇皞而修祀紓禍也』——見僖公廿一年）、又是『济』為少皞氏称的旁証。卣銘字，帝（济）已居於孟（宇）内，是為内祖（今以父系制称為外祖）而▼已氏在『戚婦鼎』銘就位在『祖珠』之上了。作：（《窓》三）

▼己△•文

說明這个作為『内祖』的少皞氏『帝己』，位在『祖珠』以上，我们既然已經知道『珠』為帝顓頊的氏称，那么正說明帝少皞及其弟兄的子一級（侄）妃属所生的女儿，当為帝顓頊的母一級妻属，因而帝顓頊与少皞氏是互為婚姻的两个帝系的氏族成員，就又可以肯定了。

是的帝少皞所生的两个異母姊妹，如果我们从父系制的角度上看，分别婚於神农之男——『柱』稷和高阳氏帝顓頊父子两人，是輩次紊乱，很不合理；但如果从古母权制的遺風來看，婚於『柱』稷（神农之男）的是『姑』之女；婚於柱稷之男高阳氏帝顓頊『祖珠』的是『侄』之女。『姑』之女与『侄』之女本為两級，因而婚后為婆媳，輩次也是相适的。

以上初步的訖証，是不是完全与历史的实际相符，还有古命氏誌族的另外的記載，可以印証。

2、帝少皞時期高陽氏鉏以「舟」氏称——「母癸毀」与「母癸尊」銘考

既然我们已经初步的認識「戜卣」和「戜婦鼎」所刊載的兩篇标氏誌族的金文，是帝顓頊的嗣宗孫「戜」氏夫婦的誌族礼器，那么我们对于「母癸毀」（旧名「亞形母癸敨」見《窓》七）八字金文就会比较容易辨認，能够作到通讀通解了。現將金銘摹録如下：

又有「母癸尊」（見《愙》十三），是相类的八字金文，作：

还有鼎銘八字，以後再説。「愙斋」旧释，除「母癸」两字以外，「珠」上一字作

『兩手奉舟形』，『珠』下為『子執旗形』及『乙，足跡形』，还有兩字讀『乙㠯』，因而全銘就不能通讀和通解了。

●為帝顓頊的晚期氏称，前在『觪尊』銘的王以『珠子』為称的考据中，作過確定性的論証了。自然帝顓頊的後世子孫，还有以『珠』作為族称的，這且不說了。『戚卣』和『戚婦鼎』銘文中的『祖珠』与『母癸段』和『母癸尊』銘中的『舟(酬)珠』，都是帝顓頊一人的氏称，有兩点就可以說明了。一、帝顓頊的婚偶以『母癸』称，『癸』為母系屬於『阜』族的族称声标，是『規矩』的概念，為『闺门』的『闺』的声源和义源所出，而生男以母系族称為氏称，這就是『戚』字礼器上的居於『祖珠』之下的『父癸』之『癸』的根据所在了。這个『父癸』為『母癸』礼器上的居首位的『祖母癸』氏之男，這是一方面；另外，翻过來說，母癸与帝顓頊有男以母族的族称為『癸』是為『姓氏』，族氏称作：(戚視)，因而這个『癸』再生男，氏称从父就作：是奉祀『戚』氏以為先的概念，根据氏称從母為姓氏之称，或从父為『族氏』之称的变化上，又可以看出王室的变迁，从母的族姓称為父『癸』，是尊王室母族為貴；從父的氏称為族氏之称時，自然是父族為王室之族了，也是尊王族的表現。因而而『母癸』器是帝嚳以後，帝顓頊的孫屬所作的祭祖礼器，而『戚』字器為帝顓頊時期所作的命氏礼器，也就可以断然作判了。□

為『癸』是『櫝』的象形体，珠氏夫婦及其子嗣夫婦都居『櫝』内，是

已经作祖受祭的反映。這又是祖珠与母（酬）珠為一人，『父癸』与

[illegible]為一人的兩点論証之外的話了。為了証实這兩个論点，

我们就有必要先从『父癸』的氏称[illegible]兩合筆字

來說起了。

4、釋成

段、尊兩銘对比來看，就可以知道，[illegible][illegible]為兩字。首字是三部份结构為一体的，分鲜开來看，是[illegible]、[illegible]、[illegible]三字，[illegible]是一的繇筆，是柱氏族枝柯有所繇增的标誌。[illegible]字為旗，是『仪』、『祁』、『伊』的同声字，『己』的側体。那么[illegible]為神农炎帝历山氏之子柱所生的子嗣，即帝顓頊的氏标，与少皞氏己氏的側系（子一級妃属）

女兒「旗」相結合，有子（[illegible]是金文人字）「撑」持，从声美上推求，当是「成」的象形体初文，[illegible]字变体作：[illegible]，再变為[illegible]自然是以後的演化。从字形所象来看，显然這是封邑之上树有旗帜，以示為本氏族部落武备所保護的進行交易的場所。是城市的「城」的声源和義源所出。[illegible]是「铸（足）」有規範的象形体。古铸、祝一字，应是「封黄帝後於祝」（見《周本紀》）的「祝」。因而封邑上树旗又為祭祀，祷祝之住址的概念。「祝」為父系氏族的祖称為「柱」而来的音标，「成」自然就是属於母系的姓氏之称的音譜了。這种解释是不是对呢？

漢司馬《楚世家》載：「楚之先祖出自帝顓頊高阳」，又「高阳生称』這是見於《史》的記載。称、成古字相通，有「周㮚尊』（見《西》卷九）銘：「帝肇爯嘉礼，作㮚尊』，為爯成一字的佐証。爯、稱是古今字，又見《說文》段注：「今皆用稱，稱行而爯偁廢矣』。足证，殷、尊兩銘爯珠、毋癸之男，確為「成祝』兩字。又《左傳》載：「昔高阳氏有才子八人蒼舒、隤敳』（見文公十八年），這个蒼舒应是金文「成祝』的口传記音字。這又是見於公元前五百年左右的记載，可以為旁证的了。

B、「舟（酬）』是帝顓頊的中期氏称考

既然「成祝』確為帝顓頊的嗣宗子，那么位居「成祝』之上的「舟（酬）』必然是帝顓頊的称「珠』以前的氏称了。

[illegible]字，殷周金文作「受』字，实為后世滋生的概念。吴大澂旧

以「兩手奉舟形」作解，不為確，字之所象，是一手遞「舟」，一手接「舟」當是「酬」的本字。「舟」為古飲器，显然這是從瓢之類飲具，漂浮水上如「舟」而來的古稱。汉末郑康成于《周礼·春官司尊彝》称：「裸，用雉彝、鳥彝皆有舟」，下注：「舟，尊下臺，若今之承槃」。显然這是根据「彝」「舟」為兩物而來的，后世演化，「母癸鼎」銘的金文可以為证。金文八字作、

（見《窓》三）「舟」作[illegible]，為斗型，依古一字兩声的規律來說，本声讀舟，变音当讀「斗」，所謂「雉彝、鳥彝皆有舟」，或是器耳附有飲

具的『斗』的説法。古音『刀』字，《説文》段注：『衛風假借為䑼字』，就是刀、䑼一字兩声的可以為比的旁証。殷周古韻刀召在二部，舟、受在三部，斗晝在四部，可以推知三代以前的古音，刀、斗必同声，而銘（鐮刀古稱）、舟為本音。以上是見於金文的『舟』為飲器，变稱為『斗』的論证之一。

另外，还有《典籍集》作过初步考証的『艅尊』銘的金文作者自稱『艅』，字作[illegible]，又是一个『舟』為『斗』是飲具的印証了。『艅』氏陪珠氏之子（婿）帝嚳（珠子王）、祭『柱』而稱祖，是帝顓頊之男神農炎帝历山氏系『柱』的直系孫，應是肯定無疑的了（詳論在《人物集》鯀一篇），以[illegible]為自己的氏标，這是帝顓頊稱高陽的□的简化倒体，為『鏃』字，变音读『余』，余字声符的蟾『蜍』，古又作蟾『諸』，余邑為除，都是本声古读『鏃』的例証。因而午字古读杵（『午即杵之象形字。字从言从午，謂舂者，送杵之声也』——見楊樹達《小学述林》二十三頁『释許』），金文□字作□，同样是声源於『鏃』，『午』又為变音。□字既是『鯀』氏的氏标，也是□字的声符，那么□為族标，是帝顓頊又是舟氏的印証了。

据此可知，□本為木船的形象，原是帝顓頊的氏称物标，因為飲器古也称『舟』，所以字又作□，加双手示意并誌音，作□，就是『酬』的概念了。古舟、酬一字，有《诗·大雅·公刘》：『何以舟之，维玉及瑶』的舟字作酬的同声假借，可以為証。旧以『受』解自然是后世之变。

综合以上所论，帝颛顼又称『舟（酬）珠』就可以完全肯定下来了。

3、少皞氏为高阳氏鉏所颁赐的命氏彝器

——『舟卣』铭新解

颛顼的『舟』氏命名，是为少皞氏的赐命，在古命氏礼器图录中有『舟卣』（旧名『父己卣』见《窓斋十八》），盖铭三字，为：

器铭也是三字，是：

上一『舟』居盖位，为首，是『舟』为双手所奉的概念。器铭舟字作『酬』的姿态，为下体，依金文规律，冠位的氏称为父，器铭的氏称为子为男，前在《典籍集》夏禹所制的『狷父戊卣』金文考証中有过『前例』了。帝颛顼的二目(二子)旅氏華(手)変隶作手，旧讀『我』，金文作戊)的氏稱居蓋位為父，而旅氏华之子有羿氏又稱『巧倕』的瞿乙，為『戊』氏，為手的翻体，作戊(卜是手的倒体為『方』字)，居器位，為男，夏禹统稱為『父』，可以為比。就能够据此推知少皞氏所須賜的這兩个『舟』字的命氏金文，是須賜给神农炎帝历山氏之男『桂』和『桂』之男——高阳氏鈤(帝颛顼)父子兩人的。在這里就具体的反映出來五帝時期的姑姪同婚於一方的那种『普奴魯亚』式的家庭組织的風气了。這就是說，黄帝之男——少皞氏与神农炎帝之男——桂氏兄弟，虽然是属於相等的輩次，互為郎舅，但由於兩级制的婚姻傳统、少皡氏（及其兄弟）母一級妻屬所生之女，必然從『姑』作『嫁』婿于『柱』（及其弟兄）爲子一級的从妾；而少皡氏子一級次妃所生的女兒，又必然是柱之男——高阳氏錙的母一級妻屬了。因而少皡氏既是柱的『父』（叔皡父），又是柱之男高阳氏錙的『父』（伯皡父）。

這种姑侄同婚於一室的野蛮風習，直到春秋時期，还是載於《周礼》爲合法的婚姻制。《左传》：『继室以声子，生隐公』（見隐公元年）晋杜予注：『声，謚也。蓋孟子之姪娣也』。《十三經注疏》又引莊公十九年《公羊传》曰：諸侯娶一国，則二國往媵之。以姪娣从。姪者何，兄之子（女）也』，由於這是源於古母系制氏族社会世代相承的一种兩級制的婚姻風習，所以才产生了錯综复杂的親屬关係。這又是題外的詁了。

根据以上的金文记载，黄帝之男——少皞氏与神农炎帝之男——柱及柱所生之高阳氏鉏（帝颛顼），是確為相互婚姻的兩个氏族部落系统，应該是可以作為斷詁了。

4、少皞氏為婚於高陽氏鉏（帝顓頊）的女兒所頒賜的命氏金文考

——『甬觚』『甬觶』三字命氏金文新解

『成祝』既然是『祝』為父族的族稱，『柱』的声系，那么『成』必然是母癸的氏称，因以為姓氏。金文命氏图录中的『甬觚』『甬觶』兩銘，当是

少皞氏的册命，也是「父癸」或祝在《楚世家》以「稱」為「名」的根源所出了。現摹録「觚」所刊載的三字命氏金文如左：

冉父己

（旧名「舉父己觚」——見《窓》廿一）；「冉觶」三字同，為：

冉父己

（旧名「舉父己觶」——見《窓》二十），冉字旧釋「舉」，是根据《诗》有「稱彼兕觥」，漢釋以為「舉」，显然是望文生义的解釋，不知「稱」為「秤」义，就是使「彼兕觥平起來」，用今天的話说，就是「滿起那大口杯子來！」

《左傳》載：「以成宋亂」，晉杜予注：「成，平也」（見桓公二年），稱、成古同字，前已论及，這是「稱」的由於進行交易而來的概念。从爯氏受命的古象形体金文來看，為居住的獸皮帳蓬，有木以「撐」之的形象，那么「父己」必然是少皞氏的簽署。說明這是爯氏婚于高陽氏弟兄时作為女方的父親，為爯氏所頒賜的命氏礼器，应是和「爯卣」所刊載的命氏金文同时頒賜的。以后又有「父癸」名义簽署的「爯鼎」（旧名「周舉鼎三」——見《西》卷三第四頁），三字命氏金文作：

还有以「父乙」名义簽署的「爯甬（古钟字）鼎」，四字命氏金文作：

（同上所引之四」），還有「爯婦娓鼎」（「之五」）三字作：

自然又是晚於

『父乙』帝堯以后的諸氏金文了。以上所引四个『爯』字，在古象形体金文中各自不同。还有『爯癸爵』、『爯辛爵』（見《窓》二十三），而字标氏金文為

和

從爯字中间為『倒稷』的氏称来看，当是少皡氏的外孫，帝顓頊諸子初期时的氏称，以後从父族的氏称為『陽』，称『日癸』、『日辛』了。說在《虞舜時期三兵銘考》（見《金文新考》第三輯《兵銘集》）。還有『爯鉏爵』（旧名『舉丙爵』——見《窓》廿三）銘，而字标氏金文作，當是『成祝』的直系子嗣，帝顓頊的諸孫之一，『爯鼎』（三）所刋，『成祝』以『父癸』名义命名的氏了。而这个爯氏又為他的子嗣之親命名称『子』，有『子鼎』三

字命氏金文作：□□□是冉氏（帝顓頊的毋一級妻屬）的第四代了。

此外，还有『珠冉爵』（旧名『丁舉爵』）——見《窓》廿（一），两字誌氏金文作：○□●□自然都是帝顓頊嗣位以後，給自己毋一級正妃冉氏所頒賜的毋名彝銘了。还有以『父珠』名义簽署的『冉字爵』（旧名『舉父丁爵』）——見《窓》二十三）三字金文□□●又是帝顓頊的諸孫之一以族称『珠』所頒賜的命氏彝器了。（字取於□（舜的本字），古音读沈，即今之『沉』。重的概念（详论在《舜》一篇）。

综合以上的论证，黃帝之男——少皞氏有子一級妾屬所生的女兒，為『旗』

為『仪』，特以『冉』氏命名婚於帝顓頊，是為『母癸』。『文癸』為其男以姓称，『成祝』又是源於母癸的氏称。所有這些，我们都已見於四千五百年左右的金文记载，這是鉄的实证。黄帝与炎帝原属互為婚姻的兩个氏族，一為『虎』族古称『皋』的有熊氏，一為畜牧族的羊氏后世加女称姜，就完全可以肯定了。至於神农『牛首人身』的说法以其子『柱』、『觭尊』金文作[illegible]来类推，当為[illegible]或[illegible]，誤以『羊』字头為牛首，和『夔一足』的传说是相类的，都是源於对古象形文字的误解而产生的主观解释，就不須在这里多说了。

(三) 軒轅黄帝非『少典』之子說
——前人讀『史』的誤解

《汉书·古今人表》与《世纪》都称，黄帝是少典所生之子，三国谯周本之注《史》，於《五帝本纪》开首称：『黄帝者，少典之子姓公孙』，下面注道：『有熊国君，少典之子也』，以後《路史》循之，就有了『轩辕黄帝初姓公孙後改姓姬』以及《通志·氏族略》的『黄帝姓公孙，后因以為氏』的说法，而且几乎是成了定谳。实际上，是源於汉班固父子读《史》在断句上出现了差误所致，原為少典之子所生的公孙，误读作『少典之子，姓公孙』了。因而形成两千年来的偽误，不但给轩辕改了姓氏，因為原是少典之孙，变成少典之子，因而与炎帝就成了同母弟兄，連輩次和血缘关系也发生了不可解释的偽误。

八、『子姓』的概念

《左傳》載：『因生以賜姓』（見隱公八年），姓从母所属的氏族之称而來的。《礼·玉藻》：『縞冠玄武，子姓之冠也』，注称：『姓，生也。孫是子之所生，故云子姓』，這是循《左傳》而來的鮮释，虽然『子姓』之说鮮释的不確，但以『子所生』因而為『孫』的概念还是明確的。

姬氏诸侯以『子姓兄弟』相称，（載《仪礼》『特牲饋食礼』）。這个『子姓』是母祖為殷商奴隶主王室貴族氏系的标志。商代以『子』為『国』姓，《殷本纪》載，殷之始祖『契』，『封於商，賜姓子氏』就是例証。所以『子姓』在周室，还是亡殷的王室貴族的标志，和五帝時期的『子姓』概念已经不同了。首先，『少典之子姓公孫』，是少典的女兒所生的公孫。《左傳》載：『蕭同叔子，非他，寡君（齐頃公）之母也』（見成公二年），以及《诗·召南·何彼穠矣》有：『平王之孫，齐侯之子」，孫是周平王的外孫，子是齊僖公的女兒，即齐襄公（諸兒）的姊妹（详論在筆者《春秋批注》第四十章《說「周子」及「孫周」》），都是稱女兒為「子」。今天我們所稱的「子」，古稱「男」，《本紀》載：「堯乃以二女妻舜以觀其內，使九男与处以观其外」，九為姓氏，古讀攸，前在《典籍集》已經論及。「男」即今「子」的古稱，可以為旁证。（筆者「《诗经》新鲜与古史新论」有專考。）

另外，「少典之子姓公孫」，還有少典之子（女兒）婚后為子一級的妾屬，因而所生之子，為「子姓」又等於今天所說的「庶出之子」，不是嫡系的标誌。自然「庶」「嫡」的概念又是源於后世封建社会的礼教宗法而來的，与上古时代的只記輩次（对母一級的「姑」所生之子來说）的「子姓」又有很大差別了。

《世紀》載，神农炎帝之母名「女登」；而為少典的正妃，以少典為男；而《汉書·古今人表》以少典為女，是炎帝妃。依据殷周古韻登、承、称同部，而呈、丁、成在十一部，顛、电在十二部，可以推知上古時期典、丁、登、当為同声字。因而在上古史册上發偽誤，又加不分族、姓之别，就更难解释了。不过据金文所考，這种既是「兄弟」又是「父子」的複杂关係，是源於有女随姑作「媵妾」的古制而来的，所以本是「叔」(《史》称「叔弟」)又是「父」，這又是完全可以理解，能够讲清楚的了。旧史者由於对「子姓公孫」這个概念不理解，所以误读為「轩辕者，少典之子」，因而炎帝和黄帝就成了兩兄弟，一為姜姓，一為「姓公孫」了。姬姓之説，当然又是周室史筆的偽託以貴王室的表現了。

2、軒轅黄帝与神农炎帝的「父子」关係解

依据标氏誌族的古金文的记载，帝嚳為軒轅黃帝的三世孫，『餘尊』銘稱為『珠子王』，是帝顓頊的女婿，我们已经考证出来了。黃帝之子（男）少皞已氏有子一級的妻屬所生的女兒為帝顓頊的母一級妻屬，稱『母癸』或『舟氏，也已经完全肯定了。那么依例上推，少皞氏母一級妻屬必然是神农炎帝历山氏的子一級（姪娣）妻屬所生的女兒；而神农炎帝历山氏母一級（姑）妻屬所生的女兒，又必然婚於軒轅黃帝為子一級妻屬。黃帝既然是神农炎帝历山氏姊妹之夫，那么有女随姑為『媵』婚於軒轅氏，也正和金文所记载的上古婚姻的公例相符。据此可知，汉班固父子所以坚信不移，以為黃帝為『炎帝之子』（婿），是必有所据的，但却不知道這种視稱是循母权制的氏族社会来的，『父』是岳父，『子』是子婿。這又是以神农炎帝与軒轅黄帝為直系血統的『父、子』的偽誤之鮮所出的根源所在了。

（四）少皞氏与軒轅黄帝為一世說

——『刀貝』与『賴貝』是一物兩稱

漢司馬《五帝本紀》載：『黄帝崩，葬桥山。其孫昌意之子高陽立，是為帝顓頊也』，关於昌意，我們將在《帝顓頊鉏鑄貝篇》作鮮釋，在這里只說司馬史筆所記是帝顓頊受自黄帝而承嗣了王位，所以『五帝』應是：黄帝、帝少皞、帝顓頊、帝嚳、帝摯，堯舜則稱唐虞。《史记》不載『帝少皞』這一代，但在《历書》上，同是司馬一支史筆，却又有『少皞氏之衰也，九黎乱德……顓頊受之』，又是帝顓頊受王位於少皞氏，而並不是受自軒轅黄帝。依据司馬行文辞意严謹的筆風來說，当是屬於刘歆之类的偽筆所篡改，因為在《本紀》中还有『玄囂』（青陽氏少皞）父曰黄帝自玄囂及蟜極皆不得在帝位，至高辛即帝位，即帝嚳，為黄帝三世孫，少皞氏原來『不得在帝位』，説的很明確，足見顓頊受自少皞氏，《史》称『少皞氏之衰』，不能作『帝少皞一世』來讲解。《古本竹书纪年輯校订補》有旁证。《書》称：『黄帝既仙去，其臣有左徹（疑『作冊』的錄筆记音字）者削木為黄帝之像，帅諸侯朝奉之。黄帝死七年，其臣左徹乃立顓頊』，足证，顓頊的王位又似是直接承自黄帝。

但《左傳》又有郯子之说：『我高祖少皞摯之立也，鳳鳥適至故纪於鳥，為鳥师而鳥名』，与『黄帝氏以云纪』、『炎帝氏以火纪』、『共工氏以水纪』、『大皞氏以龍纪』（均見昭公十七年）並提，而『共工氏』，又在神农炎帝厉山氏与大皞氏（預注：『伏犧氏，風姓之祖也』為失）之間，卻不在『三王』之列，《世紀》所載：『三皇』，為『大昊庖犧氏（即大皞氏）』、『女媧』、『炎帝』，根据《金文新考》的考証均屬传聞之辞，不足据。少皞氏『以鳥名官』，是更命改制，說明帝少皞又確曾承嗣王位之後，才能有的一种行动。因而晉皇甫的记载是：『少昊帝名摯字青陽，姬姓也……邑於穷桑以登帝位，都曲阜，故謂之穷桑也』。《古今人表》也在黄帝、帝顓頊之间列『少昊帝金天氏』一世，因而司馬史筆的记载就受到干扰，不那么明確可信也。

证之金文『母癸鼎』三器关於帝顓頊古代又称『舟』，以及『舟卣』六字命氏金文的记载，『舟（酬）』氏確為少皞氏所頒賜的冊命氏称，而且又有『戚卣』『戚婦鼎』兩器所載的族系為印证，確在顓頊以『祖珠』称的名位之上，有少皞氏以『帝（济）已』称的记载。但這个『帝』字，是『柱』稷氏标作△的倒体，古济、帝同声，作為帝王來解释，又是以後兹生的概念，我们在前面已説过了。因為五帝時期，古象形体金文的记载不称帝而称王，直到帝尧時期仍以『天君』称，載於『丙午鼎』（本集『帝挚奚貝篇』有考证）都是可以為证的，這是一。第二，作為奴隶主氏族联盟一方的首腦，同样有权為自己一方的子嗣以及对方的子嗣之親頒賜命氏彝器的，例如帝颛顼舟珠氏之子（男）『成祝』等同级四弟兄当中，就有三人先後相继作了本氏族的首脑大父或中父，有了頒賜祭器以祭祀祖宗的政治身份。因而都有他们各自的以『父癸』『父工』等名义頒賜给子嗣和子嗣之親的命氏礼器。另外还有他们的『嗣宗』子——有羿氏，史籍称『巧倕』的『父戊』、也与『父癸』、『父工』一样，都是没有承嗣帝位的屬於『宰輔大臣』一級的人物，因而古金文以『帝己』稱的少皞氏，『帝』為氏稱，《左傳》作『济』与大皞統稱為風姓所祭祀的始祖。殷周古韻帝、迹同部可以為比。因而司馬的史筆所記應是歷史的实録。少皞氏当是在軒轅黃帝取代神农炎帝之後，留守在神农帝都曲阜，代黃帝以『行天子事』，如舜之代堯相类。《本紀》載：『黃帝是『邑於涿鹿之阿，迁徙往来无常处』的，因而黃帝在死後七年，帝顓頊始承继了王位。從這里可以看出在王位承嗣问题上，而大帝系之间的斗争是很尖銳的。軒轅黃帝以子婿的身分取代了神农炎帝的王位，说明在帝位承嗣问题上，已经出现了依新兴的奴隶制社会的势力『传子』（男）与依落后的母系制氏族社会的传统势力遺風而传婿——也就是传姊妹之子的斗争。显然轩辕黄帝是要把王位『传子』(男)的，但『仇黎乱德』不答应，因而少皞氏在黄帝死后坚持七年之久的政权，终于不得不由帝颛顼来以少皞氏的正式的子婿的身分接管了。很清楚少皞氏始终没有取得婚姻联盟的另一奴隶主氏族部落的同意，因而並没有正式称王。如果以上的解释不误，那么黄帝的『刀货』与少皞氏的『赖貝』，应是一物的两称，『刀貝』為『貨』，『東』是族标，為[illegible]的后世的变筆。『[illegible]貝』一称，見『庚午鼎』。《西清古鑑》(卷三——二十頁)旧释為『賴』，為变讀。黄帝时期，少皞氏所作的册命頒赐给赖氏的古象形体金文，却不是這样。

(五)少皞氏所頒赐的『賴』字金文以及『賴』氏誌族命氏古金文两种

八、『賴卣』銘新考

在五帝時期，古命氏金文图録中，有『賴卣』（旧未定名，見《意》集十八）三字命氏金文作：

▼是少皞氏的氏标，我们在前面的考据中已经认识了。5為己的翻体，▼5為▼己，是少皞氏之子，為子婿，也就可以初步肯定了。『賴』的字形所象，是氏背負，旧释以為是立戈形，很对。《中国兵器史稿》有『殷虚出土戈美青銅「句兵」』形如：

（見第十四板图）式如刀，是割器应

称戈，因为它不是啄器（瞿兵或句兵，今称镢）。从这个旧称『戈类青铜句（瞿）兵』的图形上看，按装在長柄上，既可以作割器为『大镰』，又可以兼作创土的镢用。這种最初用在农业生产上的青铜工具，古称统叫作『鉦』，变音统称作『銔』，今称『身带利器』的『利』，应就是『銔』的声源所出，为『賴』的变音。唐顔师古注《汉書·地理志》在『随』（南阳郡）下有『历读賴』的解释，就是指『賴乡』説的。《水经注·漻水篇》北魏郦道元记『賴乡』称：『故賴国也，有神农社』，是证這个旧读『历』的賴字是从神农圣帝历山氏的『历』来的声标，《左傳》作列山氏，又可見賴、列、历古为一声，這是賴的古音变声読如历，为今的『利器』的『利』的概念的论证之一；另外，《说文》段注：『晋（灼）曰，许慎云：賴，利也』，這又是

「賴」的古音读如「利」，是利的声源和义源所出的佐证。据此可知，「无賴」一词，古义当是「手无利器」而却相胁之意。「賴」既然变音读利，是源于「銔」的声义，那么「賴」的本声（《说文》已经失而不载了）当為「銔」的声律。金文作[illegible]，变隶為「垂」，（旧读「我」）般用古韻垂、戈、卧、和、化（貨）我同在十七部，历、剌、鬲同在十六部，可以推知三代以前戈、貨、銔、鍈都是同声字。《説文》「鬲」字今音读如隔，而一音读靡。就是戈、历（利）两声相通的旁证；而今称「隔」，也為「离」义，古為一个概念的两种语言，后世连称，就是「隔离」，如「銔鍈」连称而為一詞了。

2、「賴鼎」銘新解

『賴鼎』（旧名『子父癸鼎』——見《历代钟鼎彝器款识》卷一第廿三頁）

三字命氏金文作：□ □ □

『父癸』之『癸』為帝顓頊弟兄母一级妻屬所生的四子（男）的通称，為王室屬卑族，尊王室貴母族的反映。据此可知這是帝嚳時期帝顓頊之子（男）『賒』氏『父癸』為其直屬子嗣所須賜的命氏彝器了。▼字讀如『奚』是『稷』的声序。『賒尊』銘金文作者氏称為 □，△▲一字，▲為↑的简筆，有子以倒▼為氏标，這又是金文必然的規例了。有『众卣』（旧名『父癸卣』——見《窓》十八）三字命氏金文可以為印证。众字作 □ 下有 □ □ 二字簽署，『众』氏所奉祀為首的旗标為▲，也正是三子所奉戴以為族先的正是↑

的简化氏标。『艅』氏的第三子的氏称，因而赖氏字作 从字形结构上看，或为『艅』氏诸子中的第二子的族称了。

3、『赖尊』铭新解

第三器为『赖尊』（旧名『商己尊』——见《西》集卷八第八页），字在橱（）内，为祖受祭的概念，作： 显然是礼器上的『族徽』了。两字合笔为『橱赖』，赖字读声音，从声类上推求，当是『重黎』（《楚世家》作『吴回』，弟兄的通用族称）。『己』为氏标，是『子一级的母亲所生。从父系来说 都称『赖』，是同父弟兄；但从母系来說，前者是毋一級妻屬（姑）所生之子（男），因而得以族标（▼）為自己的氏标，而後者為（姪）之子就以「己」為姓，标明是「子姓」一級，它是晚出的金文，的族标与的首部相类，為正体，為祖，為側系，显然与少皞氏所册命的頼氏側体作所「負」為「貝」的形象距离年代就比較遠一些了。《钱録》所載古币第四枚，正面圖如

背面作

旧以為「黄帝有熊氏所作貨币，从幣形如鉏，就完全可以肯定所説不確。」這是「奉工（|-|）」以為族首的「中」字，詑在《帝堯頼貝篇》。就是单从币以「二斤」称有了重量的记載，也足以説明是一种五帝晚期的貨币了。

《钱录》古貝第九枚，為刀幣，作

型，正背两面相同，旧称「右

金刀，刘恕《外纪》谓：黄帝範金為貨，製金刀。洪志載古刀，其直文大小俱合』。应是比較可信的考据。

四、帝顓頊鑄(酬)貝篇

——五帝時期六种貨幣考之二

(一)帝顓頊母系出於轩辕黄帝

帝顓頊珠高陽氏，父為神农炎帝历山氏之子『桂』、(官称『稷』)前在《『餘蔫』銘考》中已经论证过了；又是轩辕黄帝之子(男)少皞氏的子婿，在『舟自』上，还有命氏金文的记載，因而汉司馬《五帝本纪》中所記的帝顓頊的族系，当有偏误处，必須首先在這里研究清楚。

人、《五帝本纪》不知古史有諱筆而广生的偽误

《五帝本纪》載：『嫘祖為黃帝正妃，生二子，其后皆有天下。其一曰玄囂，是為青陽。青陽降居江水。其二曰昌意，降居若水。昌意娶蜀山氏女曰昌僕，生高陽。高陽有聖德焉。黃帝崩，葬桥山，其孫昌意之子高陽立，是為帝顓頊也。』

在這里，只要讀过恩格斯关於易洛魁人的氏族社会的鮮說的人都知道，在上古時代普奴路亚式家庭的組织形式，即『諸父諸母』的家庭形式还占据正统地位的時期，這种所谓后世婚『娶』的观念，显

然与那時的历史实际不相符的。恩格斯說：「因為在這种家庭形式下，父系血统不能確定，所以只承認女系。又因為兄弟不得娶自己的姊妹為妻，只能同其他世系的婦女結婚，所以根据母权制，同這些异族婦女所生的子女，便列在氏族之外」（見《馬恩选集》第四卷八〇頁）。而根据我國古命氏金文（公元前兩千五百年左右的文字）的记載，這些与外族為婚的弟兄，又正是婚於自己姊妹的共同丈夫所屬的那一氏族部落里去，因而確实是男的「嫁」出去。《本纪》中所說的「娶於蜀山氏」，当然是秦汉后世的偽筆所加了。另外，女婚於男方的嫁娶制度，根据古金文记載，是从虞舜推行背叛古道的普奴路亚式家庭制，即背叛從母权制一直世代相承而延续下來的既是兄弟，又是共同妻子的共同丈夫的『諸父諸母』的家庭制以后，才出現的『维新』制。《楚世家》所载，陸终六子，各有自己的姓氏就是佐証。《人物集》『舜』一篇有详论，在這里就不作离题过遠的考証了。這是一、第二，男名『昌意』，女名『昌僕』，依据古金文的兩字人称規律，前一字如為父系族称；那么后一字必為母系族称，反过来，也是一样，在這里史筆不知兩『昌』為同一族屬的族称，实际上同屬一个族屬的男女，是兄弟与姊妹，在氏族社会一开始，就是禁止兄弟与姊妹互為婚姻的。恩格斯説：『自一切兄弟和姊妹间，甚至母方最遠的旁系親屬間的性交关係的禁例一經确定，上述的集团便转化為氏族了』（同上所引三十七頁）。既然是氏族，就各自有各自的族标，如『塞纳卡部落』的八个氏族，都以动物的名称命名，而在我们古老的中國，炎帝神农历山氏為羊族，而轩辕黄帝有熊氏為虎（阜）族，（至帝喾又称『鳩』）就是以説明這時早已经是处于两个氏族部落以上的男女互為婚姻，而兄弟与姊妹禁止相婚的奴隶制社会在萌芽发展的階段了。因而如果以昌意為主，那么古史上的昌僕实应是『昌意之僕』的不称族氏的记载，也就是说，是史有諱筆，避免昌意昕媒的這个婚偶的名字，因而以『昌僕』称。至於為什么史筆要避諱這个人呢？以後再说。第三，也是我们立论的主要根据，那就是在本篇一开始我们就说过的，关於帝顓頊為轩辕黄帝之子（男）少皞氏的子婿，而帝喾为少皞氏之孫，又是帝顓頊的子婿的金文记載了。因之，帝顓頊為『昌意』

之子，這筆记載，從声类上推求，当是轩辕黄帝有女使之『占月』（『黄帝使尚儀占月』——見《吕氏春秋·勿躬篇》）的那个『常仪』的变筆，是帝顓頊的母親，古文男女性别顛倒，如《汉書·古今人表》所載『少典』為女，是炎帝妃；而《帝王世纪》却以為是男，是炎帝之父，可以為比。而根据古命氏金文的记載，帝顓頊的生身父為炎帝神农历山氏之子柱又称稷的人，這又是『昌意』必為轩辕黄帝之女『常仪』的变筆的一个可以印证的論据了。

2、『常儀鼎』是鉄证

『常仪』為轩辕黄帝的女兒，在《神农柱貝篇》我们已经有『常仪鼎』所刊的三字誌氏古象形体金文的考证為根据。『常仪』又名嫦娥，是確見於四千四五百年左右的古金文记載的一个有名的历史人物，這是一个鉄证。

据此可知，軒轅黄帝之男少皡氏有女婚於帝顓頊，正是婚于自己的姊妹之子（男）。這又是可以和我们以前提到的关於神农炎帝历山氏有女婚于軒轅黄帝，是婚於自己的姊妹之子（男）的推论，相互可以印证的一个例子了。

3、五帝時期王位是依母权制傳姊妹之子（男）说

神农炎帝历山氏之后，王位由軒轅黄帝夺取，实际上，軒轅黄帝既是神农炎帝历山氏姊妹之子，又爲神农之子婿，那么依据母权制的酋長世

襲的遺風來说，王位本來也应由軒轅黃帝承嗣的。

恩格斯曾介绍过：『我们已經看到，易洛魁人和其他印第安人的酋長职位，是怎样承继的……在递補遺缺時，最親近的同氏族親屬——兄弟、或姊妹的兒子，逐渐享有了优先权』（見《馬恩选集》第四卷一〇二頁）這在我们中国見於『毋登鼎』上的金文记載，少皞氏（▼己）之後，王位同样是由他（少皞氏）的姊妹（昌意）之子帝顓頊珠高陽氏來承嗣了。很明確的反映了一种王位依母权制的氏族社会旧传统——传婿制的遺風。显然，又可以看出來，新興的父权制奴隶主，有一种在財产权確立由直系血统的子嗣（男）承继之後，关於氏族部落酋長的世襲制及以氏族部落联盟爲基礎的奴隶主王朝的帝位世襲制，也由父权制的新興势力從传婿的旧传统的势力者手里本過來，改姊妹之子的王位承继权為自己的直系兒子承嗣了，因而出現了軒轅黃帝自居『涿鹿之阿』，而要留在神农炎帝历山氏帝都的山東曲阜的少皞氏，『代行天子事』。這样的史实，在古命氏金文中更有很多少皞氏以『父已』名义頒賜的更命礼器，作為我们可靠的证据，而在軒轅黃帝死後七年，少皞氏迟々不移交应為黃帝女系一方承嗣的政权，而必待『九黎』之乱而維持不下去了才传给自己的女婿帝颛頊的历史记载，所以反映出來的不正是在王位承嗣问题上，有依新兴势力传男与依腐朽势力传子婿——也就是传姊妹之子之间的斗争么？

因而在少皞氏当政的階段，史筆諱『柱』，也正是這种在王位承嗣问题上的斗争的反映。

4、史筆諱軒轅黃帝的子婿

既然軒轅黃帝生前，就安排了少皞氏在山東曲阜临政，而又有女兒婚於神农炎帝历山氏之子柱，不用說，在当時家庭还属於既是兄弟又是共同妻子的共同丈夫的『普奴路亚』制的時候，母权制的旧傳统勢力还在上层意识形態領域里佔优勢。軒轅黃帝的子婿，神农炎帝历山氏之男柱氏，自然又是這个新興的奴隶主王朝当中，為有政治影响的旧传统势力所瞩目而要拥戴的人物了。显然，這在少皞氏代軒轅黃帝為政的階段，這种叫『王儲』身份出現的人物，是為少皞氏的新興奴隶主王朝，即拥护黃帝之男承嗣王位的奴隶主统治者階层所不允许的。因而《左傳》載：『少皞氏有四叔：曰重、曰該、曰熙、曰修』，而『重』為『木正』（見昭公廿九年）。金文以　命名。這就是說，把『柱』從金屬冶煉手工业的监督岗位上，調到　监督林木採伐制造的手工业岗位上去了。『重』為『柱』的古音同声字，《历書》載：『帝顓頊封南正重司天以屬神』，就是帝顓頊封父為『稷神』的記載。『自夏以上祀之』（見《左傳》襄公四年），也已經見於『觪尊』的金文記載証為史实了，這都是柱氏又变筆作『重』的论证（以后还会伦到）。总之，少皞氏不但从金屬冶煉的手工业的生產岗位上調走了『柱』；就是原為鋤形的貨币也改变為刀型，显然是要清除『柱』及『柱貝』在氏族部落联盟所組成的奴隶主王朝内部的影响，因而黄帝有女也成了史筆所諱的人物了，常仪变作昌意，而昌意的婚偶又避而不名，以『昌』之『僕从』為称，這不也是很明显的么？

(二)帝顓頊為鑄氏考

——『鑄卣』『鑄爵』『鑄彝』三器所刊金文新鮮

古誌氏象形体金文，有『鑄爵』（旧名『八申爵』——見《憲》廿三）所刊載的一字图銘，作

[illegible]

現在我們就先从這个『[illegible]』字說起。

人释 [illegible]

吳大澂旧释称：『上字[illegible]形，下作両手捧柱形，当即申字也』，释下半字為

『申』是对的，但作為『八申』两字来定名就错了。

儿字是两把矩尺的形象，本声当读『矩』，变音当读『規』。殷周古韻，巨、尺、郭（阳声）同部，可以推知三代以前，矩、尺、規当是一物的三称，正是文字創始之初，父母两系原為语言各异的两个以上的氏族部落互為婚姻而必然产生的反映。

我们已经不止一次的引用过毛主席关於『人类的生产活动，是最基本的实践活动，是决定其他一切活动的東西』的论点，作為我们在认识路线上的指针。遵循这个指针来看，有两把矩尺所象的『規範』為模，两手操柱，不正是在金属冶煉手工业中的進行鑄造的会意式的形象么？两手操柱，正是『鑄』的声源和义源所出。这是[illegible]為鑄的象形体字的论据之一。第二、古鑄、巨、聚必同声。儿為『規』是变音，為『申』所奉以為首的族标。从声类上推求当是『𩲡』的变筆，少皞氏有女金文称『母癸』就是癸，規為𩲡的变筆的佐证，而《殷本纪》纣之三公有九侯，徐广注一称『鬼侯』，又是古音九讀苟声，是苟、鬼（𩲡、鬼）両声古同音的第二个例证。ㄦ的本音读『巨』，当是铸字今又讀『聚』的声源所出，ㄦ自然又是ㄦ字的声标了。另外，双手捧柱的『申』字，显然是文字創始之初，『柱』為神农之子，双手抱柱，即双手抱子的形象，字读『申』当是神农的神，不用说，居於規範之下，双手奉柱，又是双手抱柱膝的『铸申』了。根据這个ㄦ的分析，中國的古象形体金文的創造，不是始于轩辕黄帝，而是早在神农双手抱子（柱）的時期就已经出現了，這不是又很明显的么，又如，旧釋乂（父）字，以為是『手持杖而训子』的形象，实不知是一手抱『柱』

即抱子，或攜『柱』，也是攜領子（男）的概念，這更是古象形体金文來自神農炎帝历山氏所属的羊族，而不是創自軒轅黃帝所属的皋（虎）族的例証了。

2. 古命氏金文記載着東方人类的生产历史

從古命氏金文字讀鉏，就可以依据毛主席的論点，認識到這是青銅製的生产工具在农业生产上出現以後，在上層意识形态領域里所产生的反映。显然，当時新兴的奴隶主阶層把這一当時新出現的新生事物，作為自己的子孫的命名，是以命名的方式把這一影响深遠的創造性的功績，記載在本氏族部落的奴隶主的名下了。

□字，与□字相比，自然是後者早于前者的文字。『鉬』為帝顓頊幼年時期的初命，而鑄氏必然是帝顓頊年長十六岁或十八岁以后，从事金属冶煉手工业的生产监督活动以後的再命氏称了。当時，新兴的奴隶主為了把這一新兴的手工业记載在本氏族的头上，成為自己氏族的光荣史，因而為自己的子嗣以『柱』命名，记載『立柱定居』的時代，难免就称『鑄』，又把這一在人类农工业生产上大分工而影响很大的新生事物也以命名方式记載下来了。

至於□為帝顓頊的再命氏称，又有『鑄彝』五字金文為佐证。

3、『鑄彝』是帝顓頊未嗣位以前為少皞氏作的礼器考

「鑄彝」（旧名「八申卣」——《窸》集十九）所刊古金文五字，為：

又有爵銘五字（旧称「八爵」——見《敬》集）和以上所摹録的五字金文相同，旧釋「鑄」為兩字，自然是不对了。

关於古金文「父己」，作為氏称的己氏為少皞氏，前已在「毋癸鼎」等三器的新考中作过论断了。鑄氏不称「珠」，是在嗣帝位以前所作，称己氏少皞為父，又必然是鑄氏為婚時作的礼器，也就可以肯定了。而且又是鑄於軒轅黃帝取代神农炎帝历山氏王位以前，因而不以少皞氏更命改制以后的舟（酬）氏為称，也是可以肯定的了。這就是帝顓頊年十六或十八岁婚時的自用氏称，為再命的氏称的论断的根据。

自然，「父己」的「己」作為族称，又是夏禹对帝嚳的尊称，為什么就断定「铸彝」所刊「父己」，不是族称而必是少皞氏的氏称呢？另有「铸卣」可為印証。

4、「铸卣」四字金文新解

「铸卣」（旧名「商子丁立父卣」——見《敬》集）四字誌氏金文作：

首一字是「天一」的合筆，為金文 或作 的原始体，是「天」立於大地（金文地字作一）之上的形象，五帝時期王者称「天」。帝嚳嗣王位以後，王字作 就是可以為比的例证。（前面也已說过了）四字銘文是：「王铸父珠」，显然铸字在這里又可以兼作动詞解，是帝顓頊嗣王位称珠氏以後，為自己的子嗣之族以及子嗣之親所頒賜的更命礼器，自然，這也就是自己更命氏称為珠所刊布的『通告』了。

综合以上所説，帝顓頊初命鉏氏，再命為鑄氏就可以作初步的论断了。

(三) 少皡氏的初命聊氏説

——『取(聊)爵』兩字金文考

『取(聊)爵』(旧名『子手执杖爵』——見《愙》集廿二)兩字命氏金文作：

旧釋首一字為『子』，虽近似却並不確鑿，字当讀『保』，即母一級女性所生之子，《淮南書》所記：『母生子曰保』

的本字了。「大保𣪘」（旧名「大保敢」）——見《窓》七）保字金文作[illegible]「大保鼎」（見《攈古録》卷二之三——八十頁）保字金文作[illegible]可以為証。古偁、爯一字，偁、爯（説在《帝挚爯貝篇》）一字，又是[illegible][illegible]一字可以為比的例証。

首一字称保，如男，是親称。第二字就是為保所頒賜的命名氏称了。這个[illegible]字，头上有冠带，雙手持柱，這个柱，自然是他所依恃的族标，為双手所奉的[illegible]字的变筆了。变隶当是「取」字，封邑称聊，字又作鄹，讀鑄（聚音）為本声，变音為鄹。金文图録有「取膚匜」（見《窓》十六）取字作[illegible]可以為比，金文「手」字变隶作「又」，這是从字形来看，如從声类上推求巨（又作[illegible]為矩）聚当為古同声字，而手、鄹又是一个音律。《説文》鲜鄹：「魯下邑，孔子之乡，从邑取声」，段注：「許語作鄹」，是一音讀取為鑄（聚音）的声标，一音讀邹，是源於「手」的声系。而帝顓頊在山東曲阜的封土稱鄹，即段注孔子「生在邹之闕里」的鄹，显然這「取（聊）爵」，就是帝顓頊未嗣位前婚于少皞氏的女兒角氏所受的史命改字（鑄）的氏稱，因而也作為自己封邑的命名，据此可以初步作断了。

這个初步的論断，是不是正確呢？有「厶鶇尊」銘的柱氏一字象形体金文可以作印証。

八、「厶鶇尊」銘初考

——舜妃「娥皇」的命氏金文初鮮

『厶鵙尊』（旧名『父辛尊』——見《窓》十二）銘金文共五字，作：

首一字是的翻体，当是脚氏之子，头上无冠，以示為『幼』，但背后又有手扶持着，是年老的『幼柱』。按帝顓頊有子，長為『稱』，金文作『成』字是，二子瞿氏為『旅』，金文作都是以後根据這个字而來的演变，氏諸子之一稱吴（虞）氏，金文作（見『丁未角』銘——《窓》廿一），即《楚世家》所称的『吴回』，虞舜的『俦侣』（《人物集》舜一章有詳论），吴氏有子（男），金文為（見『癸吴觚』——《窓》廿一）是為『燕』的始祖，都是以『足』和『柱』為族标，所不同的是，到了虞氏兄弟，即帝顓頊諸孫一代，『足』标已经不在脚下，却变笔作 ，作為氏称所奉祀為首的族标了。

這个没有冠代的『幼柱』，位居帝嚳高辛氏（古金文称『父辛』）之上，那么這十年老的柱氏，必然是帝顓頊諸子（男）之一的『父癸』。依据金文关於兩个帝系的男女世代互為婚姻的規例推求，帝嚳為帝顓頊子一級次妃所生的女兒的婚偶（這是有『緐尊』的金文记载為证的）；那么這是帝嚳的母一級正妃；而帝嚳的子一級妾屬，又必然是帝顓頊的諸子所婚的母一級妻属所生的女兒了。因而這个以葵花為自己所奉祀的首族族标的『騏』（小篆）字上面有 為姓标，是金文 （以）字的翻体，是『子姓』的符号，变隶為 厶，夏禹以後字作

『姒』姓，据此可以説明我们的推论是不错的。就是说『厶鼎』為帝嚳高辛氏子一级妾屬所生的女兒，而 [glyph] 氏為『厶鼎』氏的外祖，反映了当時是仍然继承着母权制的古老传统，族系是以母系為主。而『鼎』字头部所奉的『癸』，也正是尊母系外祖為『父癸』的印証。

《五帝本紀》載：『帝嚳娶陳鋒氏女，生放勛（即帝堯），娶娵訾氏女，生摯』，摯、訾都是『子』的变体。陳鋒氏《汉書·古今人表》作『陳丰氏』，娵訾氏又作諏訾氏就是可以為比的例証。帝顓頊的婚偶『母癸』為少皞氏的女兒冉氏，金文有『盛妇貞』，盛字作 [glyph] 从『成』字作 [glyph] 来看，這个繫於柱（[glyph]）上的旗氏（側系己氏），是確似在風中飄揚的形象，成字金文实际上是暗藏一十風字。『成風』的風，当為冉氏母系的族称，説明帝顓頊所婚的這个冉氏，虽是少皡氏的女兒，却又並不是出於羊族了。直到春秋，成風仍然是有名的奴隶主貴族的族称。魯僖公的母親就以『成風』為氏称，实际上，『風』為父系族姓，國名『須句』，而『成』必然是母系的族姓，即国称『郕』的邦族了。録筆所以記音，当然這又是和古史者对於帝顓頊為軒轅黃帝之子『昌意』的子嗣，帝嚳為軒轅黃帝另一子少皡氏玄囂的孫而产生的誤以同一氏族内部相婚必忌而出現的諱笔，因而不称『脚子』之女，而作娵訾氏女，或諏訾氏女，实际都留有來自『取』的象形体，金文作□的痕跡。

根据以上所论，『取』為少皡氏在高陽氏鉏与自己的風姓女兒冉氏（『母癸』）為婚時的命名，就可以完全可以肯定下來了。

至於 [glyph] 字，显然是『癸』為首，『冉』為体，為『癸冉』兩字的合筆，彡為翼，有兩足，是雁鵞的形象体，讀作鯕，主要的根据就是以後這个『厶鯕』金文又作 [glyph]，变隶作『㠱』。鯕為雁鵞的古称（『故秦、魏、燕、趙者鯕雁也』——見《楚世家》頃襄王十八年），5『子生母』曰義（娥）的古例也相符。這个『㠱』氏，就是有名的『娥皇』，以後在《人物集》中还有专題的考证，在這里就不作題外的論证了。

2、『天子巨（聚）彝』的金文是 [glyph] 字讀『取』為『脚』的始体字的印証

『天子[古文]彝』（旧名『天子[古文]觚』——見《窓》廿一）銘，金文七字是：

[金文]

這个[古文]氏，爲帝顓頊的諸子之一，巨字显然是[古文]字的演变体，口爲巨氏所衔琥的封邑的符号，而巨字当中爲▷，是▼的侧体，说明是『集』的子一級委屬所出，不是屬於『父癸』一級的諸子（男）之一了。

『柱』在這里已經缩短作 ▷十，变音当讀『户』，古互、巨是一字兩音的变体。鄭氏注《周礼·秋官修閭氏》：『掌比国中宿互㰃者』称：『巨当爲互，謂行馬，所以障互，禁止人也』（見《积微居小学述林》中国科学院一九五四年版第三一九頁），实还不知古爲字一而有兩音。后世虽分化爲二，本声读『取』爲巨音的声源所出，而爲帝顓頊諸子之『老五』，所以通『户』声而爲「互」的字源所出了。足证「巨爲互」的前輩学者的论断，却是完全正確的。

与這个彝銘七字金文相印证的，还有「巨作祖珠尊」（旧名「□作祖丁尊」）——見《塞》十三）原銘也是七字，作：

□氏作尊，称「祖珠」，那么這个□氏爲帝顓頊諸孫之一，爲□氏之子（男），是受□氏卫护的口（圍）氏，而承父的氏称爲自己的氏称，也就可以初步肯定了。這是□、□、（□）、□祖孫三代的氏称字的演化过程，可以相互在這里作印証了。

至於口字，《說文》許的解釋是『回也，象回帀之形』，段注：『圍行而口廢矣』，是古『囲』字，本音當讀『聚』，『囲子』『聚落』，都是古代村鎮的名稱，至於字，本音讀巨，變音讀『户』，是有『户氏』之始祖的氏稱，爲虞舜的氏标，（《人物集》中会有專題說证）。

実际字，有手變隶作『又』且不說它，變爲『耳』，实际是由於讀誤，以致金文的字變隶作『取』，這显然就很牽强了。因爲巨字並非耳。另外，婚字古金文作：

是以規矩的巨爲虞舜所建制的标志，但由於以『巨』爲耳的誤解早在秦漢變隶就形成了，所以旧釋就只有以爲耳目昏昏，不聰，作爲婚字讀『昏』声的附会性解釋了（关於『婚』字詳說在《人物集》舜一篇《金文婚字标志着斟氏弟兄与寒浞之子（过浇）作斗争的政治纲领》一章）。原因是古史者不知虞舜从母系称『婺（規）吴』，从父系称『貯户（矩）』（《虞書》之旌称作『朱虎』），是在东方人类生活形式上，推翻了来自母权制的一切婚姻旧传统的腐朽遗風，不但倡导弟兄相背（避）而共耕，而且一变男从女族作贅而為女从男方為『娶』的婚姻制度，奴隶主一夫多妻制以及奴隶的一夫一妻的家庭是从虞舜為政的時期开始的。

[illegible]為[illegible]的進化体，取（聊）氏又称『保』，原是少皞氏的册命，因而帝顓頊的封邑在山東曲阜称『聊』就可以完全肯定了。

在帝顓頊鈕氏来说，這应是称铸之外的第三个氏称了。

（四）帝顓頊的六十氏称记载着生活史上的六个不同的階段

根据美國学者摩尔根关於易洛魁氏族的命名记载：「当婴兒初生以後，其母即选择一个未曾爲同一氏族间所用过的名称，经最近親族之同意作爲這个婴兒的名称，还要在「部族会议」上取得批准，才算肯定」（見《古代社会》「对於同族人員命名的权利」一章），但這还不行，「不论是谁，一经年令到了十六岁或十八岁的時候，便由他的氏族之酋長，取去最初的名称给予第二种名称」，這应是关於我们古代典籍上的所谓「初命」「再命」的记載，一个最实际的解释了。

帝顓頊初命鉏，金文有「足」形作旌标和声符，字作□，再命爲鑄，金文作□，從字体的结构上，不用说也看出先後的差別，「鉏」是原始象形体，而鑄已经是会意性的象形体了。前一氏称，标誌着金属生产工具在東方的出現的年代，自然也是鑄氏幼年生活於农田之间的阶段；而『鑄』的会意性象形体金文，不但是记载着中國的金屬冶炼手工业的出現；而且也説明鉏氏年令稍長，已經到达可以参予金屬冶煉手工业的监督活动了。三命為『聊』是婚於山東曲阜少皡氏族以後的氏称，前已有论证。那么未婚於鼻氏又称『毋癸』以前，鉏氏在那里呢？

《五帝本纪》载：『昌意降居若水』旧以四川省的雅砻江（金沙江上流）為鮮，實际上，当是從『昌意娶于蜀山氏女』而来的附会，因為直到春秋，四川还是化外区域，《左傳》有『蜀』，這是屬於山東的蜀山湖地区的封疆，古蜀、桂同声，《管子》有『祀蜀不言而庙堂修』，旧无正解，實际上[illegible]才构不言』，是為桂、蜀古同音的傍证。疑『昌意』娶于蜀山氏女，當為[illegible]

桂山氏的饰笔的伪误，实質应是「桂山氏」贅於「常仪」。《历書》載：「顓頊受之封南正重司天以属神」，称桂為南正，当也是以山東曲阜少皞氏的古都為中心来说的。那么桂的封邑有山称桂山，讳称蜀山，今称「獨山」当是常仪于桂為婚的封邑。「昌意降於若水」，如果確為历史的实録，那么這只能解释為常仪是降生於「若水」的地区。而从古字同声相假的常例来推求，這个若水，又必然是今張掖地区，北通「居延海」的古「弱水」了。軒轅黄帝常駐紮的地区是今河北涿鹿，「合符於釜山」，也正說明与釜山以西、以北、以東广大地区的遊牧部落或处於原始狩猎状态的氏族部落有一定的同盟关係。在当時這种政治同盟自然是以相互婚姻的方式表現的。《本纪》載：「黄帝廿五子，其得姓者十四人」，不得姓的，自然是屬於女奴生产的子嗣了。涿鹿与弱水之间，在当時不啻游牧部落还是处於原始狩猎的氏族集团来说，都是千里爲邻的地区，這是除声类之外的又一个古『若水』爲今『弱水』的论证；第三，弱水南端今称临泽的县份，古爲有名的『九姓』之族所居住的地区。九字古声读『攸』爲本声，变音读『仇』，『古仇』就是友的概念，《诗》『君子好仇』就是例证，汉儒不解『仇』的本义，讀仇作逑，但还有『公侯好仇』的句子保留在《兎罝》一章里，就是仇、友古爲一个概念的佐証了。至於『仇』的概念由友变爲敌，显然那是从虞舜倡导兄弟相背各自爲家的生活方式，实行人类在婚姻生活上的第二次社会大革命（第一次当是从异族男女相婚开始而同一氏族的兄弟姐妹相分，是爲男贅於女方爲媄的婚姻制）。兄弟再不作共同妻子的共同丈夫，过那种『普那路亚』（親聽的伙伴，為『仇』的本义）式的家庭生活了。因而如果仍然『相仇』，那么就是敌人了。概念是从虞舜继祚以後开始发生变化的。九姓為古氏族的美称，所謂『有莘』当為『九莘』的变筆，『九』為『友』的声源和义源所出，前在《典籍集》夏禹初婚九氏封邑称『九土』的論証中已经作过解释。『九姓』作為數目字的九来解释，那是后世的誤解了。因而『弱水』之南的临泽為古『九』姓氏族所聚居的封土之一，又是轩辕黄帝的女兒是生於今弱水的第三个論证；第四、瑞典考古学者安特森在甘肃所发現的『早於殷商』的古铜器，今考古学称為『辛店文化』以及後来的永登马厂遺址的，就是出土於今弱水下游南端地区的東部。

如果九姓氏族不是与当時的奴隶主王朝的虞夏有历史上的婚姻之親的关係，那么遠离黄河中原地处西北边区的辛店、马窑有早於殷商或遲（公元前三千年前）的古銅器出土，就不可解釋了。综合以上四点论证，轩辕黄帝的女兒常仪所降生的地方，在西北而不在西南，也就可以肯定了。至於帝顓頊居於「鉏」，見於《左傳》「衛顓頊之墟也，故為帝丘」，晋杜預注：「衛，今濮陽县，昔帝顓頊居之。其城内有顓頊冢」（見昭公十七年）。濮陽地区，古有「鉏城」。這个鉏城，当是帝顓頊的封邑。《左傳》載，有羿氏「自鉏迁於穷石」（見襄公四年），自然是指从今濮陽迁於开封地区的古陳留穷桑的史实，依古同声相假之例，穷石，当是空石氏的録筆誌音字，古穷、空是一氏之称，论在《兵銘集·唐堯時期有穷氏的古字體》，空桑、穷桑当為一地，這又是鉏為帝顓頊封邑，地在今河南濮陽一題之外的話了。究竟鉏是帝顓頊降生的地方，婚於少皞氏之女蜎氏而後封于聊，还是婚於聊以后又南迁於鉏，虽无可考，但在帝顓頊婚於聊之后，又在少皞氏的奴隶王朝任掌握祭祀大权的礼官，是从「舟卣」的命氏金文記載中可以肯定的了。字作□，殷周金文假借為「受」，实為「酬」的象形体，一手持「舟」一手接「舟」，《仪礼·乡飲酒礼》有：「司正升相旅（礼）曰：某子受酬」，即受「舟」（飲酒之「斗」）。古舟、酬一字，前在所引的《詩》有「何以舟之，维玉及瑶」，以「舟」為「酬」的例证中已作过論断。总之，這个為少皞所命名的舟（酬）氏一字金文所反映的，正是鉏氏命「聊」以後，又担任了少皞氏於共奴隶主王朝的礼官的职务。《左傳》載：「国之大事，在祀与戎。戎有受脤，神之大節也』，疏解：『宗庙之事，則有执膰，兵戎之祭則有受脤』（見成公十三年），是古代不管祭祀於宗庙，或是出兵之前祭於神，祷告於社稷，掌握祭祀之礼的是宰臣的重要职务。关於這个职务，在古希腊氏族也与中国上古時代有相类处。恩格斯曾作过這样的介绍：『巴塞勒斯除軍事的权限以外，还有祭祀的和审判的权限；审判的权限没有詳細規定，但祭祀的权限是他作為部落联盟的最高代表而被賦与的』（見《马恩选集》四卷一〇三頁），是证，有了代表本氏族部落祭祀先祖的政治身份，就是獲得与世襲酋長相类的首領地位了，因之刻上本人氏稱以及所祭祀的先王与本人的親属关係的親称的文字作範版而鑄於所制的礼器上，這是目的在於传之子孫以志荣狀的，却為我们留下了第一手的上古時代的历史資料。

鉏氏命名為舟(酬)氏，或在高陽前，或在高陽后，或為五命，虽不敢武斷，但珠氏為六命的氏称，是在鉏氏承嗣帝位以後的冊命彝器中有孝证实。

总之，帝顓頊這六十可考的氏称，記錄着他生活史上的六十不同的历史阶段。另外，关於[illegible]的变音读丙，当是兵器的「兵」的声源和义源所出，因為金屬鉏的出現，首先是在农业上的生产工具，但斗争起来，不管对方是人还是獸，這金屬工具又是最好的护身武器了。「丙」原是「鉏」的一物的兩称，由於這一物而又有兩用。「丙」又作為武器的声源和义源所出，变筆作「兵」了。用到十天干上，作為紀年的甲子来使用，這又是帝嚳二十年才在金文上出現的事了(论证在《帝嚳旅貝篇》)，●字变音读丁，自然是『丁点』的概念，与羊族所称之珠為珠宝（保）的概念，显然是又有很大的差别了，自然這是属於軒轅黃帝有熊氏的卑族心目中对於『珠』的概念了。

（五）帝顓頊鑄貝之一

——圜幣称『週（酬）』考

一、是帝顓頊的族标

丫是帝顓頊以族称『柱』的柱字的象形体，原為丫，●是标声誌（帝）位的符号。帝顓頊之子（男）『成視』，金文成字作[illegible]是丫几两氏结合之后所生的人（乙），它為丫字是帝顓頊的族标提供了最好的一个例证。所不同的是省去了『珠』字這个标声誌氏的符号，或者此字是构成於帝顓頊嗣王位前；或者是正如鉬字初作[illegible]，而以後省『足』作冈一样是说明本字已流行很久，不必再要注声标位的符号了。兩者必居其一。

2、『相作父珠觚』銘考

既然我们認识了帝顓頊以族称柱，字作屮的金文族标，那么对於古标氏誌族金文圖録的『相作父珠觚』（旧名『相作父丁觚』——見《窓》廿一）銘，就可以作通解，而為以后我们認识帝顓頊所鑄的週（酬）彝延立一个基礎。銘文共四字，為：

從文風上説，這是和「鑄作父己彝」及「天子巨(娶)作父珠彝」相类而简。这个「父珠」当是帝顓頊的尊称，「相」自然是顓頊之子(男)以官位称「相」，如帝顓頊称(週)一样，是不是這样解释為確呢？先让我们从「相」的金文分析来看。

4、释

字变隶作相，是后世读者以為「木」，不知這是「束」的始体，原為「柱」的金文——的變体，「珠」(⊙)為声标，也是已嗣帝位的标志。以為「木」正如金文字，不知是「巨」变音為「互」而却变隶作「耳」是相似的。

字分开来，就是、两字的合体，為柱氏帝顓頊之「目」

的概念，這就是古「相」的本义。帝顓頊的二子旅氏又称「明」，古金文作（見「明亯卣」銘。旧称「亯瞿卣」——《西》鑑卷十五第七頁。《帝嚳旅貝篇》将有专論）是帝顓頊的二目」。那么「相」為「首目」，今称「头目」，也就很明確了。準此，可知所謂「相」者，就是帝顓頊封之「司地以屬民」的「火正黎」（見司馬《历书》）了。黎為犂的飾筆，本声称鉡，犂為変音，据此可知所谓「命火正黎司地以屬民」是帝嚳時期的文官所追述的记載，或原记錄為帝嚳時期的史筆所纂改。《五帝本纪》載鉡，名曰重华」，而不称「重黎（犂）」，就是一个例证。古象形体金文華字作（見「鉡卣」，旧名「車卣」——《窓》集十九）是两人共耕，所牵引的有两个运转轮的犂具。旧釋「車」為误。（关於这个问題，《旅貝篇》有详论），自然这个作為帝顓頊首目的「相」，也就是《楚世家》所載的『称』(『高陽生称』)了。《左传》作『蒼舒』，金文称『成祝』，字作：

[古文字形]

的人了。『相』為官称，因而以為氏，古命氏金文还有例証。

B、帝顓頊官制称『相』帝嚳命之為『宰』的金文记载

『相』為帝顓頊官制之称，帝嚳嗣位以後，『相』的子嗣，帝嚳就以『象』命名，而帝嚳的『相』就称『宰』，因為『相』字金文结构是[古文字形]氏耳目的会意体。自然就不适於帝嚳的官称，因為帝嚳是高辛氏，非『桂』氏『更命改制』又是必然的。

帝嚳更命『相』氏為『象』，有命氏金文『象鼎』三字尚銘可為例証。是：

這就是《孟子》所稱虞舜之『弟』，《堯典》所謂『瞽子，父頑，母嚚，象傲』的那个『象』了。关於虞氏弟兄和他们的共同妻子『娥皇』与『女英』的金文记载，《人物篇·舜》及《兵銘集》分别有專论考证，在這里就从畧了。帝嚳既然是『相』為『象』不作官职的專称了；於是居『相位』的帝王首目变命而称『宰』。关於这，又有帝嚳所須賜的一字命氏金文載於『宰鼎』(旧名『宰牺形父辛鼎』——以上兩銘均載《窓集三》)，可以人為证，三字册命作：

『宰』是主持祭祀大典的人物，和高陽氏『鉏』佐少皞氏册命為『舟(酬)』是相类的身份。中国帝王輔佐之臣古称宰相，足证語源是始於「五帝時期」称相称牢以後而來的。

C、「帀貝」一字考

《西清古鑑·錢汞》載，三代以前的古金屬鑄幣廿六枚，只有一枚是圓形貨幣，有一字標氏金文，圖如

旧解「神农氏聚天下之貨，交易而退，說者謂貨即貨布。此品有ㄖ字，勾画甚精。路史云是神字，神农布也。又言其好圓，形制亦合」，神农尚圓之說，不知所据，帝顓頊承軒轅之后，改刀帀為圓貝，是和氏稱為珠的尚圓之風相符的，而且既然神农時期鑄貝如鋤，說明是着重於农业生产，而軒轅更命改制為刀貨，又和他的尚武精神相符。帝顓頊嗣位以後稱珠氏，圓為貴，貨帀变刀形為圓

形又是很自然的。而彐字《説文》作帀，漢許的解釋是：「帀，匊也」，段注：「匊，各本作周誤，今正。勹部匊，帀徧也，是為轉注。按古多假襍為帀」，可見這个帀字古讀匊，就是今稱圓週的始体，显然是由於帝顓頊為舟（酬）氏而來的目文氏标。《左傳》稱：「旧取酬帀」（見昭公元年），旧注：「酬」字，本又作賚（見《十三經注疏》），按賚為賴的后世相通族称。《説文》解賚，有段引「大雅傳云：賚，賜也，賚之假借也」，是賚音本声讀賚，如賴之讀厉可為印证。

彐字讀匊為「酬」的本字，是变音，本音当讀如「集」，為帝顓頊的族称声标。近代小学家楊樹达称：「五卷《新莽銅量》『德帀於虞』，帀当讀為集，著者以《左傳》：「公侯之子孫，必复其始」說之，实為誤解」（見《独笑籀金石文考》——載《小学述林》一九五四年中国科学院版卷七第二七六頁)。楊解為是，帀的本声讀如『集』，但古文字創造之始就一字兩声又有别通之音，帀字变音讀匝，為帝顓頊的氏稱声标，這又是楊初料所不及的了。楊氏所引『公侯之子孫，必复其始』為『適』的旧解，讀『適』不為誤。

『集』是神农炎帝历山氏柱的氏稱声标之一，《左傳》作『稷』，為帝顓頊封為『司天』的神，因而『帀』字通『神』，但却不是神农之神，根据以上所考，是可以肯定下來了。

另外，《帝王世纪》載：『神农作市』，市為夏代的名稱，稱鏃為矢，讀『人』為尸是這一論点的佐证。因為虞舜初命『尸氏』，而夏禹以子婿身份，循母系制遺風，為妻方之族的承嗣人，氏稱也必更命為「户」
氏，但氏稱字又須有别，一般為「户」之翻体作「𠃜」，但夏禹原為虞
舜之「叔」，所以為「婿」，是由於虞舜有諸女之一——即司母辛隨姑
司母戊作嫁為媵妾的原故。既屬平輩，又悪貯氏虞舜改制維新，
因而字不從翻体為子男之制，而去「户」所奉之「主」（柱），古金文作
「●」而以「付四」稱「户」了。同样，夏启虽相反奉虞舜所創之維新
制，以夏為直系男的身份夺取了王位，但同样悪鐵族，源於舜后有
户氏又与之争帝位的原故。总之，神农時期的早市交易稱作「集」，帝
顓頊更命為「聚」，因而帝顓頊嗣位改制，变刀币為囸貝，稱𠔁（角）貝，
貝文作[illegible]，以族稱為「集」，原為一字兩声，据此就可以明確作斷了。

(六)帝顓頊鑄貝之二

——『鉏鑄貝』考

『兄癸卣』所載金文称：　即『鉏鑄貝』，前在《神农柱貝篇》已经作过訖证。这又是帝嚳十年見於金文记载的一种金属货币的名称了。為帝顓頊后期所鑄制的货币，又是可以初步根据　為帝顓頊的氏称鉏字而肯定下来了。在《西》録古貝廿六枚图録中，第十二枚正面有两字，图如：　背面图如：

旧称：『皆高阳金』，很確，即高陽氏帝顓頊時期的金属鑄币的一种。背文　字，当是　字的简一三三丂卞，日譯以為『耒先』，从字形所象來看，当是鏵的貝文，前為鏵災，后為耕犁的曲柄，变音当读犁。而帝顓頊時期，正声為统一音级的标准语音，自然是帝顓頊的都邑之一，当時称為『华陽』了。

旧解以『华阳黑水惟梁州』為準，《禹貢錐指》称：『华阳，今商州之地也』，指為今陕西省商县地区。实不知《禹貢》中有战国以后的偽墨，郭沫若同志早已有论在前，而根据古金文所考，三代以前今山东南域為古之『郐』所属地区，《史记》郐作徐，即齐威王所称『吾吏有黔夫者使守徐州，则燕人祭北门，趙人祭西门，徙而从者七千余家』，（見《田仲敬完世家》齐威王廿五年）的徐州地在今河北平山，而《禹貢》所称：『海岱及淮惟徐州』的版图概念就和春秋战国的实际显然不同，這又是《禹貢》一部分是晚於春秋战国，出於秦汉手筆的一个鉄证了。据此可知，指今陕西商州地区為古华阳封域，当是西周以后的偽说，正如『尧都蒲阪』之类的為中国文化始於西方的偽説，是相类的。古华国在今河南省密县地区，為夏禹所承嗣母族的封土之一，前於《典籍集》中作过考证，《水经注·洧水篇》还有旁证。按新郑為轩辕黄帝有熊氏之墟，載於《左傳》，与夏禹的南方封土的『华』土所在地的密县，相比為邻，這又是今新郑、密县、禹县一带广阔地区，古為阜（虎）族部落所狩猎、畜牧以及耕种的封土的论证了。由於夏禹循母族称『华』氏循妻族称阜氏以后，帝位传子，绵延四百年之久，所以『华夏』就成為中原一带统一的邦族的总称了。

根据以上所论，可知华阳必在夏禹所建立的『华』土以南，這是华阳必在今河南密县，禹县以南地区的第一个论据。準此依古字同声相假之例的声类上推求，当是今天称作『淮陽』的地区，是古顓頊時期的『华陽』了。《左传》称『防虎』，《论语》作『陽貨』，是為古虎、貨同声之例。今称收获的获，又读『获』得為『淮』得，這又是获、淮古同声，可以為比的例证，华、淮是同声字，地居密县地区的古华國之陽，這是从声类上所作的推断，今之淮陽必為古之华陽的第二个論证。第三，《説文》解陳，汉许説：『宛丘也』，段注：『毛传曰：陳者大皞虙戲（伏犧）氏之墟』，為今河南陳州府治』，殷周之际，武王封虞舜的后裔胡公滿国於陳（見《左傳》昭公八年），都説明今之淮陽為三代以前有名的帝都，為虞舜祖族所聚居过的封土，這是帝顓頊在今濮陽之外，又以今淮陽

爲南疆的王都的第三个推论。第四，淮陽古又稱宛丘。《說文》解宛字作
[illegible]，漢許說：「屈草自覆也，从宀夗声」，段注：「引伸爲宛曲，宛轉」，又：「於
阮切十四部」。殷周古韻元、完、宛、袁都是同声字，可以推知宛丘，古与圓丘是
同一声律，而宛字所象，是足（[illegible]）氏与己氏同住的封土，這又是与帝顓頊
尚圓，氏稱珠，鑄币稱酬。爲角币的史实相符的。更不用說，「足」爲帝顓
項的族标，而「己」又是「毋癸」角氏的父族之族稱了。最后，还有第五个论
証，那就是今之淮陽，不在淮水之南，而却在淮水之北，依例当稱淮阴，
可見稱「淮阳」是并没有物質基礎的，是西周以後或西秦以后更命改
制的变稱，目的显然是把這个有名的在商水地区的华陽，归之於西土商
县地区的华阴，以崇西而貶東。

根据帝颛顼后期的铒铸贝有『华阳』雨官，而结合以上五点论证，今河南淮阳地区，曾為上古的帝都即宛丘，為古之华阳，就可以作初步的肯定了。

七）本篇小结

本篇根据古命氏誌族的金文记载，证实了以前在《金文新考·典籍集》中我们提出的帝颛顼為神农炎帝历山氏所属的羊族，是世代子孙与轩辕黄帝系的皋（虎）族男女互為婚姻的氏族，是完全正確的；对於『兄癸卣』金文中的『珠子王』一稱的解释，也是正確的。

我们在本篇一共從『舟卣』『铸爵』『铸彝』以及『铸卣』四器所刊载的誌氏金文与以前從《神农柱贝篇》开始提到的『高陽爵』『高阳彝』及『珠高阳

鼎』三器所刊載的誌氏金文，还有少皞氏所須賜的『取（聊）爵』两字金文的記載，再加上『鉏卣』所刊的有[illegible]字标声的两字金文，一共关於帝顓頊的受命及誌氏金文已經是見於以上十器的记載了。

由於新兴的奴隶主階級从創造以象形体金文，鑄於鼎爵以命氏志族的方式，把在生产实践中為奴隶们所創造的新的金属生产工具以及金属冶煉手工业夺為奴隶主階层所属的氏族部落的功绩，為奴隶主自己的直系子嗣命名，記載在自己的氏族部落的统治者的名下，因而也就為我们留下了大批的属於五帝時期的第一手的文字记載下来的历史資料。

從本篇所引的命氏志族的金文的考证中，我们既然证实了，帝顓頊確為少皞氏的子婿，為少皞氏姊妹之子，那么指出汉司馬在《本纪》中所称的軒轅黃帝之子昌意，為《呂氏春秋·勿躬篇》『占月』的『尚仪』，一作『常儀』，是黃帝的女兒，又是必然的了。不僅从声类上依古字同声相假之例作出這一论断，並且在本集的『前记』中一开始就提出了『婦仪鼎』的象形体古金文的佐证。這样就把兩千年以来史筆的偽误作了科学的訂正，而中國的象形体金文早在公元前兩千五百年前后的神农炎帝時期就已經出現了。古金文早於殷墟甲骨千年以上的論点，又一次在這里得到証实和肯定。

另外，我们在本篇中，不但舉出帝顓頊六个金文氏称，标志着他的生活史上六个不同的历史階段，而且也发現了少皞氏時期的史筆所以讳常仪為女，諱『鑄』（[illegible]）而称『舟（[illegible]）』称『聊』的原因，反映了在帝位承嗣问題上存在着傳子（男）与傳姊妹之子（婿），也就是传婿的斗争，因而有『双手奉柱』為主的形象的金文，為少皞氏史者所諱又是必然的了。

总之，我们所以能認识出当時的新兴奴隶主是重視生产出現的新生事物，并以為自己子嗣的命名，把奴隶们在生产实践中的創造发明的功绩，夺取到自己的作為奴隶主的家族的手里，是完全依靠唯物主义辩证法的認识论作為指导，而以『人类的生产活动，是最基本的实践活动，是决定其他一切活动的東西』的論点中，辨認出来的；而关於帝顓頊有六个不同字的氏称，各个氏称不但反映着他们所处的不同的历史階段的认识，這也是同样依据毛主席在《矛盾论》中指出的『所謂形而上学的或庸俗進化论的宇宙观，就是用孤立的静止的和片面的观点去看世界』的批判，以及『从一事物对他事物的关係去研究事物的发展，即把事物的发展看作事物内部的必然的自己的运动，而每一事物的运动都和它的周围其他事物互相联系和互相影响着』的唯物辩证法的宇宙观去看世界，才能认识到帝颛顼的這六十不同字的氏称，正是世界在运动的必有变化和反映。

本篇中关於常仪是降生於今甘肃省張掖地区的弱水，古為通向中亚细亚的交通要道，而婚后封邑在山東独山湖地区；帝颛顼以鉏称的封邑在今河南濮陽、婚於少皞氏称聊氏、封土又在山東曲阜地区，而铸贝称华阳，為古之宛丘、今天的淮阳，也正反映了当時虽然已經以农业生产為主而定居中原了，但遊牧的風習，狩猎的傳统，还是在新兴奴隶主王朝中佔据着优势。千里為郇百里驱鹿的草莽生活，就在這种封邑和王都的变化中表現出来了。因而軒辕有熊氏，处於河北涿鹿之野，而墟在河南新鄭，《帝王世紀》称，軒轅生於山東「寿丘」，有女常仪部「降居」涿鹿以西的弱水，為月氏；而男少皞氏的婚前封邑在今河南开封地区（陳留有空桑城——見《讀史方輿紀要》）；婚於炎帝系女族，才到了山東曲阜，少皞氏炎族系的后嗣春秋有国称「郯」（見昭公十七年）就是例証。总之，都说明，以农业定居四千年之后的領域观点去看待這个在当時动盪很大的客观世界，是必然会蓋有静止的，孤立的，片面的属於形而上学的认识烙印的。這也是在小结中必須說明的一个問題。

一九七六年十二月卅日第五次整理
一九七七年周恩来总理逝世一周年忌日定稿
一九八三年四月三十日再校訂

金文新考（正篇·貨幣集）下

——上古時期七种貨幣考

目録

（四）奚貝图銘餅

五、帝嚳旅（摯）貝篇

——五帝時期七种貨幣考之三

前記

依《本紀》的記載：『帝嚳高辛者，黃帝之曾孫也』。根据古金文的記載，帝嚳為帝顓頊、及帝顓頊之子（男）『父癸』（幼桂）父子兩人的子婿，不須說，有『孤父戊卣』為例，帝顓頊的子一級妾屬的女兒，必是帝嚳母一級『正妃』；而帝嚳的子一級妾屬，当為『次妃』，又必然是『父癸』（幼桂）的母一級妻屬所生的女兒了。关於帝嚳的母一級『正妃』，《本紀》作『陳鋒氏』，是為帝堯的母親；而子一級妾屬稱『娵訾氏』，為帝摯、后稷、夏禹的母親，有女名『娥皇』，我们在前面已经有『厶鼎尊』金文的记载作过论证了。

另外，还有『高字父癸尊』（旧名『子作父癸尊』——見《窓》集十二），的金文可以作印証。

（一）帝嚳既是帝顓頊的子婿，又是帝顓頊　諸子之一的癸氏子婿的金文記載

——『高字父癸尊』銘考

『高字父癸尊』所刊标氏誌視金文共八字，是：

首字旧释亚形中高，实际『高』为族称，是承高阳氏的□而来的族姓。古『皋』『癸』同声，《殷本纪》的『九』侯一作鬼侯，就是古九（苟声）鬼同音可以为比的例証。□字读癸，为□的内部图型，是母系为高阳氏女的佐証（因为『母癸』之女所生，因以为姓）。这是第一个解释，第二，□为□（貯）的父体字，是橱的象形体，为厨具的厨的原始象形体（又为『注』之动词，论在《释『亚』及『亚旅』》专考一文——附录之二），变音读『癸』，是樻的音源和义源所出。《説文》解亚，漢许説：『醜也』实为古音（古醜貯注当同声。详论在《帝尧貯貝篇》），变音读癸，通归，通規，引伸为闺女的闺。於是分化为□与□两个字了。

第二字作□，旧释『子』是根据为『父癸』作尊而来的臆读，虽是而不確。字当读王，前在《帝顓頊鋳(酬)貝篇》引证过的『鋳卣』四字金文為：

[illegible]

王字作[illegible]，可以為比。足证這个[illegible]字是從帝顓頊的王稱作[illegible]而來的变筆。這个『王』是帝顓頊之后的承嗣者高辛氏帝嚳的自稱，而『癸』内之高，為帝嚳母姓，那么帝嚳是帝顓頊高陽氏的『母一級』女兒所生，為『父癸』姊妹之子(男)，就可以初步肯定了。

在這里反映了上古時期在中国所存在过的一种特殊的只有兩級制的『普奴魯亞』式的婚姻才能出現的錯综复杂的親屬关係。為什么帝嚳是帝顓頊的子婿，又是帝顓頊的女兒之子(男)呢？就是因為帝顓頊的母(一級妻屬，即母癸所生的女兒，必然是少皞氏之男(即帝嚳之父)的子一級隨姑作嫁的媵妾。因而帝顓頊的子一级妾属所生的女兒，与帝嚳弟兄為婚，也正是以『姪』之女婚於『姑』之女』所生的男孩從母系的輩次上來说，是完全相等的。

不用说，帝嚳又是『父癸』的同级姊妹之子（男），為帝嚳的『伯舅』，因而有女又婚於帝嚳為子一级的妃属。這就是古金文『伯×父』親称的由來，但這个『父癸』，既不是帝顓頊的嗣宗子戌祝（《左传》作『苍舒』金文作□）也不是二系的旅氏（金文作□，又作□的瞿氏）而為『幼柱』，金文作□，前已在『𠫓䱷尊』銘的金文考証中作过解釋了。显然這个□氏父癸，也就是在前記中我们曾舉出過的『常仪彝』銘三字，金文作：

當是「蔺娥」，《殷本纪》称：「简狄」，謂「有娀之女，為帝嚳次妃」，《世纪》称：「帝嚳次妃娵訾氏曰常仪」（蚕〔娥〕）。但兩个父癸还有一点不同，就是「常仪彝」上的父癸字作X而尊銘上的「父癸」字作X，如果兩字確非一人之称，那么只能作這样的解释，「蔺娥」為X氏的諸女之一，X為大父，因而為「蔺娥」殉賜命氏彝器。至於尊銘，帝嚳称王為[illegible]作礼器，当是当「蔺娥」婚時，這个「幼桂」已经是继瞿視（旅）之后為「三日」，古今文作[illegible]，称「中父」了。這是「幼桂」為帝顓頊的三桌子嗣的初步的詮斷。

由於這种兩个帝系男女子嗣之间互為婚姻的关系，又牵涉到对方各弟兄氏系之间与王室親疏的关係，因而也就决定着政治上的权贵地位，关係到我们对於上古史在認识方面的判断，因而以後还有進一步作分析研究的必要，現在我们在這里只指出帝嚳的子一级『次妃』旧称『简狄』的，是帝顓頊的『三子』的母一级妻属所生之女就可以了。

至於我们以上所論，关於帝嚳為子一级女性所生，是不是还有命氏誌親金文的记载為印证呢？答复是肯定的。但我们还是从帝嚳的三代氏系的金文记载説起吧！

八、关於帝嚳三代世系的金文记载

——『盉卣』銘考

《窓》十八册載有卣銘分蓋、器兩文，各五字。蓋銘為：

器銘是：

首字旧释為『皿』，這是单從字形相类而説的，与丙午帝系古族之称的声标却不相符。字形所象，当是『盒』的原始体，是丙『皿』相『合』的图象。《淮南書·説山訓》有『咼氏之璧，夏后之璜』，高誘注：『咼，古和字』，《堯典》称『和仲』『和叔』族氏之称又有『盒』。盖為尊位，這个『祖己』自然是軒轅黄帝之子少皞氏了。前已引过《左傳》所载的论证，而『父丫』為▼字氏标為首的『㠯』姓字，▼為少皞氏的氏标，前於『戱卣』及『戱婦鼎』銘考中，作过论断（少皞氏之称即▼己），姓属母族，因而尊称為『辛』。殷周古韻人、辛、申同在十二部，可知字原為『子』姓字，因為母族是神农氏的女儿系，所以又称『申』，变隶作『辛』了。不用説，氏為父；器銘氏称□為子(男)，而這个「祖乙」為盖銘「祖己」的翻体，显然這个「祖乙」就是盖銘上的「父丁」，也就是少皞之子(男)，帝嚳的生身父。「祖乙」与「父丁」為一人，盖銘称姓，器銘称父系的族称。那么「父辛」就是高辛氏帝嚳。帝嚳三代世系，在金文记載上不是明確如画么！自然，如果帝嚳以父系的族称為氏称，那么必然又是乙的翻体為「父己」了。在這里以母姓為尊，可見是帝嚳早期所頒賜的命氏彝器了。和氏父子，為帝嚳高辛氏父子的子婿，器銘的□氏是高辛氏帝嚳的姊妹之子(男)，据此也就可以肯定了。另外，还有兩「和首」銘的金文可以為佐证。

4、「和首」銘之一考

宋《历》（卷三——四三页）载：「和白」銘之一，标氏誌親金文七字是：

旧释首字為「孫左执戟，右执木」，不知左执為盾，古称「干」，右执非木，是鉌（禾）的变筆，日為封土之「囲」，就是鉌為族标和声标，字读如「户」，為保蕆封邑的会意体字了。字读「和」，殷周古音与過、貨、禹、咼同部，声源於「鉌」。伯辛，当為帝嚳高辛氏的尊称。「止」字倒体，依例是和氏為高辛氏帝嚳作过礼器，因而現在反過来，是帝嚳高辛氏為和氏作礼器，就以「作」的倒体来表現作的礼器了。《尧典》所称「和仲」「和叔」，和仲為長，那么這个高辛氏帝嚳自以伯舅称的对方——和氏，是帝嚳高辛氏姊妹之子(男)，為帝堯的姐妹夫，因而称『叔』，就脉络清楚了。盒、和、盉在古金文中是同一族称的变筆。『史孔盉』銘，金文九字作：

史孔乍
和子=孫=
永寶用

(見《塞》十四)。吳塞斋旧释『史孔盉』，史孔作和，很確，但还不知這个『和』就是盉的始体字，而是源於 [illegible] 字，祖体本是 [illegible]。另外，帝嚳階段，变音為正統，可知卑族称『盒』，羊族本声必讀如『壴』，如鉌称鉏的声律是相类的。《説文》釋『壴』作『封』，以為是竖立的『竖』，段注不知那是同声假借，本义是炊具和飲食器的统称，古為『壴』、『封』，今作『廚』。直到解放前，膠東仍称燎酒的壺為『注子』，[illegible] 型瓶，也為『注子』。不説赶集去打両瓶酒，而是说

『打一注子酒』，就是古音彧器称『注』的例証。在古金文中，还有『妇作盘盉』四字為印証。作：

(同上所引十四册)，窓斋旧释『壴』為盉，源流很古，变音『盉』兴起，本声『壴』字就失去解释了，但這个壴字的象形，是正在器内『注入』酒，這个器就是打开了盖的盒，不是画一般的清楚么？至於『盉』字作調酒器的解释，又是王静安根据《說文》和《礼记》所作的解释了，原非三代前期的概念，据此就完全可以肯定的了。(王论在《说盉》——見《观》卷三第十八頁)。

B、『和卣』銘之二新解

《历》集載另一『和卣』，鑄三字金文，為：

(見卷己三——四十頁)，首字当是和的初体字，原為帝

顓頊的

諸孫之一的輩次，也由於有『和白』之一的金文相比而明確了。這个父癸，或為帝顓頊的嗣宗子『稱』，這个『和』氏或為和仲、和叔的大兄，後期和氏弟兄以

（壹的父体字，《説文》作醜，今作貯、仇字，《帝堯貯貝篇》有專論）稱。

字就又簡化為　再度变為　，今作吴，古变音读虞，

在這里就不作繁琐的研究了。

C、司馬史筆所记為历史実録

综合以上四器所載，关於盒氏金文记載的印証，帝嚳高辛氏的三代世系，在金文记載中，正与汉司馬史筆所记載的帝嚳世系相符，確為少皞氏的孫，因而《五帝本紀》所记為帝系確有所本的历史実録，也就可以初步肯定下來了。

2、帝嚳『自命』氏称非『夋』考

晋皇甫《帝王世纪》載：帝嚳高辛氏，『自言其名曰夋』。《山海经》夋字加人旁為『俊』，王静安据之以解殷墟甲骨的[illegible]字，（見《殷卜辞所見先公先王考》——《观》卷九第二頁）釋為『夒』，又作夔（愧鲜。《辞》一篇新考中，我们将作專论。在這里主要是说，帝嚳高辛氏不称『夋』，《山海经》又加人旁作『俊』，這是《经》晚於晋皇甫《纪》的断代标志之一，而皇甫為晋武帝時人，当在公元二百八十年前后，郭璞在晋元帝為著作郎，明帝時死。注《经》当在公元三百二十年左右，晚於《世纪》约五六十年，從時序上來说，也相符，《山海经》的不完全可据，就不須多说了。

那么《世纪》之説，是不是全部可信呢？也不然。

《説文》解夋，小篆作[glyph]，首部夊隶当為「允」，夊為足（夊）的後期变笔，是母族族标。当属於三代金文后期晚出的字。例如有字作[glyph]，旧释畯（見「韋殷」——《攈》卷二之三第四一頁），「宗周鐘」（同上所引卷二之二第五十六頁）金文作[glyph]旧也释畯，原本就没有夊為族标，当為「畯」。又晚於三代金文，也是比較明显的。這是帝嚳不会以「夋」字「自命」的証据之一。「第二」，「足」為帝顓頊系的族称，夏禹為「皋」氏軒轅黄帝系，稱华氏有「足」為母系族标，但為「倒足」，字作[glyph]，前在《典籍集》已作过考证，而辛嚳高辛氏族出於少皞氏，自然绝不会以正体「足」字做族标。夋字原非帝嚳自命的氏称，也是显然如画的。第三，允字之首，是乙（厶）字，形如帝堯的氏稱『乙』，因而『厶』有兩音，讀私為『子』姓字，讀『以』為人（人）字讀夷的聲源所系，旧又作『姒』。《世紀》所謂禹母『吞神珠薏苡』而生禹的神話，或為禹母以薏命名的反映，是有道理的。乙既然是夏禹的『子』姓字，因而居於父位的帝嚳絕不会作為自己氏稱所須代的氏標，這又是帝嚳絕不会以『炎』自命的根据之四了。第五，古命氏金文『允』字，為帝嚳之子（男）帝堯為『大父』所須賜給自己『子嗣』之族的氏稱，載於『册允毁』（旧名『册允父乙敦』——見《窓》七）原名四字金文作、　旁有三字合书金文是：

（乙亥鑄）、　显然這又是絕不会作為帝嚳的氏稱字的又一鉄证了。最後，还有《左傳》所載：『故允姓之奸居於瓜州』(見昭公九年)，如果周室史者所称爲雒，那么這又是『夋』爲私人(乙八)的概念，更是与帝嚳的出身不符的氏称了。

综合以上五点论据，『夋』爲字误，或屬《世紀》錄筆之失，或屬意測就可以斷言了。

3、夋爲畟的偽誤考

夋字既然不是帝嚳自命的氏称，爲錄筆之类的偽誤，那么从形类上推求，显然是畟字的偽筆了。周金文，畟字旧釋爲畯，就是有力的佐证。例如我们前所舉的『章毁』銘称：『用享用孝，万年眉寿，畯在位，子子孫孫永宝』，這个旧釋爲畯的金文作[illegible]，如果作爲『田正』在位，子子孫孫就会永久保持鼎祭与鼎食的封土，是解释不通的。又如「宗周钟」铭称：「畯保三国」，作为「田正」可以保三国的封土，那就更不通了。足证旧释畯，作「田正」解是不对头的。再看《説文》解稷，古体字作⿰禾⿱田儿，段注：「楼畟，盖即古文畟字」，可见，古「畟」字，原作⿱田儿。又《説文》解畟，汉许説：「从田儿，从夕」，段注：「儿亦人字」，又足证畟字，即可作⿱田儿，也可作⿱田儿作⿱田儿。《甲骨文篇·乙种十四号》後两字讀鬼，而鬼字，古金文当為鬼，实与⿰田儿為一字。据此可知周金文⿰田儿字，古又讀鬼。显然這是古称稷神為⿰田儿（鬼），变音讀「畟」而周或称「畯」了。又可以知道，古鬼、畟是一字一义，本声讀鬼，原是指在天上管理五谷的所谓「社稷之神」来説的。為了概念明確，还须分头来説。

4、□（畟）為帝嚳之子后稷的尊称

《左傳》載：「有烈氏之子曰柱，為稷，自夏以上祀之；周棄亦為稷，自商以來祀之」（見昭公廿九年）。説明三代以前主社稷之神，是隨着新兴奴隶主王朝的变革而发生变革的，夏禹以上所祭祀的稷神，不但見於《左传》的记载；也見於「𦩍尊」古标氏誌親金文的记载（《神农柱貝篇》已有論证），而這个「柱」就是汉司馬《历书》所載：「少皞氏之衰也……顓頊受之，封南正重司天以屬神」的重，古象形体金文作□，我们早已作过論证了。所谓神农炎帝之子「柱」，為顓頊封為司天的神，后世称「畟」。有「𦩍尊」古金文的記載為証，当是確切的古历史实録了。

所不同的，只是在古金文中，除了柱的尊体字作□，貝文作一之外，氏标為▲，《說文》解△称「讀若集」。可見這時（公元前兩千四百年以前），还没有后世「稷」的概念。如果许解確有所据，那么這个「讀若集」的氏稱，為「三合也」，自然是来自三方的相互交易為市的集会了。不須說，帝顓頊封柱為「司天」之神以後，這个受王公祭的日子，一年一次，又必然是一个遠近各游牧部落成員，都带着自己的剩余产品，赶着自己要卖的牛羊齐来交换物資的盛大節日了，因而以▲為氏标，自然就标志着对於铸制金属貨幣以利民的這个柱氏的丰功偉绩，作為「司天」的神来追念，当然把不能解釋的如風、雪、雷、雨等自然現象，都归之于這个「天神」的主宰，因為這是关系到牛、羊的繁殖，关系到农作物的丰收和歉收，這应是後世社稷之神的概念的來源了。

「周棄為稷」，這个「稷」受殷商之后的周世王室的公祭，是比較符合历史实际的，《詩·大雅·生民》一章就是佐证。《诗序》称：「生民尊祖也」，据吳闓生的引証是：「后稷生於姜源，文（王）武（王）之功，起於后稷，故推以配天焉」（見《诗经会通》），应是对的，由於后稷是周祖（疑為外祖），所以封祖為「稷」以配天，不須說，周金文的[illegible]或[illegible]，就都是后稷的氏称字。所謂「畟在位子子孫孫永宝」，就是只要后稷在「配天」称「稷」之位，那么子子孫孫就会永遠保持有鼎祭而鼎食的封土的。从這里显然就可以看出，在古代奴隶主作為新兴的统治階級來說，夏、商、周三代当各有各自配天受公祭的始祖，而畟字古作[illegible]，沒有乙字氏标，就应是周祖后稷之前另有一「畟」，又称鬼的佐証。

B、后稷以族称為「皐」以姓称為「子」

「稷為嚳子，《世本》、《代记·帝繫篇》早有此説」，這是王静安的論点(見《观》卷九——三(一頁)。另外，詩《閟宫》有「赫々姜源……是生后稷」，后稷之母，確属神农炎帝历山系的羊族，那么父方為帝嚳，属於皐族应如筆者《典籍集》所説，实為夏禹与母一級妻属同室的弟兄，应該是確而不誤的了。是「子」姓，金文作[illegible]，田為族标，以后再説。允為后稷的氏称，实是厶儿，变隶当為「私人」兩字的合筆。《説文》解允：「信也，从吕儿」，段注：「大徐作从儿吕声。」而反欤説：「吕非声也」，依据古命氏金文来説：厶字就是姓称，讀「私」声，宋徐鉉之解為是而变音讀庸声如小徐，庸也是蟜母族的族称屬祝融而来的，由於周革祖称而称族，就讀允為庸声，今為「雲」韻，而畟称稷，自然又是已為声，殷周古韻，子、已、畟同在一部可以為証，畟的古音与子同声，本為「子」的变筆，因而畟字本声讀如「私」，也就可以肯定了。

既然，周金文称稷，字作畟，允為后稷的氏称，那么帝堯「册允毁」金文，以「父乙」的名义為允氏頒賜册命彝器不是后稷又是帝堯之「子」而為帝嚳的孫，与《典籍集》所考不符了么？是的，单从「允」的隶書字来說，是這样，因而古有后稷為帝堯之子的說法，如《說文》解邰，段注引《詩·大雅》「有邰家室」，「毛传曰：邰，姜源之国也。堯見天，因邰而生后稷，故国后稷於邰」的說法。我在《典籍集》已經作过糾正，指出「邰」是周室的地称，与夏禹后稷所共守的毋一級妻属的封邑「台桑」東西相隔很遠，是后稷的子嗣西迁以后（疑即婚於岐西）的封邑。漢司馬《周本紀》載：「后稷卒，子不窋（出声）立，不窋末年，夏后氏政衰，去稷不務，不窋以失其官而奔戎狄之间」，就是可以参攷的例証。再看「册允毁」的允字金文，作[illegible]，原来正是[illegible]的「厶」字首的翻体，因而可以推知帝堯所册命的允氏確為后稷之子，《史》称「不窋」者。帝堯為大父，后稷之子不窋，為帝堯的諸子，因而帝堯以「父乙」称。另外，帝堯与后稷既然都是同父弟兄，自然也絕不排除同室的可能。如果毛传所称「堯見天，因邰而生后稷」，確有所据，而字必有偽誤，当是后稷之稷的翻体氏称。那么堯所見的「天」為帝

摯，因而留於「台桑」夏禹的封邑，因「台桑」之女而生了「私生子」以「允」命
名，后稷仍為主父，也並不是完全不可能的。總之，畯為稷，屬羊族，因
而以族稱為「鬼」，古旻字金文作畟，羊女婚於羊族稱「母癸」，都是
可以為比的例証，這且暫不去說。后稷既然不是殷商的始祖，因而《左
傳》所記晉史者：「周棄為稷，自商以來祀之」，就是為了尊王室，貴
后稷所作的誇飾之辭了。商之始祖為虞舜而不是后稷，所以絕不
会以后稷來「配天」的。

C、「殷人禘舜」為真史

后稷既然不是殷商的始祖，依周例上推，自然就絕不会作為稷

神受祭以「配天」了。《国语·鲁语》载：「殷人禘舜」，就是虞舜為殷商始祖，曾經作為「司天」之神，受殷人大祭的佐证。依《公羊传》的說法是：「五年而再殷祭」，（見文公二年）這是春秋的記載，实际上就是帝王率宗族公祭於「太庙」，以祈风调雨順的古制，但王静安却遵韋昭旧注，稱「舜当為嚳字之誤也」（見《观》卷九——三頁）。先释殷墟甲骨□字為夋，依据《山海經》而以「俊」為帝嚳的氏稱，后又讀為夔字。后释近似，但為舉系的变音，本声讀蚊，有□字变音讀癸之例可以為比。夔為夏以后的氏稱，以后有专论，我们在這里就不須詳论了。殷商所禘的舜，也如帝嚳一样，是「子姓」，帝嚳子姓殷墟甲骨居十二地支之首的□字，就是」帝舜的「子」姓，楷文作□，因而旧释以為是一字，如郭沫若同志引羅振玉的説法是：『[illegible]与許書所載籀文「子」字頗相近』，以為是一字而反駁説：『要之，籀文[illegible]字与篆文『子』字，在古实判然二字（見《沫若全集》十四卷三二六頁）郭説為確，因為這是帝嚳与帝舜兩人的『子姓』字。

(1) 先説『子姓』

軒轅黄帝『子姓』有《本紀》的記載，《刀幣篇》也作過介紹了。有子少皞氏為『子姓』，見於《左传》，金文作己，也已作过考证。《説文》己字作[illegible]，以為是『倒子』，或『子在褓内』（見解色），与古金文己字形态不同，当是后世根据己的变体字所作的解釋，不足据。以己的图象来看，是居室東西方向相背，正是有男必須与父母姊妹分居而為外的会意体字。另外見於古金文的帝嚳有『子』姓『䣓』，子字作□，見於『厶䣓鼎』，有男為『子』姓金文作□，也見於金文，說明五帝時期，同為『子』姓字，但『子』字各有异体，那么□与□原為『子』姓字，就可以初步肯定了。

（2）□為虞舜的『子』姓字

——『鉏』（朱）單彝』銘新考

『北』為虞舜的氏标之一，金文作北，是弟兄兩人相背（避）的形象。在這个氏标上，标志着虞舜背叛古道（旧传统）的政治綱領。就是說，公元兩千三百多年前，在東方，人类社会从母权制的原始公社一直世代相延而未改变的那种『普奴魯亚』式家庭的古老传统形式，即以奴隶主私有制為基础的『大父』為首的，既是兄弟又是共同妻子的共同丈夫相称以『仇』的那种諸子（婿）

同室的家庭制，直到虞舜维新，推行兄弟相背（避）而共鉡以耕的奴隶主一夫多妻制的新政，实行了又一次社会性的家庭大革命以後，母权制在上层意識形态所残存的旧風习以及在家庭组织形式上所保持的那种氏族原始公社的軀壳，才第一次被逢勃生長的生产力所摧毁，而這种生产力的发展，不須説是由於青銅耕具出現以後所决定的。在古命氏金文中，有『鉏單彝』銘（見宋《历》卷二——三三頁），就是最好的説明。字作：

首一字，是瞿兵以珠字标声誌族，譞如鉏，前已引过一字标氏金文，瞿兵称鉏，字作

的例証。另外，金文定型的朱字作

𣎳（見『毛公鼎』『番生毁』諸器銘），当是源於這个『鉏』字，今音称鋤

(古鉏朱是（一音）。当然這是王室不属单族，『鉏』為尊的反映。帝嚳之后，王室為鉏氏帝顓頊族系所組成，除了帝舜，殷商之前再没有第二人了。這是『鉏单彝』為帝舜嗣王位以后為子嗣之親所須賜的命氏彝器，以族称『父珠』的名义簽署的第一个論据。

第二个字為『𠷎』，是兄弟兩口共田器（兩輪在前的变筆），而又相背（避）的反映。這也是單字又有单独的概念的原因所在，因為兄弟相背而共耕，标志着古老的『普奴魯亚』的『諸父諸母』的传统的生活方式氏鮮。這种各自有『室』而相『避』，是虞舜所推行的新政（詳論在《舜篇》）。所以又是為虞舜所須賜的命氏彝器的第二个論据了。第三、『鉏單』兩字古象形体金文构成『五珠』

加一珠

又恰々是虞舜為帝顓頊第五子脚氏之子（論在《唐虞時期三兵銘考》），因而字不作　但　字為「佳」（珠声）仍是封土的概念。简体字古金文作　（見「單爵」——《历》卷四第四八頁），就是「西輪在前而共田」的字源所出。

旧多以單字如「畢」為釋，根据《說文》作捕鳥工具來鮮釋的。這是王靜安又有所发展的鮮釋。当然，這或是周秦以後的名称概念。因為夏禹為匕氏，字又作鼂。有夏一代十七世，四百多年匕氏緜威，匕為奴隶主当政貴族所特有的族称，而历代男女氏称，各有自己的匕、畢字，作為族称，因殷周後世，或有掩捕鳥兔的網子称「畢」，但以之鮮金文，就自然与实际不符了。

(3) 初釋『畢』

——『畢彝』一字栎氏金文初考

為了确定『畢』的概念，就必須从畢的古象形体金文説起。『畢的原始象形体古金文，刊於『畢彝』(旧名『雞單彝』——見宋《历》卷十二第(二五頁)，字作

王静安旧釋，以為 象鳥巢，而『鳥在巢下，以畢取之，』(見《釋西》——《观》卷六第十三頁)，实不知 為倒体『用字(也是倒体之甲)』。《殷本紀》載：『簡狄有娀氏之女也，』也就是我們前面所説过的帝顓頊三系子(男)，為帝嚳高辛氏在『高字父癸尊』銘中稱作父 的『幼桂』。殷周古韻戎、甬、用、重同為九部字。

足証倒『用』就是倒『戎』，『畢』氏為『幼桂』的子一級妾屬所生的女兒的婚偶（是有娀氏毋一級妻屬的女兒所生，為帝嚳子一級的子嗣），是三系『幼桂』的姪娣一級妾屬之子婿，就由於這一个倒『用』的姓标挑明了。又為『甲』的倒体，古甲、角同声同义，是族称。

关鍵是[glyph]字，單字的金文前有[glyph]如兩輪，是車具的兩个运轉輪，古音又讀如嬋，即今所稱之鏟的声源所出。是虞舜時期新的耕具，还有『殷墟』出土的『單癸瞿』的实物可為印证。图如：

這个『單』（鏟）上有×××标记的，是『單癸瞿』三字，原文作：

（原图見於《中國兵器史稿》第十四版图）。單為氏称，物标是鏟，不是非常明確吆？癸瞿為族称，不用說正是的子嗣之親。虽出於『殷墟』却屬於三代早期，即夏禹前後的古物。据此就可以初步詮定了。這是『單』為古耕具之称的鉄証。

(4) 為舜的子姓字於古金文上的有关記載
——『古「子」字盉』銘考

如果以上的論証不足解疑，那么在古命氏金文中，还可以找到旁証。『古「子」字盉』(旧名『父辛盉』——見《愙》集十四)，古命氏金文四字作：

首字氏称是兩字合书，字讀『貯』，為樹的形象，是虞舜兄弟通用的族称和親称，

《舜篇》有專說，在這里就不作繁瑣的复筆引証了。□居『貯』内，是『双糸奉□』以為首的概念。『父辛』是帝嚳高辛氏的簽署。□与□為一字，都是帝嚳高辛氏的自命氏标，『絲』為声符和母族的族标，字為『子姓』的『子』（綦）是帝嚳高辛氏子一級『次妃』所生之女。显然，這就是婚於虞舜，《堯典》标作堯的『二女』之一的『娥皇』，古金文『厶鼎』的婚時命氏礼器之一了。《說文》解『孳』，籀文作□ 漢許說：『孳从絲』，段注：『謂絲声也』，就為我们提供了珍貴的旁证。但段还不知『絲』又是族标，反映了母族出於絲（子姓）氏，而□為『子』应是旁証如鉄了。楊樹达释：『□□□□ 四字為『子』，知《说文》分子、孳為二字之兆』（見《积》三〇三頁），是確有所見的。但还没有認出來□□虽都是『子』姓字，但所奉祀的族首有别，是母女字，而後兩字是虞舜嗣帝以後的变筆『子』姓字，『天』為标志。

综合以上所論殷墟甲骨上居十二地支之首的□字与虞舜的子姓字作□是父子字，□為父，是虞舜夫婦所奉以為族首的□的字头（作□或□），就可以完全肯定了。因而殷墟甲骨的□字，是承袭夏制，而夏又承自五帝時期的古命氏金文所創造的字，不是脈絡也比較清楚如画么？至於古作為甲子的子字，又作□（見『师田父尊』銘——《意》十三），称：『佳五月既望，甲子』，当是工氏側系子嗣的子姓字，為十二地支的通用字，代替了□字，有工為氏标，這或又是『师田父尊』

可能為夏太康后羿氏篡政以後的鑄制物的断代的论证根据之一了，留待後考，在這里且先不作最后的论断。

帝嚳高辛氏自命為兇是子姓字，那么為帝顓頊的母一級之女所生，又婚於帝顓頊弟兄的子一級妾妃所生之女，正如虞舜為帝嚳的母一級妻屬所生之女婚於帝顓頊第五子聊氏而生為「子」姓，又与帝嚳高辛氏的子一級次妃「简狄」所生的女兒為婚是相类的。因而舜為「简狄」之子，是子婿，後為殷商之祖，這又是《史》有偽误，以「简狄」之子（婿）「契」為「男」的偽误的根源所在了。

(5) 虞舜為殷商之「畟」

現在依据，西周以「后稷」為始祖，因而封稷以配天，而后稷并非殷商的始祖，《左傳》所记晋史者之称，『周棄后稷，自商以来祀之』為誇飾之辞，並非史实，根据以上所考，《魯語》所載：『殷人禘舜』，舜為殷商始祖，配天以属神称[illegible]就可以初步肯定了。[illegible]為虞舜的子姓字，就可以断言不誤了。那么，依例，夏禹嗣帝位以后，也应有自己所封的稷神，《左傳》所載：『柱為稷，自夏以上祀之』，当是在夏禹没有更封以前，而夏禹負辟以后，就改命自己死去四十七年之久的父親代羊族的柱氏為司天的神了。這是在古命氏封親的金文中，有记載可考的。

4、夏禹封帝嚳為『畟』称鬼的訖証

——『古「鬼」字父己卣』銘考

『古「兕」字父己卣』銘（見《愙》十八）或為一器兩文，一篇七字為：

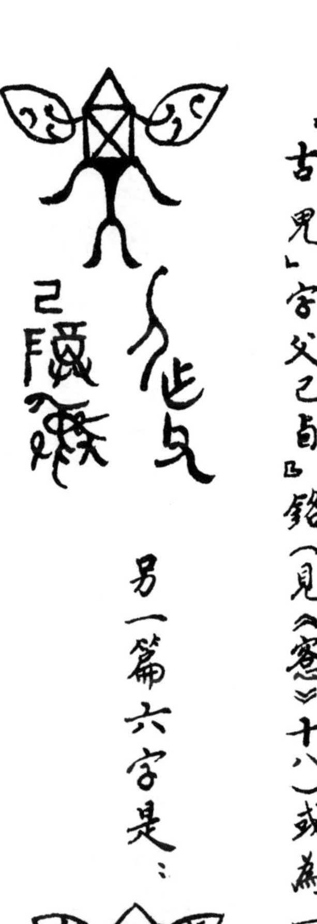

另一篇六字是：

首一字旧釋：『奴总角形、子形』，当是根据『父己』兩字，以為是父賜子的命氏彝器而來的望文生义的鮮釋。這只要我们看夷（⼃）字的形态，如人在仰首而望天，就可以知道旧释為失，這不是父為子領賜的册命而是子（男）為父所作的祭祀礼器。作器者自然是奴隶王朝的主宰了。因為除了王者，是没有作這种封亲賜爵的册命文字資格的。自然，這都是從那一字冊命的金文和為製器者仰望於天的姿态上作的初步推斷。

再从作器者自作[illegible]（变音為夷）的氏称字上來看，前在《典籍集》『狽父戊卣』銘的考证中，已經作過介紹，想讀者还会记得，這是夏禹的自称。那么夏禹嗣帝位以后，封父帝嚳為神以配天，來代神农炎帝历山氏之子，帝顓頊的父系『柱』為『稷』，『以司天』，就可以根据作器者之氏称進一步肯定了。

三者夏禹所作的冊命彝器，命名『父己尊彝』，而帝嚳高辛氏父称[illegible]，族称『父丂』，帝嚳為丂氏之子（男），金文族称必為己，我们在『盉卣』所載的盖器而銘的考証中，也已經作过介绍了。那么夷氏夏禹為他死去已有四十七年之久的生身父帝嚳高辛氏所作的册命金文，是以族称称高辛為父已，就可以作出最后的詮断了。

根据以上的詮断，我们再从殷墟甲骨，位居十二地支首位的子字作[illegible]而帝嚳高辛氏生前须赐给「子」姓文凫「么鯕」的氏称字作：[illegible]虞舜的子姓氏标又作[illegible]，都是奉[illegible]為族首的反映，那么[illegible]字，原是由[illegible]而來。本為「子」姓字，但尊则称族，族姓属高陽称高（九）辛氏，氏姓為「子」，因而前者是[illegible]的尊体字。高辛氏称王，字作[illegible]，族姓為[illegible]可為例証，而夷氏仰望於天，也正反映出這个「高」的概念。皐、泉、鬼、夷、私都是十五部字，可以推知三代以前，高（九）、鬼一音，子（私）為变音，而古金文「高」在癸内字作□就是高為癸音的鉄証。高、卑、癸、鬼、縞原是一个族系的变体族称，因而今隶書嚳字，依古金文字体之例必然是□，文居首，為双手所奉，告字為标声誌族的符号，那么文原為□的简化，也是很清楚的。

由於夏禹封嚳代替神农系的柱氏以為司天的神，因而封后，帝嚳所自命的子姓字□就免去幼儿的竖髮形象作挽髮的□字，称為『畏』，实為尊称的『鬼』。说明三代之始，实际上神、鬼原為一个概念，就是由於夏禹封帝嚳代柱配天以后，鬼字才從一般族称陞而為司天之神的，自然這个司天之神，就是掌握自然界一年四季的循环，以及風、雷、雨、雪的变化，直到殷商之後，才有了社稷之神，專司五谷的專职解释。

《説文》神字，在鬼部作䰠，就是神鬼古爲一个概念的旁証。而旧有「帝魁，黄帝子孫也」的説法（載於《文選·西京賦》注引《春秋傳》所記），从声律上推求，古鬼、魁同声，归、饋一义。在軒轅黄帝子孫中爲帝而称魁的，除喾封畏称鬼声类相同之外，还有夏禹称「鐘獒噩」，載於《「丙申角」銘考》。在這里魁爲鬼的后世飾筆，這又是古帝喾封畏字作鬼，而尊以旌称爲鬼的第二个旁证了。

最后还有《世本》所載：「陸終取鬼方氏之妹，謂之女嬇」，而《大戴記帝繫篇》与《水經注·洧水篇》引作女隤。王静安以爲「鬼、貴同声，故隗字亦通作饋，則女嬇，女隤疑亦女媿」（見《鬼方、昆夷、玁狁考》——《观》卷十三第六頁）。王所考的「鬼方」，虽然遠越兩个古老的帝系之外，与实际相差很遠，但关於嬇、媿為一字的解释，还是很对的。

《楚世家》载，陸終為高辛氏帝嚳的『火正』吴回之子（男），那么与帝嚳子嗣的女系為婚，称『鬼方妹』足証是夏禹之世，畢方就以鬼方称了。而夏禹婚於九氏，春秋金文禹字作[illegible]，見於『叔夷鍾』，依虞氏婚於『娥皇』称『蓋偓』之例，夏禹必為『九侯』，而《殷本纪》纣之三公有『九侯』之称，徐廣注，一本作『鬼侯』，足証古『鬼』為族称，与神一义。后世阴阳之说兴起，神鬼才分為二，神在天上，鬼在地下，這或是春秋战国以後的概念变化了。

总之，鬼字古读『畏』，尊称以族為『鬼』，原是一字的两音，可以断言了。至於《易》所载『高宗伐鬼方』殷纣三公之一的鬼侯，都是帝嚳高辛氏的後裔族系，世世代代男女与神农炎帝系的殷商先祖互為婚姻的族系，也应該可以初步肯定下来了。

5、帝嚳時期就已经开始有了甲子纪年的历法

综合以上所論，帝嚳自命的字姓（有金文□字為帝嚳高辛氏所冊命的記載為佐証）字作□，是殷墟甲骨，承自夏制的文字，位居十二地支之首，那么可以推知，早在帝嚳時期，就可能已经出現了以甲子纪年的历法。《堯典》所載的四仲星既然為世界著名天文學家所公認，确是公元前兩千三四百年前的天象观測記录，那么中國以甲子纪年的历法，自然又早在帝堯嗣位以前，就已经雏型具备了。不但有了以六十天干地支的甲子划分天体的位置，并用以记載時间。自然，這只是一种推论，而在古

命氏金文记載中，我们前面提到的『冊允段』銘，就有『乙亥』兩字。如果依据晋皇甫《世紀》所載，帝尧是『甲辰即帝位』，『辛巳卒』。从初年來推算，那么『乙亥』正是帝尧三十二年，距离辛巳还有六年。『冊允段』命氏金文，為公元前兩千三百一十五年所鑄的文字，就可以确定了。自然這也不足以証明遠在帝嚳時期就确已有了甲子紀年的历法，那么就需要从帝嚳時期的古金文中找証据了。

（二）关於帝嚳廿年以庚申紀年的金文記載

——『庚申角』銘新考

『庚申角』（旧名『宰椃角』——見《愙》集廿一）銘金文共三十字，原銘為：

窸斋旧释："庚申王在口
王格宰椃从
锡贝五朋用作父丁
尊彝十六月惟王
廿祀口又五"宰是帝嚳
官制之称的标誌。

宰為帝嚳嗣位以後更命改制的官稱，已在《顓頊鋳（酬）貝篇》作過金文考証，有过詭断，并有"父珠"的亲稱為旁証，因而必是帝嚳時期的宰臣為帝顓頊所作的祭器之一，就可以初步肯定下來了。官制以宰稱，就是主要论证。旧释"十六月"，当為"在六月"的誤读。"鷹（英）王廿祀口又五日"，不須說，就是帝嚳廿年，而首稱"庚申"，自然是紀年甲子了。或者还有人硬以『古不以甲子紀岁』（見《日知录》卷二十第六頁）為根据，而不同意『古有甲子紀年』的新論點，那么我們就先以《尚書》所載《皋陶謨》當中的一部分傳録的史料為例來看吧！

人古有甲乙紀年的記載

『禹曰：予娶塗山，辛、壬、癸、甲，啟呱呱而泣，予弗子，惟荒度土功』——《皋陶謨》。

近代注者吴闓生《旧釋》：『予娶塗山辛、壬者，娶二日，而往治水也；癸、甲啟呱呱而泣，生子二日而往治水也』，就是根据『古不以甲子紀岁』所作的最典型的形而上学的解釋，硬是把『辛、壬、癸、甲』四字切作兩段，作為紀日的甲子，分作兩十不同年月的「兩日」了。自然這也不是吳的獨創，而是遵循汉司馬的《夏本紀》的史筆所作的。「予辛、壬娶塗山，癸、甲生啟」而來的。但漢孔安国注《史記》就四字連讀，称：「辛日娶妻，至於甲日复往治水」，這就是說，「辛、壬、癸、甲」是一連四天，但婚後四天，啟就呱呱而泣，這又讲不通，因而孔注《尚書》又特别声明：「啟，禹之子也，禹治水过门而不入」，实际上這又和「辛、壬、癸、甲啟呱呱而泣」完全不相关。原因就是错在以甲、乙為紀日的天干了。「商家生子，以日為名，蓋自微始」這是出於晋皇甫《帝王世紀》的記載。近代大史家王靜安也說过：「夏后氏以日為名者，有孔甲，有履癸，要在王亥及上甲之後矣」（見《觀》卷九——六一頁），但这都是說殷商後世始以甲子記日為名，但绝不能把這規例推到「上甲」以前的「古代」。夏禹所称："辛、壬、癸、甲"，是说经过四年才好不容易盼到启呱呱落地，但又不能当作儿子来留恋不舍，不是很清楚的以"辛、壬、癸、甲"為纪年的天干来称述吗？《皋陶谟》一篇，尽管有伪笔，但"辛、壬、癸、甲"四字连称又绝非秦汉史笔所能想象的，确是有所本的四字连称的实录。

2、帝尧甲辰嗣位為公元前两千三百五十七年

《帝王世纪》载：尧以"甲辰即帝位，辛巳崩"，在位正卅八年，前在《典籍集》依据《水经注》所引《述征記》载汉晋碑石所刊的纪年的校正数据，作过帝尧即位的甲辰為公元前两千三百五十七年的定论了。并提到这个数据也為十八世纪法国天文学者比约所坚持，而他又是根据《尧

典》所載四仲星的位置，按「岁差」公例，如英国汉学家李约瑟所说，是作过「成功的推算」的，因而這就可以說是个科学的数据了。

3、帝嚳二十年為祖国以甲子紀年之始的年代

依《世纪》所載，帝嚳与帝尧之間有帝摯一世，在位九年。据此可知帝嚳是崩於公元前兩千三百六十六年，「岁次乙未」。再上推到庚申，是三十六年，因而帝嚳在位五十六年，為公元前兩千四百二十二年嗣帝位的，帝顓頊是公元前兩千四百二十三年以前的帝王，也就可以据此确定了。不須说《世纪》所載帝尧在位的年数根据《尧典》有「帝曰咨四岳，朕在位七十載汝往庸(用)命巽(傳)朕位」的记载，是為備筆整整加了一个纪年花甲(六十年)的数

字所誤了。『庚申角』是公元前两千四百年前的青铜彝器，就可以根据以上的考据，完全可以肯定下来了。這是我们到目前為止，在旧之誤认為『殷周金文』图録里所发現的最早的一具以金文甲子紀年的祭祀礼器。

4、釋闌

旧釋有：『王在「東门夕」』，一字作三字解（見《小学金石论丛》），显然這是根据《左傳》有：『右尹子革、夕，王見之』（見昭公十二年）的辞例而来的，实不知這个『夕』是行軍宿營途中，楚右尹郑公子丹当班值夜的专称，解作『庚申，王在東门值夜』就不成為法制了。而且还有下一句

「王來、宰虎从」就更不通了。显然是兩字合体的封邑名称。依字形來看所奉戴的氏标是，為帝顓頊称柱的族徽，前已舉过「相作父珠彝」（又見於《攈》録卷一之二一八三頁）作过分析，因而可知字加，為帝顓頊的「二目」瞿氏，正是的倒体变又加了「兩目」了，本声当读如「朋」，读「東」為变音。殷周古韻，朱、厨、主、聚為四部字，瞿、处、吕、旅為五部字，可以推知三代以前瞿、柱必同声。瞿、旅實一氏，金文圖録中有帝顓頊册命二子為「二目」掌握祭祀大典的礼官的記載，字作

（見「朋祝殷」）

旧名「双目形父丁敔」——見《憲》七。《兵銘集》有详论）。双冊是再命，足証，当時虽然文字还比較原始，但這个以帝顓頊為王的新奴隶主王朝，已经有命氏文字记於王室简冊的法制了。東的下半部為間，当是「瞿間」兩字的合筆，从声类上推求，应是山東曲阜的闕里。闕是瞿（今称鐝）的声系，《礼记》載：「孔子時於瞿相之圃」，《讀史方輿紀要》（卷卅二）称：「闕里」有「瞿相圃，圃周二里」可為佐証。

東的本声讀東，為古音「瞿」的通称，变音当讀如東，為「老三」為帝摯相而称「监」的声源，它是從神农历山又称「炎」的声标。综合以上所论，東間字讀如「瞿」，变音讀如間，就可以肯定了。

5、釋[illegible]

旧释「梚」以為□是「木虎」兩字的合体。実际在秦程邈作隶書時早已經成了錯筆字，如□非木而□却作「木目」的合体而变隶為「相」是一样的。从字形来看应是「父珠斝」（旧名「父丁斝」，見《憲》廿一）首一字的祖体。

4、□為□的祖体字

——「父珠斝」銘新解

斝刊古标氏誌录金文，全銘七字是：

□為呂字始体，居虎尾為注，是氏标。□字，郭沫若同志稱：「或作□，亦即小篆之□字」，並於自注中說：「宁未盉」如是作，（《金文餘釋》——見《金文丛考》一九九頁）。郭公所引之旧释為确。《説文》解宁，汉許称：『辫积物也，象形』。、一字而異体，据此可知為橱的形象。《集古遺文》載：『櫝戈形父丁盉』作，是銉在横体橱内的氏徽，当為貯（）氏系的側体子嗣，即子一級女性所生的長子『宁』氏的氏称，而正体的『宁』氏為，（载《集古遺文》，旧名『椟戈父乙献』——同上所引二〇〇頁），可以為比。

為的祖体，后者為前者側系的二孫，虎尾有吕的初文為标志，虎首所奉為古华字，又有古『束虎瞿』华字氏标作，图如（見《中国兵器史稿》三联版第十四图版第五图）旧名『铜瞿』可為側証。古鉞称瞿兵，虞舜為帝，瞿氏為尊称銉，為帝巅項鑄氏氏标的側体，詳论在《兵銘集》，在這里就不作节外生枝的鲧瑣论证了。综合以上四种古标氏金文的印証，[illegible]字為『朿虎』両字的合体，古华（铧）、虎是同声字，有《左傳》称阳虎，《論语》作阳貨可以為比。朿隶当作『䖔』，是三木為朿的朿，《说文》作朿，称『缚也』。從帝嚳二十年朿虎為宰的氏标作[illegible]反映出来，帝嚳所属的虎族原在帝嚳嗣位之际，有約在前，因而是帝嚳所属的虎族受有神农系的帝顓頊的側系（二系）子嗣瞿氏朿虎所属的羊族的某种约束的概念，因而官不称相，完全是由於相字為[illegible]氏之[illegible]、已經和客观現实的变化不相适应的原故。帝嚳嗣王位所以改称為『宰』，并不是如帝顓頊和軒轅黃帝那样更命改制。桂仍為『稷』，受新兴奴隶主王朝的公祭就是佐证之一，而以启我们要提到的。幣制仍為鋤型，是论证之二。都足以説明為帝顓頊所奠定的制度改变是不大的，而反过来説，在帝颛顼時期，桂稷為司天之神，原应称為『神方』的帝颛顼族系，有子『鯀』自称『人(方)』也説明帝颛顼族所属的羊族也是有所让步，而自是族称的。

B、[glyph]与[glyph]是『祖孫』字為樹的原始体

——再説『單彝』銘

[glyph]字变音读木，是三木成『東』的東字的形象，為后世『朱』(金文作[glyph]再变為[glyph])的祖体字，原是樹木的樹的通用字，為帝颛顼二系子嗣瞿氏的氏标，因而瞿兵加珠字作声符，不读鉾而读如鉏，字作[glyph]，我们在『壴(鉏)單彝』銘新考中，已经作过介绍了。[glyph]原為鉾，变称為瞿，就是钁的象形体。字於虞舜嗣位以後，更命加

珠字声符讀如『鉏』，也是『瞿』的音系，正如鑄之又讀『聚』相类。在古标氏
金文里有『鉏卣』（旧名：『阳識立戈形卣』——見《窓》十八）一字金文作：
□可以為例証。為什么□氏不稱鉎，不稱瞿，变命為鉏呢？因
為在《典籍集》我们已经介绍过，夏禹婚於鉎氏（父戊之女）已经作
為鉎（戊）氏族系（依母系制遺風）的承嗣人了，标氏金文加了『倒足』
為特号，字作□是『华夏』之称的辞源所出，因而鉎（戊）氏系
又有女婚於單氏□就加珠，稱鉏，字作□，虞舜嗣位以后，以
父珠的名义更命單氏稱鉏，自然說明自己是以大父的身份，為自
己的子婿所作的命名了。并且特别给以『北』字及富有『五珠』的兩
字金文作氏标的荣誉。那么這十『鉏單』是谁呢？從声类上推求，

当是帝尧之子《虞書》所称的『丹朱』了。從两个帝系男女世代互為婚姻的規律來推求，『鉏单』所婚应是宰東虎之嗣宗子（父戊）、守一級媵妾所生之女，而母一級妻属所生之女為夏禹的子一級妾属，在輩次上依母系制遗風來説，也是相符的。『鉏单』是虞舜之世鉏族為王室奴隶主贵族，母族贵，姓在首位，《虞書》称『丹朱』，鉏氏族已非王室之主，次於氏称，居舉族系的氏族之后為族姓，正反映了《虞書》的部分史料是出於夏初或以后史筆的追记。這且不去说它，𣎵、𡳿、实為一字既已証实，本读鉏（朱），那么果是帝尧之子『丹朱』。还有另外的命氏之類古金文的记載，以相印证么？也有。這就是『单岜（埠声）鼎』（旧名『单冏父鼎』——見《历》卷九第九三頁）四字金文了。字作

[古文字]首一字為「其」，《世紀》載：「帝堯陶唐氏祁（旗）姓也，」又說：「或从母姓伊氏」，金文稱「父乙」，「其單」為兩字合筆，一声就只能讀「單」。[古文字]為兩阜氏奉戴「山（三）氏」為首，古山字通三，」「师淮父鼎」銘：「給貝三寽」作：[古文字]（見《历》卷十一——（二〇頁）」，「高克尊」已給伯克僕三夫」作：[古文字]（同上所引，卷十一——一七頁），都是例証。即奉母族帝顓頊三系子（男）的「父癸」為祖的封邑。這个「癸」氏在「高守父癸尊」的金文中，字作[古文字]，与宰束虎稱「癸」字作[古文字]有所区别，即我们前在尊銘考中指出的当是《史》稱「简狄」之父「有戎氏」了。「稱」為「相」，是帝顓頊首目，二目旅氏瞿，即宰束虎，三子為[古文字]，又

称『癸山』，有『癸山簋』（見《窓》七）标氏金文兩字可以為证，字作：、当是帝嚳高辛氏子一级媵妾的『簡狄』，金文作的『大父』了。是的，在這里出現了一个問題，為什么單氏婚於二系的瞿氏『父戊』之女，而却在命名的氏称金文中，反映兩阜奉戴三系的『癸山』以為祖的概念呢？显然這兩阜，虽然都是側体，但却一正作，一反作，那么這是『父子』兩人，一為帝堯之同父弟兄，一為帝堯的子嗣，今称就是『叔侄』兩人，一婚於『癸山』氏子一级妻屬所生之女而本人又為『癸山』氏母一级妻屬所生之女所生，為帝嚳子一级『次妃』之子（男），自当奉『癸山』以為奉戴之祖，單氏為帝堯之子（男），自然就从自己的『叔父』所奉為主，字作变隶為『能』，而讀埠声了。而單氏所婚為二系瞿氏父戊的子一級妾屬所生之女，為母一級的妻屬，與自己「叔父」所婚的三系「癸山」氏子一級妾屬所生之女，从父系來說，也是姑、侄，（父戊為瞿氏，辛東虎旅之男），從這里，我们又可以看出來，雖然是同婚於「單」，但却叔侄各有主妻，而从女方來說姑侄也各有主夫，自然這是从父系來說。如果从母系來說，單（甚）氏為姑（帝嚳的母一級妻屬）之男（帝堯）所生，而畢氏（即王静安所称「鳥在巢下」，字作　　）為帝堯的同父兄弟，却為「姑之姪」，即帝嚳子一級「次妃」所生，「姑之子之子」與「姑之侄之子」，循母系來說原是弟兄，因而同室，作共同妻子的共同丈夫而又各有自己的主妻。那么這个「單婞」就是「單𦬇」。《金文丛考》作　　（見《壹卣释文》——

三一〇頁）。

自然這是虞舜推行「弟兄相背（避）而共耕」以后的氏称字了，「單鉏卣」（見《历》集卷十一——一三一頁）又作

第二字山下一字如鉏（冂），当讀「單鉏」，鉏今作鋤，就是帝堯命名為「單（其）埠」的「丹朱」，埠為族姓故相通，也是定居而耕的封邑，是進行物資交易坊所的概念，是或為以后称「州」的声源和义源所出。

不須說，「單壴卣」金文作者，就是帝堯之子「丹朱」以「壴」自稱，源於虞舜嗣位之後的册命作

，為什么在這更命中不見

的族标了。「登山」已「放逐羽山」，詭在《帝摯奚貝篇》，在這里就从畧了。至於「單壴卣」一銘的新解，另有專題释文，作為《本集附录之一》以供参考。

在這里也不作鉌瑣的引証了。

朩字非木，讀如束，是樹的祖体字，有朩氏單，自称『壴』，就是如山的鉄証。壴爲樹的始体，字作壴，是奉戴中（帝顓頊的氏标，爲王室是顓頊族系的标誌，尊母族貴王室（虞舜）的反映）爲首的族标体爲亘，旧作豆，是單從字形來说，实字形所象爲『鬲』，字读『壴』，是廚具古称『注』，鬲爲变音，殷周古韵与鬲、過同在十七部，就是今称爲『鍋』的原始体字。由於是屬於《文字集》的研究范圍，同样在這里不作离題过遠的解釋了。

C、朩字讀束的第三十例証

晚周金文苏字作

（見『史頌毁』——《塞》十），朩是标声誌族的符号，是字讀如『束』的声源所出，這又是第三

個例証了。

D、[illegible]字变音当讀「癸」為虢的祖体字字為「虢」，正声一音讀如虎，变音当為畀，是「癸」的变体字了，這是一；第二如以[illegible]字讀如[illegible]，為樹的象形体，那么变音為櫝，也是变声讀「癸」，依声类推求，当是「虢」的字源，又可以肯定了。虎首所奉為[illegible]是古金文[illegible]（足）的变筆，是帝顓頊系的族标，就不須说了。

6、釋[illegible]

——「重黎」氏初解

最後「庚中角」的把手里面（鋬內）还有兩字金文的册命，作：

□首字，上部奉「▼」以為首，古金文▼（即□的简化）帝颛项的氏標是源於外祖「帝巳」而來，有「双手奉鉏」型，字作：□可以為比。□字又是瞿氏的氏标二珠（□）与「二目」的概念是一样的。「丙寅卣」（見《历》卷三——四四頁），寅字作□可以為比，這是从双手奉柱之為中而來的演变。□字古称鉏，為帝颛项的氏标。帝嚳時期变音称犁，也是鋤具，但已是帝颛项諸子的通用族称了。

A、「重黎」新解

《历書》称：「颛项受之，乃命南正重司天以属神，命黎司地以属民，」「重」為帝颛项之父，封為司天的神；而子「黎（咸犁）」為黎（犁）。黎以旌称就是「重黎」了。《楚世家》又載：「高陽（帝颛项）生称，称生卷章，卷章生重黎」。徐廣注：「《世本》云，老童生重黎」。

《汉书·古今人表》班固称：「顓妃女祿生老童，老童妃嬌極生重黎。」依司馬的史筆所记，重黎是帝顓頊的第四代，為曾孫；而依班固父子的《汉书》的说法，顓頊之子老童所生的就是重黎，又是帝顓頊的第三代，是孫儿了。而三国有名的譙周注《史记》又说：「老童即卷章」，又丢掉了司馬所记：「称生卷章」的「称」這一代，並且不加解釋。因之，在旧史学上就成了一筆糊塗賬。到了唐代的孔穎达解釋《诗经·桧譜序》，就引用《楚世家》所记重黎為高辛氏帝嚳「火正」的记載，又以《国语·楚语》所称：「顓頊命南正重司天以屬神，命火正黎司地以屬民」為論据，说：「說高辛，因為重黎是顓頊的任命，直到帝嚳時期仍然担任过个职务，所以两文不同。黎实祝融，重为南正。《楚世家》同以重黎为祝融，司马迁搞错了（『高辛者，以重黎是颛顼命之一，历及高辛，仍为此职，故二文不同。黎实祝融，重为南正。《楚世家》同以重黎为祝融，司马迁谬也』）。孔颖达也和谯周注《史》一样，不触及重黎是颛顼的孙，还是曾孙的问题，却依《楚语》所载，认为重黎一称原是两人，而司马史笔错为一人了。实际上，他并不提《楚语》上的记载，原来在司马的《历书》上也有说明，司马并不是不知道帝颛顼时期重黎为两人的名称，正因为这样，高辛氏的『火正』称重黎，两字并称又是一人了，这是司马史笔的矜慎处。经过唐孔的形而上学的强解，不但重黎为帝颛顼孙还是曾孙的问题没解决，而且又出现了为帝喾高辛氏所诛的重黎到底是不是帝顓頊時期称祝融的重黎，如果是這样解释，那么說被高辛氏所诛的重黎原為帝顓頊之少子也可以了。

唐孔的失误，主要原因就是不知「重」為神农炎帝历山氏之子「柱」的变筆，以后就為帝顓頊諸子孫后裔作為旌称标志了。黎（犁）本為氏称，也是到了帝嚳時期才有的变音，本声应讀铧。《虞書》載：「虞舜者名曰重华」，就是例証。可以据此推知《历書》所載，称「黎」為帝嚳時期的史筆追記，变犁為黎又是後世史官為求雅訓而有的飾筆了。犁加旌称為尊，因而黎又称重黎，实际就是「铸犁」的概念变而為官職式的尊称了。這个官職，在軒轅黃帝時称「共工」。帝顓頊改制称祝融（「顓頊有子曰祝融」——見昭公二十九年《左傳》）。般周古韻，重同、甬、冢、竦同屬九部字，因而三代以前鑄、柱、重、銅、戌、融、庸，当爲同声字，「祝融」应爲「鑄銅」；「重黎」当是「銅犂」。帝堯复軒轅古制，「鑄銅」一职，称「共工」，帝舜承之而未改。《虞書》載，垂爲共工就是例証，那么「火正」一称当是夏商以後的史称，仍然是掌握金屬冶炼之「火」的监工头目，旧以「祝融」是发明用火的人物应是誤解。周口店石器时代遺址的发掘证明，北京猿人早在五六万年以前就已经会使用火来燒烤食物，就是一个有力的説明。总之，帝嚳時期，束虎爲宰，司祭祀之礼是「相」，兼任「重黎」，又爲监管冶煉手工业的首領，是鑄氏族部落的首脑。「庚申角」鏊内兩字册命，[illegible]一字就是「重犂」的原始象形体，古或讀爲「童」，或爲「重」，或爲「章」，或爲犂，因而出現了《史》与《汉書》互相不同的记载。這是帝嚳時期首次見於金文的册命，原為帝顓頊高陽氏第二子的官稱。帝顓頊所命名的「華」（《解書》作「黎」）是長子称，金文為[illegible]，也就是[illegible]；二子為[illegible]，也就是[illegible]（旅）氏，為帝嚳的宰称「重黎」。综合以上所論，也就可以初步肯定下來了。

B、《左傳》作「梼戭」考

——「華（戭）作父珠卣」銘考

《左傳》載：「昔高陽氏有才子八人：蒼舒、隤敳、梼戭、大临、尨降、庭堅、仲容、叔达」（見文公四年），依据《唐虞時期三兵銘考》（見《兵銘集》）的古金文記載，帝顓頊兄弟八人，諸子或六人。《左傳》所載魯史者的說法有僞誤，当是古文转録時出的差错。《兵銘考》中，已作專題的論証，在這里就只提一点，可為例证。如在「庚申角」金文的记载中，束虎為宰父受帝嚳册命為「重犂」兩字合体作，是帝顓頊的第二子旅氏瞿這个「重犂」。它的首部，就有為「鐭的氏标」。蒼舒呢？如前說所說，是帝顓頊的長子，《楚世家》為「稱」，金文是，為「成祝」的録筆所记的誌音字，那么隤數居第二位，依金文所考，必然是帝顓頊的第二子，「庚申角」銘中的宰束虎了。隤字《說文》稱：「從邑貴声」，王靜安以為隤饋媿餽是相通字，前已引証过。那么隤為夏代出現的字，從声类上推求，必是「父癸」的「癸」，為宰束虎旅氏的母系族称。而數，又是戈的方音变化，口傳為該，筆録作數。《帝王本纪》又作愷，謂「世稱八愷」，漢賈逵注，「愷，和也」。賈侍中讀愷為「和」，古音「火」声為确。金文应為，即「鉾」。

古标氏誌親金文，和字作　或作　，前在《『盒卣』銘考》中已經作过介绍了。据此可如，『隫敟』，当為『櫕和（戈）』的变筆。《虞書》称『朱虎』当為族称。从金文来説，本当讀『儲（樹）鉾』，字作　，《集古遺文》所載：『椟戈父乙甗』，或作　（旧名『椟戈形父丁盉——同上），都為宰束虎的正系与側系孫属了。父乙為帝堯，父珠為帝舜的族称就是佐証。从声类上推求，『儲鉾』也应是『儲虎』的变筆。宋《历》集有『貯虎鼎』四字命氏金文作　（見卷一——二四頁），　為虞舜弟兄『和』（盒）氏的氏标，為樹，『郡公』父珠』是虞舜的族称，並以『貯虎』的兩字合書的册命為子嗣命名，就可以想見虎、鉾，因為古字同音而演化的来由了。『貯虎』如果不是「雒虎」的諧音，那么必然是对於闺内的皋繇妻属防范如虎的概念，是皋、羊两帝系的在帝位承嗣问题上的矛盾的反映；而貯虎变命為「檟戈」，不須說，是在夏禹嗣王位以後了。不僅是变音称「檟戈」是皋繇夏禹為王的标誌，而且夏禹為王「鉎」為貴，因而「偖鉎」（即「檟戈」）就不但反映了衛䒤王室的意志，自然作為族称又是与重黎（鑄鉎）同声同义。為鑄氏帝顓頊系族的首領人物的尊称，就不須说了。因而「隤敳」根本就不是唐虞以前五帝時期的氏称和族称，「鑄鉎」為古，旧作「重黎」，金文作 ，「隤敳」為晚。這是《左傳》所载的「隤敳」為后世史筆追记，确為 的祖父（帝顓頊二系子嗣宰束虎）是史者録筆的偽誤的論证之一。第二，还有「韡作父珠卣」（見《意》

十八）的金文记載，可為印証，卣銘七字，作：

[金文]

首一字[金文]显然是从帝顓頊的氏标称柱，金文作[金文]，变筆為[金文]成「鉏」而来的。瞿為氏标，当是帝顓頊的第二子旅氏作為鑄氏族的首脑，有了作器祭祖的政治身份以後，為父珠所作的祭器。作字為[金文]，是翻体，說明前有帝顓頊為「犂」（旅）氏瞿頒賜过相类的命氏礼器，字作：

[金文]

本声称「鉾」的册命，所以子為父作祭器，作字就翻书了。帝嚳嗣位以後称「犂」是从变音，旧释以為「車」却是誤鲜，它是[金文]的異体字。前一字是犂具的平面图，而後一字為犂具的立体图。這是带着兩个运转輪子的耕具，[金文]变简筆作[金文]，兩个运

輪作。如果还有怀疑，那么还有『銉卣』（旧名：『車卣』——見《密》十九）四字金文，銉字作

可以為佐証，当中田字上有手（）以握犂柄，是很清楚的。

综合以上所論，一字，变隶当是『戭』字了。《说文》解『戭』，汉許说：『長槍也。』从戈，寅声，春秋傳有檮戭』，段注：『按槍非古兵器，戭亦非器名，說明這个『戭』字早已失解。而从形象上看為寅，為犂具，即本称銉，殷周古韻，戈化同在十七部，戈，原為农具，為『鐵』的变称，有『鉏卣』（旧名『陽設立戈形卣』——見《密》十八）一字标氏金文可為例证，字作：

這是『戭』字，本声当读銉，帝嚳世变音讀犂，讀寅為声，或是夏世從『人』，為夏禹母族族

称「人方」的变称，（論在《奚貝篇》）古金文寅字作，是双手奉鏃，鏃為帝顓頊象的族标，有高陽氏的单字作「鯀尊銘」柱之孫称外為例証。根据以上所説，「戠」字确如段注所説，原非武器而為「韋」的金文变筆，就可以完全肯定下来了。《説文》解梼，「从木出声」，段注：「古音在三部」，与舟、帚、祝、束同声。因而「梼戠」当為「祝韋」（即「重黎」）的后世变筆，為「隫数」的注解字，誤録入正文，原是穿束虎旅氏一人之称，就变為兩人，佔据了帝顓頊三子「癸山」氏《左传》称「大咕」的位置了。

7、「兄癸卣」銘是印証

我们以上的解释是不是完全与历史实际相符呢？有前所引的『兄癸卣』銘古标氏誌親金文可以為印証。『兄癸卣』銘盖器两文，摹録如下：

盖銘是：

器銘是：

（宋薛尚功旧释：『丁子王锡爵两八丙申貝在寒用作兄癸彝十九月惟王九祀世昌』）

這是帝嚳九年，作者為「兄癸」作的礼器，這十「兄癸」当是「戉婦鼎」銘所載的「父癸」，「母癸彝」所載的酬（舟）珠之子「成祝」了。关鍵是這篇金文的作者是誰？

A、釋□

「珠子王」為帝嚳的親称，我们在《神农柱貝篇》已经作过考証了。□為帝嚳顓頊之次子，継「兄癸」之後為鑄氏族的大父，因而有了為亡兄作祭器的政治身份，不須解释就可以初步推断出来了。因而从□的字形上，就比較容易的可以看出来，是虎（□）的头上奉戴着帝顓頊的氏标中，属於鑄氏帝顓頊諸子之一，就可以進一步肯定了。是「柱虎」两字的合筆，当是「庚申角」銘自称年的「東虎」早期的氏称金文了。有丫作柱标应是柱氏分枝的概念。虎尾有「二」作标记，是「二目」瞿氏族，金文作□，又是後世子孙虎尾作□(吕)的根源所出。這「十」「桂虎」就是十一年以後金文称宰的「虢」字源来自帝颛頊的氏称之一，為□，变笔作□，也是脈絡清楚的，而「聊」氏為少皞氏所册命，「桂虎」尊王室宠皋系先祖所頒赐给自己的「大父」的氏称，又是王室确為皋系，少皞氏直系孙帝嚳嗣位九年的辨认标誌之一了。那么這是蓋銘人称，再看器銘人称呢？

B、释□

□所奉戴的以為族首的，仍是□、□為古「犂」字，所象是犂及形，本声读铧，因而是以后「匆」的声源和义源形源所出，為「匆」的本字，吏音读辈，下有倒手持翻体Y，為□，显然是与□Y手所持之Y有别。依古金文盖為尊，為父，器為体為子之例，「桂虎」应是父，而「辈」（□）為子（男），但却都以「兄癸」称，可見又不是父、子，而是同父弟兄。位尊的「桂虎」（即十一年后金文自称宰束虎的瞿氏旅），应是母一級所生之「兄」，古金文称「大兄」，而辈為「子」姓的「弟」。母一級為姑，桂虎為「姑之子」，而子一級為姪，辈应是「姑之侄之子」。相差依女系來說，也正是一辈，因而以翻Y為子姓标誌，從字作□，本声僮「勿」的声律來說，应是属於帝顓頊的第五子聊氏的氏称字，不須說，這是与女方姑姪相婚的「同室弟兄」兩人了。足見，這个「辈」不是「司地以属民」的那个「兄癸」而為「桂虎」弟兄的通称了。

C、「兄癸卣」銘通觧

全文除地名外，盖銘应是：

「珠子王錫（給）虎鉏鑄貝在□，用作父癸彝。在九月，鷹（英）王九祀廿日鑄（珠）」。

器銘：「珠子王給犂鉏鑄貝在□，用作兄癸彝。在九月，鷹王九祀廿日。日（為族称，本声讀陽為羊的尊称）甬」。

根据以上所考，「兄癸卣」銘是十一年后在「庚申角」銘上称宰的束虎於帝嚳九年「称（兄癸）氏黎」死后就已經是居於尊位為鑄氏族系之首領，有了制器作祭祀的头目人的政治身份了。

另外，我们又可以知道在当時的「普奴魯亞」家庭组织形式下，已經有了显著的区分，那就是姑之子与姑之侄所生之男，是『親密的伙伴』，那么女方為姑与侄（依父系来説），必然是他们男方的姑之子与『子』姓之子兩弟兄，各以輩次的尊卑确定主夫与主妻的关係了。這又比我们以前所想像的具体而复杂得多了。

8、釋『旅』

旅為氏族之称，見於『旅鼎』（旧名『大保鼎』——載《攈》錄卷二之三第八〇頁），《人物集》『重黎考』有專論，字作[古文字]。应是宰東虎的子嗣的族称，如《虞書》載有『朱虎』，古金文朱字作[古文字]，又是[古文字]的异体。可見『朱虎』為東虎瞿氏旅之后嗣，我们説过，同样是作為族称的人名。

宰束虎柃帝嚳時期称『犨』，金文有『犨作父珠卣』的犨字作、

前已作过論証。又作、

載柃『咎卣』(見《窓》十九)，应是宰束虎氏称『旅』(犨)的本字了。旅下的象形体『犨』就是『旅』的声标和氏标。為了概念明确，就須要对『咎卣』的标氏誌親的古金文，進行断代的考証了。

4、『咎卣』銘考

『咎卣』蓋器両文，器文九字是：

蓋文八字是：

[金文]

根据金文标氏誌親的規例來說，蓋為尊，居上位，為父，器居下，位卑，氏称字為子（男）。這是一方面，另外，從蓋、器兩「咎」字來看，蓋銘作 [金文] 器銘作 [金文] 后者正是前者的翻体。足証 [金文] 為父，[金文] 為子，不須說，父子兩人同称「癸」為「父」，就是由於父婚於「父癸」母一級妻屬所生之女（為自己弟兄子一級的次妃），因而有子又婚於「父癸」子一級媵妾所生的女兒為咎氏弟兄母一級妻屬。从女系來说，「癸」自然是咎氏父子兩人的「父」了。那么這个咎氏是誰呢？從兩个世代互為婚姻的帝系來說，「父癸」為帝顓頊母一級所生諸子於帝嚳時期的尊王室貴母族（卑）的氏稱，以自己弟兄母一級妻屬所生之女相婚与对方爲子一級媵妾的，除了帝嚳以及帝嚳的弟兄，再不会有其他氏族部落有鑄標氏誌覲的金文於青銅祭器上的条件和文化水平了，这是一；第二，在帝嚳弟兄中又除了帝嚳有代表氏族部落的首脑身份制造祭器的資格之外，又很难想象会有第二个人物了。第三，從咎字作乃咎的造型來看，是象卫詵而「足」氏封土的巨人，而這个乃除了帝嚳依母系制遺風，承嗣妻族而來的以外，又再没有第二个人的身份相适了。第四，爲什么帝嚳以「咎」稱呢？《説文》解咎，人部爲「毀也」，心部「怨咎也」。段注：「各本作怨仇也，今正《廣韻》，亦作怨咎，謂怨惡之也」；又説咎行而咎廢矣」，顯然与帝嚳爲旅氏瞿作祭器的称「咎」的初意不同。《穆天子傳》（卷五：「天子欽許男於洧上」）稱：「天子曰：『咎氏宴飲，毋有礼』，旧注：「礼，天子稱异姓為伯舅」，又：「咎猶舅也」。這自然又是帝嚳以咎稱以后轉為親稱了，也并非始稱「咎」的概念，因為在「咎貞」銘金文中，咎為族氏之称，而非親称是很明確的。從声義上推求，「咎」的音源当來自「鳩」。《左傳》載：「我高祖少皞摯之立也，鳳鳥適至，故紀於鳥，如鳥師而鳥名」。又称：「爽鳩氏，司寇也」；晉杜予注：「爽鳩，鷹也鷙。故司寇主盜賊」，（見昭公十七年）。帝嚳以「咎」称，当是「鳩」的变筆，前所引「庚申角」銘刊有「在六月，鷹王廿祀」，這个鷹字作[illegible]，旧释「唯」或「佳」自然是不确了，古吏音当讀鳩，本音讀鷹（乙），在這里就是帝嚳之世仍循祖制，有以鳥名

爲氏族之称的例証之一。又，前所引的帝嚳九年制的『兄癸卣』銘載

『在九月鷹王九祀』，也是称帝嚳為鷹，而這个『咎卣』器銘称

足証，有子也是以鳥命名了。『咎卣』銘，旧无释；另

有『咎毁』（旧名『咎敵』）——見《愙》十）八字金文作：

愙斋旧释：『鳥集木形』，如果释『集』固然可解。殷周古韻，子、己、畟同

部，可以推知，集、子、畟都是子姓字。如果作為『集』字來解释，字形确

也説得过去，但从氏称声类來看，在帝嚳子姓諸子中，只有后稷一人在

声律上相符，但「后稷」依典籍所载，实為后代周室之封，且現在也还没有為「父癸」作祭器的政治身份。依理，只有母一级正妃所生之子唐尧為長，具备隨父為宰東虎父癸作祭器的身份。然而从声律上來說，释「集」自然就与帝尧為母一级之子，非属子姓的身份不相符了。

為了解决这个〓字，那么且让我们「由此及彼」的先从「鏃伯卣」說起吧！

B、「鏃伯卣」銘初解

「卣」旧名「矢伯卣」（見《窓》十八）、七字標氏誌親金文作：

〓〓〓〓〓〓〓

首一字旧释矢為后世之变音，本声当讀鏃，变音讀「寅」（人），為族稱，是以●為〓的音标和族标，即帝顓頊鑄氏系的后代子孫的氏称，□為伯舅，因而自以『鑄氏之伯（舅）』稱。那么這个鑄氏之舅必然屬帝嚳系，即世代与帝顓頊系子孫男女互為婚姻的卑族人氏，是可以初步肯定了。為父癸作礼器，从□的头尾方向与『咎自』落於樹上的『鳪』相一致，而又同以『父癸』為稱，那么他们是弟兄行，都是帝嚳的直系子嗣，寧東虎（父癸）子一級媵妾之女的婚偶，因而都稱『父癸』也就可以相应的肯定下來了。旧释為『雀形』而忽略了『雀形』之下的手，是『鳥』為手所执形，從這个概念來說，就是『鴑鷹』以『猎獲兔』的鷹了。是不是确切呢？金文□字變隶為寸或為又，這是定例，而舄与隹古是一物兩稱而出現的兩个字。今雞字又作鷄，鴈字又作雁就是例証。因而□變隶当為『隻』字。《說文》

解隻：「鳥一枚也。从又持佳。持一佳曰隻，持二佳曰雙」。段注：「隻与雙，皆謂在手者，」当是后世的「鷙」的字源了。《說文》解鷙，「擊殺鳥也。从鳥从執」。段注：「夏小正，六月，鷹始摯」。又：「古字多假摯為鷙」，那么，「隻」「摯」「摯」当是一字之变，实為鷹。而帝嚳諸子中，有帝摯当是這个以鏃伯自称的「鷙」氏了。而「摯」為子姓的氏称。殷周古韻止、子，士同在一部可以為比。《世纪》载：「帝嚳」次妃娵訾氏女曰常儀生帝摯」，「常仪」当是金文的「蒲仪」之偏，那么帝摯确為子一般母所生，当為「厶鶀」的大兄，可知所自称的鏃伯於帝摯時期变音当读「寅」，应是族出「人方」的虞氏的氏称，因為「人」為人方之子婿所承嗣去了。伯為舅，用今天的話来说，就是大舅或内兄了。如果不是帝摯嗣位以後有了為妻父作祭器的資格，那么是絕不会以「鉄伯」的口气自称的。□氏為帝摯的氏称。「鉄伯貞」是帝摯嗣位以後為妻父所作的祭器，也就可以初步肯定了。

乙、「稷爵」三字命氏金文考

「稷爵」（旧名「手執雀形父癸爵」——見《愙》二十二）所刊命氏金文，作：

□ 攵 ※

旧无解。既然我们已經認识了「隻」為帝摯的氏称，那么這个一字氏称，從以鳥命氏的風尚以及鷹的首尾方向一致并以「父癸」為親称這三点來說，当為帝嚳鷹（鴇）氏的子一級，「次妃」所生之子，与帝摯是同級弟兄，就可以初步作断了。從声类上（□字為「隻（系）」是子姓字來說，当是后稷的「畟」的婚時命名了。

殷周古韻子、旻同在一部可以爲比，是子姓的本字，『旻』自然是后世的变筆了。《周本紀》載：『周后稷名棄，其母有郃氏女曰姜原，爲帝嚳元妃』，自然又是周世的史者尊王糸始祖的飾筆，但后稷爲帝摯的同级弟兄，据此両氏稱金文作印証，就可以说是『鉄证如山』了。鷹字象形体的両爪有从字标记，显然是爲了与子姓弟兄的帝摯和夏禹的氏稱相区别。但在命氏爵器中，再也找不到与稷氏的『隻』字相类的氏标了。而在古标氏金文中，却有与這个稷氏『隻』相类的字，這就是『畢彝』所刊的一字标氏金文了。

D、『畢彝』一字标氏金文考

『畢彝』一字象形体金文，作：

前巳触及，即王静安

於《釋西》一文中所說的"是鳥在巢下，以畢取之"的畢字，字讀畢是确，但依《說文》秦汉的概念解作捕鳥網就屬於后世的变解，不是字形所象的原义了。

[illegible]為倒用（也是倒甲），《殷本紀》載："殷契母，有娀氏女，為帝嚳次妃"，字作"娀"。《孫臏兵法》"見威王"載："昔者神农战斧遂"，农字作戎。而《左傳》載："顓頊有子曰犂為祝融"，又作融。《世紀》晋皇甫称"顓頊生鯀，堯封為崇伯"，從声律來說，古娀、戎、融、崇、用，当是一个族称的变筆，殷周古韻甬、庸、用、崇、戎同在九部，可以為比。三代以前，戎、用、崇、当是一音，应為通用的氏称，因而戎氏有女婚於帝嚳為子一級媵妾，是為"倒用"，[illegible]為畢氏的族姓。側体自然是側系，子姓的标志。

畢氏冠之以為母姓的族标。那么這个『有娀氏之女』《史》称『简狄』，（金文作　）实為『薾仪』的畢氏之母，当為『父癸之女』，『大父』当是帝颛頊的第三子，『么麟尊』金文称『（幼）桂』，字作　前已作过論証了。

『倒用』的氏标之下，是　字，与后稷的象形体氏称字作：　相比，兩鷹首尾方向一致，都為手势，而　是金文『乙』的翻体，帝尧称『父乙』字作乁，有『兄癸卣』的金文氏称兩級弟兄，『母一级称虎，有Y為氏标，居盖位；而子一級之弟称『勿』（变音為犨），居卑位属器体，有人作标记，為Y的倒体，又是這个　氏必為帝尧『父乙』的不同母級的子姓弟兄的印証了。

为耕式农具称铲的　字的变筆。因而变筆　又是□(囲)
氏五(X)為大父，二女称姝(⊙)的氏系标記，由於离題过遠，在这里從
略了。字的本音当读華(鏵)，变音讀畢，从声律上来推斷，当是夏禹
匕氏的氏称字。

帝嚳子姓三子帝摯、后稷、夏禹同以『鷙』称而字又有别，在金文记
載中，可以説完全证实不誤了。

E、『鷄(梟)爵』三字命氏金文考

『咎卣』器銘首字有鷹高距於樹方的　(見《窓》十九册)，还有
命氏金文三字作：　(見《窓》廿二册)，当是他的婚時
所受的氏称『梟』字的原始图象了。《説文》木部

解梟，汉許説：「从鳥在木上」。段注：「五经文字曰：从鳥在木上，隶省作梟，然則《説文》本作梟甚明」；并説：「倉頡在黄帝時，見黄帝磔此鳥，故制字如此。古堯切，音在二部，与高、堯同声」。從声类上推求，古讀梟、鴞必同声同义。原是帝堯的氏称，婚於宰東虎的子一級媵妾所生的女兒，因而与婚於宰東虎弟兄（三系）的母一級妻属所生的女兒的帝嚳，同称宰東虎（大父）為父。字形所象，与「鷙」字輩的弟兄氏称字不同，是棲落於樹上的鴟鷹。命氏金文，鷹有兩耳，初為「梟」形，今称「貓头鷹」，以其雄健，古当统称為鴞，以后又分梟与鴞為二物。現在仍有「梟雄」之辞，以為悪，自然又是由於后世提倡孝道，貓头鷹蒙受了「食母」的悪名而有的变化了。帝堯有女，旧经史所称為「女英」，從声律上推求，

「尧」為「枭」的飾筆，「英」也是「鷹」的飾筆。而宰東虎有子（男）為「瞿乙」、旧称「巧倕」，為帝尧的「二目」。金文「瞿乙」兩字，作：（見《憲》廿（冊））瞿氏為鷹的二目的形态，清楚如畫。根据以上所论，字讀枭為鴞的象形体，是帝尧的氏称，字非「集」就可以完全斷論了。

六、「咎卣」為宰東虎的祭器之一

綜合以上所论，「咎卣」蓋銘称：「咎作父癸宝尊彝，用旅」当是用於旅氏，即為父癸宰東虎所作的専用祭器。旧释以為是「旅車」兩字，郭沫若同志曾較称：「如「令鼎」学字，沈子也段」敢字，均分作兩截。故「旅車」乃一字之分，非二字之合也」，并说：「旅字前人每視為鷃旅字。今案当如「秉氏旅于泰山」之旅，意猶祭也』（見『壹卣釋文』——《从考》三一二頁），郭公所說為是。在這里需要補充的是[古文字]為鉾，变音為犂，是农业上的耕具，因而在這里是作為[古文字]的标声誌族的符号，『毛公毁』（見《窓》十二）字作[古文字]确為『旅車』的合筆，但這已经是很晚的变筆字了，不知[古文字]原来並不是車字，『鉾（犂、旅）卣』（旧名『車卣』——見《窓》十九）四字金文作：

[古文字]

就是以鉾的变音犂，作為礼的誌音字。這是一个倒証。又如『口作旅彝』（見《窓》十九——十八頁）旧名『戈卣』四字金文，旅字作[古文字]是有曲柄可握的耕犂的形象，双人已在犂前作牵引，以[古文字]代替[古文字]字，也是以『犂』為『礼』的誌音字。說明是礼器而不是自己的飲食具。和這不同的，还有「□作旅彝」（旧名「冠敦」——見《窓》七），四字金文作：

又是去掉耕彝的声标作為「礼」的通用字了。

「旅」就是古「礼」字，声源来自宰東虎称「彝」，義源也是来自宰東虎。因為旅氏原本掌握祭祀之「礼」。金文宰東虎初称「明祝」，作：

《左傳》载：「国之大事，唯祀与戎」（見成公十三年），前已引証过了。在古希腊氏族社会，祭祀同样是部落首脑人物才能有的权力。恩格斯曾经作过介绍說：「巴西勒斯除軍事权限之外，还有祭祀和审判的权限，」审判的权限没有詳细規定，但祭祀的权限，是他作部落或部落联盟的最高代表而被賦予的」（見《馬恩選集》第四卷一〇三頁）。説明東方「礼」的概念是早在帝顓頊時期，即公元前兩千四百年以前就已經产生了。這是和封「南正重司天」爲神，年々五月（「餘尊」所載）受公祭，显然是有很大关系的。

据此可知，《左傳》所載：「庭實百旅」，《仪礼》所載：「众宾長，自左受旅」（《特牲饋食礼》），以及「司正升，相旅曰：某子受酬（肙）」，「凡旅」就都是「礼」的古字，旧释种々，自然都是失去古义的强解了。

（三）旅貝

旅氏宰東虎任以金屬冶煉手工业爲主的百工首脑，称「重犁」，鑄貝仍袭旧制，爲鋤型。《錢録》第五枚，有畐如：

背面无字，録称：“《路史》亦謂黄帝貨也”，虽不确，但為五帝時期的古金屬币，却也相近。当中有柱，為“鑄貝”的古式命名标记。右二字或“二干”，或為“二监”之简，待

考，监則為官氏之称。左二字，一為□（鉏）的变筆，当是“立”（犨）的始体字，“旅”的貝文，第二字是□的变筆，為“佳”的概念，是鑄的誌音字，“立鑄”就是“犨鑄”。宰束虎的側系諸孫之一称槲虎，而虎尾有□字，為吕氏氏称，源於宰東虎鑄旅貝鑄字作□，反映的是“而口”同住於一室，正如砼字作□夷所守的是“而是”氏的封土一样。説明是遵母系制的旧傳统，不但兄弟同室，而且是女方封邑由子婿来承襲。《説文》汉许自敘其祖，有“大岳佐夏，吕叔作藩”的話，段注引《國語》：“大子晋曰：

共之從孫，四嶽佐伯禹」。并解稱：「接大嶽為姜姓，為禹膂之臣，故封呂侯」，自然是还須要研究的旧解了。但呂氏為「共工」（「重黎」在堯舜后世的变称）的孫，而這才「共工」是帝嚳時期的重黎旅氏，来自「二」系，是[illegible]的旌稱的变筆，确是在古金文記載中，脈絡清楚如画的。

（四）本篇小结

本篇总共对二十三件古青銅彝器所刊載的二十七篇命氏誌親金文，还有一兵一貝所鑄的标氏誌族金文（引用的金文就不在内了）。依据毛主席所説：「从一事物对他事物的关係去研究事物的发展……而每一事物的运动都和它的周圍其他事物互相連繫着和互相影响着」

的認識路线進行了研究和考証，总结了以下四点结論：

1、帝嚳是『子』姓，為帝顓頊母一級妻屬所生之女所生，而又婚於帝顓頊子一級媵妾所生諸女之一。

2、因之，帝嚳為帝顓頊之一子（男）瞿氏族（父癸）的姉妹之子，从母系来説，旅氏為帝嚳的伯舅，因而又婚於旅氏瞿為大父的諸女之一的『簡娥』（《史》称简狄）生子名『隽』（帝摯），同样如帝嚳称『兒』，是子姓的变筆，而『隽』為單，有独义，可以推知，『隽』是帝嚳妻屬中所生的第一个男孩，唐堯虽然是母一級妻屬所生之子，但却晚于帝摯，《世纪》所載：『帝摯立，在位九年。摯立不肖而崩，弟放勛代立，是為帝堯』，摯為兄，生於『姑』之子唐堯之前，就是确有所本的历史实録了。

但从父系来说，帝喾為帝颛頊子婿，瞿氏族為帝颛頊弟兄的「第二子」，帝喾又是瞿氏族的不同母的異級姊妹的婚偶，两人又是郎舅关係。帝喾在位，瞿氏族為宰，這又是為两个帝系男女世代為婚姻的内部运动規律所决定的了。

3、确定了帝喾二十年就以甲子纪年的问题。依据「庚申角」銘所記，到帝堯甲辰年嗣位，中间是四十五年的距离。扣除帝摯「在位九年」（《世纪》語）的数字，是三十六年，岁在乙未。帝喾在位正是五十六年，《世纪》所載，帝喾「三十而登帝位」、「在位七十五年，年一百五岁而崩」，就是僞誤之筆了。如果「三十而登帝位」為真，当為「八十六而崩」，是公元前两千四百二十二年嗣帝位的，這是依据金文所考订的数据，帝颛頊开始往上，就无所考据了。

這樣就在古金文以甲子紀年的青銅彝器当中，為我们樹立了一十可考的紀年标杆，不須説『丙寅自』是帝尧二十三年鑄製的彝器。而《楚世家》所載：『帝嚳以庚寅日誅重黎』，『日』字為后世録筆誤入正文的注解字，為謬。庚寅当是紀年的甲子，即帝嚳五十年，鯀之子（男）為帝嚳所誅，（论在《重黎考》），所誅者為帝嚳之子婿，反映了在帝位承嗣问题上，傳子与傳姊妹之子——也就是傳婿——兩大新旧势力之间的矛盾，這是新兴的以大文為首的奴隶主与母权制所遺留下来的旧傳统势力之间的冲突，也反映了經济基礎与上层意识形态之间的斗争。

4、認識了遠在公元前兩千四百二十二年以前的帝顓頊時期，所开始創建的封自己的父祖爲司天之神（作爲管理風雨，关係到五谷丰歉的命运之神），每年有公祭以『祈年』的制度，直到夏禹封帝嚳以爲『鬼』代替神农炎帝厉山氏之子柱爲『稷』以後，殷、周各代，各有各自邦国的社稷之神。另外，羊族稱神，虎族稱鬼，鬼、神在唐、虞、夏三代之始，原爲一个概念，是一物的两稱。所有這些已爲旧史筆所遺漏，都由於古金文的記載而明確了。

六、帝摯奚貝篇

（一）『丙申角』銘初考

『奚貝』一稱，見『丙申角』銘（《愙》二十一册），爲十六字金文，是：

現在先從『丙申』說起，

人，『丙申』是帝挚嗣位的初年紀年甲子解

帝嚳二十年金文就出現了以甲子紀年的历法，前在『庚申角』銘中已經作过考证，并且核实了晋皇甫謐『以甲辰年即位』，『辛巳崩』以及『子帝挚立，在位九年』是历史的实録，完全和金文的年代记載相符（关於這一点，本篇还有论证在『乙未鼎』銘新考（章）），因而帝尧即位的初年甲辰和古金文『庚申角』銘所載帝嚳二十年為『庚申』是我们考証五帝后期以甲子纪年的两根标尺。从甲辰上推九年，正是丙申，那么「丙申角」銘，是帝挚即位初年，即公元前两千三百六十六年的铸制品，是关於帝挚即位的初年賜金的记载，据此也就完全可以肯定了。

這个論断是不是和历史实际完全对头，由「父癸」這一亲称，就可以核实不誤了。「父癸」為帝顓頊子嗣的尊称，是从「母癸」来的姓氏時当舉族称王，因而是尊王室贵母族的反映，前已介绍过「戚卣」銘所刊的族谱，作：

可為例証。「兄癸卣」為宰束虎（日禹）所作的祭器，称為「祝」（□）為兄癸，瞿氏旅宰束虎為帝顓頊「二目」也称「父癸」，三子□氏又称「父癸」，不過癸字在金文中作□，与二兄之□已经有所区别，在癸氏諸子中以旋称癸的前有兩人，癸字又作，也是為了容易区别（详論在《唐堯時期三兵銘考》）。

因而，「丙申」是帝摯即位的初年，由於這个「父癸」的亲称，就可以核实不誤了。另外，还有「乙未設」金文的对证，证实帝嚳是崩於乙未。那么帝摯丙申正式即位，在金文记載的時序方面也是相符的。

2、初釋

頭一字是金文「甬」的象形体，「俞鼎」作甬，宋薛尚功釋「商鍾」讀「甬為」，「鍾」在前；近代小学家楊樹达以古甬、鍾、鏞三文為一字（見《微》集《釋甬》）於后。甬古讀鍾，就是悬鍾的象形体，应該是据此可以作断了。

次字亞，今讀亞爲「次」的概念，是夏以後的变化了，亞心爲惡就是例証。《說文》解亞，汉許說：「醜也。象人肩背之形，賈侍中說，以爲次弟也」。段注：「亞与惡音义皆同」；不知三代以前，亞爲美称，汉刘熙《釋亲》：「兩婿相謂曰亞」，就是鉄证。古音讀「醜」，汉許初解「醜也」爲确，但這个「醜」，三代以前也是美称，古标氏金文，醜字是很多的，旧无解，現在舉例，如見於「醜毁」之一，字作：

（旧名：「亞形架上三矢毁」——見《愙》七），「醜毁」之二字作：

（同上所引），「醜爵」作：

（旧名「亞形中蜀」——見《愙》二十三第八頁），愙斋旧釋：「象人跪而献尊形，象勺形，勺所以酌酒也。父左当有一字，或乙或丁不可辨」。「醜鼎」作：

是的变筆，即「母癸」女系的姓氏。為「癸人」，也就是以後貴人之稱的辞源所出，再变為就是鬼，奉鬼為旗首的人氏了。這也就是王静安所説饋、餽同字的最有力的、而為王所疏忽的一个論证。因為前在《帝嚳旅貝篇》作過論证，鬼為帝嚳的旗称，是專称癸的变筆，在這里就不再重复了。或作，变隶前為酉，后為卣。這些古命氏金文，都是「醜」字的象形体，即今「酬」的概念。有女饋酒食的姿态。酉下一字，或作，或作，或作，旧释為箕，是醜氏的母姓，「祁」氏或「盒」氏，「月」氏的姓标。《説文》解媒，汉許説：「人姓也，从女，其声。杜林說，「媆，醜也」，許所引杜說為确。這是「醜」字有「其」，為姓，是帝堯（祁姓）的女兒之女，虞舜以族稱「文珠」簽署的命氏金文。而虞舜為帝，又可以以帝堯之女「其」為姓的氏标，居於次位就可以推斷出來了。自然，「醜爵」与「醜毀」之一，而「其」字作⊠，為同輩姊妹，屬於一个族姓，而又由於鬼（癸）字头不同，一為甘，一為甲，而知是屬於一个大父系的姊妹，前為長，次為「中」字头，疑都是三系中父日癸之諸女。因而兩姊妹同以「醜」稱，而字有異筆。另外，月姓，金姓，自然又是虞舜為「大父」之異母諸女，通稱「醜」，而知醜為族稱，源於帝顓頊以酬，金文作：[illegible]（后作受的假借）而來的。原是三代以前的美称，即《詩·关雎》所称：「窈窕淑女，君子好逑」，逑字為汉儒所改，本字作『仇』，近代注释者吴闿生《诗义会通》注：『逑，匹也。释文，本亦作仇』，就是例証。古醜、仇同声同义，用今天的話来说，就是『亲愍的伙伴』，（『晋奴路亚』），《诗·兔罝》『纠纠武夫，公侯好仇』，就是最好的注解。如果遵汉儒作的『匹配』解，在这里就不通了。所谓『两婿相謂曰亚』就是称『仇』，金文雠字作：[illegible]（見『仇觶』。旧名『双爵父辛觶』——見《窓》二十）、后变筆作：[illegible]（見『雠尊盖』——《攈古录》卷二之一第三六頁）。可見，醜、仇、雠、亞都是美詞，虞舜倡导『兄弟相背而共耕』，建立『各自為室』的家庭组织，推行女嫁於外族，以代男嫔於外族的社会大革命以後，『仇』的概念才有所变化。最后『亚』（仇）心就為恶了，兄弟再也不能有『共同妻子』，作『共同的文夫」而相稱以「仇」了。「亞」為次，自然是由於夏啟继帝位封「有扈氏」

之後，在上層意識形态中的反映。因為是鑄氏族為次而自（金文或

作[illegible]，史作姒）氏為尊，這又是夏世文字的结构所反映出來的历

史情况了。

亞字《彝》一篇还有詳论，古音讀醜，与貯同声。今称娌娌，《說

文》作「築里」，就是可以為比的例证。為了与女系的「醜」相区别，本集

一律讀亞為貯，仇、貯是正声，变音讀癸，葵，古鬼魁又是一音。今

旧字古讀魄作「饋贈」解，就是一个例証，而仇字一音讀「癸」，字变

隶作究，又是可以為比的旁証。（專论在《释「亞」及「亞旅」》（文）。帝

摯嗣王位，自然以变音為正統语言，「甬亞」当讀「钟魁」（正声应為

『戎貯』或『戎仇』），第三字旧釋『罍』。實四口之间為鳥（鳩），讀如睾（臯）。
『鍾魁囂』是三字人稱，帝摯即位之始，鍾魁囂受王賜金就借為『父癸』
作礼器的机会，鑄文以记載這件事，自然是具有深意的。而且既有為『父
癸』作礼器的身份，自然在這个新兴的奴隶王朝统治集团中，已具氏族
部落首腦的地位，這个囂氏究竟是臯族系，是以子婿的身分稱帝顓
頊族之諸子為『父癸』，还是屬於羊族系，為帝顓頊諸孫之一，稱大父
辛束虎，瞿氏族為『父癸』？這是从氏稱音標為臯，就可以知道的，另外还
有一字封邑之稱，作： 所反映的概念中，也可以求得印証。如
果按一般金文規律来说，臯系為王，自然『囂』為王族，应
尊居首位，稱『囂鍾魁』，『戎』居次位。但在這里，却是『鍾魁』為尊，足

証帝摯是依据母族的势力而登上王位的，因而神农系的「甬」氏族称，仍為貴。這是比較特殊的。[古文字]字，前无确解，或以為是象字的繁文，实际上旧释[古文字]為以羊為皂，以[古文字]為泉，是值得重新研究的；因為如果以[古文字]羊在泉水边上还可以説得过去，但[古文字]字所象，分明是[古文字]在灶火之上，可知[古文字]為灶形，是進柴口及出烟口，[古文字]位居中，為声标和族系的标志。字当读如虎。清吴式芬释為「鬳」（見《攈》卷二之二——二六頁）。《説文》解鬳，汉許説：「从鬲虍声」，殷周古韻虍在五部，与禹、五同声。但段注：「牛犍切十四部」，就是讀作獻，与柬、匽同声了。又称：「献元古通，魚献古又通」，可知字的正声本讀如虎，古音為五声，变音讀如禹，从「犬」讀獻，自然是「鍾魁罵」妻屬所居的

□有女『纳婿』命名為『匽』，以后称雁而发生的变化；当是夏音了。這是一方面，另外，字形所象是有兽，短尾作 □ 形，而 □ 居於腹下完全是受前者保護的姿态，可知『五酉』是居於灶火温席之上，是『家庭』（『钟魁嚣』的妻属之族所居的封邑），的概念。而 □ 為瞿氏旅宰束虎弟兄称『瞿仲』的合筆，又是『華』的氏标 □ 字的字首，那么這个封邑原為宰束虎的子一级媵妾的封邑，因而奉戴 □ 以為族先，而瞿氏族与子姓兄弟，『兄癸卣』器銘称『贝』（字作 □，变音讀犨）的老五所共室的地方，那么『钟魁嚣』所婚的原是帝颛頊五系子嗣的嫡系女儿，也就可以根据标族的 □ 字声符，可以初步肯定了。另外 □ 字為短尾兽，非今天我们所称的虎，是很明確的。应是熊的象形体，例如『虢叔旅钟』（見《窸》一）、熊字作 也是保护『火』的姿态，『𩵦叔钟』（見《窸》二）作：

『师酉敦』（見《窸》九）盖銘作： 說明五帝時期，猛兽如熊統称為『火』，即今之『虎』，变音為『禹』。《說文》鮮禹：『虫也，从厹』。夏禹以虎為氏称，因為是皋族，变音称禹，為有熊氏的后裔，族称為熊。显然变隶時以月為族标， 為氏姓，而 作為比，又知 為火，就耕成熊字了。又因為禹以匕氏称，字又作羆，是『四熊』的概念。自然，這个『钟𩵦羆』正是皋氏弟兄的第四口，可見是夏禹羆（又作𧳜）氏的氏称（封土）、為『禹』的原文了。

『丙申角』銘确為帝摯即位初年的金文，初步考証如上，那么『奚貝」是帝摯嗣位改制以後所制的一种青銅貨幣，就可以完全肯定了。

（二）奚氏是誰？

帝摯時期称奚貝，貝以奚命名，有神农柱貝為例，「奚」当然也是人物，而且一定是帝摯時期的金属冶煉手工业的监管人，职如帝顓頊的相，帝喾的宰。但帝摯時期這个代表神农炎帝鑄氏族系的首脑人物是谁？依理推測，帝顓頊時期為「兄癸」或祝，帝喾時期為瞿氏族，那么帝摯時期依次当為帝顓頊的三子或少子來担任了。自然，這仅仅是一种推測。

在古标氏金文彝器中，有「系爵」（旧名）「父壬爵」——見《愙》二十三）殷周古韻，系奚同部，系氏与奚氏当為一个族系，是不是原為一人之称呢？

让我们专题来研究一下看。

八、『糸爵』三字金文新解

『糸爵』三字标氏金文，一作8，两字为：父工在柱。旧释称：『潘文勤公所藏『糸爵』，定名原本很确，但又説：『糸即繶』之假借字，見积古斋糸爵下；《仪礼·士虞礼》繶爵，郑注：口足之间有篆文弥飾，謂之繶』。窓斋原来很确切的定名，却由於引証《仪礼》的郑注，反倒本末倒置，以晚出的『繶』為早於『糸』的爵名本称，解释错了。

『父工』两字不在『鋬内』而在柱，説明『糸爵』不是命氏彝器，而是标氏礼器，然是説，父工就是糸氏，原為『糸』所以称『工』，就是已任职的『共工』，因而為子嗣之族和子嗣之亲，須賜這更命礼器，表示自己的官職氏称的变化。如果為子嗣命名（自然，必会以「父巽作」簽署了），另有「虞貝爵」（見《攈》卷一之二——六七頁），就是例証之一。「虞貝」兩字在柱，是爵為虞氏所有（主），「父辛」兩字在鋬内，就是表現命氏权柄為帝嚳所操，是受自父辛的命氏礼器，可以為比。

因而帝摯時期，「重黎」一職称「工」（或「共工」的簡称），就可以初步肯定了。為了確切，我们再来研究以「父巽」居中位的「俞（艅的耕体）鼎」銘的八字金文族譜吧。

2、「俞保鼎」銘新解

鼎銘八字，四字是親稱，四字是氏稱。八字都在橱内，説明已經都是作祖受祭的人了。图銘摹録如下：（見《窓》三，旧名『亚形祖辛鼎』）現在首先從『俞保』兩字鼎名説起。

4、釋 □ 与 □

首一字旧釋餘，前在『餘尊』銘的初解中，我們已經作过介绍。原字作  □；原為神农炎帝历山氏之子柱的諸孫之一，是帝顓頊諸子（男）之一，因而陪王祭祖，受帝嚳賜金而鑄器以志事。□ 為 □ 的翻体，变隶当是『鋿』字，鋿氏為帝顓頊諸孫之一，也就据此可以初步肯定了。那么，父 □ 与父甬（□）兩人為

帝顓頊之諸子（男），有帝嚳高辛氏稱伯為舅氏作旁证。也就可以初步肯定了。這兩父当中，必有一為『大父』，一為生身父，而且兩人中必有一人為□氏（原在帝嚳十祀陪王作祭的人），因而有子以『□』的翻体字命名，也就相应可以作出推断了。

□為『保』字，是晚於□的親稱，前在『保聊爵』銘的考证中，已經作过介绍了。是為母一級女性所生之男，关系是很明確的。

B、釋父□

居中位的『父□』不須說是『大父』式的人物，為俞氏族中的首脑了。字形所象，是8系於中上，□如阜（古金文或作□），疑是梳的象形体，治絲之意，后世誤作手（古金文作[glyph]）是以变隶作爰了。[glyph]是帝顓頊的氏标，這个繫在[glyph]上的系氏，当為帝顓頊鑄氏的諸男之一。《說文》系字古文作[glyph]，而[glyph]的字形所象為三，如『三珠』，那么系氏為帝顓頊的三子，是継宰東虎之後，有女婚於帝嚳，而称『父癸』，癸字作[glyph]的『癸山(三)』氏，在金文中称『幼柱』，『厶鼎尊』銘作[glyph]者，也是可以初步肯定的了。自然，這是帝摯的母親的生身父，依母系來說，是帝摯的外公；但由於子一級媵妾而生的女兒，又是帝摯弟兄的婚偶，因而帝摯与帝嚳自然同称『系氏』為『父癸』，如『咎卣』所載，帝嚳和帝堯同称宰東虎為『父癸』是一样的，賑給也是較比明確的。

[illegible]字應是奚的象形体字。《左傳》載：『薛之皇祖奚仲居薛，以爲夏車正』。晉杜預注：『奚仲爲夏禹掌車服大夫』（見定公元年）。依『ム䢃尊』金文所載，既然『幼柱』母一級妻屬所生之女婚於帝嚳爲『次妃』，生女称『ム』氏，那ム『幼柱』子一級媵妾所生之女又必婚於帝摯、帝堯、后稷、夏禹諸弟兄。系氏有男以族称『奚仲』，奚仲与夏禹爲郎舅的親屬关係，也就据此可以初步作解了。显然，看过《典籍集》的諸者，不用多說，也早已猜到這个在『俞鼎』以父奚称的『系氏』，一定就是旧說中有名的『鯀』了。

《夏本紀》載：『禹之父曰鯀』，自然是依古母权制的傳統所有的親称，即母族部落继承人的子婿之親所称女方的父爲父，不是自身血統所屬的父族的父。《夏本紀》又称：『鯀之父曰顓頊』，又是依父权制而來的親稱，這是旧史者不察，誤把兩个不同的親稱記載，当作一样的親稱了，以致形成三千年来的偽誤。以為夏禹是鯀的直系血统的子嗣，因而后世有禹与女媧同族為婚之謬说。現在根据金文的记載，也就完全可以訂正過来了。

另外，《說文》解鯀，汉許說：「鯀，魚也。从魚，系声。」段注：「此未详為何魚，系声陵古本切，亦未详所以，恐古音不同今读也。」鯀的古音，汉時还知讀系声。系、奚原為同字，本是繫的概念，从鼎銘「中文」稱的字形结构上，也可以完全看出来了。《說文》解系：「縣也」，段注：「縣，古本作繫，非其义，今正。」自然是错了。段氏原不知古一字兩音，系，繫為一字，又讀縣，為懸的概念，是变音。「繫」為正诂。还有《淮南書·本經

訓》載：「傒人之牛馬」，高誘注：「傒，繫囚之繫，讀若雞」，就是又一旁証。因為
傒、奚為一字。《孟子》稱百里奚，《秦本紀》作百里傒，就是例証。

乙、釋父甬

甬字，古文讀鈡，原為鈡的象形体，前在「丙中角」銘考中，已經作过考据了。显然，這中甬字与角銘的甬字是兄弟兩人都以族稱的氏稱，甬是秦▽以為首的，▽為少皞氏的氏称，少皞氏有子稱5又称丫可以為比。因而可以疑為這是帝顓頊子一级媵妾（為少皞氏▼己的嫡系男「辛」所生諸女之一）所生之男，与「秦」系為首而字作甬的甬氏不同母。這應是[illegible]氏的生身父，是可以斷言了。同時，又為「普奴路亞」式的家庭組織形式，提供了有金文记載的鉄証。

D、『伯辛』解

[illegible]字古金文讀伯，而通祖（外祖），但伯為伯舅。在這里，帝顓頊之孫，鯀之諸男之一『俞』氏，是鯀弟兄母一級妻屬所生之兒，因而称保，可以推知『俞』保必為帝嚳高辛氏姊妹之子，因為帝嚳有母一級妻屬所生之女，可婚於帝顓頊的少子為子一級隨姑作嫁的媵妾（而母一級妻屬必然是帝嚳的生身父5氏的子一級媵妾所生之女）即俞為帝嚳的同母姊妹所生之子，因而字讀伯，為舅称。

另外，帝嚳高辛氏位居糸氏之側，靠边居旁位，說明這个鼎是在皋族已失去王位時期鑄制的，而俞（緰）氏受祭称保，当然逝世不久，為『俞』氏的子嗣所作的礼器。那么在帝顓頊鑄氏系中，只有帝舜在位，皋氏居側，当是這个階段的鑄制品，就可以据此作斷了。它是公元前兩千三百一十年到二十年之間的青銅器，应該説斷然无疑。

以上詮斷是不是确切，是不是与历史的实际相符，让我们再從『艅尊』銘的考证中，來找印証吧！

(三)『艅尊』銘再解

『艅尊』銘二十六字，《神农柱貝篇》已有初解，主要是解决『珠子王』和『柱祖』兩称的問題，并沒有作通考。現在為了概念明確，通释全文，再次摹録全銘如下：

八、釋小臣

餘，是人稱，依五帝時期古命氏誌族金文之例，兩字連稱，都是族氏的名稱。在這里，餘是氏稱，那么小臣為餘氏的族稱，非是「小臣」的官稱，也就可以肯定了，以后金文作「小臣」那又是后期的變化了。這是依古金文的規律而來的判斷；第二，再以小的畜形來說，也並不是以後的「小」字，在這里都很明显的為品字形的「三」，汉司馬《周本紀》載：「夫兽三為群，人三為众」、「三臣」、「三目」、「三人」当是同一概念，字本声应讀「众」，自然，這只是从字形上来的推断，作為族称，鯀氏為帝顓頊之男，屬鑄氏族系，那么在族称声律上是不是相符呢？殷周古韻中，重、崇、衆、戎同屬九部字，可知三代以前都是同声字，它是從神农又称神戎，有子称柱，而《历書》又作「南正重」這个声标而来的族称了。《世纪》晉皇甫称：「堯封鯀為崇伯」，就是鯀以族称為「山宗」的合筆，而山三為相通字「衆」的後世飾筆，因為衆的概念為「三」人；依据帝顓頊長子為「戍」，古金文作□，二子称明，為旅氏，字作□，三子為鯀，鯀為氏称，□就是□的变筆，字讀衆，為族称了。古命氏金文有「众自」三字銘，可以為旁証。

附：「众自」銘辭

『众卣』（旧名『父癸卣』——見《窓》十八）三字命氏金文如下：

這是『父癸』以『众』為子嗣作的命氏金文。▲字《説文》作△，汉許説：『三合也』，又称『䛐若集』，前已作过引証。△原為鯀祖，即神农炎帝厉山氏之子柱的氏标，『稷』的始体字，為『子』姓字，依例帝顓頊的氏标必作『▼』，而前在《帝顓頊鑄（酬）貝篇》作过论证，高阳氏在『高阳彝』中，羊字作就是例証。而鯀為帝顓頊之子，又必然是以▲為自己的氏标，而▼為它的翻体，鯀字金文作就是例証。因而在帝嚳后期，宰東虎族氏瞿死后，鑄氏族系帝顓頊三子鯀為『大父』，（金文称中父，見《唐堯時期三兵銘考》），因而為諸子中的第三子，以『众』命名，那么必奉▲以為首了。因之，這个『父癸』

应是帝嚳時期的『文乂』，癸字变筆作㐅，也是帝嚳末期餘氏為大以後的变筆。

据此為证，"乚"字读众，為系氏的族称，是在諸弟兄中位居三的反映，也就可以完全肯定了。

至於殷墟甲骨，众字作口㐺或作罒㐺（見《甲骨文编·乙种十四号》三五三頁），是囲氏的第三子以『众』為族氏之称的，又有『四』氏的第三子，称众，都是夏初的族氏之称，以後作為一般的众字的通用字了，因而体殊而实為一字。还有⊙㐺字，是奉阳（羊）以為首的，⊙在這里同样是氏族的标誌，后世以為『日下三人』是在旷野操作的奴隶的形象，因而作為称『众』的鮮釋，自然是不适於古命氏金文的本義了。

2、糸氏父工為癸山氏即帝顓頊第三子的佐証

——『山尊』三字命氏金文考

古命氏金文图銘中，有『山尊』（旧名：『山形父壬爵』——見《攈》卷一之二第三八頁）三字命氏金文作：父工為糸氏餘於帝摯時期任『宰』以後的自称，前已論及，而『山』為『三』的通用字，我们前面也作過金文引証了，那么糸氏父工，為帝顓頊的第三子，又称『癸山』（見『癸山毁』——《窸》七）前已説及都是糸氏父工又称餘的『众餘』一人的氏称，這是相互可以印証的。

3、釋『人方』

般周古韻，臣、亲（榛）、辛、申、人都是同部字。人方从声律上來說，当是神方的变称，《历書》載：“颛頊受之，乃封南正重司天以属神”，這是神农炎帝历山氏之子柱，即尊銘所称的□祖封神，柱的宗庙所在地，当称神方的根据。帝嚳嗣位，更双手奉柱的□字為□，自然是一种“变命”之后的称呼了。虽然現在在金文记载中，还找不到帝嚳嗣位初年关於更命改制的记载，但必有諱神称人的变命。這是从中字作□已不适於高辛氏王朝，不能如实的反映客观存在的变动，就可以推断出來了。

人方既然是帝嚳到這里來祭“柱”的地方，那么必然是柱的祖居封邑，因而也是柱的受祭的“宗庙”所在地，這又是显然的。《左傳》有

『宋、卫、陳、郑皆火，梓慎登大庭之庫以望之』（見昭公十八年）。正义称：『大庭氏，古天子之國名也。先儒旧說，皆云炎帝号神農，一曰「大庭氏」』（見《十三經注疏》），因而這个人方自然就是指今山東曲阜地区，春秋時魯都城内的古『大庭氏之庫』了。而曲阜地区古有以帝顓頊聊氏為称的鄒邑，及瞿氏旅所居的闕里（《礼》称：『瞿相圃』）又是以上這一論斷的兩点旁証了。

4、『餘尊』銘通釋

尊銘二十六字，应讀：

『珠子王（帝嚳）相（享）柱（、叏音讀条，后世誤讀為夔）祖。王錫

（給）众艅桂貝。鷹王来駐人方。鷹王十祀又五，五日。」

5、金文的印証

——「乙未𣪘」銘考

我们以上对于「艅尊」以及「丙申角」兩器所刊載的金文考证，是不是正確呢？古金文还有有关記載可作印証。這就是有十六字金文的「乙未𣪘」銘了（旧名「乙未敦」——見《愙》七）。現摹録全文如下：

（旧释：『乙未饗事，錫 学師貝言，用作父丁尊設 斝孫』）

4、『乙未』解

『丙申角』依前所考，既然是帝摯嗣位的第一年所制，『丙申』為紀年的甲子；那么，上推一年，正是乙未。乙未应是帝嚳高辛氏临崩的最后的一年，再上推三十五年為『庚申』（載於『庚申角』銘），帝嚳在位共為五十五年，据此可以作断了。

因之，『乙未』饗使（事），就必然不是一般的应酬性質，而是关係到王位的承嗣人的问題，又是必然無疑的了。制器人受金二百，為帝顓頊鑄祭器，就是要将這一参与王室更替决策的政治活动，鑄於金文作為自己的万世功勲，传之於后代子孫的。

要知道這个初步推断是不是与历史的实际相符，就需要考証铸器志事人究竟是谁，以便验証。

B、釋□与□

□讀众，為□的变筆，是「三子」的概念，是帝顓頊第三子的族氏之称，前有「鯀尊」兩字氏称的論証可以為比，就不須再作重复的論述了。关鍵在於□字的氏称，旧释為師，是不对头的。

從字形的结构来看，由於古一字兩音，那么变隶当作巸，简化為配，变声当讀熙。可知奚、熙古必是同音。熙為帝顓頊三子鯀（系氏奚）的氏称，晋皇甫《世纪》上有記載。称：「鯀為帝顓頊之子，字熙」（原注：《史记》《夏本纪》《索隐》所引」）。現在根据「乙未毁」銘的金文記載來看，晋皇甫昕記「帝嚳在位七十五年，年一百五岁而崩」虽為誤，差了二十年，应是年「八十五而崩」；但鲧称「熙」，熙為鲧的氏称之一，都是确切不誤的。「众熙」就是众鲧，都是吴氏鲧一人的氏称，据此就可以肯定下来了。

另外，盱字变隶又可以作盱，简化作盱。《説文》解盱，段注：「毛《詩·卷耳（周南）》曰盱，憂也」。又説：「今《卷耳》作吁，誤也」，並称「况吾切，在五部」，殷周古韻余、魚、於、瞿都是五部字，可以推知，盱、鲧在三代以前都是一个音律。众盱，又应是「州吁」族称的祖源了。「众盱」為本声，由于帝挚時期皋族為王，自然变音為正統语言，因而以「众熙」称為适。

七、釋[illegible]

旧释[illegible]為事。王静安称：“小子師敔（即『乙未毁』）之鄉事（饗使）作[illegible]……亦史之緐文』（見《釋史》—《观》卷六第一頁），是史、事古同字之証。”『乙未毁』的史字作[illegible]就是史的字源，同時自然也就是氏称（人名）。王旧說，以為“是中者，盛筭之器也』（同上所引），以為古史者所掌握的盛『筭』的方箭，這又是从殷、周古韻，中、甬、同本為同部字，可以推知的，但這又是根据周制而來的變解了。实际並非字的本义。从這十字形结构來說，[illegible]是金文成（[illegible]）字头，也就是帝顓頊的氏标中（桂）与己氏側体旗氏的结合形态，有子『中』（后作仲）即名『中』又称『众緐』或『众熙』，而帝尧又称為『崇伯』的緐的氏标。成祝為長，字作[illegible]；二子為旅，字作[illegible]；緐為三子，或作[illegible]或作[illegible]，而作[illegible]，也是「三人為众」的「众」的声源所出。[illegible]字上部作[illegible]，当是[illegible]的失筆，已不知[illegible]原為側己，可見变隶時由於原字不清而形成的。[illegible]下加又讀事，显然是反映了「以手奉[illegible]之命而為使」的概念。換句話说，就是奉[illegible]遣派的使者去王室代表[illegible]办事的人称[illegible]。

我们既然知道[illegible]為帝顓頊与側己之三子系氏（鯀），那么從声律上推求，這十「使」氏，当是帝顓頊的四子，《虞書》称「益」的生身父了。关於這十四系的朋氏，《唐尧時期三兵銘考》有詳論，在這里就不作离题过远的論証了。

D、釋[illegible]

這个□字，王静安在《説俎下》（《观卷三——二二頁》）中，引《曲礼》曰：君子抱孫不抱子。此言孫可以爲王父尸，子不可爲父尸。曾子向孔子曰：祭成喪者必有尸，尸必以孫。孫幼則使人抱之。是古爲尸（主）者，其年必恒幼作大人抱子之形，其上或兩旁之非，則《周礼》所謂左右几也。王釋爲确，字本声讀俎。《説文》解俎：「礼俎也。从半肉在且上。」讀如且。又解且，汉許説：「所以薦也。从几，足有二横。一其下，地也。」並稱：「□，古文以爲且，又以爲几字。」是俎、几爲一物，变声稱几，从夏音，因爲夏統治年代久，所以变音爲主。殷周古韻几、祭同在十五部，从声律上來説，当是「祭」的象形体。从字形结构來説，非當爲非的变筆，而□变隶应爲「示」（子与孫）。从概念上來説，更是抱孫以祭的形象，因而爲「祭」的本字，就可以初步作断了。

E、「乙未毁」銘通釋

根据以上的研究，「乙未毁」全文通釋，当為：

「乙未饗使給众熙貝二百，用作父珠尊毁，祭。」

父珠当是帝顓頊的氏稱「珠」，而不是虞舜的族稱「珠」；祭為祭奠之礼，自然也是柱封稷而來的族稱声标。以後鯀有子稱祭氏別於「旅」。古标氏誌親金文又有「父乙卣」（見《憲》十八）五字圖銘，作：

就是例証，显然是婚於帝堯之女，而稱「梟」為「父乙」。這又是屬於題外的話了。

通觀全文，就可以很明白的看出來，「乙未」当帝嚳高辛氏焰崩之前，䲨曾派出使者，即他的「四」弟為使（作代表）去王室，受到王室饗礼款待，并賜給二百金，䲨就用来作祭祀父顓頊珠氏的礼器了。反映了䲨与帝摯嗣位是有密切关係的。

剩下的最后一个問題是，為什么䲨在「艅尊」銘中自称众艅，众字作[illegible]，而在「乙未𣪘」銘中变称众熙，而众字作[illegible]呢？众字声标没变，在象形体的金文结构上却从「三臣」变為「三子」，說明這是客观物質基礎发生了变化的反映。因為世界是动的，不是静止的，孤立的，不变的。

乇、從氏称字的变化上看四十五年之間的親屬关係和封邑的变化

「艅尊」銘，䲨以众艅自称，陪帝嚳高辛氏祭祖，是在帝嚳十年；而

『乙未殷』銘鯀以众熙自称，众字不作□而作□，這是在帝嚳临終的五十五年，当中相隔了四十五年。从氏称的变化上，可以看出鯀与帝嚳之间亲属关係的变化，自然這也反映了政治身份的变化；另外，就是封邑的变化了。

(1) 親屬关係的变化

系氏鯀在帝嚳十年陪王祭祖的時候，称□，為旋称，依帝顓頊長子為相，字作□，是首目，二子瞿氏宰東虎為二目，字作□，那么□為『三目』，這是一方面；另一方面，帝嚳為帝顓頊的子婿，对鯀依父系来說，是姊夫。晋皇甫《世纪》載：『堯封鯀為崇伯』，鯀是帝尧的伯『舅』，母親的『同父弟兄』，应該說是『鉄证如山』。

的，因而輩次相等；反過來說，帝嚳既然有子一級『次妃』所生之女（如娥皇），婚於鯀的諸子，如象氏、虞氏，那么母一級『正妃』所生之女，必為鯀弟兄的子一級媵妾，而鯀的母一級妻屬為『姑』，又必然是帝嚳高辛氏的『姊妹』，因而系氏众餘也為帝嚳高辛氏的『姊妹夫』。帝嚳十年陪王祭祖的時候，不須說，鯀还年少，还没有婚於帝嚳的女兒，就是說不到结婚的年令，因而稱『三臣』，輩次与作為姊妹夫的帝嚳是相等的。但到了帝嚳五十五年鯀不但早已有了母一級妻屬所生之女婚於帝嚳高辛氏，有了外甥：摯、夏禹、后稷，外甥女么娸等人；為帝嚳稱為『父癸』或 [illegible]，而且系氏鯀必然也早已婚於帝嚳的母一級『正妃』所生的女兒，又是帝嚳高辛氏的『子婿』了。因而不稱『三臣（目）』

而為『三子』敬王室以自謙的姿态，躍然現于這个古金文小篆字之中，是很清楚的。

(2) 再看从氏称字上所反映出来的封邑的变動

系氏鯀在帝嚳十年陪王祭祖的時候，在人方，而称[illegible]。《世紀》載：『禹始納塗山之女曰女媧』。《說文》塗字作嵞，汉許解：『会稽山也。一曰九江当塗也』。又《虞書》曰：『予娶嵞山』。夏禹崩於会稽，葬於今紹興禹山』，或是事实，但這个禹山絶不是鯀的封邑『余山』。所謂『当塗』更是秦汉以后的附会了。

鯀的封邑，自然是以氏称為鯀的地方，簡化应為『余』，兄弟行居三位故称余山，山即古三的通用字，已經作过論証，而余為郐。《禹貢》所称：『海岱及淮惟徐州。淮沂其治，蒙羽其蓺』，实际也是秦汉以後的概念。汉司馬《齐田仲完世家》作徐州，又記：齐威王二十四年与魏梁王的对話，称：

『吾吏有黔夫者，使守徐州，則燕人祭（齐之）北門，趙人祭西門，从而徙者七千余家。』

显然這个齐国西北境的古徐州，就是五帝時期的鲧的封土『余（餘）』的地区所在了。汉以後称『鄃』，《後汉書·马武傳》載：『更封鄃侯』，唐怀太子注：『属平原郡，故城在今德州平原县西南』，就是一个例証，就在這个今山東省平原县地区，明末清初还相傳有『伯鲧』所建的古壙，称『鲧堤』，断续高阜约十余里（見《讀史方輿紀要》卷三十），又是一个例証。前在《典籍集》已論及，今山東禹城县应是夏禹婚於余山氏女的『台桑』的所在地，而古涂中心，应在今河北平山，即古之『中山』国所在地。

帝嚳五十五年，已經是在帝嚳五十年（庚寅）誅婿（重黎氏聊墟）之後，鲧的封土早已发生变动了，因而系氏又称奚，字作[illegible]，当是封邑也称奚。《左傳》有『战於奚』（桓公十七年），奚為魯地，而鲧的諸子之一『奚仲』封邑在薛，当与古奚為邻了。《汉書·地理志》東海郡祝其县下注有『羽山在县南。鲧所殛处』。鲧所繫的羽山不在魯南，另在《地理集》有專訖考証。而這个祝其县的羽山，原為鲧被羈押于東海边另一羽山之前的封邑，為古『奚』地区的南界，大致是可以肯定的。熙、奚属同声字，『乙未毁』不称餘而称熙就标誌着封邑的变更不在齐北的余（郐）、而在鲁南的『奠』了。

（四）奠貝圖銘解

《西清古鑑・錢録》古貝圖中的第六枚，正面為： 是『鑄

□為罕東虎旅氏的标志）立（辇的貝文作亼）』 兩字。

」是鑄冶中的流通軌道的形象，□為□（足）的变笔，吕字的

源起，是以旅氏命名的貨币。和這个鑄辇貝可以作对比的，為第八枚，

图如： 《録》以為『黄帝貨』自然是不确了。按此為三字，

右讀 首字為□，疑為『金』的初体，干為声标，也是

旂称，源於鑄在帝摯時期為相而称『监』，古干、监、奠、匽当同声，属

於一个族称的音标，直到西周之始周公「践奄」的「奄」，召公封於燕的燕，同属这一个族系，即神农炎帝的族称声标之一。「比干」之「干」，如此為族称，「干」当依例為姓，属殷纣氏称。而虞舜嗣位，古金文称「杞」（刊於「丰己彝」，字作□，《史记》作「契」，显然為周室史者之隐笔，以使殷纣王室失去在群众之间的族望。自然，这是题外之谈了。）干下之▽為鲦之金文氏称□（餘）字（载於「珠子王尊」，前已考定）△的倒体，依例当為鲦之男，疑「奚仲」之兄，循鲦之官称以「干」即倒↓▽加二，為「二世」之概念称「金」，刂為□「铸」之简化，□字三珠成系如重，）為封地的标志，变隶当作隊，鲦笔為「奚」，是為「金铸奚」三字，奚為貝称，見於「丙申角」铭，字作□，為□

之变筆，是□項戴糸氏以為族首的反映，而□為□的变体，是鲧之封邑之一稱奚，□為阜，是封邑之称，源於所婚之女方為阜氏。

總之，這是『丙申角』銘中所稱之『奚貝』，應是可以說『信而有徵』的了。至於鲧為帝摯的大宰稱『監』，也有金文記載，就留到《人物集》去另作專題研究了。

（以上共為十三器所載古金文十四篇）

一九七五年四月一日再整理
一九七七年二月廿五日定稿
一九八三年五月十二日訂正

金文新攷
第三輯·兵銘集
駱賓基著

目錄

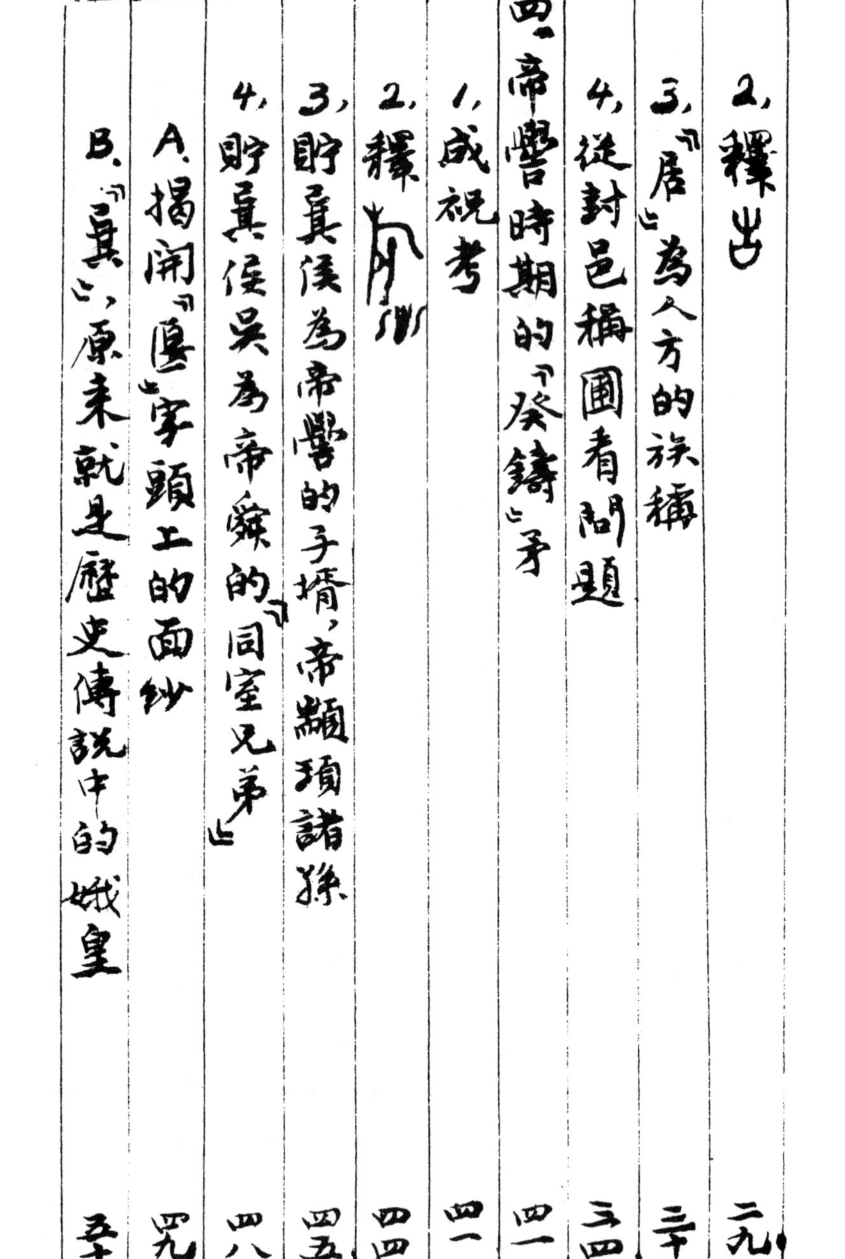

尊之讀戊（今稱鏻）變音為錐，古讀垂。 六七

B、《第三兵銘》通解 七十

6、第二兵銘通攷

A、兵銘所記「六父」為帝顓頊的六子 七九

B、「癸」為姓氏 八十

C、四父癸是同級弟兄 八一

D、帝舜与虞侯吴為五父日辛的子嗣 九二

E、六父日己的初命氏稱標誌着

東方人類「乘馬」（服牛）的年代 九六

F、《左傳》有「昔高陽氏」八子」之稱

前記

我們中國，遠在有名的神農（炎帝，歷山氏）時期的人類新生產方式和新生活方式開始以前，也就是說，在農業、畜牧業和金屬冶煉的手工業大分工以及農業定居、畜牧定場以前，就零零散散地在廣大的游牧氏族部落中，存在着農業的生產活動了。

神農時期的新生產方式和新生活方式的出現，從神農後期的命氏標族的金文記載的圖銘中，如標誌着行止有所規制的「往」字作「㞷」，以及標誌着金屬冶煉手工業存在的「鑄」字作（𦥑），就可以推論出來了；而早在這之前，在以游牧為主的東方古氏族部落中，就零零散散地存在着農業生產活動，這是從地下不斷出土的石器中不但有石斧、石鏃，還有大量的石鏟、石鋤和石鐮出現，就可以判斷出來了。例如在河南安陽殷墟，解放前出土的雙孔石鏟「就有數千種」，稱「獲孔豆莢形石刀」，略如[illegible]（見三聯版《中國兵器史稿》石兵一章），而且這種雙孔石鏟，南到杭州，北到熱河凌源地區，都有發現。它不是刀，而是手鏟，這是從金文的「姬」字原始古體作[illegible]（見《仲墟父盤》銘。舊名《仲歔父盤》——《攈古錄》卷二之二65頁，以下簡稱《攈》）或作[illegible]（見《格伯敦》——同上83頁）的體形相同就可以辨認出來的。

毛主席說：「馬克思以前的唯物論，離開人的社會性，離開人的歷史發展，去觀察認識問題，因此不能了解認識對社會實踐的依賴關係，即認識對生產和階級鬥爭的依賴關係。」在這個象形体的金文上，以[illegible]代臣，足証是同聲相假，為「鍾」的象形體（臣字本音讀堅，變音讀演，字作臣，鍾聲為後出的變讀）。在這個字的金文結構中，既反映了生產關係，也反映了階級關係，所謂「鍾女」（[illegible]，金文右讀），當是指使用鍾從事田野勞動的女奴。「格伯敵」不是三代以前金文初期的產物，但在金文中卻保留了「姬」的古体字。這是從字形所象，以及「鏟」、「臣」相假以同声而得出的𦣞為手鏟的論斷；其次，女臣讀姬，又是傒的古音，傒繫同字，古讀如「雞」（《淮南書》載：「驅人之牛馬，傒人之子女」。高誘註：「傒，繫囚之繫，讀曰雞」——見《道應訓》卷十二），又是從事田野勞動的女奴稱「姬」，為「傒」的同義語的例證。第三，在殷墟出土的數孔石鏟有數千之多，數量之大，又是為田野勞動的挖草鋤地的工具，不是從事對房內務的工具的第三個論據了。在杭州良渚鎮過去與湜孔石鏟同時出土的，還有石鐮，舊稱「石刀」，形如：（所引同上），都是以說明，新石器、時代，在中國黃河南北的游牧氏族部落，就早已經有廣泛的農業生產活動了。

毛主席曾經說：「中華民族的發展（這裏說的主要地是指漢族的發展——原註）和世界上別的許多民族同樣，曾經過了若干萬年的無階級的原始公社的生活」。循此，因而應該說，當神農之子「柱」（「列山氏有子曰柱，自夏以上祀之」——見《左傳》昭公二十九年），開始鑑製金屬貨幣，并以「柱貝」（金文作[illegible]貝，貝文作「丨」）命名以前，中國就早已有金屬農具鋤出現了。柱貝作[illegible]形，就是有金屬鋤在金屬貨幣之先的佐証。而帝顓頊幼年就以鉏（古鋤字）命名。金文象形体為凵、凵為凵標音誌族的符號，這在《貨幣集》已經作過較詳的介紹了。說明遠在中國跨入青銅貨幣為標誌的奴隸制社會以前，東方的人類就和世界其它古老的民族一樣，早就經過了新石器時代的若干萬年的原始公社時期的生產經驗的積累，不管是農業生產上的技能，還是金屬冶煉手工業上的生產本領，都已經有了一定水平。而神農時期所以建立新的生產關係，實行行止止有所規制的新的生產制度，也已說明了這是由於青銅農具的出現，在生產力上發生的變化所決定的。舊的生產關係必定為新的生產關係所代替，這是歷史發展的必然结果，是不以人的意志為轉移的。神農炎帝歷山氏所以在傳說中受人称頌，主要的就是由於神農所倡導的「農業定居」（立柱定居的命名），就是因為適應了客觀發展的要求。另外，在神農炎帝歷山氏所統帥的以相互婚姻為氏族聯盟基礎的（以農為主，畜牧、金屬冶煉、狩獵等為副）本部落周圍，一定還存在着石器、骨器与交換來的金屬農具并用的事實，而且存在得很久，直到三代以後，隨着中原農業區域的擴大而周圍的青銅工具与石器并用的情況仍然如舊，但已經不是原來的比例和規模了。

中國遠在六萬年以前，北京猿人時代就知道用火，用骨針作蔽洒的縫紉工具，這是在周口店猿人所生活的石洞裡發現的遺物和遺跡所証實的。顯然早在神農炎帝歷山氏之前，人類還處於無階級的原始公社時期，就必然已經知道用火烤食物、照明、驅獸，并用以取暖了。相應的必然也會知道以獸筋抽絲為綫，用骨針來縫紉獸皮，用作遮蔽風雪的罩護物（如帳篷之類）了。

因而最近在河北省藁城縣地區一座商代古墓中出土的鐵刃青銅鉞（見一九七五年六月六日《人民日報》第二版）亦并不足為怪的，據此就可以確切地推知中國的金屬冶煉手工業的發展歷史是多麼悠久了。這是我們在《貨幣集》中根據五帝時期七種貨幣的考証得出來的結論的一個有利的科學依據。這個結論就是說，早在公元前兩千七百年到公元前三千年之間，也正是神農之子柱開始大量鑄造鋤形的「柱貝」之前，中國已經踏入了奴隸制社會了。公元前兩千七百年以前，是以金屬貨幣的出現為標誌的，是這一社會制度開始的下限，因為，我們在前面已經說過，柱貝採取鋤形，就足以說明使用青銅農具是遠在鑄貝以前了。

還有「鐵刃青銅鉞」的出土，也不是個別的現象，早在抗日戰爭之前，就有山東、濟南近郊，鐵兵在「周墓」裡出土的記載了（註：「鉄兵粘牢於周戈之上，故可斷言為周代之物。現存山東省立圖書館」—見《文稿》丙·周代及春秋戰國「銅兵」一節），鉄兵究竟是出土於西周墓，還是東周墓，甚至商墓，恐怕還需要重新鑒定，但這并不影響它為「鐵刃青銅鉞」的出現絕非孤立事物這一論斷作依據的性質。根據恩格斯的說法，隨着貨幣「便出現了直接以交換為目的的生產，即商品的生產」。（見《家庭·私有制和國家的起源》）而在命氏諸族的金文圖銘中，早在公元前兩千五百年前後，就有了城市的記載·帝顓頊的「祠宗子」，就以「戍」命名，金文作[illegible]，是在有武備保衛的封邑裡樹旗以爲招徠的形態。作爲進行公平交易的場所所有的標誌，當是「城」的最早象形体（《史記·楚世家》作稱）、《左傳》有「以成宋亂」，晉·杜預注「成」爲「平」（見桓公二年），就是雙方進行交易談判而來的概念的一個例証。由成而秤，又有評，當是以後文字的發展。這種[illegible]於城市出現之後而有的命名，又是和貨幣的大量流通互相印証，是繼金屬農具鋤和貨幣出現的中國已跨入奴隸制社會的第三個重要標誌了。

既然五帝時期有七種金屬貨幣爲証，那麼三代以前也必有金屬武器可考，因而本文名之爲《兵銘集》。

一、帝顓頊——帝嚳時期的「束虎瞿」

1、束虎瞿的圖形

抗日戰爭以前在殷墟出土的古代青銅兵器中，有一種柄上有民標的瞿兵，長二三·二公厘，圖形如：

見三聯版《中國兵器史稿》。舊名「銅瞿」。引自李濟著《殷墟銅器五種及其相關之問題》

《周書·顧命篇》有：「一人冕執戣，立於東垂；一人冕執瞿，立於西垂。」鄭司農註：「今（東漢末代）之三鋒矛」，不知所據。

現根據殷墟出土的這隻古「瞿兵」来看，很明確「瞿」是啄器，絶非刺兵，用今天的話来説，就是刨土用的農具「鐝」，又叫「鶴嘴鋤」。應該説是僅晚於鋤和鏟的青銅生產工具，但却是最早的一種長柄的用於戰鬥的自衛性武器。

「首先，馬克思主義者認為人類的生產活動是最基本的實踐活動，是决定其他一切活動的東西」。在這裡就得到具体的例証：説明鐝（瞿）是由於農業生產的發展所决定的產物，舊有「區田不必用犁，但鐙钁最便（見清·顧炎武輯《天下郡國利病書》——《鳳陽府誌·農政篇》），就是例証。《説文》解「钁」：「大鋤也」，説明钁、瞿、鐝、鑺、白部是同字，為刨土器而後钁自然又作動詞「掘」的同声假借字用了。首先是在農業生產上的用具，而搏鬥起来，不管對方是人還是獸，「瞿」由於是長柄農具，就勝於短鋤和手鐮，而成為最厲害的防身自衛的戰鬥武器了。因而稱作「瞿兵」。

2、古瞿兵的種類

古青銅瞿種類不一，但在五帝時期是一端為長錐形，一端如柄，可作砸器。啄為主，倒過来做鎚使用為次。「東虎瞿」是青銅瞿中最早的一種形式。到了虞舜時期，鐝形就又有不同了。金文有「子商瞿」（見《攈古》卷一之三32頁）六字標族誌親的圖銘可為例証，金文是：

七吾

「癸」字上的兩個字是「子商」、「癸」内三字爲「瞿羊」（金文左行）、依據金文「子」爲親称的常例來說，子即女婿的古稱，是循母系制的風習而來的。子商當是帝舜的嗣宗子「商均」（史稱「商均」）、帝居「癸」（後世称「閏」）的声源和義源）内的「瞿羊」，不須說，就是帝堯子一級妻偶「瞿」（穿東虎旅氏之子，帝顓頊之孫）、有羿氏、貯虎的女兒了。顯然到了帝舜時期，瞿形就已經和今天我們農村所用的寬板大鍋沒有什麼區別了。這種鍋形又見於「三公瞿」（見《攈古》卷一之二85頁），公字作「[illegible]」。「瞿」有羿氏貯虎又称「乙公」（論在第二節「畜瞿」），「三公瞿」，當然是瞿乙的子嗣以族稱為「公」的瞿氏了。也應是帝舜後期或夏禹初期的鐵形，和「子商甗」的瞿的象形体金文是一樣的。說明這時的鐵已經和青銅瞿前期的「東虎瞿」有了很大的不同，確是和今天我們在農村所用的寬板大鎬相似。因沒有出土實物可作依據，只從字的圖形來說，雖不能斷言是鐵製農具，但至少說明是多種金屬原素的合金所鍛制的，因而勒性高，硬度強，所以板寬，不怕折，因而在意識形態領域裏得到象形的反映。

《禹貢》載，太湖地區的貢品「惟金三等」，另外還有「璆鐵、銀、鏤」的名目，雖然並不可靠（因為依據地理的概念來

看，確實不是夏禹時期的版圖），但從金文的記載來看，
唐虞之際已經在金屬冶煉手工業中出現了鐵，是完全可能
的，因爲在「垂」氏爲帝堯（公乙）所製禮器中，已經有「金銀
錯」的工藝，卻是有佐証的（見《西清古鑑》卷十三，39頁。以下
簡稱《西》）。而且「垂」的象形体金文作[illegible]，也已經是寬
板鎬頭的式樣，平口，刃如刀，而不是錐形尖如鶴嘴了。據此可
知這個「垂」是以族稱，或爲佐夏禹的「大岳」著氏（詳論見本
章第三節「居字瞿」），是寧東虎的嫡系孫所鑄造的禮
器。《西清古鑑》在「垂作父乙彝」（舊名「周云戈彝」）圖錄
背頁所附文字說明稱：「重九十一兩，兩耳有珥，金銀錯」。這就

具體地說明了唐虞之際不但已經確是金分三等，有金、有銀、有銅，而且虞夏之間還有了「金銀錯」的工藝。「垂作文乙彝」的我們在這裡樹立了一個金屬冶煉工業技術水平的新標誌是可能有鉄鎬的另一個參考依據。如果以上的推斷不誤，那麼在瞿兵型類的區別上，「子商甗」和「垂作文乙彝」的象形体的「瞿」(垂)字，就同樣為我們建立了一道分水嶺，雖不能說錐体的鶴嘴形青銅钁盡是唐虞以前五帝時期的瞿兵，但寬板鎬式的瞿兵，為唐虞以後的新式農具，則應是斷然無疑的。

此外，還有「單癸瞿」，根據桂未谷手拓圖形，如□ 体

十

短而面闊，形如鏟，并有「單癸爨」的族氏標記，疑即方頭鏟（為鏟幣所取的形式）的前身。「鏟」為「單」的声源所出。「單」原為農具的名稱，這是從「王母鬲」（見《據》卷二之一28頁）「單」字繁文作□，作為封邑之稱，鬲銘作□，就可以推斷出來的。從「單」的字形來說，顯然是□的變体，和□不同的是田字旁的兩個圓珠形的運轉輪，移到犁具（田）的前面了，這個犁具的平面圖為□，字讀犁，在以前已經說過了。現在兩個運轉輪移到前面，和解放前農村在墾荒時馬拉單鏵犁簝手相近了。而「單」字正是這種生產工具在意識形態領域裏的反映。而單字古音讀如嬋，疑

也是從帝舜（「陳」声）而来的声源。這個錐形的「单癸瞿」就
是有兩輪在前的「錘」，這和五帝時期的以重犂[illegible]的犂
刃（如羊角的形狀）以及鋤字作内的雙刃形狀，有了很大的不同。
雙刃是說明青銅質的脆而軟，故不適於寬面，而力在兩隻
銳角上；「单癸瞿」的形制已經不同，如果不是多種金屬元素
的鑄品，就很難解釋它的濶度所呈現的質的硬度了。這又是
唐虞之際可能有鉄的參考論証。至於《周書》所稱「一人
冕執瞿」，究竟是錐形的鶴嘴鋤，還是唐虞後期的
寬板鎬，甚至是「单癸瞿」的鍪鍬形，雖無從考証，但有
「文」為氏標的這個從殷墟出土的青銅瞿，不是商器而為

五帝時期帝顓頊的「次子」寔東虎、日禹旅氏的所有物，卻並有標族誌氏的金文可據的。

2、「東虎（華字）瞿」考

有子（華）字為氏標的青銅瞿，舊說以出自殷墟而斷為商器。但從金文的氏標來看，當為五帝時期的產物，或為殷室奴隸主的內府所藏的古器之一。正如周封伯禽而有「夏之璜、繁弱之弓」（見《左傳》定公四年）等古物為國器一樣，是帝顓頊的次子旅氏、帝嚳時期為寔的東虎，也就是瞿氏始祖日禹所有的作為鰥氏族系命名的「物標」而遺留於後世子嗣的。

論斷的根據就在這一字標氏金文『[illegible]』字上。屮（桂）是帝顓頊的氏標与几（己的側体）結合，有子為[illegible]（金文人字），就是[illegible]（司馬《楚世家》作『稱』）。『成』為帝顓頊的嗣宗子，二子，就是旅氏東虎了，金文作[illegible]。同樣是屮与几兩体的結合體。這是屮為帝顓頊氏標的例証。不用說『[illegible]』字就是帝顓頊氏標的側体了，側体具有旁系庶子而不是『正宗』的概念，正宗之子為[illegible]，這是一；另外還有命氏金文為印証，即『東虎斝』六字圖銘

『東虎斝』新解

「東虎斝」（舊名「父丁斝」）—見《愙齋集古録》第二十册及《攈古》卷二之一17頁）六字金文，為：

首字為王，為「王之虎」的概念。舊有「惟王氏虞帝之後也」（見《漢書·王莽傳》）的說法，或者就是本於這個扁體王字而有的變稱。實際上，從金文的記載來看，「王」的名稱不是從舜開始，而是從帝顓頊開始，有「鑄卣」（舊名「商子丁立父卣」—見《敬吾心室彝器款識》）為証，其文為：

「王」的初文為天立於大地（金文作一）之上的會意字。東虎戉初以扁体「王」為氏稱，就是根據帝顓頊以王自稱（詳論在《貨幣集》，以帝嚳稱「王」，金文作（見「父癸𣪘」——《寧憲》十二、7頁）（按：《憲齋集古錄》「殷」偶作「𣪘」，別立「簋」目）有（姓）為標誌，或即東虎旅氏者，以扁体「王」字為氏稱而又變篆作「王」之側体為的因素之一吧！依金文「王」作，又作、「珠」作●（變音讀「丁」），又作○之例，字自然又可以變篆作，讀「樹」了。其字小篆作，《說文》讀宁（貯）。許說：「辦（疑為「辨」之誤）積物也」，段註：貯、著、宁為相通字；「宁，靜安也」有古「鑄」、「祝」、「州」同字的說法（見《鑄公簠跋》），都是正確的因為以神農炎帝厲山氏之子「柱」為柱（金文族標為，見文為「—」）氏族的始祖。帝嚳顓頊稱「柱」（金文作），初命為「鉏」（金文作□、□為声標和族標），再命為「鑄」（金文作□），帝少皞更初命為「聊」（金文作□），再命為「舟」（金文作□變音讀受），又稱「高陽」（金文作□）及珠氏有子為「戚祝」（金文作□）。直到諸孫，有州氏、著氏、斿氏、儲氏，通稱貯氏，都是一個族系，因而個人的氏稱字体雖然不都一樣，但声標卻是相同，因而作為族稱，柱（重）、鉏、聊、舟（仇、疇、受）、州、祝、東（樕）、樹、貯、著、斿、儲諸字都是相通的。□字立起來為□，戒是宰東虎旅氏避王諱而作變革的基礎，為「東」的本字，又是「樹」的聲源。金文標族誌氏圖銘中有「樹鑮斝」（舊名「櫝戈」，又丁斝——見《攈古》卷一之二18頁）四字銘文，樹鑮兩字為合体的氏徽，作：□，就是東虎的「側体」子嗣而以族称為「珠」的。既然這個兩体王字是兩通字，上通「東」，為父一代的氏稱，下通「樹」，為子一代的氏稱，而鑄古又讀作鉃（考《後漢書》《獨行戴就傳》註引《古今字詁》云：「鉃，臿也」。又引何承天《纂文》曰：「臿，音華，今之鉃也」。—見《億年堂金石記》左闕鉃一節，是讀媧音如虎。《左傳》稱「陽虎」，《論语》作「陽貨」，是鑄虎為同声字的例証，而「父珠」又可以作族称，這個「東虎學」到底是根據什麼判斷文為「東虎」，而不是東虎之子「樹鑄」為東虎作的禮器，以「族」称「東虎」為「父珠」呢？確實是很難判斷的。但有一點是不容置疑的，那就是□字如王，而位居虎上，必然是皞氏為王而後在意識形態領域裏才能出現的反映。就是說，帝室已經不屬皋氏系了（皋系即虎系）。如《左傳》有「蒙皋比以先犯之」。晋，杜預註：「皋比，虎皮」。就是例証。——見莊公十年）。如果這樣說，那麼更應該称作「樹虎（鑄）嘼」了。因為這是帝舜為王，皞氏為尊時期的鑄制品。是的，確實這樣，但若果上的事物是複雜的，在這裏有了關鍵的字就推翻了這一設想。這就是「作」字不是它，而是它的反文「[illegible]」。這是不是鑄制時的疏忽所致呢？不是的，卻正是它的精細處。原來金文的字形結構，不但嚴謹，而且用筆精细。例如：寧東虎在帝嚳九年所作的「先癸卣」誌事金文，自以虎称，原字作[illegible]

（見《歷代鐘鼎彝器款識》——以下簡稱《歷》），虎的頭上奉戴的是帝顓頊的氏標ψ，但到了帝嚳十二年在「庚申角」（舊名「宰椃角」——見《歷》二十二册）銘的誌氏金文中，卻以「宰椃」自稱。原字就變作「[illegible]」，以木來代替ψ了，很明顯地与[illegible]字不同處，不但木不居虎所奉戴的首位，而且体積也縮小了。在這種造字的變化中，反映了客觀形勢的發展。虎爲母族，王室爲尊，因而不能再以帝顓頊的氏標爲主，置於「虎」首之上了。這是在帝嚳九年時期，雖然東虎爲咸祝作禮器（或者就是祭器），不以父系的族稱，稱「咸祝」爲「兄珠」，而以「兄癸」稱，說明姓爲尊，已有敬王室的趨勢；但顓頊仍爲尊，因爲稱嚳爲

「珠子王」（珠氏子婿的概念），所以虎首奉戴屮（桂的繁体），
[glyph]字顯然是卩（卿字，為帝少皞冊命的氏称）的變体，但
到帝嚳二十年的時候，就由於尊王室的原故，變筆作[glyph]，
用自己的[glyph]字氏標來代替帝顓頊的族標了。[glyph]舊釋木字，
作「穿虓」，木非鑄氏族系的声律所屬，自然是不對的，另外還
有金文蘇字作[glyph]（見《攈》卷二之二23頁「蘇治妊鼎」銘），
木為標声誌族的符號，可作旁証，或為「槲」的象形体，以字形近似
三木為來的東，變隸當為「穿虓」，因為「虓」、「虒」同為《說文》
所不載的古文，因而就以「東虎」兩字為称，單音只有讀「虎」了。
根據以上所論，可知在金文初期的字形結構上，用筆細緻，如

工筆畫一樣。因而『作』字及刻，必然也是為『存在』所決定的一種意識形態反映。這就是說，□原為東虎的正体，曾經以這兩字金文爲帝顓頊作過祭器，自然這是帝嚳嗣位的初期了。後来爲避王諱，扁虎王字形的金文就竪立起来作□，遂成三木爲東的字形。至帝嚳誅增（詳論見《重黎考》），這個虎字上面的扁體『王』，不但是位置不對頭，而且還會招致爭王位的誤解，很可能是在帝嚳命堯征重黎氏聊墟以後，原有的這个不適於客觀形勢要求的祭器就毀掉了。穿東虎旅氏為人的謹慎處，不但在□一字氏称的结構上表現出来了，從『旅鼎』（舊名『大保鼎』）所刊載的旅氏東虎自製的誌事金文称唐堯為『鷹

（英）公大保」的尊敬中，也可以看出来。而實際上，堯是旅氏東虎姊妹之子。 但宰東虎晚年，却仍不因私情有所放任。

因而帝舜嗣位，貯氏為大，東虎旅氏之嫡系子嗣就有翻製過去毀掉的遣勺祭器的族系的金文本稱，來作為族称的根據，以便流傳子孫後代。因而『王』氏雖非帝舜的直系後裔，但是舜的諸子中屬於瞿氏系一支，也許是沒有問題的了。

『東虎斝』的虎尾有一㗊字，應是旅字之省為貝文『鑄』字族標（貝文『鑄』）而字為□，見《西》·《錢錄》古貝圖第六枚），當然又是呂氏的民族所出的佐証了。《說文》許慎自叙其祖

3551364

族有「大岳佐夏」，呂叔作藩，俾侯於許」，段註：「國語大子晉曰：共之從孫四嶽佐伯禹」，又說：「大𡽍（古許字）下言甫侯所封，此云呂叔所侯者，甫即呂也。故詩言甫不言呂，國語言呂不言甫，尚書呂刑即甫刑」。段氏所論與金文記載相符，說明是很對的，因為寧東虎旅氏有子稱裔，金文作𠧧，變音讀甫，這就是帝堯初期的共工垂氏瞿乙，即有羿氏。

帝嚳時期依金文所載，官制「相」稱「宰」，祝融（共工）稱重黎，重黎是古史者的飾筆。實際依字形來說，「重黎」又是「鑄黎」的變筆了。因而與周古韻，童、重、戎、工、東與諫、冢同部，實際上並非由於音韻而相通，依金文的記載來看，倒是因為父母兩系的語言不同而音異，但却是因為同指一物或一人而相通了。如亞字讀『尌』，原為『樹』的象形字，又讀『癸』，當是『樻』的声源所出了。金文亞（癸）字就是亞的內体。總之，帝嚳時期沒有『共工』之称，共工一職就是『重黎』了，因而寧東虎有子以工的側体H為標誌，說明這个『樹鏵』不是嗣宗子，這是一；另外也說明寧東虎即金文的『父工』，以工氏自称。所謂『共工之從孫』為呂叔，當是唐虞之際的史筆，以『共工』称前世的『重黎』，就是說，寧東虎有嫡系孫（非從孫）以呂為氏標，是宋旅氏的貝文而來的声標。《說文》段註以『心旅脊之臣』為呂作解，是不確的。呂氏所以称叔，是為王室之叔，即妻室的弟兄以及姊妹的婚偶所有的親称。對王室既可以自称「叔呂」(王室，依世序當屬夏啓階段)，史筆自然也以「呂叔」來称了。又因為甫為族称，是敬称，又為「瞿乙」，乙的另一音讀甫(阜)，所以甫侯与呂叔為一人。這是東虎的虎尾上的標誌為旅的変筆，是呂氏之祖的根據。

字虎頭所奉戴的是中的側体，即帝顓頊的旁系所出的子嗣。這個氏標，就是東虎旅氏的氏標與殷墟出土的這具青銅瞿上所有的氏標相同。因而據此就可以斷定是窜東虎五帝時期的鑄制物，定名為「東虎瞿」。

二、唐堯時期有羿氏的「畜瞿」

在殷墟出土的所謂「商代句兵」中，有一種是馬囪瞿（見三聯版《中國兵器史稿》圖版十四之第三圖）圖如下：

馬囪的尾末為几形，是它的氏系標誌，這个氏系標誌，正和金文「垂」（鏃的象形体）字作，鏃尾有 下垂是相同的，應是標声誌族的符號，依「垂」的声類推求，當讀「畜」。另外還在金文中可以找到「馬」的古音正声讀畜的旁証。金文有「乘畜尊」（見《西》卷九40頁），象形体作：

[glyph]子 丁

，首一字是對称的称，在這裏是作為「秉」的誌音字，而這個「畜」尾沒有「垂」作瞿氏系的標誌。為「秉」氏系「畜」，也是帝嚳子婿之一，輩次正典，掌東虎旅氏的嫡系子嗣相等，當為東虎諸子之一，又有「父己甗」（見《歷》卷五59頁。詳論在本篇第三章《唐堯時期的三戈兵》）又以[glyph]為称，[glyph]字讀貯，為帝舜吳氏弟兄的通用族称，「秉儔」的秉字讀無，竇滌就是古讀鏵為鋘的聲源，應為「甂」的祖体字。《說文》讀「甂」為「鄦」声，確為古音，就是金文鏵字作[glyph]的簡筆。因而「[glyph]」讀「無（鏵）疇」，原是「共鏵而耕的伙伴」的概念，另外也反映了「弟兄分居」而不相「儔」（即「普奴路亞」式的家庭弟兄同一妻室，為親暱的伙伴。這又是關係到帝舜時期的新法制問題，當在《人物集·舜》一章裏去作專題研究）。乘字變音仍讀「乘」，「乘儔」就是「共鏵而力相稱的伙伴」，因而「儔」、「馬」（畜），是同一聲律的字。這是「馬」在三代以前正声讀畜的例証，讀馬當是變音了。《說文》釋「馬」為「武也」，這是循殷周後世稱「司馬」為「司武」的變讀而來的解釋（實際上正如「午」字金文為个，原读杵声，仍是循鋤、鋘而来的聲律，因而午又通鏵声读「鋘」音了。馬字通「無」声，都是由於馬也就是「鏵」氏而来的，读武，為後世的音變，和三代以前應是不同的）。

關於這個馬圖瞿定名為「畜瞿」，以上所論就是根據這個瞿氏系的畜氏是誰呢？在《貨幣集》（第二輯）《畜貝》一章中，我們曾經根據「王來狩畝」所稱的「畜貝」這個專稱作過較詳的考証，說明畜是指帝顓頊的封邑的專稱。帝顓頊幼年初命為鉏氏，金文作▢、▢，簡筆作▢（在《鋤鑄貝》一章中有詳論）。《左傳》載：「昔有夏之方衰也，后羿自鉏遷於窮石」（見襄公四年），不用說，鉏原是后羿的封邑所在了。從什麼時候開始為后羿氏的封邑呢？據晉·皇甫謐《帝王世紀》載：「帝（后）羿有窮氏，未聞其姓。其先，帝嚳以上，世為射正，至嚳，賜以彤弓素矢，封之於鉏，為帝司射，歷及虞夏。」說的很明確，后羿祖居的鉏，原来是在帝嚳時期，封給后羿之先祖的。這個先祖有羿氏是誰呢？《説文》解「羿」，許説：「亦古諸侯也，一曰射師。」段註：「弓帝曰𢏚，帝嚳射官。」又説：「按許云，一曰射師，亦謂堯時羿也。」并引《淮南書》：「雖有羿之知，而無所用之」，後漢高誘注：「是堯時羿也」。原来有羿氏在帝嚳時期封於鉏，而為帝堯時期的重臣。在標氏諸族金文的彝器中，確有一件「羿」氏的飲食器，舊称「九象尊」（見一九七三年十二期《文物》圖版6中第2圖），尊偉周圍有九隻象首尾相連環圖案，象形如：

象体上的「[古文字]」字，当為「[古文字]」的原体，《説文》作「[古文字]」，古文简化為「[古文字]」，是古州字，而州象九隻相連環，自然是「九州象」的概念，此外，在尊体有一字標族誌氏，其字作「[古文字]」，舊以為「友」字，然而字非[古文字]形，非友可知。當是「羿」之反文，按金文反文為正体氏系字的子嗣的常例來看，當是帝堯時期的有羿氏的嫡系嗣宗子。《説文》許氏自叙中所謂「大岳佐夏」，為夏禹的「九州相」了。《禹貢》據漢志的説法，是「水土既平，更制九州，任土作貢」。因而以「九州象」自称，和《禹貢》的地理劃分「九州」的記載也是相符的（儘管《禹貢》的九州地理的版圖并不可靠，但九州的劃分，有此「羿尊」為証，仍是歷史的可靠的説法。

另外，從金文「羿」字的形象上，也可以看出來，所謂「射師」，是并不完全確切的。因為羿是有刑（井）加在兩隻手腕上。《說文》羿字作羿，已經看不出「刑」（井）字的痕迹了。顯然這是掌握着鎮壓奴隸刑制大權的標誌。段注許氏《自敘》說過：「《尚書》呂刑即甫刑」，呂叔與甫侯為夏禹時掌握刑法，呂氏即甫氏為宰采虎的嗣宗孫，前面已經說過。至於《尚書》所載的「呂刑」，或如《書序》所說，果真是「呂命穆王訓夏贖刑」所作，自然也是呂氏後世子嗣的事了，和段注的呂叔為甫侯雖不同代，但也可以看出世代相延綿的族系關係。有羿氏看來就是在帝堯時期掌握刑法大權的，正如鯀在帝摯時期以監（金

文作[illegible]）為氏稱，又称奚（金文作[illegible]），為掌握着以手剩皀目
的大權，以及黥押（黥）刑人的大權的標誌是相類的。《水經
注》河水篇『又東北過黎陽縣南』，註称：『西流逕平原鬲縣故
城西，地理志曰鬲津也……故有窮后羿國也』。根據金文所考，以
上所引的這些有國有羿和后羿的記載是比較可信的歷史实
錄。原來后羿的故國，就是有鬲氏的封土，而有鬲氏的始祖，就是
寧東虎旅氏。『見癸卣』銘東虎以『日鬲』為称作魚署，原文為[illegible]
就是佐証。寧東虎日鬲為帝顓頊的『二目』，首目為[illegible]（相）自
然是封之同地以為氏的『称』了。金文作[illegible]，全名為[illegible]（民
祝），二目旅氏就是『眲祝』。金文有『瞿祝敢』銘，金文六字：

（舊名雙目形犧形父丁敢—見《懸》第七冊），二目所注視的是作為祭祀的事物。楷体有「逗」作声標，當讀視，為祭祀、禱祝的「祝」的誌音字。《左傳》有「國之大事，在祀與戎」（見成公十三年），就說明是來自古制，即掌握國家祭祀大權和掌握武裝鎮壓的軍事大權是并重的。有鬲氏就是朋氏，是一人，在金文還有「朋鬲卣」銘，兩字標族誌氏金文為証。卣蓋一字為，卣器一字為（舊名「商瞿卣」—見《西》卷十五第7頁）。

據此就可以推知帝堯時期，為堯的二目的瞿乙就是寧夷虎旅氏的嗣宗子有羿氏本人了。「瞿乙」兩字金文為（見

《窓》二十一冊），舊以「︵」為骨形，不確。從字形所象來看，當是鷹，變音稱「鷄」，堯在「旅鼎」銘中寫來虎旅氏以「鷹公大保」為称，可見三代以前「堯」即「鷄」的變筆，仍是「以鳥名官」（見《左傳》昭公十七年）的遺制，鷹為堯的氏標「䀠」變隸作瞿，「隹」在雙目之下，就是「䀠」的倒体，因為「隹」字就是鳥，鷄字又作雞就是例証。《說文》解「瞿」，許說：「鷹隼之視也」，足以說明堯為鷹（東北称「老鷄子」），鷹的二目即堯之「二目」，為寫來虎目禹之嫡系嗣宗子，帝嚳子一級妃所生之女的婚偶。《淮南書》載：「母生子曰保，子生女曰義」。是帝嚳子一級「妃」屬所生的女兒称「常儀」的根據，儀字古讀娥声，因而有「嫦娥奔

月々為閼於有羿氏配偶的神話。自然，這个神話也不是從天
上掉下來的，它必然也是客觀存在的物質反映，因為離題太遠，
就留待《神話集》去作專題研究了。總之，在輩次上有羿氏是
東虎的嗣宗子，為帝嚳的子壻，因而在帝嚳時期從帝顓頊
的嗣宗子戍祝那裏承繼了祖顓頊的封邑「鉏」，或者就在帝
嚳五十年（庚寅）誅重黎聊墟以後，封給瞿乙的疆土，而瞿乙循「鉏」
声而稱這个封邑為「畜」，字作「由」。在帝摯時期經畜氏所
鑄的金屬幣，就以畜貝命名，變音讀甫，這又是因為翟乙
又稱「乙公」而來的。古乙、鳦兩声，正如衣、服、繫、縛相類，是鷹
与雁、鵝之類大鳥所統用的對立名稱。因為帝堯以「乙」稱，

所以瞿乙就只称「乙公」，以相區別了（論在第三節《居字瞿》）。

這个帝顓頊時期称鉏，帝嚳封有羿氏瞿乙以後改字称畜的地方在哪裏呢？《畜目》二一章已有詳論，就是《漢書·地理志》「濟南郡」的「著縣」。在這裏就不作複雜的抄錄和引証了。另外，《水經注》還有「古鬲國，偃姓咎繇後」，當然又是循古史母系制的遺風称婿為子而形成的誤解，是說明瞿乙有子与咎繇之女為婚，而咎繇母一級妻屬為偃（即冥侯）侯吴的女兒，所以有女以偃為姓。這可能是夏禹以後的變化，不能作為韋東虎（有鬲氏之祖）曰鬲以及他的子嗣瞿乙有羿氏的姓氏根據。綜合以上所論「畜瞿」為帝堯時期以前，有羿氏瞿乙所鑄青銅「兵器」，「垂」爲氏標，就可以肯定下來了。

附帶的問題

最後還需要解決，爲什麼明，是創土的工具——鐵，又稱「垂氏」呢？

《說文》解「我」字，許說：「施身自謂也」，又說：「從戈、手。手，古文垂也，一曰古文殺字」。可見就在東漢時期，就已經說不清楚我字本爲手，本爲戈的音源和義源了。尤其是垂、我兩音，絕非同韻，離開了物質基礎，也是很難解釋的。還是王國維在《觀堂別集》（見《爾雅·草木蟲魚鳥獸釋例序》）所記嘉興沈子培關於古音韵学的説法較為明確。他説："文字有字源有音源之學，字源，由許氏《説文》以上溯殷周古文，止矣；自此以上，我輩不獲見也。音原之學自漢魏以諸群經爾雅，止矣，自是以上，我輩尤不能知也。明乎此，則知文字之孰為本義，孰為引伸假借之義，蓋難言之矣。"自然，沈氏説的雖明確，却不是完全正確的。因為《説文》之外，有殷墟出土的骨文，骨文之外有殷周以前的金文（金文以前，就是五帝以前的父系制原始公社時期，恐怕還有陶文），不能以《説文》為限。古代音韵學我們固然是門外漢，但母字為鍬，又讀每，是由於在金文之始，就一字雙音，這是因為父系母系出於兩個不同的民族

（父系神農炎帝歷山氏的子嗣，母系爲軒轅黃帝族系），而必然產生的在意識形態領域裏的反映。正如同是一件東西而有兩種名稱一樣，如亞字讀樹，爲「貯」字，而又讀楮，爲「癸、貯」爲鑄氏族系的声序；而癸爲皋氏族系的音律。另外，「癸」居內（金文有「母癸鼎」）因而一個亞字分爲二，又出現◯字，爲「癸」之正体，正是亞的內形。因之，就據此可以知道，原來我們過去的雜著中所稱的「閆門」的閆，就是從「癸」的古稱而來的声源。歸圭應該說都是◯的諧音字。垂字也同樣，本是鐓戉（讀越声）是古音，又稱錐，而變隸爲垂，也是一物而有兩種名稱的反映。𢦏字原本在「我」字中爲「鐓（瞿）方」，即𢦏（金文在行）所構成，還是清楚如畫的。原來不是錘，是稱垂為錐的諧音字，應該據此可以肯定下來了。這是一物兩稱所必然有的結果，表現在意識形態領域裏，就是一字兩音了。在《丙申角銘》的新考中（見《人物集》）我們曾經指出「仲葵罍」就是夏禹的自稱，冠以母氏的氏稱「仲葵」（金文作□，即鐘葵）為姓。我們在《釋禹》一節裏也得出夏禹的母親仲葵，就是羿東虎的姊妹的定論，不用說，仲葵也是鍬氏來了。因而在這裏我們還可以順便補充一下，《考工記》所稱：「大圭長三尺，杼上終葵首」，注曰：「終葵，椎也」。《說文》解「椎」，許說：「所以擊也，齊謂之終葵」。實際上就是「仲葵」又稱椎，古字作垂，本是錐的名稱，因為鍬和錘到了帝堯時期结為一体，变作兩用工具，既是啄器又是擊具，所以“垂”（錐）又通錐，本意為椎，却反而失去應有的位置了。論証之一，是“著通鑄、貯）鍏尊蓋”（舊名“商父乙尊蓋”——見《寧壽》十三冊及《西》卷八、17頁）一字命氏金文[illegible]、有“父乙”（帝堯）的簽署。這个鐝形一端銳如錐，是鐝頭，而另一端平如錘，是砸器，很顯然与刃形有所不同了。論証之二，是近年在甘肅靈台縣白草坡出土的青銅戉，形如

（一九七二年十二期《文物》），就具体說明帝堯以後鐝和錘變成斧，為兩用工具，自而漢儒就多以“椎”為擊器如《說文》的解釋了。司馬在《信陵君列傳》中称“椎殺晋鄙”，这是以椎為錘字用。但在司馬的史筆所常用的“椎埋為姦”一辭裏，

却又為我的保留了另一種解釋。舊註以「椎埋」為「葬塚」解，很對。顯然這個「椎」字又作為掘墓的「錐」（鐝）字用了。

根據以上所考，小鐝的象形体金文[illegible]字，本声讀戉為瞿，变音讀垂，為錐，以後通鍾。堯禹均為皐氏族，當然史筆以变音為正統語言，稱瞿（鐝）為「垂」（錐）了。正如「丙申角」金文為帝堯嗣位以前禹所製的記錄文，自稱「仲癸嘼」，而癸字作亞一樣，是以變音為正宗。

根據以上所論，《淮南書》所稱：「故周鼎著倕，使銜其指，以明大巧之不可為也」。高誘註：「倕，堯之巧工也」（見《本經訓》卷十八），而另外高誘又註《淮南書》稱：「錐有羿之知（智），而無所用之」，說「羿時羿也」（見《說文》解「羿」，段註所引）。所謂倕和有羿氏，都是指窜東虎有鬲氏之子瞿乙一人而說的，也就很清楚了。這就是說，有羿氏瞿乙在帝堯初期，不但掌握着鎮壓内外敵對者的軍政大權，另外還是全属冶煉手工業的生産和分配的監管人，這是和瞿乙為帝堯的二目的政治身份完全相符的。

至於《虞書》所載，舜的共工也稱「垂」，這又須待下一章去研究了。

三、帝堯時期有窮氏的「古（居）字瞿」

《攈古錄》有「古（居）字瞿」圖銘，舊名「戈形叩兵」（見卷一之一48頁），共兩字標氏金文，一字作古，是正面；背面為鐝的象形体，如[illegible]。很清楚，是啄器，為「瞿兵」，而不是割器。舊以為「戈形」，不確，因之，為了使概念明確，就先從戈與瞿的區別開始研究。

1、戈與瞿

有禹氏「東虎瞿」和有羿氏的「畜瞿」兩實物圖，和有窮氏的「古（居）字瞿」的鐝形圖，對比来看，就可以據此類推，在㯺族命氏金文中，為我們所常見的[illegible]字，或作[illegible]，在㯺内為[illegible]，或為[illegible]，都是鐵器，為瞿兵。和本篇第四章中我們所觸及的「偃戈彝」（舊名「子執句戈彝」——見《攈古》卷一之一，4頁），一字㯺氏金文作[illegible]，完全不同。[illegible]是割具，形如我們今天所用的手鐮，有「庫」可按木柄。横刀舊称「援」，就是鐮刀的本体了。顯然這是「戈兵」的原始型。以後，有「郾王戈」（或為夏戈），至周，郾就更命封作「燕」了），圖如：

（見《中國兵器史稿》之第二十一圖）原著称：「此戈之援如鐮刀」，說的很確切。如果「離開人的社會性」，離開人的歷史發展，去觀察認識問題，自然就不能了解認識對社會实踐的依賴關係，即認識對生產和階級鬥爭的依賴關係」。遵循這指針去看，認識到「人類的生產活動是最基本的實踐活動，是決定其他一切活動的東西」，就可以確定，所謂戈兵和體兵，都是農業出身。就是說，原本都是在生產活動中的用具，因為在戰鬥中有體兵為樣板，所以也按上了長柄作兵器使用，自然就在以後逐漸和生產相脫離，而且在鑄製當中又逐步加以改進，這樣就變成專用兵器了。這與「鄙王戈」所以還保持着鐮刀形，說明和「偃戈爨」的鑄製時期，相差不会過遠，如果不是夏初的產物，也當是殷時仿古的鑄製品，因為戈尾一端（舊稱「内」）有標族全文[illegible]字如「垂」，是一特徵。自然這是族称，為垂氏所有權的標誌，這是疑為夏器的又一根據。總之，戈非句，古句兵為喙器，有以上所引兩戈兵的圖形對比，兩兵器的區別點就比較明晰了。

2、釋古

有畜字作甾為比，就可以推知甾田既並是帝顓頊的封田「鉏」的概念，那麼古字依例，當是帝顓頊的另一個封邑「鄅」的變筆名稱了。鄅、鄹一字，讀如鑄（鑄為祝音，又讀聚声）。而帝顓頊在帝少皞時期又受命為舟（通受、通酬）氏，所以鄅字就通舟声，為鄅的祖体字了。王靜安在《鑄公簠跋》中，以為古「祝、鑄古同字」，「州公即鑄公」，作為祝、鑄、州三声相通為同字來解釋，是很對的。就是上古時期村鎮稱作「聚落」的符號，在金文書「和」字作□（見「和卣」，舊名「子父癸卣」—見《歷》卷三，6頁），又作□（見金上43頁），後期作□（見「史孔盉」—《憲》第十四冊），為一手持瞿（字柬虎之「東」，和氏為有昌氏諸子之一，讀火声，為「户」，即古「護」的概念。变音讀「衛」，即金文□字，為帝嚳之氏称），是凵為古氏族部落所居的「聚落」的例証。《說文》解「口」為古「圍」字，在膠東農村，今称村鎮仍為「圍子」，這又是金文凵字和口字是一字，正声讀「鄉」，音又通「圍」的又一例証。

如果以上的論証不誤，那麼古字是指帝顓頊的封邑「鄉」而讀為「古」，是郭、國的声源所出，如鯀的嫡系子嗣以州（金文作□，或作□，叜隸作㸒。疑本為啜泣之「啜」的概念。詳論在《人物集》鯫一章）称封邑相類。讀「古」是叜音，從母系為「癸」而來的姓氏「古」「癸」、「鄁」同声，直到解放在膠東還讀「國」為「號」声，可以為比。正声當從父系鑄、瞿為声標，因而可以推知古為「居」的始体字，如果說是從「聚」（郰）的声律，也未嘗不可。

3、「居」為人方的族稱

為了明確「居」的實際概念，必需從「尸」的解釋着手。《說文》解「尸」，篆作尸。許說：「陳也。象卧之形」，段注引「郊特牲（《禮》）曰尸陳也。注曰：尸，神象。當從主訓之，音陳非也」。兩說不同，而段氏的結論是「祭祀之尸，本象神而陳之，而祭者因主之，二義實相因而生也』。完全受了殷周後世以『尸』為『屍』的概念的限制，实在是解釋不通的。

毛主席指出過：『我們討論問題，應當從实際出發，不是從定義出發』。那麼，实際在這裏是什麼？不是『尸』字嗎？是的，但戰國末期有『尸子』，尸為姓氏而非惡称，就是一个例証。所以『实際』還是要『尸』的初体形象反映的物質，究竟是不是『屍』。而許氏称尸為卧形，在金文象形体周銘中有『北字彝』（見《攈古》卷二之一，22頁）的『北』字可以為比。原字作[illegible]，不是『卧形』，而是相背而坐的坐形。這是帝舜推行『弟兄不相仇（儔）而相「背」（避）』的新法制的結果。也是東方人類史上的一个重要的發展。它標誌着庸武的、從母系的群婚式的「普奴路亞」家庭——即兄弟与對方的姊妹同婚所結成的「諸父諸母」的家庭走向徹底的崩潰，在意識形態領域裏所必然産生的反映。在「舜」一章裏論証較詳，在這裏僅用以說明尸為坐形，為「人」字，這是尸的實際。自然，在「古」字上加了「人」為族標，這个「人」，就是金文中所常見的「人方」的「人」了。

根據「艅尊」（舊名「丁子尊」——見《窓》第十三冊，考証在《人物集》「艅」一章中）的金文記載：「麿王來征人方」，「人方」當為「柱祖」（金文作：[illegible]自）宗廟的所在地。《左傳》「有列山氏之子曰柱，為稷，自夏以上祀之」（見昭公二十九年），據此可知，這个記載應為歷史的實錄了。

這是帝嚳（珠子王）九年的金文記載：艅（銘稱公艅，金文作：[illegible]

[illegible]）為「人方」的主人，陪王作祭。足証所謂「人方」原來就是「神方」的變称，而司馬《曆書》所録，帝顓頊「封南正重（柱）司天以屬神」的神方，為什麼要称人方呢？

從帝顓頊原為鑄氏（詳論見《債鄰集》），金文作[illegible]，而帝少皥氏以[illegible]（郳）命名的金文字形来看，古「神」字作[illegible]，自然是雙手挹「柱」，以象神農雙手挹手的會意体，而經過軒轅黃帝和神農炎帝歷山氏「阪泉之野」（見《五帝本紀》）的「三戰」以後，雖然軒轅之子帝少皥留在帝都山東古曲阜執政，但在奴隸社會初期，是表現在父系制已佔了統治地位的私有制的繼承權上，但在酋長和帝位的承嗣問題上，還存着母系制的舊勢力的挑戰，即有傳男与傳姊妹之子，也就是傳壻之間的尖銳鬥爭。雙手抱「柱」的「申」字，因為易於誤，會為「雙手奉柱」，就是說擁護黃帝的女壻，常儀（史為古諱筆所誤，作昌意。昌意自然是皋系的變音，古儀字讀如娥，即娥的諡音字）的配偶，也就是以帝顓頊的生身父為「正統」，因而會助長本來早已崩潰了的母系制殘餘的習慣勢力的氣焰，所以變雙手奉柱的「鑄」，為一隻手柱柱的卿（□）了。帝嚳嗣王位以後，可見避稱「神方」而變為同声的「人方」，自然是尊王室，而不以凌駕「人」上的「神」自居，也反映了自遜的姿態。「旅鼎」又称「覽公大保來伐反人年」（詳論見《隸貝》一章及《重黎考》）這又說明帝嚳五十年時，這个有「柱」的宗廟所在的「人方」，又為鯀的諸子之

一、吴（虞）氏弟兄的大兄「郰墟」所承襲了。依母系制的舊習慣勢力来説，「郰墟」為帝嚳子婿，正是帝位的承嗣人，顯然這是帝嚳在位五十年，「郰墟」準備与大保（堯）争奪王位了，因而宰東虎有禹氏系的「旅」在誌氏金文中以「及人」称重犂郰墟，而地點在「盩（郰声）阜」。疑即与山東曲阜相鄰的古「郰」。在山東曲阜城内有「大庫（「古」的後世方音変化）之庭」（見《左傳》昭公五年），或即「人方」的所在地，原為神農炎帝歷山氏所建，鑄氏顓頊父子所居。帝少皞留曲阜為政，鑄氏又在西南建立了另一個「郰」，因而為宰東虎所承繼，以「盩阜」称。從「盩」的字形来看，當然是在「鷹公大保」伐「及人」而与旅為盟的地方，因而可以肯定古（居）氏所承受的「古」(耶)，帝嚳時期原称「盬阜」。從「古」的正声讀居(瞿)的声律来推求，這个「古」也應是古称所謂「牖里」的「牖」，牖為「鐝」的變革，鐝是瞿氏的族徽、農具和兵器的專称，而「鐝」就是瞿氏居第的專称了。是不是附會的說法呢？不是的。《禮記》載：「孔子射於矍相之圃」，《方輿紀要》称：「牖里西南有瞿相圃，週迴二里」，可見「瞿相」確居牖里，直到春秋末年，還有「瞿相圃」的名称傳世，只是由於這「圃」已經变成廢墟，可以打靶習射了。足証是空曠，或農時種菜，閑時習射，因而「圃」就變成菜園的概念，為春秋後期的一種意識變遷，实際上，「阜」、「圃」是同字。疑「堡」、「府」都是從這个声源裏產生出来的变筆字。「阜」变音读「乙」，瞿乙為乙公而封邑稱「甫」，依「㠯」、「乙」是本音與變音相對之例，這个「圃」的變音自然就是「邑」了。瞿乙（有羿氏）封邑爲鉏而稱畜（甾），古氏封邑在甫字外加□（圍）以相區別。在金文中圃爲封邑之稱是有佐証的。圃字先後在「辛子彝」（舊名「糾彝」—見《攈古》卷二之三，7頁；又名「父乙彝」—見《敬吾心室集古錄》）和「御方尊蓋」（見《愙》第十三冊）都出現過，因爲這兩器所刊金文，牽涉的問題很多，所以不能一趟作兩銘的通考了，只能就有關封邑稱「圃」的問題作些簡略的介紹。

六、從封邑稱圃看問題

「辛子彝」十九字金文，全銘摹錄如下：

[illegible]

古子、己一字，「辛子」在這裏是一詞兩用。首先是[illegible]中的「政治」身份，為高辛氏帝嚳的子壻，因而不作「辛己」，而作「辛子」，实際上又是紀年的甲子。[illegible]為鏃(矢)方，變隸作「缶」。[illegible]為「呂」的目文，就是寧東虎的冊命[illegible]的虎尾上的[illegible]字的變筆，是有虞氏以旅(金文作[illegible])称的氏系標誌。因而這个字变隸為「踋」，來「御」的本体，「亻」為進人，也正是[illegible]的簡筆，「呂」、「彳」是同一个概念。中变隸為「宁」，是「貯」的本字，而得王[illegible]賜金，為帝堯作祭器称『父乙』，當是御氏又納帝堯母一級妻屬所生的女兒為子一級妻屬，因而又是帝堯的手婿，輩份和貯異侯吳（虞）氏弟兄是相等的。就是説，宰束虎有鬲氏旅之子，舜的弟兄輩。根據晉·皇甫謐《帝王世紀》載，帝堯『辛巳崩』的説法，當然這是帝舜嗣位而称（正声字讀『戶』，變音讀『巳』，详論在『舜』一章）。反過来説，根據『辛子彝』的金文記載，又為晉·皇甫謐帝堯『辛巳崩』的記載作了印証，説明《帝王世紀》的這一筆是確有所據的歷史实録了。

不管是根據『辛子』又称『父乙』的親称来説，還是從『御』字繫『呂』氏来説，都説明是宰束虎有鬲氏的嫡系子嗣。從封邑『川圍来説（川為眾的簡体字，通小，是御貯以族称為声標的氏称，以与瞿乙的封邑稱甫相別」，當是旅鼎銘文中的「盩阜」，也就是古氏本人所承嗣的封邑所在了。帝堯時期，尊王室貴母族，所以封邑稱古從「癸」的聲律。帝舜嗣王，郘氏為首，又是父系族稱為尊了。這也是尊王室，因而不稱「古（居）圍」而稱「众圍」的原因了。

「御方尊盖」銘稱「王在圍雚享」，金文是：

王 十 圍 雚 享

（金文左行）「雚」就是「瞿」的變体字。《左傳》「有鸜鵒來巢」（見昭公二十五年），《公羊》作「鸛」，而《穀梁》又作「鸜」，就是一個明顯的例証。另外，《說文》解「䀠」為「明觀也」，段註：「釋宮曰觀謂之闕」。「䀠」、「觀」古相通，可見就是從這個[illegible]字兩音，正声讀瞿，變音讀鸛（通觀）而來的。

根據以上所論，在帝舜嗣位的「辛巳」年，為御貯旅氏所居的「圃」，經過六十三年（癸未）以後，這個「圃」就為擭氏所居，從「御方尊蓋」的金文記載裏，是看得很清楚的。《左傳》載：「昔有夏之方衰也，后羿自鉏遷於窮石，因夏民以代夏政」（見襄公四年），如果魏絳所讀的《夏書》記載確實，那麼「御方尊蓋」的金文，就是后羿的誌事作品了。不用說，所謂「窮石」，當是「窮氏」或「窮室」的錄筆所作的記音字，而御貯古氏就是有窮氏，也應是循封邑稱「圃」而得到解釋了。自然這只是推論，最好在金文記錄中找到佐証，確實讀者的想法，也就是筆者的想法，我們是一致的。

5、有窮氏，就是帝舜稱為兄的日工，《虞書》作「垂」

有窮氏既然在上古時代的傳說中是个有名的氏族，在古物經過歷史上隋、金兩次的大銷毀，如果有所遺漏，必見於宋、元以後的圖錄，如果宋、元以後出土的銅器中，有有窮氏的彝器，那麼，金文圖錄中更應該有摹錄或拓本。結果，真的在《攈古錄》中發現了"叔窮敦"（舊名"叔宿敦"）（見《攈》卷二之一，41頁），不用說，胸中千古塊壘頓然為之冰釋。現摹錄全文九字如後：

舊釋稱："筠清館宿釋實，日壬釋呈，皆誤。"實際上釋□為宿，釋□為壬，也並不是確解。金文宿字作□（見"遣姞敦"）

見《攈》卷三之一，2頁）□為席的形象，□字非席是很明顯的。

依理推斷，當是冂的附屬物，就是和居室的門戶有関的物体。再從字形上推求，冂字变隸為「穴」。丨為人体形，當是「身」（[古字]）的始体字，如果這兩部份不誤，那麽[古字]為弓，[古字]為窮的本体就可以初步肯定下來了。據此，就可以推斷出來，[古字]的物質基礎，原来就是按裝在門戶上的「弓子」。直到今天，不管在東北的小城市里，還是膠東農村的集鎮上，在冬天只要有人来往，出入頻繁的門戶上，還可以看到這種裝置，有它就可以自動関閉門戶，不必再貼「随手関門」之類的字條了。它和新式的鋼丝彈簧的作用是一樣的，用當地的話说就叫「弓子」了。不用説，這一新生事物，反映了類的智慧，因而就為新興的奴隸主统治階级的代表人物作為自己的命名了。首先是舜，字作

(見「父癸宗彝」—《攈》卷二之二、23頁)，形如雙手護「巨」(聚)可知這是[illegible](本音讀「護」)，變体作吳字，變音讀圍，即衛的字源。詳論在「舜」一章內)的變体，再變就是以「矢」圍繞着氏族部落所聚居的「圍子」(口)作保衛工具了。因之，《說文》許解「吳」字的矢為「傾頭矢」，很對。「矢」傾頭，就不是直射，直射是向圍字進攻了。「傾頭矢」就是圍繞着圍子作護衛的反映了。古吳、虞同字，因而《廣雅疏證》著者(清・訓詁學家王念孫)称：「虞、護声相近」，很確。实際「吳」古音讀「護」声。舜後裔而為春秋陳之始祖，《左傳》就称「胡公」(昭公八年)。胡就是吳的本音，讀「禦」(虞)是變音了。根據字的形態，可知弓的古音本声當也讀「護」。從声類上推求，應是

「弜」的声源和義源所出。《說文》解「弜」，許說：「木弓也」，就是一个例証。讀「弓」為躬声，自然就是變音了。《說文》解「弓」，許說：「窮也」，這又是弓、窮古為一氏的另一个例証。另外，《說文》窮字作竆，又是呂、弓相通的例証。在「辛子彝」銘的「御」字分析中，曾經提及「[illegible]」為「呂」的貝文，御是呂繫鏃（鉏）方的形態，是宰東虎少子旅氏以「呂」称，正如宰東虎有咸（兄癸）為兄，金文作[illegible]而稱旅（侶），金文作[illegible]一樣，有窮氏古作有竆氏，正說明，一是有窮氏日工為宰東虎的少子，所以承襲「旅」的声標為自己的氏称；第二，又是有兄瞿乙（有羿氏）封邑称畜而自身居於二位，所以窮字又通呂作竆。據此，「御貯」亦和有窮氏都是堯時封邑称古（舜時称圃)，日工一人的氏称，就可以肯定下来了。今音窮字读如瓊，當是舜、禹以後的声变了。如果以上的論証不誤，有窮氏日工，就是舜的共工。《漢書》以族称「垂」，按《左傳》的説法，是史筆尊重的敬称。垂爲錐，是鑺(瞿)的変音，又通鏵，在前一章中已經作過研究了。在這裏只要提出垂爲有窮氏日工的論証，就可以肯定有窮氏日工就是帝舜的共工作结束了。這个論點的根據就是「貯弘尊」(舊名「子執弓尊」—見《攈》卷一之二，30頁)的全文記録了。「貯弘」兩字在尊銘中是合体，當爲垂的氏徽，垂爲族標。共三字：

「貯弘」、「東虎」是一个族系的族称声律。又有「貯虎鼎」(舊名「虎父丁鼎」—見《攈》卷一之二，50頁)

銘，全文四字，兩字爲合體，是命氏圖銘作：父。依據（貯）爲帝嚳一輩弟兄的通用氏標的規例來說，這個父珠，自然是穿東虎有扈氏以族稱了，當在帝嚳初期，帝顓頊爲尊的階段。以後爲了敬王室，就以母族爲貴，以姓氏爲称作「父癸」了。貯虎當是瞿乙有羿氏青年時期的「再命」氏稱了。「瞿卣」（舊名「瞿祖丁卣」—見《歷》卷三，八頁）五字命氏圖銘，應是「瞿乙」妻氏的幼年初命了。蓋銘：

器銘：

從字形來說，原始性色彩很濃厚，這個「祖珠」，當是以氏称的帝顓頊的簽署了。然而瞿乙的幼年初命就爲「二目」，依據圖形所示，是掌握祭祀的首領人物，与理不通，因為戍（[illegible]）為首目，称「相」，字作[illegible]，「二目」應該是宰束虎有禹氏的官職。《左傳》載：「國之大事，唯祀与戎」（見成公十三年），可見這是納年初命禮「瞿」的瞿乙所不能担任的。確实很費解，而且這種册命禮器只有王者才能頒賜的，除了帝顓頊之外，唯一有資格的可以用「二目」（掌握祭祀之禮的册命）為子嗣命名而以族称為「祖珠」的人物就是舜了。但帝舜時期的金文已經逐漸從原始性的象形体而抽象体变化，如舜的初命為[illegible]，变而為[illegible]，最後在「舜尊」金文中，就作為[illegible]字，幾手已經失去象形的色彩了。因而顯然，以「日工」称有窮氏的帝舜，不可能用這樣原始很濃的圖形文字來作為自己的冊命文字的。幸而終於在《窓齋集古錄》中發現了「䀠敢」（摹名「㚇目形㩁形父丁敢——見第七冊），這个疑問才算解決，并且有羿氏和有窮氏是弟兄倆，都以族稱「㚇」，一為堯的共工，一為舜的共工，就可以肯定下來了。「䀠敢」五字金文是：

原來這「二目」的冊命，果真是帝顓頊為掌東虎所作的，以掌握祭祀為官職的名稱，「豬」、「祝」同声，依「成」稱「成祝」之例，或可讀「瞿祝」。有這个以「父珠」簽署的「䀠敢」金文為証，「瞿卣」的冊命，當是承父的官稱為氏稱的命名，這就是有羿氏稱「瞿」，為帝堯時的「瞿」金文作〔䀠〕的源由了。

這樣看來，瞿有羿氏為掌東虎有鬲氏的長子，經過帝嚳五十五年（或五十六年），以及帝摯的九年，到了帝堯嗣位，有羿氏為「二目」稱「垂」的時候，至少已經是六十五歲以上的人了。根據金文記載，帝堯在位是三十八年（《堯典》在位七十年以後徵舜，是漢儒的偽篆所加，詳論在本篇第四章），到了舜即位的時候，如果有羿氏還健在，也是年過百歲的老人了。因而《虞書》所載「垂」為共工，應肯定是宰東虎猿氏的少子有窮氏羿弧了。

四、帝嚳時期的"癸"鑄之刀

清·大攈古錄金文有一古兵器圖錄，面、背兩文，面文是：[illegible]；背面作：[illegible]。舊名"子執旗句兵"（見卷二之二，18頁）。因為沒有附錄兵器的圖形，就不知道這種句兵，究竟是唐虞以前的鉞，還是以後的啄硬兩用的鐘（鉞）了。又有"青儀閣"題名為"瞿"的兵器（見《敬吾心室彝器款識》卷下尾頁）拓印圖二，如：

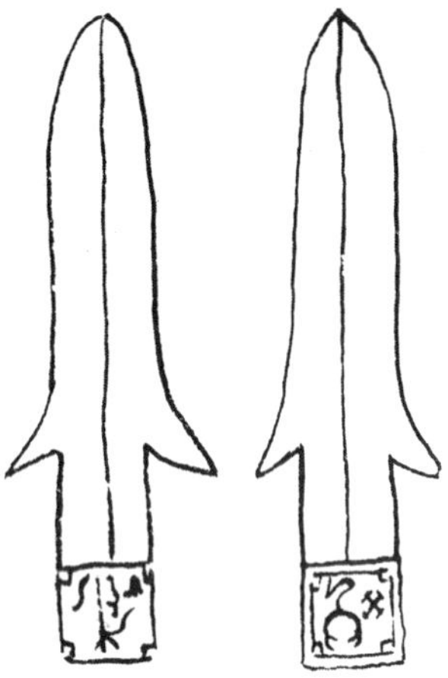

根明確，不是瞿兵，而是青銅矛，《舊錄》雖不加註也不作解釋，但從矛柄兩圖銘和《攈古錄》的所謂「手執旗句兵」相同，就知道，是一具青銅矛的兩面，而吳式芬的圖錄中的「句兵」就是本於「清儀閣」而称「瞿」。

這一具青銅矛，矛柄上的面、背兩圖銘。根據□為氏標，知道這是癸的同室兄戚氏的鑄制物，定名為「癸鑄（戚氏）矛」。現在先從帝顓頊的嗣宋子戚祝說起。

八、戚祝考

□的正体為□，依金文氏称，正体為戈，反体為子的常

例来説，[illegible]為[illegible]的子嗣，是很明確的了。因而[illegible]字就是解決這具青銅矛的標氏金文的關鍵了。而[illegible]字在金文圖錄中，是我們常見的。如『母癸敢』（《塞》第七冊第15頁）七字圖銘，為

[illegible]，『母癸方尊』（《塞》第十三冊第4頁）作

[illegible]

敢銘是：『母癸婦（乙）』，舟珠，成祝』，方尊銘是：『舟珠，成，母癸，祝婦（乙）』。這是作為祖父母和父母的兩代父祖的祭器，由於是鑄於兩个時期，所以格式就不一樣了。敢銘是以『母癸』為首，顯然是尊王室貴母族，因而是自羊系為王的帝嚳時期的鑄製品，而方尊銘以

「舟珠」爲首，或（一説於）帝摯時期。總之□爲「舟珠母癸」之子，是很明確的。「舟珠」的舟，是帝少皞留在山東曲阜古神農（即金文「人方」）的帝都執政時，所頒賜給顓頊的氏称。這是軒轅黃帝与神農炎帝在「阪泉之野」（據説是今天的首都郊區官廳水庫地區）「三戰」勝利以後，率師留在河北蚩尤的封土「涿鹿之阿」坐鎮，因而炎帝神農的嗣宗子「柱」和「鑄」氏顓頊，就失去繼續掌握金屬鑄造手工業的生產和分配的大權了。在帝少皞所頒賜的誌親命氏禮器中，有「郰爵」，圖銘兩字爲□（見《三代》第二十二册），是第一次的更命。册命爲「舟」（適受、酬），有「舟卣」（舊称「父己卣」，見《三代》第十八册，字作□（器）又作□（蓋），并有帝少皞以「父己」自称的簽署。

顓頊為帝少皞的妹妹（常儀）之子，因而為子婿，「毋癸」自然就是帝少皞的女兒[古字]（「稱」的初体字是野獸皮帳幕，有所支撑的形象。是家室賴婦女支撑的概念，詹鍇「𢰧」，是循殷周後世的变解。因為是屬於《文字集》以範圍，就不在這裏論述了）。古癸、皐一音「冉」為毋癸的子人的氏称，而「癸」為父系的族称。《殷本紀》紂王三公之一的「九侯」又称「鬼侯」（見《五帝本紀》徐廣註）可以為比。「癸」為「皐」的標音字，所以不称「皐」而称「癸」，是由於「癸」又是「規」的概念，金文作☓就是佐証。後世所謂「閶門」的「閶」，也是從☓字裏産生的声源和義源。這是由於私有財産承繼權的問題，在奴隸社會初期，為了鞏固父系制為正統的血緣關係，對婦女所提出的要求。就是説，婦女只能在她所[illegible]的同室兄弟之間，過「普奴路亞」式的婚姻生活，雖然仍保留着母系制的群婚性質的殘餘，為諸父諸母的家族，但却已經有所規制，如果還像母系制時期那樣，在婚姻生活上越出同室弟兄（甥舅）的範圍之外，那就是違犯規制了。以「癸」為族称，就是這種法制在實際生活中的反映。「阜」（乙）自然就是「婦」的始体字。所有這些，在《貨幣集》已經作過較詳的論证了。這是□為帝嗣頊的嗣宗子的根據。

另外，再從字形上分析，□是一字，□戎□是一字。「母癸方尊」的金文就單称「戒」而把象形体的「鑄」（古鑄、祝同字，據此可知根源所在了）和「婦」相并而称「祝婦」，就是例証。□是戎氏的族稱，

「戚」爲姓氏，又是很顯然的。司馬遷《楚世家》称：「顓頊生稱，稱是從「毋癸」以氏稱爲「[illegible]」而來的声源，可以根據這了例証作斷言了。古「戚」、「稱」是同字。《左傳》：「夏書曰地平天成，稱也」。杜預註：「上下相稱爲宜」（見僖公二十四年），是「戚」、「稱」一義，在這裏作爲「相襯」來解釋，就是一個例子。金文中有「帝戚彝」彝嘉禮，作「犧尊」（見「周犧尊」——《西》卷九），又是「戚」、「彝」同字的第二个例證了。這是從声律上來作的判斷，再看[illegible]的字形，是屮、[illegible]、[illegible]三字的合体，「屮」爲帝顓頊的氏標，「[illegible]」爲巳的側体，杜（鑄）氏和巳氏結合而有人（[illegible]），就是「戚」，是「撐」旗於封疆爲市的概念，也是「娍」字的始体。「戚」爲帝顓頊的嗣宗子，還有次子「有扈氏」，以後爲帝嚳初期的「䢅」，有他所作的「兄癸卣」金文為証。兄癸的「癸」又是「成」以母的族称為氏称，也是姓氏，䢅東虎日鬲称之為「兄癸」，這是「成」為帝顓頊宗子的佐証；而䢅東虎日鬲又自称旅氏，金文作[illegible]是又一論証。「成」為帝顓頊的嗣宗子，「有鬲氏」䢅東虎旅為次，應該肯定下來了。

根據以上的論断，可知《左傳》記魯史官的話，所謂「昔高陽氏有子」八人，而「蒼舒」為首，過去都以「此即禹、皋、陶之倫」為解（見文公十八年《十三經疏注》是不對了，「蒼舒」為「成祝」的誌音，三代以前，蒼、成不分，祝、舒一音，據此也就可以判断出来了。

2、釋[illegible]

既然[illegible]為「成祝」，司馬史華作「稱」，左氏稱「蒼舒」，是帝顓頊的「嗣宗子」，那麼，[illegible]是[illegible]的反文，為成祝的子嗣之，也就可以肯定了，[illegible]為標声誌族的符號，讀「足」通「貯」（柱的形象），也是標声誌氏的符號，為變音且居右為首，說明是帝嚳時期的鑄製器了。变音讀「禛」（乙声）。從声類上推求，顯然這是「貯虞（柱禛）侯」的氏徽，簡称「貯侯」，也就是中國古称「諸侯」的開始。

3、貯虞侯是帝嚳的子壻，帝顓頊的諸孫

金文冊命氏彝器圖銘中有「吴彝」（舊名「周虔彝」——見《西》卷十三），《澂秋館吉金圖》，羅振玉、王静安兩家，各謂「亞形文乙彝」，兩器冊命金文完全一樣，首四字為一組，是氏徽式的圖封稱，有帝堯以令「父乙」作的簽署。全圖是：

兩器的圖案除底座和沿口部的花紋微有差別，大小款式也相類，還有重量和腹圍口徑也有些不同，很可能是一個範模先後所鑄，圖案有損壞處，又在範模上加了修補。羅、王不加註釋，《西清古鑑》附引《風俗通》云：「陳留虞氏，黃帝之後」。稱：「此銘虞父乙，當是虞氏之物」，却為似是而非的解釋，所以羅、王不以為據而另立名目稱「亞形」。

字為「吳」（虞）的子体字（父体字為），变音讀「虞」

声，為「禦」的概念，也是「禦」的声源和義源所出。本声读「護」。《廣雅疏证》王念孫以為「虞、護声相近」，説明王氏是讀「吴」為「護」声的，王讀古音為確；但「虞」、「護」（吴）两声却不是相近的，所以相通，正是因為两音相異，是父系母系两个氏族语言不同的反映。而有「子」两称，父族称「護」，母族称「禦」，都是一个防護概念，而又為一个人的氏称，所以吴、虞两音却也相通為一字了。甲字原是「足」字的初文，是象形的□字的進化体，冠於首為「族」標，□是金文的「余」字，「艅」原文為□或□就是例証。矢在足下以示自身（余）之所出，而於所柱的丫，正是「柱氏分枝」的標誌，是吴所依持的，為□的变筆，顯然□是原始時期的柱氏氏標，

到了帝尧時期，在誅重黎氏鄉墟之後，又經帝摯九年餘為宰
的鬥爭，柱氏氏標就小如手杖，而不是「旗」（帝堯姓，《帝王世紀》堯
姓作祁或作伊，金文為乙）所賴以騰空的「柱」了。《說文》解「吳」，
許說：「大言也」，解「夭」為「傾頭也」。段注：「魯頌（詩）泮水皆曰
不吳，傳、箋皆云：吳，譁也。」許解字形為失，段注吳為譁解，
是同声相假。「吳」本声讀「護」，古音護（户）、吳、獲（又讀淮音）
一个声律，假借為譁，是很自然的，譁并不是吳的本義，段
是遵循許的以「口」為「大言也」的解釋，而以為「吳」的概念是「譁」
就錯了。「吳」字，在「傾頭矢」上的「口」字，不是口舌的「口」，而是古代氏族部
落所居的邑落，古稱為「聚」。《說文》解「□」，許說：「回也，象回帀」

（週）之形」，段注：「按圍繞、周圍，字當用此。圍行而□廢矣」。以前說過，
在膠東村鎮稱「圍子」，閭人住在村鎮當中，還是住在鎮邊上，地道
的土語，就是：「在圍子裏，還是圍子外」。就是古語「圍」為聚落
的實証。近代小學訓詁學者論「吳」字，蒋舉金文兩例（見《積
微堂小學金石論叢》），也不以許的「大言」的解釋為然，但同時將許
的關於「傾頭矢」的解釋也完全否定了。前已論及，在這裡不複述了。
再說 [glyph] 四字，[glyph] 的正声讀「樹」，即古「貯」字，變音讀「櫃」，
為金文「癸」的變筆。[glyph]（癸）就是從 [glyph] 字分化出來的，為它的「內
部」形（詳論在《人物集》）。是「鑄」的声律為族稱，就是說己是属
於帝顓頊鑄氏系氏族、內的，為鑄氏 [glyph] 族所庇護的。而己為字，

古「子」、「已」一字，為什麼不用「子」而用「已」呢？這是因為「已」除「子」以外還有第二个概念，那就是姓氏的標誌。在這裏，「已[glyph]」就是「子」侯，「子」為親称，是子婿的「子」，就是皐（虎族）系在羊族（鑄氏系）中的女婿，「[glyph]」為侯的初文，「[glyph]」就是「[glyph]」的反文。可見「[glyph]」為「余」，「為声標，兩字合体，余就讀如「勾」了。殷周古韵白（勾）、侯、寇同部，可以為比，三代以前勾、侯當是同声字。如果以上論証不誤，那麼「子侯」（周以「子姓諸侯」為称）、「諸（貯）侯」的名称，是早在公元前兩千三百多年以前帝堯時期就開始了。「丁未角」銘，貯、吳兩字作[glyph][glyph]，得王賜金為高辛氏作祭器称「父辛」，就具体地説明這个貯吳，為帝嚳的子婿，那麼「吳彝」當就是帝堯以「父乙」冊命白（伯）貯異侯異」之子爲族称的彝器了。

這个「貯異侯」的邦國所在地，過去還没有定論。有以「異」爲周世封土，在烟台附近的（見一九七二年五期《文物》第九頁），有以爲在莒縣以北的。這是殷周以後以「異」爲族称的封邑了，自然不能作爲三代以前貯異侯的封土的論據。貯異爲《漢書·地理誌》所不見的名称，但古多諧音字，所以如果不拘字形，而從声類上推求，那麽「東海郡」有「祝其」，《地理誌》有注，称「殛鯀」的羽山「在（祝其）縣西南」。按貯異侯爲帝顓頊的孫，成祝、窮東虎、鯀的諸子之一，鯀所轄的羽山雖然不是「祝其」所屬的這个羽山（詳論在《地理集·羽山考》），但鯀既爲貯異侯異的諸父之一，因而在自己的封土上爲鯀設「望空」的祭處，又是理所當然的。有這个祭鯀的羽山為即証，足以說明在䣄㠱侯没有失王寵以前，「國」在莒縣地區，而羽山或為南部的邊界，可以說，應該是大致可以肯定的了。

4、䣄㠱侯吳為帝舜的「同室兄弟」

䣄㠱侯吳（虞）一稱，又見於「䣄作父乙匜」（舊名「燕侯作父乙匜」）——見《愙齋》第十六冊金文。全銘共十六字，頭四字為爵稱的氏徽，圖如：

自然，在字形上和是有所不同的，雖然都是「子㠱侯」的爵位，但一在䣄內，一在祭內，實際上是一个族稱的兩種称呼。「癸」為姓，是母族，貴王室，「䝼」為族称。依「[族徽]㠱」在「丁未角」銘中簡化的自称為[族徽]的例子来說，這个「癸子己㠱侯」的簡化就是[族徽]有子為[族徽]（見「㠱壺」，舊名「亞燕壺」《寶蘊》第十四冊），說明[族徽]与[族徽]都是䝼㠱侯一人的専称，不同的只是有時以族為首称䝼，有時以姓為首，称癸。实際是一字兩音兩体，外為䝼，內為癸。為什麼在匜銘中，又加了匽侯的頭銜呢？這就需要揭開蒙在「匽」字頭上的面紗，来看看她的歷史真面目了。

A．揭開「匽」字頭上的面紗

𨑬。字的结構，分開来是三部份，這就是居於「L」内的「日女」

字既是作為依託的封邑符號，又是古「規巨」的象形，是居於規(癸)內的概念。日女也有兩義：一是女以「日」為姓氏，「日」為族氏之稱；一是「乙」的誌音字。《說文》解「日」，古體字作⊙，段註：「蓋象中有烏。」武后乃竟作囚，誤矣。實際是「日」中的「一」或「乙」都是声標，段注以為日中有烏，是出於神話并不足據的。所以不用「乙女」，而作「日女」，除了「日」為「女」的姓氏以外，「日女」還有太陽的女兒，就是王室的公主的意味。顯然，蒙在「匽」字頭上的面紗已經為我們揭開了，從以「日」為姓氏來說，她原來就是宰東虎旅氏日禺的女系的第二代，就是說，宰東虎的日禺的女兒所生，因而以「日」為姓氏。依世次來說，宰東虎有禺氏旅為帝堯的伯禹男，因而宰東虎子一級妻屬所生的女性，依例當是帝堯弟兄的母一級婚偶，輩次是相符的；再從日爲乙的諡音字來說，帝堯爲「乙」氏，《帝王世紀》作「伊姓」，「伊」，又作「祁」，「日女」自然是堯嗣王位以後的尊稱了。這不是面貌清楚如画，就是在中國歷史傳説中那個有名的「女英（鹿鳥）」嗎？正是她。是不是確鑿不誤呢？還要揭開蒙在「㠱」一字頭上的面紗，來看看她的歷史真面目了。

B、「㠱」，原來就是歷史傳説中的「娥皇」

「㠱」一稱，己爲子姓，是説明「㠱」爲子一級的女性所生，而位卻居帝堯母一級妻屬所生的「圓（雁）」之上，那麼這個「㠱」是帝嚳的子一級妻屬所生的女兒，依父系制來説，爲帝堯的姊妹，「女英」

（鷹）的姑，而女英是作了随姑作嫁的「媵妾」（子一级妻屬），也就很明確了。《淮南書》称：「子生女曰義，母生子曰保」（《天文訓》），就是説，子一级的女性有女就通称作義，或作儀；而母一级女性所生的男孩，通称為大「保」。女英為母一级女性所生，因而取得了以母族的族称「目」為姓氏的資格，以与子一级所生的子姓女相區别；其為子一级女性所生，因而冠己（子）以為姓，通称就為「儀」，儀字古声讀「娥」。畢沅注「尚儀奔月」（見《吕氏春秋·勿躬篇》）称：「尚儀即常儀，古讀儀為「何」。後世遂有嫦娥之鄙言」，畢以嫦娥之称為「鄙言」，自然是不對的，這正説明是保留在人民中間的「儀」字的正確口語，而畢以為讀「何」，古為「大」声，实際倒不確鑿。金文「義」字

作義（見《散氏盤》），羊字下面就是蛾的形象，而前兩翼如月
形，後兩翼如繭狀，變隸作「我」，就是一个很好的例証。根據以上
的論证，其就是歷史傳說中有名的「娥皇」，也是眉目清楚的
画了。不須說，依父系制來說，「娥皇」為「姑」，「女英（鷹）」為「姪」，
但以母系制的舊傳統來說，「娥皇」為「姪」（子一级）之女，「女英（鷹）」
為子（帝堯）之女，姪之女与子之女是姊妹，因而史以堯的「二女」為称，
原來就是根據古史依母系制的說法而來的記載。從這裏也可以
看出，儘管母系制的社會基礎早已崩潰，但在意識形態和
舊傳统遺留的風習上，仍然是陰魂不散，影響很深遠，一直延
綿到春秋以後，這種姪隨姑作媵妾的野蠻風俗還是合乎

『周禮』的。

以上的解釋是不是完全与歷史的实際相符合呢？、有『丁未角』銘的金文記載為証，吴（虞）氏得王賜金為帝嚳作祭器称『父辛』，是帝嚳為吴氏弟兄的妻舅，是其的生身父的佐証，是其一；二，又有前所引証的『貯作父乙匜』彝的金文記載称尧為『父乙』作印証，這樣立論點就更加鞏固了。

C、亞就是彝的族称，又是吴（虞）氏弟兄之間的親称

『父乙匜』記得很清楚，是『癸（子眞侯）吴匽侯汜亞吕』，汜字舊釋錫，作賜字解，实際就是今天所說的『給』（讓自己的己声）字，是三把絲（繫，記声）在一起的形象，為『己』的声源和字

源所出。舊以「燕侯作父乙亞」為名，說明是以亞字作為貝稱了，結果變成有賜金的人，却沒有受金的人了。亞字通鑄，自然也可以作貝稱，但在這裏亞字却是舜和虞侯吳兩人之間的親稱。殷周古韻，冉、求、丑、祝、酋都是同部字，可知三代以前䣜、鄒(鄹)、仇(儔)都是丁声系。亞作為族稱讀䣜，而在這裏作為親稱誤「仇」(儔)了。漢．劉熙在《釋名》中有著名的關於亞的記載，說：「兩壻相稱謂之亞」，兩千年來，以東漢經史注釋者賈逵為首，都以「亞」為「次弟」解，直到清．訓詁學者王念孫又加以强解。這種以後世亞字的概念來作為前代亞字的講法，就變成「正解」了。實際上，不知兩壻之間古稱亞的字源和義源，原來就始於舜和虞侯吳弟兄兩人之間的親称亞字讀「仇」而來的。《詩》作「逑」，今作「儔」，就是「親密的伙伴」的概念，是兩婿之間的親称，顯然這就說明，在帝堯以前的這種「諸父諸母」性質的「普奴路亞」家庭形式，在我們中國的上古時代，確實也是存在過的。而時眞侯封邑原在魯南古臨沂地區，在「父乙亞」中称亞侯，說明《堯典》所載「流共工於幽州」是確有所據的記錄。這從帝堯作禮器，時吳給金屬貝，卻由舜出面來監製，并說明「癸（子眞侯）吳」亞侯給「鑄」金而作的，就可以看出亞侯時吳確是疏於帝堯，反映了是處於失寵的位置上。這也就說明時吳曾經縱有羿氏瞿乙每之後，担任過帝堯的共工。共工一職，為帝嚳所沒有的官稱，東虎焉重黎氏，掌控着帝嚳中期的金屬冶煉工業的生產和分配大權，自稱宰，刊於「庚申角」銘，是有金文記錄的。「帝顓頊時期既不稱共工，也不稱宰而有「相」，稱「祝融氏」。可見舜与象的傳說，象爲「相」，是民間所沿用的對宰和共工的稱呼，而在兄弟關係上卻爲孟子所顛倒了。依據金文「文乙匜」銘的記載，舜爲帝堯作禮器，受匽侯金，可見匽侯即吳，爲同室的兄，而不是弟。舜來在即吳「流幽州」以後，繼兄職位任帝堯共工的。史稱舜名「重華」，華爲「鏵」的飾華，「鏵」爲本稱，變音就是「重黎」的「黎華」，是共工的變稱，用今天的話來說，就是「鑄鏵」，自石國於舜的歷史，不屬本章研究範圍，就不作節外生枝的議論了。

D、附帶要說明的「禪讓」爲僞華所加的問題舜和貯吳為同室兄弟，兩人相稱為亞，貯吳以亞為族稱，字作亞吳，而舜則稱吳亞，族稱在後（見「父乙爵」——《寧壽》第二十三冊），是為了表達「護衛貯（鑄）氏族」的概念，兩個吳字的區別，一是手執短柱，而另一吳字，首奉「足」（中）氏為自身所出的氏族，而作「允」形，為吳的始体，是其第二個特徵。貯吳以姓稱「癸吳」，字應作「亞吳」，而舜也稱「癸吳」，字作亞吳（見「維戒鴟婦壺」。舊名「圉婦壺」——《西清》卷十九第14頁），是同室兄弟，為帝顓頊的諸孫，宰東虎有鬲氏旅諸子之一，而《五帝本紀》和《帝王世紀》，都以舜為瞽叟之子，而瞽叟以上，還有橋牛、句芒、敬康、窮蟬四代祖先，根據金文記載，「舜尊」稱宰東虎有鬲氏旅的少子有窮氏曰工為先，是旁証，舜為帝顓頊孫為歷史的實際世序，而瞽叟，以及窮蟬之說，完全是僞筆所造，根據以上的考証，可以肯定了。為什麼古史要在舜的頭上硬加了四祖先的名字呢？，因為這是由於古史在黃帝有女常儀婚於炎帝神農之子「柱」而生顓頊，以母系制称常儀為「子」的原故，這是後世依父系制容易產生誤解的基礎；另外，古史由於擁王室，支持帝少皞為嗣王位的「皇儲」，而与舊習慣以母系制傳壻的要求作鬥爭，諱黃帝有壻，自然也就諱常儀為女了。這樣一來，常儀就變為司馬遷史筆直錄的「昌意」，誤為男性，而结果不但帝顓頊和帝少皞之間的壻翁關係，以及帝嚳与帝顓頊之子的女兒（即鯀的母一級妻属，所生的女兒）為婚，成了史筆所諱的不合法的堂叔兄弟姊妹及叔父姪女之間的婚姻了，而舜為帝顓頊孫，自然是「昌意」的第三代（孫）了，又娶了帝少皞的第三代（孫）帝堯的女兒為婚偶，這不是違犯封建禮教的大忌嗎？因而為了維持封建制的「法統」，就不得不偽造舜的族系世次了，以便使舜和堯的親族關係，越過「五服」（五代）以外去，就是這樣偽造了舜的祖系，顯然與帝堯在年代上又懸殊太大，這樣一來，又不得不把帝堯在位三十八年而偽為九十八年。用舜時，在《堯典》中，堯是已經在位七十年了。就是這樣，帝舜還是難免「舜妻祖姑」（見《竹書紀年》宋右曾序中語）的罪名，現在根據全文的記載，可以說，常儀的的子嗣和帝少皞的子嗣之間，是姑舅表親的關系，正是兩系男女世代相互為婚的基礎，並不是同族之間的男女相婚，而舜與堯之間，一為帝顓頊孫，一為外孫，所謂「舜妻祖姑」之說，自然就完全不能成立了。這是需要附帶澄清的問題之一。

第二，就是所謂「禪讓」的說法，完全是偽華所造的歷史，而《堯典》也當初是為野心家豢養的手筆所偽篡，以便在篡奪政權上建立輿論基礎，也應該隨着「異」和「匽」兩個女性的面紗揭掉，也就完全暴露出來了。原來，這是從帝嚳時期就開始的與吳（虞）氏弟兄所結的婚姻，是完全依據兩個帝系子女間世代互為婚姻的公例，舜為新興奴隸主階級的統治階層的成員之一，是帝堯的共工貯巽侯的同室兄弟。而《堯典》記帝堯在位已七十年，還沒有和作為「庶人」的舜見過面，只是耳聞有這麼個人，完全是謊話，是為了增加「禪讓」擇賢，不以親的色彩而編造的，不是很清楚了嗎？至於帝堯以「二女」婚於舜，作為偵察的手段，就更不像古代正式史者的筆墨了。

自然，《堯典》是早在秦漢以前就為偽筆所纂的一部古史了。從它所具有的明顯的為野心家篡奪王位作輿論基礎的政治目的來看，恐怕是為燕相「子之」篡奪燕王噲的王位服務的，如果沒有「禪讓」之說為根據，很難想像燕王噲會把自己的王國，就那麼輕易地讓給「子之」的。

而在金文的記載裏，却正相反，不但兩个帝系之間在帝王承嗣問題上世代有鬥爭，而且鬥爭還很激烈，反映了母系制的傳姊妹之子（也就是傳婿）的舊習慣勢力，和新興的已經進入奴隸社會的父權制的鬥爭，這在《重華考》中有專題考証，就不在這裏多說了。

毛主席說：「任何事物的內部都有其新舊兩个方面的矛盾，形成為一系列的曲折的鬥爭。鬥爭的結果，新的方面由小變大，上升為支配的東西；舊的方面則由大變小，變成逐步歸於滅亡的東西。」（見《矛盾論》，主要的矛盾和主要的矛盾方面）。就是放在四千年以前的上古社會去看，也是真理。

五、唐虞時期三兵銘考

——《三代以前的幾種兵銘考》之五

一、前記

不知清末還是民初，在河北省保定清苑南鄉出土有三件古兵器，都有標族記祖（或父或兄）的金文。舊史學者王國維以爲是「三句兵」，并斷爲商器，有《商三句兵跋》的考証（見《觀堂集林》卷十五）；新史學家郭沫若同志以爲「是否屬商，未敢遽定」，而「器之爲戈，則可斷言」（見《金文叢考》卷一，88頁）。三兵器的款式都一樣，只是全文所記不同。第一兵記七祖，第三兵記六兄，現特摹録記一祖六父的第二兵銘的圖形，以見一般：

很明確，這是劚具，而不是刨土用的啄器，也不是啄器兼砸具作兩用的瞿兵，如：

因而郭老以戈稱為確，王稱「句兵」為誤。是不是作為商器就對了呢？也不對。

毛主席曾經這樣説：「我們討論問題，應當從實際出發，不是從定義出發。」

（《在延安文藝座談會上的講話·結論》第一節）。什麼是定義呢？就是「古人不以甲子名歲」以及「商家生子以日為名」，這幾乎形成了兩具束縛舊歷史學者分析事物進行思考的枷鎖。王靜安氏的主要論據之一，是「其器」「皆以日為名」。因而我們首先從王的立論基礎來着手研究，看看這個立論是不是符合歷史的實際。

1.「古人不以甲子名歲」和「商家生子以日為名」的來歷

「古人不以甲子名歲」，是舊歷史學界有名的明末清初的顧炎武《日知錄》（卷二十，第6頁）上的一個立論，並以《爾雅·釋天》中的「歲陽」「歲陰」（注）的說法為依據。以《呂氏春秋·序意》篇有「維秦八年歲在涒灘秋甲子朔」以及賈誼《鵩賦》有「單閼之歲兮四月孟夏」，「庚子日斜兮服集於舍」等為例，而作出了「以甲子名歲，雖自東漢以下」，但正式運用還在「三國以下」的結論，就是說，東漢以上就絶對不以甲子紀歲了。這是顧炎武為「甲子紀歲」下的定義」，不用說這个定義就無形中肯定了「商家生子，以日紀名」的說法。這後一種說法，是出自晉・皇甫謐的《帝王世紀》，皇甫稱：「微字上甲，其母以甲日生故也。商家生子以日為名，蓋自微始」。

2、歷史的實際

實際怎麽樣呢？早在清末，也是「古人不以甲子名歲」的信奉者阮元（文達）在《跋秦甲午簋》中說：「古者不以日辰（甲子）之名紀歲，有十二歲之稱，自攝提格至奮若是也』，旗號很鮮明，但又說：『今觀此銘曰：維甲午八月丙寅，知以甲子紀歲，始於此』（且不說『甲午簋』據孫詒讓《政和禮器考》認為是宋器一說了）在這裏充份說明『古者』的『古』，並沒有一定界綫。因為青銅彝器上有明確的紀歲甲子和紀日甲子的分別記載，所以『古』的界限就往前推了。那麼『古人不以甲子名歲』的枷鎖應該說是砸碎了吧！但還要戴着，只是把『古』的界限推出了秦漢而往上提到秦昭襄王四十年。這就是說，『以甲子紀歲』，是戰國時期的事物，阮元認為是從『甲午簋』開始的，再往上，就是『古人不以甲子名歲』了。結果，《攈古錄》載（卷三之一，45頁）『齊國差甔』銘，又認為是以『丁亥』紀歲。釋文說比阮的「甲午簋」為始的舊說法又「早三百有八年」（且不說王國維在《觀堂別集》「齊國差𦉜跋」中以「國差立事歲」為句，「咸」為月的說法）。在這裏也充份說明，釋者對於「古」也同樣是沒有一定界限的。

按理說，「古人不以甲子名歲」的枷鎖，對釋者來說應該砸碎了，但不是這樣，因為釋文又說：「以甲子紀歲，當此（齊國差𦉜）為最」，這僅是把古的界限擴大到春秋。春秋以前才算「古」，才「不以甲子紀歲」了。我們且不說帝嚳二十年的「庚申角」銘，就已經以甲子名歲了。我們只說春秋以前，晉汲郡出土的《竹書紀年》，據說就有：「宣王元年甲戌春王政，復田賦，作戎車」的記載（見《攈》卷三之一，66頁，「虎敦」釋文所引）。這不又得把「古人不以甲子名歲」

的界標，往前再挪二百五十三年（即公元前八二七年），擺到西周的幽王以前去了嗎？而且還有晉·皇甫謐《帝王世紀》所載，"堯以甲辰即帝位"，"辛巳崩"，這是兩筆最早的關於唐人以甲子名歲的記載了。現在根據古金文的對証，以"庚申角"銘為準，帝嚳二十祀（年）為庚申，到"乙未敔"鄉食使，為帝嚳崩年，是帝嚳在位五十五年；"丙申角"銘記王賞金，依甲子所紀的年代推斷當是帝摯嗣王位的初年，在位九年，到帝堯即王位正是甲辰。從甲辰到辛巳，帝堯在位三十八年，《堯典》用舜以前，記堯自稱已在位七十年當是偽筆所加，因而成了帝堯在位九十八年的偽誤，整整加了一個花甲，六十年。就從這偽筆所加當中，也可以看出帝堯時期已經確以甲子紀年，僞羣為了即位的甲辰和崩年辛巳相符，才加六十年。另外，「辛巳堯崩」，又有「辛子彝」金文為証。這座「古人不以甲子名歲」的界碑，不是還得往前挪嗎？、就是依《史紀》所記挪到帝堯即位的初年「甲辰」（為公元前兩千三百五十七年），仍然還是擺不住的，因為根據金文在「庚申角」銘上的記載，帝嚳二十年就以「庚申」紀歲了，如果把這「古人不以甲子名歲」的標界碑樹在帝嚳二十年，二十年以前為古，那麼遠不是等於從東漢時期來說，「古」人是以甲子名歲嗎？至於所謂「太歲在寅曰攝提格，在卯曰單閼」，以及「太歲在甲曰閼逢」（《爾雅·釋天》所記）之類的說法，也正說明，十天干和十二地支遠在前，而「攝提格」、「閼逢」之稱卻在後，是隨「太歲」及二十八宿之類的說法而來的，可見并非古稱，只是由於王莽復古，加以提倡，才盛行一時，而誤以為「古」真的不以甲子紀歲了，以致於堯以「甲辰即帝位」、「辛巳崩」，同是出於「商家生子，以日紀名。蓋自上甲微始」的《帝王世紀》，為晉皇甫謐一人的記載，但舊史學界以王為首，卻只提商「以日紀名」，而卻對於記堯的嗣位甲子和崩年的甲子視若無睹，實際上，晉皇甫謐「商家生子，以日紀名，蓋自上甲微」，也就等於說，上甲微以前卻是以甲子紀歲的，而以堯嗣位和崩年為具体的例子。

是不是因為皇甫謐的這兩筆記載，有金文為印証，是帝堯的歷史紀年實錄，就可以連同「商家生子，以日紀名」的說法也一併認為是確切的呢？還不能這樣說，因為還找不出關於這個記載的歷史根據來。雖然現在我們還不能遽然作斷，但在有商一代十七世三十王中（王靜安稱二十九王。《殷本紀》載三十一王，除去湯子大丁不算外，為三十王），有六王以甲名（大甲、小甲、河亶甲、沃甲、陽甲、祖甲），沒有一王稱「日甲」；有五王稱乙（天乙、祖乙、小乙、武乙、帝乙），沒有一王稱「日乙」；有六丁（沃丁、中丁、祖丁、武丁、廩丁、大丁），也沒有一王稱「日丁」；有四辛、四庚、二壬、一丙、一戊、一己，都不以「日」為名。這是根據司馬史筆所記的王，靜安稱為「歷史實錄」的。《殷本紀》以及王氏的《殷卜辭所見先公先王考》所列舉的骨文為佐証，可以斷言的事實。

是的，在金文中有「祖日辛、父日辛、兄日辛」（見《金文叢考》

的盤銘，但是不是『商』物，還有待進一步的研究。而保定清苑御出土的這三戈兵，也確有『日乙』、『日癸』、『日辛』的名稱，但這三戈兵銘中的『乙』、『癸』、『辛』，既不是紀日的甲子，而『日』字在裏也不是日月之『日』，器非商物，又是可以斷言的。

3、三戈兵非商物

三戈兵銘中的第二兵銘是：『祖日乙、大父日癸、大父日癸、中父日癸、父日癸、父日辛、父日己』。

第一兵銘記七祖，是：

『大祖日己（己）、祖日●（珠）、祖日乙、祖日甬、祖日●（珠）、祖日己、祖日己。」

第三兵銘記六兄，是：

「大兄日乙、兄日戊（戊）、兄日工（工）、兄日癸、兄日癸、兄日▲（鉏）」。

三兵銘所記祖、父、兄三代二十一人當中，有六人稱癸，卻沒有一人稱甲，而有商一代三十王中有六人稱甲，卻沒有一王稱癸。可見這三兵器的鑄製者和商王室的帝系家族，是完全沒有直接牽連的，這是一。另外，殷卜辭中，有「高祖」，而祖中不稱「大祖」，父中更沒有「大父、中父」的區別，兄自然也相應的不稱「大兄」，倒是以「弟」為貴。根據王氏卜辭考中所說：「二十九帝中以弟繼兄者凡十四帝」，尤其是「其傳子者，多傳弟之子，而罕傳兄之子」，正説明三句兵的金文所記祖、父、兄三代，雖然是諸祖、諸父、諸兄并列，但與殷制不同，祖有大祖，父有大父，兄有大兄，説明在這名稱上蓋着「普奴路亞」式家族的烙印，是夫有主夫，妻有主妻的一種標誌，而在商的王位傳弟或傳弟之子的形式上，也明確地看出来，是周室的「昭穆」婚姻制的藍圖所出，就是祖孫是屬於一个氏族，而父是婚於另一个氏族，因而是弟兄是同爲「昭」，祖孫是同爲「穆」。有商一代十七世三十王，或傳弟或傳子，仍然是母權遺風和父系制在王位承嗣上有鬭爭的反映，不過和三代（唐、虞、夏）以前不同，不是傳婿（姊妹之子）和傳子的鬭爭，而是傳弟和傳子（男）之間的鬥爭。顯然這是完全和「普奴路亞」式的家族形式不一樣的，不用說，三戈兵，是早於殷商時期的青銅武器。

既然是上古時代的青銅兵器，必然是屬於奴隸主階層所有，尤其是武器上還鑄有祖、父、兄三代的整个家族的氏稱，足見這个家族，又必然是掌握着金屬冶煉手工業生產技能的家族，而這樣一个處於奴隸社會初期的「普奴路亞」式的家族，不但掌握了青銅器冶煉手工業，為自己的家族成員鑄造兵器，而且還創造了以金文來標族誌氏這樣的文化，在東方，在公元前兩千五百年左右，還只有以「柱」為祖的鑄氏帝顓頊這一个家族氏系，除此之外，是別無二家的。

根據以上推論，這三戈兵為帝顓頊系後世子孫的兵器，就可以初步肯定下來了。是不是對頭呢？這就需要依據「由此及彼，由表及裏」的方法，作進一步研究了。

4、「日」字為族稱

古有氏稱、族稱，氏稱屬於個人，族稱屬家族通用。《春秋》經載：「秋，叔孫僑如如（入）齊逆女，稱族（叔孫），尊君命也」；經又載：「九月，僑如以夫人婦姜氏至自齊」，《傳》又解釋為：「舍族（去掉叔孫，直稱僑如），尊夫人也」（均見成公十四年）。去時，稱「叔孫」，是因為僑如奉君命出國的，尊重他，就是尊重「君命」，史筆就稱「族」；回來時，是伴隨君夫人，就以姜氏為尊，僑如居臣屬位，史筆就不能再称「族」來和君夫人相抗衡了。可見春秋時期，對於標誌看出身「門第」的族称，還是看得很重，從這裡也可以知道三戈兵銘的祖、父、兄三代人的氏称之上，所冠的是族称，因而是對祖、父、兄三代尊敬的標誌，而絕不是日月的「日」，更不是以甲子記生日的「日」了。

《說文》解「日」，許說：「实也。大易之精不虧。從○一，象形」，实在是神秘得很。按殷周古韻，日、乙、一、人、陳、辛，同在十二部，可知日讀乙聲，一為○的注声符號，《說文》附字又作㘝，是例証。又按金文氏族名称一字兩音的規例，日字变音讀乙，本音當讀陽。金文神農炎帝歷山氏之子「柱」（見《左傳》昭公二十九年）作[illegible]（讀變音讀嬰）、足」是標志誌氏的符號。(見「鄉尊」——《愙》第十三冊)，而頭上所奉的當為族氏，是□，「日」(陽)有兩角，可証古羊、陽一声，因而日字讀陽通「羊」了。這是一個例証。另外，《詩·小雅》《湛露》有「匪陽不晞」，傳釋陽為「日也」。第三，王靜安釋羊甲為陽甲，並引「古樂陽作樂羊，歐陽作歐羊」以為証(見《殷墟卜辭中所見先公先王考》羊甲一則——《觀》卷九，12頁)。是羊、陽古字相通的例証。第四，金文有「雁(日、鳥)爵」(舊名「日魚父辛爵」——見《攈》卷一之二，65頁)命氏金文為□，日下為鳥形，就是以「日」為族稱冠於首以示奉祀之意，字當讀雁。《禹貢》有「陽鳥攸居」一辭，鄭康成註《尚書》，解為「鴻雁之屬」，近人吳闓生註：「陽鳥隨陽之鳥，謂雁也」，「隨陽的說法就很難解釋了，當是古母一級妻屬所生的女兒称雁，与子一級「妾」（次妃）屬所生的女兒称鴇（飾筆作儀），以相區別，依母權遺風，以「日」為姓，因而是「羊（陽）族的雁」，結果就連同鴻雁也變成「羊族之鳥」的概念了。第五，古匽字金文作[illegible]，這又是以「陽女」為匽了，匽又作[illegible]，是以女比鳥，和以雁比女，是同樣的，都是以「日」為族称。第六个例証，就是金文「兄癸卣」銘中掌東虎以「日禹」為簽署的日[illegible]，更明確的是「日」為族称了。第七，還有「辟尊」金文，辟称「兄日工」，工為氏称，日為族称，為掌東虎有禹氏的少子，在前面已经介紹過了。第八，還可以舉出「厶（姒）鳥」其尊」（舊名「父辛尊」），見《愙》第十三冊。《貨幣集》另有專題攷証），六字標族金文為例，原図銘是：

「厶」為「私」的古体字，當是子一級女性所生，因而以「厶」為「子」姓諡音字。顓如「陽」，是奉祀的祖族，体如鵜，有翅有足，更有一顆以作「識」（彝）的声標。而帝顓頊以聊命名，字作，是它的反文，且顓無冠，以示為「幼聊（柱）」，而背後又有手扶持，是年老的「幼柱」位居高辛氏帝嚳之上，顯然這是「厶鵙」的祖（依父系制來説，是外祖），或為宰東虎日禹的女兒隨姑作嫁，婚於帝嚳為子一級妻屬所生的女兒（註：即以後又婚於吴（虞）氏弟兄的有名的「娥皇」），有專題考証鵜為体，奉「陽」為族稱，屬「日禹」的氏系，可以斷言。

根據以上八例的論証，『日』不是日月之『日』，在這是作爲族稱，古本音讀『陽』，是以神農炎帝歷山氏爲首的羊族的尊稱，就可以肯定下来了。這就爲我们研究三戈兵的誌氏金文，清理出来了一個比較牢靠的基礎。

5、第三兵銘所記的『兄日癸』是什麽人？

既然我们肯定了，這是上古時代，除了神農炎帝歷山氏系的鑄氏家族以外，在東方民族部落裏再没有第二个家族系統，古代相承的掌握着當時的金屬冶煉技術，以及達到了創造以金文命氏誌族的文化水平，那麽三戈兵銘中，記六兄的金文，有「兄日工」的人，而在金文初期的青銅彝器圖銘上，這個「日工」是有名的「有窮氏」之祖，「舜尊」（《舜》篇有專攻）稱爲「兄日工」。其自稱「叔窮」（有窮氏），爲帝顓頊的次子穿東虎有扇氏旅的少子，應是明確的了。但是不是確鑿無誤呢？因爲古有子嗣以祖稱爲族稱的風氣，因而只能作爲一種假設的準星，看第三兵銘中的另外「五兄」，到底是些什麽人，以求印証；自然又需要和另外兩兵銘中所記的八祖六父的人稱（歷史上的），世序相符，才能定案。

在第三兵銘中的另一主要關鍵，就是「兄日尹」，如果這個以尹爲氏稱的人眉目清楚了，就是說現出歷史的真面貌來，不為舊釋戈（「以日紀名」的根據）所蒙蔽，那麼所謂「以日（甲子）紀名」的說法，就在這三兵銘中更找不到落脚的地方了。

A、戈字為「鍼方」的變筆，是戊的本字。尊之讀戊（今稱鉞）變音為椎，古讀「垂」。

骨文有ㄔ或作㐅，王靜安讀「我」字，又說，或讀「垂」（《殷墟卜辭》中「我」字作ㄔ或作㐅。……「手」或說古「垂」字，或竟為「我」之省。垂、我二字，古音同部。」—見《激秋館吉金圖》「耶比簋」釋文）。《說文》解「我」，許說：「施身自謂也。」又說：「從戈手。手，古文垂也，一曰古文殺字。」可見東漢時期，對「我」字的字源所生，以及「手」的概念，已經不清楚了。金文有「我字叚」（舊名「子負戈敢」

—見《愙》第七册）銘，只一字，是標族誌氏金文作：

顯然這是「我」的字源，原来是兩个戍衛，各有武器相背而面外，一持小鐝如鐮，一肩負钁兵，是保衛封土的姿態，变隸就是「手、戈」相併而為「我」字了。上古時期，這个「我」當是「伙」（夥）的概念，是以自己所屬的氏族部落的集体相稱，為以後「國」的声源和義源所出，脱離了集体的概念而作為个人的私稱，所謂「施身自謂也」，自然又是奴隶社會中（夏商階段），財產私有制觀念在意識形態領域裏佔了正统的位置，把從原始公社的母系制氏族社會所遺留下来的集体觀念完全排除以後的概念了。伙（以後又進化為國的概念）、我最後，就分為兩個完全不同的觀念了。而在全文中的「我」字，肩負體兵（舊作戈是變隸時的簡化）的是「稱」的形態。《牧誓》中有「稱爾戈，比爾干，立爾矛」的紀載，是周武王的號召。漢·孔安國註《周書》，解作「戈短，人執以舉之」。近代注釋者吳闓生循漢孔的解釋註作：「稱，舉」，又說「戈，戟。矛亦戟之屬，長二丈」。以戈為戟，而戟之屬又長二丈，自然又不是漢孔所說的「短兵」了，這是舊釋的自相矛盾處。原因就是「稱」並不是舉，而是平担在肩，如秤，說明體兵不但柄長，而且頭重，不能舉；立起來又遮住自己的視綫，或與身側的同伍者的耳側相觸，所以平担在肩。《詩》有「稱彼兕觥」，舊釋「稱」為舉，是漢·孔安國釋《周書》的根據，實際上，這個「稱」字是「平」(稱)的概念，用今天的話說，就是「把你的杯子滿(平)起來」，仍然是與平担在肩的「平」是一個概念。舊釋金文冈(再的字源)為「舉」，就是由於《詩》釋「稱」為「舉」而來的誤解。在這個標族誌氏的金文上，「稱」為大戴世家》記：「帝顓頊生稱，「稱」為帝顓頊的嗣宗子，即金文「冉」(成)。而「冉」為小(「稱」之弟，行二)，是丮「十」兩字的合体，是字未見有禹(金文称「日冒」)氏以「鉞方」自称的「戉」字的始体，「戉」字讀「越」声，就是古的「鉞」音(古金文又作◎◎，是「二(頭)目」)，不是很清楚嗎？所以《說文》解「戉」，段註：「俗多金旁作鉞」，而解「鉞」，段又註：「徐鉉等曰：今俗作鐵，以鉞作斧戉之戉，非是。呼會切，十五部」。顯然是宋儒徐鉉等讀「慧」声，實際是由於宰東虎有禹氏為帝嚳的首任「重犂」以後，「鐵」就尊称為「鏵」了。《詩》「𩐋声鐵鐵」，实際就是「鈴声嘩嘩」（鄉音）。根據以上所論，那麼，「我字敵」是宰東虎「日禹」氏的飲食具，而自以「鐵方」為稱，字读「戉」，变音读「垂」，是古音「錐」的誌音字，也是「鐵」的字源，這是由鐵（瞿）本為啄器，是創土用的農具，一端又可以作砸器，是一具兩用而產生的反映。

既然確定了「兄日斗」為「兄日戉」，為族称，是鐵氏族系的氏称，那麼又位在「日工」之前，當是宰東虎有禹氏旅的嗣宗子，日工的同父兄，帝堯初年的共工「垂氏瞿乙」了。斗的变音讀「垂」，就是印証。位在

「日工」之前，辈次也不誤。如果還有所憾，在金文命氏彝器圖銘中，還可以找到旁証，有「者（著）爵」（舊名「𡈼日（古慎字）父戊爵」——《窓》第二十二冊）三字命氏金文為：「□□□」，□字，從字形所象来看，當是帝顓頊的封土為瞿氏承嗣的地名。□是帝顓頊的氏標，口為古氏族的聚落符號，以自然就是「以目」為族標的「瞿」的变筆了。再從族称声律上来看，當是帝顓頊封邑的「鉬」為有羿氏瞿乙垂所承嗣称商（□）的地方，即《漢書》·《地理誌》屬於高唐地區的「著」縣古城了。古「者」字或作□（見「多父盤」銘——《窓》第十二冊），是□「以人」（□的側体）方」為族標的瞿氏系後裔，又有□（見「諸女角」銘——《窓》第二十一冊），同樣是人方的瞿系子嗣，舊統釋為「諸」。另外，還有漢·「宋陶鼎」(見《西卷七，第1頁)銘，「都」字金文作[illegible]，是[illegible]為古「者」字的鐵証。依族称声律，當讀「著」，而兩字篆書為[illegible][illegible]，[illegible]字是「鐮方」，方為倒体，為宰朿虎[illegible](「我字敢」銘中的[illegible])的子嗣，不是脈絡很清楚嗎？這是有羿氏瞿乙垂為自己的嗣宗子「著」所作的命氏彝器，以「戉(垂)自称的旁証；和這个旁証相印的，還有「乙公爵」一見《寇》第二十二冊)銘。三字金文在「柱」，是：[illegible]乙[illegible]，一字如画，在「投壺内」，是主權所有的氏標，作[illegible]，顯然，這又是「著」氏為父戉有羿氏瞿乙作的禮器，因而称「乙公」，盱吳封匽称侯，垂為帝尭的「二目」(金文瞿字作[illegible])称公，這也是和官位次第相符的「作」

字反書，是説明「乙公」曾為「着」作命氏爵，而「着」就依舊式翻制器為「乙公」作祭器了。兵銘中的戉（垂）字，戈不作倒書，自然這又是因為變筆作戈為族稱的原故，已經和戈有所區別了。

綜合以上所論，兵銘中的「兄日戉」，就是有窮氏日工的同父兄有羿氏「瞿乙垂」，應該可以肯定了。

B、第三兵銘通解

戈字讀戉，變音如《說文》讀垂，是帝堯的共工有羿氏瞿乙的氏稱，有窮是有窮氏，金文自稱「叔窮（[illegible]）」的「日工」，既然已經現出了歷史真面目，那麼「兄日戉」和「兄日工」以下的兩「兄日癸」為吳（虞）氏弟兄，有「舜尊」所刊金文：「舜作兄日工寶尊彝曰（[illegible]）」為証，第一字「兄日癸」是癸吳，金文應作□，就是「貯作父乙匜」所稱□吳（「癸」「冀侯」「吳」），帝舜的同父兄。在標旗誌氏金文中有「匽鐘」（舊名「旂鐘」——見《攈古》卷一之一，19頁），一字標氏金文作□，頭所向和短柱的位置，都是□（見「丁未角」銘——《窓齋》第二十一冊，18頁）的反文，因而疑為癸吳（匽侯）的子嗣，以族稱，所以這「癸吳」兩字合文，就加立人旁作偃，稱「偃鐘」，以与帝堯之兄——貯冀侯又稱偃侯的癸吳相區別。另有鼎文，字作□（同上所引第20頁），彝文作□（第二十二頁），匜文作□，舊說釋㫃。《說文》作「㫃」，許說：「旌旗之游㫃蹇之貌，從屮，曲而垂下，㫃相出入也。讀若偃，古人名㫃，字子游。」段注：「今之經傳皆變

作偃，偃行而於靡矣」，是証於、偃古一字，許解為旌（「石鼓文作[illegible]）

因為「㫃」的本字，父体在金文中應是[illegible]字，作「謂從屮，曲而下垂

（[illegible]）」，當是許以古文㫃（《戴氏篆正》偃字——見《四体大字典》所

引）字為依據。今本《説文》失録㫃字，所以對許的解釋就不容

易理解了。㫃或為夏殷以後的簡化体，正体偃字當是[illegible]（癸

鑄矛」一章，已經作過介紹了）。以上所引鼎、彝、匜三樸氏金文又

都是[illegible]（偃）的翻体，因而異以祖氏為鑄作族称，就是貯，金

文作[illegible]，為外，內為[illegible]（癸），因而後一族称又是尊王室貴母族的樸

誌，舜為帝以後，[illegible]氏為尊，因而「辛子彝」所刊金文[illegible]（古貯字的

本体）指頭，「与王」併肩，就是因為貯氏為尊的反映。反過来説，就更

証实偃、偊都以『癸』為所奉祀的首族，貴母系，王室必是夏禹以後了（夏禹為皋系的子嗣，另有專題考証，在這裏就僅指出所謂禹為鯀子，是因三代之際的古史，循母系制以壻為『子』的原故。禹為鯀壻，金文有佐証，因為離本篇題目太遠，就不在這裏多説了）。

第二个『兄日癸』，不用説，是帝舜的尊称了。自然，還是在舜嗣帝位以前，如果已嗣帝位，當又尊鑄氏称『兄日珠』了。這是戈兵鑄於帝堯階段的主要標誌。是吳（虞）氏弟兄以『癸吳』為氏称的時期。弟兄兩人氏称是一个声系，都称貯氏（金文作[illegible]）也都以『癸吳』称，只是金文中，貯、癸為族称，兩人沒有分别，氏称『吳』字，在金文上『舜』和偃侯吳兩人的區別，就在於前一人兩手無所持，而貯己其侯（偃侯）

手中卻不離「短柱」。舜稱「癸吳」，字作□（見「鳴婦壺」，舊名「周婦壺」—《西》卷十九，14頁）。又稱「吳貯」（以與匽侯貯吳區別），字作□□，吳字以足（又）為自体所出，体作「先」字形，為□（舜）的始体，是為舜稱的標誌（見「文乙彝」—《愙》第二十冊），都是和「貯作父乙匜」同時的禮器，當以女（瞿乙有羿氏垂的母一級妻屬所生的女兒）納于帝堯為隨姑作嫁的子一級妻屬（次妃）的「瞿羊乙」氏婚時的「陪嫁」物，古稱「媵器」。

兩「兄日癸」，有「舜尊」稱日工為兄日工，以及觶稱「舜兄日工」（見《攈》卷一之二，60頁），字作□兄⊙工為比，兩人位在「兄日工」之後，位置与輩次也是相符的。第五人就是「兄日□」了。□為帝顓頊的初命氏称，本作[illegible]，[illegible]為標声誌氏的符號，字讀是声為鉏，就是今天我們所称的『鋤』。古時，著一声，鋤、鉏一字，簡化作冂（变音讀丙），是最初的青銅農具的圖形，説明這个新生事物在農業生產上一出現，就為神農炎帝歷山氏之子『柱』用來作為自己子嗣的命名了（詳論在《貨幣集》）。在這裏只説明『鉏』為舜弟的氏称，也是承祖帝顓頊的氏称而來的。實際是『日』（羊）為神農炎帝歷山氏的氏姓，從『柱』開始就以為族称，『鉏』也應是以帝顓頊為祖的族称，等於称兩『兄日癸』而不以『吳』称一樣，或是一種特别尊重的称呼。從吳（虞）氏弟兄的輩次上來推求，這个『兄日鉏』，當是『父日己』的嫡系子嗣，在歷史傳說中，為舜所放逐的「檮杌」。《左傳》載：「顓頊有不才子，不可教訓，不知話言」，又說：「天下之民，謂之檮杌」（見文公十八年），舊以為指鯀，為誤（《人物集》鯀一章裏，另有專論）。在這裏，只提和這個「檮杌」一起放逐的所謂「四凶族」，有「昔帝鴻氏不才子」，「天下之民，謂之渾敦」，少皞氏有不才子，「天下之民，謂之窮奇」，也就可以知道，所謂子，是子孫，不是兒子；如果是兒子，那麼，「昔帝鴻氏」為黃帝時期的虎族氏族部落的酋長大鴻，《史記》、《封禪書》，司馬稱作「鬼臾區」的，離帝堯為王，舜為共工的時期，隔着帝少皞、帝顓頊、帝嚳、帝摯四代。只是帝嚳、帝摯兩代就佔去了六十四年，就是帝少皞的「不才子」，也應是年過百歲的老翁了，足見都是以「子」爲「子孫」，不是「兒子」的子，因之東漢賈逵註以《史》稱「梼杌」爲鯀的解釋是錯的。晉·杜預循之注《左傳》，這個誤解就世代相承，直到近代註者吳闓生註《尚書》，才提「殛（兩鶴字的異体）鯀」以及「流共工於幽州」等「四罪」和「遷四凶族」是兩碼子事，吳說爲是。因而爲舜放逐的「梼杌」，依声律來說，也是「貯杌」的諧音字，當爲同族兄弟，而在《淮南書》（泰族訓·二十）上有佐證：「故舜放弟，周公殺兄」，而爲舜所放的爲弟，舜爲兄應該是肯定下來了。戈兵銘中称「兄日鉏」，或者就是這個人；這個人，在金文上，自然應是称帝嚳爲「父辛」，輩次与舜相等的「秉（稱）畜」（金文作

□、變革又作□□（見《殷》卷五，59頁，「父己甗」銘），宋薛尚功釋「無儔」，是以變音乘（稱）字讀午（□）為声，不為誤。儔為畜的氏称變革。顯然這是兩个時期的氏称，前一氏称是帝嚳時期，為「乘畜」，是騎馬為騎的觀念，是從「父日己」那裡來的氏標，而「無疇」是帝舜時期或帝堯時期舜為政時的變革，從声律上來說，是以□□（古妯、築同声，仇（儔）、尉一字）為準，而為「兄弟不相仇（儔）」的概念。就是一反古制，弟兄不同妻室而各自為家了，這是舜時的一大社會革命，在婚姻制度上的創新，也就是對母權制遺留下來的群婚的殘餘習慣的徹底清除，而為普通奴隸的一夫一妻制，以及奴隸主貴族的一夫多妻制奠定了基礎，開辟了新的家庭組織形式，「諸父諸母」的名稱，自然還依舊，而却与舜推行新法制以前的「諸父諸母」的实質完全不同了（直到解放前，在膠東萊陽地區，還称父親的兄弟，依次為「大爹」、「二爹」、「五爹」，但却是兄弟各自為家的家庭。諸父諸母只是古称世代相傳而未改，只是「名称」而已）。所有這些関於舜為政而实施新規制的論証，都另有專論，這裏就不再作重複的引証了。関於「乘畜」的放逐，以後也另作專題考証，這裡僅舉出「乘畜」又称「無儔」，為舜放逐，《左傳》作「檮杌」，都是一人即「父日己」的嫡系子嗣，有「父己觚」為印証，就行了。

最後，在六兄當中，只剩下首席的「大兄日乙」的問題了。既號「兄日戊」為有骿氏體乙缶，那麼這个「大兄」當是另有其人是誰呢？金屬冶煉手工業的生產和分配大權，既然掌握在䣊氏弟兄所屬的鑄家，而且凡是䣊氏諸父、諸兄弟、人人，都有不止一套的命氏、標族彝器，「日乙」為大兄，當然更是鑄家少一輩的首腦，在命氏金文圖銘中必然也會「有案可查」的。

在金文誌事的青銅彝器中，有「父辛尊」，《償靜集》（「犂貝」一章）中曾經提到，並且初步肯定過：這个誌事金文的作者，或者就是帝嚳五十年為王室所誅的重犂氏邸墟，自称「儲萸中犂」，為了輩次的明確，現在摹錄全銘十字全文如下：

（見《寒忠》第十三册），[illegible]字為儲，不是從字形來説，是從族称的声律和字形所象的會意体——

[illegible]

如儲藏糧穀的倉屋而定的，舊釋京，三代以前没有『京』族一称，『京』為周語，有『[illegible]』，周称鎬『京』，实際[illegible]字讀『集』，為《説文》所載，『[illegible]方』當是『柱稷』的稷，古称[illegible]，為『鐝方』，周称鐝為『鎬』；而[illegible]字為[illegible]的变革，古声舟、鑄、儲、貯一音，因而[illegible]讀貯通仇（儔），都是一人的氏称，舟、鑄是帝顓頊的早期氏称，仇（儔），貯是帝嚳早期的氏称，是為[illegible]字讀儲通『州』，变音為雕，即『鄉』的諡音字。『師田父尊』（《寒忠》第十三册）銘有：『維五月，既望，甲

[illegible]。王𠨘令師田父』，以𠨘（鄉）為降的同声假借，就是例証。而州又通酬，所以𠨘又成了饗（鄉）的变音字，『御方尊蓋』（同上所引）銘，首稱：『癸未，王在圃，雚𠨘，王賞御見』，就是以𠨘為饗，是本音讀酬的例証。

舊釋𦵏𠨘為旁京，作周武王所建的『鎬京』解，確否，不敢遽然作定，但本声應讀『稷鄉』或『旁（鎬）州』是可以斷言的。（左傳』有『子朝奔京，丙寅伐之，京人奔山』，又有：『王師軍於京楚。辛丑伐京，毀其西南』，原註：『京楚，子朝所在』（均見昭公二十二年）。這个京字應是金文𠨘字，即前稱子朝所奔的『京』，後言『京楚』，當是同一地方，不會另外還有个『楚』，可知『楚』原為『京』的註音实，即「州」的古音，通鉏、貯而為楚声的原故。京人自應是「鉏人」或「州人」，或因為和周世代有婚姻関係，所以捲裹進子朝之亂的王室内戰裏去了。總之，這个重華為帝嚳高辛氏的子婿，因而称「文辛」，而「儲夷」的「儲」為族称，是「貯氏」的大兄，夷為氏称。從声律上来説，夷、乙自是相通的了，這是一；第二，金文「夷」字作尸（見「曾伯霥簠」——《攈》卷三之二，10頁），称「淮夷」，舊或釋口，或釋人。《説文》解「夷」，許説：「東方之人也。從大從弓。」段註：「周禮注夷之言尸也者，謂夷即尸之假借也。尸，陳也。」夷、尸是不同韵的，怎麼可以作為同声的假借字，而且尸又和陳相通呢？前在「古字瞿」考中，已经解及「尸」，實際是金文的尸（人）

字，為坐形，原本就是「人方」的「人」，也就「神方」的「神」（神農的宗廟所在），「神為帝顓頊封『重』（柱）『司天以屬神』（見《歷書》），而後有的正式族称，帝嚳伐「神方」（見「旅鼎」銘。「聿貝」一章有詳論），金文始以「鷹公大保来伐反人年」為称，可見被誅的重黎氏就是「神」族的嗣宗子，封邑称「人方」；人方称「尸方」，鏃称矢，猪称豕，恐怕都是和這个「人方」变命称「尸方」有關的。[古文字形]心為「悪」，就是夏為時期惡[古文字形]的前例，可以為比。據此，人、尸本是一字，人的声源本是来自「神」，与陳本為一个声系，是後世的相通字。如：「仲稱父鼎」（《攈》卷二之三，84頁）銘称「唯王五月初吉丁亥□□及中偁父伐南淮人，孚金，用作寶鼎……」，人字作[古文字形]，如跪伏在地的形狀，和前所引舊釋文稱「淮尸」的人字（尸）為坐形，就不同。但都是人字，變音讀夷。「睘卣」（見《攈古》卷二之三，86頁）銘：「唯十有九年，王在序，王姜令作冊睘安夷＝伯＝，賓睘貝，有揚王姜休……」「夷＝伯＝」四字作「尸＝日＝」，舊釋「人＝白＝」為失，本音當讀「嬦＝伯＝」，變音讀夷，就是今稱姨為母親的姊妹的辭源所出，而嬦＝又是以諸姨諸人的妻屬而來的親稱，伯＝是諸姨的弟兄，就是諸舅了。嬦人古一声，據此可以為斷。人又讀夷，在這裏是一鐵証。舊釋或以夷字金文為「尸＝」，以「尸」字下沒有「＝」就讀人為解，實疏忽了「＝」為重文符號，在這裏還有「日」字下的「＝」為証呢。黃為夷的繁筆，就是儲夷，也就是『儲人』。《西清古鑑》有『聿鼎』（舊名『周栩鼎』——見卷三，11頁）銘，金文兩字，一是標氏，一為注音，為『聿𦫳』，前在『聿員』一章裏作過解釋，就是『聿』為氏稱，兩手所抱之『子』，是金文𦥑（申）的變体，叓声誒夷，為『聿』的標声誌氏的注解。

綜合以上所論，『大兄日乙』就是承嗣了『柱』稷宗廟所在地的神方的封土的帝顓頊的嗣宗孫，為帝嚳的子婿，自称『儲美重犂』，帝嚳五十年（庚寅歲）為王室所誅，『旅鼎』称作『友人』的『人方』封主，就可以肯定下來了。依母系制的舊習慣勢力來說，『美』恰是王位的承嗣人，這次重犂卿墟（儲美）的被誅，為新興的父系制勢力与腐朽母系制的舊習慣勢力在王位承嗣上的尖銳鬥爭，已有「重黎考」專題的論証，也是可以肯定的了。

6、第二兵銘的通考

A、兵銘所記「六父」為帝顓頊的六子

第三兵銘「六兄」既然是帝顓頊的六名「諸孫」，第二兵銘中的一祖六父，不用說，就是帝顓頊的一第六子了。是不是確切呢？先從「日癸」來看。第三兵銘中為首的「兄日癸」（匽侯）是盂字頭的重黎，在帝嚳誅重黎耶墟之後，是繼任的重黎「復居火正」，史稱吳回（吳為圓氏，《説文》："古作□，通回"。殷周後代字作媯）幼名盛（即「廾」的義源和声源所出，要讀為盂），前在「癸鑄矛」一節已经介紹過了。這裏再次舉出「盛卣」九字全文圖銘，即可作為論斷

的依據了。圖為：

簷名「帝己、祖丁、父癸卣」。帝己，當為少皞（《左傳》章三經注》以為是「己氏之祖」），祖珠，不用說就是帝顓頊了，父癸必是第二戈兵銘中四「父日癸」之一，當是「大父日癸」成（祝）。帝己所以居「孟」內，為內祖，這是依母系制來說，今則稱「外祖」，北方人稱「姥爺」，南方人呼「外公」。依據這了解釋，帝己既為少皞，位置當在子擠帝顓頊之上，為什麼在這「盛卣」圖銘中祖珠位置居上呢？實際是以祖珠為外祖，居於受祭祀的地位，是居旁位，從這裏又可以看出，雖在奴隸社會初期，父系制早已建立了堅固的社會基礎，但母系制的舊習慣勢力，在意識形態領域裏，仍然佔據着統治地位。父癸在盂外，自然是作爲命名人的簽署了。另有「戚婦鼎」，銘文爲：

就是這個解釋的旁証了。帝己（少皡）、祖珠（帝顓頊）、父癸（成祝），這也是三代的家系，因爲帝己是「戚婦」的父系祖，所以又和「戚卣」不同，不能作爲「内祖」，因而形成男女雙方的三代祖系，或爲婚時的禮器。

根據以上的三代祖系的金文爲印証，以第二戈兵所記的一祖六父爲帝顓頊的一第六子的氏稱，應該初步肯定下來了。

B、「癸」為姓氏

癸為戌（祝）四弟兄的姓氏，正如第五「又日辛」也是以母氏為姓一樣，因而這五弟兄為兩個母系所出，又是比較明顯的了。帝顓頊的母一級妻屬，為帝少皞妻屬所生的女性，以彝命名，金文作[illegible]，前在「癸鑄矛」中已經作過介紹了，而族稱為癸，誌氏金文圖銘中有「彝癸彝」（舊名「若癸彝」——《攈古》卷之二、68頁）就是例證，蓋銘為[illegible]，器名為⊠，蓋為尊居首，尊族（器為体，屬自身，為列氏稱的位置），就是佐證。因為癸，皐古同音，前在「貨幣集」也已作過介紹了。因而「癸彝」有子，以母的氏稱為姓，就是「戌」，《史記》司馬的《楚世家》作「稱」

以母的族稱為姓，就是「癸」，有「母癸敢」圖銘為例証，「癸」（癸為櫃的誌音）內七字，是：

母癸、舟珠居首。舟珠即邸珠，帝顓頊受少皞册命的氏稱。不稱「祖珠」如「盛卣」（以及「盛婦鼎」銘），顯然是為了尊王室，以少皞氏的册命為準。説明是在皋系為王的帝堯時期的祭器，或者就是盛氏盱異，侯流幽州以前，為帝堯的第二任共工（首任為宰東虎之子有羿氏瞿乙垂）所鑄製的禮器。母癸為尊，居首，是第二個王室為皋系的標誌。

根據以上所論，「癸」為帝少皞的女兒弇氏的族稱。據此，四

「父日癸」作為氏称，是屬於姓氏，也就可以肯定下來了。

C、四父癸是同級弟兄

現在就先選兩「大父日癸」說起吧！

位居首的「大父日癸」，顯然就是帝顓頊的嗣宗子「戌」了。司馬《楚世家》作「穉」，金文有「母癸敢」銘為証，作[illegible]，金称為「戌祝」，作[illegible]。有子以戚命名，有前所引「戚卣」和「戚婦鼎」，金文[illegible]字作印証，称「父癸」。另外還有「兄癸卣」銘，字東虎日禹得王賜金為「戌」作禮器（時在帝嚳九祀，或為祭器）称作「兄癸」，是第二个印証。還有《历書》所謂：「顓頊封南正重司天，以屬神；封火正黎司地，以屬民」（「黎」為帝嚳世

史筆以変青為正统的名称，原称當為「鏄」，飾筆文誤犂為黎）
的首目因而毋命称「相」，金文作：宰東虎有昌氏有「二目」的
毋命，称「明視」，金文作：

就是佐証。

根據以上所論，為首的「大父日癸」，就是帝顓頊
的嗣宗子「成」，應是肯定的了。反過來說，以上
所引的論証，居第二位的「大父日癸」，不用說，就是称「成」為「兄癸」
的「二目」東虎旅氏瞿了。有金文字和為証，這也是肯
定的了。

比較難解的就是「中父日癸」了，但如果撇開「中父」的称呼

不説，單就帝顓頊的位居第三的諸子來説，從金文「舲尊」銘和「乙未鼎」銘，鯀以小臣[illegible]和小子[illegible]自稱來看，三子爲鯀，以「衆」爲自己的族稱。小臣[illegible]是帝嚳十年陪王祭「柱」（金文作[illegible]）稱祖時，鯀的自稱。乙未是經過四十五年，是帝嚳五十五年驩崩以前，鯀繼王位，受賜金二百的金文記載，自稱小子[illegible]（另有專題考証），可見小臣小子爲一字。「三臣」（小臣）是以後的變革），「三子」都是「衆」的始体字。在金文命氏彝器中，有「衆卣」（膚名「父癸卣」—《[illegible]》第十八册），命氏「衆」字作[illegible]，兩字箴署作：[illegible]，應是鯀以衆爲自己的子嗣作的命名，可以爲比。足證「三臣」、「三子」和「三人」都是一个概念，所以變小臣爲小子説明這是由于客觀實際發生了變化的必然反映，就是說在帝嚳十年鯀陪帝嚳祭柱祖的時候，是『人方』的封邑承嗣人，還年輕，以帝嚳的郎舅的身份，也就是說，帝嚳高辛氏為姐夫，鯀為王的妻弟的身份，以『眔』為族称，字作『三臣』，是与客觀實際相符的，但經過了四十五年，鯀不但依照了帝系之間的男女世為婚姻的規例，作了帝嚳子一級諸母中所生的女兒的婚偶，為高辛氏的妹夫了，而且又娶了帝嚳母一級妻屬所生的女兒為自己和自己同室弟兄的子一級妻屬而且又是在誅重黎氏聯壚（儲姜）之後不久，因而是以王室『子壻』的身份称『眔』，字就從『㠯』變而為小子了。

如果關於『眔』字的解釋不誤，那麼鯀的動物氏標為魚氏，

『眾』、『魚』兩字的合体，今讀鰥，可見變隸時是確有根據的。從声律上来說，是『監』（斡声）的古音。『監』為官称，如『相』、如『宰』，是掌握鎮壓奴隸反抗的刑政大權的。因而鰥又以『傒』称，古系、繫一字，高誘注《淮南書》：『傒人之子女』（卷十二•《道應訓》）為『傒，繫囚之繫，讀若雞』，即今天的『雞』字的声源和義源所出了。金文標氏誌族的祭器中有『俞鼎』（舊名『亞形祖辛鼎』——《窓》第三册），祖（櫥）內八字為：

當是鰥以艅（肣）之反文『俞』為子嗣作的命名，而『俞氏』的子嗣就翻製這个命氏彝器的金文，作為『族譜』了。因為《化貨幣集•奚貝》一章及《人物集·鯀》一章都有專論，在這裡就不作複筆的引証了，只是說明鯀以「傒」（□）氏為称，正如以後的有羿氏瞿乙称「羿」，我們已經舉出過「羿尊」一字標氏金文作□，是羿的夂文（為有羿氏之子著氏后羿佐夏時的飲食具）。這个夂文羿字所表示的「刑加於雙手」，是与鯀称「傒」相類的。而系、魚兩字合体為鯀，《說文》許称：「從魚，系声」。段注：「系声讀本切，亦未詳所以。恐古音不同今讀也」。說明古讀鯀為系，即繫，如今之蠡，別体作傒。变音讀鱞，為「古本切」了。而鱞的古声，許称：「從魚，眔声」，段注：「古頑切，在十三部」，又說，眔，古讀隶，十三部十五部合音也」，不知許所說的是「眔」声，和金文

「三臣」、「三子」、「三人」的眾，正相符，段註為失。眾是鰥的本声，由於鰥在帝摯時期以官称為「監」，变音讀如「觀」了。在命氏金文中有「監敢」（舊名「叔父癸敢」——《愙》第七冊）銘，三字作：

就是鰥為「監」，并以「監」為子嗣命名的依証。

監是以手刺「目」目的，這個父癸，當是「中父日癸」了。

「眾」与「中」因為同声而通用，有「中」、「重」声同而相通的例証可以為比。証在「父辛尊」銘（見《愙》第十三冊），金文作者自称「儲萬重犂」，重字作中，為 ，另外還有「中作父珠盉」（舊名「中作父丁盉」——見《擦》卷一之三，6頁）銘，七字金文，是：

[illegible]、前在「貨幣集」以為是寧東虎日禹又称稂的氏称，現在從作為氏標的鏃來看，已經是寬板鎬的形象，這是金屬具有一定的堅度和韌性才能采取的一種形式，它是高級合金材料的標誌。當是唐堯以[illegible]命氏，在青銅彝器上已經出現「金銀錯」的工藝以後，和「三公瞿」的[illegible]形鎬同時期的產品，因而達了「父珠」必是受祭人的族稱，而「中」是祭祀者的族稱，所以才又以自己專用的氏標[illegible]作標記，足見「中」字是作為族稱的「重」，為鑄族各氏系的子嗣所通用的了。這又是中為重的通用誌音字可以為比的第二个旁證。

根據以上兩例，「中父日癸」為帝顓頊的第三子——鯀，就可以肯定了。

第四个文曰癸，有二文為[illegible]，二文為小[illegible]或小子[illegible]為比，必定也會用「四」字為次第的標誌。根據這个推斷，在誌事金文中首先想到的「當然」是常見而不解的「彤尊」（舊名「王主父丁尊」）——見《攈》卷之二，26頁）所刊的十一字金文了。為：

[illegible]（彝）

[illegible]（器）

兩器的金文相同，只是个别字形有異筆，如「攸」字就是，第二字的差别也很明顯，另外在人称中，一是四虎，一是三虎，疑這後一器的三虎也當是四虎，因為最後一虎字尾的重文符號「=」，或為銅銹所掩，而拓本致有失筆，遂成三虎。兩器應都屬於彤氏家族所有的祭器。第三字既然是「攸」字，當為封邑的名称，第二字為住，▌(住)是標声指事的符號，㠯為邑落，又作㠯，當変隶為日，古愈、越異字而同音同義，因而疑這個「曰」就是王所住的「攸」的本称，為古「鄃」的誌音字，夏禹為王，攸為顯称。據此就可以初步肯定兩器都是夏禹時期的鑄製品。因而雖然作者以「四虎」自称，但為族稱，是四父日癸的子孫，也就明確了。頭四字是「王住攸田」，就是王駐在鄃土的「攸」這个地方，行圍般徽[illegible][illegible][illegible]二，舊釋二龍四虎，二龍就不知所據了。從兩字的字形來看，當是兩个「方」字之繁文，作為[illegible]的子嗣而增加筆劃以作標誌。應是獲方為朋的「朋」字之繁文。

如果以上的解釋大致不誤，那麼[illegible]字本声讀如彝，因而銘稱：「父珠尊朌」，朌為氏稱。

《左傳》有「辛卯，鄎肸伐皇」（見昭公二十二年），肸為古族稱，當是朌字的變筆，而變音讀朋声，自然又是朌的字源所出了。司馬《齊田仲敬完世家》記載齊威王二十四年与魏梁王的談話，有：「吾臣有朌子者，使守高唐。」「朌」同樣為古之族称，齊田為舜的後裔，「朌」為齊田本族的一系，根據金文朌字變音

讀朌(班)，又很顯然這是朌的变音讀朋声為朌的声源和族源所
出的例証。另外還有論據，這就是美國學者摩爾根在《古代社会
研究》(第十四章第二節《轉移之動機為財產的私有》)中称："縱
令隨時因分割作用而形成了新氏族，縱令其它氏族又歸於滅
绝，然而氏族的系譜，還可以上溯到幾百年甚至到幾千年"，在美
洲的易洛魁氏族社会的氏称，世代相承，有這樣滚遠的作用，而
在東方，祝、鑄、州的族属直到春秋，還是屢見於經傳的，金文
成、臧為父子。春秋《左傳》称"郕伯"，《公羊》作"臧伯"，郕、臧是一氏；
可見摩爾根所記是實錄，而在中國，公元前兩千四百年以前，
處於奴隶社會的初期階段，在金文標族誌氏的記錄中，

就已經反映出來了。對於氏族的稱號的金文在造字上是很講究的，不但声標是和祖族声系相連，而且還和封邑或官職相結合，在命氏的金文中，更是歷史現實的新生事物，以及當時發生的重大的社會變革的反映，這又是易洛魁氏族社會所遠遠不能比擬的了。

再從[illegible]的字形來看，顯然是以[illegible]為「凵方」的變体，凵是盂的形象，當為古「郐」字的誌声符號，[illegible]「如刀」，又有「分」的形狀，因而郐水的分枝。《說》解「郐」為「邾下邑地」，段注：「《周禮》雍氏注：伯禽以王師征徐戎，徐本作郐。」《禹貢》徐州的範圍，就是「淮沂其治，蒙羽其藝」，直到鉅野、東平都包括在內，水，自然是淮和沂最大，山是蒙山、羽山了。根此可以推知，這个[illegible]所表示的郤方水的分流，字讀彝声，當是沂水的分枝，而[illegible]字變音讀盼，從古声朋的音律推求，這个沂水的分流，又称「盼」的水，當是今山東費縣的「汸河」了（汸字讀如蹦）。《周書》有《費誓》，司馬《魯世家》有「伯禽師師伐之于肹，作肹誓」的記載。吴劉生註《尚書》、《費誓》有「棐裴駰云肹，尚書作柴。司馬貞云柴即費」，因而肹字又讀秘声，這當是夏禹後肹字的变声，秘柴古音一声，晉·杜預註：「自卑比，虎皮（見莊公十年，《左傳》「蒙皋比以先犯之」），比，皮相通，就是例証。從声律上看，當是「蒡」的声源所出，古伏羲氏的伏字又作宓，读密，從社會發展的觀點看，當也是「分」的概念，「伏」是「分」的声源所出，它是「劈」的声源所出，古以誌音為主，久而失去原有的声之所出的概念了。《漢書·地理志》魯有蕃縣，古音又讀皮，是蕃、邠為一个声系，通「劈」為「辨」的概念。反過來看，它的另一面，仍是「朋」的声系，所以分和朋，劈、辨和朋，又都是一个銅板的兩面，因而邠又讀分，足見邠的讀祕，實為「劈」的声源和義源所出了。

如果以上的解釋不誤，今称費縣，是從古封，朋氏族部落所祖居的封邑，称的「分」的声系而來的，汸河即邠河，因而《邠誓》又称《費誓》，費為分的聲律，邠為劈的声律，又讀祕了。

朌為氏稱，『朋罷虎』為族稱（罷虎為《說文》所遺），依金文氏族之稱的声律為準，本声古讀虎，变音讀四，夏啓誅『益』以後或变音讀豕了）。既然根據以上所論，肯定是四父日癸的子孫，而且發現了朌字就是古朌字，就又可以根據『四』和朌（朌）的声律，斷定金文『冊班作父乙（貯瞿）尊』（舊名『商冊父乙尊』）——見《敬》集）銘，當是朋罷朌（朌）的同輩弟兄的記錄金文了。銘文九字，為：[illegible] [illegible]字舊釋班，并引《說文》：『班分瑞玉，從班從刀』為解，字与般

八九

通，依「八朕尊」的朕字変音讀朌的声律来說，該班為確，是分的
概念，為「辩」的声源所出，它的背面又屬朋的声系。但以「分玉」為
解，与這个班的始体金文的字形就不相符了。[illegible]字，以兩鏃作為
氏系子嗣的氏標，是兩鑄（鏃）氏併立的形象，而中有「分」字如刀，
截然劈而為二，當是舜推行「兄弟不同仇（儔）」而各自為室，
在人類家族史上，徹底消除了從母系社會的群婚制所遺留下
来的「兄弟同室」野蠻風習的反映。首一字是「四」系的標誌，以
「冊」為族称。殷周古韵，冊、斯同在十六部，四、哲同在十五部，所以
據此推知，三代以前，四、冊、哲、則之類必同音，班為氏称，又有同
屬「四」系的「弟兄」「朋」氏朕（朌）為聲系的印証，班氏應是四文

日癸的諸孫之一，因而稱「毌瞿」為「父乙」，顯然有羿氏瞿乙垂為冊班的諸父，因而作為「四」系的氏族部落的奴隸主，就有了有羿氏瞿乙作祭器的政治身份。這種以「冊」為「四」系標誌的解釋是不是附會的說法呢？不是。還有命氏金文中的「封尊」（舊名「奉冊父癸尊」—見《攈》卷一之二，28頁）所刊一字命氏兩字簽署的圖銘為證，是：

首一字，確實四方（倒体字）捧冊的形象，疑是冊封的封字的會意体，自然讀奉，在聲律上也不為誤，但為了朋系祖孫二代族稱的區別，這个四倒方的捧冊形的金文，就讀封，不用說，這就是「冊班」和朋氏朋

罷的父親了。班氏以冊為族称，就是從父為「封」，是受「四」方的「冊」命而來的，這又是嫡系子嗣的標誌了。「封」為瞿乙有羿氏垂的同輩兄弟，是四父日癸的嫡系子嗣，也是由於四个方（倒体）字的標誌，清楚如画了。依據金文倒体為子的常例來看，四父日癸必然是以正体的「四」方字為氏標了。而且說不定，這个以「四」倒方為冊封的命氏僉署人「父癸」，就是四父日癸呢。懷着這樣一個懸念，在翻檢標氏誌族的金文圖錄中，果然又發現了「奉冊彝」（舊名「周举卣」——見《西》卷十六，15頁）三字標氏金文，

為：

首一字為四个正体方字，從四系族姓声律來看，當是四方為「朋」的概念，不用說，是在

帝嚳時期的命名，因而以「朋」方為命名是王室婚姻族的標誌。实為捧的象形体，古作「奉」，「冊」為四的誌音字，[illegible]字正声当讀朋，變音讀如系。在這裏應是「彝」的誌音字，如朋罷称朌，而作為尊彝的彝來用是一樣的。有「彝鼎」（舊名「益鼎」—見《歷》卷九，92頁），圖銘四字，是「彝作寶鼎」，彝字作[illegible]，宋·薛尚功舊釋益，從声律上來説，不為誤。王静安有「蓋緣古者五貝一系，二系一朋」的説法（見《觀》卷三，24頁，《説珏朋》），實系、朋古為一字，殷周古韻，系、夷在十五部，系、益在十六部，可以推知三代以前彝、夷、益、系、契都是同音字，因而宋·薛釋益不算錯，但因為《漢書》有「益」，為夏啓所殺據

《人物集》的考証，這是一族而屬於兩个氏系的「益」，所以為了氏系的區別，就作為「彝」字，[illegible]字作為「繁」的符號，是[illegible]古四系的標誌（是為四「目」），這是為前人所忽視的，因而這又是不能直接变君作「系」的另一個理由了。因為「系」為「三」方鮮的嫡系子嗣所称，而這个「系」是有「四」字作標誌的，屬於「四父日癸」的朋系，既然有[illegible]作彝，以及[illegible]作彝為比，所以釋彝為妥。朋系（彝）一字，又有[illegible]字讀朋為印証，[illegible]為古朋字，变音為系，在這裏是作為「彝」字用，又是氏標，就可以肯定了。這个「奉（捧）册」，就是四父日癸的冠姓的氏称，有子以「封」命名，是「四方」的倒体，有這个卣銘作印証而可以作斷。封氏為四父日癸「奉（捧）册」的嫡系子嗣，也是可以肯定下来了。另外，還有「豐匜」（舊名「奉册匜」）《大系》第十六册）一字標氏金文，作：

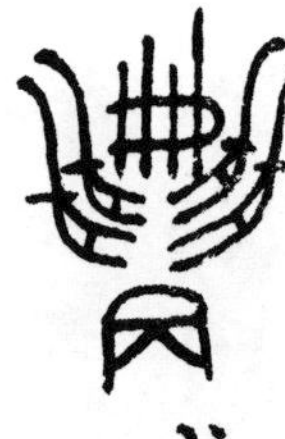

或作：

（見《攈》卷一之一，45頁），後者當是編者所誤認，因而倒置。依據這个四正体有增筆為「方」的標誌，可以知道，它是

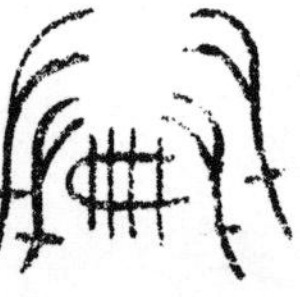

的翻体，正說明是「封」氏的嫡系子嗣，為豐氏，疑即「册班」的誌氏彝器，以「豐」為姓，「册」為父系族称，班為氏称；而彤氏雖偏「四」方的子孫，但在班氏弟兄中為老二，所以「朋」字作林，族繫四虎，絕非二龍字，又可以據此而肯定下来了。册班豐氏或為長，因而是嗣字子，正式以「册」自称了。

以上四父，都以「癸」為姓氏，是同級的弟兄。這就是説，雖然未必是同母，但却都是帝少皞的子一級妻屬所生的女兒冉氏姊妹所產，應是没有疑問的了。

D.帝舜与偃侯吳為五父日辛的子嗣

五父日辛，与六父日己，不屬「母癸」的氏系，當是子一級的女性子嗣。辛為姓，是母系與高辛氏帝嚳為一个氏系的標誌，依金文所記載的兩个帝系的子女世代互為婚姻的公例来推求，帝顓頊子一級的妻屬，當是帝少皞之子，史称蟜極的女一級妻屬所生的女兒，即帝嚳的同父姊妹以辛氏称，而六父日己，就是子一級女性所生的標誌。因為古巳、子一字，巳姓就是子姓，這又是五父日辛與六父日巳為子一級的女性所生，是同一級弟兄的印證了。

《說文》解「辛」段註：「釋名曰辛，新也」，又說：「息鄰切，十二部，與先、斤、辰、殷、周同韻，而十二部為辛、真、陳、新、申，可知十三為誤，是在十二部」，為舜的氏稱声源所繫。舜的金文作[illegible]，就是沉重的沉（古作沈），舜的後裔胡公滿（見《左傳》昭公八年）封陳，就是族称從[illegible]的古音而來的，舜和匽侯、郾吳，據此可知都是出於五父日辛的血統了。因而舜以辛為氏称，也就是姓称了。因為《人物集》有專論，在這裏只提出兩例論據，說明舜以「辛」

称就可以了。一是「虞目爵」（見《攈》卷一之二，67頁）銘，兩字命氏，為「木分田」，兩字簽署，是「父辛」，舊釋父辛兩字為確，但有兩點需要解釋：第一是「父」為反文，說明這个父辛自然是另一个「父辛」的嫡系子嗣，或已納對方「毋一級」女為自己的「子一級」妻偶了。第二，辛字有圍字作氏標，殷周後世稱舜系女為嬀姓，《堯典》所謂「嬀汭」（從這嬀字上，也可以看出《堯典》為殷周後世攙了假的歷史記錄了），圍字古為變音，《說文》作□，而舜的初命金文，字作：

（見《歷》卷三，43頁，舊名「奉冊奉癸卣」），這是舜以「父辛」的名義，為子嗣所頒賜的命氏金文的佐証，第二，有舊名「蕺父辛卣」（見《歷》卷三，44頁），全銘七字，是：

戟乍父辛

旅彝亞

宋·薛釋作：「蕺父作辛旅彝亞」，這个亞字非亞，為舜在「貯作父乙匜」銘中的自稱，在本篇《癸鎛（盛氏）考》一章中，已經作過介紹了。而這个「父辛」的辛，也不同於帝嚳所自称的「父辛」，首如「戶」字，殷周古韵，五、戶同部，可知三代以前五、戶是同声字。顯然這是「五辛」，即五父日辛的祭器。旅就是「禮」的諧音字，舊以師旅之旅為解是殷周後世的变釋。既然從亞和辛（《西》作辛）兩氏称上，認出是舜在早期為五父日辛作的祭器，那么戟字依舜所處的族系之称的声律來說，當讀「鍸」，也就是亞的声標。字形所象，也是以手持「柱」在四周為草藉中鋤田的形態，「柱」為族祖，在這裏又作為「鉏」的諧音字，這个「鋤」自然是作為動詞講，要音讀護或讀莫，就不敢定了。

這是関於舜的自誌金文中提出的兩例論証。另外，還有屢侯盱吳為舜的異母弟兄，有孟字頭的「重華」的冊命彝器為証，就不須再說了。是不是和舜果為同父的弟兄，因而同妻室呢？答案是肯定的，兩人都是出自五父日辛的血統。有「五尊」可以為証（舊名「雌尊」，見《歷》卷二，30頁）。一字作𠄡，沒有注明所刊的位置，以意猜度，或是蓋銘以為尊，是族稱。從四父癸的考証中可以推知，又是五父日癸的系統，才以「五」為尊

為「五作父乙尊彝狐」，舊以尾字爲「蜼」，
依據《說文》解「蜼」，許説：「如母猴，卬鼻
長尾」，段注：「余季切，十五部」，按《山海經》注曰：「音遺」，郭
（璞）注《爾雅》的説法：「尾長數尺，有岐」。宋・薛氏以有屋作
声符的狐尾爲頭，而以頭爲「尾有岐」了，釋作「蜼」，是不
確的。《國語・晋語》有「狐氏出自唐叔」，注：「狐氏重耳外家
也，出自唐叔，与晋同祖」，或爲有據。因狐氏之族，始祖爲匽
侯賢吳，舜兄的氏稱，有「狐鼎」（舊名「周犧鼎」——見《西》卷
四，2頁）——一字命氏，兩字僉署，爲：

了。另外七字圖銘，是：

（尾有失筆，以意補添，父字也有失筆，留以為比），

這是貯吳的以狐為命名的禮器，帝嚳以「父辛」爵署，說明是在与貴為婚時的冊命彝器了。依據什麼斷定必為貯吳的命名彝器呢？：有「吳爵」（舊名「斿爵」——見《攈》卷之一，9頁）一字標氏金文為証，字作：，嘴尖如狐，有手中所持的丅（柱）為氏標，當是以後字变的由来了。而吳字古音讀户，和狐、五也是一个声系。有窮氏日工氏称為「弧」，可以為比。

综合以上所論，吳（虞）氏弟兄同為五父日辛的子嗣，也就可以肯定了。

E、六父目己的初命氏称標誌着東方人類「秉馬」（服牛）的年代

《春秋》載：「秋，楚人滅六。」《左傳》記：「秋，楚成大心、仲歸帥師滅六。冬，楚公子燮滅蓼。臧文仲聞六与蓼滅，曰：皋陶、庭堅不祀忽諸？」晉·杜預注：「蓼與六皆皋陶後也。」又注：「庭堅皋陶字。」依《左傳》之例，有「稱族」、「捨族」之說（見成公十四年），因有氏称之外加族称，称族如「叔孫僑如」，去族即直書「僑如」也有以一个字称的，如：「王聞之，召武子（士會）曰：季氏，而弗聞乎？」杜也以「季」為字（疑以為族称以示親。——見宣公十六年）。但却沒有無緣無故，既称皋陶，指其名，又在名後加上所謂「字」作複

筆註解式的人称的。這是從情理上説；以皋陶与庭堅為一人是誤解。另外，皋陶的大名載於《虞書·皋陶謨》，庭堅也為魯大史克称為「昔高陽氏」的「八子」之一，史筆備之称為「八愷」的，都説明是三代前，最晚也該是与夏禹同世的上古時期的人物了。在這一時期，根據現有的出土金文的記載來看，有初命氏称直到再命、三命、五命，一个人的氏称，儘管有幾个，但都是標誌着從幼年到青年成婚，以及王室變更，因而氏称也必須隨着變動以相適應的各个階段。如帝摯嗣位，鯀就不能以面對帝嚳使者以王室子壻的身份自遜，称作小子（三子所構成的「众」），而以「崇」称了。陶唐氏竟自然也失去了以「大保」為称的物質基礎，因為為王的是子一級母氏所生的同父兄弟。除了王室的更動，還有自己所從事的生產活動和政治活動的變更，如顓頊在帝少皞代軒轅，留山東曲阜神農的帝都執政時，神農炎帝列山氏之子「柱」已經不再掌握金屬冶煉工業的生產和分配的工作，顓頊隨着自己的父親，轉到林木工業上去了（《左傳》：「少皞氏有四叔，曰重（柱的誌音字）、曰該、曰脩、曰熙，實能金木及水，使重為句芒」。舊註：「木正」或為礁（見昭公二十九年）），顓頊就不能再以「鑄」為氏称了，因而有「郰」的冊命，金文作[illegible]，以後又命名為丹氏，金文作[illegible]，但却還沒有名与字的區別。有旋称、有氏称、族称、有以母系為主的、有以父系為尊的、氏称也有兄弟通用的、个人專使的、总之、還沒有謚、字之類的名目、因而以為臧文仲称皐陶又補上皐陶的字為庭堅、就是沒有根據的誤解了。

現在既然根據第二戈兵銘所記、都是『昔高陽氏』的六子、正是三代以前、那麽這个六父日己、和六蓼必有族系的関係、就可以初步肯定了。『六』『蓼』當為以族系的名称建國、如二系為『呂』、四系為『豕』、五系為『戶』相類、如果『六』『蓼』是弟兄國、為同一祖系為族、那麽皐陶与庭堅連称、必然是古史從母系制以婿為子的記載規例、皐陶自然就是「六」「蓼」之族的母系祖了，是外祖；而庭堅為「六」「蓼」的男系始祖，換个位置，如果說，六、蓼是兩个互為婚姻的氏族，自然一是皋陶為母系女祖，一是庭堅為母系的女祖，現在根據六、蓼古音同声的声律來看，可能性較大，所以「皋陶、庭堅」兩人連称，這就是說，皋陶和庭堅原本是屬於兩个互為婚姻的氏系，是不同氏族的。皋陶從氏称声律上來說，很明白的是皋系。《說文》解「陶」：「從阜，匋声」。許說：「夏書曰：東至陶丘，陶丘有堯城」。解「匋」，許說：「案史篇讀与缶同」。段註：「匋与缶古音同在三部，故得假借」。缶、翏、舀，殷周古韵在三部，而缶、堯、了，在二部，據此可以推知三代以前堯、匋應是一个声系，皋陶古又作咎繇（見《漢書》·《百官公卿表》註：咎音皋），皋、咎同声，陶、繇當同部，簡捷一句話，說穿了就是堯的変体，皋陶為帝堯之子。史称帝堯以「二女」嬪於舜「以察其內」，而使「九男」察其外，九就是咎，古音讀如皋，男為親称，是妻族之男，用今天的話来說，就是「妻弟」。等到「男」成婚時，依兩了帝系男女互為婚姻世代相繼的規例，必然是「娶」姐妹夫的姊妹為妻室，因而就又変称為「叔」了。如果對方的舅在，就自避為「子」，居壻位。年老，等到第二代的婚姻以後，叔必然就是「伯」，為舅，為姑夫，自然又有作「父」称壻為「子」的資格了。這就是古代「伯、子、男」的親称常常相互変更的原因、伯、子、男為親称，舊以「爵」称解釋，自然對《左傳》時而為伯，時而為男，又時而以「子」稱，就解釋不清了。根據以上所論，「九男」就是「男」，以「九」為數目字，自然是誤解了。舅字從男從臼，而咎字金文為「臼」的象形体，作（見「癸卣」——《意》第十八冊），就是「咎男」為舅的声源所出的佐証，而造字是屬於羊（日）族的群众性創造，因而尊少皐為白，字就作皥，「九男」在彝族為舅，字就從臼，一是誌音，二是把這一新生事物記載在對方氏族的歷史上了。這是「九男」為「舅」的始称的論據之一，除了金文的記載之外，咎為舅的通用字，還見於《穆天子傳》（卷五，「天子飲許男於洧上」），傳称：「天子曰：朕非許邦而恤百姓□也。咎氏宴飲，毋有禮』。舊註：『天子称異姓為伯舅』，又引：『管子曰：伯舅無下拜，字亦作舅（當是咎之誤）。咎，猶舅也』。不用說，金文『[illegible]』就是『皋舅』，也就是『九男』，當然是『癸咎卣』銘是皋陶的誌氏金文了。

根據兩个帝系子女世代互為婚姻之例，皋陶既為帝堯之子，諸子之一是舜的子一級妻屬『女匽（英）的弟兄，因而以後又娶匽侯吳子一級妻屬所生的女性為母一級妻屬，有女以匽為姓，就可以得到合乎古代歷史規律性的解釋了（應劭曰：『鬲匽咎繇後』，——見《水经注》引《漢書·地理志》。在《河水篇》卷上，88頁）。婚於有鬲氏，自然也就是說皋陶有女婚於舜的諸子之一的著氏（后羿），為著氏子一級妻屬。是屬於二系祼氏子孫的婚偶；又有母一級妻屬所生的女兒，婚於六父日己系的嫡系孫，以族稱為「六」或「蓼」的，在世次上也相符，但這是六父日己的孫，舜的諸子之一。因而據此就可以推知，《左傳》所記臧文仲的說法，皋陶在前，庭堅在後，可見這個庭堅的輩次最高也是和皋陶相等，或為「六与蓼父曰己」的子嗣或為「六父日己」的孫。《左傳》又有關於魯大史克的說辭記載所謂「昔高陽氏才子八人」，而居第六位的，果然就是庭堅，但這个「庭堅」卻是帝顓頊的第六子，依第二戈兵銘的記載，就是六父日己了。祖孫同稱「庭堅」，孫是以族稱，都是一个声標，原來也是上古時代見於金文記載的常例，如東虎、有孫，在《虞書》上以「朱虎」稱，就是例子，但声律雖同，在文字結構上，一定有差別。而在三代以前的標氏誌，族的金文圖銘中，還沒有發現「庭堅」其人。另外從族氏声律上來說，在三代以前還沒有「庭」的声標所繫的族系，因而可以根據以上這兩點推知，「大史克」所據以為說的古史錄本，必有偽誤。從後期金文「庭」字作[廴乃六]（見「公貿敦（文）——《攈》卷三之三，13頁），或作[廴丌六]（同上所引，11頁），或作[廴乃六]（同上所引，9頁），都是「乃六」居於封土（乚）之內的形象，顯然是「人方」的「六」系，即帝顓頊的第六子——文矣銘中的六父日己的嗣孫，是春秋「六」「蓼」的始祖。或以[廴乃六]字作為封邑之稱，因而《左傳》又有「大庫之庭」（昭公五年），以及「大庭之庫」的記載（昭公十八年）。根據前在「古字體」中所考，人方就是神方的變業，為帝顓頊的生身父「柱」的宗廟所在地的曲阜，那麼「大庭」的記載是來自《夏書》，以春秋「六」「蓼」的始祖，六父日己的嗣宗孫的氏稱[六]為準是可以肯定的了，[六]字讀「庭」，當是後世的變音，而從三代六父日己的族系所稱來看，[六]的本声就不是「庭」声，自然也不是「庭」的概念所能解釋的了。

另外，「監」為官称，是從鯀開始的，而鯀以監為子嗣命名的全文，就是佐証之一，字作[glyph]，見「監𣪘」（舊名「𣪘」

父癸敢」—《寰》第七冊），如果春秋「六」「蓼」的始祖為「庭堅」而不誤的話，那麽這个以「鹽」命名的氏称，必是從六父日己的嫡系子嗣开始的，由於庭堅作為族，以致古史者按族称為祖的氏称的常例，作為六父日己的氏称來追記的。在金文的標、族誌氏的彝器圖錄中，是不是有六父日己一系的記載呢？有，但不是「庭」氏，而是「乘」氏，有「父己甗」（見《歷》卷五，59頁），載誌事金文七字，是：

亞乘[illegible]止父己彝

宋·薛舊釋：「亞無𠈌作父己彝」，除亞一字為附，是舜的同輩弟兄所通用的族称氏標以外，舊釋為確，「無」為变声，正声讀「乘」。前在

《畜瞿》一章，我們引証過的「乘畜尊」銘，金文作，有「父辛」為世次的標誌，是帝嚳高辛氏的子壻「乘畜」，「乘僑」是一个声律，為一人。不用說，「父已」就是六父日己，是六父日己為乘氏生身父的佐証。或者，這也就是鯀的「監」（舊作「堅」）命名的諸子之一了。

乘畜有子，就是歷史雜著有過記載的「乘雅」了。金文作（見《西》卷十六，33頁），舊釋「無馬」，又作「巫馬」。《呂氏春秋》·《勿躬篇》有「乘雅作駕」的記載，注稱「雅，一作持」，可知這是根據輾轉抄錄的古史上的記載，由於口傳筆錄又加上講述人的誤解，原為「乘雅」兩字，依声誤就變作「乘持」，因字形而筆錄又成了『乘雉』，[illegible]為雉子之形，當是『子』姓的標誌，和少皞称『己』，帝摯称摯，夏禹称姒是相類的，雉或為変音，本声應讀『雉』，正是上承父乘畜（儔）的族系声標。『作駕』之説，或為古史者所加了。王静安據《周禮》『校人注引世本作篇：相土作乘馬』以為『夏初奚仲作車，或尚以人挽之，至相土作乘馬，王亥作服牛，而車之用益廣』（見《殷卜辭中所見先公先王考》，《王亥》、《相土》兩節——《觀》卷九，第3頁及第5頁），王氏并在自註中引『《初學記》卷二十九及《御覽》八百九十九所引世本『鮌作服牛』，並以為鮌是胲之譌，這樣就把三代以前帝顓頊時期鯀（鮌）作『服牛』的記載，往後推為殷代的創舉了。

現在根據金文的記載，三代以前六、文日己有子就以乘畜為氏稱了，《勿躬篇》『乘雅作駕』的記載既不可靠，《周禮》的『相士作乘馬』，或是錄筆漏掉一个『幣』字。『乘馬幣』，據《古泉滙》引《管子》之說是：『考管子有虞英乘馬及請問幣乘馬云云，路史以此幣當之，諸譜從其說』，據之，乘馬幣是早在夏、商、周三代之初夏禹為帝時期鑄幣稱『乘馬』，這是當時影響很廣泛的一種金屬幣，因為涉及面較廣，就留待以後作專題考証了。在這裏僅僅用來說明『乘馬』一詞早在三代之初，作為旁証就可以了。至於『乘馬服牛』是早在帝顓頊時期農業生產上使用了兩輪雙牙的單轅犂，全文有了鏵（[glyph]）和犂，古金文作[glyph]（重黎）的命氏記載以後就出現了。自然這些奴隸們在生產勞動的實踐中所創造對人類社會生產的發展，是有很深遠的意義的，因而這一新生事物，就為新興奴隸主鑄氏帝顓頊，作為六子，也就最小的少子命名了。這就刊在「羊（日）珠子爵」（舊名「犧形父丁爵」—見《攈》卷一之三，20頁）上的圖銘，爵銘六字金文，為：

[glyph]。

[glyph]是金文羊（[glyph]）的変筆，止為「止」，是鑄氏族系的族標，為「珠」的誌音字。己是己（非已），就是子一級所生之「子」了。這應是「乘」的最初的概念所出之源。是從六父日己的母發為爯氏

而来的声標，如大父日癸以「成祝」称的声律是一致的。

殷周古韻，成、呈、亭、鼎、丁同部，可以推知三代之始，乘、庭是一个音系，因而乃(六)字本声應讀「乘」，所謂「大庭之庫」，當是「大乘之邑(國的初称)」，又作「大庫之庭」，當是又称之「大古(國)之乘(城)」了。

根據以上所論，春秋「六」「蓼」始祖為「乘雅」一輩的「六」，而六父日己(「日(羊)珠」之子)「乘畜」為祖。就是說，遠在公元前两千五百年左右，人類「乘馬」役畜，在東方就有金文記載了，有這个金文記載為根據，古有「鮌作服牛」的傳說，也就是来自实錄的歷史了。

関於第二兵銘的通釋，到此本就應該結束了，但因為還有《左傳》「昔高陽有才子八人」、「世稱八愷」的記載，司馬循之作史，為兩千年来一大為誤，這就需要依據金文的記載，来作進一步的研究了。

F.《左傳》有「昔高陽氏」八子，「世称八愷」的記載為誤說

《左傳》載，魯大史克的說法，是：「昔高陽氏有才子八人：蒼舒、隤敳、檮戭、大臨、尨降、庭堅、仲容、叔達」為誤。主要是誤在魯大史克所根據的或是来自《夏書》的古史的錄本，由於《夏書》原始的取材就不是来自當代的官史，而是源於私家的

藏史，如青銅彝器上刊載的氏族譜系以及族標氏徽之類的記載，這是從八人中除了蒼頡之外，大都是以後世子孫的族稱作為祖一代的氏稱所追記的考証中看出來的。二，再加以《夏書》古本或為「契書」，木版所刻，字朽虫蝕，在所難免，轉錄有失，更是意想得到的。三，又加以《左傳》雖是魯史，卻又經過三晉史筆纂改過的，是三晉所有的版本（詳論見筆者《讀史筆記》），因而在編纂當中，錄筆也難免失誤。最後就是秦前的傳抄，以及秦後漢儒的口傳了。總之，是經過了輾轉幾道手而就和全文所記載的類項六子就幾乎全不相符了。

毛主席曾經說：「人們能夠對於社會歷史的發展作

全面的歷史的了解，把對於社會的認識變成了科學，這只是到了伴隨巨大生產力—大工業而出現近代無產階級的時候，這就是馬克思主義的科學」。

如果「離開人的社會性，離開人類的歷史發展，去觀察認識問題」，不知道人類在進入奴隸制社會之前，是經過母系制氏族社會，和父系制的氏族社會的各個歷史階段，以及姓氏譜系在氏族社會跨入奴隸制社會以後，仍然在社會中佔着和氏族社會時期同樣重要的位置，而離開氏族之称的声律來觀察問題，自然就對於上古時代的人称，很難作出與歷史實際相符的解釋了。

從族稱声律上來推求，魯大史克稱，「昔高陽氏」的所謂「八愷」中居首位的「蒼舒」，有第二女兵的金文記載可據，《楚世家》的記載為「稱」作旁証，自然就是「成祝」了。殷周古韻，成在十一部，倉在十部，音相近，而「舒」字，依《說文》為從予，舍声，段注在「五部」，与貯（古作宁）、者（古讀諸）、處、黍同韻，可知三代以前古音，「蒼舒」和「成祝」是相類的音律，而位又居首，這就可以作声律以外的旁証，蒼舒就是成祝，應是肯定無疑的了。

第二名「隤敳」，據《說文》解「隤」為「從邑貴聲」，很明顯，字的本声讀貴。《左傳》有王子「鄭人蘇忿生之田共十二邑」，内中有「温」、有「向」、有「州」、有「隤」，隤當是古族「癸」氏後裔的封邑之一了。段注：「杜回切，十五部」，貴、毀、回，皃為同部字，是以《詩·周南》有「我馬虺隤」，讀虺為毀，讀隤為「堆」声為依據，而不知這是周世以後的变音（如今天在膠東，房子倒塌了，説：「這一下可毀了，房子『堆』啦！」称倒塌為「堆」，字作隤，就是隤的假借了。《李陵傳》有「隤其家声」的句子。這个隤，自然又是「毀」的假借了。隤字通「毀」，從金文氏族之称的声例来看，當然是源於隤為癸字，盱吳和舜都是圍氏出身，因而癸、圍、歸、回、隤、毀都是兩字一声，《説文》解「圍」為回，因而《楚世家》称「圍（癸）吳」為「吳回」，以為是陸終的父系，這是隤本讀貴声而与𣪘同声的第二个例証。另外，《水經注·洧水篇》「東南過其縣南」下，注称「世本曰：陸终娶鬼方之妹，謂之女隤，是生六子」，鬼、隤同声，又是《説文》讀貴声的旁証了。根據以上三例，隤讀貴聲為本音，隤𣪘當是「樻戈」的誌音字，所依據的原文，應如金文的瞿氏族標[金文]（見「冊班尊」）字，𡨦隶作「樻戈」。殷周古韻，戈、和，同在十七部，口傳當中讀戈又以方音讀「誐」聲，録篆或作𢼸或作愷。《五帝本紀》東漢賈逵注：「世謂之八愷」，称「愷，和也」，就是可以為比的例証。字東虎為重犨犨的本称為鏵，因而瞿為钁，却与鏵通了。《説文》解[篆文]，許説：「米雨也。從木入象形，朋声」，依許自當讀瞿，但在[篆文]字後，又解：「兩刃臿也。從木丫象形，宋魏曰茉也」，段注：「方言云：宋魏之間謂之鏵是也」，也是鏵字讀音又通鏵，當是變讀了。因之，傳称讚數，應是『櫕鏵』，但以鏮為戈是由耒己吉，因而『櫕戈』成了變筆作『讚數』的声源。認之『冊班尊』金文，宰東虎的嫡系嗣宗子称「父戊」有作旗徽，而少子有窮氏曰工匠，氏標作為的側体，就是認，魯大史克所称的『讚數』，為宰東虎以『櫕戈』称的變筆字了，所居的位次為二，也正是旅氏金文作的行次，因而可以肯定下來了。

第三子，根據金文的考証，是鯀，在戈兵銘中為『中父日癸』，而在魯大史克的說辭中，為『鑄戲』下屬注檮字『直由反，韋昭音桃」；而《說文》解「戭」，許說：「長槍也，從戈寅声」，段注：「摐槍非古兵器，戭亦非器名，」又說戭字：「弋刃以淺二切。按刃當作忍，弋忍古音也」，還說：「漢書作戭」，據此，寅人同在十二部，檮戭，從声律上來說，當是「酬人」即「聊人」的誤音字了。「聊人」不以氏称，倒像是宋東虎以「隤敳」称的人名下面的注解，而輾轉相抄，就誤錄在正文裏了。

這个推斷是不是對頭，還須從第四子的人称上去研究。第「四」子在《左傳》所記的人称中為「大臨」，《說文》解「臨」，許說：「監也，從臥，品声」，段注：「各本作監，臨也」，又說：「力尋切，七部」，與「三」「林」同部，可見臨、監古為一字，由於一字兩音，

「藍」的变音就讀藍。為什麽和「三」不同韻却為同部字呢？當是盬以「三口」為標誌，當屬帝顓頊第三子鯀的氏称，而金文「盬」為[illegible]，是以手刺「臣」目的掌控刑法的官称，和鯀又称「傒」，以羈押人犯為識的氏称正相襯，并有以「盬」（金文作[illegible]）為子嗣命名的記載，以「父癸」簽署為佐証，傳中所記的大臨，就是大盬，為鯀的以官為氏的氏称，是離和觀的氏系声標所繫。

據此就可以斷定，所謂「檮戭」，原為批注，是附在「隤敳」之後的，為「隤敳」的注解。但既為帝顓頊之子，當是「䣊」人，因而必非「䣊」人的变業，從戭字的類型上推求，在金文中只有「重犂」的氏徽作，上半部變隸作寅，下半部作為刄，以為兵器的「戈」了。標氏金文中，有「工字瞿卣」（舊名「陽識之戈形卣」——見《窓》第十八冊）銘，共兩字，為：，瞿圖的下部就是以雙刄鋤為標誌，說明是農具鐵，而且又以側体工字作氏標，為日工有窮氏的飲食用具上的氏徽，又是以「内」為「戈」的根據，而作「戰」，當是變隸中所出的偽誤，載於《左傳》，可見又是秦·程邈變隸以前就已經出的差錯了。檮為「鑄」的古音同聲字，冠而為族稱，實際就是「重犂」兩字的變革，為東虎任帝嚳宰以後才顯著的官稱，因而才在「瞶鼓」下面有這樣的附注。這是帝顓頊六子，所以多出两子，成為「八愷」的傳誤之一。據此，「大臨」為高陽氏的第三子与第二戈兵銘住居三住的「中父日癸」的次第正相符。不用說所謂「龍降」又是四、父日癸、「奉冊」（四方）的变称了。前在「朕尊」銘的介紹中，曾提及膺釋蒦字為龍，實際是二方為「朋」的異体字。可見蒦字讀「龍」是由來很古了，又可以根據這个「朋」字，可以推知所謂「昔高陽氏」「八愷」之說，確為出自夏書，而且以帝顓頊的四子系統的三世孫之一的蒦氏的氏称，作為族称上推到朋氏之祖，帝顓頊的第四子「奉冊」的頭上了，正像以六父日己之孫称「庭堅」而上溯到「羊珠之子」「乘」也為「庭堅」，是同樣的，可見距離「朕尊」和「乘雒卣」的鑄制時代已經很遠了，而且還很可能是，孫承祖禰的昭穆婚姻制之後所追補的歷史如果這樣，就是殷周後世的史者，對於夏書在翻刻加工中所有的偽誤了。降，從声律和字形兩方面[illegible]来推求，當是「移」字的變誤了（如果不是誤讀的話）。以私意設想，字本作降，与金文降字作𨺘（見『虢叔旅鐘』——《寒意》第一冊），形相似。有「宴敢」（見《攈》卷二之三，72頁），蓋銘，刊：「唯王正月初吉，庚寅。宴從夏父東移，給（舊釋錫）宴，用作朕[古文字]考日己寶敢。子子孫孫永寶用」。東移二字，金文作[古文字][古文字]，舊釋「多」，當非本督，是兩足旁行的形象。有「宂伯敢」（舊名「芮伯敢」——同上所引55頁）首稱：「宂伯移父」，宂字作[古文字]，移字作ㄗㄗ，當是移於八方的四系父日癸奉冊氏彝的三世以下的後裔，因而古侈字与移通（《儀禮》少牢饋食禮：「亦被錫衣侈袂」，釋文作「侈本又作移」），為奢侈的侈，源於「冊氏彝」（ㄗ）氏為四父日癸一人的氏称，因而「移」又通冊声讀為齒音了。自然移氏系必在有窮氏后羿亡後，是夏少康中興以後「宴」從之東移，承繼了帝顓頊系的宗廟所在的處於古曲阜的八方為自己的封邑以後，子嗣称穴，称侈（移）了。穴字為《説文》所遺，依族称声律為準，當是与有「仍」氏的仍同音，即「人」的變革。如果以上的分析不誤，那麽「龍降」當是「朋移」兩字的傳誤。「四父日癸」，原為「奉彝」，四方為朋，朋、奉（棒）

古當為一字，讀「捧彝」，而錄篆作𦵯陸，聲律固然是一樣，但𦵯和陸，陸和[illegible]，却是有世代和輩次區别的，變隸又作為「龍降」，就連原來的族氏之称的声標準則也丟掉了，現在根據戈兵金文的記載，就可以肯定「龍降」是四父日癸的「奉彝」的偽誤字了。

《左傳》上位居第六的「庭堅」，是兵銘的六父日己，在前一節已經作過論証，庭是乘的後世變讀，字為「人方之六」的形態，而乘氏居「人方」，當在虞舜後期以及夏禹初期。六為顓族，在這裏就不多作複篆的論証了。

帝顓頊的六子當中，現在只缺少五父日辛了，那麼不用說，這五、父日辛必在《左傳》所記魯大史克所称的七子「仲容」和八子「叔達」兩人當中，而「仲容」一称，從声律上看，當是「祝融」的錄声字，本為帝顓頊時期掌握金屬冶煉手工業生産和分配大權的官称，是共工的変称，用今天的話来説，「祝融」就是「鑄銅」，古鐘、銅戈是一个声系。這是以後祝氏弟兄任帝嚳世重犂的统称，自然，不是个人的專称，因為這又是「庭堅」之下的批注，意謂又称祝融氏。這樣一来，《左傳》所記的魯大史克的說辭中的所謂「八愷」，去掉了「檮戭」、「仲容」兩个為帝顓頊當權的諸子所通用的官称之外，正是戈兵銘上所刊載的大、父日癸等六弟兄，是為「昔高陽氏有才子八人」

「世称八愷」之説為誤。這个結論對不對頭呢？要看「叔達」是不是就是五父日辛了。

五父日辛，封邑称圍，因而有子以圍氏命名，舜的初命氏称，金文為[illegible]。「達字」，「公達敢」作[illegible]（見《激秋館吉金図》卷一，15頁）金文[illegible]（「效父彝」銘——《攈》卷二之二，4頁）字，舊釋達。這是秦、程邈変隶之前，或者就已讀達了。從字形来説，是羊族所棲息的封邑，有武備以作警衛，仍然是「衛」的象形体，讀達當是変音。以後達、衛兩字分化，成為兩个不相関的概念了。就是在這个始体的金文「達」字和違背的違，原本區別的很清楚，不易混淆的，但変隶以後，達、逹由於草書就容易誤讀了。例証就在前所引的「公達敲」的釋文，是羅振玉的毛筆草書，字作「公達」，□字草書作乙而上筆又為之的尾筆所掩蓋，就變成兩點，如達或逹了。既然五父日辛為兄，應在六父日己之前，為什麽在《左傳》上位居最後呢？這或許是秦漢以後，又經過編纂者的竄改所出的差錯了。因為依前五人的次第，儘管由於多了「犢、戲」這一批注的官稱，誤錄入正文了，但位次是沒有打亂的，「大臨」仍在「龍降」之前，而「庭堅」又在「龍降」以後，因而可以推知，原本叔達（逹字同樣不是六父日辛的本字）在庭堅前，龍降後，位置也是對的，但編纂者從仲容在淺而叔達倒在前，以孟、仲、叔、季的次序，就把原在六位，實為五位的「叔達」，勾到仲容的名下而居末位了。

7. 第一戈兵銘中兩「祖」考——大祖日己和祖日珠的關係

有前兩兵銘考為依據，不用說，在第一戈兵銘中的「祖日珠」就是珠氏帝顓頊的尊稱了。在「貨幣集」中曾經介紹過的「珠高陽鼎」三字金文作：「·[illegible]」就是佐証（舊名「周丁甲鼎」——見《西》卷三，37頁），在這裏就不多說了。珠為帝顓頊的氏稱而後又為子孫作為族稱了（根據三戈兵銘的記載，我在燊為帝以前，還沒有以「珠」作為正式族称的）。
在這个兵銘中所出現的問題是，為什麽帝顓頊不居首尾，而且不以「大祖」称，卻在帝顓頊之前，另有「大祖」称「日己」呢？這又是什麽人呢？
從「日己」以「己」為姓来看，自然是「柱」的子一級妻屬所生之子，也就是常儀（史称昌意，誤以為男）的姪之子。帝少皞的母一級妻屬所生的女兒，婚於柱（如周室隨姑作嫁的媵妾）所生的子嗣。以己為姓，既是子一級女性所生的標誌，在這裡也是母的父族氏称，又為自己的姓氏了。從父系上說，「大祖日己」和珠氏帝顓頊都是弟兄，但從母系上說，帝顓頊為軒轅黃帝女兒之子，是黃帝的外孫；而「大祖日己」卻是帝少皞女兒之子，是少皞的外孫，帝顓頊和大祖日己又是舅、和外甥了。這也就是《左傳》載王子朝告諸侯之辭內所稱：「若我一二兄弟甥舅，奬順天法，無助狡猾，以從先王之命」（見昭公廿六年），以兄弟、甥舅併列的原因所在了。

既然珠氏顓頊為長，「日己」為甥為弟，為什麼稱「大祖」而居首位呢？這正和帝摯、帝堯兩人的關係相類，帝摯為子一級女性所生，卻嗣位為王，帝堯雖是「大保」，卻不能不改稱「鐘葵嚚昭」而作為臣屬受新王的賜金了（論在《人物集》「堯」一章）。既明子一級女性所生的少子為親，而母一級女性所生的長子在帝少皞氏，為姊妹之子，自然不及自己女兒之子為近，因而作為桂氏手嗣的家族，即神農炎帝歷山氏系的氏族部落的首腦人物，就是「日己」，自然這是經過帝少皞在神農的帝都曲阜執政時冊命的，從金文的命氏誌親的禮器，先有「七□」的更命，後有□(舟)氏的命名，又有《左傳》所稱「重為句芒」，注稱「木正」論據的旁証，珠氏顓頊不稱鑄(□)氏以後，很可能是隨着父桂(《左傳》作重)轉到林木手工業的生產監管崗位上去了。由於桂以「舟」稱，顓頊的再次更命的金文，帝少皞就以「父己」的名義命之為□(舟)，「溲手奉柱」的「鑄」變而為「叜手奉舟」的「舟」(通受，酬）了。

至於「大祖日己」則稱「雞」氏，或者又是古字已已相通的声源所在了。金文圖錄中有「兄珠尊」可以為佐証（舊名「兄丁尊」—見《歷》卷二、28頁）。蓋銘四字，是兄丁●大，器銘也是這四字，只是雞字變叢作，宋、薛尚功釋：「兄丁大，下一字作雞形，當是其弟為兄丁作此尊也」，除「丁」字外，所解是極為正確的。顓頊為兄，因而稱兄珠，「大雞」之稱，正是帝少皞時期「以鳥名官」的時代標記。《左傳》記：「秋，郯子來朝，公與之宴。昭子問焉，曰：少皞氏以鳥名官何故也」（見昭公十七年），就是例証。和是一字，前一字用

卩（繫）来標声，後一字又用一隶標声，古儀、繫、雞、一，可見
都是同声字，而隶書雞字，就是奚、鳥兩字的合体，足見変
隶時以奚為標声總族的符號也確实有所根據的。更說明遠
在公元前兩千五百年之前的帝少皞時期，東方的以畜牧著
称的羊族，就已經变野禽為家禽，馴養雞鴨鵝鶩了。而在這
卩尊銘上自称"大雞"，當是"大祖日己"的自称了。疑為祭器說
明帝顓頊為氏族部落聯盟的總頭，但雞氏仍然是柱氏家族
的世襲酋長。從帝少皞冊命之後，顓頊嗣帝位，並沒有在自
己的氏族部落中更改雞氏的首領地位。因而第一戈兵銘中，就
承前世的定例，以"大祖日己"称雞氏，帝顓頊祖日珠在自己的

家族世系裏，就為居於二位的首腦了。如果這个解釋符合歷史的實際，那麼這種排列的次第，也反映了對於帝少皞册命的尊重，三兵銘為帝堯時期皐氏為尊時的鑄製物，也就可以據此初步肯定下來了。

8、保定清苑有帝顓頊所建的城市

最後一个問題，就是關於這三戈兵出土的地點問題。王靜安曾稱：「商句兵三，出保定清苑之南鄉」，現在既然從三兵銘金文所記的祖孫三代人名考證中，得出了是帝堯時期的戈兵的結論，為帝顓頊「祖日乙」的孫儒「兄日癸」帝舜的同祖弟兄的，所有物；那麽帝舜的同父兄區侯貯冥『涿幽州』為屏障，有同祖弟封在保定清苑為諸侯是後援，弟兄南北相比為隣，依情度理，都是比較符合歷史情勢的。自然這還只能作為主觀的推斷，不能作為科學的論據，就是有區侯封幽州的實例可以為比，也只能作參考。《讀史方輿紀要》："直隸保定府清苑縣清涼城下，有高陽城"（見卷十二，32頁），《紀要》稱："又高陽城在府東南六十里，址周九里。相傳古顓頊所築"。這才是有力的印證，據此，在清苑南鄉出土的這三戈兵，為帝堯時期古高陽城封疆的諸侯的鑄製物，就可以完全肯定下来了，並且翻過来說，也為《讀史方輿紀要》的記載，提供了實物的印証。并且又可以推而廣之，知道帝顓頊時期南境到頓丘（今河南濮陽縣境）以南，並築「都」而居，春秋稱帝丘，最後就死在頓丘了（註）；而北境到達保定清苑的高陽城，《水經注·河水篇》（36頁）有『世本曰：鯀作城』，那麼帝顓頊時期的城，為鯀所受命監工而築，顓頊所臨，或為城以高陽命名的由來了。

（註）『頓丘城南廣陽里』，有顓頊墓——見《水經注·淇水篇》。

9. 小结

毛主席曾經說：『在很長的歷史時期內，大家對於社會的歷史只能限於片面的了解，這一方面是由於剝削階級的偏見經常歪曲社會的歷史，另方面，則由於生產規模的狹小，限制了人們的眼界。

現在根據保定清苑出土的三戈兵銘的金文記載，帝顓頊爲祖，帝舜、區侯吳兩「兄日癸」爲孫；帝顓頊和帝舜是祖與孫的關係，當中只隔着「五父日辛」一代，是肯定無疑的了。這和「彝尊」中稱「日工」爲兄，兩「日工」有窮氏爲帝顓頊二子東虎旅氏日禹的少子（如「古字瞿」所論），辈次正相符，另外又有區侯吳（史稱吳回）爲 帝嚳王室所誅的子婿重黎氏聊墟的兄弟，和舜是「異」與「區」的共同婚偶，在「癸鑄（盛氏）矛」

一章中也說清楚了。那麽帝堯爲帝嚳的嫡系嗣宗子，帝顓頊的外孫，和帝舜原来是屬於世代互爲婚姻的兩个氏族部落的姑舅兄弟的關係，不也是非常明確的嗎？

這樣一来，爲舊史者所僞造的舜与顓頊之間相隔五代的「祖系」，是爲了粉飾和洗刷在四世之内的「再從兄弟姊妹」之間的婚姻關係而来的；這是由於誤以「常儀」的變筆「昌意」爲男而產生的誤會所致，僞筆的意圖，也就很清楚了。這且不去說它，主要的，是根據三戈兵銘的全文記載，帝顓頊和帝舜的關係一明確，那麽在「堯典」中爲僞筆所造的堯妻以二女「以觀其内」的關於帝堯「禪位」的故事，是僞筆爲復辟奴隸制社會，為陰謀奪取封建諸侯（戰國時期）的政權而造輿論的陰險用心，也就暴露在光天化日之下了。另外，三戈兵的土區既有相傳是帝顓頊所築的"高陽城"，那麼帝顓頊為自己嗣宗子命名為"成"，這個"成"，就是古城市的城，也可以說，有地理上相傳的記載而證實了。可見《呂氏春秋》、《勿躬篇》所称"祝融作市"，則是城市的市了。而舜幼年的初命為"戶"（圖）氏（金文作），當然也就是城鎮的變称了。

恩格斯曾經說過，隨着生產分為農業和手工業這兩大主要部門，"便出現了直接以交換為目的的生產，即商品生產」，而且「它創造了一个不從事生產而只從事產品交換的階級——商人」，「出現了金屬貨幣即鑄幣」，這就為奴隸時期已經進入產生了「不從事生產而只從事產品交換的商人階級的奴隸制社會，提供了科學的論據，而專門進行產品交換的城市的出現」，就是它的物證。命氏金文中有[illegible](成)字，又是這一物質基礎在上層意識形態領域裏的反映了。而《古史考》所稱「神農作市」(見《說文》解「市」段注所引)也必是歷史的實錄。就是說，在神農之世，公元前約兩千七百年左右，中國就已經有了專門為生產進行交換而建立的市場了。主要的，自然是四方的還處於游牧或狩獵階段的民族部落，以自然產品，穀物、獸皮、肉、魚之類和神農炎帝的以羊族為主的民族部落所生產的金屬刀具、鋤具、箭鏃以及絲織物、木器等之類的生產工具、生活用具進行交換了。而小宗交易，就需要破鋤具為十為二十，這樣，就自然有了鋤形金屬幣的生產要求。儘管這時期還沒有創造用土牆圍繞起來的城市，但進行產品交易的市場，當如《古史考》所論，是早在神農時期就在東方出現了，而「桂貝」就是物証。那麼根據金文記載，中國約在公元前兩千七百年，已經有了金屬貨幣以及和它相適應的進行商品交換的市場，而金屬生產工具當又在金文出現以前就已經存在了，那麼究竟是從什麼時候算起，是金、骨、石三器并用的奴隸社會之始，現在還無從考証，但依世界古代史的發展階段為比例，在公元前三千年，中國就已經進入金、骨、石三種生產工具并用的時代，大致是可以根據以上的金文記載初步肯定下來的。自然，這又是本篇題外的話了。

一九七五年九月十八日前夕完稿，十月十九日抄完